I0868550

Industria y artesanado cerámico de época romana en el nordeste de Cataluña

(Época augústea y altoimperial)

Joaquim Tremoleda i Trilla

BAR International Series 835
2000

Published in 2019 by
BAR Publishing, Oxford

BAR International Series 835

Industria y artesanado cerámico de época romana en el nordeste de Cataluña

ISBN 9781841711287 paperback
ISBN 9781407351698 e-book

DOI https://doi.org/10.30861/9781841711287

A catalogue record for this book is available from the British Library

This book is available at www.barpublishing.com

BAR Publishing is the trading name of British Archaeological Reports (Oxford) Ltd. British Archaeological Reports was first incorporated in 1974 to publish the BAR Series, International and British. In 1992 Hadrian Books Ltd became part of the BAR group. This volume was originally published by John and Erica Hedges in conjunction with British Archaeological Reports (Oxford) Ltd / Hadrian Books Ltd, the Series principal publisher, in 2000. This present volume is published by BAR Publishing, 2019.

BAR
PUBLISHING

BAR titles are available from:

BAR Publishing
122 Banbury Rd, Oxford, OX2 7BP, UK
EMAIL info@barpublishing.com
PHONE +44 (0)1865 310431
FAX +44 (0)1865 316916
www.barpublishing.com

A mi padre, en paz descanse.

Y también a Assumpta, Aina, Josep y Laia.

Efectivament, tenim un país petit i més aviat pobre, amb una quantitat notable de capsigranys. (...) El capsigrany segrega aquesta dimensió barroera i ridícula que campa en tants racons de la nostra societat. El capsigrany consumeix i tabaleja, i res més. En canvi, els ornitòlegs, papallonaires, filatèlics, bibliòmans i lectors de poesia, per exemple, proporcionen al país un estrat social diligent i honorable. (...) I, sovint, és gràcies a aquesta categoria intel·lectual i romàntica que hom pot creure, encara, en el país. Perquè mentre es produeixin exemplars humans d'aquesta naturalesa, és que encara hi ha perspectiva de futur, alguna dimensió patriòtica aprofitable. I és que les coses importants dels països no les fan els fabricants, ni els polítics: les fan els poetes, els arqueòlegs, els comediants i els caçadors de papallones. Aquesta capa social, prima, però persistent, dóna solidesa al país, consistència, equilibri, sentit...

Jaume FARRIOL, *Batenvic*, Banyoles, 1990.

Indice.

Lista de figuras.

Figura 69. Platos. 1) Época augústea. 2-4) Primera mitad del siglo II. 5-14) Segunda mitad del siglo II. 15-29) Copas y tazas de la segunda mitad del siglo II.

Figura 70. Cuencos. 1-2) Época augústea. 3-7) Primera mitad del siglo II. 8-17) Segunda mitad del siglo II. 18-22) Platos de cerámica de cocina.

Figura 71. Botellas. 1-8) Época augústea. 9-13) Siglo I. 14-20) Primera mitad siglo II.

Figura 72. Botellas. 1-14) Segunda mitad del siglo II. 15-18) Segunda mitad del siglo III. Jarras. 19-22) Época augústea. 23-26) Siglo primero.

Figura 73. Jarras. 1 y 5) Primera mitad del siglo II. 2-4 y 6-9) Segunda mitad del siglo II. 10-13) Segunda mitad del siglo III. *Dolia*. 14-16) Época augústea. 17) Primera mitad del siglo II. 18) Segunda mitad del siglo II. 19) Segunda mitad del siglo III.

Figura 74. Tres modelos de evolución morfológica de los bordes de *dolia*. 1) Época de Augusto. 2) Siglo I. 3) Siglo III.

Figura 75. Diversos bordes de *dolia*. 1) Borde procedente del Camp del Bosquet, Camallera. 2-3) Borde y base de *dolium* de la excavación del alfar de Fenals, Lloret de Mar. 4) Borde hallado en Can Pau Birol, Girona. 5) Hallazgo superficial de Siurana. 6) Borde procedente de un hallazgo superficial en La Plana, Viladasens.

Figura 76. Diversos bordes de *dolia*. 1) Borde procedente del núcleo de Palamós. 2) Borde de *dolium* procedente de la excavación de la villa de la Quintana, Cervià de Ter. 3-4) Bordes procedentes de contextos del siglo III de Vilauba, el segundo con una X en el labio. 5) Borde de *dolium* con grafito fragmentario, procedente de Pla de Palol, Castell/Platja d'Aro.

Figura 77. Diversos grafitos hallados sobre fragmentos de *dolia*. 1-5) Grafitos procedentes del Olivet d'en Pujol, Viladamat. 6-7) Grafitos sobre *dolium* procedentes de la villa deTolegassos, Viladamat. 8) Grafito sobre *dolium* hallado en Vilauba. 9) Grafito sobre *dolium* con reparación antigua, hallado en Puig Rodon, Corçà. 10) Grafito muy completo, procedente de Can Ring, Besalú.

Figura 78. Dos marcas estampadas en forma de roseta sobre pared de *dolium*, procedentes de mas Castell, Porqueres.

Figura 79. Alfar de Fenals, Lloret de Mar. 1-16) Bordes de ánforas del tipo Tarraconense 1.

Figura 80. Alfar de Fenals, Lloret de Mar. 1-9) Bordes de ánforas del tipo Tarraconense 2/Fenals 1.

Figura 81. Alfar de Fenals, Lloret de Mar. 1) Ánfora Pascual 1 completa. 2-4) Fragmentos de ánforas del tipo Pascual 1.

Figura 82. Alfar de Fenals, Lloret de Mar. 1-14) Bordes de ánforas del tipo Pascual 1.

Figura 83. Alfar de Fenals, Lloret de Mar. 1-10) Bordes de ánforas del tipo Dressel 2-4.

Figura 84. Alfar de Fenals, Lloret de Mar. 1) Ánfora Dressel 2-4 completa. 2-10) Fragmentos de ánfora del tipo Dressel 2-4.

Figura 85. Alfar de Fenals, Lloret de Mar. Grafitos *ante cocturam* grabados integramente sobre pivotes de ánfora: 1-36, grafitos con diversas modalidades de la inicial "A" mayúscula; 36-71, grafitos con las letras mayúsculas "AC".

Figura 86. Alfar de Fenals, Lloret de Mar. Grafitos *ante cocturam* grabados integramente sobre pivotes de ánfora. 1-4) Con las letras "AC". 5-7) Con la letra "B". 8-11) Con la letra "C". 12-17 y 19) Con la letra "I". 20-35) Grafitos con dos trazos verticales, tal vez una E arcaica. 36-40) Grafitos en forma de cruz. 41-41) Grafitos de lectura difícil, seguramente son A fragmentarias. 43-44) Con la letra "N". 45-51) Grafitos que representan una "O". 54-58) Diversas representaciones de la letra "R". 59-60) Grafitos con la inicial "S". 61-62) Iniciales con la letra "V".

Figura 87. Taller de Palamós. 1-3) Bordes de ánfora del tipo Dressel 2-4.

Figura 88. Taller de Palamós. 1-4) Bordes de ánfora del tipo Dressel 2-4. 5-6) Pivotes de ánfora Dressel 2-4.

Figura 89. Taller de Platja d'Aro. Diversos tipos anfóricos: 1-3, bordes del tipo Dressel 2-4; 4, pivote del tipo Dressel 2-4; 5, Borde de ánfora Dressel 7-11; 6, Asa del tipo Dressel 2-4; 7, Base de ánfora del tipo G. 4.

Agradecimientos.

Un trabajo de estas características que reúne mucho material, procedente de diversos yacimientos y depositado en diferentes museos, solamente es posible realizarlo en equipo y con la ayuda desinteresada de mucha gente.

Quiero agradeceren primer lugar, y de manera especial, al director de esta tesis, Dr. Josep M. Nolla Brufau, su interés, amistad y soporte demostrado en todo momento, que va mucho más allá del puro trámite académico. Con él, también a Assumpta Roure Bonaventura, a los doctores Pere Castanyer Masoliver y Josep Casas Genover, sin los cuales difícilmente el trabajo habría llegado a buen puerto.

Al Dr. Enric Sanmartí Grego, conservador del Museu d'Arqueologia de Catalunya, con el que mantuvimos una intensa relación de trabajo en Empúries durante la que tuve ocasión de aprender en múltiples aspectos, a la Sra. M. Aurora Martín Ortega, directora durante años del Centre d'Investigacions Arqueològiques de la Diputació de Girona y del Museu Arqueològic de Sant Pere de Galligants, hoy directora del Museu d'Arqueologia de Catalunya – Girona, y al Sr. Josep Tarrús Galter, conservador del Museu Arqueològic Comarcal de Banyoles; a todos por las facilidades en la consulta de materiales.

A Marta Santos Retolaza, por cedernos materiales emporitanos que tenía en estudio y a Domingo Gamito por la localización de algunas piezas en los almacenes de Empúries y por sus valiosas indicaciones. Agradecemos también la confianza demostrada y la cesión de materiales inéditos a Ramon Buxó y Joan Descamps, al desaparecido Lluís Esteva y a Mario Zucchitello.

A Xavier Rocas, Jordi Merino, Anna M. Puig, Jordi Sagrera, Joan Llinàs y Francesc Aicart, por comunicarnos novedades, aún inéditas de trabajos y excavaciones que dirigen. A la Sra. Mercè Ferré, y también a Josep Burch, por las informaciones y contactos paralelos en el proceso de las respectivas tesis. A Josep A. Gisbert y al Dr. Antonio Cobos, que han tenido la amabilidad de proporcionar información, puntualizaciones e indicaciones necesarias.

A Montserrat Coberó, que ha analizado las muestras de cerámica que contiene el estudio, y a Aurelio Alvarez, profesor del Departamento de Geología de la Universidad Autónoma de Barcelona que la ha dirigido.

A los Drs. Isabel Rodà y Marc Mayer por sus consejos, correcciones e indicaciones que han aligerado el camino de este trabajo. Al Sr. Michel Blech y a Dirce Marzoli, del Instituto Arqueológico Alemán de Madrid. Al Sr. Lepage, director de los Museos de Narbona y a los Srs. Michel Cathala y Aimé Pibouleau, trabajadores de la misma institución, por su ayuda en la búsqueda de diversas inscripciones.

A Victòria Soler y Concha Puertas, por la paciencia demostrada de aguantar las largas sesiones de trabajo en sus domicilios, los encuentros interminables y la capacidad única de soportarlo de una manera tan encantadora.

A los que han participado de forma voluntaria, entusiasta y desinteresada en las diversas excavaciones que se han realizado y aún es realizan en este país, con especial mención a las experiencias vividas en Vilauba y Empúries.

A todos éstos y a aquellos que de una forma u otra han hecho que sea posible la presentación de este trabajo, les transmitimos nuestra deuda de gratitud y reconocimiento más sincero.

Prólogo.

Es muy posible, casi seguro, que cuando Ricard Pascual leía su comunicación en el VII Congreso Nacional de Arqueología celebrado en Barcelona el año 1960 (R. Pascual, Centros de producción y difusión geográfica de un tipo de ánfora, VII *Congreso Nacional de Arqueología* (Barcelona, 1960), Zaragoza, 1962, pp. 334-345) nadie pensara que aquel trabajo aparentemente modesto, de tipología anfórica, tema marginal en la arqueología oficial de aquellos años y, no lo vayamos a olvidar, obra de un arqueólogo "amateur" abría un camino de importancia inusual para conocer uno de los aspectos más extraordinarios de la historia de la zona costera del norte de la Hispania Citerior, una historia tan sólo insinuada en las fuentes escritas y que sin embargo poseía unas tupidas raíces.

En efecto, el estudio pionero de Pascual ponía las bases para conocer la actividad anfórica de algunos alfares de Cataluña con la identificación y definición de un recipiente con personalidad propia que se inspiraba directamente de las ánforas vinarias itálicas tipo Dressel 1 B. Lo que inicialmente podía parecer pura anécdota era, no obstante, la plataforma de lanzamiento para conocer el crecimiento económico de esta provincia y su expansión decidida a la captura de amplios mercados en un momento cronológicamente antiguo, desde mediados del siglo I aC, y con una dinámica actividad de casi doscientos años. Esta vía abierta sirvió además para poner de manifiesto actividades parecidas en provincias próximas de enorme intensidad. Desde entonces, un sinfín de aportaciones han ido enriqueciendo el tema y ampliando miras y objetivos.

El trabajo del Dr. Joaquim Tremoleda i Trilla se inscribe entre las más recientes aportaciones en este campo. Ha centrado su interés en un análisis detallado y exhaustivo de un área geográfica determinada, no excesivamente grande –el nordeste de Cataluña–, donde ha sido posible llegar a un nivel de precisión envidiable que le han permitido plantearse cuestiones relativas a la agrupación, territorialidad, áreas de influencia, sistemas de producción y propiedad de los alfares de esta región con conclusiones de enorme importancia que han permitido definir relaciones muy intensas con territorios geográficos inmediatos que en ocasiones se habían intuido pero que no habían podido ser probadas documentalmente.

Joaquim Tremoleda, que se doctoró brillantemente con una primera versión del trabajo que tienen, ahora, en sus manos, demuestra todo su saber en un tema de enormes complejidades al abarcar frecuentemente cuestiones alejadas de la metodología propia del trabajo arqueológico. El autor no sólo demuestra su talento en este campo sino que, como debe ser, se transforma en excelente historiador. El resultado es una obra viva, eficaz y científicamente madura.

La arqueología y la historia de los albores del Imperio en la zona del nordeste de la vieja provincia Hispania Citerior y de todos los territorios circundantes están de enhorabuena,

Josep M. Nolla

Catedrático de arqueología de
la Universitat de Girona.

Capítulo 1. Introducción general.

Objetivos.

Hablar de cerámicas de producción local en época romana comporta sumergirse en un mundo que en general es mal conocido o del que, como mucho, se posee un conocimiento desigual, ya que tradicionalmente se ha fragmentado su estudio según las diferentes "clases" de material.

Desde nuestro punto de vista se deben considerar cerámicas de producción local todos aquellos objetos cerámicos que fueron elaborados en los alfares y talleres de una área determinada, sin que esto implique o condicione nada, de entrada, respecto a su naturaleza y distribución posterior. Al hablar de "clases" de material, nos referíamos a una división primaria, que definiremos más adelante, y que permite diferenciar en grandes grupos los objetos cerámicos según su utilidad.

La cerámica común, en primer lugar, es el grupo con más diversidad y dispersión por lo que respecta a la funcionalidad. A pesar de que usamos un término ciertamente restrictivo, bajo su definición agrupamos también la cerámica de cocina, la vajilla de mesa no barnizada, producciones locales barnizadas, los recipientes destinados a conservar o tratar alimentos, lavar, etc. Deberemos ampliar esta base de estudio con conjuntos bien fechados procedentes de diversos yacimientos conocidos en el territorio, y no exclusivamente con los hallazgos de los vertederos de los talleres. Todo este conjunto de materiales permitirá confeccionar una serie cronológica por mitades de siglo de las diversas formas.

En segundo lugar, nos referiremos brevemente a los *dolia*, pero no a los usados en tareas domésticas –incluidos en el capítulo de las cerámicas comunes–, sino a los recipientes que fueron creados especialmente como grandes contenedores que cubrían unas necesidades de almacenaje de los excedentes agrícolas de las villas y que ocupaban unos espacios destinados especialmente a esta función.

Las ánforas, si bien por técnica de fabricación podrían ser consideradas como cerámica común, su especificidad como objeto de envase y transporte de determinadas mercancías y productos muy concretos obliga a considerarlas de forma distinta, y el planteamiento de cuestiones en torno a su proceso de elaboración resulta, sin duda, más complejo.

En nuestro estudio nos limitaremos a dejar constancia de los tipos producidos en el extremo nordoriental de la Tarraconense, de su franja costera, y ver ésta como una zona activa y integrada en un fenómeno económico que afectó al país, basado en el cultivo de la vid y en la producción de vino, sobre todo a partir de época augústea. No pretendemos pues, realizar un estudio de las ánforas catalanas, proyecto que, *a fortiori,* ha estado ya cubierto por recientes y excelentes síntesis al respecto.

Finalmente, nos ocuparemos del material de construcción, al que sería aplicable, en el aspecto técnico, lo mismo que hemos comentado de las ánforas. Frecuentemente ha sido objeto de negligencia en los estudios arqueológicos, aunque nos presenta, a la luz de las excavaciones realizadas hasta la actualidad, un repertorio considerable, aunque no completo, de las piezas usadas para la construcción de las diversas partes de los edificios. Su elaboración debió representar la ocupación principal de los alfares del país durante buena parte del año. Faltados como estamos en esta zona de epigrafía anfórica propia, hemos valorado especialmente el soporte que ofrecía este material para el conocimiento de los productores y de los aspectos sociales que revestían estas industrias.

Sobre esta base intentaremos una clasificación de los objetos según las formas y los tipos procedentes de los talleres del área estudiada. Los hornos y centros industriales, a pesar de la reducida información que nos ofrecen, estarán también recogidos y descritos, de forma que podremos apreciar su catalogación, distribución y las agrupaciones que tenían en nuestras comarcas.

El conocimiento desigual de la producción de cerámicas locales al que hacíamos alusión anteriormente ha sido motivado por el tipo de estudio que se ha realizado, separando de las diversas partes que forman este conjunto. El material que ha salido beneficiado, sin ninguna duda, es el formado por las ánforas. Las razones son diversas, pero el haber servido de envase de unos productos determinados las ha dotado de un valor inigualable como indicador económico para establecer las relaciones comerciales y las áreas de distribución entre las diferentes zonas del Mediterráneo. Por lo que respecta al material de construcción, debemos señalar que no ha recibido mucha atención por parte de los investigadores siendo, en cambio, uno de los elementos que mejor definen la colonización romana en todas las provincias del Imperio, puesto que son la expresión material de una arquitectura totalmente nueva respecto la de las sociedades indígenas anteriores, elaborada a base de la arcilla, como mínimo lo que se refiere a las piezas más significativas (ladrillos, *tegulae*, *imbrices*, etc.).

Uno de los objetivos principales de este estudio es el de corregir, en la medida de lo posible, este desequilibrio y recuperar el concepto unitario que tiene la cerámica local, ya que esta diversidad de productos surgieron de los mismos talleres, se elaboraron con las mismas arcillas, por los mismos artesanos e incluso obedecían a un tipo de demanda semejante.

Con eso, querríamos dejar entrever que la actividad concreta de la fabricación de cerámica no debe ser vista como un hecho aislado, sino que se hallaba inserta, en época romana, en una compleja realidad, en un panorama básicamente de explotación rural donde, según las épocas del año y las necesidades de cada momento, se confeccionaba un tipo u otro de objeto. Esta actividad artesanal y semi-industrial debe entenderse en el marco de un sistema socio-económico que generaba estas necesidades y dotaba los objetos fabricados en los alfares de una funcionalidad primaria, para la cual habían sido creados. Será a través del estudio de estos restos, a los que llamamos "cultura material", que intentaremos comprender mejor esta sociedad del pasado, teniendo en cuenta que los patrones de conducta que la definen se traducen en una serie de acciones sobre la naturaleza y en creaciones materiales.

Límites.

Los límites de este estudio están marcados, a parte de la propia naturaleza del material, por un espacio geográfico que corresponde a una unidad clara que abarca desde los Pirineos al río Tordera y de la cordillera Pre-litoral al mar, básicamente las comarcas costeras de la provincia de Girona. Los patrones de asentamiento que se siguen en este marco se articulan sobre diversos ejes: unos en sentido longitudinal, marcados sobre todo por un viejo paso natural usado desde época prehistórica, que será seguido en época romana por la Vía Augusta, y otro marcado por la línea de la costa; también existen unos ejes transversales, definidos por los valles fluviales de los ríos Ter y Fluvià.

Por lo que respecta al ámbito cronológico, debemos situarlo entre los inicios del Principado de Octavio y el fin del siglo III, es decir, el Alto Imperio. Las razones para justificar esta elección son de diversa naturaleza, una de ellas, la principal, sería la indudable unidad de esta dilatada etapa histórica, la de la consolidación y enraizamiento de la Romanización, por el corte significativo que existe, en lo referente a la cultura material y, en concreto, a la cerámica, con la etapa inmediatamente anterior, la Baja República, a pesar de que el Principado de Augusto representa en algunos aspectos un período intermedio, de transición. Otro factor es, tal vez, la cantidad de información de que disponemos, notable y muy segura, procedente de numerosos yacimientos distribuidos a lo largo de este territorio, y por el hecho de que, a pesar de todo, era una etapa poco conocida a nivel general por lo que respecta a estas cerámicas comunes, en relación especialmente, al período anterior (siglos II-I aC). A pesar que este período mantendrá continuidad con la Antigüedad Tardía, es perceptible un cambio coincidente con el fin de un largo período de estabilidad política a partir de finales del siglo III e inicios del IV.

Es evidente que durante este período de más trescientos años son perceptibles también pequeñas diferencias en un campo tan sensible como el de la cultura material. Éstos serán algunos de los aspectos que se irán destacando a medida que avancemos y nos sumerjamos en el estudio.

Estructura del trabajo.

Este trabajo está estructurado en cuatro grandes apartados. En el primero, de carácter general, se sitúan todos aquellos yacimientos, en relación numerada, que se han usado como puntos de referencia, con indicación, en los casos más complejos, de los sectores de donde proceden los materiales.

La situación geográfica de las villas, ciudades y naufragios se colocará en un primer mapa de las comarcas de Girona; otro estará reservado exclusivamente para los hornos.

Otra tarea necesaria era la definición de los diversos términos y conceptos de la cerámica local que serán utilizados constantemente en nuestras referencias. La existencia en época prerromana de algunos centros de fabricación de cerámica, aún mal conocidos, demuestra la vieja tradición de unas producciones autóctonas y de un artesanado que marcan los precedentes de una actividad que a partir de época de Augusto recibirá un impulso enorme. En este sentido nos ha parecido útil introducir, de forma breve, los precedentes inmediatos a la época que nos incumbe, desde época griega hasta época romana republicana.

La segunda parte está centrada en la estructura y funcionamiento de los hornos y talleres que conocemos. Es una parte importante, puesto que saber de su existencia y, en muchos casos, haber realizado su excavación, ha permitido conocer las cerámicas salidas de diferentes alfares en momentos determinados y ver su impacto e implantación en los yacimientos del territorio.

La parte tercera se centra en el estudio del material, dividido en cuatro grandes grupos: la cerámica común, *dolia*, ánforas y, finalmente, el material de construcción.

La definición, según una selección efectuadapor nosotros y adaptada a nuestras conveniencias, de cada forma cerámica nos ahorrará constantes repeticiones a la hora de dar una precisión terminológica concreta en la descripción de cada pieza y una introducción general a cada una de las categorías identificadas y analizadas, con una descripción de las calidades de la arcilla, recubrimientos, decoraciones, lugares de procedencia, segura o probable, cronología, repertorio de formas, evolución, etc.. Encabeza el primero y más complejo de los cuatro grandes grupos, el de la cerámica común. Se catalogan los materiales procedentes de los vertederos de los hornos expuestos anteriormente y el repertorio de formas de cerámica común procedente de los diversos yacimientos considerados de la zona. Para ello, ha sido posible diferenciar hasta siete grandes períodos cronológicos, a partir de las estratigrafías fiables, que abarcan desde época de Augusto hasta fines del siglo III. El estudio que sigue esta estructura temporal fue ya publicado extensamente (Casas *et al.*, 1990), y, por lo tanto, preferimos publicar aquí una síntesis de las cerámicas comunes según una ordenación morfológica.

A continuación, se ofrece el repertorio de *dolia*, como clase de material individualizada. En cuanto a las ánforas, se contemplan únicamente las que tienen una procedencia segura de los talleres de la zona. En este caso, el catálogo sigue un criterio tipológico, bien definido para estos envases.

Finalmente, nos ocupamos del material de construcción, según las diversas formas, producidas también en los alfares del país; esto nos permitirá obtener un repertorio de estos objetos fabricados en los hornos de este ámbito geográfico. Aparte del aspecto puramente tipológico, intentaremos extraer el máximo de información de tipo social y de la organización del trabajo, puesto que se trata de un material que aporta bastantes datos sobre los nombres de los fabricantes.

Las ilustraciones que acompañan al texto irán numeradas correlativamente como figuras, con independencia que se trate de planos, dibujos de material o fotografías. Las figuras que consten de diversas ilustraciones tendrán, en su interior, una numeración individualizada para cada una de ellas. Cada figura llevará una escala gráfica que vinculará toda la lámina, si en su interior aparecen dibujos a diferente escala se señalará con claridad suficiente.

El cuarto bloque consta de cuatro capítulos de síntesis que elaboran los datos recogidos anteriormente. En el primero se reúnen todos los indicios que se han recuperado impresos sobre el material y se realiza un análisis prosopográfico, que ilustrará sobre las posibilidades de reconocer los personajes que se representan y sobre su condición social. Más adelante, se trata el tema de la emigración romana en Hispania y, en concreto, en la zona norte de la Tarraconense. Derivado de las evidencias arqueológicas se intenta valorar el papel económico ejercido por los libertos en los oficios y actividades que tratamos. Finalmente, se entra en detalle sobre la distribución y los tipos de talleres y se valoran sus posibilidades de organización y funcionamiento.

Una vez realizado el estudio de todo este volumen de información nos interesará, en forma de anexos, destacar o incidir en algunos aspectos que se desprenden de su conocimiento. En un primer anexo, hemos creído interesante ofrecer una recogida de datos sobre las proporciones en que aparecen las diversas categorías cerámicas con la intención de ver el alto porcentaje que ocupan las producciones locales en cualquier yacimiento de nuestra área y, por extensión, en los yacimientos romanos en general. Por último, los análisis de composición de las muestras de pastas cerámicas procedentes de los hornos conocidos, primer paso para una catalogación más general, complementadas con macrofotografíasservirán de referencia para conocer la composición de cada uno de los puntos de fabricación y podrán ser utilizados como elementos complementarios de identificación.

PARTE I
Catálogo de yacimientos y definiciones.

Capítulo 2. Catálogo de yacimientos.

En aquesta época les vies interiors estan plenament establertes i la Via Augusta esdevé l'espinada de la romanització en aquestes terres. Juntament amb aquest camí, els focus principals que ajuden a accelerar la integració dins l'Imperi, tenint ben present el paper que jugarien les villae *disperses arreu, seran* Emporiae *y* Gerunda *y probablement també els altres* municipia *dels quals tenim menys informació.*

NOLLA & CASAS, 1984, p. 26.

Introducción.

Para ahorrarnos pesadas repeticiones, retornos constantes y citas reiterativas y para proporcionar al benévolo lector una rápida visión de las estaciones utilizadas en este estudio, hemos considerado oportuno unir en un capítulo un catálogo de aquellos yacimientos arqueológicos que han servido para estructurar este trabajo. Treinta y siete estaciones, más o menos conocidas y publicadas, que han sido de gran utilidad por la cantidad de material recuperado, por el interés de hallazgos cerrados, por la información de algunas unidades estratigráficas excavadas o por tratarse de alfares.

Ordenados de norte a sur, en cada caso seguiremos la misma fórmula:

1) Nombre del municipio y comarca donde se sitúa.

2) Nombre de la estación.

3) Bibliografía. Esta será exhaustiva en aquellos yacimientos más o menos conocidos y con indicación de la más útil, según nuestra opinión, y la más moderna en los casos en que la importancia del lugar así lo aconseje.

4) Un breve resumen del yacimiento, indicando la localización, historia o periodización y el estado actual de la investigación.

5) En los casos necesarios, se especificarán los diversos puntos, en el interior de un mismo yacimiento, que han proporcionado los materiales que se han sido útiles para la investigación.

Figura 1. Mapa de la Península ibérica, con la situación de las ciudades romanas de Empúries, Girona y Barcelona.

Distribución de los yacimientos catalogados en las comarcas gerundenses.

1. **Cap de Vol** (PORT DE LA SELVA, Alt Empordà).
2. **Ciudadela** (ROSES, Alt Empordà).
3. **Horno del Home Dret, Can Corominas** (MAIÀ DE MONTCAL, La Garrotxa).
4. **Camino a Can Miró** (NAVATA, Alt Empordà).
5. **La Font del Vilar** (AVINYONET DE PUIGVENTÓS, Alt Empordà).
6. **Fontudana** (CREIXELL-BORRASSÀ, Alt Empordà).
7. **La Bomba** (VILACOLUM, Alt Empordà).
8. **Mas Castell** (PORQUERES, Pla de l'Estany).
9. **Vilauba** (CAMÓS, Pla de l'Estany).

10. **Ermedàs** (CORNELLÁ DEL TERRI, Pla de l'Estany).
11. **Mas Castellar** (PONTÓS, Alt Empordà).
12. **Clos Miquel** (SANT MIQUEL DE FLUVIÁ, Alt Empordà).
13. **Camp dels Recs** (BÀSCARA, Alt Empordà).
14. **Empúries** (L'ESCALA, Alt Empordà).
15. **Riells/La Clota** (L'ESCALA, Alt Empordà).
16. **Camp del Bosquet** (SAUS-CAMALLERA, Alt Empordà).
17. **Tolegassos, Olivet d'en Pujol y Camino a la Cruz de Albons** (VILADAMAT, Alt Empordà).
18. **Mas Gusó** (BELLCAIRE D'EMPORDÀ, Alt Empordà).
19. **La Quintana** (CERVIÀ DE TER, Gironès)
20. **Término municipal** (TORROELLA DE MONTGRÍ, Baix Empordà).
21. **Camí del Pla** (MEDINYÀ-SANT JULIÀ DE RAMIS, Gironès).
22. **Pla de l'Horta** (SARRIÀ DE TER, Gironès).
23. **Montfullà** (BESCANÓ, Gironès).
24. **Girona** (Gironès).
25. **El Viaró** (RUPIÀ, Baix Empordà).
26. **Puig Rodon** (CORÇÀ, Baix Empordà).
27. **Serra de Daró** (Baix Empordà).
28. **Mas de Dalt** (PERATALLADA, Baix Empordà).
29. **Can Cornellà** (CELRÀ, Gironès).
30. **Llagostera** (Gironès).
31. **Llafranc** (PALAFRUGELL, Baix Empordà).
32. **Solar** (PALAMÓS, Baix Empordà).
33. **Pla de Palol o Platja Artigues** (CASTELL-PLATJA D'ARO, Baix Empordà).
34. **S'Agaró** (CASTELL-PLATJA D'ARO, Baix Empordà).
35. **Els Ametllers y Vinya Badosa** (TOSSA DE MAR, La Selva).
36. **Platja de Fenals** (LLORET DE MAR, La Selva).
37. **Forn de Solius** (SANTA CRISTINA D'ARO, Baix Empordà).

1. EL PORT DE LA SELVA (Alt Empordà). Cap de Vol.

Bibliografía: Nieto & Foerster, 1980, pp. 163-177; Foerster, 1980, pp. 244-253; Nieto, 1982, pp. 165-168; Nieto, 1982, pp. 329-330.

Este barco fue expoliado sistemáticamente desde el año 1967. A partir de 1978 fue objeto de diversas campañas de excavación efectuadas por Federico Foerster en primer lugar, y con la colaboración de F. Xavier Nieto después, que permitieron recuperar numerosos fragmentos de ánfora, parte de la cerámica de los marineros, que ha ayudado extraordinariamente a fechar el naufragio, y estudiar en detalle la arquitectura naval y algunos de los elementos utilizados a bordo. Se dedicaba al comercio marítimo de cabotaje, con un cargamento de ánforas de vino de la forma Pascual 1 procedentes de las costas barcelonesas con las marcas IVLI. THEOPHIL, M. PORC, L, QFS y S. Por las ánforas y la cerámica de la tripulación: paredes finas y cerámica de pasta micácea barnizada de color negro y rojo, el hundimiento del barco debería situarse en el último cuarto del siglo I aC, posiblemente en torno al cambio de Era.

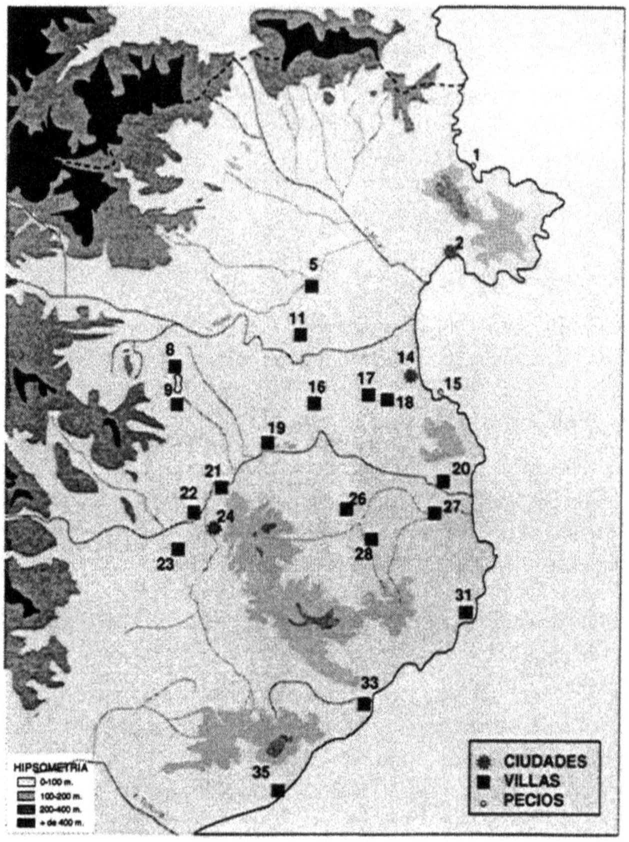

Figura 2. Mapa de distribución de las villas, ciudades y pecios en las comarcas gerundenses.

2. ROSES (Alt Empordà). Ciudadela.

Bibliografía: Martín, Nieto & Nolla, 1979; Nolla & Nieto, 1982, pp. 187-200; Nolla, 1984, pp. 430-459; Nolla, 1993, pp. 659-665; Pena, 1993, pp. 667-673.

La evidencia indica que la antigua Rhode se sitúa en el interior de la Ciudadela renacentista de Roses. El material más antiguo se fecha en el siglo V aC y, más adelante, en el siglo IV aC, en un momento de expansión, se ocupa una amplísima zona cercana a la playa. Se trata de un barrio industrial con diversos talleres cerámicos que, más tarde, en la primera mitad del siglo III aC, se convierte en zona urbana residencial admirablemente estructurada de forma ortogonal, con amplias y rectas calles, trazadas de norte a sur y otras perpendiculares, de este a oeste, dibujando ínsulas regulares, un ejemplo único en el occidente Mediterráneo del urbanismo helénico de tipo hipodámico.

A finales del siglo III o a inicios del siglo II aC, probablemente a causa de la revuelta indígena de 197-195 aC, la ciudad decae, el barrio helenístico se abandona y entra en la órbita emporitana. A partir de época de Augusto se detecta cierto renacimiento económico que perdurará durante todo el siglo I. Desde entonces sabemos poco sobre Roses, la ocupación de un gran edificio aislado, situado al este del barrio helenístico, con restos estructurales alto imperiales, pero con un momento espléndido en el Bajo Imperio a partir de la segunda mitad avanzada del siglo IV, y que seguirá funcionando activamente hasta la segunda mitad avanzada del siglo VI. Se trata de un gran conjunto de dependencias organizadas en torno a un patio que ocupa unos 2.000 m^2, una parte de los cuales corresponde a una factoría de salazones. Después y durante todo el siglo VII e inicios del VIII este lugar y parte del barrio helenístico se usan como cementerio.

3. MAIÀ DE MONTCAL (La Garrotxa).
Horno del Home Dret, Can Corominas.

Bibliografía: Tremoleda *et al.*, 1996, pp. 39-46.

Este horno es encuentra al oeste del núcleo de la población, muy cercano a la carretera que conduce a Besalú. El entorno natural en el que se inserta este horno es ideal para el establecimiento de una industria de este tipo: el paso cercano de un arroyo proporciona agua en abundancia, el entorno boscoso cubría las necesidades de madera y los bancos de arcilla del subsuelo aseguraban la materia prima necesaria. La estructura del horno que se excavó en una campaña realizada entre septiembre y octubre de 1993 corresponde seguramente a una parte de un complejo mucho más amplio, según parecen demostrar diversos indicios aún porconfirmar.

4. NAVATA (Alt Empordà).
Camino a Can Miró.

Bibliografía: inédito.

En el margen izquierdo del camino que se dirige a la capilla conocida como de Can Miró se pueden observar los restos de un horno romano. Nunca se ha realizado ningún tipo de intervención en la estructura.

5. AVINYONET DE PUIGVENTÓS (Alt Empordà).
La Font del Vilar.

Bibliografía: Anónimo, 1983, pp. 391-397; Casas *et al.*, 1993, pp. 341-372; Castanyer & Tremoleda, 1992, 117-124; Tremoleda & Castanyer, en prensa; Tremoleda *et al.*, 1995, 271-274.

En la urbanización de la Torre Mas Pau, en el término municipal de Avinyonet de Puigventós (Alt Empordà), se descubrieron de forma casual restos arqueológicos que hicieron pensar en la posible existencia de un establecimiento rural de época romana. Excavaciones de salvamento iniciadas por el C.I.A. de la Diputación de Girona en el año 1982, evidenciaron la existencia de estructuras formadas por muros y los restos de un depósito revestido de *opus signinum* y un conjunto de material que podemos situar desde época republicana hasta época imperial.

Más tarde, dos campañas de salvamento han puesto al descubierto un conjunto de edificios en torno a un patio. Al oeste hallamos el edificio principal, de residencia. El acceso se abría a poniente, en forma de corredor. El añadido de un pequeño conjunto termal, en el extremo norte de este cuerpo, se fecha seguramente en el siglo II. Tiene dos salas, *caldarium* y *tepidarium*, en la primera de las cuales se abría un pequeño *labrum* de planta absidiada, en el sur había una habitación con el *praefurnium* que daba calor a las salas contiguas. Detrás de las termas se conservaban restos de unas instalaciones sanitarias, formadas per un conjunto de tres *dolia* seccionados per la mitad y unidos por una canalización.

En el lado norte del patio se concentraban las dependencias industriales, formadas por un gran almacén cubierto, de 26 por 8 m., con capacidad para unos 40 o 45 recipientes, así como un depósito revestido de *opus signinum* para líquidos. En el límite oriental había otra nave de almacenaje, más modesta, de 10 por 6 m. La parte sur estaba delimitada por diversas habitaciones, entre las cuales podemos citar un depósito para el prensado del vino. La cronología fundacional probablemente deba situarse en época republicana y la de abandono, mejor fechada, debe situarse a mediados del siglo V.

6. CREIXELL-BORRASSÀ (Alt Empordà).
Fontudana.

Bibliografía: inédito.

El lugar conocido como "Fontudana", se encuentra dentro de la finca Geli y está situado en el kilómetro 751,600 de la carretera N-II. El hallarse tan cercano a esta arteria viaria ha motivado que las frecuentes obras de mejora hayan proporcionado diversos hallazgos que fueron documentados, según los casos, por los señores Marisch, F. Riuró y otras personas de la zona. Estos testimonios fueron recogidos pacientemente por la Sra. Mercè Ferré a quien agradecemos sinceramente la consulta de sus anotaciones. Los hallazgos realizados en este entorno, desde los años 1963-64 hasta 1973, son muy variados y hacen referencia a tumbas, fondos de cabañas y fragmentos de cerámica. La referenciaque aquí nos interesa es la de los restos de un posible horno encontrado el día 14 de mayo de 1973 donde estaba el huerto del señor cura. A pesar de la referencia, la falta de restos y la no continuidad en la investigación ha motivado que no tengamos la absoluta seguridad de su existencia.

7. VILACOLUM, TORROELLA DE FLUVIÁ (Alt Empordà).
La Bomba.

Bibliografía: Badia, 1981, p. 357; Nolla & Casas, 1984, pp. 104-106, Lám. LXXV.

Se han podido documentar los restos de un horno romano de medidas notables, con muros de la cámara de más de 2 m de altura, construidos con adobes cocidos y a veces vitrificados por acción de las altas temperaturas y restos de lo que parece un muro que dividía esta cámara en dos partes iguales.

8. PORQUERES (Pla de l'Estany).
Mas Castell.

Bibliografía: Doménech, 1975, inédito; Doménech, 1979; Cura & Castells, 1976; 121-132; Cortada & Serramitjana, 1968, pp 63-67; Sarquella, 1970, pp. 62-65; Castanyer & Roure, 1986, pp. 175-187.

El material arqueológico recogido y las excavaciones realizadas demuestran que fue uno de los poblados ibéricos más importantes de la zona. Su período de esplendor se situaría entre el siglo IV aC y los siglos II-I aC. Con la romanización del territorio su vida no parece detenerse, sino que incluso sería posible que la zona de hábitat fuera ampliada. Su decadencia se debe fechar hacia el siglo II, aunque el área continuó utilizándose ya que se descubrió un templo de planta rectangular con un ábside, la cronología del cual parece de la segunda mitad del siglo VI, aunque es posible que se superponga a otra construcción similar.

9. CAMÓS (Pla de l'Estany).
Vilauba.

Bibliografía: Nolla, Tarrús & Chinchilla, 1985, pp. 49-97; Roure, Castanyer, Nolla, Keay & Tarrús, 1988; Castanyer, Roure & Tremoleda, 1989, pp. 63-70; Tremoleda, Castanyer & Roure, 1989, pp. 49-69; Castanyer, Tremoleda & Roure, 1990, pp. 157-191; Tremoleda & Castanyer, 1992, pp. 89-96.

Con motivo de la construcción de la carretera que conduce a Pujarnol, el año 1932, se recogieron los primeros materiales arqueológicos. Se excava ininterrumpidamente desde 1978, lo cual ha permitido obtener un amplio conocimiento de su evolución histórica y sus principales características.

Las estructuras más antiguas descubiertas hasta ahora deben situarse en el siglo I, a pesar de haberse encontrado materiales cerámicos de época republicana. De este momento alto imperial conocemos sobre todo los restos de la parte residencial, de la cual conocemos un ámbito dedicado al culto doméstico y otro a funciones de despensa. Al norte de la *pars rustica* conocemos un horno, probablemente cerámico y un pozo; al sur, diversos depósitos y dependencias destinadas a labores agrícolas. Se ha podido recuperar buena parte de su cultura material, ya que a finales del siglo III el fuego destruyó la villa.

La reocupación de Vilauba se fecha en el siglo IV. El aspecto más destacable de este segundo edificio es que todas las estructuras pertenecen a la *pars rustica*. La parte más conocida y estudiada es la que corresponde a la zona donde había una prensa de aceite, aunque también se han descubierto otras partes relacionadas con la producción de este líquido, sobre todo cisternas. Constructivamente, por lo tanto, su aspecto es diferente al del primer edificio. En el aspecto cronológico, el abandono definitivo se produjo lentamente y debe situarse como mínimo en la segunda mitad del siglo VII.

10. ERMEDÀS, CORNELLÀ DEL TERRI (Pla de l'Estany).
Alfar de Ermedàs.

Bibliografía: Tarrús & Roure, 1983, pp. 26 y 27; Nolla & Casas, 1984, p. 174; Casas *et al.*, 1990; Tremoleda, 1995; Casas *et al.*, 1995.

Su conocimiento y la parcial excavación se realizó en setiembre de 1982, durante la colaboración catalano-británica que se realizaba en Vilauba. Ya el año 1963 el Sr. Erundino Sanz había recuperado material arqueológico de interés que estaba depositado en el Museo Arqueológico Comarcal de Banyoles. Los trabajos sobre el terreno fueron a cargo de Martin Millet, quien efectuó, después de una prospección superficial, otra de geofísica que, mediante la resistencia eléctrica que ofrecía el terreno permitió localizar las estructuras de un horno. Posteriormente la excavación sirvió para poner al descubierto medio horno y una habitación situada al lado.

11. PONTÓS (Alt Empordà).
Mas Castellar.

Bibliografía: Martín, 1979-1980, p. 104; Nolla & Casas, 1984, pp. 87-88 (con toda la bibliografía anterior); Pujol, 1989, pp. 24-41.

En este importante yacimiento ibérico es conoce la existencia de un horno de época romana (Pujol, fig. 175). Está situado cerca del manso, en dirección sudoeste.

12. SANT MIQUEL DE FLUVIÀ (Alt Empordà).
Clos Miquel.

Bibliografía: Bonancia, 1975, p. 47; Martín, 1979-1980, p. 100-103; Badia, 1981, p. 282; Nolla & Casas, 1984, pp. 93-94.

Horno hallado a unos 20 m del Fluvià y a 100 m al noroeste de la iglesia del pueblo. Fue descubierto el 1974 en un rebaje de tierras; el entonces S.T.I.A. de Girona se hizo cargo de la excavación y dirigió las obras de consolidación y protección, materializada en una caja de hormigón que impide un ataque directo de los elementos sobre los restos.

13. ORRIOLS (BÀSCARA, Alt Empordà). Campo dels Recs.

Bibliografía: Badia, 1978, p. 35; Martín, 1979-1980, pp. 97-105; Nolla & Casas, 1984, p. 73.

El horno fue descubierto el año 1973 en un rebaje de tierras para construir el acceso núm. 11 de la autopista de Barcelona a Francia, lo descubrió el Sr. Marisch de Ermedàs, delante del manso de Can Cànova. Al finalizar su excavación se volvió a tapar y fue cubierto por el asfalto de dicha autopista.

14. L'ESCALA (Alt Empordà) Empúries.

Bibliografía: Almagro, 1947; Almagro, 1952; Almagro, 1953; Almagro, 1955; Almagro & Lamboglia, 1959, pp. 1-28; López, 1979-1980, pp. 453-462; Nolla, 1974-1975, pp. 147-197; Ripoll & Martí, 1968, pp. 275-292; Sanmartí, 1973, pp. 135-173; Sanmartí, Nolla & Aquilué, 1983-1984, pp. 110-153; Aquilué *et al.*, 1984; Sanmartí, Castanyer & Tremoleda, 1990, pp. 79-88; Aquilué *et al.*, 1999.

El yacimiento de Empúries está situado a unos 2 km. del pueblo de L'Escala, cerca del pequeño núcleo de Sant Martí d'Empúries. La topografía antigua del lugar era muy diferente de la actual, ya que esta elevación estaba rodeada de marismas y por los brazos del río Fluvià al norte y del Ter al sur.

La dilatada secuencia histórica que abarca ha motivado que tradicionalmente se hayan distinguido diferentes partes en el interior del mismo yacimiento, y que no siempre hayan coincidido con la evidencia arqueológica o con las fuentes escritas.

El primero de ellos es el islote de Sant Martí d'Empúries, donde se había situado un contingente de población de época del Bronce Final y, posteriormente, de la Primera Edad del Hierro, que serían los pobladores que encontraron los griegos foceos cuando llegaron a la zona. Según las fuentes escritas y los recientes datos arqueológicos, estos se habrían instalado en la isla hacia el 575/550 aC, establecimiento que fue denominado más tarde *Palaia polis*, y pasarían, poco tiempo más tarde, a fundar un establecimiento mayor en tierra firme que los arqueólogos hemos denominado Neápolis.

Fue precisamente aquí donde se concentraron la mayor parte de los trabajos sistemáticos que se iniciaron el 1908 y que han continuado prácticamente hasta nuestros días.

La *polis* focea de *Emporion* siguió su propia evolución hasta que a finales del siglo III aC, y en el marco de la Segunda Guerra Púnica, entra en contacto con el mundo romano, siendo una gran aliada de éstos. En la parte alta del montículo de Empúries, en el siglo II aC se instaló un *praesidium*, después de la represión catoniana del 195 aC sobre los indígenas. Posteriormente, ya en el siglo I aC, se realizará la creación de una ciudad de nueva planta, con trazado ortogonal, que pronto obtuvo el estatuto jurídico de municipio de derecho romano.

En un momento indeterminado del siglo I aC se produjo la fusión de la ciudad romana con la *polis* griega, que hasta entonces se había mantenido independiente, momento que la ciudad recibió el nombre de *Emporiae*. Durante este siglo Empúries consolida la expansión iniciada anteriormente, viviéndose momentos de gran actividad. A pesar de esto, a partir del cambio de Era su importancia geopolítica decae en detrimento de otras ciudades y puertos, y se inicia un progresivo declive hasta que, a mediados del siglo III, la ciudad romana queda totalmente abandonada. Por contra, en la Neápolis tenemos constancia de la edificación de una basílica paleocristiana el siglo IV, única señal de vida en la zona, si bien, el abandono del hábitat es aún más prematuro que en la ciudad romana, a finales del siglo I. Curiosamente, el único lugar donde se continuará viviendo será Sant Martí d'Empúries, donde se documentan numerosas estructuras del final del mundo antiguo y de época medieval.

Los sectores o puntos del yacimiento que han aportado material útil para nuestro estudio los dividiremos en tres grandes partes naturales: la primera, estratos o depósitos de época romana procedentes de las remodelaciones de la ciudad griega; en segundo lugar, de las diversas excavaciones de la ciudad romana y; finalmente, de las necrópolis emporitanas, localizadas sobre todo en torno de la montaña donde se asienta la ciudad.

- Neápolis

1. Sector de los hornos.
En época de Emilio Gandia se localizaron y excavaron dos hornos de cerámica, uno en el año 1916 y el otro en el 1917. No conocemos los materiales que se fabricaban en estos hornos, a pesar de los trabajos realizados durante de las viejas excavaciones. Últimos trabajos efectuados en este sector durante la campaña de 1990, permitieron recoger nueva información de su actividad, centrada en elementos de cocina.

2. Cisterna de la ínsula del sector noreste de la Neápolis.
El año 1985 se inició la excavación de una ínsula en el interior de la Neápolis con la intención de obtener una

nueva secuencia estratigráfica del núcleo griego. En una de las cuatro habitaciones se encontró una cisterna que había sido tapada en el momento del abandono del sector, proporcionando un conjunto de material que se fecha con precisión entre el 40 y el 50 (Nolla, 1992, pp. 83-89).

- Ciudad romana

1. Muralla Rubert.
Los materiales procedentes de la estratigrafía realizada en la escombrera que se entregaba contra la muralla Rubert han sido frecuentemente de gran utilidad para diversos estudios, entre los cuales el más conocido es el de las cerámicas de barniz negro realizado por el Dr. E. Sanmartí. Nosotros pondremos la atención en el material de época augústea que nos proporciona.

2 y 3. Silos del cardo B.
Este grupo de silos se sitúa a el extremo sur del cardo B, a la altura del área norte del foro.

4. Gran cisterna.
La excavación del relleno de la gran cisterna situada en el exterior del ángulo noreste del foro entre los años 1969 y 1971, proporcionó un conjunto de material limitado, pero muy preciso cronológicamente, que debemos fechar a finales del siglo tercero.

5. Foro.
Conjunto de material procedente de las campaña de principios de los 80, que se sitúa básicamente en el siglo I. Hemos tomado en consideración tres conjuntos principales, procedentes de la basílica, la *taberna* y el ambulacro y el ala occidental del criptopórtico.

6. *Macellum* al norte del foro.
Material diverso, principalmente del siglo I.

7. Campo Banyes.
Material diverso de un campo cercano a la muralla meridional de la ciudad.

8. Campo Ramis.
Material procedente de la habitación situada en el extremo sur del ala oriental del ninfeo.

9. Silo del Campo Ramis.
Gran silo, su excavación proporcionó un interesante conjunto de material, que se fecha en el siglo II.

10. Cardo B.
El verano del año 1990 se realizaron los trabajos de excavación del llamado cardo B de la ciudad romana de Empúries. Estos trabajos afectaron el tramo de calle comprendido entre la muralla transversal y la plaza del foro. La gran extensión del área a excavar aconsejó la división en tres sectores, cada uno correspondiente con las dimensiones de una ínsula. Bajo los niveles superficiales que cubrían la calle aparecieron los niveles correspondientes al abandono y derrumbe de las estructuras colindantes con la calle. Los objetivos de la excavación se centraron en excavar estos estratos de abandono, dejando al descubierto los últimos pavimentos. El material que proporcionó debe fecharse en la segunda mitad del siglo III, aunque era posible determinar la presencia de material más antiguo, desde época augústea hasta el siglo segundo.

11. Casa romana número 2.
Hemos utilizado material procedente de estratos bien fechados, aunque no de manera sistemática, pertenecientes sobre todo al siglo I.

12. Casa romana número 1 o Villanueva.
Los magníficos conjuntos que ha proporcionado la excavación, en diversas épocas y en determinados puntos, de esta *domus* nos serán de gran utilidad. Sobre todo usaremos los de la cisterna sur que, excavada durante el año 1968, y publicada posteriormente por Ripoll y Martí, nos ha dotado de un interesante conjunto de cerámica común que ocupa buena parte del siglo I. También usamos materiales de la llamada cisterna circular y de la zona de la entrada del *impluvium* este.

- Necrópolis

Hemos realizado una recogida de los materiales más interesantes del importantísimo conjunto que constituyen las necrópolis emporitanas, publicadas por M. Almagro. Las hemos agrupado en cuatro grandes conjuntos.

I- Necrópolis del sector oeste de la ciudad:
1. Ballesta-Rubert.
2. Torres-Nofre.

II- Necrópolis del sector sudeste:
3. Bonjoan.
4. Granada.

III- Necrópolis del sector sur de la ciudad:
5. Pi.
6. Vinyals.
7. Patel.
8. Anfiteatro.
9. Sabadí.

IV- Necrópolis de Les Corts.

15. L'ESCALA (Alt Empordà).
Riells/La Clota.

Bibliografía: Ripoll & Llongueras, 1974, pp. 277-295; Nieto & Nolla, 1985, pp. 143-162.

Este yacimiento submarino que se localiza en una playa baja, bien protegida de los vientos de levante, comunicada con el Estany de la Poma, documenta la existencia del puerto subsidiario más importante de Empúries durante la Antigüedad. Se localiza al sudeste de l'Escala y, por lo tanto, relativamente cercano a esta ciudad, con unas adecuadas condiciones para servir de punto de anclaje.

Su actividad se inicia y tiene el momento de máximo desarrollo durante el siglo II aC y continúa muy activo en el siglo siguiente, cuando Empúries concentra buena parte del comercio entre la costa de levante de Hispania y la Italia tirrénica. La importancia de Riells/La Clota queda evidenciada con la construcción de una fortaleza en el Corral d'en Pi, bien datada en la segunda mitad entrada del siglo II aC. En época de Augusto la actividad decae considerablemente, si bien los hallazgos efectuados prueban una larga perduración hasta la Antigüedad Tardía y la Alta Edad Media, eso si, a un ritmo mucho menor.

16. SAUS-CAMALLERA (Alt Empordà). Camp del Bosquet.

Bibliografía: Casas, 1980a, pp. 77-81; 1980b, pp. 275-281; 1981, pp. 37-44; Nolla & Casas, 1984, pp. 94-101 (recoge toda la bibliografía anterior).

En este caso nos hallamos frente una pequeña estación indígena de la segunda mitad del siglo II aC, formada por un fondo de cabaña y diversos silos, que experimentó una evolución o, mejor dicho, una ocupación continuada en época romana, hasta que fue definitivamente abandonada en época augústea, en el primer cuarto del siglo I, como muchas otras estaciones y yacimientos documentados en la demarcación territorial de Girona.

Siguiendo la estructura y los resultados de las excavaciones de salvamento que se realizaron los años 1974 y 1979, la estación del Camp del Bosquet se dividió en tres ámbitos bien diferenciados: el fondo de cabaña indígena, con un lote de ánforas de la segunda mitad del siglo II aC sobre todo del tipo grecoitálico, Dressel 1 con pasta DB de procedencia campaniense, acompañadas de un conjunto importante de material indígena (grises emporitanas y cerámicas reducidas), un silo rellenado en época augústea y, finalmente, un pequeño depósito revestido de *opus signinum,* inutilizado también en los primeros años del siglo y de nuestra Era. Estos dos últimos conjuntos se fechaban gracias a las cerámicas aretinas, las de paredes finas y cerámicas comunes locales.

De todas formas, los fragmentos de cerámica esparcidos por el campo y un nuevo silo descubierto posteriormente, casi sin material arqueológico, demuestran una continuidad en la ocupación del lugar durante todo el siglo I aC. Pero para este estudio nos interesa especialmente el contenido del depósito y del silo excavado el año 1979, ya que constituyen conjuntos cerrados con una cronología muy precisa en el cambio de Era. Aunque el material arqueológico no sea abundante, es de gran utilidad para la datación de otros conjuntos idénticos, al mismo tiempo que nos muestra un panorama de cambios importantes en la ocupación y explotación del territorio en aquel momento.

17. VILADAMAT. (Alt Empordà). Tolegassos.

Bibliografía: Nolla & Casas, 1984. pp.111-113; Casas, 1989 (recoge toda la bibliografía anterior); Casas & Nolla, 1989 (en prensa); Casas & Rocas, 1989, pp. 71-86.

El término municipal de Viladamat es, sin ninguna duda, uno de los mejor explorados en el territorio emporitano y, por este motivo, el que contiene más yacimientos arqueológicos hasta ahora descubiertos. Posiblemente, una exploración cuidadosa en los términos de Ventalló, al norte y Albons, al sur, proporcionarían unos resultados similares a los obtenidos en Viladamat. En estos momentos, nos centraremos únicamente en dos de los yacimientos excavados en este municipio, intensamente estudiados y publicados por el Dr. Josep Casas: la villa de Tolegassos y el Olivet d'en Pujol.

Por lo que respecta a Tolegassos, como ya hemos comentado en otras ocasiones, se trata de una villa de época romana de tipo mediano si la comparamos con otras *villae* conocidas en el resto de la Península, de la Galia o de Italia, a pesar de la falta de otras villas excavadas en extensión en nuestras comarcas nos impide conocer los "estandars" que regían en nuestro territorio.

Sea como fuere, se trata de una villa rústica de unos 3.000 m^2 de superficie construida *ex novo* durante la primera mitad del siglo I, a partir de un plano preestablecido y que respondía a las características y necesidades de una explotación rural de la época. En estos momentos, cuando se ha puesto al descubierto más de la mitad del yacimiento, se han identificado al menos dos edificios enteros, situados respectivamente en los extremos sudeste y sudoeste del recinto y separados por el patio central de la villa. Los dos edificios corresponden a la vivienda de los obreros agrícolas y al almacén, mientras que el patio central corresponde al sector de trabajo del conjunto, con basamentos para *dolia* y con el pozo que proporcionaba agua potable a sus habitantes. En el sector norte, en proceso de excavación, comienzan a aparecer nuevas estructuras aún sin interpretar y un patio con *dolia.*

La villa, tal y como la conocemos, presenta tres fases constructivas perfectamente identificadas. La primera, correspondiente a la fundación de las estructuras visibles más importantes, se fecha en la primera mitad del siglo I. Una segunda fase, que comportó una ampliación parcial de los primeros edificios, se data en el siglo II y una tercera, con remodelación de buena parte del conjunto, se fecha a finales del siglo II o inicios del siglo III. El abandono general del yacimiento debe situarse en la segunda mitad del siglo III.

Pero, a parte de estas fases estructurales tan claras y bien definidas, se documentan otras fases aún mal conocidas y que podemos denominar como "precedentes" y "reocupación". Los precedentes consisten en hallazgos de material indígena de la primera mitad y mediado siglo II aC que nos documentan una primera explotación rural ibérica, construida con materiales ligeros (madera, cañas y barro), situada al lado de un depósito abierto en el suelo geológico y cerca de un conjunto de silos tapados en épocas diversas, y algunos de ellos utilizados incluso por los primeros colonos romanos.

Estos mismos silos documentan, además, una primera villa romana tardorrepublicana construida con toda probabilidad en el siglo II aC y que sufrió diversas modificaciones antes de ser derruida en un momento anterior a la construcción de los edificios de la fase 1. La existencia de la primera villa se evidencia por el hallazgo de restos de pavimentos de *opus signinum* con teselas blancas en los rellenos de silos fechados a mediados y segunda mitad del siglo II aC; con el hallazgo de basamentos de columna de caliza local o de *tegulae*, *imbrices* y piezas cerámicas de columna dentro de silos o depósitos rellenados en época augústea, con bastante anterioridad a la construcción de los edificios de la llamada fase 1 o, en definitiva, con el hallazgo de estratigrafía, depósitos y un almacén de *dolia* también rellenados en época augústea. Todos estos ámbitos contienen material de construcción procedente de un edificio cercano y que aún no se ha puesto al descubierto o del que tal vez no queda nada.
Por lo que se refiere a la reocupación, un sector del yacimiento, que corresponde aproximadamente a la misma área que nos documenta la fase previa republicana, está cubierto por un estrato muy deteriorado y difícil de seguir formado a finales del siglo IV y siglo V, con fragmentos de t.s. africana D, t.s. lucente y otros fragmentos de cerámicas africanas. Parece que algunas estructuras construidas con piedra seca y que podrían formar parte de una cabaña y un corral para animales corresponden a esta reocupación muy parcial y de poca duración. En todo caso, se produjo en un momento en que la villa ya estaba abandonada y derruida.
Aparte del interés intrínseco de la villa como tal, de cara a este estudio tienen una especial importancia diversos ámbitos del yacimiento que constituyen hallazgos cerrados bien fechados y que proporcionan un importante lote de cerámica fina y común. Estos ámbitos corresponden a depósitos y silos inutilizados en época augústea, otros obliterados hacia mediado siglo II y un pozo tapado con tierra de escombrera a finales del siglo II o en los primeros años del siglo III. Aparte, cabe citar la estratigrafía de las escombreras de la villa, sus tres estratos se fechan en la primera mitad del siglo I, mediados y segunda mitad del siglo II y en la primera mitad y mediado siglo III, respectivamente.

El Olivet d'en Pujol

Es una pequeña estación formada por un almacén descubierto y una cabaña situada en un ángulo. El almacén contenía unos 75 *dolia,* en los que se guardaba la cosecha, mientras que la cabaña debería servir seguramente para dejar las herramientas del campo y como refugio esporádico a los obreros agrícolas.

La fecha de construcción de este almacén, encima de unos antiguos silos ibéricos abandonados el siglo IV aC, nos la proporcionan unos pocos fragmentos de cerámica hallados en las rasas de fundación. El momento de construcción debemos situarlo hacia la segunda mitad avanzada del siglo II aC y el abandono y destrucción del edificio se ha situado en torno al primer tercio del siglo I, con reocupaciones o visitas esporádicas posteriores.

18. BELLCAIRE D'EMPORDÀ (Baix Empordà)
Mas Gusó.

Bibliografía: Nolla & Casas, 1984. p. 121; Casas, 1988-1989, pp. 9-35.

Se trata de una villa romana, aparentemente de grandes dimensiones, situada en el término de Bellcaire d'Empordá, cerca de Mas Gusó, masía situada ya en el término municipal de Albons.

La villa fue descubierta y explorada superficialmente en los años 1980 y 1981, cuando se hallaron fragmentos de cerámica con motivo de la obertura de una rasa para canalizar aguas pluviales. En un primer momento se encontraron restos de estructuras correspondientes a un asentamiento ibérico, con un número importante de cerámica indígena y fragmentos de cerámicas áticas. Al mismo tiempo, en otro sector del yacimiento, aparecieron diversos tipos de cerámica de época romana, especialmente t.s. sud-gálica y t.s. africana.

Durante los meses de setiembre y octubre de 1987 se abrieron dos catas en uno de los campos ocupados por el antiguo asentamiento, que pusieron en evidencia los restos de una villa de época romana levantada encima de una estación indígena abandonada, en principio, hacia finales del siglo II aC y que se remonta según los últimos datos a la Primera Edad del Hierro. La villa romana, bien conservada y con estructuras importantes, presentaba al menos tres fases constructivas, de las que la mejor documentada corresponde a mediado siglo II, mientras que el momento de su abandono debemos situarlo hacia la segunda mitad no avanzada del siglo III. El origen de la villa parece que podemos fecharlo en época tardorrepublicana.

En general, el yacimiento presenta una sucesión estructural y cronológica muy parecida –por no decir idéntica– a la de la villa de Tolegassos de Viladamat, situada a 3'5 km de distancia.

19. CERVIÀ DE TER (Gironès).
La Quintana.

Bibliografia: Nolla & Casas, 1984, pp. 169-171; Castanyer, Roure & Tremoleda, 1987, pp. 187-194; Amich & Casas, 1998, pp. 175-182.

El yacimiento de Cervià de Ter se localiza a 42° 04' de altitud y a 6° 35' de latitud. Está en un gran solar situado detrás del monasterio de Santa María, en la parte baja de una elevación que se encuentra a unos 80 m. sobre el nivel del mar.

El descubrimiento de la villa romana se debe a unas obras de canalización realizadas en julio de 1981, que pusieron al descubierto una gran cantidad de material cerámico. Eso motivó que se practicasen una serie de sondeos en diversos puntos para intentar determinar la presencia de estructuras. Los resultados positivos hicieron que se comenzase a excavar a partir del año 1982.

Las actuaciones que se han realizado en "La Quintana" se concretan en tres campañas anuales correlativas, de un mes de duración cada una de ellas; se dejó de excavar en el año 1985 por falta de subvenciones.

Las estructuras descubiertas apuntan hacia la existencia en este lugar de una gran villa romana que se halla superpuesta a un campo de silos anterior.

Los trabajos se iniciaron por la *pars urbana*, excavando el primer año un complejo termal en muy buen estado de conservación, que cubría dos silos excavados en el subsuelo, uno de los cuales se excavó en su totalidad. El año siguiente se continuó hacia un área abierta, contigua al hipocausto, donde se descubrieron y excavaron tres silos más. Finalmente, en el año 1984 se amplió el área de excavación dejando al descubierto nuevas estructuras de hábitat, ampliando la secuencia estratigráfica y cronológica de la villa.

Las estructuras y cronología que proporcionan los materiales recuperados permiten hablar de la existencia de un campo de silos ibérico, dependiente de un poblado aún hoy desconocido, que fue cubierto y, por lo tanto, inutilizado a finales del siglo II o inicios del siglo I aC, en un momento que corresponde al de la fundación de la ciudad romana de Empúries y al del inicio de la colonización agrícola del territorio gerundense llevado a cabo por los romanos. Sobre este establecimiento anterior se edificó una villa romana; su momento de fundación, si bien aún es impreciso, se puede situar en torno a mediado siglo I y perdurará como mínimo hasta mediado siglo V.

Por el área donde está situada la villa de "La Quintana", muy cercana al paso de la Vía Augusta, sería interesante saber si podría tener relación con la conocida *mansio* de Ciniana, sobre todo sabiendo que la toponimia ha conservado en un riachuelo cercano el nombre Sinyana y una relectura reciente de la *tabula* de Peutinger donde se propone que el nombre es Serviana. Todas estas incógnitas, así como el conocimiento profundo de la villa no se desvanecerán hasta que no se pueda retornar al trabajo sobre el terreno.

20. TORROELLA DE MONTGRÍ (Baix Empordà).
Término municipal.

Bibliografia: Nolla & Casas, 1984, pp. 147-158; Nolla & Puertas, 1988, pp. 29-77.

A lo largo de la vertiente meridional del Montgrí, siempre en el término municipal de Torroella, en torno de la desembocadura de uno de los brazos del Ter, se ha señalado un conjunto notable de estaciones arqueológicas, cuya entidad a veces es bastante imprecisa, pero que, por lo menos, documentan una ocupación intensa de este área excelente desde muchos puntos de vista (cultivos, pastizales, comunicación respecto el interior, proximidad de Empúries...), entre los que cabría destacar el establecimiento romano de La Fonollera, Puig Mascaró, Estartit, Santa María del Mar, Torre Ponça, Torre Gran, Vinya d'en Xalan, Hort d'en Solés, Horta del Ramí, Puig de la Quintana, El Palau, Muntanya Gran y, sobretodo, la extraordinaria villa del Camp de la Gruta, no muy lejos de la villa de Torroella, con unos orígenes tardorrepublicanos y una continuidad claramente demostrada hasta la Antigüedad Tardía avanzada. Ninguno de estos sitios ha sido nunca objeto de excavaciones sistemáticas y su conocimiento es el resultado de prospecciones más o menos profundas.

21. MEDINYÀ (Gironès).
Camí del Pla.

Bibliografia: inédito.

El complejo de hornos excavado cerca del Camino del Pla en el año 1971 es bastante extenso y presenta gran interés por tres razones principales: la cronología, ya que deben situarse en época republicana, siglos II-I aC, sin más precisiones porque la excavación casi no proporcionó material; en segundo lugar, por la estructura, puesto que se trata de tres hornos circulares, de funcionamiento contemporáneo, dispuestos en batería, uno al lado de otro; finalmente, por su asociación con un conjunto de trece silos localizados en torno. Queda la duda fundamental sobre su función, a partir de los restos hallados: fabricación de tejas romanas u hornos de cal.

22. SARRIÀ DE TER (Gironès). Pla de l'Horta.

Bibliografía: Oliva, 1970, pp. 67-71; Nolla, 1982-83, pp. 111-130; Nolla & Casas, 1984, pp. 181-187.

Esta villa suburbana, a sólo 3 km de Girona en dirección norte, se localiza a poca distancia del antiguo vado del río Ter, donde se levanta el puente medieval y, probablemente, uno de romano, en el margen izquierdo sobre una rica llanura y apoyada en los últimos contrafuertes de Rocacorba. Fue descubierta casualmente el 1970, durante las obras de construcción de unos bloques de pisos y el S.T.I.A. de la Diputación de Girona inició enseguida la excavación, que no tuvo mucha continuidad; una nueva campaña iniciada en el año siguiente ha sido, de momento, la última que se ha realizado.

Se conoce un sector residencial en torno de un peristilo, con una serie de cámaras lujosamente pavimentadas con mosaico policromo de temas geométricos y un conjunto de complejas dependencias, algunas muy alejadas que pueden corresponder a almacenes y establos. La secuencia estratigráfica bien conocida en general pero con muchas cuestiones parciales para resolver nos informa que el establecimiento romano, de época tardorrepublicana se levanta sobre y cerca de una necrópolis ibérica de incineración de los siglos VI-V aC. La estructura del edificio, tal como puso en evidencia la planta recuperada, debe datarse en la segunda mitad del siglo I o poco después; el conjunto sufrirá una importante reforma muy a finales del siglo II o inicios del III. A este momento corresponden los suelos de *opus signinum.* Sin modificaciones aparentes la vida del edificio continúa hasta el Bajo Imperio o más allá.

23. BESCANÓ (Gironès). Montfullá.

Bibliografía: Nieto, Puig & Merino, 1989, pp. 93-101.

En octubre de 1987 se descubrió casualmente esta importante villa situada en el hinterland de la ciudad de *Gerunda*, con restos de estancias decoradas con pavimento de mosaico y diversas estructuras que testimonian una larga ocupación, diferentes fases estructurales y ocupaciones posteriores que se han prolongado hasta nuestros días con la actual iglesia de Montfullà. .
Las excavaciones comenzaron en el año 1987, en una campaña de salvamento para proteger los mosaicos descubiertos y limpiar las habitaciones vecinas, al lado mismo de la iglesia. En otoño de 1989 se llevó a cabo otra campaña durante la que se localizaron diversas estructuras de la villa romana y un silo rellenado en época augústea, con un importante lote de material que comprendía, entre otros elementos, buena cantidad de cerámicas comunes que ayudan a completar el repertorio conocido hasta ahora de las producciones en cerámica común del cambio de Era y repiten, al mismo tiempo, los tipos y formas localizados en otros yacimientos del territorio emporitano.

24. GIRONA (Gironès).

Bibliografía: Nolla, 1977; Nolla & Casas, 1984, pp. 175-181 (recoge la bibliografía anterior); Nolla, 1987a; Nolla, 1988, pp. 69-107; Nolla, Casas & Puertas, 1990, pp. 41-47; Nolla, Sagrera & Tremoleda, 1990, pp. 47-52.

La fundación de *Gerunda* en un lugar óptimo para controlar el camino norte-sur tuvo lugar en el primer tercio del siglo I aC. El éxito de esta acción se refleja en que, pocos años después, durante el principado de Augusto, fue promocionada a la categoría jurídica de municipio de derecho latino. La importancia de la ciudad irá incrementándose poco a poco hasta que conseguirá la máxima importancia entre las *civitates* del noreste de Cataluña ya en el siglo III. Es precisamente a finales de aquella centuria que *Gerunda* fue rodeada de unas poderosísimas murallas, excelentemente diseñadas que siguen, sin modificaciones significativas, el circuito murario de época tardorrepublicana. El recinto bajoimperial, bien conocido, estaba dotado de cuatro puertas, las dos principales sobre el eje norte-sur *(Kardo maximus),* otra, la puerta Rufina, en el lado meridional de la ciudad, y la puerta Gironella hacia levante. La ciudad, que jugó un papel notable en los inicios del cristianismo en Hispania, documenta la sede episcopal desde el final del siglo IV o muy a principios del siglo V.

Arqueológicamente, la ciudad es de las menos conocidas de Cataluña y no ha sido objeto de grandes excavaciones de salvamento o sistemáticas hasta los años ochenta. No obstante, algunos sondeos, algunas campañas y un control constante del antiguo Servei Tècnic d'Investigacions Arqueològiques dirigido por Miquel Oliva, primero, y después por M. Aurora Martín, y la realización de obras y trabajos de infraestructura, han permitido recoger una valiosa información. Últimamente, y gracias a los trabajos de teledetección se ha excavado bajo la nave de la catedral.

Las zonas de la ciudad que nos proporcionan el material que ha sido útil para la elaboración de este trabajo son las que citemos a continuación, aunque no son las únicas, ya que se han realizado sondeos en la Plaza de Sant Domènec, en el Museu d'História de la Ciutat, en la calle de la Força, en el sector de las murallas, en la Caserna d'Alemanys, en la plaza Lledoners y Casa de Caritat, plaza dels Apòstols, en la Pia Almoina, entre otras.

1. Casa Pastors.
Por ahora la excavación más importante, porque permitió fecharcon seguridad los dos recintos murarios romanos de la ciudad y probar unos orígenes menos remotos del que se había supuesto, es la que se realizó en Casa Pastors, actual

palacio de Justicia y que afectó la muralla y las torres romanas occidentales que defendían la puerta septentrional. Es extraordinariamente importante el relleno interior de la torre romana, sellado por un suelo de *opus signinum*, de unos seis metros de potencia, con una fecha del último cuarto del siglo III.

2. Sala Románica de la Catedral.
Los sondeos realizados en esta parte se pueden englobar en un sector más general, que afectó también el actual Paseo Arqueológico.

3. Coro de la Catedral.
En el año 1975 el S.T.I.A., aprovechando unas obras de restauración de este sector, realizó diversas catas.

4. Paseo Arqueológico.
Afecta el sector norte de la muralla, entre la torre de Sobreportes y la torre Gironella. Fue objeto de amplias prospecciones y excavaciones, por parte de Miquel Oliva, sobre todo entre 1959 y 1964, años en que se realizaron las obras de construcción del Paseo Arqueológico.

25. RUPIÁ (Baix Empordà).
El Viaró.

Bibliografía: Nolla & Casas, 1984, pp. 141 y lám. XLV, 1-12.

Se trata, por lo que conocemos hasta ahora, de un vertedero de ánforas, situado en la salida del pueblo de Rupià, hacia mediodía; cerca se halla la villa conocida con el nombre de "la Quintana" y que hemos comentado anteriormente. Se recuperaron gran cantidad de fragmentos de ánfora, todas pertenecientes al tipo Dressel 2-4, con unas características muy homogéneas, lo que hace pensar que cerca del vertedero estaría el horno que las producía, dependiente de la villa y que aún no ha sido localizado.

26. CORÇÁ (Baix Empordá).
Puig Rodon.

Bibliografía: Pella y Forgas, 1883, pp. 223-225; Nolla & Casas, 1984, pp. 127-131; Casas, 1986, pp. 15-77; Nolla & Casas, 1990, pp. 193-218.

Esta importantísima villa se localiza en la pendiente meridional de Puig Rodon, a unos cien metros de altura sobre el nivel del mar, en una posición protegida y espléndidamente situada sobre un territorio de valles fértiles, la del Rissec y la del Daró, perfectamente delimitada al norte, oeste y sur por los últimos contrafuertes de las Gavarras y bien comunicada y a poco más de un km de distancia, hacia tramontana, del pueblo de Corçà.

Este edificio rural, conocido desde antiguo y lugar común de la arqueología gerundense, ocupa una extensión aproximada de unos 2.500 m^2 y, de hecho, no ha sido hasta el año 1981 cuando Josep Casas inició las excavaciones sistemáticas que continuaron hasta el 1984. Es gracias a estos trabajos recientes que es posible conocer alguna de las vicisitudes de este edificio, pero es necesario, asimismo, continuar las exploraciones para poder solucionar correctamente algunos de los grandes problemas planteados. Las excavaciones han dejado al descubierto dos sectores, uno de los cuales, el Sector 1, de tipo industrial, con depósitos y almacenes de *dolia*, con una construcción habitualmente de tapial, y el otro (el Sector 2), más explorado, con un gran patio interior o espacio descubierto y diversas dependencias dispuestas en torno que se irá modificando con el paso de los años; alguna conservaba restos de pavimento de *opus tessellatum* policromo.

Precisamente es en este área donde ha sido posible identificar con seguridad una serie de fases y reformas, unas más profundas y otras muy circunstanciales, que ayudan a comprender, si bien de manera parcial, la historia de la villa. Una fase inicial o fase 1 queda definida por la existencia de una serie de hornos de cerámica inutilizados por importantes modificaciones que tienen lugar a finales del siglo II o inicios del siglo III; deberían estar en actividad, al menos, hasta mediados del siglo II. El final, momentáneo, de la actividad cerámica en esta zona se debe a un continuo de importantes obras que comportan la creación de un patio o área descubierta con unas dependencias alrededor. Estas reformas substanciales que corresponden a la llamada Fase II se fechan con gran precisión entre finales del siglo II o los primeros años del siglo III.

La fase siguiente (Fase III), menos conocida pero con modificaciones significativas, se sitúa entre finales del siglo III e inicios del siglo IV y se complementa con una subfase (III B) que se identifica con la aparición de nuevos hornos de cerámica situados en el patio o espacio abierto. A mediado siglo V, cerca del 450, se producen diversas modificaciones importantes, con el cierre del gran patio en uno de los lados (Fase IV). En esta fase se abandona todo el área del llamado Sector 1, situado hacia levante. A partir de este momento (Fase V), lo único que sabemos a ciencia cierta es la continuidad del edificio, al menos de una parte, hasta el abandono definitivo en un momento incierto a partir de la segunda mitad del siglo VI o, más probablemente, el siglo VII.

27. SERRA DE DARÓ (Baix Empordà).

Bibliografía: Casas, 1982, pp. 329-336; Nolla & Casas, 1984, pp. 146-147.

Como en el caso del Camp del Bosquet, de Camallera, se trata de los restos de una pequeña estación descubierta, en esta ocasión, con motivo de unas obras de remodelación en los bajos de una vivienda situada en el núcleo urbano, de la que se encontró solamente un depósito de *opus signinum* abandonado en época augústea, en los primeros años del siglo I, y otros fragmentos de cerámica dispersos por el entorno y que muestran una primera ocupación o unos orígenes que se pueden fechar a finales del siglo II aC. El paralelismo de este depósito con los del Camp del Bosquet y de Tolegassos, este último descubierto durante la campaña de 1989, es absoluto, tanto por lo que respecta al tipo de estructura como por la datación de su relleno, y también por las formas y procedencia del material cerámico. De entre este material debemos remarcar diversas piezas de t.s. aretina, grises emporitanas tardías, lucernas de volutas y cerámicas comunes oxidadas y reducidas, que forman un conjunto de una cronología muy precisa en el primer cuarto del siglo I.

Es posible que el aljibe de Serra formase parte de una estación de reducidas dimensiones, constituida por alguna cabaña construida con materiales ligeros y perecederos, ya que en torno al depósito no se hallaron otras estructuras, a pesar de que en su momento se investigaron los bajos de la vivienda en toda su superficie. Actualmente la estructura restaurada se conserva *in situ* y el material arqueológico de su interior también se encuentra en el mismo edificio.

28. PERATALLADA (Baix Empordà).
Mas de Dalt.

Bibliografía: Nolla & Casas, 1984, p. 140; Nolla, 1987, pp. 43-101.

Este establecimiento romano se sitúa por debajo de una gran masía del siglo XVII a unos 200 m al sudoeste de la iglesia de Sant Esteve de Canapost, en una situación admirable, suavemente recostada en los contrafuertes poco pronunciados de las elevaciones de las Serres. Descubierta el 1952, la villa ha estado en parte excavada y conserva visibles diversos complejos y estructuras monumentales, entre las que destaca un muro perimetral de más de 0'50 m de anchura construido con grandes bloques paralelogramos de piedra arenisca procedente de las canteras vecinas de los Clots de Sant Julià. El material recuperado, entre el que destacamos fragmentos de mármol de importación, algunos con evidencias de talla, y cerámica diversa, permite fechar una ocupación intensa durante el Alto Imperio y supervivencia hasta la Baja Antigüedad.

29. CELRÀ (Gironès).
Can Cornellà.

Bibliografía: inédito.

Probable existencia de un horno en Celrà debido a la recogida de material cerámico de unas obras, por parte de Daniel Punseti y Caro Reixac, que probablemente pertenecen al vertedero de un taller.

30. LLAGOSTERA (Gironès).

Bibliografía: Martín, 1979-1980, pp. 104; Nolla & Casas, 1984, p. 189.

Se conoce la existencia de un horno para la fabricación de cerámica. La única noticia sobre este apareció en el artículo de M. Aurora Martín, donde se dice que, de forma semejante al de Pontós, es de planta rectangular y que no ha sido excavado en su totalidad.

31. PALAFRUGELL (Baix Empordà).
Llafranc.

Bibliografía: Badia, 1966, 65-66; Nolla, Canes & Rocas, 1982, pp. 147-183; Nolla & Casas, 1984, pp. 133-137.

Desde hace años los hallazgos esporádicos efectuados en la cala de Llafranc, en una excelente situación en relación al territorio y con unas adecuadas condiciones marineras, permitían pensar en una importante estación arqueológica ocupada durante un largo período. Más tarde, algunos descubrimientos efectuados de manera dispersa durante las décadas de 1960 y 1970 confirmaron la existencia de un núcleo de época romana de cierta entidad y dedicado intensamente a la producción cerámica. Las excavaciones sistemáticas iniciadas el 1980 y que han continuado en estos últimos años han servido para documentar el funcionamiento de un gran alfar que produce durante muchos años material de construcción (*tegulae*, *imbrices*, *lateres*,...), ánforas Pascual 1, Tarraconense 1, Dressel 2/4, Dressel 7/11, ánforas de base plana asimilables a las G. 4 y cerámica común y toda una serie de indicios que parecían demostrar una larga pervivencia del lugar entre la Baja República y la Antigüedad Tardía.

32. PALAMÓS (Baix Empordà).
Solar.

Bibliografía: Tremoleda, 1987, pp. 210-216.

La localización de los restos arqueológicos de este yacimiento se debió a las obras de edificación de un solar situado en la parte baja del colina del Pedró de Palamós, delimitado por las calles Casanovas y Mn. Cinto Verdaguer. La actuación de salvamento realizada por la Sra. M. Aurora Martín, jefe del Centre d'Investigacions Arqueològiques de Girona, se realizó a mediados de julio de 1984, y por desgracia se tuvo que limitar a una simple recogida de material.

33. CASTELL-PLATJA D'ARO (Baix Empordà).
Pla de Palol o Playa Artigues.

Bibliografía: Nolla & Casas, 1984, pp. 123-127; Colomer, Costa & Tremoleda, 1989, pp. 103-110.

La villa romana está en unos terrenos que limitan con la Playa Artigues, situada en el término municipal de Castell-Platja d'Aro-S'Agaró, en las coordenadas 41° 49' 20" de latitud y a 3° 04' 27" de longitud.

El nombre popular de estos terrenos es el de Pla de Palol, nombre muy significativo que evidencia la existencia de poblamiento antiguo, generalmente de una villa romana. De hecho, la existencia de un yacimiento era conocida desde mucho tiempo atrás, y era normal que los labradores al trabajar los campos encontrasen muros antiguos, cerámicas, monedas y otros restos arqueológicos.

Según los datos conocidos, los restos de la villa se expanden por una zona muy amplia. Por el norte existen restos más arriba de la carretera de Palamós; también aparecen restos al construirse los apartamentos Roques Planes y Apart Oriental, y en la zona del Politur. Por el este, parece que se extendía hasta cerca del riachuelo que pasa por detrás del Hotel Xaloc. El límite occidental vendría representado por otro curso de agua, el curso de Can Carbonet, como demuestran los restos descubiertos al construir los apartamentos Palatio Maris y sobre todo por los restos que se conservan bajo la casa llamada Pla de Palol, excavadas por Miquel Oliva el año 1959. Por el lado sur es evidente que llega hasta la misma playa, como lo demuestran diversos sondeos realizados en este sector.

Parece muy clara la vinculación del yacimiento con la playa, ya que ésta actuaría como puerto natural y reuniría unas buenas condiciones. Además, tenemos la presencia de estructuras antiguas en la Senya dels Moros, auténtico islote situado cerca de la playa.

Hasta hace poco las intervenciones que nos proporcionaban la mayor parte de la información que se conocía sobre la villa de Playa Artigues siempre habían tenido un carácter de urgencia para evitar la destrucción del yacimiento. Las principales han sido la del año 1963, que permitió la conservación de un conjunto de estructuras situadas bajo la casa del Pla de Palol, que fueron interpretadas como pertenecientes a la *pars rustica* de la villa, pero que podría tratarse, seguramente, de un conjunto termal. La campaña de 1984, enmarcada en el "Pla de lluita contra l'Atur", y promovida por el Servei d'Arqueologia del Departament de Cultura de la Generalitat de Catalunya, tenía por objeto verificar la existencia o no de restos arqueológicos en un gran solar donde se había proyectado la edificación de nuevas viviendas.

A parte de los restos conservados desde 1963, la excavación de 1984 ha permitido documentar, partiendo de la abertura de 21 catas, restos de una actividad económica o industrial, manifestada en el hallazgo de un depósito recubierto con *opus signinum*, y en otro sector hasta tres momentos diferentes de estructuras de habitación superpuestas.

La recuperación de material arqueológico ha permitido documentar como mínimo cuatro grandes períodos, que implican una larga pervivencia del yacimiento, que va desde la época tardorrepublicana hasta el siglo VII.

Fase I. Precedentes, definida por la aparición esporádica de materiales republicanos sin asociarse directamente a ninguna estructura conocida de la villa.

Fase II. Posible momento fundacional de la villa a finales de época augústea. Este período acaba a finales del siglo I, sin poder verificar si se trata de un abandono total o parcial.

Fase III. Significa una construcción más extensa que la anterior, y se sitúa en la primera mitad del siglo II, que tendría un largo período de actividad, hasta llegar al siglo V.

Fase IV. En realidad se trata de reformas y remodelaciones introducidas en la fase precedente, en un momento en que esta está en plena crisis. Los materiales son poco precisos pero permiten situar esta fase en un momento no anterior al siglo VII.

Los años 1998 y 1999 han significado una gran actividad arqueológica en la villa, promovida por el ayuntamiento y realizada por la Universidad de Girona, que se ha centrado sobre todo en las fases tardías, para las cuales habrá proporcionado nuevas e importantes precisiones tanto por lo que respecta a la estructura como a los materiales.

34. CASTELL-PLATJA D'ARO (Baix Empordà). Horno de S'Agaró.

Bibliografía: Nolla, Aicart & Esteva, 1990, pp. 37-62 (con recogida de la bibliografía anterior).

Fue descubierto casualmente el día 12 de abril de 1969 al abrirse una rasa con una máquina excavadora muy cerca de la entrada de la urbanización de S'Agaró, muy cerca del torrente del mismo nombre, no muy lejos, tampoco, de la playa de Sant Pol. El Sr. Lluís Esteva de Sant Feliu de Guíxols, que fue avisado inmediatamente, se encargó de la excavación y, después de unas consultas oportunas y de superar algunas dificultades, el horno fue protegido con paredes y cubierta de hormigón y nuevamente tapado.

35. TOSSA DE MAR (La Selva). Els Ametllers.

Bibliografía: del Castillo, 1939, pp. 186-267; Gorges, 1979, p. 260; Batista, López & Zucchitello, 1980; López, 1992, pp. 73-95.

Esta imponente villa romana, escalonada en los pendientes de la colina de Can Magí en el pueblo de Tossa, fue descubierta casualmente el 1914, se comenzaron enseguida las exploraciones. La parte señorial y residencial, que consta de unos baños privados y dependencias con suelos de mosaico policromo, bajoimperiales, está en la parte alta a unos 25 m de altura sobre el nivel del mar y debajo se halla la parte rústica, que fue explorada seriamente entre 1976 y 1979, en una primera fase, y se continuaron después los trabajos. El edificio documenta un origen hacia la mitad del siglo I aC como mínimo, y una larga pervivencia hasta finales de la Antigüedad Tardía.

36. LLORET DE MAR (La Selva).
Playa de Fenals.

Bibliografía: Nolla & Casas, 1984, p. 207; Descamps & Buxó, 1986, pp. 63-68; Casas *et al.*, 1990, pp. 53-67; Casas *et al.*, 1995, pp. 99-127; Tremoleda, 1995, pp. 75-94.

El centro alfarero de Fenals se sitúa en las coordenadas 41° 41' 4" de longitud y 6° 21' 20" de latitud de la hoja 366 del mapa geográfico y catastral a escala 1:50.000.

Su excavación estuvo motivada por el descubrimiento de restos arqueológicos durante la edificación de un solar limitado por las calles Francesc Layret, Riu de la Plata y el arroyo Passopera, el año 1984, a pesar que diez años antes ya se conocía su existencia.

Como consecuencia de esto se realizó una excavación de urgencia en el marco del "Pla de Solidaritat contra l'Atur de la Generalitat", dirigida por Ramon Buxó y Joan Descamps, que permitió destapar un área de unos 1500 m². La geología de la zona favoreció el establecimiento de un tipo de asentamiento como este, ya que se sitúa sobre unos depósitos de arcillas de gran potencia, resultado de la acumulación de limos arrastrados per acción del agua. La estratigrafía era simple; unos niveles superficiales que cubrían el nivel arqueológico, que se encontraba a 1,60 m de la superficie, y se asociaba a todas las estructuras halladas del edificio. Por debajo de este tenemos únicamente un nivel estéril de limos con arcillas duras y compactas.

La estructura del taller, si bien incompleta, es de las mejor conocidas actualmente y está formada por un patio central abierto, en torno del que se ordenan unas naves cubiertas a doble vertiente y algunos ámbitos de reducidas dimensiones relacionadas con las tareas de producción. Es probable que esta distribución sea el resultado de la remodelación de un centro más pequeño y antiguo. Los hornos se encontraron en la misma zona rodeados por sus respectivos vertederos y presentaban una concentración de adobes y material refractario producto de su derrumbe total.

Este alfar debía pertenecer a una villa agrícola edificada en el entorno, probablemente fundada en época tardorrepublicana como demuestran algunos materiales de este momento: campaniense A y B, gris emporitana y ánfora ibérica, y formaría un conjunto residual sin relación con las estructuras encontradas en la excavación.

La cronología del período de actividad es muy concreta y bien definida, desde los últimos decenios del siglo I aC hasta finales del siglo I. Esta precisión es posible gracias a la gran cantidad de material de importación que se encontró, sobre todo t.s. aretina y sud-gálica.

La producción del taller se debía centrar, según las épocas del año, en diferentes productos que podemos incluir en las siguientes categorías: ánforas Pascual 1, Tarraconense 1 y Dressel 2-4 para el transporte de vino, *dolia,* materiales de construcción, cerámica de cocina y cerámica común.

37. SANTA CRISTINA D'ARO (Baix Empordà).
Horno de Solius.

Bibliografía: Aicart, 1992; Aicart & Sagrera, 1993.

La noticia del hallazgo de un horno romano en Solius ha sido recientemente publicada en el boletín que edita el Archivo y Museo de Sant Feliu. Estos restos eran ya conocidos de tiempo atrás, pero nunca se les había prestado la atención que merecían, y a pesar de su degradado estado de conservación ha sido posible conocer su estructura, tarea que han realizado los arqueólogos Francesc Aicart y Jordi Sagrera, y que ha permitido restituir la planta. No se conoce el vertedero, solo se confirma el hallazgo de ladrillos y tejas curvadas.

Capítulo 3. Definición de términos y conceptos en la cerámica local.

Avec la terminologie, nous abordons un domaine particuliérement délicat: le vocabulaire servant á décrire les opérations ou les produits d'une technique risque toujours d'être ésotérique.

ALARCÃO, 1975, p. 27.

Introducción.

En este capítulo queremos entrar en el análisis que se realiza de los materiales, contemplando dos niveles: uno, que podríamos denominar extrínseco, para situar la pieza en el contexto que le corresponde, y dar, a nivel teórico, la terminología que será usada a lo largo del trabajo para establecer las diversas jerarquías. Esta terminología está revestida de su definición conceptual. La otra, intrínseca de la pieza, definiendo las diversas partes y estableciendo así un vocabulario base que nos tendrá que servir para su descripción. Esta parte, necesaria, ha sido profusamente tratada por los diferentes especialistas, habida la necesidad de establecer una estructura útil y hábil, conceptual y terminológicamente, que permita hablar y clasificar con propiedad de los "artefactos" objeto del estudio.

Noción de clase de material, categoría, forma y tipos cerámicos.

Con el fin de conjurar los peligros a que hace referencia Alarcão, intentaremos de entrada definir lo que entendemos por clase, categoría, forma y tipo cerámico, en un intento de disponer de una terminología clara, sencilla y comprensible, necesaria a la hora de poner orden en un conjunto de material que, a pesar de su homogeneidad evidente como productos de los talleres de un determinado territorio y de un período concreto, presentan un alto grado de diversidad, sobre todo a nivel morfológico y funcional.

En este sentido, establecemos una primera división, a nivel primario, **clase de material**. Sobre esta cuestión Andreina Ricci recordaba, con acierto, que no debe confundirse clase con tipología, ya que no son conceptos unívocos. Para definir una clase se usan criterios diversos y no exclusivos entre ellos: la *función* del objeto, las particulares *características técnicas*, de *procedencia*, del *material* usado en la fabricación, *criterios diversos*, incluso cronológicos o decorativos.

El objetivo final debe ser el llegar a considerar la clase como el conjunto de objetos con funciones análogos procedentes de un mismo o mismos centros de producción. En este sentido, coincidimos plenamente con J-P Morel: "Nous appelons classe de céramique un ensemble de vases produits par un atelier ou un groupe d'ateliers." (Morel, 1981, p. 22). El grado de analogía se irá precisando en cada caso, pero no parece oportuna una definición demasiado restrictiva, sino que será preferible que nos refiramos en el sentido que lo hemos hecho en la introducción. Hablaremos, per tanto, de la cerámica común, de las ánforas, etc. como clases de material.

Las **categorías cerámicas** se refieren a unos grupos dentro de las clases de material que, por diversos criterios, pueden ser agrupados en conjuntos homogéneos prescindiendo de las diferencias morfológicas que se puedan establecer en cada uno de los objetos que forman parte de éstos. Solo en algunos casos, muy definitorios, recogen aspectos formales, y aún mezclados con otros de funcionales, por ejemplo, cerámica gris de boca trilobulada. Pero generalmente cuatro conceptos están presentes constantemente y no siempre coincidentes: el aspecto *técnico*, el aspecto de *procedencia geográfica*, el *cronológico* y el *funcional*. Así, por ejemplo, hablaremos de cerámica emporitana moderna o tardía, usando los elementos geográfico y cronológico; de la cerámica común del Africa Proconsular y de la Byzacena con criterios técnicos y geográficos, o de cerámica de cocina reducida y oxidada con otros de funcionales y técnicos.

En cuanto a la **forma**, entendemos ésta como un conjunto de tipos que se agrupan por el hecho de poseer unas características comunes. Si se quiere, responde al modelo mental, al ideal-tipo que conoce el ceramista. De hecho, responde a unas necesidades funcionales, ya que un cántaro sin vertedor dejaría de serlo, pero diferentes utensilios aunque tengan el vertedor diferente seguirán siendo cántaros. Por lo tanto, en el ámbito de cada forma se pueden individualizar un número, a veces considerable, de variantes.

Como considera Alarcão, hemos preferido sustituir una descripción sintética por una descripción analítica y un lenguaje común por otro simbólico, ya que será mucho más familiar hablar de cuenco que de recipiente con perfil de línea cóncava y base anular o de $1 : 4 < H : D \leq 2 : 3$. A pesar de eso, no renunciamos a una descripción analítica o tipométrica en la descripción del tipo o cuando sea necesario.

Un **tipo** es un conjunto de vasos que tienen en común un cierto número de características formales. Así pues, por tipo hay que entender una forma intencionalmente repetida, una creación debida a la existencia de una categoría mental, pero, que representa un conjunto de objetos reales, con características comunes que entran dentro de parámetros preestablecidos. Si partimos de un conjunto de objetos más bien limitado y caracterizados por un alto número de peculiaridades comunes llegaremos al tipo. Además, éste, una vez individualizado, debe disponerse ordenadamente según sus afinidades en conjuntos que darán lugar a la definición de formas. A pesar de esto, el procedimiento mental suele actuar a la inversa, ya que es más fácil la percepción de la forma, y más tarde, definir sus peculiaridades en una serie de tipos.

Tipo es una forma cerámica, con realidad histórica, fabricada por uno o diversos ceramistas, por uno o diversos talleres, durante un cierto período. Lugar de producción, ceramistas, arcilla utilizada, datación, son de carácter extrínseco al tipo y no entran en su definición; quedan, de alguna manera, independientes, al margen. Por contra, un tipo se define por una serie de caracteres intrínsecos, sistema, calidades y relaciones de las partes que el ceramista tiene en la mente, que se repiten sistemáticamente en unos objetos. Si las dimensiones, el peso, la capacidad quedan agrupadas en torno de un valor medio, aseguran la repetición de una manera de confeccionar y manifiestan la voluntad de crear muchas veces el mismo objeto, que mediante la tecnología y la fabricación les darán un aspecto idéntico.

Objetos de forma extraña, irrepetible, sin producción en serie, no pueden ser clasificados como tipos. En cambio, en cada uno se pueden dar aún múltiples variaciones, que pueden ser debidas a diversos factores, entre los que no es en absoluto negligible el del artesano. Estas variaciones, en general, tienen poca importancia, a menos que no se pueda demostrar que marquen una evolución cronológica, una característica de oficina o de región, o bien, una etapa que conduce a la creación de una forma nueva, o mejor aún, a un tipo diferente de aquella forma.

En el caso de las ánforas, como veremos, a pesar del uso de términos de marcado carácter geográfico, por el hecho de tratar solamente con ejemplares de un área determinada de la Tarraconense, es innecesaria más concreción terminológica. Lo mismo ocurrirá cuando hablemos de las formas, puesto que su estudio se reduce a una sola, el ánfora. Por lo que respecta a los tipos entramos ya en una mayor diversidad, ya que su denominación tipológica resume, en realidad, todos los aspectos que hemos encontrado a faltar anteriormente. Cuando hablamos de un ánfora Pascual 1, entendemos que se trata de un tipo concreto y definido, de una forma de recipiente específica y que procede del área geográfica de la Tarraconense.

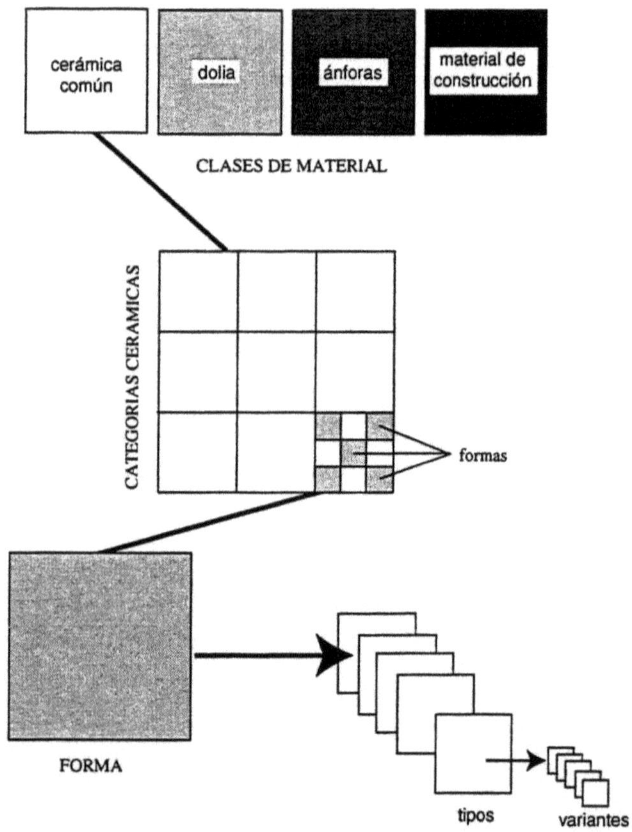

Figura 3. Esquema de los conceptos: clase de material, categoría cerámica, forma y tipo.

Partes de la pieza.

La descripción de las partes que forman una pieza sirve como guía de lectura del dibujo y, en el plano analítico, sirve para determinar la variabilidad de algunos elementos significativos que, en principio, son explícitos de cada definición.

Es evidente que no todos los utensilios presentan las mismas partes. La descripción de la combinación de estas partes con otras referencias como las dimensiones, las superficies y su tratamiento, la decoración, la comparación con otras, datos epigráficos que pueda contener y, también, características de su pasta, además del dibujo serán los elementos de que disponemos per dar su seriación.

La tipología morfológica básica que encontraremos en las diversas piezas es la siguiente:

Borde, es la parte del vaso que remata el cuello. Puede ser definida de muchas maneras, alto, corto, recto, ancho, vertical, cilíndrico, cónico, etc. Respecto a la pared puede ser inclinado hacia el interior, hacia el exterior o perpendicular. La superficie puede ser plana, cóncava o convexa.

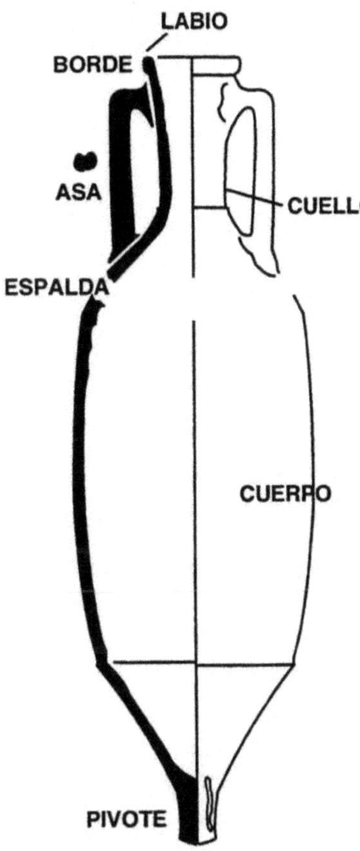

Figura 4. Nomenclatura de las diversas partes de un ánfora.

Labio, es la parte superior del borde y puede presentar muchos aspectos, plano, redondo, biselado, apuntado, etc.

Cuello, es la parte del vaso que une el borde con el cuerpo, elemento de transición que no está destinado a contener el producto, en algunos casos no existe. Puede ser estrecho o ancho según la abertura y alargado, corto, estrangulado, alto, bajo, cilíndrico, cónico, etc., según su forma.

Pared, es la parte del vaso que une el borde y el fondo. Presenta una superficie interna y una de externa y según sus dimensiones será gruesa o delgada y según la forma, vertical, recta, cóncava, convexa, etc. Según los vasos pueden presentar una pared superior y otra de inferior, separadas por una carena. Esta corresponde, normalmente, a la unión de la espalda con la panza.

Espalda, es la parte que une el cuello con la panza. Suele ser rectilínea, cóncava, convexa, oblicua, angulosa, etc. Desde la espalda hasta el pie todas las partes pertenecen al cuerpo, que corresponde a la parte principal y más voluminosa del recipiente.

Panza o **cuerpo**, parte que une la espalda con el fondo. Suele ser la parte más gruesa y convexa de una pieza y puede ser hemisférica, ovoide, globular, vertical, cilíndrica, troncocónica, carenada, etc.

Base, significa, en general, la zona de sustentación del objeto, tenga o no tenga pie. Es una parte fácilmente reconocible, pero en casos confusos se puede seguir el criterio de prolongar la parte interna del fondo (Marcet & Llongueras, 1982, p. 8).

Fondo, es la parte inferior sobre la que suele descansar el vaso. Tiene dos superficies, la externa y la interna y según su forma puede ser convexo, cóncavo, plano, umbilicado, etc.

Pie, elemento que sirve de soporte al vaso, sobre el que reposa el fondo. Puede ser definido como cilíndrico pleno, troncocónico pleno o como anillo. Este último puede ser a su vez inclinado o vertical y tener una superficie de reposo plana, redondeada o apuntada.

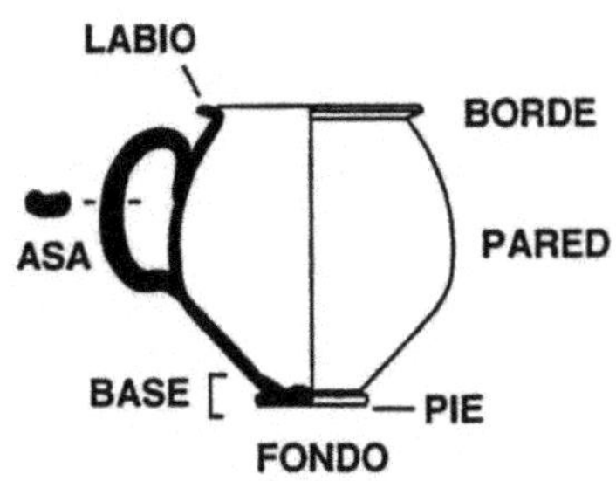

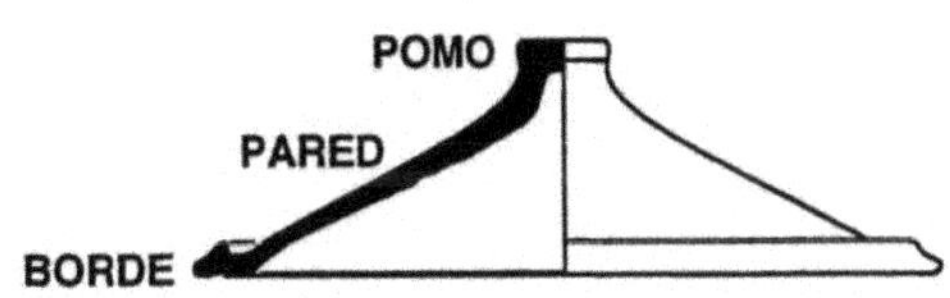

Figura 5. Nomenclatura de las diversas partes en piezas de cerámica común.

Pivote, esta parte, exclusiva de las ánforas y anforiscos, no servía para tener en pie el objeto, sino que estaban diseñados para superponer y encajar los envases como cargamento de las naves. Pueden ser macizos o huecos y a nivel formal pueden ser cilíndricos, cónicos o con apéndice.

Asas, son elementos de suspensión que se añaden al vaso para facilitar el uso o el transporte. Según la situación serán: laterales, si se encuentran en un solo costado; diametrales, si se oponen simétricamente la una a la otra; horizontales, si son perpendiculares al eje del vaso; verticales, si son paralelas al eje; inclinadas, si lo son respecto al eje de la pieza; y elevada, si sobrepasa la línea del borde.

En cuanto a la forma puede ser recta, tubular, filiforme, acodada, curvilínea o con apéndice de botón. Finalmente, para la sección puede ser plana, aplanada, ovalada, cilíndrica, cuadrada, rectangular o bífida.

Pomo, parte de forma redondeada, generalmente maciza que sirve para agarrar las tapaderas.

PARTE II
Los hornos.

Capítulo 4. Precedentes.

Profundizando en esta cuestión, podemos afirmar que las producciones protocampanienses occidentales supieron hacer frente de una manera decidida a las producciones protocampanienses itálicas y que sólo abrieron un resquicio en su mercado, prácticamente monopolístico, por el que hicieron su entrada los productos del taller antes citado.

SANMARTÍ, 1978b, p. 605.

Introducción.

Es bien sabido que las producciones locales en nuestro área de estudio no se iniciaron en época romana, particularmente en la zona alto empordanesa, donde tenemos una larga tradición, que se debe a la instalación en su costa de dos ciudades fundadas ya en época griega, que tendrán pervivencia en época romana: Roses y Empúries.

A pesar de la limitación de los datos conocidos, es posible hablar de cierta variedad de producciones, que en la realidad debería ser mucho más amplia.

Uno de los datos más curiosos e interesantes procede del hallazgo de una inscripción griega sobre una tablilla de terracota, fechada en torno al 500 aC, y publicada en primer lugar por un investigador alemán (Dunst, 1969, pp. 146-154). Parece ser que su procedencia es incierta, entre Empúries y l'Escala. La lectura del texto es difícil, posiblemente escrita en dialecto ático, aunque presenta un alfabeto muy raro que no es ni jónico ni ático primitivo, tanto es así que incluso se ha llegado a dudar de su autenticidad.

En el texto un personaje llamado Énergo envía una carta a su hermano sobre cuestiones referidas a técnicas de alfarería. Se supone que ambos serían atenienses, de ahí el uso del dialecto. Es interesante la referenciaa los hornos de tipo etrusco. En la línea 15 se nombra una colonia, que podría ser tanto Emporion respecto de Masalia como Empilo respecto de Emporion. Dado el interés del documento y del propio texto interno reproducimos la transcripción que ha sido publicada recientemente (Rodríguez, 1998, p. 145).

Un saludo (envía) Énergos, (tu) hermano (que vive) en Empilo (o Enfilio). No hay necesidad de ningún barro especial ni hollín, pues ya he cocido (vasijas) que son buenas para pintar, del mismo modo que (se trabaja) con bronce en plata (o del mismo modo que se añade la plata al bronce). Es decir, que al cocer del modo habitual (con tal porcentaje) hace que se rompan las vasijas. Examina los hornos de tipo etrusco. Tibeko, el amigo del capitán, que llevará la carta, tiene autoridad (¿) en la colonia. Los de calidad superior, verdes y resistentes, y las negras ...

En el año 1998, en una excavación de salvamento realizada en Sant Martí d'Empúries, ha sido posible hallar los restos estructurales de diversos hornos que estuvieron en funcionamiento en torno a mediados del siglo VI aC y con ellos la producción autóctona del taller, formada básicamente por cerámica gris monocroma.

Uno de los momentos importantes en la fabricación cerámica de la zona se sitúa en torno a los siglos III-I a.C. Por una parte, debemos considerar las imitaciones locales de las cerámicas de lujo que triunfaron en esta época en todo el Mediterráneo, y por otra, unas producciones que tanto por los repertorios como por la técnica de fabricacióndeben considerarse autóctonas. Pero antes haremos referenciaa los restos estructurales de los hornos cerámicos que se conservan en Empúries, fechables, con todas las reservas, a finales del siglo III aC, y que constituyen los ejemplos mejor conservados de talleres anteriores al período augústeo.

Los hornos.

La estructura de los hornos arcaicos de Sant Martí d'Empúries es muy simple, es de forma circular, de en torno al metro de diámetro y con una boca de entrada. Se encontraron asociados a un pavimento o nivel de circulación. Deberemos clasificarlos dentro del grupo I de Cuomo di Caprio.

Las excavaciones de los años 1979 y 1980 en Roses afectaron el sector conocido como "Barrio Helenístico". En un nivel inferior a la estructura urbanística definida con este nombre, que se fecha en la segunda mitad del siglo III aC, se encontraron los restos de un hábitat anterior, asociado con un horno de cerámica. Éste horno, según se notificaba en el año 1982 (Martín, 1982, pp. 333-334), conservaba la boca de la cámara de combustión y la parte del muro cercano a la boca; el fondo del horno estaba constituido por arcilla rojiza sobre una base de pequeños cantos rodados. Era de planta circular, con un diámetro de unos 2 m. La pared de la cámara de combustión estaba construida con ladrillos de 20 x 15 x 15 cm y se conservaban tres hiladas. La boca estaba, además, revestida con delgados ladrillos refractarios. Medía 1 m. de largo por 38 cm de ancho. No hay ningún problema para asimilar esta estructura al tipo 1 de Fletcher y al I de Cuomo di Caprio, I de Le Ny, sin más precisiones.

Se conservan, en un estado bastante fragmentario, dos hornos de época romana republicana en el área de la antigua ciudad griega de Empúries, los dos están situados en la zona noroeste, uno en el interior del recinto que marca la muralla y el otro, en el exterior. De este último conocemos parcialmente su producción, que describiremos más adelante.

Estos dos hornos fueron descubiertos durante las excavaciones que el Sr. Emilio Gandia realizaba por cuenta de la "Junta de Museus de Barcelona", el 1916 el primero y el año siguiente el segundo.

Figura 6. Fotografía del horno excavado en la Neápolis de Empúries en el año 1916 y reexcavado en 1990.

El horno estaba construido en el ángulo de la muralla oeste de la Neápolis y, en época tardía, al colocar sepulturas, afectaron la estructura de este horno. La boca abría por la parte sur. Gandia expone las razones que le hacen pensar así: primero porque por la parte norte había la muralla que casi tocaba con el horno e impedía maniobrar; segundo, porque los dos pilares del sur son más gruesos y tienen la moldura de retorno final del horno; y tercero, porque las cenizas y los ladrillos quemados del suelo donde se encendía el fuego se concentran en esta parte.

El día 3 de noviembre de 1916 se descubrió por la parte externa de la muralla un pequeño arco de horno, construido con losetas de arcilla muy roja, mezclada con alguna piedra calcárea, que formaban un arco de medio punto. Faltaban las losetas centrales del arco, que cumplían la función de clave, cerca del suelo se conservaba una capa de ceniza. Durante los días 4, 6 y 7 se continúa descubriendo la estructura y el día 8 ya se está en condiciones de ofrecer una descripción del horno (Gandia, 1916, pp. 148-153).

Figura 7. Planta y sección del horno excavado en la Neápolis de Empúries en el año 1916.

Los materiales mezclados . estaban compuestos por fragmentos de ánfora, tejas planas, fragmentos de cerámica muy escasos, entre los cuales había algunos de campaniense, cerámica ibérica y de cerámica común, también dice que estaban ausentes los de sigillata. Este material no estaba estratificado, sino simplemente tirado en el interior. También aparecieron desechos de cerámica vitrificados en el interior.

Gandia completa la descripción diciendo que el horno estaba construido con ladrillos de 40 cm. de largo por 27 cm. de ancho y de 7 a 9 cm. de grueso. En el interior del horno se encontraron más, que debían pertenecer a la cubierta porque tenían curvatura. (Gandia, 1916, pp. 155-157).

En efecto, tal y como escribe Puig y Cadafalch, este horno tiene una sola nave, cubierta por medio de arcos sobre pilares que surgen de los paramentos laterales (Puig y Cadafalch, 1915-20, p. 705, fig. 543). Estructuralmente, como veremos en las tipologías expuestas más adelante, debe clasificarse este horno en el tipo 3a de Fletcher, IIb de Cuomo di Caprio.

De forma semejante al caso anterior, se fue descubriendo el tramo murario que cierra la ciudad griega por la parte de poniente hasta que se fueron notando indicios de la existencia de un horno en el interior del recinto. Éso sucedía el día 5 de octubre de 1917 y durante los días siguientes se continuó destapando la estructura y el día 10 se da ya una descripción de la estructura: "Las paredes están construidas con losetas de barro de arcilla medio cocida que miden 0,44 de largo por 0,08 de grueso y la pared del lado Norte tiene 0,48 de espesor, de altura 1,00 metro. Las paredes laterales de los dos departamentos tienen las losetas de barro hasta 3,70 metros de longitud y desde hasta este punto hasta 4,40 metros que quedan cortadas a la misma altura se ve que fueron añadidas en otra época posterior, por ser construidas con trozos de tégulas planas y rebocadas con trozos de ánfora y barro arcilloso, continuando las paredes laterales destruidas a menor altura hasta 5,30 metros formando curva, quizá serviría este pequeño local para colocar el fuego a la entrada del horno..." (Gandia, 1917, p. 186). La pared del centro, que forma ondulaciones, tiene siete pilares y es más corta que las laterales. De los dos departamentos resultantes, el del sur es 10 cm. más ancho que el otro. De los fragmentos rotos de las losetas, Gandia puede reconstruir una que mide 0,95 de largo por 0,23 de ancho por 0,08 cm. de grosor. Estas losas debían servir para formar la cubierta del horno. Por lo tanto, la cámara de combustión estaba dividida en dos cámaras por un muro central en sentido longitudinal, que sostenía dos bóvedas de arco entre este muro y los laterales, sobre los que se habría colocado la parrilla (Puig y Cadafalch, 1915-20, p. 705, fig. 542). Tipológicamente, pues, este horno se clasifica como del tipo 4b de Fletcher o IIc de Cuomo di Caprio, es decir, con corredor y doble *praefurnium,* a pesar de que había un acceso en la parte sudoeste que conectaba con el corredor. La tierra del interior era de color amarillento, tirada, y en ella había muchos fragmentos de cerámica, campaniense, griega, ibérica, *tegulae* y desechos vitrificados, pero en ningún caso había, como tampoco la había en el horno anterior, sigillata.

Según Puig y Cadafalch, no puede establecerse la fecha en la que los hornos emporitanos estuvieron activos por la cerámica que sirvió para repararlos, se fía antes de su situación, que inutilizó las murallas. Eso marcaría una cronología en torno al siglo II aC, y la cerámica hallada por los alrededores, la campaniense, corroboraría la misma datación (Puig y Cadafalch, 1915-20, p. 705).

Figura 8. Fotografía del horno excavado en la Neápolis de Empúries en el año 1917.

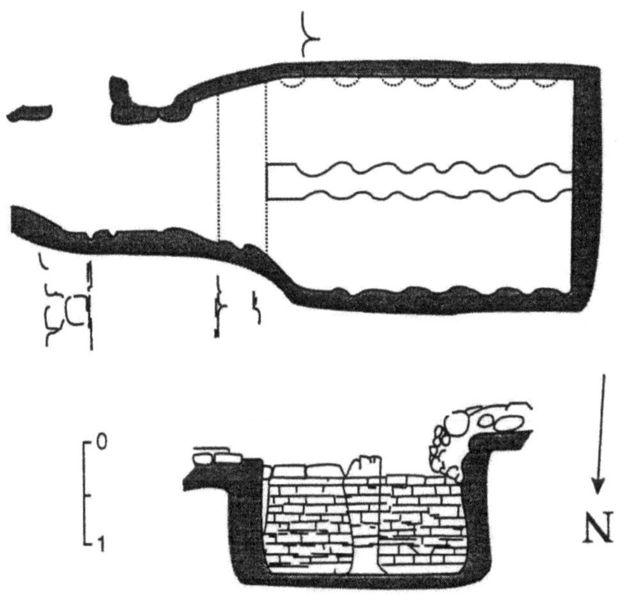

Figura 9. Planta y sección del horno excavado en la Neápolis de Empúries en el año 1917.

Las producciones.

El repertorio de material cerámico que se fabricaba en los hornos de época arcaica comprende una extensa gama de forma propias de la cerámica gris monocroma. Para referirnos a una tipología de referencia usaremos la monografía de Ch. Arcelin-Pradelle, confeccionada con las cerámicas halladas en el sur de la Galia (Arcelin-Pradelle, 1984).

Para las formas que no figuran en este trabajo se usará la prolongación publicada en el Dicocer (Py, 1993, pp. 445-452).

Las formas asociadas a estos hornos son la siguientes:

- Plato, forma I (fig. 14, 1).
- Bol o cuenco de paredes curvadas forma II, de paredes gruesas y de paredes finas (fig. 14, 2).
- Plato "a marli", forma IV (fig. 14, 3).
- Copa o *kylix*, forma V, la mayoría sin asas, grandes de 20 cm o más de diámetro (fig. 14, 4).
- Urna forma VII, no conocemos la parte inferior ni el pie asociado (fig. 14, 5).
- *Oenochoe*, forma VIII. En esta forma aparece bastante variedad, con bandas pintadas, con boca moldurada, asas no bífidas. También se detectan intentos con pasta clara pintada, aunque siempre son minoritarios (fig. 14, 6).
- Jarra forma IX de boca circular, con una asa (fig. 14, 7).
- Pequeño olpe, forma X (fig. 14, 8).
- Imitación de *kantharos* etrusco, forma XI (fig. 14, 9).
- Crátera, forma XV (fig. 14, 10).
- Morteros de cerámica oxidada, forma XVII (fig. 14, 11).

En este repertorio faltan otras formas que parecen inspirarse más en repertorios indígenas y que se fabricaban en los talleres provenzales o del Languedoc, básicamente formas III y VI, cuencos carenados. Destaca también la ausencia de decoración en todas las formas que proceden con seguridad de los hornos; en cambio, formas como la II o la VIII frecuentemente lo están en las producciones de origen provenzal y masaliota. Las características de pasta y engobe son muy homogéneas y son especialmente reconocibles cuando encontramos piezas que no están bien cocidas.

Avanzando en el tiempo, si bien no conocemos aún en detalle las producciones de los hornos de Roses, que habrían producido unas cerámicas que conocemos con el nombre de cerámica griega de Occidente, imitaciones de las fabricadas en los centros griegos del Mediterráneo oriental, con una considerable variedad tipológica, sí que conocemos un gran repertorio de cerámica fina, barnizada de negro.

En este sentido, es cita obligada el trabajo, ya clásico, de Enric Sanmartí sobre estas producciones de barniz negro, del Golfo de Roses, que son agrupadas en diversos talleres y tipos, que abarcan un periodo entre la primera mitad del siglo III aC, con el taller de las páteras de tres palmetas radiales, que serían el producto más popular y difundido; pero también el taller de las páteras de la forma Lamboglia 55, el taller de las páteras de palmetas impresas sobre la banda de estrías decorativas y el taller NIKIA-IWON.C., este último activo desde la mitad avanzada del siglo III aC hasta finales del mismo siglo. Por lo que respecta a los siglos posteriores se detectan unos productos que no se pueden atribuir a ninguno de los talleres "universales", pero imitan sus formas y, provisionalmente, fueron considerados como tipos emporitanos por su posible fabricación en la antigua colonia. Siguiendo la nomenclatura de Lamboglia, Sanmartí los clasificó como tipos emporitanos D, E, F, G, H, I. Los dos primeros son imitaciones de la campaniense A, y básicamente se pueden fechar en el siglo II aC. Los tipos F, G y H imitan las formas de la campaniense B y se fechan en la primera mitad del siglo I aC. En realidad, su diferenciación corresponde a diversas tonalidades del barniz. Finalmente, el tipo emporitano I parece imitar formas de la campaniense A y también de la B, y su cronología debe fijarse en un momento avanzado del siglo I aC (Sanmartí, 1978; 1978a).

Figura 10. Desecho de fabricación que forma un amasijo de olpes o jarritos con el asa levantada por encima del borde, una de las formas típicas de las producciones de los talleres griegos occidentales. Procede de la cata 1/1979 de la Ciudadela de Roses (Martín, 1982, figura 6, 2).

Un hallazgo de Roses demuestra que la fabricación cerámica no se limitaba a piezas de mesa, sino que en determinados casos se podían producir también objetos suntuarios, como pone en evidencia un molde para la elaboración de figuritas de terracota. Este molde está elaborado con arcilla de Marsella y se obtuvo aplicando la arcilla tierna sobre un positivo. Mide 13 cm. de altura por 13 cm. de anchura máxima. Se encontró en el Corte 01, E II, del Barrio Helenístico en el año 1968, en un nivel removido por la deposición de la necrópolis tardorromana.

Figura 11. Desecho de fabricación de un vaso de la forma Lamboglia 28, con las tres palmetas radiales i la banda estriada sobre el fondo interno, deformado y vitrificado por un exceso de cocción, procedente del taller de Rhode (siglo III aC). Hallazgo de la campaña de 1964 realizada en la Ciudadela de Roses (Sanmartí, 1978, lámina 117).

Representa un busto femenino en posición frontal tocada con un *polos*; el rostro está enmarcado por un peinado con los cabellos separados simétricamente sobre la frente y dos bucles que llegan hasta la base del cuello, que permiten ver parcialmente las orejas y los pendientes.

Las terracotas que se fabricaban con este molde eran figuras votivas que se ofrecían en los santuarios de Deméter, habituales en los contextos de los siglos IV y III aC. Son semejantes a los *thimateria* o pebeteros, que representan el mismo motivo iconográfico.

Hace pocos años que se ha publicado un interesantísimo hallazgo realizado en Peralada. Se trata de un fragmento de molde que se puede fechar en el siglo III aC. Se conserva la mitad inferior donde estaba representada la parte delantera de una figura femenina vestida con túnica. En la parte derecha del molde hay restos de un tirso rematado con una palmeta. Su arcilla tiene unos tonos entre rojizos y marrones, con el exterior beige amarillento, dura, poco depurada y con desgrasante de cuarzo (Miró & Miró, 1990, p. 77, fig. 3).

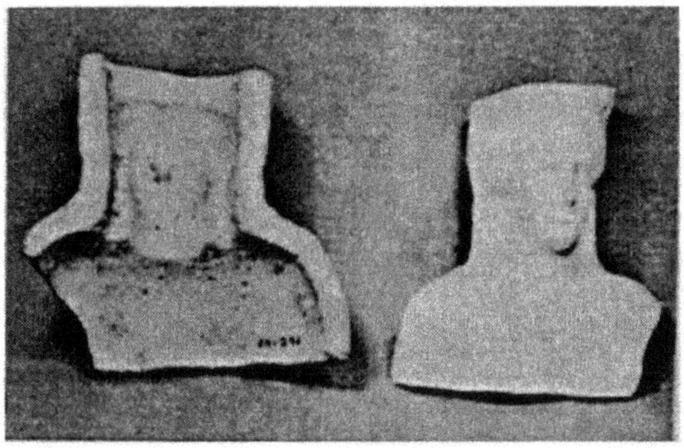

Figura 12. Molde para la fabricación de terracotas en forma de busto de Deméter (Martín, 1982, figura 6, 1).

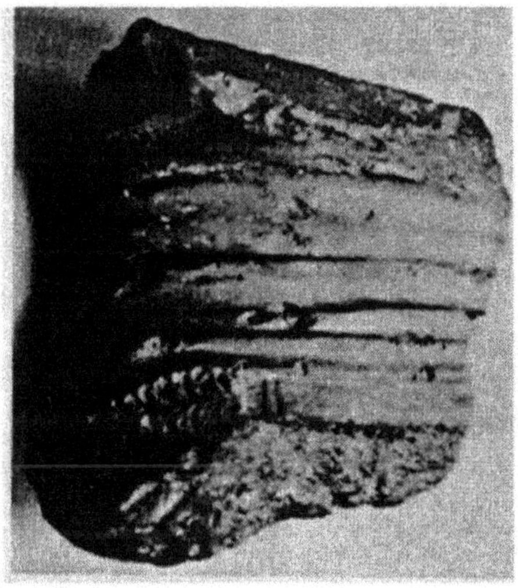

Figura 13. Fragmento de molde con decoración, hallado en Peralada, siglo III aC.

Si dejamos a parte el mundo de la cerámica fina y nos centramos en la cerámica común nos encontramos con un panorama realmente pobre. Conocemos una serie de productos de época helenística y romanorrepublicana que procede, sin ninguna duda, de talleres y centros de fabricación locales, pero faltan aún las evidencias físicas definitivas, y eso, tanto por lo que respecta a la cerámica común como en lo que se refiere a las ánforas. Seguro que futuras excavaciones aportarán novedades al respecto.

En este sentido, y como ejemplo de lo que comentábamos antes, de momento, podemos hablar del taller de Fellines, hallado en el año 1973 con motivo de la construcción de la Autopista A-17, en el tramo Girona-Figueres. Se trata de los restos de un taller de ceramista y de su almacén, que se dedicaba a la fabricación de la llamada cerámica emporitana, con las dos técnicas de cocción, reducida y oxidada, fechables entre finales del siglo III e inicios del II aC. El repertorio de formas identificado fue de veintiséis que, por otra parte, eran ya bien conocidas en otros yacimientos (Martín, 1981, pp. 37-49).

Durante la campaña de excavación de 1990 en Empúries se realizó un sondeo para descubrir y fecharla continuación en el extremo norte de la muralla occidental de la Neápolis (MN-20.000), en esta cata se puso al descubierto la estructura de un horno que ya había sido excavado por E. Gandia en el año 1916, fuera murallas. Frente a estos restos se planteó la posibilidad de continuar la excavación de su entorno. Eso se materializó en un nuevo sondeo (MN-21.000) que permitió recuperar el material de los estratos que formaban parte de sus niveles de construcción y funcionamiento.

Estos estratos, fechados en el siglo III aC, proporcionaron entre sus materiales una cantidad notable de material de vertedero, formado por fragmentos de piezas demasiado cocidas y deformadas por acción del fuego, con unas características de pasta homogéneas y que permiten por primera vez identificar algunas formas que, con toda seguridad, estaban elaboradas en este taller.

La proximidad de los restos de otro horno, conocido desde 1917, seguramente dedicado también a la fabricación de cerámica, deja entrever la posibilidad de que nos encontremos frente a una zona industrial, concentrada extramuros, de la que aún disponemos pocos datos.

En la actualidad pues, estamos en condiciones de publicar las primeras formas emporitanas en cerámica común y, es de esperar que en el futuro este conocimiento se puede ampliar con un repertorio más completo y nuevas estructuras en relación a esta actividad. Las formas individualizadas se reducen a cuatro, que estarían destinadas a formar parte de la vajilla de mesa y de cocina.

- La primera es el plato (16 y 17), de diámetro grande y plano, con un borde muy característico, de forma triangular, en la que el labio sería la arista, la pared cerraría rápidamente, sin carenas, hacia la zona de la base. No sabemos si tenía pie marcado.

- La segunda es la cazuela, destinada a cocinar o freír alimentos. Está inspirada directamente en la vieja tradición griega de las *lopades*. Conocemos dos variantes: una presenta la pared exterior recta, que se va cerrando progresivamente y en dirección oblicua hacia el fondo, la pared interna es la más característica, ya que forma el encaje que servía para sostener la tapadera (19). El fragmento 18 representa un asa que funcionaba aplicada horizontalmente sobre la pared exterior, a la altura del borde. La otra, presenta también un encaje para recibir la tapadera, pero a esta altura, la pared se abre hacia el exterior, dándole una forma más globular (20). Los labios, en los dos casos, forman un pequeño plano. Las partes inferiores de las piezas no sabemos como acabarían, pero es muy probable que tuviesen un fondo abombado, típico en este tipo de utensilios, ya que al usarse directamente sobre el fuego favorecía que se repartiera homogéneamente el calor. Si es cierta la fabricación local de estas piezas, deberíamos deducir que también se confeccionaban sus complementos, las tapadoras, aunque no tengamos restos quemados.

- Una tercera forma es la jarra (21), con dos asas contrapuestas, de sección ovalada y surco central, que enganchan bajo el labio. Éste es ligeramente abierto y redondeado, formando un pequeño encaje en el borde que permitiría, eventualmente, colocar algún tipo de tapadera. Las asas 22 a 24 pertenecen a variantes suyas.

- Finalmente, la forma mejor documentada es la urna u olla si llevase asas. Conocemos una notable variedad (1 a 15), pero todas presentan unas constantes morfológicas: borde exvasado, ligeramente engrosado y redondeado, con un encaje interior más o menos definido. El cuello está marcado por un estrangulamiento y continúa con una abertura de la pared, que debía darle forma globular. No conocemos su final, pero debía estar asociado a una base plana como la 25.

Las características de la pasta son un color rojo oscuro o morado, dura, rugosa, con desgrasante de calcita y cuarcita, frecuentemente presentan una epidermis ennegrecida, durísima, con presencia de puntos blancos. Los fragmentos vitrificados por efecto del fuego tienen un color verde claro en el exterior, mientras que en el interior tienen un tono negruzco. Imita a la perfección las cerámicas de cocina de fabricación griega y, por lo tanto, no tiene nada que ver con la técnica y calidad de la cerámica ibérica.

Es muy posible que también se fabricasen, como parecen demostrar otros fragmentos hallados, morteros y ánforas. Sobre este particular no es la primera evidencia que tenemos: en el año 1988 aparecieron fragmentos de paredes de ánfora deformados y vitrificados, con estrías en la pared externa. Esta producción, tradicionalmente atribuida a los talleres ebusitanos, podría haberse fabricado igualmente en Emporion.

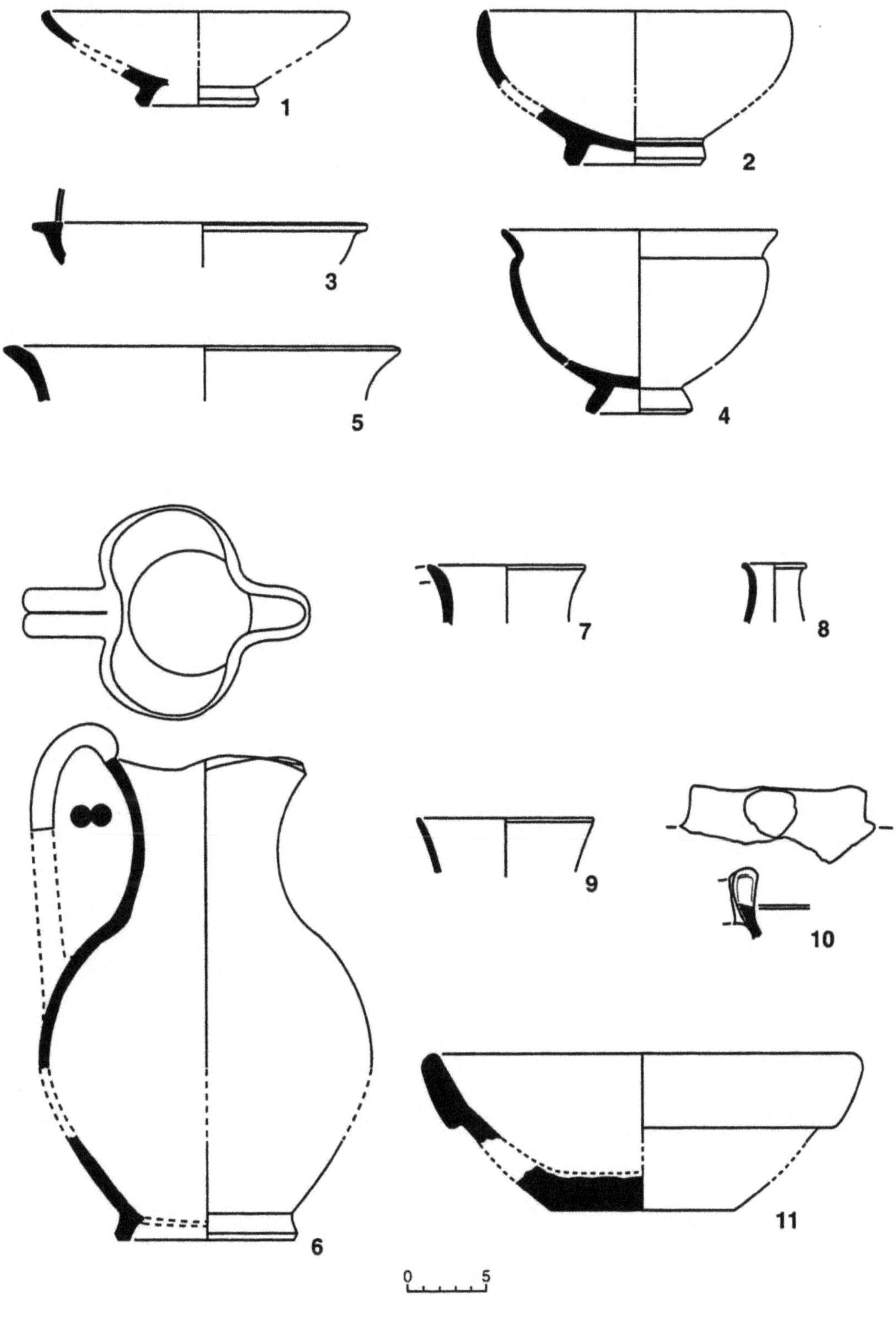

Figura 14. Repertorio de formas de cerámica gris monocroma producido en un horno de época griega arcaica en Sant Martí d'Empúries (siglo VI aC).

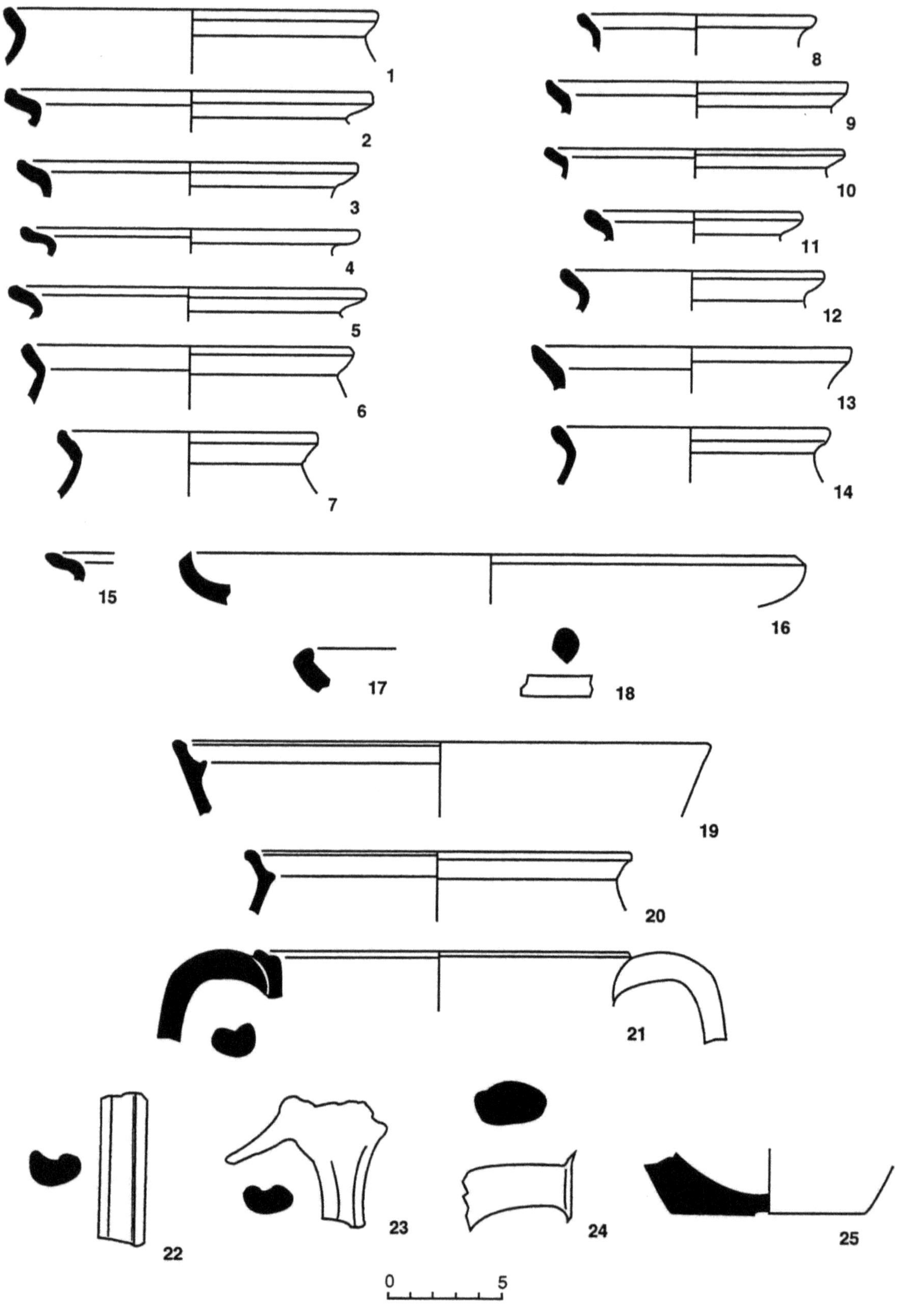

Figura 15. Repertorio de la cerámica común de época helenística fabricada en el horno de la Neápolis de Empúries, recuperado durante la campaña de 1990.

Capítulo 5. Los hornos y su tipología.

La colonisation romaine s'est traduite (...) par l'apport d'une architecture radicalement différente (...) cette architecture fait appel á des matériaux de construction nouveaux, ignorés jusqu'alors (...) ont la particularité d'être fabriqués á base d'argile, qu'ils'agisse de tuiles, de briques ou d'éléments d'hypocauste.

LE NY, 1988, p. 9.

Introducción.

En este capítulo nos referiremos a los hornos que tenemos localizados en las comarcas gerundenses para confeccionar un catálogo y una clasificación tipológica. La información de que disponemos es muy fragmentaria, incompleta y desigual, debido sobre todo a que muchos son producto de hallazgos fortuitos, que han sido planteados como excavaciones de urgencia, centradas en su estructura y no lo han sido en extensión. En consecuencia, no tenemos constancia del resto de dependencias que formaban el conjunto del alfar ni las cerámicas que se producían. En estos casos se conoce solamente la estructura del horno. Son mínimos los casos que han dejado al descubierto las estructuras del taller y que permiten entender mejor como funcionaba la organización del trabajo en estas industrias; podemos hablar solamente del yacimiento de Fenals, aunque no lo conozcamos totalmente y no haya conservado en absoluto la estructura de sus hornos.

Si nos centramos estrictamente en las estructuras de los hornos, veremos que por su variabilidad se hace difícil encontrar una tipología que recoja todos los particularismos y a pesar de que, por ahora, su clasificación no aporte datos significativos en torno a su datación, pensamos que vale la pena reunirlos para terminar con la dispersión en que se han encontrado hasta ahora.

Para facilitar su localización, hemos elaborado un mapa donde se sitúan exclusivamente los hornos o centros de producción, numerados según el listado general que se puede consultar en el capítulo del catálogo de yacimientos. Este criterio rige también para las referencias bibliográficas.

Los talleres de fabricación de cerámica.

La instalación de un alfar en un lugar determinado tenía que tener en cuenta la necesidad de una serie de recursos naturales a mano y en abundancia, sin los cuales difícilmente hubiese sido posible la fabricación de cerámica. Estos recursos son, básicamente, agua dulce abundante, bosques para leña, un terreno arcilloso que permita extraer la materia prima y mano de obra suficiente.

Este trabajo comportaba un largo proceso, en el que era necesario realizar diversas actividades. Algunas de éstas se realizaban al aire libre, como fosas y balsas, y son difíciles de detectar porqué no comportaban la edificación de estructuras sólidas, y eran las que permitían la obtención de la arcilla. El crecimiento de la vegetación o movimientos de tierras posteriores hacen que sea prácticamente imposible su reconocimiento.

A poca distancia del taller se guardaba una reserva de arcilla en un foso, y en las cercanías se construían las balsas de decantación, normalmente un agujero con las paredes protegidas por tablones o vigas de madera, en las que se mezclaba la arcilla con agua formando un barro que se dejaba reposar. Eso hacía decantar las impurezas más grandes y pesadas al fondo y la arcilla más fina quedaba en la pared superior. Este proceso se realizaba diversas veces, en balsas diferentes, hasta que tenía la calidad necesaria según el objeto que se pretendía fabricar. Otro elemento era un foso de arenas que se utilizaban para mezclar con la arcilla, cumpliendo la función de desgrasante.

En el caso que el acabado de los vasos necesitase un engobe o aguada sobre la pared exterior para conseguir una mejor impermeabilidad o simplemente por motivos decorativos se sumergían las piezas en una arcilla muy depurada y casi líquida.

Una vez realizadas estas tareas, la pasta se llevaba al taller, que tenía diversas dependencias y estructuras básicas, donde se amasaba y se modelaba en el torno y se le daba la forma

Figura 16. Esquema de un taller de cerámica de época romana.

deseada al recipiente. Cuando se había elaborado una cantidad suficiente de piezas crudas se extendían sobre el suelo, Entonces se dejaban secar a cielo abierto, en el patio del taller o en una dependencia semejante, como demostraron espectacularmente los hallazgos del taller de Llafranc (Nolla, Canes & Rocas, 1982).

El conjunto más completo y que conocemos mejor de las comarcas gerundenses es el de la Playa de Fenals, formado por una nave de unos siete metros, cubierta a doble vertiente y con soporte central de pilares que rodeaba el área abierta; otras habitaciones debían servir para trabajar en el torno y para guardar herramientas.

El tipo de actividad que se llevaba a cabo en los hornos cerámicos hizo que por necesidad se situasen fuera de los recintos urbanos, en el caso de las ciudades, o separados de las villas, en el caso de las explotaciones agrícolas. En los primeros, para evitar las molestias que causaría a la población, fue tipificado incluso en el capítulo 76 de la Ley de *Urso,* donde se hace una alusión a las *figlinae teglarie* y a los *tegularium,* a partir de determinadas dimensiones (Beltrán, 1990, p. 23), formando auténticos barrios industriales extramuros de los núcleos. Probablemente en Empúries se habría formado uno de estos barrios industriales en la parte de poniente de la ciudad griega. En el segundo, constituyen anexos separados de las estructuras de las villas o explotaciones de las que dependen y a las que estarían dirigidas. La práctica totalidad de los hornos localizados en las áreas rurales constituyen buenos ejemplos.

En la descripción de la estructura de los hornos se deben distinguir tres niveles principales con diferentes partes cada uno de ellos:

1. Hogar o nivel inferior. En este podemos encontrar las partes siguientes: boca o *praefurnium,* abertura baja, sirve para alimentar el horno mediante la combustión de la leña, lo que produce una corriente de calor que se canaliza mediante un corredor y la dirige hacia la parte superior donde cocerá las cerámicas crudas que se hallan allí depositadas, evitando así el contacto directo de las llamas que desecharía el producto.

2. La cámara de fuego o de combustión, igual que el *praefurnium* se encuentra normalmente excavada en el subsuelo y recibe el flujo de calor en la salida del corredor. Esta cámara se caracteriza por poseer los elementos que soportan la parrilla y por disponer espacios conductores de calor. Los elementos de soporte pueden ser pilares centrales, banquetas periféricas y sobre todo muretes de sustentación. Estos últimos están ligados entre si por arcos en bóveda que delimitan un corredor y establecen las conducciones para la circulación del calor. A veces pueden tener un desagüe, a pesar de que no tenemos ninguno de documentado, que sirve para mejorar el mantenimiento, excavado en la cámara de fuego, drena las aguas que se filtran tanto durante la cocción como durante los períodos de inactividad.

3. Parrilla o solera. Plataforma de grosor variable que separa la cámara baja de la parte alta del horno. Los elementos más característicos son las conducciones u orificios, normalmente alineados en hiladas, a través de los que penetra el calor en el laboratorio.

4. Cámara de cocción o laboratorio. Es la superestructura, parte que era visible y que difícilmente se conserva, en todo caso se conserva como máximo su arranque. Está formada por la bóveda o cobertura, que contiene el cargamento para

su cocción. Esta parte puede ser permanente o, más frecuentemente, no permanente. En éstos se destruía la cobertura después de cada cocción. La chimenea es el orificio por donde se evacuan los humos y el aire caliente (véase figura).

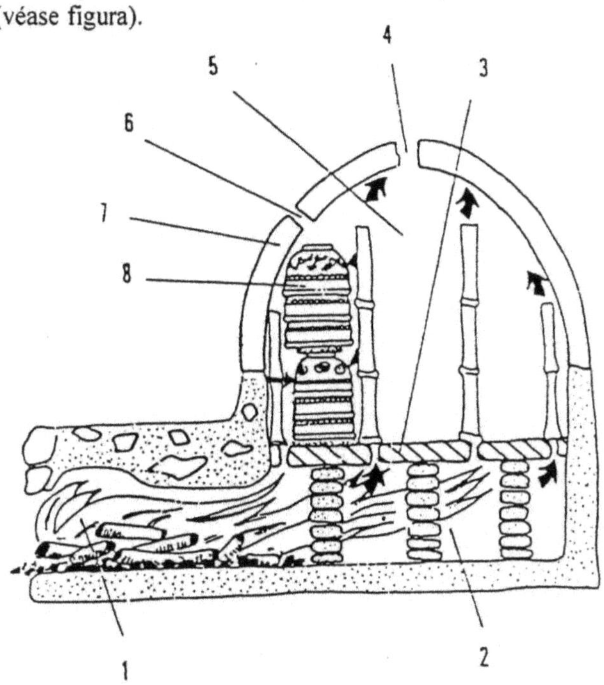

Figura 17. Sección esquemática de un horno de t. s., según Duhamel: 1- *preafurnium*, 2- cámara de combustión, 3- parrilla, 4- tiro, 5- cámara de cocción, 6- observatorio, 7- cúpula del laboratorio, 8- cerámicas.

Es posible, a veces, identificar estructuras anexas del horno o en la periferia próxima. Estas suelen ser: el área de caldeamiento, donde se alimenta el fuego y se regula el tiro; estructuras de drenaje, ya que el entorno del horno debe drenarse con frecuencia;y las áreas de carga y de descarga, zonas enlosadas sobre las que se disponían los materiales que tienen que acabar de enfriarse, situadas cerca de los hornos.

La dificultad que tenemos para encontrar restos de hornos en buen estado de conservación se debe a la poca dureza de los materiales utilizados en su construcción, sobre todo ladrillos, adobes, barro y muchas veces fragmentos de cerámicas o tejas procedentes de sus vertederos, de manera que no eran estructuras de larga duración, sino que debían tener un mantenimiento constante e, incluso, renovación. No es raro pues, encontrar hornos que fueran abandonados porque se echaron a perder durante una sesión de cocción, al ceder la parrilla por desgaste de la estructura o por exceso de carga. El proceso de cocción dependía de una persona experimentada, ya que una combustión demasiado fuerte, una carga indebida o una ventilación incorrecta podían estropear una hornada o la misma estructura del horno.

A veces, por defecto de fabricación, la intensidad de la calor que pasaba de la cámara de combustión a la de cocción cuando el horno estaba en funcionamiento era demasiado grande y se tenía que graduar tapando parte de los orificios de la parrilla para que no se estropease el producto, esas operaciones eran habituales y se detecta en los hornos de Clos Miquel (Sant Miquel de Fluvià) y el del Camino viejo a la Cruz de Albons (Viladamat).

La cocción se podía realizar de diversas maneras, según el resultado que se quisiera obtener. Básicamente se podía realizar una cocción a fuego oxidante o con atmósfera reductora. La primera consistía en permitir una ventilación constante, donde la presencia de aire hace que actúe el oxígeno, quemando los componentes orgánicos de la arcilla y consiguiendo un color rojizo, que será más intenso cuanto más oxígeno entre en circulación. La cocción reductora actúa a la inversa, cerrando o taponando la entrada de aire a la cámara de cocción y quemando leña verde se conseguía humo y el consiguiente ennegrecimiento de las arcillas. No hace falta decir que ambos sistemas se podían utilizar combinándose al mismo tiempo, lo que producía núcleos rojos y la parte exterior negra o núcleos negros y la parte externa roja según es realizase una cocción oxidante y después reductora o una cocción reductora y después oxidante, respectivamente. A pesar de todo, esta combinación era más frecuente en época ibérica, produciendo las conocidas pastas sándwich o bicolores, que en la romana, en la que suelen ser monocromas.

Como hemos visto, se trata de un largo proceso que para obtener unos resultados óptimos necesitaba el concurso de auténticos especialistas o, tal vez, sería todavía más lógico pensar que se basaría en una división de las diferentes tareas, de manera que esta especialización en trabajos muy concretos pudiese estar cubierta con mano de obra poco calificada, sometida a la vigilancia, supervisión y coordinación de un oficial o encargado.

Tipología de los hornos.

Antes de sumergirnos en el estudio de su producción, en los casos que eso sea posible, pensamos que deberíamos realizar algunas consideraciones, aunque fuese de una forma muy sucinta, en torno a la morfología y estructura de construcción de los diversos hornos que nos ocupan.

Parece un punto de referencia obligado la tipología confeccionada por el profesor Domingo Fletcher Valls (Fletcher, 1965, pp. 170-174). Esta tiene sus orígenes en la excavación del horno romano de Olocau, en el País Valenciano, (Fletcher & Alcacer, 1961, pp. 115-140, lám. I-VI), momento en que, de hecho, estaba ya establecida. En esta tipología se diferencian cuatro tipos de hornos, que detallamos seguidamente:

1.- Hornos de fuego circular.
2.- Hornos de planta ovalada.

3.- Hornos de planta rectangular con una solo cámara.
 a) De laboratorio rectangular.
 b) De laboratorio circular.
4.- Hornos de planta rectangular con dos cámaras.
 a) con pilastras centrales.
 b) con muro central.

Los investigadores que más adelante han insistido en este tema, aunque sea de paso, se han limitado a repetir o a dar referenciade la tipología que acabamos de especificar aquí (Beltrán, 1970, pp. 91-97).

Recientemente, Beltrán ha recogido la tipología establecida por Ninina Cuomo di Caprio (Beltrán, 1990, p. 25, fig. 4) a partir de su estudio de las estructuras halladas en el área italiana (Cuomo di Caprio, 1985, fig. 18 y 19). Éste establece dos grandes categorías, reduciendo los dos primeros tipos de Fletcher en uno solo y el tercero y cuarto en otro. De esta forma, encontraríamos las siguientes estructuras:

Categoría I. Cámara de combustión de planta circular o elíptica.

I, a: de pilastra central;
I, b: de muros radiales o muro axial;
I, c: de arcos;
I, d: de corredor central.

Categoría II. Cámara de combustión de planta cuadrada o rectangular.

II, a: de muro axial;
II, b: de corredor central;
II, c: de doble corredor;
II, d: de doble corredor y doble *praefurnium*.

La más reciente es la propuesta de Françoise Le Ny, a partir de los hornos de tejas de la Galia. con una metodología basada en la arqueometría establece, de forma muy semejante a Ninina Cuomo di Caprio, dos tipos principales: circulares y rectangulares (Le Ny, 1988, pp. 39-45; fig. 22a, 22b y 23). con ánimo de completar con variantes esta tipología, el tipo IB de ésta se separa en los tipos IB, IC y IC' de Le Ny y amplía los hornos circulares con dos variantes nuevas, IIF y IIF' que serían los de doble cámara de combustión, con corredor o sin él. En lo que respecta a los hornos rectangulares no ofrece novedades, solamente asocia su nomenclatura a la correspondencia en el sistema de sustentación de la parrilla que se observa en los tipos circulares. De esta forma, los sistemas menos habituales quedan desiertos, en cambio los tipos IIE y IIF y variantes, con el sistema de arcos sobre muretes, con una o dos entradas, respectivamente, son los más habituales.

Aún podemos citar otra tipología, surgida del estudio de los hornos de las Galias (Duhamel, 1974, pp. 59-66, fig. 4-6). A diferencia de los otros se basa en tres criterios funcionales: el nombre de volúmenes que componen el horno; el sentido del tiro, que puede ser horizontal o vertical; y el número de bocas, que puede ser única, doble o múltiple. Además toma en consideración también sus formas. Distinguiremos tres grupos principales: hornos circulares o paracirculares; hornos cuadrangulares y hornos ovalados. Dentro de los elementos de distinción morfológica se fija en la instalación de la cámara inferior, ya que su concepción responde a necesidades de orden tecnológico. Duhamel realiza la distinción entre cámara simple, cámara dotada de uno o más elementos (pilares, muretes u otros) y dispositivos de canales.

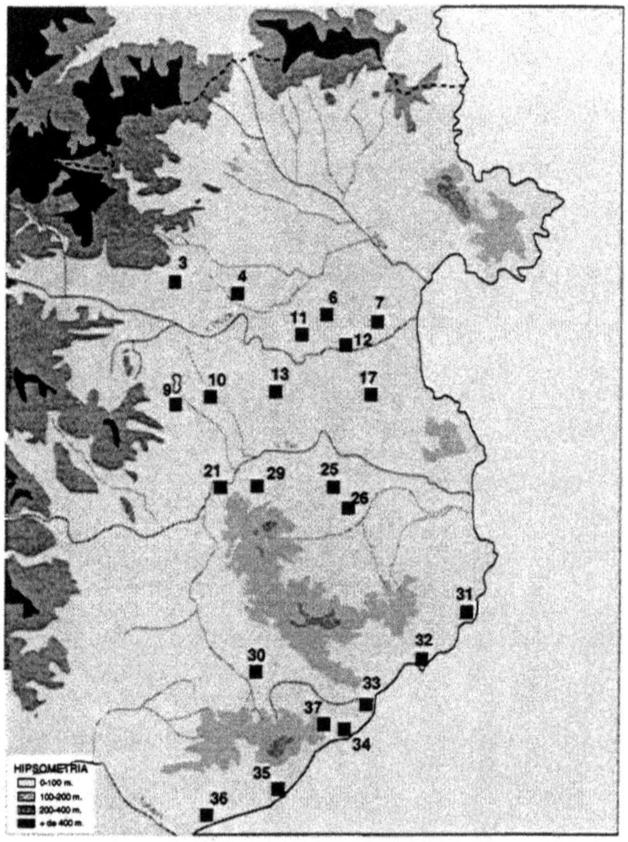

Figura 18. Mapa de distribución de los hornos de época romana en la comarcas gerundenses.

En general, como veremos seguidamente la mayoría de hornos que hemos analizado responden a los de forma cuadrada o rectangular IIv1, es decir, con dos volúmenes, tiro vertical y una sola boca de entrada. A pesar de esto, tanto por lo que respecta a esta tipología como a las otras, cabe decir que las variables son muy amplias y si bien a nivel formal es posible su clasificación, es prácticamente imposible la total adaptación a los tipos establecidos.

En lo referente al área de estudio que nos ocupa, solamente una autora proporcionó información general en este sentido, con motivo del hallazgo y excavación de los hornos de

Orriols y Sant Miquel de Fluvià (Martín, 1979-1980, pp. 97-105), a pesar de que recientemente se ha estudiado también el horno de S'Agaró (Nolla, Aicart & Esteva, 1990, pp. 37-62).

En el catálogo seguiremos la misma ordenación geográfica que se muestra en el mapa, de norte a sur.

Catálogo de los hornos de las comarcas gerundenses.

Horno del "Home Dret", Can Coromines (3) (MAIÀ DE MONTCAL, La Garrotxa).

La estructura y los materiales que conocemos son el resultado de una campaña de excavación realizada entre septiembre y octubre de 1993, realizada por P. Castanyer, J. Casas, J. M. Nolla y J. Tremoleda, motivada por el hallazgo fortuito del horno cuando se arreglaba el entorno para convertirlo en cámping, por parte de su propietario, el señor Marc Delegniaux, a quien debemos agradecer profundamente el interés y las facilidades que nos ha proporcionado en todo momento. La procedencia de los hallazgos, pues, se concentran en dos puntos principales, por una parte, los restos estructurales del horno; su excavación no proporcionó material cerámico, solamente algún fragmento de teja y, por otra parte, probablemente parte de un vertedero cerámico situado a unos 50 m. en dirección sudoeste desde el horno.

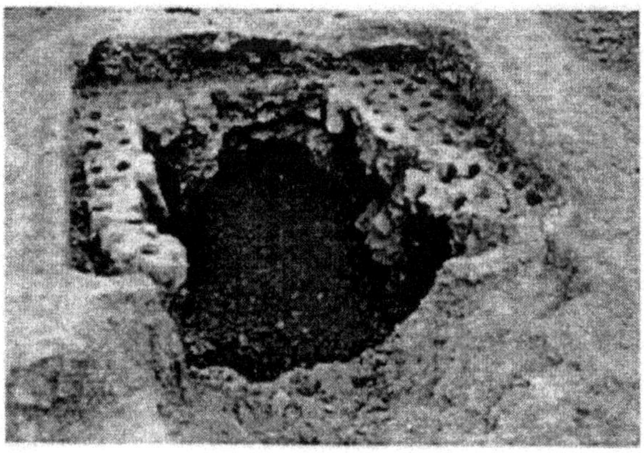

Figura 19. Fotografía del horno del "home dret", excavado en Can Corominas (Maià de Montcal, La Garrotxa).

La estructura de este horno se conoce bien ya que hemos tenido ocasión de excavarla en el salvamento efectuado en el año 1993. Las dimensiones, bastante reducidas, dibujan una planta cuadrangular de 2,40 m de lado, ligeramente maltrecha por los trabajos que ocasionaron su descubrimiento. Estaba orientado de este a oeste y conserva la cámara de combustión subterránea, la parrilla y el límite perimetral que servía a la vez de base de la cúpula del laboratorio. De la parrilla ha quedado sobre todo la parte perimetral que cuenta con nueve hiladas de once o doce agujeros circulares cada una, ya que la parte central se hundió por acción de la pala mecánica que lo alcanzó de lleno. El sistema de sustentación de la parrilla se realiza mediante dos arcos que descansan sobre el suelo de tierra quemada del fondo de la cámara de combustión. Estos arcos, de medio punto están construidos con piezas rectangulares de terracota, la parte baja de los arcos, punto de contacto con el fondo de la cámara de fuego están reforzados con sillares de piedra para evitar que la humedad descomponga las piezas de barro, provocada por el paso cercano de un arroyo y la subida del nivel freático que se debe experimentar en época de lluvias. El arco oriental servía para abrir la boca del horno donde estaba el *praefurnium* y se quemaba la leña que producía el calor necesario para cocer las cerámicas, el segundo arco se situaba en el centro y sostenía la parte central de la parrilla, ambos tenían una abertura de 85 cm. de altura por 125 cm. de anchura, mientras que la parte posterior se aguantaba directamente sobre la pared ciega de cierre. Las paredes de la cámara de combustión, que quedaba por debajo del nivel de circulación, conservaban el color y la textura de haber estado expuestas a altas temperaturas, ya que simplemente eran los límites de la cavidad recortada en el perfil de subsuelo arcilloso. Conservaban una altura total de 160 cm., mientras que la parrilla comenzaba a poco más de un metro y la superficie superior quedaba casi a 140 cm. del fondo, por lo tanto, su grosor oscilaba entre los 30-35 cm.

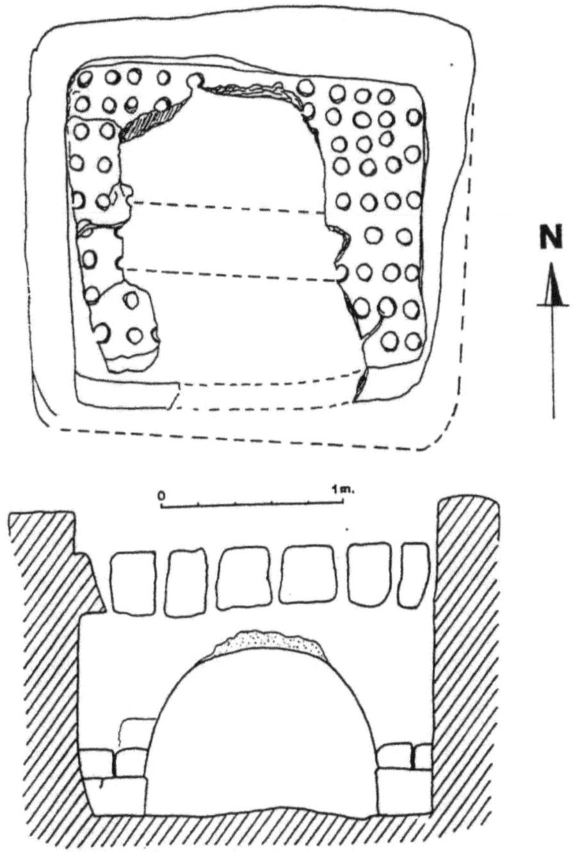

Figura 20. Planta y sección del horno conocido como horno del "home dret", excavado en Can Corominas (Maià de Montcal, La Garrotxa).

Este horno se inscribe tipológicamente en la categoría 3a de Fletcher, IIb de Cuomo di Caprio o en la IIE de Le Ny, caracterizado por la planta cuadrada, corredor central y soporte de la parrilla con arcos.

En lo referenteal material recuperadoen el segundo punto debemos decir que aporta unos datos interesantísimos respecto a las producciones locales de la zona que solamente se habían constatado esporádicamente en dos lugares más, nos referimos concretamente a unas imitaciones de la forma Drag. 15/17, una de las formas lisas del repertorio de t. s. de los talleres del sur de la Galia. A pesar de que se trate solamente de dos fragmentos son suficientemente significativos, y próximos trabajos podrían completar: un borde barnizado y quemado y una base sin barnizar. A parte de esta producción fina, se fabricabatambién cerámica común oxidada, sobre todo un buen repertorio de jarras de boca circular y trilobulada, grandes recipientes de común y *dolia*. Otras cerámicas recuperadas que no son de fabricaciónlocal serían un borde residual de ánfora ibérica de boca plana y diversos fragmentos de vasos de paredes finas de importación propios del siglo primero.

Horno del camino a Can Miró (4) (NAVATA, Alt Empordà).

El conocimiento y localización de este horno lo debemos al señor Erundino Sanz, quien nos acompañó junto con Josep Tarrús al mismo punto donde se encontraba; incluso, nos comentó la posibilidad de la existencia de otro horno cercano, pero que fue imposible de situar. El que describimos a continuación es encuentra en el camino que lleva a la ermita románica de Can Miró, al sur del pueblo de Navata. A pesar de que nunca se ha excavado se puede definir con claridad su estructura. Actualmente se encuentra cubierto debajo de un perfil alto que delimita el camino por la parte de levante, pero entre las hierbas se puede ver una parte de la estructura enterrada; se trata de una banda horizontal de arcilla cocida, que corresponde a la parrilla del horno y debajo de esta se insinúa un arco de sustentación. Nos encontramos, por tanto, frente a un horno que tiene unas dimensiones habituales, muy parecido al que se ha descrito anteriormente de Maià de Montcal, de forma probablemente cuadrada y con la parrilla sustentada por dos arcos que parten de las paredes laterales de la cámara de combustión. Tipológicamente debemos inscribirlo en la misma categoría 3a de Fletcher, IIb de Cuomo di Caprio o en la IIE de Le Ny.

Horno de Fontudana (6), Creixell (BORRASSÀ, Alt Empordà).

En este lugar, cercano a la carretera N-II se dio la noticia, el 14 de mayo de 1973, del hallazgo de los restos de un horno. Constituye una noticia incierta, puesto que no se han conservado restos estructurales ni de material arqueológico.

Figura 21. Restos visibles de la parrilla y uno de los arcos de sustentación del horno que se encuentra en el margen del camino que lleva a la ermita de Can Miró (Navata, Alt Empordà).

Horno de La Bomba (7), VILACOLUM (TORROELLA DE FLUVIÁ, Alt Empordà).

Estos interesantes restos industriales en peligro de perderse irremisiblemente a causa de diversas construcciones que se han ido edificando en su entorno y que han afectado parte del vertedero y otros sectores del antiguo alfar, se sitúan aproximadamente, a un kilómetro y medio al norte del pueblecito de Vilacolum, al lado del "Mas dels Estanys" o de "La Bomba", (topónimo que proporciona información sobre la topografía antigua del lugar como una zona inundada) a levante de la carretera que conduce hacia Figueres y en el mismo talud que hay más allá del límite de la carretera, detrás de un alfar moderno que estaba abandonado y que hoy ha sido ya modificado por una nueva construcción. Se pudieron documentar los restos de un horno romano de medidas notables y en buen estado de conservación, con muros de la cámara de combustión de forma rectangular, de más de 2 m. de altura, construidos de adobe cocido y frecuentementevitrificados por la acción de las altas temperaturas y restos de lo que parece un muro transversal que dividía esta cámara en dos partes iguales (Badia, 1981, p. 357; Nolla & Casas, 1984, p.104-106, lám. LXXV). Probablemente corresponde al tipo 3a de Fletcher, al IIb de Cuomo di Caprio o al IIE de Le Ny.

Horno de Vilauba (9) (CAMÓS, Pla de l'Estany).

Cerca del edificio de la fase II-III de la villa, al lado de un pozo, se encontraron los restos muy perdidos de un pequeño horno de planta circular, de unos 3 m. de diámetro, que debía haber servido para la fabricación de cerámica, pero del cual desconocemos la producción. Los únicos restos eran diversos fragmentos de *dolia* clavados en el suelo que definían su perímetro y restos muy desechos, en su interior, de material refractario, en todo caso no tenía ningún tipo de soporte central en forma de pilar. Correspondería al tipo 1 de Fletcher, al Ib de Cuomo di Caprio o al IC de Le Ny.

Figura 22. Fotografía de los restos conservados del horno de La Bomba (Vilacolum, Alt Empordà), donde se aprecia perfectamente la potencia de una de las paredes laterales del horno.

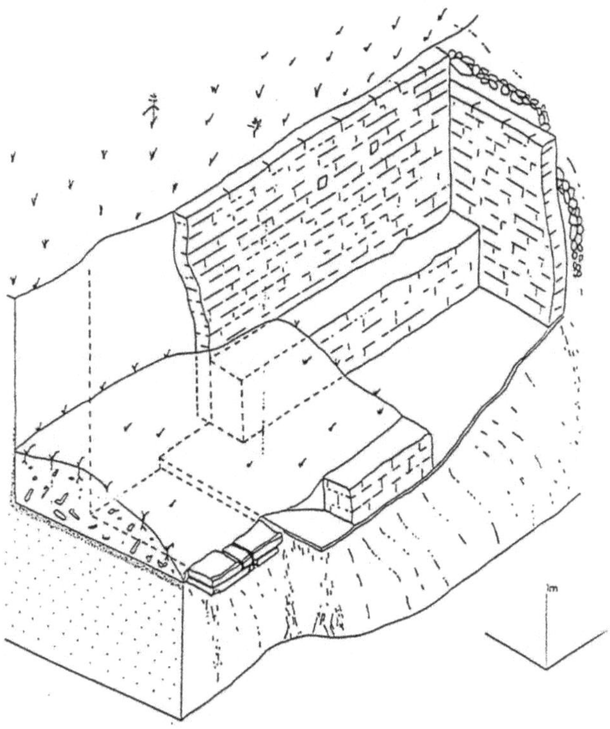

Figura 24. Planta isométrica del horno de La Bomba, según Nolla & Casas 1984, p. 106 (Vilacolum, Alt Empordà).

Figura 23. Detalle del paramento del horno de La Bomba (Vilacolum, Alt Empordà).

Figura 25. Horno circular excavado en la villa romana de Vilauba (Camós, Pla de l'Estany).

Alfar de Ermedàs (10), (CORNELLÀ DE TERRI, Pla de l'Estany).

El conocimiento y la parcial excavación del horno cerámico de Ermedàs debe enmarcarse en las tareas de prospección en la comarca que se realizaron durante la V campaña de excavaciones arqueológicas de la villa romana de Vilauba en septiembre de 1982, en el periodo de colaboración catalano-británica.

En el 1963 el Sr. Erundino Sanz ya había recuperado material arqueológico de interés, que estaba depositado en el Museu Arqueològic Comarcal de Banyoles, lo cual facilitó tanto su conocimiento como su ubicación. Los trabajos sobre el terreno estuvieron a cargo de Martin Millet, quien efectuó, después de una prospección superficial, otra de geofísica, y mediante la resistencia eléctrica que ofrecía el terreno, permitió localizar las estructuras de un horno. Gracias a estos excelentes resultados, posteriormente la excavación permitió poner al descubierto una parte del horno.

Figura 26. Sala anexa al horno de Ermedàs, excavada en 1982.

Del horno se conservaba la parrilla y se halló la boca de entrada a la cámara. La habitación vecina se interpretó como una sala donde se dejaba secar la cerámica antes de la cocción. Tenía un zócalo de piedra que marcaba el perímetro y, en el interior, un piso de tierra cocida con conductos cuadrados tapados por tejas que dejaban pasar aire caliente producido por la combustión.

En la reciente campaña de 1999 se ha iniciado un programa de excavación que tiene por objetivo el descubrimiento total del yacimiento. Se ha intervenido en extensión, de manera que podemos avanzar de forma breve los principales resultados que se han obtenido. En esta intervención se ha podido localizar aquel primer horno que ya se había encontrado en el año 1982 y se ha completado su excavación. La parrilla ocupa una superficie de unos 15 m^2, resultado de un gran cuadro de 4 metros de lado, con la boca de entrada abierta hacia el norte, que conecta con un corredor de más de 2 m. que tenía una cubierta de bóveda. La cámara de combustión está partida por un muro central que sustenta, juntamente con las paredes laterales, seis bandas dobles de arcos. Las paredes del horno fueron construidas aplicando un murete de adobes contra la pared del corte que se realizó en el terreno para contener la cámara de combustión y después revestido y uniformizado con una capa de barro aplicado con las manos.

Por otra parte, a unos 5 m. hacia la banda oriental se procedió a la abertura de otro gran cuadro, en el interior del cual aparecieron dos hornos más, dispuestos en batería, de dimensiones más modestas. Uno de estos, de planta rectangular, era de una sola nave y conservaba aún dos arcos, aunque no quedaban restos de la parrilla. Tenía una cámara pequeña, de unos 2 por 1,5 m. y la boca abría hacia el oeste. El otro, situado más al sur, era de planta cuadrada, con la particularidad que tenía todas las paredes perimetrales construidas con *tegulae* apiladas y posteriormente regularizadas con una capa de arcilla; como el anterior, su boca abría hacia el oeste y está bien definida por una arco de ladrillos. Su estructura interna, aunque estaba destruida, era de doble nave con doble hilada de arcos que encontraban soporte en las paredes laterales y en pilares centrales. El período de funcionamiento, a la luz de los datos recientes, pudo abarcar desde el siglo I, tal vez des de la segunda mitad, hasta finales del siglo II.

Figura 27. Primer horno de Ermedàs con la excavación completa en agosto de 1999.

En el aspecto tipológico debemos clasificar los hornos de doble cámara en el tipo 3a de Fletcher, en la categoría IIb de Cuomo di Caprio o en la IIE de Le Ny; mientras que el de una sola cámara se inscribe en el tipo 3a de Fletcher, IIb de Cuomo di Caprio.

La producción de este taller se centraría en una amplia gama de productos cerámicos, que podemos resumir en cinco grandes grupos:

- Material de construcción, con un amplio repertorio de productos (*tegulae, imbrices*, ladrillos cuadrados, ladrillos para construir arcos, piezas irregulares con encajes, piezas de conducción, etc.).

Figura 28. Detalle de la parrilla del primer horno de Ermedàs.

Figura 29. Detalle de la columna de sustentación de los arcos del primer horno de Ermedàs.

Figura 30. Vista desde el este del segundo horno de Ermedàs. Se aprecian los arcos, uno de ellos solo conserva los arranques, sobre los que había existido la parrilla, hoy perdida. Al fondo se ve la cubierta de la boca de entrada.

Figura 31. Detalle del tercer horno de Ermedàs, construido enteramente con *tegulae* que definen las paredes. La estructura interna estaba formada por doble hilada de arcos soportados por pilares centrales.

- Cerámica común, usada tanto como vajilla de mesa como para usos de cocina. Entre esta debemos considerar de manera especial las imitaciones de la cerámica africana de cocina que la campaña del verano del 1999 nos ha permitido detectar.

- Cerámica T. S. Hispánica. A pesar de su uso como vajilla fina de mesa, por sus características, acabados y proceso de fabricación deberemos considerarla como una categoría a parte de las otras. Su fabricación en Ermedàs se verifica por el hallazgo de diversos fragmentos de molde con decoración de relieves y por desechos de cocción.

-Dolia.

- Ánforas, entre las que podemos asegurar la fabricación de Dressel 2-4. Posiblemente se produjeron imitaciones de envases más tardíos.

Horno de Mas Castellar (11) (PONTÓS, Alt Empordà).

Como hemos comentado anteriormente, su conocimiento es muy limitado. Durante la campaña de prospección de 1991 en el yacimiento, dirigida por Enriqueta Pons, un grupo se cuidó de poner en valor los restos de esta estructura. No se conoce, pero, el vertedero, a pesar de que durante la excavación aparecieron fragmentos quemados de *tegulae* y sobre todo de *imbrices*.

La estructura conserva la cámara de combustión y la parrilla, de planta cuadrangular, con ocho hiladas longitudinales de agujeros por nueve de transversales. Estos orificios son de diámetro muy pequeño y de forma circular. El soporte de la parrilla está formado por un arco que se apoya en las paredes de la cámara, siendo esta de una sola nave.

Figura 32. Fotografía del horno de Mas Castellar (Pontós, Alt Empordà).

La parte de la boca de entrada está totalmente destruida, pero todo parece indicar que sería similar a la de los hornos de Sant Miquel o de Viladamat. En la parte norte se conserva parcialmente, contra el margen de tierra, el inicio de la pared del laboratorio, que definía el perímetro de la parrilla. La parte alta de la pared occidental, estaba construida con fragmentos de ladrillo que reforzaba su estructura. Se inscribe en el tipo 3a de Fletcher, IIb de Cuomo di Caprio o IIE de Le Ny.

Horno del Clos Miquel (12) (SANT MIQUEL DE FLUVIÀ, Alt Empordà).

Este horno conserva el *praefurnium*, la cámara de combustión y la parrilla. Por su estado de conservación es uno de los mejores, a pesar de eso, no conserva el *laboratorium*, como es habitual. Es de planta casi cuadrada, de 1,85 m. de longitud por 1,80 m. de anchura y la cámara de combustión fue excavada en las arcillas del subsuelo, resultando una forma cúbica, con las aristas bien marcadas, de una altura interior de 1,32 m. Las paredes estaban revestidas con una capa de arcilla dura, aplicada con las manos, igual que en el suelo. El *praefurnium* es prácticamente inexistente, está marcado solamente por la boca de entrada de forma circular, un poco allanada en la parte inferior, su altura es de 0,80 m. y la anchura de 0,65 m., de manera que el fuego se debía prender directamente bajo la parrilla. Esta estaba sustentada por un pilar central de 0,96 m. de longitud y 0,55 m. de anchura media en la base, de planta más o menos rectangular y macizo; se estrecha en la mitad de su alzado y se encuentra ligeramente desplazado hacia el noreste. El grosor de la parrilla es de unos 0,45 m. y tiene nueve hiladas de agujeros que dejaban pasar el aire caliente de la cámara inferior a la cámara de cocción, cuatro hiladas tenían siete orificios, tres con ocho y las dos centrales con solamente seis, pero los dos del medio de cada una son más grandes y son los que están en la zona de contacto entre el pilar central y la parrilla. Algunos agujeros se encontraron obstruidos con piedras para regular la temperatura de tiro que tenía que tener el horno. Corresponde a la forma 3a de Fletcher, a pesar de que no es exacto, ya que en la descripción de este tipo siempre se suponen sustentados con arcos que se apoyan en las paredes laterales y pilastras o muros centrales, y el de Sant Miquel está soportado por las paredes y el pilar central, directamente, y a la IIa de Cuomo di Caprio, pero con pilar y no con muro. En cambio, correspondería con más exactitud al IIA de Le Ny, a pesar de que no tiene ninguno documentado en la Galia. Según Martín, en el momento de la construcción se debió usar algún sistema de encofrado.

Figura 33. Fotografía del horno excavado en Clos Miquel (Sant Miquel de Fluvià, Alt Empordà).

Durante la excavación, dentro de la cámara de combustión se encontró una capa de tejas quemadas, con restos de carbones y cenizas, de 25 a 30 cm. de grosor, también gran cantidad de *imbrices,* algunos enteros. En el exterior también se encontraron fragmentos, además de fragmentos sin forma de cerámica común; por tanto, solo podemos decir con seguridad que se fabricabaeste material, a pesar de que seguramente la producción era más diversificada. La cronología, que probablemente deba situarse en los siglos I-II, tampoco puede establecerse con precisión por falta de elementos.

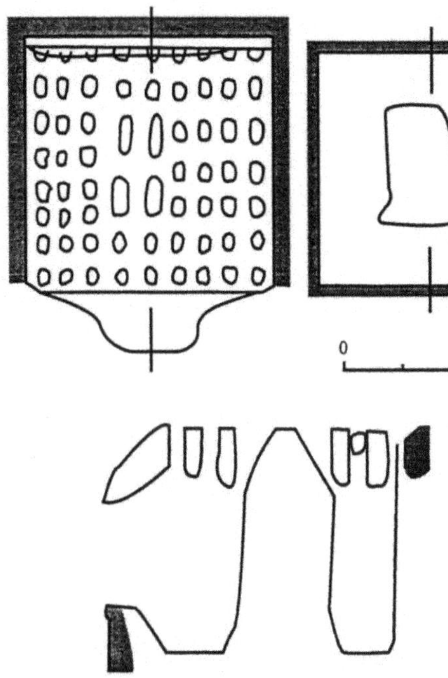

Figura 34. Planta y sección del horno excavado en Clos Miquel, según Martín, 1979-1980, p. 101 (Sant Miquel de Fluvià, Alt Empordà).

Horno del Camp dels Recs (13), ORRIOLS (BÀSCARA, Alt Empordà).

El mes de marzo de 1973, con motivo de las obras de la autopista fue hallado un horno de planta circular, del que solo se conservaba el *praefurnium,* la parte inferior de la cámara de combustión y el pilar central que sostenía la parrilla o suelo del *laboratorium.* La parte conservada, en torno a unos 50 cm. de altura, estaba construida con adobes y por la parte interior estaba revestida con arcilla, colocada con las manos, ya que quedaban las marcas bien visibles, el diámetro exterior de la cámara de cocción era de 2,76 m. y el interior de 2,20 m. El suelo estaba cubierto por una capa de arcilla dura, bien conservada, semejante a la que recubría la cámara. El *praefurnium* era de sección rectangular y planta trapezoidal, con la parte exterior mas abierta, de 0,65 m., estrechándose hacia el interior, hasta medir 0,48 m., también estaba revestido de arcilla y estaba sin cubierta, su longitud era de 0,65 m. El pilar central, de 0,80 m. de longitud y 0,52 m. de anchura, era de planta casi rectangular, con los dos ángulos que comunicaban con la entrada ligeramente redondeados y hueco en el interior. Estaba un poco descentrado hacia el este respecto al eje de la entrada. Bajo el frontal sur del pilar había un agujero que comunicaba la cámara de combustión con el interior, elemento que debía estar relacionado con la regulación de la temperatura del *laboratorium,* del que no quedaba ni la parrilla. Corresponde al tipo 1 de Fletcher y a la categoría Ia de Cuomo di Caprio o igualmente a la IA de Le Ny, pero con la particularidad del pilar rectangular y hueco.

Figura 35. Fotografía del horno excavado en el Camp del Recs, según Martín, 1979-1980, p. 98 (Orriols, Alt Empordà).

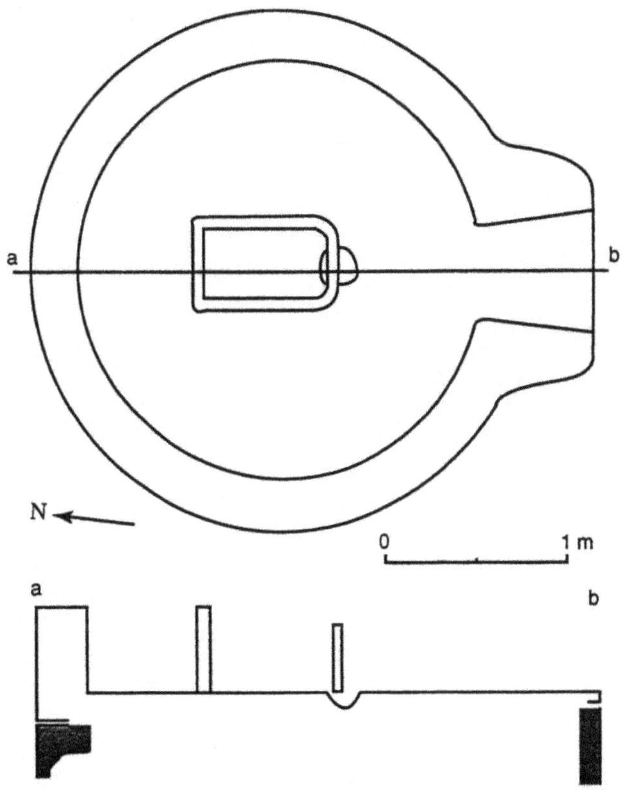

Figura 36. Planta y sección del horno excavado en el Camp del Recs (Orriols, Alt Empordà).

La excavación no proporcionó restos de cerámica que permitiesen conocer su cronología, ni la producción propia, por lo tanto, es muy difícil de saber la época que estuvo en funcionamiento.

Horno del camino viejo a la cruz de Albons (17) (VILADAMAT, Alt Empordà).

Este horno se encuentra muy cercano a la villa romana de Tolegassos, a poco más de 50 m., y con toda probabilidad era una dependencia de la misma. Fruto de un hallazgo casual, cuando la estructura cedió al peso de un tractor que pasaba por encima, fue excavado en el verano del 1981 durante una campaña de salvamento.

Figura 37. Horno excavado en el camino a la cruz de Albons (Viladamat, Alt Empordà).

La estructura es de planta cuadrada, orientada en dirección este-oeste, conserva la cámara de combustión y la parrilla superior, esta parte tiene 4 m^2 de superficie, sin contar los restos de las paredes del *laboratorium* que bordean el perímetro, de unos 15 cm. de altura. Estaban construidas de barro cocido, rojo y su superficie interior era de color gris verdoso, vitrificado por la acción del fuego. En los extremos de las paredes norte y sur, cercanos a la puerta, se conservaban dos agujeros cuadrados de 20 cm. de anchura, uno de los cuales estaba tapado con barro y arena, que comunicaban el interior de la cámara de cocción con el exterior. La parrilla se aguantaba sobre dos arcos muy anchos hechos de barro y piedras pequeñas. La cámara de combustión, de 1,25 m. de altura, tenía restos de vitrificado sobre todo en la pared opuesta en la puerta y tenía el suelo quemado y endurecido. El fuego se debía realizar directamente en el interior de esta cámara, ya que, igual como pasaba con el de Sant Miquel de Fluvià, no tenía *praefurnium* y la puerta abría directamente al interior del horno. Su forma corresponde al tipo 3a de Fletcher y al IIb de Cuomo di Caprio o IIE de Le Ny, pero solamente con dos arcos.

Como demostró la excavación, la destrucción de este horno se produjo ya de tiempo atrás, mientras se estaba cociendo una hornada de *imbrices*. Seguramente los arcos no pudieron soportar el peso de las tejas y se hundió; en su interior se encontraron restos de carbones y leña ahogados por el peso de las tejas, algunas de estas aparecieron quemadas, mientras que otras aún no estaban cocidas. De este conjunto procede el fragmento grafitado que representaba una ave. Debemos mencionar también, como señala el Dr. Josep Casas, 1989, pp. 98-99, que probablemente el horno fue construido para proporcionar el material de construcción que fue necesario durante los trabajos de remodelación de la villa de Tolegassos en el siglo II y es muy posible también que las marcas de tégula, con las letras CANP, halladas en diversos estratos de la villa, por ahora de manera exclusiva, fuesen fabricadas en este pequeño horno e identifiquen al propietario de la explotación.

Su datación es difícil de precisar, pero algunos indicios señalan una fecha en torno del siglo II, por lo que se ha dicho anteriormente y también por los fragmentos de cerámica africana que se encontraron en los alrededores de la estructura.

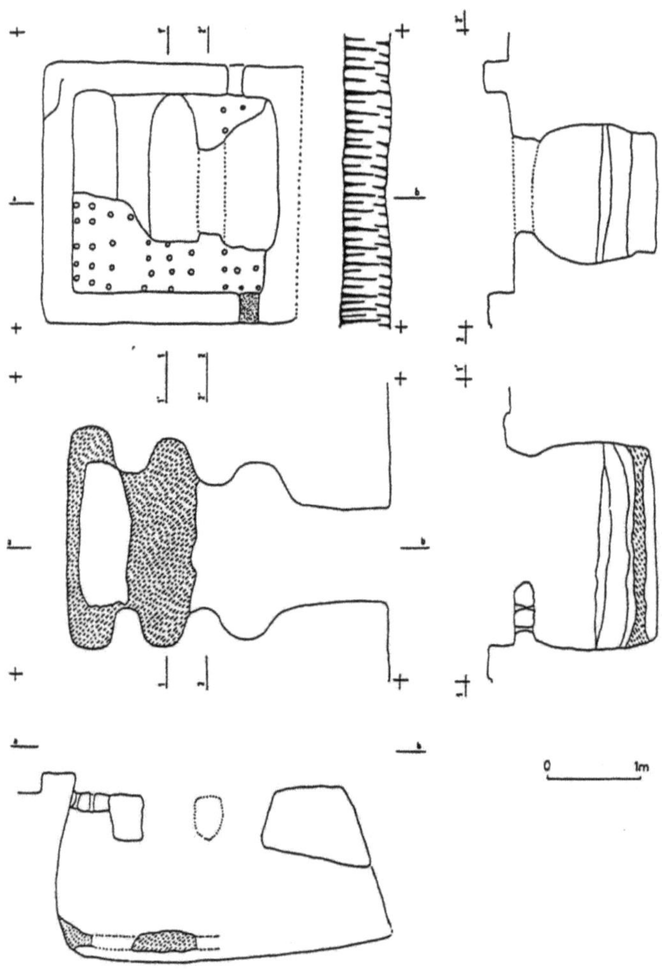

Figura 38. Planta y sección del horno excavado en el camino a la cruz de Albons, según Nolla & Casas, 1984, p. 115 (Viladamat, Alt Empordà).

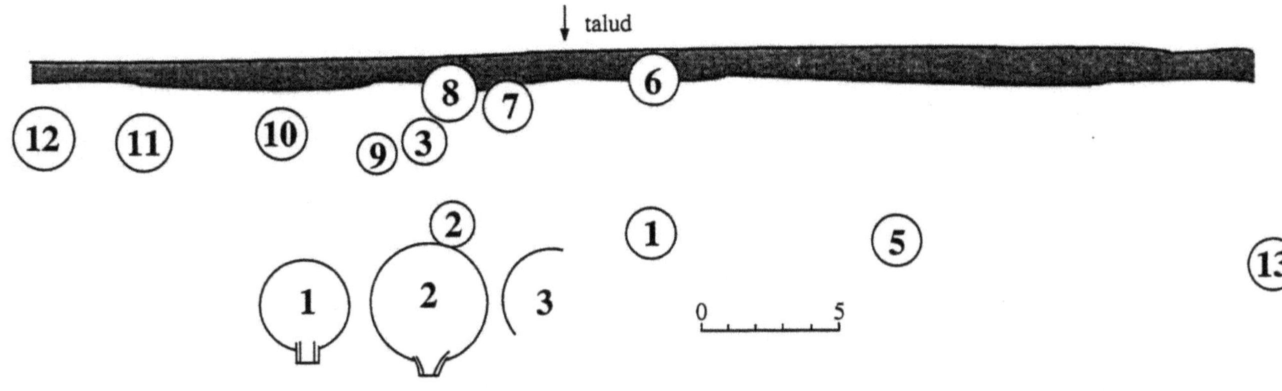

Figura 39. Conjunto de hornos y silos de "Camí del Pla" (Medinyà, Sant Julià de Ramis, Gironès).

Hornos del "Camí del Pla" (21) (MEDINYÀ, SANT JULIÀ DE RAMIS, Gironès).

Los trabajos de excavación fueron de urgencia durante los días 18 y 23 de junio de 1971 en el lugar conocido como "Camp de les Escales", que delimita por la banda oriental con el "Camí del Pla". El nivel del campo se encontraba a 60 m. sobre el nivel del mar. La documentación y los croquis los debemos a la Sra. Mercè Ferré a quien debemos agradecer la cesión de la información. El dibujo que presentamos, así como también los detalles en planta y sección de cada horno que se adjuntaron en nuestra tesis (Tremoleda, 1996, pp. 908-911) fueron elaborados a partir de los croquis de la citada señora quien fue situando los diversos elementos por triangulación con diversas estacas que actuaban como puntos fijos. Nosotros los hemos pasado a medida real; a pesar de eso, hemos respetado al máximo todas las anotaciones tomadas a pie de obra.

El horno número 1 es el más pequeño en lo que respecta a las dimensiones, la parte interna de la cámara mide 3,25 m., en dirección norte-sur y 1,75 m. de altura de la pared en la parte de poniente, en el interior del horno había una potencia de medio metro cal hasta llegar al pavimento o suelo de la boca de entrada. Esta tiene una anchura de 92 cm. en la parte alta y de 40 cm. a ras de base; la altura de la pared es de unos 80 cm. en dos tramos, dentada, de anchura diferente que proporcionan forma a la boca, no conserva el arco.

La estratigrafía que se pudo documentar en su interior se concreta en dos niveles principales, el primero (E-I), formado por tierras vírgenes del campo con hallazgos de cerámica ibérica y ánfora itálica, algún fragmento de teja romana, todo mezclado con piedras, escoria y residuos del mismo horno, así como restos de fauna. El segundo estrato (E-II), estaba formado por tierras rojizas y fáciles de trabajar, parece más puro y se tiene que destacar un fragmento de borde de cerámica gris paleocristiana. A medida que se avanzaba hacia el interior de la tierra cambiaba de tonalidad, grises con muchos cantos rodados y piedras de río bastante grandes; en el otro extremo las tierras son grises esponjosas. La redactora del informe se pregunta si estas piedras podrían corresponder a edificaciones de cabañas. En la tierra roja aparecieron fragmentos de teja romana plana y otros de *imbrices* de muy mala calidad. ¿Podría tratarse de un horno de tejas?

Por lo que respecta al horno número 2, cabe decir que es de medidas grandes, de forma circular: 4,15 m. de anchura interior en dirección norte-sur y 4,37 de este a oeste. El interior estaba rellenado con piedras calcáreas. Lo más espectacular era el estado de conservación de la boca del horno que conservaba totalmente la bóveda o arco que definía la boca. En su interior se detectaron diversos estratos de relleno: E-I, de 70 cm. de potencia, constituido por tierras del campo, con fragmentos de cerámica ibérica rodada, restos del arco y cerámica moderna del siglo XVIII. Tiene la misma forma que el horno anterior, con la ventaja de encontrarse más entero, con la entrada muy bien perfilada que comunica con un pasadizo de un m. de longitud y después se abre para comunicar con la cámara de combustión. E-II, estrato de tierras de color marrón oscuro y duras, de unos 60 cm. de potencia, con piedras pequeñas caídas, diversos fragmentos de ánfora y asas de tipo itálico, dos bordes de pátera (una de ellas de campaniense) y fragmentos de teja plana. A 1,65 m. de profundidad aparecía el brocal de la boca del horno en la banda este, lo cual daba paso al E-III, caracterizado por tierras grises con muchas piedras y escorias enormes de metro y medio o más de largo en el centro del horno, casi estéril de material cerámico. El último día de excavación, el 23 de junio de 1971, se acabó de vaciar y limpiar el horno y se observa que es casi seguro que estos hornos estaban cubiertos por tejas planas de mala calidad; esto explicaría la gran cantidad que apareció, tanto en este como en el anterior. Eso parece confirmar su función como hornos cerámicos, derrumbados tal vez durante una sesión de cocción de tejas.

El horno número 3 era el peor conservado del conjunto, solamente quedaba una pequeña parte en la banda sur (2,60 m.). Es muy posible que se viese afectado por la abertura del antiguo "Camí del Pla" y es hacia el ángulo sudoeste que ha proporcionado mayor cantidad de material cerámico de tipo ibérico: fragmentos de un plato en cerámica gris (pátera), con dos agujeros en la base, típicos en este tipo de piezas, dos o tres vasitos de miniatura hechos a mano, bordes de piezas ovoides de cerámica rosada con restos de pintura blanca (franjas paralelas), asas de ánforas itálicas y de asas redondeadas y gruesas.

Al sur del horno número 1 y a un m. de profundidad aparecieron fragmentos de una misma ánfora itálica y un *askos* de cerámica gris emporitana. Antes de finalizar la intervención se intentó documentar más restos de las posibles cabañas, se hicieron diversos sondeos en el centro de los tres hornos con resultado negativo.

Hornos de Puig Rodon (26) (CORÇÀ, Baix Empordà).

En la parte que conocemos como sector 2 de la villa, en la fase más antigua documentada hasta ahora, el patio era un lugar dedicado a actividades industriales, donde se han detectado al menos dos hornos de cerámica, situados en la parte noroeste. Se debía cocer cerámica común para el autoconsumo de la villa. Más tarde, a finales del siglo II o inicios del III, estos espacios se remodelaron, dejando fuera de uso los hornos, ya que por encima de uno de éstos se construyó un muro, de manera que su estructura quedó irreconocible.

Después de la mencionada remodelación, la villa se volvió a modificar en torno a la segunda mitad del siglo V y el patio recuperó la antigua función, ya que se construyeron dos hornos de cerámica en el centro. Estos hornos eran muy sencillos y diferentes de los que estamos estudiando, pero pensamos que es interesante reseñarlos porque marcan una evolución más allá de la cronología que nos ocupa. Consistían en agujeros rectangulares excavados en las tierras de relleno del patio, en el interior de los que se depositaba la cerámica que se cocía al quemar la leña que se colocaba encima y la cubría; durante la excavación se encontraron ramas carbonizadas, que se habían quemado en las últimas hornadas. Su producción era, sobre todo, la cerámica de cocina reducida, que se consumía en la villa y es muy abundante en estos niveles tardíos.

Horno de Can Cornellà (29) (CELRÀ, Gironès).

Si podemos hablar de la probable existencia de un horno en Celrà, situado en la banda sudoeste del núcleo urbano se debe a la recogida de materiales aparecidos durante las obras de unas trincheras, efectuada por Daniel Punseti y Caro Reixac, a los que agradecemos que nos hayan ofrecido este material. A pesar de no haberse localizado la estructura del horno, la existencia, en este punto, de gran cantidad de desechos de horno y de fragmentos cerámicos diversos, sobre todo de tejas, permiten pensar que nos hallamos frente al vertedero de un taller. A pesar del reducido repertorio de material recogido, además de tejas, este horno habría fabricado cerámica común, morteros y posiblemente ánforas. La homogeneidad de las arcillas de los fragmentos así parece indicarlo, aunque la calidad de los acabados no sea el mismo en todos los productos, la inclusión de desgrasante más o menos grueso y la tonalidad del color son ligeramente variables y derivan de la técnica de fabricación.

Horno de Llagostera (30) (Gironès).

La única noticia sobre este horno apareció en el artículo de Aurora Martín, donde se comenta que se conoce su existencia y, de forma semejante al de Pontós, sabemos que es de planta rectangular y que no ha sido excavado totalmente.

Figura 40. Horno de Llagostera (Gironès).

El alfar de Llafranc (31) (PALAFRUGELL, Baix Empordà).

Los primeros indicios sobre la existencia de un horno antiguo de cerámica en Llafranc, los proporcionaron, si bien de forma imprecisa, el descubrimiento, en el año 1961, en la calle Peral número 26 de un conjunto importante de ánforas fragmentadas asimilables a la forma Pascual 1, con una marcada personalidad evidente en la boca del recipiente, alta y muy abierta y con dos ejemplares estampillados con la marca SVL. VEIEN impresa en la pared exterior del labio, desconocida y que, como hipótesis, podía pasar por local (Badia, 1966, pp. 265-266). Otros hallazgos casuales, entre los que debemos destacar un punzón de cerámica con dos palmetas muy sencillas en cada extremo, que servía para decorar la cerámica, confirmaban esta posibilidad (Nolla & Casas, 1984, pp. 133-137; Nolla, Canes & Rocas, 1982, pp. 147-149, 180-182, y fig.2).

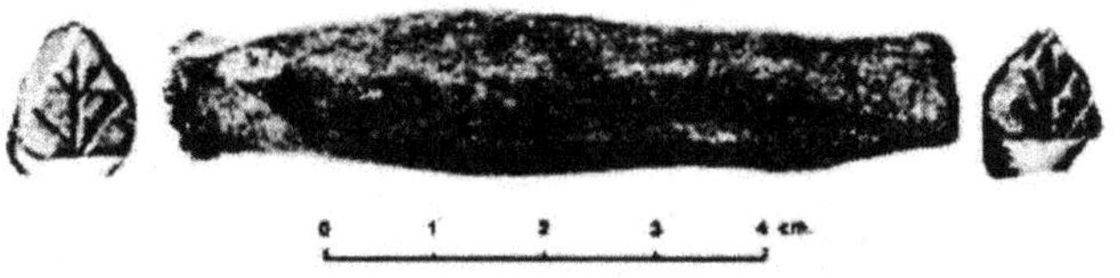

Figura 41. Punzón para decorar cerámica procedente de un área próxima a la excavada en Llafranc (Museu-Arxiu de Palafrugell).

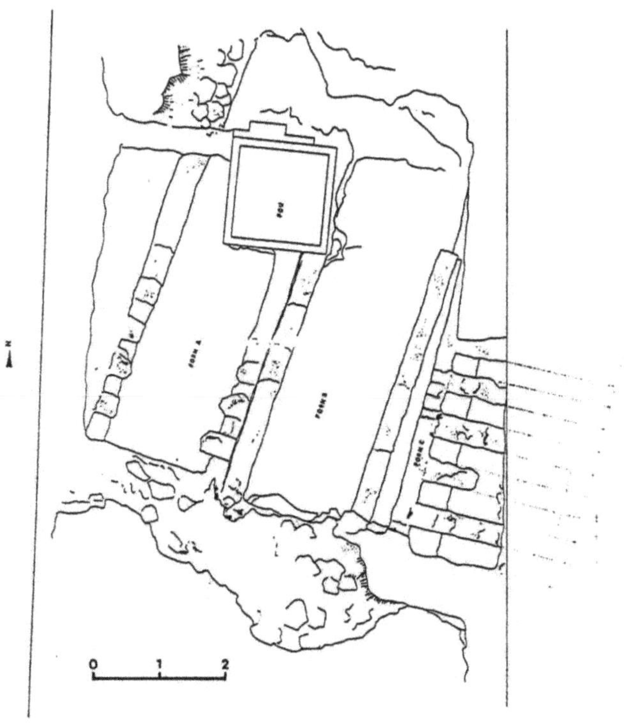

Figura 42. Planta de los tres hornos excavados en Llafranc durante la campaña de 1991, según Barti & Plana, 1993, fig. 2 (Palafrugell, Baix Empordà).

La demostración de estos indicios y un cúmulo extraordinario de novedades sobre la actividad del antiguo alfar los proporcionó una excavación de salvamento efectuada a finales de 1980 e inicios del 1981 en una parcela situada en la esquina de las calles Marqués de Llafranc y Isaac Peral. Se localizó y se excavó un sector del taller donde se habían dejado secar una gran cantidad de *tegulae* y unos vertederos del horno (Nolla, Canes & Rocas, 1982, p. 147-183; Nolla & Casas, 1984, pp. 134-137).

Figura 43. Espectacular imagen de las tejas extendidas sobre el suelo antes de la cocción en Llafranc, campaña de 1980-1981 (Palafrugell, Baix Empordà).

Durante el verano de 1988 y 1989, sondeos efectuados en una parcela que se localiza inmediatamente al sudeste del terreno que acabamos de citar posibilitó el descubrimiento de unos hornos antiguos y de nuevos datos en relación a todo aquello que se cocía. Estas exploraciones siguen, de momento, inéditas. y debemos citar aún otra intervención, en el año 1991, que ha aportado nuevos datos sobre el yacimiento. De gran interés resultan los restos excavados de tres hornos (Barti & Plana, 1993, pp. 87-90, fig. 2). En a la misma calle Isaac Peral, ahora en el número 38, se encontró la estructura de tres hornos de planta rectangular que funcionaron en épocas diferentes y que, por lo tanto, dejan entrever una gran continuidad de producción y una renovación de las estructuras muy prolongada en el mismo emplazamiento. Estaban dispuestos en dirección este-oeste y con la boca orientada hacia el sur. No quedaban restos de la parrilla y se encontraban en un estado de conservación bastante lamentable. Los dos primeros (A y B) se encuentran de lleno en el interior de la parcela objeto de excavación, mientras que del tercero (C), conocemos la mitad de la planta. En todo caso no es difícil darse cuenta que la cámara de combustión permitía un sistema de soporte de la parrilla basado en arcos que cubrían, en cada caso, la única cámara del horno. Ésta repite de manera estándar unas medidas de 2 m. de anchura por 5 de longitud. La estructura, con una única cámara de combustión cubierta con arcos permite clasificar estos hornos según el tipo 3a de Fletcher, IIb de Cuomo di Caprio o IIE de Le Ny.

Taller de Palamós (32) (PALAMÓS, Baix Empordà).

La localización de los restos arqueológicos de este yacimiento se debe a las obras de edificación de un solar situado a los pies de la colina del Pedró de Palamós, delimitado por las calles Casanovas y Mn. Cinto Verdaguer. La actuación de salvamento realizada por la Sra. Mª Aurora Martín, jefe del entonces "Centre d'Investigacions Arqueològiques de Girona", se hizo a mediados de julio de 1984, y desgraciadamente se tuvo que limitar a una simple recogida de material.

No conocemos nada de las estructuras que conformaban este centro, ni las dependencias ni el horno, excepto un muro romano aislado y una bolsa de tierras con las mismas características que encontraremos en las producciones autóctonas.

Horno de Platja d'Aro (33) (CASTELL-PLATJA D'ARO, Baix Empordá).

Bibliografía: Esteva, 1966; Nolla & Casas, 1984, p. 127.

En las proximidades de can Llavarons, en el lugar donde actualmente se sitúa el hotel S'Agoita y hasta el hotel Cliper había un extenso yacimiento. Por su proximidad con la villa del Pla de Palol, es posible que formase parte de su *fundus*. Al otro lado de la carretera que conduce a Castell d'Aro, en el año 1961, aparecieron restos de un horno de cerámica y del vertedero precisamente en las obras de construcción del hotel S'Agoita. Por los desechos de cocción recuperados sabemos que se fabricaban *tegulae, dolia,* ánforas Dressel 2-4 y, probablemente ánforas Dressel 7-11 y ánforas de base plana, tipo G. 4. No se conocen los restos del horno.

Horno de S'Agaró (34) (CASTELL-PLATJA D'ARO, Baix Empordà).

A pesar de la fractura en diagonal realizada por una máquina excavadora en el momento del hallazgo, la parte intacta permite reconstruir la forma y las dimensiones de la estructura sin demasiadas dificultades.

Se trata de un horno con un *praefurnium* que tiene la boca rectangular, de 3,34 m. y una anchura regular de 1,40 m., con una altura de 1,24 m., formada por un arco y un corredor muy largo, cubierto por una bóveda de cañón. Este conduce a la cámara de combustión, de planta rectangular, dividida longitudinalmente por una pared en dos partes idénticas. El muro, de poca altura, sirve de zócalo de seis pilastras, de 0,42 por 0,32 m. cada una, las que realizan la función de jambas de un doble arco de medio punto, que se entregan a unas pilastras que están adosadas a las paredes laterales de la cámara de combustión. Estos arcos están construidos con dovelas y dispuestos en dos hiladas que soportan la parrilla y la cámara de cocción. El primero, intacto a excepción de la parte afectada por la máquina, tiene en los espacios que dejan libres los arcos diversas hiladas de perforaciones, más o menos circulares, entre los 7 y 9 cm. de diámetro, que ponen en comunicación la cámara de combustión y la de cocción, permitiendo el paso del aire caliente que cocía la cerámica.

Figura 44. Horno de S'Agaró. Vista de la parrilla, en muy buen estado de conservación, a excepción de la parte afectada por la máquina excavadora (Castell-Platja d'Aro, Baix Empordà).

Figura 45. Horno de S'Agaró. Aspecto de las dovelas de los arcos de sustentación de la parrilla del horno (Castell-Platja d'Aro, Baix Empordà).

La parrilla es de 0,20 m. de grosor y define una dependencia casi cuadrada de 3,14 por 3,10 m. enmarcada por unos muros de piedra seca cubiertos por una espesa y dura capa de arcilla. De la cámara de cocción solamente se conserva el arranque de los muros. Debemos clasificarlo dentro del tipo 4a de Fletcher, IIc de Cuomo di Caprio o IIF de Le Ny.

Está construido con adobes, muchos de los cuales se han vitrificado por las altas temperaturas; éstos miden 45 cm. de longitud por 30 cm. de anchura y unos 10 de grosor. Estaban unidos entre si por una fina capa de arcilla, ya cocida, que cubría también las paredes interiores del *praefurnium* y de los hogares. La parrilla y el *laboratorium* que también estaban construidos con adobes, conservaban un recubrimiento exterior de mortero de cal y arena fina, todo endurecido.

Figura 46. Horno de S'Agaró. Aspecto del interior, con el pilar central que soporta la entrega de los arcos y divide en dos la cámara de combustión (Castell-Platja d'Aro, Baix Empordà).

Cabe señalar la probable existencia de otro horno cercano al de S'Agaró, concretamente al otro lado de la playa de Sant Pol, en frente mismo del lugar conocido como la Caleta, a pesar de que hasta el momento no ha sido posible el hallazgo de restos estructurales, solamente podemos hablar de la recuperación de material cerámico, que estudiaremos más adelante.

Horno de Vinya Badosa (35) (TOSSA DE MAR, Baix Empordà).

Bibliografía: Zuchitello, 1978, p. 36; Martín, 1979-1980, pp. 104-105, fig. 3; Nolla & Casas, 1984, p. 209.

De este horno, situado a la altura del km. 2,100 de la carretera que va de Tossa a LLagostera, solamente se conserva la estructura, que se halla en buen estado, ya que no aportó ningún tipo de material que permita su datación, ni el material que se fabricaba, al no haberse encontrado nunca el vertedero, únicamente algunos fragmentos de teja vitrificada.

Se encontraba en unos terrenos que habían sido viñas, propiedad del Sr. Narcís Torrent, y fue ligeramente afectado por esta actividad. Estaba orientado en dirección norte-sur. Su planta es rectangular y mide 4,66 m. de largo, 3,75 de ancho y 1,20 de alto. Conserva en muy buen estado la parrilla, que se sustenta sobre cinco arcos paralelos que parten de unos basamentos rectangulares, en la base de las paredes del laboratorio, creando una sola galería en sentido longitudinal, a la cual se accede por la propia entrada del horno, marcada por un arco de medio punto de 0,75 m. de luz, de manera que, como pasaba en Sant Miquel de Fluviá o en Viladamat, no dispone propiamente de *praefurnium*.

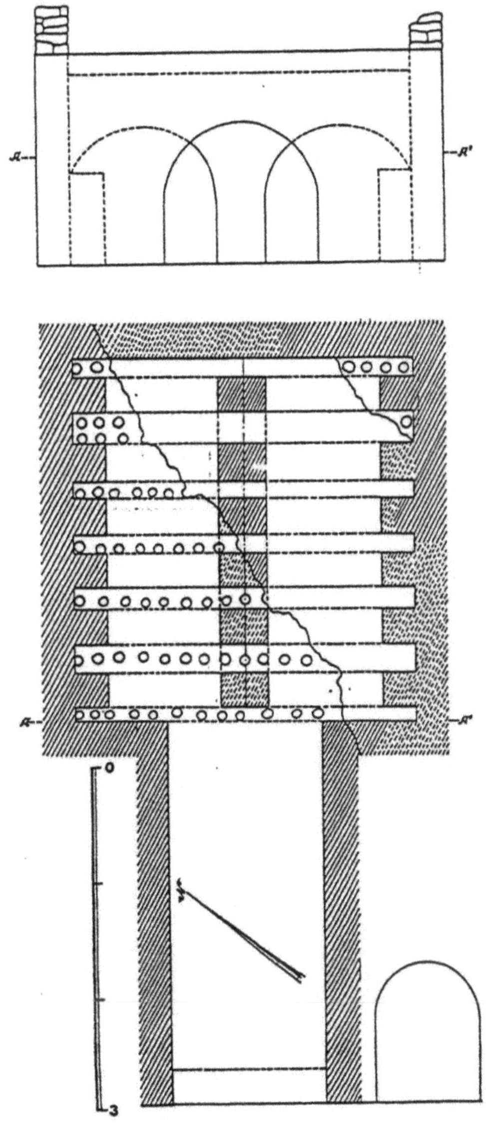

Figura 47. Planta y sección del horno de S'Agaró (Castell-Platja d'Aro, Baix Empordà).

La galería tiene una longitud máxima, desde la boca, de 4 m. y una anchura de 0,95 m. Las cinco galerías transversales producidas por los arcos de soporte de la parrilla miden 2,85 m. de largo, por 0,27 m. de ancho. La parrilla, que halla su soporte en dichas galerías, presenta los agujeros que intercomunicaban la cámara de combustión y la de cocción. Hay un total de 120, repartidos regularmente en una cantidad de 24 por galería y en dos hiladas paralelas cada una, muy semejante al primer horno de Ermedàs; su diámetro es de 7 o 8 cm. El piso de barro que forma la parrilla tiene partes vitrificadas y se mezclan fragmentos de teja. Estaba bien conservada, a pesar de tener marcados los surcos del cultivo de la viña. Su construcción se realizó con unas piezas rectangulares de adobe que se distinguen perfectamente, que constituyen su módulo básico, de 27 por

11 cm. y, según su excavador, las medidas del horno son múltiples de las del ladrillo.

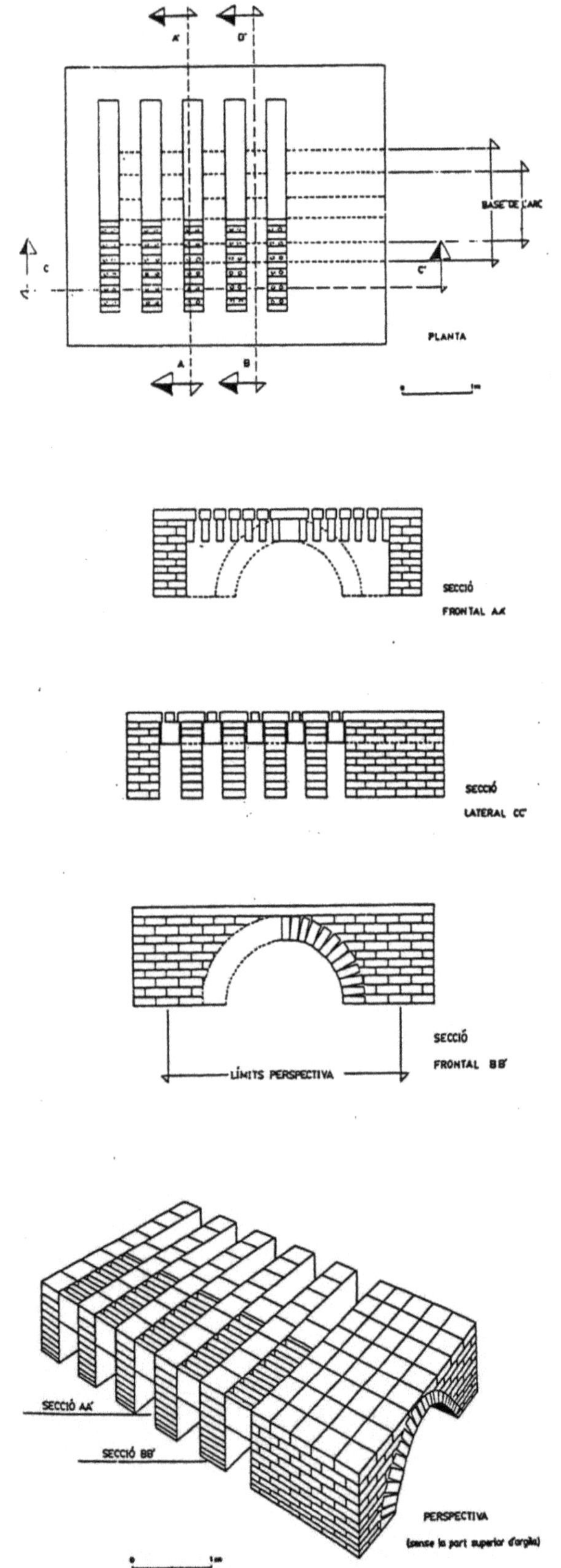

Figura 48. Planta, secciones y perspectiva del horno de Vinya Badosa, según original de Mario Zucchitello (Tossa de Mar, Baix Empordà).

Por su forma debe clasificarse dentro del tipo 3a de Fletcher, IIb de Cuomo di Caprio o IIE de Le Ny.

Es muy probable que este horno se pueda asociar a alguna de las villas conocidas del entorno, pero no se ha excavado nunca.

El taller cerámico de Fenals (36) (LLORET DE MAR, La Selva).

La excavación del alfar situado en la playa de Fenals, en el término municipal de Lloret de Mar se realizó en el año 1984 durante una campaña de excavación de urgencia en el marco del "Pla de Solidaritat contra l'Atur" promovida por la Generalitat de Cataluña. Esta excavación, dirigida por Ramón Buxó y Joan Descamps actuó en un solar de unos 1500 m^2 donde se estaba realizando la construcción de un edificio que permitió el descubrimiento de restos arqueológicos.

Los trabajos de excavación se centraron en un taller de fabricación de cerámica que debía haber formado parte de un *fundus*, dependiente de un asentamiento tipo villa, que constituiría el núcleo de población de la zona. La situación topográfica, cerca de la línea de mar y al lado del arroyo Passopera, junto con una geología que había provocado la formación de grandes depósitos de arcilla y limos, motivaba que el lugar reuniese unas condiciones inmejorables para el asentamiento de una industria de este tipo, que le permitía contar con tres elementos básicos para su funcionamiento: la materia prima para la fabricación de los vasos, agua abundante y una salida rápida hacia el mar para comercializar sus productos. Cabe suponer que la antigua vegetación del lugar permitía disponer sin problemas de la leña necesaria para su combustión en las cámaras de los hornos.

La secuencia estratigráfica que ofrecía el yacimiento era sencilla debido a la uniformidad del periodo de funcionamiento del taller, poco más de un centenar de años. El yacimiento se puede considerar prácticamente unifásico, a pesar de eso cabe considerar dos fases o remodelaciones:

- Fase I. Evidenciada solamente por algunos elementos estructurales, situados en la parte sudoeste, entre los ámbitos I y IIc, donde seguramente también existió un horno asociable a este primer momento. Estratigráficamente se notaban unas nivelaciones anteriores a la uniformización que representa la Fase II.

- Fase II. Es prácticamente toda la ocupación, donde se presentan los paramentos y las estructuras de las construcciones utilizadas para la actividad industrial. En todo el área los paramentos de las paredes son de dos hileras de piedra, excepto el muro que separa los ámbitos I y II que es de cinco hileras para salvar el desnivel del suelo.

La primera de las hileras de las paredes, construida en piedra seca, queda prácticamente encajada en el interior de las arcillas del nivel 5, de manera que solamente sobresale la hilera superior, en algunos casos unida con argamasa y separada de la inferior por una hilada de fragmentos de teja o ánfora. Aquí estaba en contacto con una capa de arcilla más oscura que contenía todo el material.

Figura 49. Vista general de la excavación en la playa de Fenals (Lloret de Mar, La Selva).

Los restos estructurales conservados estaban en contacto con los niveles arqueológicos y se encontraban en un estado bastante deficiente, debido a la poca consistencia de sus materiales. Las cimentaciones de las paredes estaban construidas con piedra unida en seco o de un paramento que mezcla la piedra, teja y argamasa y permiten conocer la planta y la ordenación de la factoría.

El conjunto excavado en Fenals presenta una estructura formada por un grupo de espacios o ámbitos separados por muros de piedra que rodean un gran recinto en forma de patio que estaba al descubierto.

- ÁMBITO 0. Espacio triangular fuera del edificio. Se encontró parte del derrumbe del tejado.

- ÁMBITO I. Nave situada en el sector norte que rodea el recinto. La parte excavada es de 23 m. en una ala y 25 en la otra. La anchura máxima es de 7 m. uniformes en toda la nave. En el centro hay una hilada de basamentos que servían para sustentar pilares de madera que aguantaban el envigado del tejado a doble vertiente. Había un total de 15 pilares, de dos tipos diferentes: un bloque de piedra, cuadrado o con tejas unidas con argamasa, de forma cuadrada.

- ÁMBITO III. Constituye, de hecho, la continuación del ámbito I, compartimentado por una pared, con acceso por detrás, semejante al del ámbito I.

- ÁMBITO II. Este es el espacio que tiene más superficie del alfar, que configura un recinto formado por un patio interior de 600 m^2 (30 x 20). Sus límites por la parte noreste y noroeste lo forman los muros del ámbito I y adosado a él y también formando ángulo recto habría existido un pórtico que vertía las aguas al patio; en el lado largo tenía 12 basamentos cada metro y medio y en el corto cada 3,5 m., hasta llegar a la habitación IIc, de 16 m^2, que quedaría integrada bajo la misma cubierta. El lado oeste del patio no se completo ya que encontramos el margen como límite de la excavación. La banda sur y sudeste está formada por diversos ámbitos. El ámbito IIb, de una anchura de tres metros funciona como el acceso en forma de corredor desde un área exterior. A su lado, el ámbito IIa, forma una pequeña dependencia de 15 m^2, totalmente abierta por el norte y enmarcada por dos grandes bloques de piedra que, posiblemente habría cumplido también la función de soporte del porticado.

  ÁMBITO V. En el lado sudoeste encontramos una amplia habitación, ámbito V, de unos 30 m^2, con abertura frontal, desde el patio. Más al oeste, los muros laterales continuaban creando un nuevo ámbito del cual se conoce muy poca superficie.

- ÁMBITO VI. Al lado de la habitación anterior y alineado por el sur con el muro perimetral del patio abierto. En el interior no se encontró material.

- ÁMBITO IV. Este ámbito es concentra en la parte sur de la edificación y el límite lo constituye el muro perimetral que antes comentábamos. Forma un espacio triangular, incompleto, en el cual sólo tenemos restos de un muro que continuaba en dirección sur y una estructura circular de piedra, de 3 m. de diámetro, una única hilera de piedras unidas en seco y excavada en la arcilla; el interior estaba enlosado con piedras. Por la parte noroeste hay un cuadrado de piedras adosado al círculo. Esta estructura corresponde a una balsa de decantación de arcilla.

Se han localizado tres sectores de hornos con sus correspondientesvertederos.

El primero, se puede asociar estratigráficamente a la Fase I y sus restos aparecen bajo los pilares que sustentaban el ámbito I. Totalmente destruido solamente se conservaban restos de material refractario.

En la Fase II, la más extensa y expansiva del centro conocemos dos áreas destinadas a los hornos. Una, instalada en el ámbito IV, y la otra en el ámbito II, cerca de la habitación IIc. En el primer caso, la estructura está totalmente destruida y habría ocupado unos 16 m^2, de forma cuadrada, la construcción del cual cortaba y excavaba el suelo natural. Una capa de material vitrificado y cenizas se acumuló en el interior del receptáculo. El horno del ámbito II es de pequeñas dimensiones, de planta posiblemente circular, estaba totalmente derrumbado como en los otros casos. En el interior del foso que había formado la cámara de combustión es hallaron los restos de la parrilla y de la parte superior, y también dispersos por el área circundante.

De las áreas de vertedero es de donde proceden la mayor parte de los materiales. Conocemos tres áreas y siempre estaban relacionadas con estructuras destruidas de hornos. El primero estaba relacionado con el horno de la Fase I, estaba debajo del ámbito I y el ámbito VII. El segundo estaba situado en el ámbito IV. El tercero era más pequeño y se concentraba en un área de 10 m^2, en el interior del ámbito II.

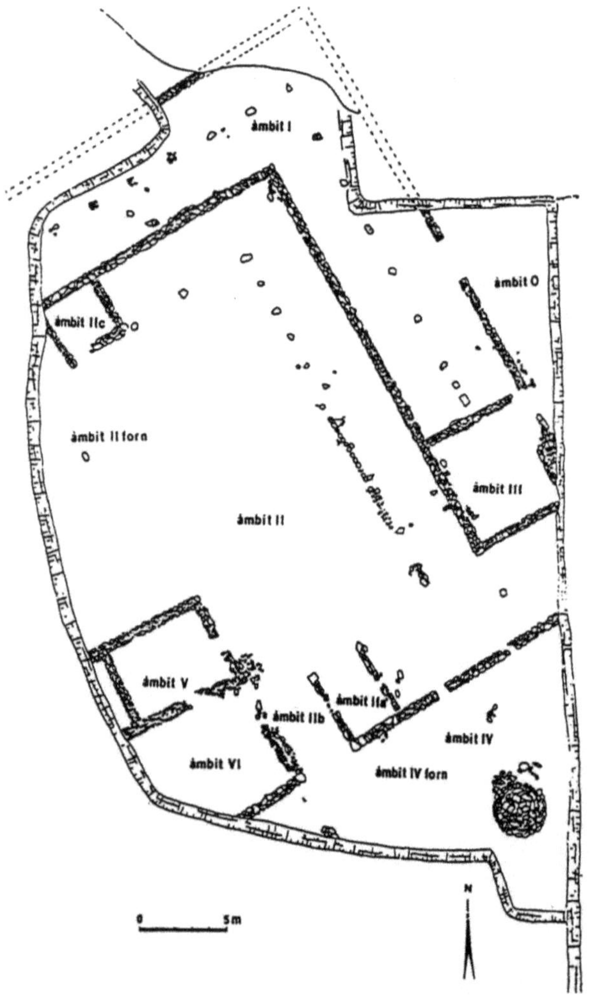

Figura 50. Planta general de las estructuras excavadas en el taller localizado en la playa de Fenals (Lloret de Mar, La Selva).

La estructura, como vemos, se organiza desde un patio central descubierto, en torno del cual se distribuyen siete espacios, largas naves cubiertas a doble vertiente y ámbitos de reducidas dimensiones relacionados con las tareas de producción. El nivel de frecuentación lo encontramos marcado a menudo por umbrales hechos de tejas planas fijadas con mortero.

El patio interior tenía la función de secar las piezas una vez modeladas, exponiéndolas al aire, antes de la cocción. Las áreas cubiertas debían servir para realizar un primer secado de las piezas, impidiendo el contacto directo con el suelo; tenían también la función de almacén para guardar las piezas acabadas y para guardar leña, con lo que se favorecía la prolongación de la estación de trabajo.

En las habitaciones debían estar instalados los tornos y las herramientas para elaborar los vasos, preferiblemente se buscaban lugares con buena ventilación e iluminación natural. Como demuestran ejemplos actuales, se observa que los tornos casi siempre estaban situados cerca de las ventanas o de las puertas, pero a veces están contra el muro de atrás para recibir así la luz directa y soluciona en parte el problema de la polución del taller (Peacock, 1982, pp. 25-31, fig. 11). Los hornos se encontraban en la misma área de la construcción y con los respectivos vertederos, formados por la eliminación de las piezas desechadas y deformadas, presentaban una concentración y mezcla de adobe, material refractarioy cerámica, producto de su derrumbe. Se conoce también, fuera del espacio articulado por el patio una balsa de decantación de forma circular con un suelo de piedras. La estructura del taller, aunque incompleta, es una de las que se conocen mejor actualmente, a pesar de que es muy probable que en un primer momento el núcleo fuese más pequeño y que sufriese remodelaciones y ampliaciones.

La estructura, a pesar de la poca calidad de los materiales, tenía una distribución pensada y unas dimensiones realizadas en base a la utilización del pie romano, de 29,6 cm. No podía ser de otra forma, por el concepto plenamente romano de esta industria y también por los propios productos que elaboraba, basados en el mismo sistema métrico, sobre todo por lo que respecta al material de construcción.

Solamente conocemos la anchura total del edificio en sentido norte-sur. Ésta mide 124 pies, unos 37 m., si le descontamos 2 por banda, que corresponden a la anchura de los muros quedan 120. El patio interior, es decir, sin la anchura de la nave cubierta (ámbito I) es de 100 pies. La mencionada nave tiene una anchura de 20 pies, sustentada por una hilera de columnas en el punto central, idéntica distancia que se guarda entre cada una de ellas, 10 pies. Estas distancias se mantienen para los pórticos interiores de una sola vertiente. El ámbito III, anexo al primero, es cuadrado, de 20 pies de lado, la misma anchura que tiene el ámbito contiguo con el acceso abierto al patio interior, que soporta la cubierta con una columna equidistante 10 pies, al centro del mencionado acceso. De este punto al siguiente ámbito definido (IIa) hay 30 pies; se reservan 10 para la anchura de éste y también 10 pies de anchura para la puerta de acceso al patio desde el sur. La habitación V es de 20 pies de longitud y, finalmente, encontramos otra pequeña estancia cuadrada (ámbito IIc) de 10 pies de lado, con una pequeña puerta abierta al patio interior de 4 pies.

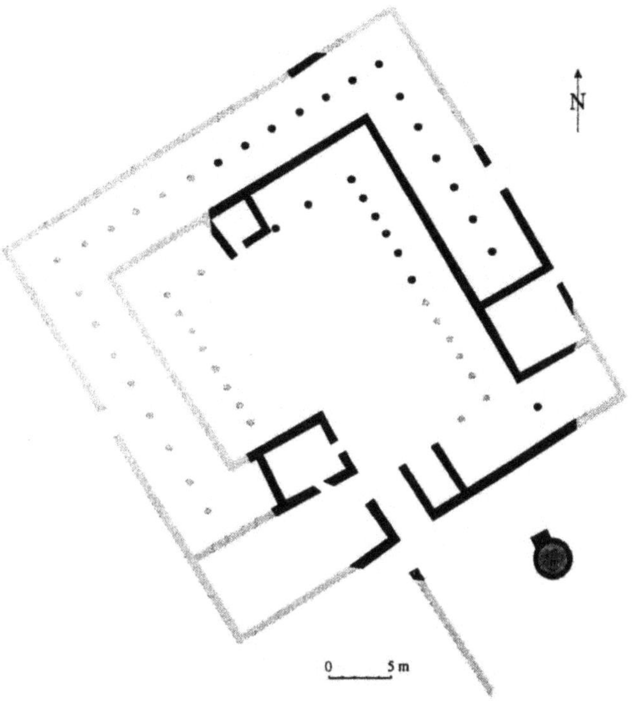

Figura 51. Restitución hipotética de la estructura del alfar de playa de Fenals (Lloret de Mar, La Selva).

Desgraciadamente, el no conocer la totalidad de la estructura impide conocer las dimensiones reales, pero si a continuación del ámbito V, hacia poniente, suponemos, como parece insinuarse, otro espacio de idénticas dimensiones, la anchura del edificio en sentido este-oeste sería también de unos 120 pies, resultando de eso un cuerpo cuadrado, sólido y fácil de distribuir, tanto por lo que respecta a la estructura interna como por tener una mejor solidez de las cubiertas. Más hacia el sur, y prolongando el muro frontal de los ámbitos V y VI, encontraríamos otro espacio, con una abertura de 10 pies, anexo al cuerpo principal que, de alguna manera, englobaría estructuras más dispersas, que no necesitaban cobertura, como las bases de decantación o incluso algún otro horno.

El horno de Solius (37) (SANTA CRISTINA D'ARO, Baix Empordà).

En una fecha relativamente reciente, Francesc Aicart nos comunicó el hallazgo de un horno romano en Solius (Santa Cristina d'Aro), noticia que ha sido recientemente publicada en el boletín que edita "l'Arxiu i Museu de Sant Feliu" (Aicart, 1992).

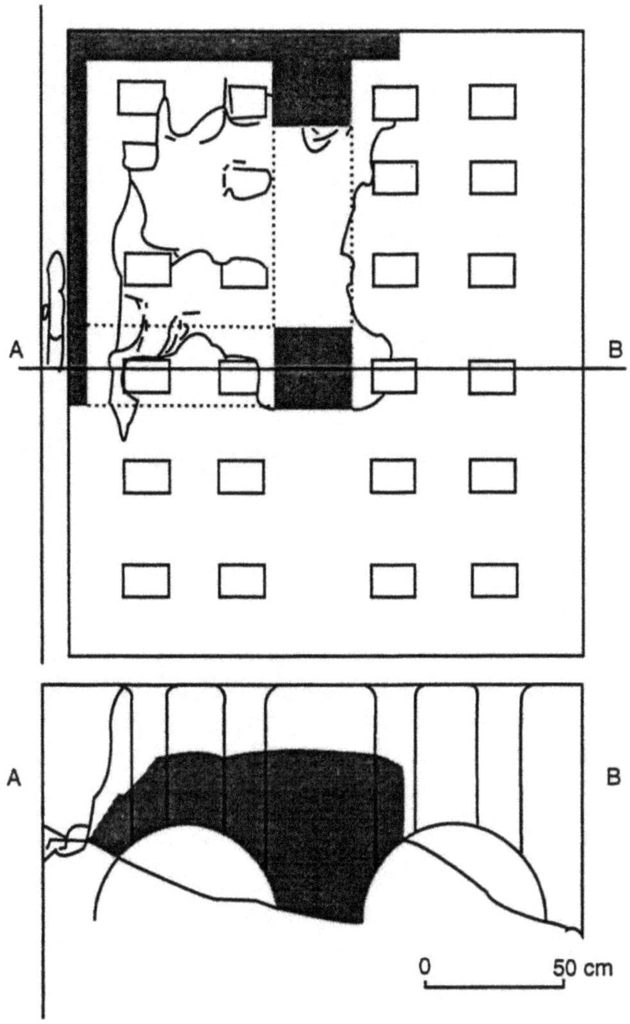

Figura 52. Restitución de la planta i de la sección en base a los restos conservados del horno de Solius, según Aicart & Sagrera, 1993 (Santa Cristina d'Aro, Baix Empordà).

Estos restos eran ya conocidos de tiempo atrás pero no se les había prestado la atención que merecían, tarea que ha realizado dicho arqueólogo, junto con Jordi Sagrera, para restituir la planta, clasificarlo tipológicamente y buscar su producción (Aicart & Sagrera, 1993). De la estructura del horno, con la entrada orientada a mediodía, se conserva aproximadamente una cuarta parte de la parrilla, unos 85 por 105 cm. de superficie, que sobresale por encima de la bóveda de la cámara combustión, de 74 cm., que está cubierta de tierra. La parrilla tiene 50 cm. de grosor y tiene orificios rectangulares de 10/12 cm. por 12/15 cm. de lado, separados por unos 20 cm. entre ellos, formando hileras bien alineadas. La cámara de combustión es de planta cuadrada o rectangular, el sostenimiento de la parrilla se realiza mediante una doble bóveda y, como mínimo, un pilar central de 30 cm. de lado. La única pared conservada es la que cierra externamente la cámara por la parte de poniente y muestra la presencia de ripio en el aparejo constructivo, a pesar de que internamente estaba recubierta por una espesa capa de arcilla. El estado del horno no permite precisiones sobre el *praefurnium* ni sobre la cámara de cocción (Aicart & Sagrera, 1993).

La restitución que proponen los investigadores citados define un cuadrado o rectángulo interior de unos 185 cm. La cámara de combustión tendría dos bóvedas sustentadas por arcos que arrancarían de unos pilares centrales en línea según el eje principal del horno. Los orificios de la parrilla se ordenan, de norte a sur, en siete hileras de cuatro agujeros (Aicart & Sagrera, en prensa). Tipológicamente se debe clasificar en el tipo 4a de Fletcher, IIc de Cuomo di Caprio o IIF' de Le Ny. Los materiales hallados cerca de la estructura se reducen a fragmentos de ladrillo y de *imbrex*, y no se conoce la situación del vertedero. Hacia levante del horno se detectó un corte vertical en la arcilla, liso y bien realizado, que ha permitido suponer que se trata de un frente de extracción.

No muy lejos de este punto, pero si lo suficiente para descartar que pertenezca al mismo horno, el Sr. Néstor Sanchiz encontró cerca de la masía llamada can Dalmau restos cerámicos que debieron pertenecer a la escombrera de un horno, también de época romana (Aicart, 1992).

Noticias sobre otros hornos.

Querríamos completar aquí la información sobre los restos de los hornos conocidos en este área, ya que el estado de los conocimientos que poseemos no es completo ni exhaustivo, dando muy brevemente diversas noticias, algunas más seguras que otras, sobre restos que de momento son poco o mal conocidos. La situación de los restos más fiables se han marcado en el mapa de distribución de los hornos.

Se conocen los restos de un horno de cerámica de época romana descubierto en el término de Maçanet de la Selva, con motivo del ensanche de la carretera que va entre Maçanet y Martorell, a 5 km. de Maçanet en dirección a Hostalric. Fue posible ver los respiraderos de la parrilla bien conservados y la cavidad interior para el fuego (Marqués, 1983, pp. 64-65). No fue posible recuperar cerámica que aportase indicaciones cronológicas. Debemos agradecer a Josep Tarrús la información sobre la visita que realizó para identificar los restos de un horno en Maiá de Montcal, que se ha descrito más arriba; además de la posibilidad de otros dos en el término municipal de Navata. Igualmente agradecemos al Dr. Josep Casas la información referente a la localización de un horno romano cerca del pueblo de Siurana, restos que se pusieron en evidencia debajo de un camino de tierra. También nos comunicó las posibilidades de un hallazgo del mismo tipo en Vilablareix; así como a Francesc Aicart la indicación de una estructura en la zona de las Gavarres. El Dr. Josep Burch nos informó que entre la información recogida por Mercè Ferrer en el año 1973 con motivo de las obras de la Autopista, se citaba un posible horno encontrado en el paraje conocido como Fontudana, dentro de la finca Geli, km. 751,600 de la N-II. Por otra parte, tenemos noticias sobre determinados lugares que podían haber contado con el establecimiento de hornos (Nolla & Casas, 1984, lám. XII). Entre estos destacamos los de Riera Pelagret (Celrá) (Rodá, 1974, 74; Nolla & Casas, 1984, p. 169), comanda d'Aiguaviva (Oliva, 1953, p. 318; Nolla & Casas, 1984, p. 161), Valveralla (Ventalló) (Oliva, 1959, p. 387; Nolla & Casas, 1984, p. 109), Cala del Forn y Cap Roig (Calonge) (Nolla & Casas, 1984, p. 121), Sant Esteva de la Fosca (Palamós) (Nolla & Casas, 1984, p. 138) y Puig Miralles (Ullastret) (Oliva, 1953, p. 319; Nolla & Casa, 1984, p. 158).

Conclusiones. Estado de la cuestión y paralelos.

El primer aspecto que llama poderosamente la atención al examinar en detalle los hornos o talleres de fabricación de cerámica es el de su distribución geográfica por zonas y por funciones. Encontramos una disposición que sigue unos ejes bien marcados. Por una parte, la línea de la costa, que se inicia en Roses y llega hasta Lloret de Mar y que, de hecho, representa la continuación norte de una área central con una gran concentración en las costas del Maresme y del Vallès, sobre todo, y hasta la zona de Alicante. Por la otra, una distribución interior, siguiendo los cursos fluviales en sentido oeste-este, con una concentración clara entre la Muga y el Fluvià. Este reparto geográfico corresponde a una diferenciación clara entre los hornos del interior, de poca entidad, vinculados a asentamientos agrícolas y que producían en función de las necesidades de estos: cerámica de uso cotidiano para la cocina y la mesa, así como material de construcción para las reformas, remodelaciones y ampliaciones de los establecimientos rurales. Los de la línea de costa, de mayores dimensiones, mejor equipados y preparados, eran auténticas industrias con un concepto "capitalista" de la producción, capaces de fabricar en cadena para satisfacer unas necesidades inmediatas, sobre todo envasar el vino del territorio que se destinaba, en gran medida, a la exportación. A parte de esto, en otras épocas del año se elaboraban igualmente materiales de construcción y del servicio doméstico para satisfacer la demanda que surgía de diversos *fundi*, abarcando áreas de mercado relativamente amplias. Los mejores exponentes de estas industrias en nuestro territorio son los talleres de Llafranc y de Fenals.

Es poco frecuente poder excavar las dependencias que formaban parte del alfar donde se desarrollaban las diferentes labores y ver la distribución interna del espacio como complejo arquitectónico. Los yacimientos de la costa catalana demuestran eso que acabamos de comentar. Después de una vasta tradición productiva en época ibérica, la fundación de una villa en Darró, integró este centro en la estructura romana, del que se conoce la parte dedicada a la fabricación de cerámica (López & Fierro, 1988a, pp. 61-67; López & Fierro, 1988b, fig. 4, 3). En la villa del Roser de Calella se pudieron excavar también de forma muy parcial algunas estructuras, totalmente insuficientes para conocer el aspecto funcional (López, 1985, pp. 164-172). La villa de Can Ventura de l'Oller, en Santa Perpètua de Mogoda, en el margen de la Riera de Caldes, auténtico eje vertebral de una serie de centros alfareros con epicentro en Caldes de Montbui, tenía un importante complejo industrial de hornos cerámicos, pero las estructuras estaban muy parcialmente conservadas. Solamente se ha podido distinguir un área con habitaciones y dependencias distribuidas en función de un gran patio o zona abierta porticada (Tremoleda, Sanmartí & Castanyer, en prensa). Todavía menos explícitos son los restos conocidos en Malgrat de Mar (Burjachs, *et al.*, 1987, pp. 224-228).

Los mejores paralelos, por lo que respecta a centros alfareros bien conocidos, los encontramos en Denia (Gisbert, s.d.), donde les excavaciones de la Almadraba, en el municipio de Setla-Mirarrosa-Miraflor, han puesto al descubierto un importante centro, que actualmente es objeto de estudio de una tesis doctoral.

En Salléles d'Aude, cerca de Narbona, intensas campañas de prospección y excavación han permitido poner al descubierto el complejo más completo y bien conocido del mundo romano cercano a nosotros (Laubenheimer, 1990). Los trabajos permitieron dejar al descubierto un conjunto completo de más de 2,5 Ha, con edificios, hornos y balsas de decantación, que a través de diversas fases y remodelaciones abarcan un periodo cronológico desde época augustea hasta el siglo III. Se han podido distinguir cinco fases. La segunda, del último decenio del siglo I aC al año 20 dC; es la más activa en el aspecto constructivo, durante la cual se edifican dos espacios rectangulares que contienen los hornos y las balsas de decantación. Diversas remodelaciones, que no varían la distribución espacial del centro se suceden hasta llegar en torno al año 60. En este momento se transforma totalmente y se suprimen los hornos que hasta entonces funcionaban para concentrar los esfuerzos en función de un gran horno, con doble corredor, que funcionará durante casi un siglo, hasta que a mediados del siglo II fue abandonado y derrumbado. Finalmente, y después de un posible hiato temporal, la fase V, a principios del siglo III, significa un gran cambio para el taller, con una orientación diferente de las nuevas construcciones y con hornos de gran módulo, preparados para fabricar en masa las ánforas de base plana G. 4. Su momento final, según la autora, está poco definido (Laubenheimer, 1990). Este centro alfarero aporta una información interesantísima, que nos ofrece durante la Fase II un periodo contemporáneo al del taller de Fenals, con el que muestra grandes semejanzas. A pesar de esto, la comparación más clara y evidente que podemos establecer, hoy por hoy, con otro taller es el de la factoría de Pizzica en Metaponto. Esta antigua colonia griega de la Magna Grecia, fundada en torno al 630 aC mantiene una tradición y una continuidad ejemplar en lo que refiere a la fabricación de cerámica, sobre todo de tejas, ya que desde época griega este material se había usado como materia prima para construir sus templos, casas y tumbas (Carter, 1979, pp. 45-53). La continuidad de Mataponto durante el siglo II aC se debió a la instalación de un campamento militar. Los restos mejor conservados durante la dominación romana son los de una factoría para la fabricación de tejas que estuvo en activo entre el 150 y el 50 aC, excavada entre los años 1974 y 1976 por el equipo de la Universidad de Texas.

Su estructura consiste en tres alas o naves en torno a un patio abierto por el sur con una entrada en forma de corredor que se abre en la cara norte. Cada ala mide 33 m. de longitud, prácticamente idénticas a las de Fenals. Las naves no están compartimentadas, solamente encontramos una hilera de pilares en el centro del ala oriental.

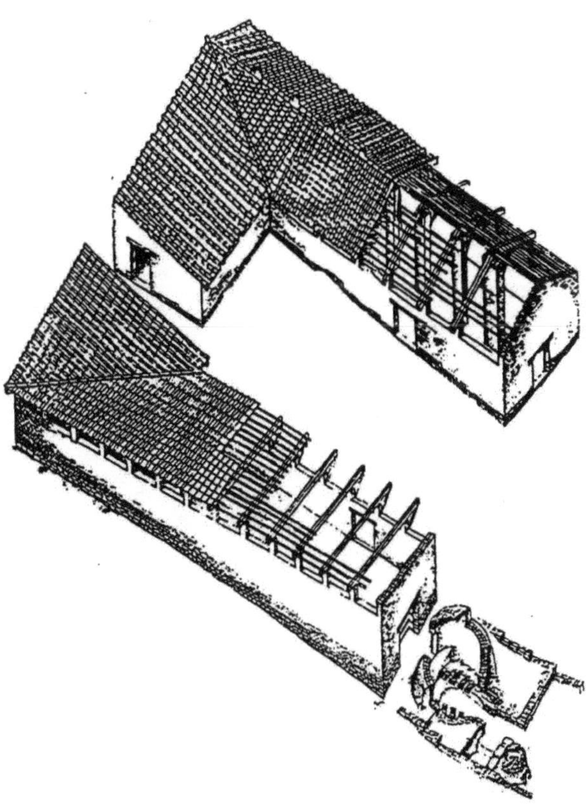

Figura 53. Restitución ideal del taller excavado en Pizzica, Metaponto, según Carter, 1979, fig. 3.3.

La falta de muros divisorios o objetos relativos a la vida doméstica permite pensar, por su austeridad, que se trata de una estructura utilitaria para la producción de tejas, con la función de almacenes o habitaciones de trabajo. En el extremo sur del ala oeste se encontraba el área de los hornos, que fueron construidos de forma coetánea al edificio (Carter, 1975, pp. 54; 1979, pp. 53-63, fig. 3.3).

Otro ejemplo interesantísimo para conocer la organización de un taller de fabricación de cerámicas lo encontramos en Saint-Roman-in-Gal (Rhône). Estas instalaciones fueron objeto de una excavación de urgencia y hay que decir que la parte excavada no representa la totalidad de los vestigios, ya que la estructura se extendía todavía hacia el norte y el oeste, mientras que por el este está delimitada por la orilla del Ródano. Se organiza en tres edificios. En el primero había los restos de una balsa de decantación de la arcilla y tres depósitos con revestimiento de *opus signinum*. El segundo bloque, de forma trapezoidal, se separa del anterior por una canalización que vierte directamente al Ródano. La parte oriental había servido de almacén, con un suelo de tierra batida y dos hileras paralelas de cuatro columnas cada una que servían para aguantar el tejado y adosados a la fachada oriental encontramos cuatro pilares más que debían soportar un porche abierto de cara al río. La parte oeste fue compartimentada en tres espacios, pero antes había contenido cuatro hornos circulares en batería. Un corredor, también tardío, separa la parte sur del edificio. Ésta está compuesta por dos grandes unidades estructurales separadas también por un pasillo. El primer bloque es rectangular, compartimentado en seis estancias, tres de las cuales contienen la estructura de cinco hornos rectangulares. En la zona situada más al sur en una habitación se encontraron hasta tres hornos superpuestos, también de planta rectangular (Canal & Tourrenc, 1974, pp. 85-94 y fig. 2).

Es interesante conocer también la estructura y la organización que tenían otras industrias romanas, aunque no se trate estrictamente de alfares como sería el caso de una factoría para la fabricación de vidrio en Caistor-by-Norwich u otra de refinamiento de plata en Silchester (Richmond, 1966, pp. 76-87, fig. 14 y 16). En estos casos normalmente se disponía de diversas habitaciones preparadas para la vida de los trabajadores. El saber si existía o no vivienda destinada a los trabajadores es una cuestión que no está resuelta por lo que respecta a los talleres cerámicos. Hemos visto que Carter, el excavador de la factoría de Metaponto, también se preocupaba por el tema. La excavación de Fenals tampoco aporta solución al problema, no solo por la propia estructura, sino también porque no sabemos si los artesanos vivirían en una villa cercana. En general, cabe pensar que algún espacio del propio taller estaría habilitado, ya que a menudo estos centros estaban alejados de los núcleos de población, como en el caso de Pizzica, que se halla a unos tres kilómetros de Metaponto. El importante estudio etnográfico de Peacock aporta algunos datos nuevos a partir del estudio de talleres actuales del área mediterránea, sobre todo Grecia, la Península ibérica y Túnez (Peacock, 1982, pp. 12-51).

Las áreas alejadas de la zona mediterránea, que se encontraban en un estadio cultural protohistórico, cuando recibieron el impacto de la conquista romana, en uno de los campos en el que recibieron más innovaciones fue en el de la fabricación de cerámica. Uno de los casos mejor estudiados es el de Britania, donde se ha podido comprobar que a partir del año 43 este impacto fue cada vez más substancial. No solo las guarniciones militares necesitaban cerámica en grandes cantidades, sino que los nuevos hábitos alimenticios y culturales exigían la fabricación de vasos que hasta entonces no se habían producido. A pesar de esto, los tipos indígenas tradicionales continuaban con pocos cambios, pero algunas alfarerías reorientan la producción para satisfacer la demanda del ejército romano, proceso que tiende a impulsar un avance muy rápido de la tecnología de los hornos. Además, inmigrantes de diversos puntos del continente establecieron nuevos centros. En esta nueva área de conquista encontramos, por tanto, una tecnología que va desde los hornos rudimentarios de las tradiciones de la Téne III, a centros totalmente romanizados y altamente sofisticados, originarios del área mediterránea (Swan, 1984, pp. 53-89).

En áreas poco o tardíamente romanizadas de la Península ibérica, como Galicia, se detecta un comportamiento semejante, que se traduce en una atomización de la producción cerámica debida al funcionamiento de pequeños talleres de ámbito casi doméstico, sin instalación propia ni actividad continuada, y con un alejamiento respecto a los centros de población, en los casos de los talleres de mayor entidad. La fabricación habitual de cerámica en la cultura castreña se realizaba con pequeños hornos portátiles, de forma cilíndrica o troncocónica que constaban de dos piezas que encajaban. Estos hornillos autónomos eran fácilmente trasladables y no dejaban restos de su actividad, ya que no tenían estructura fija y no dejaban vertederos. Esta producción de tipo doméstico concuerda perfectamente con la economía autárquica de esta cultura.

Los talleres de mayores proporciones, en cambio, que abastecían un mercado local o comarcal, aparecen durante el siglo y son el reflejo de una mayor producción y especialización del artesanado. Sus estructuras son estables y organizadas, semejantes a las que hemos documentado en nuestro área. En Galicia estos centros todavía son bastante desconocidos por encontrarse en las zonas periféricas de los poblados. Pero en los que se han documentado se demuestra el uso de los mismos materiales e idéntico funcionamiento (Naveiro, 1991, pp. 83-86, fig. 18, 1 y 18, 2). Los centros más importantes eran Braga y Lugo. El primero de éstos no fabricaba solamente cerámica común, sino también cerámica pintada, lucernas o la llamada "sigillata bracarense" que, por su calidad, conoció una gran difusión (Naveiro, 1991, pp. 86-92).

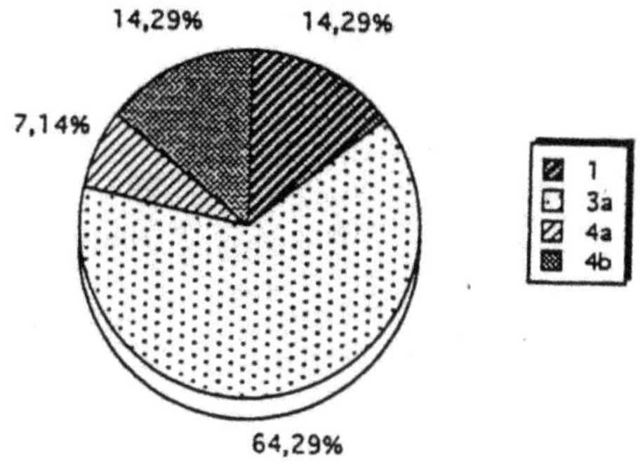

Tipologia de Fletcher

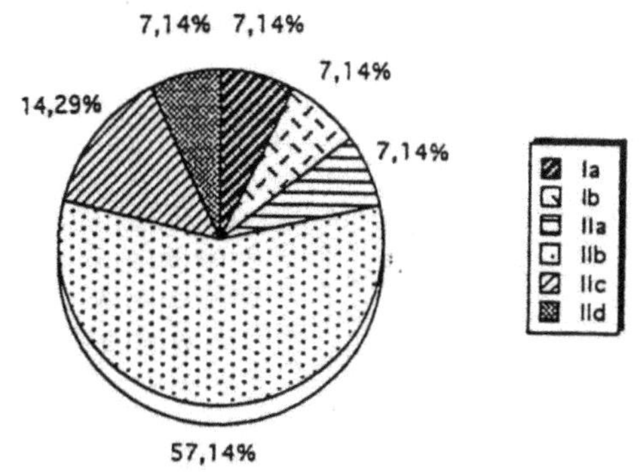

Tipologia de Cuomo di Caprio

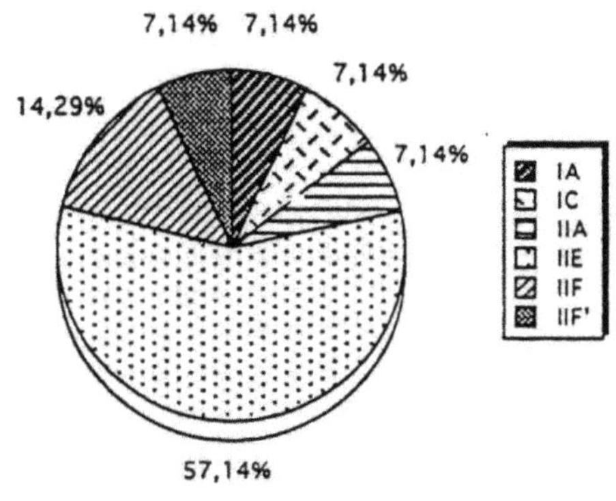

Tipologia de Le Ny

Figura 54. Porcentaje de aparición de los diversos tipos de hornos según diversas tipologías.

Los complejos enteros mejor conocidos, en lo que se refiere a su organización, son los que se crearon en función de necesidades oficiales, sobre todo militares, en época altoimperial. Por lo tanto, estas industrias se encuentran generalmente en las zonas fronterizas, en el *limes* del norte de Europa, en las actuales Gran Bretaña, Alemania y Holanda. También, a pesar de ser peor conocidas, en la zona central y oriental de Europa, como Hungría y Rumanía, en las antiguas Panonia, Dalmacia o Raecia.

La planta más completa de un complejo de este tipo es el de Holt, en el norte de Gales, que fue establecido al lado del río Dee para aprovisionar material de construcción para el campamento de la XX legión en Chester, unos 15 km. río abajo. La parte situada más al norte es la de residencia, la única que tenemos claramente documentada, donde existía una casa con hipocausto, unas termas y una gran área de barracones que podía haber acomodado dos centurias. Al sudeste se hallaba la parte de trabajo, con pozos, nivel de pavimento y cimentaciones y un notable cobertizo para secar cerámica con hipocausto. Más al sur se localiza una batería de hornos a la que nos referiremos mas adelante (Corder, 1957, pp. 11-12; McWhirr, 1979, fig. 6, 37; Peacock, 1982, p. 139; Swan, 1984, pp. 87-89).

En el continente se conocen otros paralelos como el de la fábrica de ladrillos de la *Legio y Minerva* en Dormagen, Alemania. Se ha supuesto que proporcionaban material a los campamentos legionarios de Colonia y a una área mayor cuando esta unidad fue desplazada a Bonn. Se conocen tres hornos alineados en una estructura de madera de 39 m. de largo por 10 de ancho, que debía servir como porche para secar material. No se encontró aquí la parte residencial, pero es muy probable que los trabajadores tuviesen residencia en un campamento auxiliar, un km. más arriba. Otro establecimiento bien conocido es el de Holdeurn, cerca de Nimega, en Holanda. La excavación se concentró en dos zonas de unos 100 m. cada una. La parte sur proporcionó un impresionante complejo de hornos, con un porche de secado columnado de 27 m. de longitud por 9 m. de ancho. Las primeras fases de producción estaban destinadas a la *Legio X gemina pia felicis* establecida en Nimega entre los años 70 y 105. Las reformas posteriores han podido ser fechadas por el uso de materiales estampillados que nos sitúan bajo los reinados de Caracalla y Eliogábalo, entre el 211 y el 222. El edificio de trabajo principal estaba formado por cuatro naves de unos 45 m. alrededor de un patio central abierto, estructura que recuerda, sin duda, la de Fenals. De forma semejante encontramos establecimientos en torno del campamento de Vetera, en Xanten, o en Neuss (Peacock, 1982, pp. 139-144).

Si Peacock se lamenta de que en muchos casos la evidencia que aporta la excavación se limita a poco más que estructuras de hornos, y eso impide ampliar la discusión, el conocimiento de los talleres de fabricación de cerámica en el extremo nororiental de Cataluña no es una excepción. Es muy parcial y consiste, frecuentemente, en la estructura del horno y parte de su vertedero (como en S'Agaró) o, incluso, sin este último (horno de Tossa de Mar). Sus estructuras, a pesar de las clasificaciones ensayadas, son muy variables y difícilmente se convierten en un elemento cronológico fiable. Vemos, como ejemplos de estas posibilidades, el caso de un horno de tejas excavado en Cesena, Italia, en la localidad de Sant'Egidio, que tiene una cámara rectangular de 6 x 5 m. y uno de profundidad, con tres bocas, cada una con una cubierta de bóveda. La cámara está dividida en tres conductos de cuatro pilastras de ladrillo sobre las cuales se apoyaban los arcos de sustentación de la parrilla (Maioli, 1990, p. 141, fig. 31). También es destacable la composición que forman dos hornos rectangulares excavados en Riccione en el año 1988, cerca de la Vía Toscana, puesto que estaban situados boca contra boca y en el centro había la fosa para el fuego, que debía estar al servicio de ambas estructuras (Maioli, 1990, p. 143).

El tipo de horno que proporcionalmente es más frecuente en nuestro territorio es, con mucha diferencia, como podemos ver en los gráficos, el de planta cuadrada o rectangular de una sola cámara, concretamente el tipo individualizado como 3a en la tipología de Fletcher Valls o como IIb-IIE en las de Cuomo di Caprio y de Le Ny, respectivamente, que encontramos ya documentado en época republicana en Empúries. Este resultado concuerda perfectamente con lo que sucede en la Galia, donde sobre un total de 79 hornos recogidos, los rectangulares representan el 81% frente al 19% de los circulares. El tipo más numeroso entre los primeros es el IIE, el horno cuadrado con una sola cámara, que equivale al 50% del total absoluto y si añadimos los de dos naves se llega al 75% (Le Ny, 1988, pp. 45-46). De forma semejante, en el ámbito gerundense, el tipo IIE representa el 57,14% del total, y si añadimos los tres únicos ejemplares de dos cámaras (IIF), documentados en Empúries, S'Agaró y Solius, se llega al 78,57%.

El tipo IIE y variantes de Le Ny son, como hemos apuntado anteriormente, los más abundantes, con una gran diferencia respecto a los otros. Hagamos un breve repaso: en el ámbito francés encontramos en Alsacia, hornos núm. 1, 2 y 3 de Heiligenberg; horno de Mackwiller (Bas-Rhin). En Aquitania el horno de Semens (Gironde). En la Baja Normandia, horno de Vindefontaine (Manche). En la Borgoña, horno de Montceau-les-Mines (Saône-et-Loire). En la Bretaña, el horno de Guignen (Ille-et-Vilaine); el de Plovenez-Porzay (Finistére) y el de Saint-Julien (Côtes du Nord). En el Centro, los tres hornos de Montbouy y los hornos 1 y 2 de Vrigny (Loiret). En la Champagne-Ardenne, el horno de La Saulsotte (Aube). En el FrancoCondado, el horno de Mantoche (Haute-Saône). En la Ile-de-France, el horno de Montereau (Seine-et-Marne). En el Languedoc-Rosselló, el horno núm. 2 de Corneilhan y el de Fontes (Hérault); el de Mauressargues y el de Saint-Julien-de-Peyrolas (Gard); los hornos 1 y 2 de Salléles d'Aude (Aude) y el Saint-Maurice-de-Ventalon (Lozére). En el Limousin, el horno de La Jonchére (Haute-Vienne); el de Saint-Hilare-la-Plaine (Creuse). En la Lorraine, el horno de Gorget-Perin (Meuse); el de Liffol-le-Grand (Vosges); los hornos 2 y 3 de Mittelbronn (Moselle). En el departamento de Midi-Pyrénées, el de Caussade y el de La Penche (Tarn-et-Garonne); el de Montans y el de Saint-Martin-la-Laguepie (Tarn). En el Nord-Pas-de-Calais, el de Les-Rues-des-Vignes, (Nord). En el Pays-de-la-Loire, los de Trizay y de Varrains. En el Poitou-Charentes, el horno 1 de Saintes. En la Provence-Alpes-Côte d'Azur, el horno de Saint-Julien-le-Montagnier (Var); el de Saint-Martin-les-Aux (Alpes-de-Haute-Provence) y el de Vélaux (Bouches-du-Rhône). y en la Rhône-Alps, los hornos de Ambutrix (Ain); de Arcine y de Doussard (Haute-Savoie) (Le Ny, 1988, pp. 69-133).

También en Britania los hornos de estructura cuadrada o rectangular y una única cámara de combustión son los más habituales. Así podemos citar los de Brampton, núm. 1, 2, 4 y 8 (Cumbria); Ashdon, Colchester, núm. 7 y 31, Moat Farm I y II en Lexden (Essex); Crookhorn Farm (Hampshire); Upper Sandlin Farm en Leigh Siton (Hereford y Worcester); Netherwild Farm y Park Street (Hertfordshire); horno 1 de Messingham, el horno B de Canterbury y Eccles (Humberside); Heckington (Lincolnshire); Wykehurst Farm (Surrey); Wiston (Sussex); hornos 1 y 2 de South Shields (Tyne and Wear); GriffHill Farm y Lapworth (Warwickshire); Mumrills (Scotland) (McWhirr, 1979, pp. 97-190). En este tipo cabe inscribir el horno de Sant Martí de Maldà, en el Urgell (Camps, 1989, pp. 165-170) y los hornos de Llafranc. La estructura de estos últimos, todavía incompleta, si realmente hubiesen estado agrupados en batería tendrían muchas similitudes con el conjunto de Holt (Wales), construido para abastecer necesidades militares que fabricaba cerámica común y material de construcción (Corder, 1957, pp. 11-12; McWhirr, 1979, fig. 6, 37; Swan, 1984, pp. 87-89) o también, a pesar de las diferencias, con el centro de Saint-Roman-in-Gal (Canal & Tourrenc, 1974).

Los paralelos más cercanos a los hornos de Empúries y S'Agaró, de dos cámaras y una sola boca de entrada, tipo IIF de Le Ny, son el de Torre Llauder (Prevosti & Clariana, p. 199 y fig. 1, 2), el de can Ventura de l'Oller (Tremoleda, Sanmartí & Castanyer, en prensa) y los de la Ermita de la Salut (Sabadell) y Sant Martí Sarroca (Bosch Gimpera, 1970, pp. 860-861; Puig y Cadafalch, 1915-20a, pp. 721-722). En el área francesa encontramos el horno de Trouhaut (Borgonya), tres en Beaujeu (Franc-Comtat), el de Brugairolles (Languedoc-Rossellón), el de Bourg-le-Bec, el de Lupersat y el de Saint-Exupéry (Limousin), el de Les Lecques (Provence-Alps-Côte d'Azur) (Le Ny, 1988, pp. 69-133). En Britania conocemos los hornos de Brampton 6 (Cumbria) y de Muncaster A (Eskdale) (McWhirr, 1979, p. 116, fig. 6,5 y 119-121, fig. 6, 6).

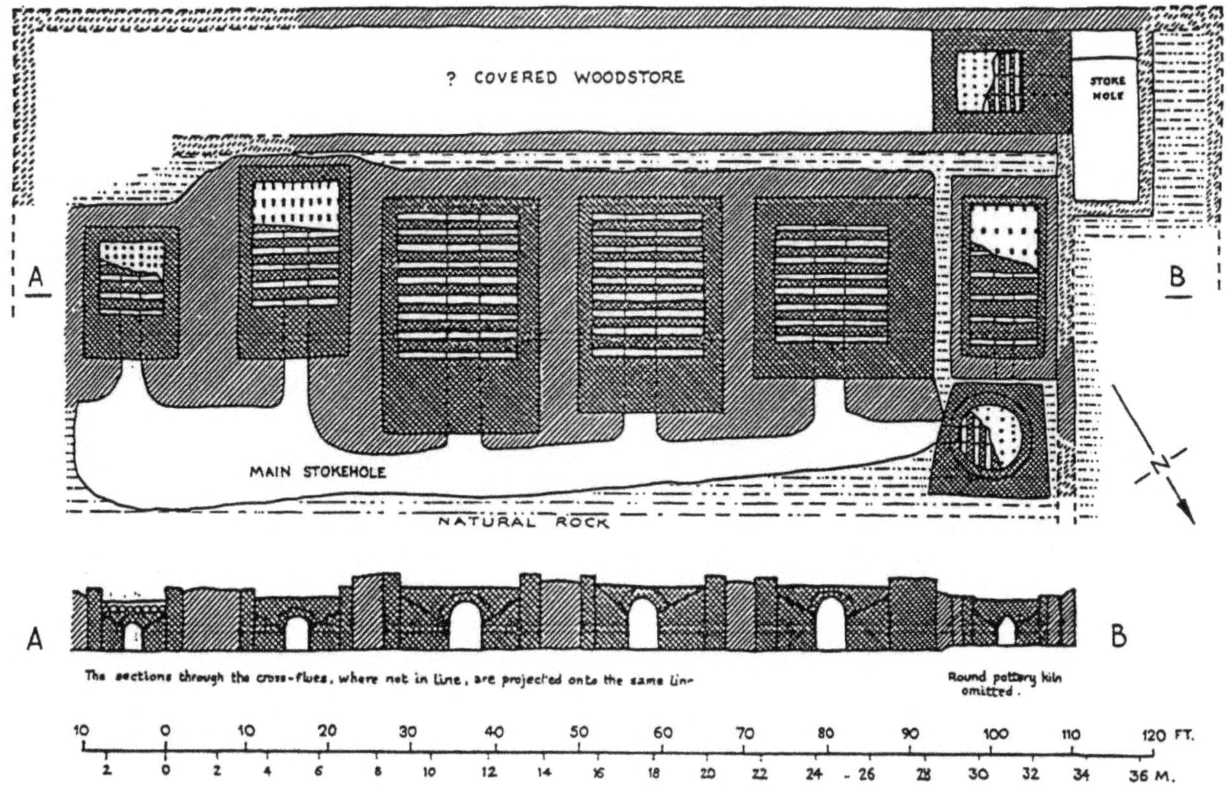

Figura 55. Planta del conjunto de hornos excavado en Holt (Wales), según McWhirr, 1979, p. 189, fig. 6.37.

Como hornos más cercanos tipológicamente al de Solius, con planta cuadrada o rectangular con dos cámaras y dos bocas, del tipo IIF' de Le Ny, aunque este tiene las cámaras separadas por columnas, conocemos los de Beaujeu (Haute-Saône) y el núm. 1 de Carjac (Midi-Pyrénées) (Le Ny, 1988, pp. 82-83 y 90, fig. 48a y b y 60a), per que fa a la zona gala y a Britania los de Horton (Surrey) y uno de Holt (Wales) (McWhirr, 1979, fig. 6, 25 y 6, 36).

En referenciaa los hornos de planta circular, los únicos ejemplares hallados en nuestro territorio, el de Orriols, que podríamos asimilar al tipo IA, con soporte central hueco, es tan poco frecuente que en la Galia no hay ninguno documentado. El de Vilauba, es probable que hubiese pertenecido al tipo IC, más frecuente, a pesar que de su estado de conservación no permite asegurarlo. El tipo de corredor (III de Le Ny), aunque no es masivo es habitual en la Galia y en Britania, en cambio, no tenemos ningún ejemplar en el noreste de Cataluña.

PARTE III
Estudio del material.

Capítulo 6. La cerámica común.

En la región mediterránea occidental no se había dado hasta hace poco a la cerámica común la importancia que merece y muy a menudo no se conservaban los fragmentos de ellas encontrados en las excavaciones. Sin embargo, dado que su número es mucho mayor que el de la cerámica fina de mesa, en muchas ocasiones representa el único elemento a mano para su datación.
Además, y al igual que otras clases de cerámica, su estudio permite sacar conclusiones de carácter económico y comercial basadas sobre todo en las áreas de dispersión de los distintos tipos cerámicos.

VEGAS, 1973, p. 1.

Introducción.

En el significado de estas dos palabras, **cerámica común**, se ha escondido y, en muchos aspectos, todavía se esconde un mundo complejo y poco conocido donde se mezclan las producciones locales, a menudo, con una distribución como máximo regional, y otras cerámicas más exóticas que, o bien son raras o con una incidencia numérica escasa que dificulta su filiación y, por tanto, su estudio. Así pues, cerámica común era una definición lo suficientemente vaga como para esconder aquellas cerámicas poco conocidas, productos locales o de importación, prescindiendo, incluso, de la técnica de cocción. Solamente tenemos que dar una rápida ojeada a las principales publicaciones sobre este material para darnos cuenta de la insatisfacción que produce el uso de este término: Así, Mercedes Vegas habla de la utilidad de la "terra sigillata" por lo que respecta a las dataciones, y sigue: "En cambio el estudio de la llamada cerámica común, es decir, la cerámica de cocina y en parte también de mesa, pero no precisamente sigillata y afines, ha sido bastante abandonado." (Vegas, 1973, p. 1). Es evidente la inconsistencia del término. Para Jorge de Alarcão, el concepto de cerámica común no es exacto, y genera poco acuerdo entre los investigadores (Alarcão 1975, p. 27); para Emmanuele Papi, miembro del equipo que excavó en Settefinestre, han sido diversas las definiciones y denominaciones que se han dado a esta clase y no está claro qué materiales están incluidos, ya que no disponemos de una definición unívoca. (Carandini *et al.* 1985, p. 93). Una de las demostraciones más evidentes en torno a las dificultades e incomodidades de los investigadores al tratar la cerámica común lo representa Miguel Beltrán, para quien era un concepto demasiado vago para definirlo, cajón de sastre donde iban a parar las cerámicas no de luxe o de difícil clasificación (Beltrán, 1978, p. 179); doce años más tarde, en una reedición revisada de la misma obra, poco se ha avanzado al respecto y vuelve a recalcar la imprecisión del término, que por comodidad agrupa un conjunto diverso (Beltrán, 1990, p. 192).

En los trabajos precursores, frecuentemente se ha definido la cerámica común mediante criterios negativos y por exclusión, de manera consciente y se clasifican creando apartados sobre el *instrumentum domesticum*. Un criterio bastante utilizado para definirla ha sido el de considerar todos los materiales producidos y difundidos en el ámbito local y regional (Ostia III, p. 409). De esta propuesta se escaparían pues los vasos que pudiesen tener también una difusión más amplia; además, ya Alarcão advertía sobre la dificultad de definir las fronteras locales y regionales, conceptos que pueden llevar a confundir rigor con rigidez y conducir a situaciones absurdas. Probablemente sea más acertado definirlos como materiales que cumplen los requisitos de funcionalidad y bajo coste. Los investigadores de Settefinestre conservaron bajo la denominación "ceramica comune" todos los vasos que se pueden incluir en las definiciones anteriores, particularmente la última y consideraron imposible de encontrar una clasificación ya existente para usar como referente(Carandini *et al.*, 1985, p. 93).

Pero, en realidad era cómodo y más preciso dividir este gran grupo en dos de menores, teniendo en cuenta la calidad de la arcilla y su técnica de cocción. De esta manera, quedaban conformados cuatro grandes grupos: cerámica común y cerámica grosera, que llamamos de cocina, respectivamente subdividida en oxidada y reducida, según la técnica empleada en el proceso de fabricación.

De estos cuatro grandes grupos, el formado por las cerámicas groseras (la "ceramica grezza o grossolana" de los italianos), reducidas –mucho más numeroso– y oxidadas, era muy uniforme. En efecto, se trata siempre de producciones cerámicas locales, usadas desde siempre, con unas raíces muy antiguas, con un repertorio de formes determinado y que, mayoritariamente, proporcionaban útiles de cocina y almacenaje con ollas, cazuelas y pucheros. No había, tampoco, diferencia entre los productos reducidos y los oxidados y, muchas veces, era difícil atribuir una pieza a una técnica u otra al haberse utilizado hornos tradicionales y poco desarrollados. Estas cerámicas evolucionarán poco, fijando formas muy funcionales, bien probadas, perfectamente adaptadas a una función determinada y los cambios, si los hay, serán lentos y a menudo imperceptibles. Constituyen asimismo, un campo de indudable interés y siempre presente en todo tipo de yacimiento, urbano o rural, y a lo largo de todas las épocas con momentos de gran importancia.

Los otros dos grandes grupos, cerámicas comunes oxidadas y reducidas, son dos inmensos cajones de sastre donde se esconde de todo, infinidad de producciones de origen diferente, de larga o corta duración y de uso diverso, desde jarras para contener líquidos a morteros, elementos de cocina, vasos, platos, etc.

En un principio estos grandes grupos eran un caos inmenso; allí iba a parar todo aquello que no era clasificable con la seguridad de las cerámicas barnizadas de negro, *terra sigillata,* cerámicas africanas, paredes finas, lucernas, etc., pero un conocimiento más profundo de las producciones locales ha servido para poder ir individualizando, fechando y atribuyendo un área de distribución determinada, diferentes especies cerámicas, unas con una vocación más regional y otras de círculo local, con un repertorio de formas extenso o muy reducido. Para este territorio que nos ocupa y para la época tardorrepublicana, por ejemplo, es posible gracias a trabajos diversos, atomizar el grupo de las cerámicas comunes finas oxidadas y reducidas, en diferentes talleres que tienen una actividad determinada a lo largo de un tiempo más o menos dilatado (cerámicas ibéricas pintadas, con diversas producciones que comienza a ser posible distinguir y clasificar, cerámicas emporitanas, reducidas y oxidadas, cerámica de engobe blanco, ...) y también comienza a ser posible identificar talleres que funcionen en periodos posteriores.

En este capítulo pretendemos exponer, pues, aunque de una forma rápida y sintética, la evolución y las características de las cerámicas comunes aparecidas en los yacimientos arqueológicos de las comarcas orientales de Girona. Son las conclusiones de un trabajo más extenso (Casas *et al.* 1990; Tremoleda 1996, pp. 143-552) centrado sobre todo en aquellas producciones y formas que pueden considerarse como características de un periodo concreto. Se ha realizado tomando como base los diversos conjuntos cerámicos, con una datación suficientemente precisa, agrupados en seis grandes periodos que abarcan desde el Principado de Octavio hasta la segunda mitad del siglo III. Esta etapa, además de permitir un estudio en profundidad, presenta una cierta uniformidad por lo que respecta a la cultura material, después de la fase de transición que supone el Principado de Augusto en relación a la Baja República y antes del Bajo Imperio y la Antigüedad Tardía. Es evidente que esta periodización ha quedado condicionada por el estado actual de la investigación y que habríamos preferido dar unos márgenes cronológicos mucho más reducidos. Hemos intentado presentar una línea de evolución continua dentro de la secuencia general, aunque en determinadas fases el volumen de material en disposición de ser estudiado es sensiblemente inferior al de otras.

La experiencia demuestra que frecuentemente resulta difícil poder establecer unos límites claros que permitan la asignación a una forma concreta de todos los fragmentos estudiados, problema que es más grave cuando tratamos con piezas incompletas. También debemos advertir que las conclusiones se deberán limitar al ámbito geográfico en el cual se circunscribe el estudio y que será necesario comparar con los estudios de otras áreas, con la finalidad de establecer cuales son las reglas de carácter general y cuales las de ámbito específico. Somos de la opinión que frecuentemente la distribución o dispersión geográfica de muchas de estas cerámicas comunes es muy limitada, hecho comprensible si entendemos que su producción tiene un carácter eminentemente local. Aún así, es indudable que a pesar de algunas variaciones tipológicas y de la diversidad de características morfológicas, existían unas modas o tendencias de carácter más general que serán comunes en áreas geográficas mayores. No debemos excluir la posibilidad que algunas formas y producciones se exportasen por vía marítima y que aparezcan en otros lugares, su presencia, ausencia o semejanza serán datos a considerar para plantear los cuadros de evolución general. El estudio de las cerámicas comunes y de producción local de época romana de las comarcas orientales de Girona pretende ser un paso más en la sistematización de unos materiales, el conocimiento de los cuales es aún hoy muy parcial. No obstante, somos conscientes que los resultados deberán confirmarse o corregirse con los datos proporcionados por las nuevas excavaciones y futuros trabajos.

Así pues, y simplificando, podemos decir que en este capítulo pretendemos examinar todas aquellas cerámicas que no son objeto de una clasificación estricta o no han sido estudiadas con profundidad suficiente en un área territorial determinada, las comarcas del nordeste de Cataluña, como hemos visto una unidad geográfica clara, durante un periodo de tiempo concreto, y a partir de una serie de datos seguros, de conjuntos amplios y bien fechados que permiten afinar las cronologías y entender la aparición o desaparición de las diversas categorías cerámicas.

La presentación de los materiales surgidos de estos centros alfareros permitirá ver la variedad de estos productos; los más representativos hoy por hoy son el taller de Fenals, en Lloret de Mar, el de Can Corominas, situado en el pueblo de Maià de Montcal, el de Palamós, el de Ermedàs, el

S'Agaró, el de la Bomba, en Vilacoum y, finalmente, el de Llafranc. Seguirá el estudio de diversas producciones características de la zona: la cerámica emporitana moderna o tardía, la cerámica de cocina pulida y la cerámica vidriada. Finalmente, se ofrece el gran conjunto formado por la cerámicas comunes y de cocina según una ordenación morfológica: ollas, ollas monoansadas, urnas, lebrillos y jofainas, platos, cuencos, botellas, jarras y *dolia* domésticos. Puesto que una ordenación por grandes periodos y procedencias fue ya publicado extensamente (Casas *et al.,* 1990) y con el ánimo de publicar aquí una síntesis evitaremos la catalogación concreta de todas las piezas.

Hay una forma que se fabrica en cerámica común que se ha dejado voluntariamente al margen, los ungüentarios. En primer lugar, por la función concreta a que estaban destinados que se escapa de la que cumplen la mayoría de vasos y recipientes que se estudian; también por la dificultad que supone establecer la sucesión cronológica de un tipo morfológico muy estable, como demuestran los trabajos de síntesis (Vegas, 1973, pp. 153-154, fig. 58, tipos 63, 1 a 8; Beltrán, 1990, p. 287, fig. 134, núms. 1221 y 1222 y Py, 1993, pp. 581-584); y también, porque ha sido objeto de estudios específicos que inutilizan otras referenciasque serían forzosamente incompletas (Anderson-Stojanovic, 1987). Por lo que respecta a nuestra área de estudio, el conjunto más completo y de referenciaobligada es el que se recoge en las necrópolis de Empúries (Almagro, 1955).

Definición de formas de la cerámica común.

Uno de los trabajos previos al estudio propiamente ceramológico de los diferentes periodos que podemos acotar en nuestra área de estudio era el de concretar brevemente cuales eran las principales formas que podíamos encontrar. Se trataba de un trabajo ineludible si queríamos asegurar un buen funcionamiento del corpus que presentamos. No se quería realizar un estudio exhaustivo de las formas presentes en la cerámica común de época romana, sino establecer un mínimo de formas que permitiesen la rápida identificación de cada uno de los fragmentos o piezas con los que hemos trabajado.

Como es obvio, este no es el primer intento de establecer unos criterios para definir las diferentes formas (Vegas, 1973; Alarcão, 1975; Annecchino, 1977; Santrot & Santrot, 1979; Tuffreau-Libre, 1980; Carandini *et al.,* 1985; Sánchez, 1987, pp. 285-316). Cada uno de estos autores ha buscado una relación entre las diversas partes de las piezas y una correlación definitoria según la que cada fragmento pudiese ser asignado a una forma concreta.

Por eso, algunos han elaborado un sistema de relaciones numéricas, con una base estadística y matemática. Así, las relaciones H/D y d/D, en les que H designa la altura, D la anchura máxima y d el diámetro de la abertura, permite proponer a la autora, por ejemplo, las siguientes definiciones tipológicas: pátera = $H:D \leq 1:4$ y $d:D \geq 3:4$; bol = $1:4 < H:D \leq 2:3$; mortero = $d:D \geq 3:4$; marmita = $2:3 < H:D < 1$ y $d:D \geq 3:4$; vas = $H:D \geq 2:3$; *dolium* = $d:D \geq 1:2$; botella = $H:D \geq 2:3$ y $d:D < 1:2$. Estos criterios tipométricos se basan en las medidas de los objetos, y en el interior de estas grandes separaciones se realiza una segunda diferenciación, que a la vez se pueden subdividir en subtipos, de manera que la tipología reduce al mínimo la terminología (Tuffreau-Libre, 1980, pp. 25-31). Otras, en cambio, basan más estas definiciones en las características generales extraídas de la simple visualización de la pieza y de su posible utilidad.

Hemos creído conveniente, por nuestra parte, no extendernos en relaciones numéricas entre las diversas partes, puesto que repetiríamos un trabajo ya elaborado y fácilmente consultable en la bibliografía. Tampoco hemos despreciado, en los casos que nos ha parecido necesario, definir algunas formas partiendo de unas medidas máximas o mínimas –por ejemplo, un vaso es un recipiente de dimensiones inferiores a los 15 cm de altura–, o también las correlaciones entre las partes –así consideramos como olla un recipiente, el diámetro del cual es inferior a la altura y cazuela cuando la relación es a la inversa–.

Nuestra experiencia nos demuestra que un estudio morfológico centrado estrictamente en criterios numéricos plantea a menudo problemas de clasificación, sobre todo cuando estamos obligados a trabajar con la fragmentariedad del material que proporciona la arqueología terrestre, por eso, hemos preferido en muchos otros casos una definición funcional, más familiar, con una nomenclatura normalizada (Marcet & Llongueras, 1982), que permitirá al lector entender y relacionar mejor unas piezas con una actividad concreta. En los casos que ha sido posible hemos intentado acompañar también los equivalentes latinos, ya que son utilizados por los clásicos o por otros autores (Alarcão, 1975, pp. 30-36; Annecchino, 1977, pp. 105-114; Santrot & Santrot, 1979, pp. 233-236; Carandini *et al.*, 1985, pp. 11-30).

En cierta medida sorprende la poca variedad en el uso de los nombres de recipientes que utilizaban los mismos clásicos, incluso existen algunos nombres que no sabemos identificar correctamente, por ejemplo *curcuma* o *cucuma*, que servía para hervir agua y para cocinar y sería de la familia de las ollas. Otros, en cambio, aparecen citados a menudo por Apicio y son bien conocidos como *caccabus*, *colum*, *lanx*, *mortarium*, *patina* y *sartago* (Gómez, 1990, pp. 30-32).

Las formas.

ANFORITA *(AMPHORA, AMPHORULA, DIOTA).-* Jarra grande, que por sus dimensiones, robustez o grosor de las paredes se asimila más a una ánfora que a una jarra, a pesar de su forma y tipología queda excluida de la clasificación empleada para las ánforas, debido a la gran variabilidad de sus partes. Como esta, está dotada de dos asas contrapuestas y base en forma de pivote.

BOTELLA *(LAGENA, LAGOENA, LAGUNCULA, OENOPHORUM, VINARIUM,* etc.).- Se trata de un "olpe", con un borde menor que el diámetro de las paredes, cuello que siempre está muy bien diferenciado, estrecho, a veces en forma tubular y su unión con el cuerpo del recipiente está muy marcada, frecuentemente con molduras, estrías o cualquier otro elemento que sobresale. Suelen tener una o dos asas, que comienzan bajo el labio en el inicio del cuello y acaban en el inicio de la parte más ancha del cuerpo. Su principal función era la de contener el vino que en la mesa se vertía directamente en los vasos.

PUCHERO *(FIDELIA, URCEUS, URCEOLUS).-* Recipiente con la misma forma y características que la olla, pero más pequeño y con una sola asa que suele salir directamente del labio y llega hasta la parte más ancha del cuerpo.

BOL O CUENCO*(ACETABULUM, ACITABULUS).-* Recipiente de dimensiones regulares, con un diámetro inferior a los 20 cm, abierto, con las paredes rectas pero inclinadas hacia el exterior en un ángulo que se sitúa entre 45° y 60°. Normalmente tiene un pie anular y bien diferenciado, a pesar de que a veces tiene una base plana sencilla, sin pie.

BOL CERRADO *(ACETABULUM, ACITABULUS).-* Recipiente de características semejantes al anterior, pero con la pared cerrada hacia el interior, con el perfil en forma de "C". Casi siempre tiene un pie anular bien diferenciado.

CANTIMPLONA.- Vaso o recipiente de forma circular y aplanada, con un cuello estrecho y con dos asas. Para contener líquidos.

CAZO.- Recipiente de un asa, bajo, con paredes rectas y una sola asa plana unida únicamente en el labio.

CAZUELA *(CACCABUS, CACCABELLUS, CASCABUS, GABATA, PATENA, PATELLA, PATINA).-* Recipiente de paredes verticales o exvasadas, aunque de manera excepcional pueden ser ligeramente inclinadas hacia el interior. Algunos ejemplares tienen un encaje para la tapadera en torno del labio. Existen recipientes con asas y otros sin ellas, cuando tienen asas suelen ser horizontales y pegadas a la pared. El fondo interno nunca es plano, mientras que el externo puede serlo en algunas ocasiones. El diámetro de la boca siempre es superior en la altura del vaso. La *patina* y el *caccabus* eran necesarios para cocinar los alimentos y la primera se podía usar también como plato de mesa. Además de ir sobre el fuego, las cazuelas, sobre todo las de barniz rojo interno, como señala la evidencia arqueológica, podían ir al horno. El *caccabus*, en cambio, tenía unas paredes profundas, fondo ápodo y borde de visera. Podía ir directamente sobre el fuego. Se encuentra a medio camino entre la olla y la cazuela. Los italianos diferencian: "tegame" = *patina;* "olla" = *olla y* "pentola" = *caccabus.*

COLADOR *(COLUM).-* En general, adopta la forma de cazuela a la que se han practicado numerosos agujeros en la mitad inferior, normalmente antes de la cocción. También hay utensilios reutilizados como coladores a los que se han realizado los orificios con posterioridad a la cocción. Los coladores en forma de cazuela solían tener una utilidad concreta; se supone que estaban destinados a la producción de quesos y derivados de la leche. Además, se encuentran otros recipientes cerrados que también habrían servido como coladores; en general son de mayores dimensiones y adoptan formas diferentes unos y otros.

COPA *(CALIX, CANTHARUS, POCULUM, SCUTELLA, SCYPHUS).-* Vaso con una o mejor con dos asas, exvasado o de paredes bastante rectas, con pie bien diferenciado y alzado o ápodo según los casos. Sus prototipos suelen ser copas metálicas.

DOLIUM (DOLIUM, DOLIOLUM).- Recipiente de fondo plano, habitualmente sin asas, paredes gruesas y borde engrosado, destinado a guardar diversos productos, especialmente sólidos (legumbres, frutos secos, cereales, pescado salado, etc.). Por lo tanto, esta definición no incluye solamente los grandes recipientes de almacenaje alineados en patios o almacenes, sino también los recipientes más pequeños, con un volumen inferior a los 30 litros y superior a los 5, a pesar de que estos solían usarse en dependencias domésticas.

EMBUDO *(INFUNDIBULUM).-* Elemento que tiene la forma de un cono invertido con un tubo en el vértice, que sirve, colocándolo en la abertura o cuello de una bota o un saco, para tirar líquidos o grano.

JARRA *(OENOPHORUM, URCEUS, URCEOLUS, AQUAEMANALE, NASITERNA, etc.).-* "Olpe" con una o dos asas que van desde el labio al inicio del cuerpo, con el cuello más o menos diferenciado; pero, en general, la unión del cuello con el cuerpo es poco marcada y, a veces, los dos forman una curva continua que se prolonga desde debajo del labio hasta el pie. El borde suele ser más ancho que el cuello, tanto si es exvasado como recto o con moldura para colocar una tapadera. Era usada sobre todo para contener vino y agua. *Aquaemanale* y *nasiterna* eran palabras que servían para designar jarras con un vertedor ancho en la boca, siempre en el lado contrario al asa.

LEBRILLO *(LABRUM, LABELLUM)*.- Adopta la típica forma de una palangana, con diámetros a menudo superiores a los 30 cm y el labio engrosado y plano (a veces ligeramente inclinado hacia el exterior), y con pequeñas molduras muy estrechas. En ambos lados del borde suele llevar dos asas planas o ligeramente levantadas, fuertemente adheridas a la pieza. El pie siempre está bien diferenciado y robusto.

JOFAINA *(LACUS)*.- Parecida al anterior pero más alta, con las paredes de la mitad superior del cuerpo ligeramente inclinadas hacia el interior. Tanto este tipo como el anterior recuerdan, por su forma, el bol y el bol cerrado, pero con unas dimensiones mucho más grandes.

VASO *(URNULA, VAS, VASCULUM)*.- Vaso de pequeñas dimensiones, entre 10 y 15 cm de altura, muy semejante a una pequeña olla pero sin asas; suele tener las paredes rectas o ligeramente cerradas, como los vasos bicónicos tan típicos de las cerámicas grises emporitanas.

MORTERO *(MORTARIUM)*.- Plato o recipiente de cocina destinado a machacar cereales u otros productos para la preparación de comidas, salsas o harinas. Siempre tiene la mitad inferior de su cara interna una faja, recubierta de partículas de óxidos metálicos o arena gruesa e incluso escorias volcánicas. El borde, vertical, horizontal o colgante, está bien diferenciado y tiene un vertedor que puede adoptar diferentes formas. Algunos ejemplares altoimperiales conservan la marca de fábrica en el borde, a ambos lados del vertedor.

OLLA *(AULA, OLLA)*.- Recipiente de cuerpo globular y perfil en "S", de base plana pero sin pie, con dos asas contrapuestas situadas normalmente por debajo del labio. El cuello es corto y diferenciado. El diámetro de boca es igual o inferior a la altura y inferior al de las paredes. Era un utensilio de cocina con la función principal de ir sobre el fuego y cocer los alimentos, a pesar de que se podía usar también como contenedor de provisiones.

ORINAL / JOFAINA *(LACUS, LASANUM)*.- Recipiente en forma de sombrero de copa, de paredes verticales o ligeramente abiertas y con el labio plano o exvasado. Las paredes son gruesas y robustas y no tiene pie diferenciado. El fondo interno es cóncavo y la base plana. Su función es muy concreta y se inscribe, en el grupo de los llamados "vas de nuit".

PLATO / PÁTERA *(CATILLUS, CATINUS, DISCUS, LANX, PATENA)*.- Recipiente bajo y abierto, con o sin pie y con un repertorio de formas muy extenso. Hay ejemplares con el borde recto, exvasado, inclinado al interior, etc. Puede tener el fondo interno plano o cóncavo (en el primer caso no tiene pie y en el segundo, normalmente, si). *Catinus* se refiere al plato propiamente de mesa, más que de cocina. *Lanx*, es la palabra latina que designa el plato de mayores dimensiones, siempre de fondo plano, entre medio entre elemento de mesa y de cocina. De esta definición se escapa el recipiente más profundo y de paredes curvadas, sopero, llamado *paropsis*.

PLATO / TAPADERA *(OPERCULUM, PATERA)*.- Idéntico a la tapadora, pero con un pie anular bien diferenciado que puede permitir su uso como plato o como tapadera, indistintamente.

TAPADERA *(OPERCULUM, OPTURAMENTUM, COPERCULUM, etc.)*.- Es un accesorio destinado a completar otro recipiente, normalmente una olla o una cazuela, obturando la boca con la finalidad de permitir una mejor conservación de su contenido o una mejor cocción del producto (Santrot & Santrot, 1979, p. 45). La forma general es de plato bajo y muy abierto, con las paredes troncocónicas, hemisféricas o horizontales. Normalmente dispone de un pequeño botón más o menos grande para cogerlo con los dedos, denominado pomo, a pesar de que en algunas ocasiones encontramos tapaderas que no han tenido nunca elemento de agarre. El labio puede ser simple (no diferenciado)o complejo, con molduras para encajarlo en la boca del recipiente de complemento. En ningún caso la forma del botón o pie puede permitir que la tapadera pueda ser invertida y usada como plato.

TAZA *(POCULUM, SCYPHUS)*.- Puchero de pequeñas dimensiones, con alturas inferiores a los 15 cm, normalmente de paredes verticales con una sola asa que va desde el labio a la carena del cuerpo. Base plana y pie poco diferenciado, normalmente anular. Servía para beber.

URNA *(URNA, URNULA)*.- En general, tiene las mismas características que la olla, pero no tiene ninguna asa. La base es plana y no tiene pie diferenciado. El labio es abierto y tiene un cuello muy corto y, a veces, no tiene. El diámetro de la boca siempre es inferior a la altura.

Los talleres cerámicos locales y su producción.

Los centros dedicados a la fabricación de cerámica en las comarcas de Girona, aunque la mayoría ya eran conocidos hace tiempo (Nolla/Casas 1984), ya fuera con una buena identificación y incluso excavación, o bien por simples noticias o indicios más o menos seguros, pocas veces se habían estudiado sus producciones desde una vertiente ceramológica, si exceptuamos los de Llafranc (Nolla, Canes & Rocas, 1982, pp. 147-183), Palamós (Tremoleda, 1987, pp. 210-216) y S'Agaró (Nolla, Aicart & Esteva, 1990, pp. 37-62), teniendo en cuenta que no todos los hornos que conocemos y tenemos localizados se habrían dedicado a producir cerámica común o, como mínimo, no sabemos que cerámicas se fabricaban. Es posible que algunos hornos hubiesen estado concebidos explícitamente para la elaboración de material constructivo, aunque la experiencia demuestra que cuando ha estado posible localizar y explotar los vertederos la producción era diversificada.

El estudio tipológico de las piezas procedentes de los vertederos y, en consecuencia, de asignación segura a un taller, era básico para conocer el repertorio formal propio de las producciones de la cerámica común en nuestra zona. En este sentido, los materiales constituyen conjuntos cerrados, con una cronología específica y con unas pastas definidas por la geología de las propias zonas de producción, lo cual supone un criterio adicional para su identificación y asignación a un taller o zona restringida.

El período de funcionamiento de los hornos que estudiamos cubren una cronología entre finales del siglo I aC al siglo III dC. Algunos tienen una vida bastante limitada, centrada en el siglo I, como serían los casos de Fenals y del horno de Palamós, que no parecen entrar en el siglo II. Otras centran su actividad en este siglo o incluso hasta el siglo III, como serían los de Ermedàs, La Bomba y S'Agaró. Solo encontramos un caso que, iniciando su actividad en el siglo I aC, estará en activo hasta entrada la tercera centuria, el alfar de Llafranc.

1. El alfar de la playa de Fenals (Lloret de Mar, La Selva).

Este taller descubierto y excavado de urgencia el año 1984 es, hoy por hoy, uno de los mejor conocidos del área gerundense, no solo por el repertorio formal sino también por la estructura del alfar (Buxó/Descamps 1986, pp. 63-68).

Las características de la pasta utilizada para fabricar los productos locales, en este caso la cerámica común oxidada, la misma que se usó en las ánforas y el material de construcción, son de color rojo ladrillo que al no llevar engobe es bien visible en la superficie. El tacto y aspecto es rugoso, con un desgrasante de nódulos de cuarzo blanco y puntos negros. Esta descripción coincide plenamente con la que proporcionaron A. Tchernia y F. Zevi cuando definieron la pasta de las ánforas de procedencia tarraconense encontradas en Ostia (Tchernia/Zevi 1972, 37) y es válida por lo que respecta a piezas grandes y medianas de cerámica común de Fenals; en cambio, para piezas más depuradas la decantación eliminó las partículas más grandes, dándole un aspecto más depurado y homogéneo.

Cuando hablamos de cerámica común nos referimos sobre todo a las cerámicas oxidadas, con el característico color marrón-rojizo, pero también se incluyen las grises, resultantes de una cocción reductora, ya que la coloración se debe a un aspecto técnico, sin que esto afecte de forma substancial al resultado del producto.

Para el estudio del material recuperado en los vertederos de Fenals se ha realizado una diferenciación básica en dos grandes grupos que atiende al aspecto funcional según se trate de vasos de cocina o vajilla de mesa. Las apreciaciones morfológicas nos permitirán establecer una serie de divisiones en los tipos genéricos.

CERÁMICA COMÚN.

Vasos de cocina.

- Las tapaderas tienen forma de disco, con un pomo saliente en el centro de la cara externa que funciona como asidero. Se aplica a la boca de un recipiente con el cual, al tener el mismo diámetro, se acopla perfectamentepara impedir que la materia que se manipula pueda derramarse. Suelen presentar marcas de torno en la superficie de la pared. Normalmente están asociadas a las cazuelas y ollas que van directamente al fuego.

Formalmente presentan pocas variedades, las encontramos sin borde marcado, poco elaboradas (Fig. 57, 9, 11-12) y tapadoras con borde marcado, diferenciado respecto a la pared (Fig. 57, 10, 13-14).

La otra parte característica de las tapaderas es el pomo, que suele ser macizo al formarse por una concentración de arcilla. Su forma más corriente muestra la parte superior plana, sobre la que quedan claramente marcadas las trazas del modelado; a pesar de eso no es exclusiva y tenemos también pomos redondeados.

- La única cazuela que hallamos fabricada en Fenals es la imitación de una forma africana (Fig. 57, 16), catalogada como Lamboglia 10 (Lamboglia, 1958, pp. 276-277), Hayes 194 (Hayes, 1972, p. 207), Ostia II, 303 (Ostia II, 1970) o Atlante, tavola CVI, 8 (Atlante, 1981), con la pared externa formada por dos convexidades y fondo también convexo; internamente crea un resalte para encajar la tapadera. Se trata en realidad del viejo *lopas* producido en Grecia en el tercer cuarto del siglo V aC y que continua durante toda la época helenística. Hayes cree que puede derivar de su forma 191, documentada de finales del siglo II aC. a la mitad del siglo I (Hayes, 1972, pp. 205-207). La encontramos presente también en la cerámica púnica de Cartago (segles IV-II aC). Conocida en época tiberiana y julio-claudia a inicios del siglo I en Cartago (Hayes, 1972) y de época flavia a la primera mitad del siglo II en Ostia (Ostia III, 1973).

- Los morteros, como utensilios que servían para preparar alimentos machacándolos, tenían incrustaciones de arenas gruesas en el fondo interno para facilitar esta función abrasiva. Una vez preparados los alimentos, se usaba el vertedor, otra de las partes imprescindibles en los morteros. Las bases suelen tener el pie claramente marcado y resaltado, aunque pueden ser también de base plana. Generalmente son piezas de gran diámetro y poco profundas. Las variantes documentadas en Fenals pueden tener el borde engrosado (Fig. 57, 17) o tener borde y visera (Fig. 57, 18-19). Este tipo es muy habitual y tiene el borde bien marcado, vertical, por debajo del cual sobresale hacia el exterior una visera.

- Las ollas siempre de forma globular u ovoide, muestran gran variedad tanto en los bordes como en las dimensiones. Están asociadas a bases planas, asas verticales y estaban destinadas para ir al fuego.

Podemos diferenciardos tipos principales: olla exvasada o de perfil en S y ollas con borde reentrante. En el primer caso las variantes pueden ser diversas según el labio, que puede ser redondeado (Fig. 57, 20, 22), algunos con encaje para tapadera (Fig. 57, 23), biselado (Fig. 57, 21), vertical (Fig. 57, 24), plano (Fig. 58, 1-3), con visera (Fig. 58, 6-8) o con borde engrosado (Fig. 58, 12, 14 y 16). Las ollas de borde reentrante son menos numerosas que las anteriores, más pesadas, reforzadas, de paredes más gruesas. Encontramos las variantes de ollas con bordes moldurados o planos (Fig. 58, 17-18).

- Los recipientes para guardar provisiones son piezas muy robustas y de grandes dimensiones, con bordes horizontales o simplemente engrosados para proporcionar más resistencia (Fig. 58, 19-22). Las bases son planas y muy gruesas para facilitar su estabilidad.

Vajilla de mesa.

- Los platos documentados, como utensilios para comer los alimentos servidos en la mesa, son de forma muy sencilla, con paredes poco altas, ligeramente curvadas y base plana (Fig. 57, 15).

- Los cuencos son piezas más profundas que los platos y con los pies bien diferenciados; servían para preparar alimentos, comer e incluso beber. Su tipología es muy variada, sin alterar el concepto básico, y permite diferenciar cuatro subtipos: cuencos con borde exvasado (Fig. 58, 4), cuencos carenados con la parte superior de la pared vertical y labio sin diferenciar (Fig. 58, 5, 9-10), cuencos semiesféricos (Fig. 58, 11, 13) y otras variantes con la parte superior moldurada (Fig. 58, 15).

- Los vasos son piezas de pequeñas dimensiones, que servían habitualmente para beber, de altura mayor al diámetro de boca y bases de pequeñas. El repertorio formal es muy variado y, en general, se inspira en el repertorio de las paredes finas (Fig. 58, 23-31).

- Semejantes a los vasos, las tazas eran piezas de mesa que servían para beber. Sus proporciones son más bajas y constan de una o dos asas. Tenemos dos variantes, una más robusta, con refuerzosdecorativos circulares sobre las asas, y otra, más delicada, de paredes muy finas y labio sin diferenciar (Fig. 58, 32).

- Las botellas servían para contener y servir líquidos, el elemento diferenciadorrespecto a las jarras es un cuello estrecho y claramente diferenciado del cuerpo, al que se une mediante una carena pronunciada o molduras bien marcadas. Las variantes principales las hallamos en los bordes: sin diferenciar (Fig. 59, 5) o borde diferenciado(Fig. 59, 1, 4), a veces moldurado (Fig. 59, 6).

- Las jarras se usaban igualmente para contener y servir líquidos, con cuerpo más o menos globular, generalmente con base diferenciada. Tenemos dos variantes: jarras monoansadas (Fig. 59, 2), con el borde poco diferenciadoy el asa pegada en el labio y jarras de dos asas contrapuestas (Fig. 59, 7-9).

- La jarra de boca trilobulada de pasta gris, conocida habitualmente como gris itálica, es una producción propia del siglo I (Vegas 1973, p. 109; Ostia II 1979, pp. 87-88; Santrot & Santrot 1979, p. 211) y, por lo tanto, considerada como material de importación. La excavación de Fenals ha permitido demostrar la fabricación local de este tipo, ya que ha permitido recuperar fragmentos desechados.

El aspecto y la composición arcillosa constituyen los elementos más característicos para su identificación. Externamente es de color gris oscuro, pero al corte se puede apreciar una gradación hacia tonos azulados; la superficie siempre está cubierta por una capita calcárea blanquecina. Los elementos decorativos prácticamente no existen, se limitan a molduras redondeadas en relieve alrededor del cuello. La parte más definitoria es la boca trilobulada, el borde de la cual suele estar reseguido por molduras estrechas en relieve; las asas son de sección trilobulada y están unidas a la espalda y por debajo del borde (Fig. 59, 3).

CERÁMICA DE COCINA.

Tradicionalmente conocida como grosera reducida, se trata de una cerámica muy homogénea, tanto en la concepción como en la composición. La arcilla es poco depurada, de grano grueso y desgrasante de nódulos de cuarzo bien visible con láminas de mica dorada. El acabado externo suele ser liso, a veces presenta marcas de torneado o de peinado; la cocción se realiza mayoritariamente por reducción, dando como resultado las típicas pastas negruzcas, aunque a veces este aspecto es el resultado de un contacto continuado con el fuego.

El repertorio formal de la cerámica de cocina es bastante más limitado que el de la cerámica común oxidada, debido a la simplicidad de las líneas. Como resultado de esto se producen unas formas estandarizadas, muy funcionales, con poca movilidad y variabilidad morfológica. Conocemos los platos, siempre sencillos, con base plana (Fig. 59, 13); las ollas, de perfil sinuoso, con borde exvasado y cuerpo globular (Fig. 59, 10-12); las jarras están concebidas con el simple añadido de una asa (Fig. 59, 14). Finalmente, tenemos grandes lebrillos en cerámica de cocina, se trata de piezas muy pesadas y macizas, con paredes muy gruesas, que pueden ser de diámetro circular, con asas horizontales soldadas en la pared (Fig. 59, 15) o de forma cuadrada o rectangulares, con paredes verticales, no muy altas y con las bases totalmente planas (Fig. 59, 16), a veces tienen una sencilla decoración digital sobre el labio; son utensilios que debían servir para lavar u otras funciones domésticas.

2. El horno del "Home Dret", Can Corominas (Maià de Montcal, La Garrotxa).

De este centro, excavado únicamente en una campaña de salvamento en el año 1993, permitió recuperarun pequeño lote de material, que podemos separar en tres producciones diferentes:

1. Imitaciones de *terra sigillata* sudgálica de producción local.
Se trata en concreto de un borde y una base de la forma de Drag. 15/17 (Fig. 60, 1-2), producida como imitación local. El borde posee diversas molduras en la pared exterior y también en la interior; la superficie está cubierta por un barniz de color amoratado, con grietas producidas por un exceso de cocción. La pasta también está quemada, adquiriendo una tonalidad de color gris intenso, de grano pequeño, muy depurada. Por lo que respecta a la base, en cambio, no estaba barnizada, presentaba una moldura incisa en la parte baja exterior del pie y el fondo interno marcaba un levantamiento característico de las formas más ortodoxas. La arcilla es muy depurada, de color beige-marrón al exterior y anaranjado-rosado en el núcleo interno.

2. Cerámica común oxidada.
Esta categoría es la que está mejor representada. Se trata de piezas habituales del repertorio de la cerámica común, especialmente evidente cuando se encuentran la piezas más completas, por ejemplo, la parte superior de una jarra monoansada de boca circular, con cuello troncocónico con una incisión bien marcada que lo separa de la espalda, de formas redondeadas en la transición hacia el cuerpo. El asa es de sección vagamente rectangular con un surco central que se entrega al borde y a la espalda. La arcilla es de color rosado, cambiando a tonos beige, en la parte interna se observan las marcas producidas por el torno (Fig. 60, 3). Morfológicamente es muy similar a los tipos locales producidos en el horno de Palamós (Fig. 61, 1).

Se han conservado además otros fragmentos de jarras, sobre todo bordes, de diversa tipología, de boca circular y trilobulada (Fig. 60, 5-10). Las bases de jarra están provistas de pie anular, redondeado y ligeramente moldurado, con el fondo elevado y también de base plana, aunque pueden tener el pie marcado (Fig. 60, 4, 11-17). Las asas responden a diversos modelos con uno, dos y tres surcos en la parte superior, lo cual da idea de la variedad de jarras que se producían en este taller (Fig. 60, 19-21). Las pastas son depuradas, duras y de color beige.

3. *Dolia.*
Se pudo recuperarun base de *dolium*. Se trata de la parte baja sin pie marcado y fondo plano, de paredes gruesas y macizas. Pasta de color marrón oscuro, tirando a morado, con muchas impurezas mezcladas (Fig. 60, 18).

3. El horno de Palamós (Baix Empordà).
La localización de unos restos arqueológicos muy sencillos, el año 1984, y la consiguiente recogida de material permiten situar la actividad del taller dentro del siglo I dC, sin más precisiones.

El material recuperado fue muy escaso. Una de las características más relevantes de este horno es la arcilla utilizada para fabricar sus cerámicas. Es de color marrón claro o beige, muy depurada, con desgasante de puntos blancos poco visibles, alternados con alguno de negro, pero la característica diferencial es la cantidad de mica dorada que lleva, dispuesta en láminas horizontales sobre la superficie, fácilmente visibles, puesto que no tiene engobe que la cobra.

La forma más típica en cerámica común es la jarra de uso doméstico para contener líquidos, de dimensiones grandes, con una sola asa, boca circular y borde plano, cocida por oxidación. Suele tener una línea incisa que rodea la pieza a la altura de la carena, como único elemento decorativo. El asa es plana y presenta tres surcos en la parte externa, arranca del borde y se entrega al final de la carena (Fig. 61, 1).

4. El alfar de Ermedàs (Cornellà del Terri, Pla de l'Estany).
La campaña del año 1982 puso al descubierto la estructura de un horno, aunque de forma incompleta, siguiendo unas pistas orientativas del año 1963, que permitió aportar una primera recogida de material. Posteriormente, en agosto de 1999 se ha vuelto a excavar y a poner en valor estrechamiento. El material de esta campaña y de otras sucesivas en el futuro van a permitir el conocimiento completo del repertorio material que se fabricaba en esta taller.

La arcilla que va sirvió de materia prima para la elaboración de cerámica es muy homogénea y se caracteriza por tener un color beige, suave, buena calidad, no muy dura y algo jabonosa, con un desgrasante muy depurado, casi imperceptible, de puntitos blancos, marrones y negros.

La producción estaba centrada en material constructivo, anfórico, cerámica común y como caso excepcional, cerámica sigillata hispánica decorada, como demuestra el hallazgo de diversos fragmentos de molde de cerámica con decoración de relieves. Un fragmento de molde presenta un borde moldurado y en el interior una decoración incisa de círculos concéntricos y en el más exterior encontramos líneas radiales (Fig. 56; Fig. 61, 2-3, 5), también hay decoración con motivo floral; se trata de los motivos decorativos típicos de esta cerámica que encontramos también en otros talleres hispánicos. Corroborando esta fabricación local tenemos dos fragmentos de piezas extraídas del molde, en positivo, pero sin barnizar (Fig. 61, 4 y 6). Por lo que respecta a la cerámica común oxidada, el repertorio de formas conocido hasta ahora es muy reducido, y aporta sobre todo jarras, generalmente con borde exvasado y labio engrosado, pero con una notable variedad, botellas, de labios abiertos, pequeños y, a veces, moldurados (Fig. 61, 7-13, 15-21) y, finalmente, boles o cuencos y similares (Fig. 61, 14).

Figura 56. Detalle de un fragmento de molde hallado en el taller de Ermedàs (Cornellà del Terri, Pla de l'Estany).

5. El horno de S'Agaró (Castell-Platja de Aro, Baix Empordà).

Aunque no fue posible localizar y excavar el vertedero, en el interior del horno y de la boca fueron recuperados unos treinta fragmentos de cerámica, todos iguales, que presentaban claramente los efectos de una cocción excesiva, a veces pegados los unos con los otros, deformados o ennegrecidos. Son fragmentos muy homogéneos, con las mismas características de grosor, de calidad de pasta, de acabados exteriores y, cuando el fragmento lo permite, de forma. Se trata, probablemente, de un jarrito o vaso de forma globular con paredes entre 2 y 3 mm, una arcilla de color anaranjado o beige, dura, uniforme, muy compacta, muy bien depurada, con presencia de puntitos blancos y brillantes muy pequeños. A veces, se nota la presencia de una especie de engobe o barniz de color negro, opaco, muy fino e irregularmente repartido, formando una fina película, por la pared interna del recipiente. Como ocurría en La Bomba, la poca cantidad de material recuperado no permite conocer una producción muy diversificada. Sabemos que, como mínimo se fabricaron jarritas y vasos de cerámica común oxidada, de paredes muy delgadas (Fig. 62, 30-31). es muy probable, también, la fabricación de imitaciones de los platos/tapadera norteafricanos como parece indicar la recuperación de dos bordes de un plato de labio engrosado, de arcilla dura y uniforme, compacta y bien depurada, con puntitos, pero, brillantes y blancos, ennegrecidas y grises, posiblemente a causa de una cuita excesiva (Fig. 62, 29).

Cronológicamente, el periodo de funcionamiento del horno se debería situar en el siglo II y buena parte del III dC. El abandono, muy bien datado, se sitúa en la segunda mitad del siglo III, muy a finales de esta centuria (Nolla, Aicart & Esteva, 1990).

6. El horno de la Bomba (Vilacolum, Torroella de Fluvià, Alt Empordà).

El vertedero se formó en torno a los restos de la estructura del horno que se conservaban en un perfil al lado de la carretera y desgraciadamente se encuentran hoy perdidos para la investigación.

Aunque las muestras de que disponemos son muy escasas y casi siempre se trata de fragmentos ennegrecidos y quemados podemos pensar que las pastas que se utilizaron como materia prima son de cierta calidad, duras, uniformes, bastante bien depuradas, a veces con desgrasante de puntitos de mica y otros de rojizos. El color es beige-rosado o rojizo y sobre las superficies exteriores suelen conservarse restos de unos engobes blancos o amarillentos. Son, siempre, productos que han recibido una cocción con oxígeno.

El repertorio formal es bastante reducido, tal vez por el conocimiento incompleto que tenemos. Señalamos la presencia de jarras de labio redondeado, de cuello robusto y más bien corto y, probablemente, cuerpo globular, algunos fragmentos insinúan labios trilobulados (Fig. 62, 22); jarras o, mejor, pucheros, de labio abierto, con una única asa que se pega al labio, de sección plana con las caras superior y inferior aplastadas o con surcos en la cara externa (Fig. 62, 23-24, 28) y botellas de cuello largo y estrecho con una y dos asas, con labios muy diferentes (Fig. 62, 25-26). La única base conservada, desecho de horno, corresponde a un jarrito o botella, de cuerpo globular y pie diferenciado (Fig. 62, 27).

A pesar de que la producción de este taller es bastante atípica y la falta de elementos cronológicos claros, probablemente la su actividad debe situarse en el Alto Imperio, quizás durante el siglo II.

7. El alfar de Llafranc (Palafrugell, Baix Empordà). Este centro, probablemente el más importante de la zona, había proporcionado indicios de su existencia desde tiempo atrás, pero fue una campaña realizada a finales de 1980 e inicios de 1981 que proporcionó una idea real de su importancia (Nolla, Canes & Rocas, 1982, pp. 147-183). Las formas de cerámica común producida en este importante taller las podemos agrupar en los siguientes apartados:

1. Las imitaciones de la cerámica africanade cocina que se fabricaronen Llafrancson los platos/tapadera (Fig. 61, 22-24) y las cazuelas de borde almendrado, pero también los grandes platos de la forma Lamboglia 9 y Lamboglia 10A o B (Fig. 61, 25-29).

Las arcillas de estas cerámicas son siempre muy semejantes: pastas duras, rugosas, de color anaranjado, más o menos vivo, rosado y beige-rosado, con presencia de desgrasante a veces muy visible a base de puntitos de mica, cuarzo y cal. Los platos/tapadera y las imitaciones de las formas 9 y 10 de Lamboglia muestran las paredes interna y externa más o menos pulidas, rugosas y de color anaranjado; en cambio las cazuelas de borde de almendra imitan hasta donde pueden, los engobes peculiares de color gris, en este horno, pero adoptando tonalidades azuladas o azul-negro, espesas, bien repartidas pero, a menudo, mal adheridas. La pared interior, poco pulida, tiene el color de la arcilla. El borde tan característico de estos recipientes se imita con poca habilidad y con una variedad absoluta de modelos, muchas veces, alejados de los prototipos norteafricanos. Los fondos conservados muestran, en el exterior, las estrías, uno de los elementos definidores de estas cazuelas. Entre los grandes fragmentos recuperados predominan las cazuelas de diámetro más bien pequeño, de entre 14 y 18 cm y una altura probable de entre los 7 y los 10 cm.

En lo que se refiere a la cronología de esta producción pensamos, y el material arqueológico del vertedero parecía confirmarlo, que debería situarse a partir de la segunda mitad del siglo II y centuria siguiente.

2. Las urnas, muy minoritarias, tienen paredes cilíndricas y labio muy abierto hacia el exterior, casi plano (Fig. 62, 1). La cronología probable apunta a los siglos I y II.

3. El grupo de los cuencos presenta una gran variedad e, incluso, diferencias notables en la cronología de algunos tipos. Las arcillas son siempre beige, beige-amarillentas o rosadas, duras, uniformes y bien depuradas, unos acabados exteriores excelentes, perfectamente pulidas y finas.
En primer lugar destacamos unos cuencos de medidas variables, con las paredes abiertas y el labio engrosado con estrías marcadas (Fig. 62, 2-3).

Los vasos de paredes finas y labio engrosado tienen una altura de en torno los 7 cm, casi sin pie y base plana con un pequeño surco marcado, muy semejante a los pies de las cerámicas emporitanas de época tardorrepublicana (Fig. 62, 5-6, 9). Las paredes son curvadas, abiertas a veces y otras cerrándose hacia el interior, con un borde engrosado de 1'5 cm, decorada con surcos paralelos. El aspecto más interesante de esta producción es, asimismo, el engobe que cubre interna y externamente la superficie de estos boles o vasos, varía de textura siendo a veces muy fina y bien adherida y otras más espesa pero que se desprende con facilidad. Este tipo de engobe es brillante y de color rojo o anaranjado-rojizo, de tonalidad muy viva. Recuerda algunas formas de la cerámica de paredes finas del siglo I y probablemente esta sea la datación que le corresponde alargándola incluso en el siglo siguiente.

Los vasitos de paredes finas, con o sin asas constituyen una de las formas más comunes en los vertederos del horno de Llafranc. Este vasito tendría una altura aproximada de entre 12 y 18 cm con pie muy sencillo o inexistente y base plana o casi. El cuello es estrangulado y el labio abierto y de 0'6 a 1'5 cm de altura. La pared exterior presenta a veces una especie de engobe o recubrimiento de color beige o rosado. En algunas piezas, las menos acabadas, solamente se puede citar una especie de acabado general desigualmente conseguido (Fig. 62, 10-13). Para la cronología de estas variantes no poseemos datos absolutamente fiables pero todo indica el siglo I y, probablemente, una perduración en el siglo II.

El bol de carena marcada y pared que cierra hacia el interior, sin labio o con un borde muy simple es un recipiente pequeño o mediano, con diámetros de boca de entre 11 y 15 cm y una altura probable de entre 6 y 10 cm (Fig. 62, 18-21). La pared exterior suele mostrarse cubierta por una especie de engobe de color beige. Tenemos poca información sobre su cronología, pero el material cerámico de estas características suele ser abundante en niveles arqueológicos de siglo II y III.

Finalmente, el bol de labio bien diferenciado que cierra hacia el interior cuenta con numerosos ejemplares. Se trata de un bol de altura variable, de unos 8 o 10 cm en los más grandes, de paredes curvadas y abiertas que cuando llega al labio, marcando una fuerte carena, cierra hacia el interior. La anchura del recipiente, entre los ejemplares que conocemos debe situarse entre 12'5 y 17 cm pero la medida más normal es alrededor de 14 cm. Las variantes las encontramos, sobre todo, en la carena y en el labio; a veces el inicio del borde que comienza a cerrar está señalada por una rebaba y otras veces por una incisión o a veces se trata de un gran labio triangular, añadido encima (Fig. 62, 7-8, 14-17). En este caso las peculiaridades de la arcilla y de los acabados varían ligeramente. Son frecuentes las pastas duras, compactas, casi siempre rugosas, con un grado desigual de depuración, a veces excelente pero generalmente con desgrasante grueso de puntos blancos, arenosos y micáceos. El color predominante es el beige, beige-anaranjado pero también rosa y amarillo-verdoso. En la pared exterior suele haber un engobe muy fino, bien repartido y adherido, de color beige claro o beige-amarillento que raramente encontramos en el interior del vaso. No son raras tampoco las marcas evidentes del torneado en la pared externa. Cuando no hay ningún recubrimiento exterior la pared puede estar más o menos pulida, pero a veces es rugosa y poco acabada. Es la forma más abundante en Llafranc y cronológicamente debe enmarcarse entre los siglos II y III con un punto álgido en torno al 200.

Algunas producciones características.

1. Cerámicas finas de pasta micácea y barniz negro o rojo coral.

Se trata de una producción cerámica de mesa de ámbito regional y cuyos centros de producción y de comercialización deberían situarse alrededor del golfo de León y, tal como se supone, a partir de un cúmulo de evidencias circunstanciales no definitivas y sin embargo dignas de tenerse en cuenta a la espera de nuevos datos incuestionables, muy probablemente en la propia ciudad de *Narbo Martius* o en su hinterland inmediato (Passelac, Sabrié & Sabrié 1986, pp. 52-55), una producción que cabría considerar dentro del grupo de Bram. Juegan a favor de esta posibilidad, la distribución costera de estos productos, su presencia, significativa, en todos los yacimientos costeros entre Narbona y la costa del Maresme en Cataluña, entre la segunda mitad del siglo I aC y los primeros años del siglo siguiente, coincidiendo con el papel de punto central de redistribución para la comercialización del vino producido en las comarcas próximas al mar de la actual Cataluña que desde estos años desempeñó la vieja colonia tardorrepublicana. Esta situación habría propiciado la comercialización de otros productos simbióticos y, preferentemente, objetos cerámicos que como carga complementaria acompañaban las ánforas vinarias. Recordemos el papel del puerto narbonés en la distribución de las producciones de *terra sigillata* sudgálica de La Graufesenque, un producto de ámbito panmediterráneo. Otro elemento a tener en cuenta es la intensa relación cultural, comercial y política, propiciada por la cercanía física y por una larguísima historia común, entre Narbona y su territorio y la zona nordeste de la Península Ibérica (Nolla & Rodà 1995, pp. 507-515, Tremoleda, 1998, pp. 231-241).

Se trata de una producción de cerámica barnizada de mesa –platos, cuencos, botellas– que trabaja con unas pastas muy determinadas entre las que destacan unas arcillas claras, beige o amarillentas, en la producción oxidada, y de color gris claro, en la producción reducida, de tacto harinoso, no excesivamente duras y con abundancia, visible a simple vista, de cristales de mica. Otra parte de la producción u otros talleres íntimamente relacionados presentarían arcillas de un color más anaranjado, o de tonos grisáceos claros, duras y uniformes y con pocos o sin cristales micáceos. Los barnices, aplicados por inmersión, pueden ser negros, para la producción reducida, o de color rojo coral, para la oxidada, espesos y mates, uniformemente repartidos y muy mal adheridos siendo normal la pérdida de parte del recubrimiento exterior y, en algunas ocasiones, la desaparición casi total. Las decoraciones, idénticas en la producción oxidada o reducida, son sencillas: círculos concéntricos impresos en el fondo interno, coronas circulares a menudo delimitadas por círculos impresos, decoradas con finas estrías hechas a ruedecilla.

En el repertorio de formas observamos la copia o adaptación de recipientes de éxito de las cerámicas finas de mesa de las producciones de ámbito mediterráneo (campaniense B, *terra sigillata* aretina, cerámicas itálicas de engobe rojo interno) junto a objetos propios de los repertorios de formas de cerámicas de alcance tan sólo regional o comarcal pero sin duda próximos a los gustos y necesidades de la clientela a los cuales pretendía llegar esta producción.

En el territorio nororiental de la actual Cataluña, esta cerámica aparece en cantidades significativas en yacimientos costeros o en las comarcas próximas y bien comunicadas con el mar. Abunda en Empúries (Sanmartí 1974-1975, pp. 251-261) y en las villas romanas del territorio inmediato y no es rara en *Gerunda* y en sus proximidades (villa de Montfullà en Bescanó) (Casas *et al.* 1990, 40-41). Más hacia el sur no es inexistente si bien se documenta en cantidades mucho menores. A partir de los datos que aportaba la estratigrafía de la Muralla Rubert de Empúries, Sanmartí ponía de manifiesto lo que a simple vista parecía lógico, la anterioridad en el tiempo de la producción reducida con relación a la oxidada (Sanmartí 1974-1975, pp. 257-261) y, sin embargo, coincidiendo con las producciones aretinas más antiguas. Durante un período de tiempo que no podemos cuantificar coexistirían las dos producciones tal vez hasta el final de la actividad de estos talleres. La cronología general, aún imprecisa, señalaría un inicio de la actividad partir del último tercio del siglo I aC y un final probable en época de Tiberio.

2. Cerámica emporitana moderna o tardía.

Se trata de otra producción cerámica de calidad, de ámbito regional que, en esta ocasión, tiene sus centros de producción y de distribución en Empúries o en su territorio inmediato y que significa la adaptación de unos talleres y de su producción a unos tiempos nuevos, a unos nuevos gustos y a una situación política y económica distinta de la anterior. En efecto, durante el siglo II y la primera mitad del siglo I aC, el puerto de Empúries jugó un papel excepcional como centro de llegada y distribución de, preferentemente, el vino suditálico llegado en enormes naves. Su comercialización, en bajeles menores o a través de las rutas terrestres, propició el desarrollo de una industria cerámica de cierta calidad. Estos alfares producían cerámicas aparentemente muy diversas pero realmente muy próximas unas de otras (cerámicas emporitanas, grises y oxidadas, cerámica ibérica pintada, cerámicas de engobe blanco, etc.), con un marcada personalidad y con un repertorio formal donde coexiste la tradición indígena y la aceptación de los modelos "mediterráneos" (Aquilué *et al.* 1984, pp. 370-375; Barberà, Nolla & Mata 1993). La caída del comercio del vino itálico y el inicio de las exportaciones de los caldos producidos en este territorio con dirección a las Galias y al *limes* renano, significó la necesidad de adaptación del puerto emporitano a una nueva coyuntura y, consecuentemente, la adaptación de las producciones simbióticas a una situación absolutamente distinta. En este proceso, que coincide en el tiempo con grandes cambios políticos y culturales y con la conclusión aparente, en estos territorios, de la romanización iniciada tímidamente mucho antes, aquellos alfares bajaron fuertemente la producción, centrándola casi exclusivamente en las cerámicas emporitanas reducidas que renovaron el repertorio de formas con una presencia significativa de modelos adaptados de los grandes repertorios mediterráneos popularizados por las cerámicas de alcance general (campaniense B, *terra sigillata* itálica, etc.).

Se trata de una cerámica con pastas y acabados muy uniformes y con escasas alteraciones. La arcilla es casi siempre de color gris claro, en ocasiones gris perla, y sin diferencias entre el núcleo y los bordes, dura, uniforme y muy bien depurada que a veces presenta puntos minúsculos brillantes y blancos a modo de desgrasante. El tacto es "jabonoso" y las paredes externa e interna, finas y pulidas, parecen recubiertas por un engobe muy tenue del mismo color.

Las formas parecen ser, por una parte, una evolución del repertorio clásico y, por otra, la adaptación e introducción de tipos nuevos –pequeñas jarritas, cuencos, platos y copas– desconocidos e inspirados en cerámicas de lujo itálicas (Fig. 63). Es interesante señalar la desaparición del jarrito bicónico, el vaso emblemático para beber de una sola asa, y la evolución y desaparición del pie tan característico de esta producción durante la República Tardía. Destacan algunos platos y cuencos inspirados en la campaniense B, en las producciones aretinas o en las cerámicas de paredes finas y otras piezas cuyo origen tal vez haya que rastrear en la evolución y adaptación de piezas autóctonas modernizadas.

Los motivos decorativos son sencillos: pequeñas molduras en la pared externa del recipiente, preferentemente en el cuello, círculos concéntricos impresos en el fondo interno de platos y grandes cuencos, surcos paralelos suaves o finos meandros impresos decorando la cara y la pared externa del vaso, decoración de ruedecilla, coronas circulares de finas estrías definidas por círculos impresos, etc.

Su área de distribución se reduce, por lo que sabemos, a las comarcas situadas alrededor de Empúries, donde constituyen un conjunto numéricamente significativo, desde Mas Castell de Porqueres, en el lago de Banyoles, hasta el mar, pasando por Girona (Casas *et al.* 1990, p. 42). También las detectamos en estaciones arqueológicas de época augústea o de inicios del imperio, en las territorios próximos a Barcelona y Tarragona en cantidades tan sólo testimoniales. Sin duda deben hallarse en *Ruscino* y otros yacimientos del Roselló y muy posiblemente también en Narbona.

Los datos más seguros para fijar la cronología de esta producción proceden de las excavaciones emporitanas (necrópolis, foro, Muralla Rubert, área del "Parking", Neápolis...), confirmada por evidencias muy sólidas logradas en las exploraciones de algunas villas del hinterland de Empúries (Olivet d'en Pujol, Tolegassos, Mas Gusó, Serra de Daró..) o de Girona (Montfullà). Su presencia en el estrato II de la Muralla Rubert y su ausencia en el III, que se dataría en el segundo cuarto del siglo I aC, sugiere una aparición en el último tercio de esta centuria. Diversos datos muy sólidos aseguran su éxito en las dos últimas décadas anteriores al cambio de Era y en los años siguientes. El momento final de esta producción no es, de momento, fácil de fijar. Hay datos suficientes para suponer que dejaría de producirse en un momento indeterminado en época flavia, sin que, de momento, pueda concretarse más.

3. Cerámica reducida espatulada.

Se trata de una de las producciones locales mejor identificadas en contextos augústeos de la zona, que presenta un repertorio de formas bastante corriente pero dotado de unas características y personalidad propias. Son recipientes elaborados a mano, no torneados, con un aspecto que recuerda más bien al de las cerámicas indígenas de períodos anteriores que a las propias de la época romana.

El taller produjo básicamente urnas, ollas y vasos similares pero de menor tamaño, algunos de los cuales intentan imitar las formas de los vasos bicónicos de la cerámica gris emporitana tardía (Fig. 57, 1-8).

La cocción ha dado como resultado una arcilla de color negro, dura, con desgrasante de pequeños granos de cuarzo, láminas de mica y nódulos blancos. La superficie interior de los diferentes fragmentos es poco depurada, irregular y mal alisada, con estrías de moldeado. La exterior suele ser totalmente de color negro, muy fina, espatulada o quizás alisada con un cuero. La parte interna de la sección o corte de los fragmentos suele presentar una coloración diferente, normalmente marrón oscuro.

El repertorio formal recoge únicamente vasos cerrados y ollas de dimensiones medianas y pequeñas con dos asas y vasos sin asas pero que conservan la forma general de las ollas. Las bases son siempre planas, sin pie diferenciado.

En cuanto a las decoraciones, siempre suelen ser aplicadas en la parte más ancha del vaso. Se trata de cordones ondulados o rectos, hojas o lágrimas de gran tamaño o botones cónicos y de tamaño reducido. En una ocasión, la decoración aparece incisa y combinada con pequeños círculos aplicados en relieve (Fig. 57, 2-5).

Aparece en Empúries y en la villa de Tolegassos, siempre acompañada de cerámica común itálica, cerámica micácea barnizada en rojo o negro, rojo interno pompeyano, ánforas Pascual 1, paredes finas, t. s. aretina, etc. En el depósito de Serra de Daró se encontró la mitad inferior de un vaso sin decorar, en un contexto idéntico a los descritos anteriormente. Estos hallazgos muestran también el área de distribución de la producción, limitada, por lo que sabemos hoy, en el territorio emporitano y tal vez en el *ager gerundensis* (silo de Montfullà).

En lo que se refiere a su cronología, esta debe circunscribirse al período augústeo, entre los últimos años del siglo I aC y los dos primeros decenios del primer siglo de nuestra Era.

4. Cerámica gris de boca trilobulada.
También conocida como cerámica gris itálica a causa del supuesto lugar de fabricación, es una de las producciones más típicas y mejor diferenciadas del siglo I, con una personalidad propia que la distingue del resto de la cerámica común. Hay que decir, en contrapartida, que en el vertedero de los hornos de la playa de Fenals aparecieron algunas de estas jarras deformadas por acción del horno, por lo que tenemos que cuestionar el supuesto lugar de producción. Probablemente no existía un único centro, sino que en diversos puntos del Mediterráneo occidental había talleres que las fabricaban. Tal vez esto explicaría las diferentes tonalidades de pastas que encontramos en los vasos. De todas maneras, solamente un análisis de pastas en laboratorio podrá determinar las diferencias entre unas y otras.

Se trata de una producción que fabrica únicamente jarras de cuerpo ancho y bajo, con cuello alto y bastante estrecho y con una sola asa. A pesar de que ya encontramos ejemplares en las excavaciones de Ventimiglia, realizadas por Nino Lamboglia, en nuestro país no fue tratada como material diferenciado dentro del conjunto de las cerámicas comunes hasta la publicación de la obra de Mercedes Vegas del año 1973, aunque en otros lugares ya se estudiaba como producción diferenciada años antes (Vegas, 1973, p. 109; Ostia II, 1979, pp. 87-88).

La pasta es muy típica y, de momento, exclusiva del producto. Se han identificado dos grupos de arcillas. La del primero suele ser más fina y de color gris, más oscuro en el exterior que en el interior, con unas tonalidades azuladas en el interior de la fractura. Las pastas del segundo grupo, probablemente más tardío, son de colores más claros y no tan depuradas. Tanto en un caso como en el otro, la superficie siempre está recubierta por una película calcárea blanquecina bastante bien adherida a la pared. Esta es una característica que también se repite en jarras trilobuladas ápodas de cerámica africana de cocina de los siglos II-III.

La decoración es muy pobre, solamente pueden ser consideradas como tal las molduras y bandas adheridas en torno a la parte más estrecha del cuello y las incisiones paralelas que se encuentran en el borde engrosado.

Su cronología presenta algunas lagunas debidas, sobre todo, a la falta de piezas obtenidas en contextos claros. En todo caso, constatamos la presencia de elementos del primer grupo en los estratos de abandono del Olivet d'en Pujol, asociadas a cerámica de paredes finas, *terra sigillata* itálica y algún fragmento de *terra sigillata* sudgálica, en contextos del primer tercio o segundo cuarto del siglo I; en la villa de Tolegassos, en el estrato de relleno de un silo de época augústea, aunque con intrusiones de la segunda mitad del siglo I (Casas, 1989, p. 31), y en el estrato Ib de la Muralla Rubert de Empúries y en la playa de Fenals. No olvidemos que se han hallado algunos ejemplares en contextos augústeos claros (25-10 aC) (Santrot & Santrot, 1979, p. 211; Ostia II, 1979, pp. 87-88; Vegas, 1973, p. 109).

Las jarras del segundo grupo, que puede abarcar toda la segunda mitad del siglo I y entrar incluso en el siglo II, aparecen en el Campo Ramis de Empúries y también en la villa de Tolegassos, ya citada, en unas escombreras que se inician a mediados del siglo I y perduran hasta la segunda mitad del siglo III. También se conocen otros ejemplares encontrados en contextos de la segunda mitad del siglo I y primera mitad del siglo siguiente (Santrot & Santrot, 1979, p. 211).

En lo referentea su distribución, parece que el producto se repartió por las costas mediterráneas de un extremo a otro. Hasta ahora parecía que no se trataba de productos locales y de poca distribución, sino de unos talleres que se especializaron en estas jarras y las habrían distribuido a todo el mundo romano, pero a la luz de los datos más reciente cabría pensar en una atomización y reparto de estos centros productores que reprodujeron con fidelidad esta técnica.

La forma de la producción gris consiste, básicamente, con ligeras variaciones, en una típica jarra de cuerpo globular, con pie plano y el cuello corto y estrecho, limitado por una banda más gruesa o dos bandas en torno de su punto medio. La boca, muy característica, es trilobulada y, vista frontalmente, casi nunca plana. En los ejemplares más antiguos el labio es corto y suele presentar dos molduras estrechas y bien diferenciadas, mientras que en los ejemplares que consideramos más modernos, a partir de la segunda mitad del siglo I, el labio es más alto, más exvasado en la parte cercana al asa y con las molduras casi imperceptibles. Además, en el primer caso el cuello no es tan alto como en el segundo y las jarras suelen ser ligeramente más pequeñas. Las asas son casi siempre de sección trilobulada y se unen al cuerpo por debajo del labio con una unión simple. Por regla general, las bases son planas y poco diferenciadas, a pesar de que en un ejemplar de Empúries el fondo del pie es ligeramente cóncavo. Pero siempre presentan rayas concéntricas debidas al arrastre de granos en el momento del torneado.

5. Cerámica vidriada.

Las excavaciones recientes en la villa de Tolegassos, especialmente las de 1991, han proporcionado un excelente lote de cerámica vidriada de época romana, algunas de fabricación itálica y la mayor parte posiblemente locales, según parece desprenderse de los análisis de pastas. Este lote permite ampliar el repertorio de formas conocido hasta ahora y conocer la cronología de tipos nuevos y de otros ya conocidos, al mismo tiempo que pone de manifiesto la fabricación local de este producto relativamente raro. Esta producción, muy homogénea, aparece en la villa hacia mediado siglo II, fecha que se puede establecer con mucha precisión gracias a la importante estratigrafía de algunos sectores del yacimiento con materiales abundantes, y parece que dura pocos años, aunque residualmente se van encontrando fragmentos en estratos de hasta mediados del siglo III.

Diversos estudios han permitido identificar algunos centros de producción de cerámicas vidriadas, los principales se han localizado en la península itálica. A los talleres itálicos corresponden algunos de los fragmentos de Tolegassos. Probablemente la copa del estrato 2080 de un pozo y algunos de los fragmentos de las escombreras, como la copa baja de paredes verticales decorada con escamas de piña (Fig. 64, 1, 9, 17). Otro centro importante, con un volumen de producción notable, es el de Vichy, con un área de difusión concreta y bastante más limitada, y con repertorio de formas particular. Estas producciones difícilmente llegan a nuestra zona, aunque un fragmento de Empúries puede tener su origen en aquellos talleres (Casas & Merino 1990, 147, fig. 2, 5). Se han detectado, asimismo, talleres que fabricaron cerámicas vidriadas en Inglaterra y se ha apuntado, finalmente, la hipótesis de su fabricación en la Bética.

Pero buena parte de las cerámicas vidriadas de Tolegassos presentan unas características particulares que las diferencian del repertorio común conocido hasta ahora. Por una parte, continúa siendo sorprendente que el nombre absoluto de piezas de un solo yacimiento sea superior al total de lo encontrado en el resto de yacimientos de la demarcación territorial de Girona. Por otra, aparecen formas nuevas, inéditas, que no vuelven a aparecer en ningún otro lugar. Concretamente el plato de asas planas, del que tenemos un extenso repertorio (Fig. 64, 1), hasta hoy solamente ha aparecido en Torre Llauder (un fragmento de un único ejemplar), y las cazuelas con encaje en el labio y la tapadera (Fig. 64, 2), también son desconocidas, aunque existen ejemplares que presentan algunas afinidades.

¿Podemos pensar, pues, en un taller local que habría fabricado cerámicas vidriadas?. A pesar de que la respuesta no puede ser contundente, todo indica que esta debe ser afirmativa.

Recientemente hemos realizado los análisis de un conjunto de muestras de cerámica vidriada y cerámicas comunes de producción local, todos provenientes de las escombreras de la villa de Tolegassos. Estos análisis por difracción de rayos X efectuados por Montserrat Coberó y Aureli Alvarez, del Departamento de Geología de la Universidad Autónoma de Barcelona –análisis que incluimos en el anexos 2–, muestra que la composición de las arcillas de los platos de asas planas (026028 y 026029), idénticos a las cazuelas, es muy similar a la del conjunto de cerámica común del estrato 2408 de la misma escombrera (026032, 026033, 026034 y 026036), y que sin duda ambos conjuntos provienen de la misma fuente de arcilla.

En cualquier caso, la presencia de augitas y fragmentos de rocas volcánicas, de cuarcitas, esquistos y gneis, acompañados de foraminíferos, indica un posible origen local de los fragmentos analizados. Los materiales con que se fabricaron son arcillas afectadas sobre todo por las aportaciones detríticas del Ter y, secundariamente, del Fluvià.

Las otras muestras de cerámica vidriada de la misma villa analizadas tienen una composición mineralógica diferente. A pesar de que podrían haberse fabricado en el mismo taller –pero con materiales provenientes de otra fuente de arcilla– tanto su forma, características como composición las acercan más, según nuestra opinión, a las vidriadas itálicas. Todas siguieron un procedimiento de fabricación muy similar, con una depuración cuidadosa de la arcilla, con partículas de desgrasante muy finas, superficies bien alisadas y cocidas a unas temperaturas de entre 850 y 900 °C, mientras que las comunes oxidadas se cocieron entre 800 y 850 °C, excepto un fragmento que lo fue a una temperatura próxima a los 900 °C.

Sea como fuere, parece que no hay duda en que el principal conjunto de vidriadas tiene el origen en un taller local, situado en un lugar próximo al yacimiento o, quizás, en la misma villa.

Existen bastantes elementos para identificar un taller de fabricación de cerámica cerca de Tolegassos, que no solo se habría dedicado a la producción de materiales de construcción, sino también a la de cerámica común de cocina y cerámica fina. Un horno excavado en el año 1980 a unos cincuenta metros de la villa, en el interior del que apareció una hornada de *imbrices* que provocó el hundimiento de la parrilla, es una prueba de esta actividad. Pero además, en la escombrera de la villa y en el mismo estrato donde se identifican por primera vez cerámicas vidriadas, se encontraron dos fragmentos diferentes de molde para la fabricación de *sigillatas* hispánicas. En el mismo ámbito, en un nivel ligeramente más antiguo, han aparecido también algunos fragmentos deformados de ánfora, desechos de horno, probablemente de la forma Dressel 2-4 o similar. Finalmente, en todo el sector del vertedero y en las mismas escombreras, sobre todo a partir del estrato 2408, son numerosos los fragmentos de escorias de cerámica provenientes de la limpieza de un horno cercano, así como las tierras arcillosas, rojas y quemadas, que forman parte de uno de los estratos que cubrían el nivel citado antes. Finalmente, algunos de los fragmentos de las formas más abundantes presentan deficiencias de cocción que habrían dificultado su comercialización, por la que parece que podemos pensar que la adquisición de aquellos utensilios no se realizó en un lugar o mercado foráneo. Estas pruebas creemos que son pruebas suficientes para poner en evidencia la fabricación de cerámicas de todo tipo, comunes, ánforas y cerámicas de mesa y, porque no, vidriadas, en aquel lugar.

6. Cerámicas comunes y de cocina.

1. Cazuelas.

Se trata de recipientes de paredes verticales o exvasadas con el fondo interno, nunca plano, con o sin asas y con el diámetro de la boca siempre mayor que la altura del utensilio. Su uso es propio de la cocina para ir directamente al fuego o para guardar. Muchas de las cazuelas documentadas corresponden a cerámica reducida de cocina pero debe señalarse la existencia, no simbólica, de esta forma con cerámicas oxidadas de cierta calidad que, eso si, imitan siempre las cazuelas africanas de borde almendrado (Casas *et al.* 1990, fig. 426, fig. 667). Por lo que respecta a las groseras, siempre presentan asas contrapuestas, sin cuello, labio corto y perfil en S, con formas muy personales en contextos de finales del siglo tercero (Casas *et al.* 1990, fig. 728-729, fig. 731, fig. 733). No hemos encontrado de decoradas.

2. Ollas.

Por ollas entendemos aquellos recipientes de cuerpo globular y perfil en "S", de base plana pero sin pie, con dos asas contrapuestas situadas normalmente por debajo del labio. El cuello es corto y diferenciado. El diámetro es igual o inferior a la altura. Las ollas y pucheros presentan muy pocas variaciones y, en general, están fabricadas en cerámica de cocina. Hemos observado en las formas augústeas y postaugústeas una mayor abundancia de los perfiles en S y de los labios más evidentes. A partir del fines del siglo II se inicia una evolución que comporta una progresiva disminución de los cuellos hasta la casi desaparición hacia finales del la centuria siguiente. El aspecto general de la pieza, en estos momentos, es más chato y las asas que en los periodos anteriores no sobresalían de la línea horizontal que marca el borde, poco a poco, se van haciendo más levantadas.

Conocemos pocas ollas del periodo augústeo realizadas en cerámica común (Fig. 65, 1-3). Queremos remarcar el ejemplar que tiene adherida a la carena una orla que funciona como agarradero, hecha con impresiones digitales sobre la arcilla tierna (Casas *et al.* 1990, fig. 256) y un borde vertical con resalte interno para recibir una tapadera. La evolución de este tipo se puede seguir mucho mejor en los ejemplares fabricados en cerámica de cocina, con un repertorio bastante extenso, variado y con una gran diversificación de medidas. Se trata de piezas con el característico perfil en S, de cuerpo globular, con la base siempre plana (Fig. 65, 1) y un estrechamiento suave que separa la espalda del borde. En algunos ejemplares este paso es más acusado a causa de una mayor abertura del borde. Por norma general el diámetro del borde es mucho más pequeño que la altura total del recipiente, consiguiendo así un aspecto más esbelto y menos pesado que otros modelos documentados en periodos posteriores. La mayor parte de los bordes son una simple continuación de las paredes del vaso y con el acabamiento de sección redondeada.

Siempre tienen dos asas contrapuestas, que se inician en la espalda para unirse bajo el inicio del borde, de forma redondeada, sección circular y con una pequeña incisión en la parte posterior. Parece que en los ejemplares de borde más abierto y seguramente de diámetro máximo más pequeño, la forma de las asas es un poco más alargada. Pero e momento no podemos precisar si eso responde a funciones diferentes o si se trata simplemente de un hecho casual. Hasta hoy no hemos documentado ningún tipo de decoración destacable, a excepción de los característicos espatulados o peinados, que no pueden considerarse como detalles ornamentales.

En referencia a las cerámicas groseras o de cocina del siglo I (Fig. 65, 4-5) debemos decir en primer lugar, que disponemos de un número de ejemplares muy reducido, por lo que cosa resulta muy difícil poder extraer algunas conclusiones. Las ollas, en general, son una continuación de los modelos de la etapa precedente, aunque con variaciones significativas relativas a los bordes y los cuellos. Su perfil continúa siendo sinuoso y sin líneas bruscas, con el borde engrosado y exvasado, a veces plana en la parte superior. Hay que señalar un ejemplar que presenta el cuello mucho más marcado y que deja paso a un borde más largo e inclinado hacia el exterior (Fig. 65, 5). Las asas, de forma circular, arrancan igualmente justo de la mitad del cuerpo para unirse bajo el cuello. Únicamente en un ejemplar procedente de la necrópolis Bonjoan, utilizada como urna cineraria, en el que éstas se unen en el extremo superior del borde, lo que le proporciona un aspecto muy similar al de una crátera (Casas *et al.* 1990, fig. 363).

De la primera mitad del siglo II destacaremos un grupo un poco más amplio de ollas pero del que no conocemos ningún perfil completo (Fig. 65, 6). A pesar de eso, es evidente la persistencia de los modelos de perfil en S y de labio vuelto hacia el exterior, sin destacar. Normalmente tienen dos asas contrapuestas, redondeadas y de sección circular. La ausencia de asas nos inducen a pensar que algunas de estas piezas podrían ser también pequeñas urnas. Estas, además, tienen un cuello muy acentuado y un cuerpo redondeado, lo que las diferencia de las ollas anteriormente comentadas. Las ollas de la segunda mitad de este siglo tienen unos perfiles que recuerdan los ejemplares de origen mucho más antiguo (Aquilué *et al.* 1984, fig. 142) y que demuestra que este tipo de utensilios evolucionan de forma muy lenta (Fig. 65, 7). Aunque a nivel de hipótesis, parece que poco a poco y sobre todo a partir de este momento comenzamos a encontrar piezas con las asas unidas el extremo superior del labio. Los bordes y las asas son también sencillas, sin complicaciones, y las decoraciones prácticamente inexistentes.

La primera mitad del siglo III es uno de los periodos de los que tenemos menos información. En cuanto a las cerámicas de cocina, por regla general no hay diferencias demasiado claras en relación a los contextos más antiguos y predominan las mismas formas, con las bases planas y los perfiles de boca similares que encontrábamos a finales del siglo segundo. De entre los fragmentos asimilables a las ollas señalaremos el fondo de un recipiente con tres pies troncocónicos aplicados a la base, una solución bien conocida en contextos antiguos y que, en cambio, no habíamos detectado entre el material altoimperial objeto de este estudio (Fig. 65, 9) y que servía para poner el utensilio directamente sobre las brasas.

Para estudiar las ollas y pucheros de cerámica de cocina de la fin de este siglo (Fig. 65, 10-12) disponemos de un hallazgo realmente excepcional. Se trata de la aparición de más de un centenar de ejemplares enteros en el interior de una habitación que cumplía la función de almacén y despensa de la villa romana de Vilauba (Castanyer, Tremoleda & Roure 1990, pp. 157-191). Si comparamos el número máximo de individuos contabilizados con la totalidad de los recipientes recuperados nos daremos cuenta que se trata del grupo más importante. En total unas 120 ollas, cazuelas y pucheros, enteros y dispuestos ordenadamente, lo que permite pensar que su consumo ultrapasaba las finalidades culinarias y que se utilizaban también para guardar alimentos. El estudio métrico de este conjunto de material ha permitido determinar la existencia de tres tipos diferentes: las cazuelas, las ollas y los pucheros de gran tamaño. Parece evidente que estas diferencias deben responder también a funciones específicas para cada uno de ellos.

Por lo que respecta a las ollas es donde se observa, a pesar de la pervivencia de los modelos ya comentados en los periodos precedentes, una mayor diversidad formal. Se trata de objetos con una altura que no supera en ningún caso los 15 cm y de un diámetro que oscila alrededor de los 17 cm, de forma que su aspecto global es sensiblemente menos esbelto. Eso provoca que tipologicamente se parezcan mucho a algunos tipos de cazuelas aunque a diferencia de éstas tienen siempre la base plana. Las paredes suelen ser bastante gruesas, sobre todo en los ejemplares fabricados en cerámica de cocina mientras que en los de común oxidada la anchura de las paredes es menor. En cuanto a la forma hemos podido determinar dos variantes. La primera y también más numerosa es la que tiene un perfil más redondeado, con un estrangulamiento en su parte superior, que separa la espalda del borde, perdiéndose el típico perfil en S, conocido en otros periodos (Fig. 65, 10).

Las asas, que sobresalen por encima del cuerpo del recipiente, son relativamente cortas y arrancan desde la mitad del recipiente y para unirse a la parte superior del borde. Es por este motivo que tienen un aire más robusto y pesado que el de las ollas con las asas en la espalda. Su sección presenta un surco en la parte central, en las dos caras El borde, vuelto hacia el exterior, suele ser un poco más grueso. Tienen una correlación bastante clara entre el diámetro de abertura y su altura, que normalmente son muy similares.

La segunda variante (Fig. 65, 10), solamente la encontramos fabricada en cerámica común oxidada, lo que debía permitir elaborar formas un poco más complejas que las realizadas en cerámica grosera de cocina. Su base es igualmente plana y el cuerpo es de forma bicónica, con una carena muy bien marcada, situada aproximadamente en la mitad de la altura total. Entre la espalda y el borde hay también un estrangulamiento, a partir del cual se inicia el labio claramente inclinado hacia el exterior y redondeado en la parte interna. Las asas que no sobresalen de la línea horizontal del borde son anchas y de sección rectangular y arrancan desde la carena para acabar uniéndose en el extremo superior del labio. Asimismo, la correlación de igualdad que se observaba en el tipo anterior entre el diámetro de abertura y la altura se pierde, siendo más anchas que altas. El perfil bicónico del cuerpo y el menor diámetro de base le proporcionan un aspecto menos pesado y robusto. Las paredes son más delgadas y por la parte interna todavía son visibles los señales del torneado.

3. Pucheros.

Formalmente los pucheros son casi idénticos a las ollas, pero con la particularidad que tienen solamente una sola asa que suele salir directamente del labio y llega hasta la parte más ancha del cuerpo. De época augústea conocemos un repertorio bastante amplio de pucheros aunque desgraciadamente no disponemos ningún ejemplar entero. El aspecto general de estos recipientes es también muy similar al de las ollas, con el cuerpo globular, cuello poco marcado, labio exvasado y del que parte una única asa (Fig. 66, 7). Estas arrancan siempre de la mitad del cuerpo y se unen en el extremo superior del borde, sin que sobresalgan de la línea horizontal marcada por este (lo que sí constatamos en periodos posteriores). La sección es redondeada y puede tener alguna incisión en la parte exterior. Por los paralelos que hemos encontrado en otros periodos sabemos que sus bases son planas o con el pie muy poco marcado. Las medidas de los diámetros del borde son casi iguales a la altura.

De entre las cerámicas de cocina del siglo I documentamos también algunos pucheros. Su identificación es fácil porque su diámetro de borde normalmente es más reducido que el de las ollas y por la presencia de una sola asa. Algunos ejemplares son muy similares a las urnas y se utilizan también como urnas cinerarias, por ejemplo la pieza encontrada en la incineración Torres 23, con el labio plano y vuelto hacia el interior, con un estrangulamiento en el cuello que marca el inicio del borde (Fig. 66, 1). Asimismo, debemos comentar otro puchero que a pesar de tener solamente una sola asa puede considerarse tipologicamente una variante de las cazuelas, sobre todo porque tiene el fondo curvado y un diámetro de borde superior a la altura total del vaso.

La evolución de los pucheros en los contextos de la primera mitad del siglo II es más difícil de seguir debido al reducido número de ejemplares recuperados. Cabe señalar solamente el aparecido en las excavaciones de la villa de Tolegassos y que puede considerarse como la continuación de los documentados durante el periodo precedente (Fig. 66, 2). En realidad, por el acabado exterior, con una de las paredes muy curvada, podría tratarse de un posible desecho de horno que se pudo reaprovechar. Su perfil es redondeado, el borde exvasado y el labio sin destacar. Recuerda mucho los pucheros utilizados como urnas cinerarias de las incineraciones Ballesta 21 y 22 (Almagro, 1955, pp. 60-61), la incineración Nofre 4 (Almagro, 1955, p. 202) y la incineración Sabadí 7 (Almagro, 1955, p. 252) aparecidos en contextos ligeramente anteriores. Comentaremos únicamente que en estos últimos la altura es superior al diámetro máximo, por lo que el perfil general del vaso es más esbelto y que la carena que marca el inicio del borde no es tan marcada como el recipiente de Tolegassos. En cerámica de cocina no conocemos ningún ejemplar cercano, solo algunos fragmentos asimilables a esta forma por el hecho que el asa parte de la parte superior del borde.
Durante la segunda mitad del siglo II (Fig. 66, 3-7) la presencia de cerámicas comunes de procedencia del norte de África se hace más notoria y que a menudo se convierten también en modelos para las producciones locales. Para el estudio de la cerámica común oxidada de esta fase disponemos de contextos bastante abundantes, que proporcionan las excavaciones de diversos yacimientos. Por su rareza citaremos los cazos que toman como modelo los prototipos metálicos (Fig. 66, 4) y rarísimos en contextos altoimperiales y un recipiente similar pero con dos asas contrapuestas que presenta muchos problemas para realizar una correcta interpretación sobre su uso (Fig. 66, 3). Sea como fuere, ni antes ni después volveremos a encontrar este tipo de utensilios. Por lo que respecta a los pucheros, además de los más tradicionales (Fig. 66, 5), destaca un grupo, mucho más numeroso de utensilios de aspecto mucho más robusto, chato y muy ancho (Fig. 66, 6).

En el interior de la despensa de Vilauba, aunque con un número de individuos mucho menor encontraremos también algunos pucheros u ollas monoansadas, de dimensiones más pequeñas y que debían complementar los útiles del servicio de mesa (Fig. 66, 8). Su cuerpo tiene una forma bicónica, a pesar de que la carena puede ser más o menos marcada según los casos y aunque hay pequeñas diferencias pueden considerarse como derivados de un único modelo. La altura máxima no supera los 15 cm y son también frecuentes los ejemplares de medidas más pequeñas, de manera que a menudo resulta difícil distinguirlos de las tazas (Fig. 66, 10). Las bases son casi siempre planas o ligeramente inclinadas hacia el interior, muy semejantes a las documentadas con anterioridad. Las paredes, que siempre son más gruesas en la parte inferior y más delgadas en la superior, tienen las señales del torneado visibles en el interior.

4. Urnas.
Tipologicamente las urnas son muy similares a las ollas, aunque en este caso el criterio que hemos tomado para distinguirlas es la ausencia de asas. La base es plana y el borde vuelto hacia el exterior. El cuello es normalmente muy corto e incluso a veces puede haber desaparecido. El diámetro de la boca siempre es inferior a la altura. Las urnas representan el caso curioso de una forma de éxito durante los primeros periodos que, con el tiempo, va perdiendo la forma arcaizante hasta llegar al final del siglo segundo, para terminar prácticamente desapareciendo durante el siglo III. Este hecho, probablemente, tiene que ver con una de las principales funciones del utensilio, como es su utilización para contener las cenizas en los enterramientos de incineración y que a causa de los cambios en el ritual funerario queda fuera de uso. Otro grupo de formas parecen mostrar las mismas tendencias: jarras, botellas, morteros, cazuelas y platos. Durante el periodo augústeo, presentan formas residuales que imitan los viejos modelos republicanos que, poco a poco, van quedando obsoletos, siguiendo unas evoluciones estándar hasta llegar al siglo II, cuando reciben una fuerte renovación al producirse en cerámica africana o imitar sus formas.

Entre la cerámica común oxidada y en lo que se refiere a las urnas de época augústea encontramos formas que recuerdan un poco los perfiles de las cazuelas (Fig. 67, 1-3) que con toda seguridad debían utilizarse con esta finalidad antes de convertirse en un contenedor de cenizas. Se trata, en su mayor parte de materiales procedentes de las necrópolis emporitanas (necrópolis Torres, Ballesta y Rubert) y que presentan unos bordes más o menos horizontales y engrosados, con un encaje para recibir la tapadera, paredes bastante verticales que dibujan un cuerpo casi cilíndrico y un fondo abombado, especialmente preparado para ir al fuego y repartir uniformemente le calor. El origen de estos tipos parece que se puede remontar a las cerámicas comunes itálicas, del siglo II y I aC (Bastit, 1986, pp. 171-172), modelos que tiempo más tarde serán imitados por las producciones norteafricanasy que documentamos de forma abundante desde fines del siglo I hasta el siglo IV o V (Hayes 1972, 210). Una variedad interesante y enormemente documentada en los cementerios augústeos y del siglo primero son las urnas con una carena en la parte superior y el borde inclinado hacia el exterior (Fig. 67, 7). La evolución de este recipiente se limita a pequeños retoques en el pie y en el fondo, que puede ser más o menos marcado. A diferencia del primer tipo de urna parece que su filiación se tendrá que buscar en las producciones emporitanas de los siglos II-I aC (Aquilué *et al.*, 1984, p. 372). En cerámica de cocina encontramos también algunos ejemplares de urnas, muy diferentes de los tipos fabricados en común oxidada que acabamos de describir. Tipologicamente, la forma de estas urnas es, a excepción de las asas, idéntica a la de las ollas.

El estudio de las urnas correspondientes al periodo postaugústeo se ha realizado tomando como base de su estudio los conjuntos de cerámicas recuperadas en las excavaciones de las necrópolis emporitanas, completando y ampliando su repertorio con los contextos aparecidos en las excavaciones de la villa de Tolegassos. Se trata de la continuación de los modelos que hemos comentado en la fase precedente, es decir, de recipientes de proporciones bastante grandes, con unas paredes verticales que proporcionan un cuerpo cilíndrico, ensanchándose en la parte baja para dejar paso a una base abombada (Fig. 67, 2). Cabe señalar únicamente que esta transición es suave y redondeada, aunque de manera excepcional se marca con una carena muy acusada de forma similar que en los ejemplares de época augústea. Tipológicamente, la presencia de bases y pies bien marcados es bastante rara. Los bordes son poco complejos, pueden ser con visera más o menos horizontal, oblicuas o verticales.

Por lo que respecta a las urnas de la segunda mitad del siglo II comentaremos un ejemplar encontrado en Tolegassos, con el labio corto, engrosado y biselado y separado del cuerpo por una pequeña incisión (Casas *et al.*, 1990, fig. 533) y que recuerda vagamente los perfiles de las urnas del siglo I. Encontramos también formas mucho más convencionales, con el cuello casi imperceptible y el labio recto y alto y de otras de cuerpo globular muy grande y labio corto y mínimo, características que parecen bastante constantes en este periodo. Continuamos encontrando el tipo de urna de cuerpo globular, base plana y borde exvasado, suficientemente documentado en las necrópolis emporitanas, con cronologías que van desde la época de Augusto a mediados del siglo II (Fig. 67, 13), aunque en niveles de habitación, la forma es similar pero no del todo idéntica.

5. Lebrillos y jofainas.

También en este caso se trata de dos productos o recipientes ligados por su función. Pertenecen al conjunto de vasos o utensilios destinados a la higiene personal, a pesar de que algunos lebrillos podrían ser más próximos a los morteros y se habrían podido destinar a preparar alimentos, sobre todo en el caso de algunos ejemplares antiguos, macizos, fuertes y con características muy semejantes a las de los morteros. Un recipiente de la misma forma, pero diseñado ya como colador desde el momento de su fabricación, parece destinado a la elaboración de queso o productos derivados de la leche (Fig. 68, 12).

Por definición, un lebrillo es un utensilio en forma de palangana, con diámetros bastantes superiores a los 30 cm. El labio suele ser abierto y casi plano, quizá un poco inclinado al exterior y frecuentementedecorado, ya sea con incisiones o con molduras. En general (pero no siempre) suelen tener dos asas o dos agarraderos contrapuestos. Pero no es raro encontrar ejemplares que estén desprovistos. Las asas, dispuestas en un plano horizontal o ligeramente elevado, solamente aparecen en ejemplares de los siglos II, III y, por los pocos documentos que tenemos también en el siglo IV. A veces las asas son complejas, trabajadas o trenzadas; pero lo más habitual es que se trate de simples tiras de arcilla cilíndricas soldadas directamente en el labio.

En cambio, no es habitual que los ejemplares de época augústea tengan ningún tipo de asa. Solamente en algunos casos puede aparecer un agarradero pequeño, dispuesto horizontalmente bajo el labio (Fig. 68, 1-4). No hemos encontrado, hasta ahora, ningún ejemplar que se pueda atribuir de forma clara al siglo I, uno de los periodos en los que nos falta más documentación sobre las cerámicas comunes de la región; tal vez debido a que no se ha excavado el lugar o el contexto adecuado.

Las jofainas son recipientes semejantes al tipo anterior, pero más altos. También sirven para la higiene personal (palanganas, etc.), y como vasos de noche (orinales). Algunos de ellos deberían tener una utilidad menos definida, y se habrían podido utilizar, tal vez, para contener alimentos, frutos secos, grasa, etc. (Fig. 68, 4, 10, 15 y 17).

El conjunto se pueden dividir, pues, en dos grupos que deberían tener una función bien diferente cada uno de ellos. El primero, que parecería estar relacionado con la elaboración o procesamiento de alimentos, o sencillamente como contenedor para la cocina, suele tener la base plana y su aspecto general es de una semiesfera, con el cuerpo abierto y sin labio diferenciado en los ejemplares augústeos. En piezas del siglo segundo, aparece una separación entre el labio y el cuerpo, formada por una carena muy marcada que recuerda, de lejos, los vasos del tipo "Llafranc".

El segundo grupo, en el que solamente podemos incluir los recipientes destinados a una función tan prosaica como los orinales, tienen la misma forma, pero son de mayores dimensiones y están acabados con un borde plano o muy inclinado, abierta hacia el exterior (Fig. 68, 14). Su aspecto es, también, más robusto. A pesar de que hay ejemplares por todas partes, los que hasta ahora han aparecido en nuestras comarcas tienen dos orígenes bien diferenciados. Unos son de origen local, mientras que el segundo conjunto pertenece a la producción de cerámicas africanas de pasta amarilla, documentada en todas las costas occidentales del Mediterráneo.

6. *Dolia* domésticos.
Los *dolia* son recipientes de gran capacidad destinados al almacenaje de líquidos, cereales, pescado o carne en conserva y otros productos de consumo. Su función determina, en parte, su forma; es decir, siempre son recipientes de cuerpo globular y paredes gruesas, resistentes y con unas capacidades de entre los 30 litros a 1'5 m3, según sean piezas destinadas al almacén o a la cocina o despensa.

La forma general y típica es la que muestra el ejemplar de Tolegassos (Fig. 73, 16); aunque pueden variar de capacidad y de la forma del labio. Por lo que respecta al labio, conocemos ejemplares de Tolegassos, fechados entre mediado siglo II aC y mediado siglo I aC, que lo tienen más elaborado, con una especie de molduras, pero los ejemplares de época augústea ya presentan bocas sencillas que, a partir de ahora, serán corrientes para este tipo de recipientes.

Como que la definición de *dolium* es bastante general permite integrar contenedores que se alejan un poco de los estándares pero que deben incluirse en el grupo, como serían dos ejemplares de época de Augusto procedentes de la villa de Tolegassos (Fig. 73, 14-15). El primero es un producto raro, con un claro sabor indígena que lo acercan a las producciones anteriores del país. La pasta fina y bien depurada, de color beige al exterior y gris en el interior, recuerda las calidades de las ánforas de boca plana ibéricas. Es una jarra ligera, con un peso inferior a cualquier ánfora romana, en cambio con una capacidad mucho mayor. Por otra parte, el labio moldurado, muy elaborado y su cuidadoso acabado lo convierten en un recipiente de calidad, más apto para situarlo en la bodega, en la despensa o en la cocina que en el exterior.

El otro ejemplar tiene cuerpo globular, paredes robustas y bastante duras, está elaborado con arcillas locales y tiene una decoración formada por una banda impresa dispuesta en torno a la espalda y con cuatro asas trenzadas que, además de ser funcionales, completan la decoración del vaso.

En los siglos siguientes se encuentran *dolia* con elementos poco diferenciables, así vemos un borde con el labio moldurado por la parte exterior, que fue reparado de antiguo con una grapa de plomo, procedente de Tolegassos de un contexto de primera mitad del siglo II (Fig. 73, 17). A fines de este siglo encontramos también un contenedor con un aspecto diferente, ya que posee un borde reentrante y moldurado (Fig. 73, 18).

Procedente de la destrucción de la despensa de la villa de Vilauba en el último tercio del siglo III, fue hallado *in situ* un *dolium* que formaba parte de este ámbito doméstico y estaba destinado a contener aceitunas (Fig. 73, 19).

Vajilla de mesa
1. Los platos.
Recipiente bajo y abierto, con o sin pie, de perfil muy variable. Los hay de borde recto, exvasado, inclinado hacia el interior y el fondo interno es siempre plano o ligeramente cóncavo. Debe considerarse como un utensilio de mesa, lo que lo convierte en una de las piezas principales y más características de los repertorios de las cerámicas finas y de las vajillas metálicas. Cabe decir, también, que siempre están presentes entre las producciones groseras de cocina, con perfiles poco variados y que se sitúan a caballo entre el plato y la cazuela y que debían tener una función importante en la manipulación de la comida.

Durante la época augústea y a lo largo de toda la primera mitad del siglo primero, este tipo de recipientes está bien presente en las producciones de la cerámica emporitana moderna, una cerámica de calidad y donde encontramos un conjunto de formes, muchas de las cuales se inspiran en productos importados (Fig. 69, 1-3). Entre las cerámicas oxidadas comunes, de origen local, también tenemos documentada la existencia de platos desde finales del siglo I aC hasta mediados/finales del siglo tercero, con un repertorio variable y con una presencia numérica poco importante tal vez porque la mayor parte de los platos empleados corresponderían a las cerámicas de lujo llegadas de los grandes talleres mediterráneos (*terra sigillata* itálica, sudgálica, hispánica y africana)o también objetos de gran precio de bronce o de metales más preciosos. Asimismo, la existencia constante de platos es un hecho y vale la pena realizar un rápido comentario. A veces estos platos locales se inspiran en objetos foráneos –borde bífido para recibir una tapadera como en las cerámicas itálicas comunes (Casas *et al.*, 1990, 253) o de labio vuelto o colgante (Fig. 69, 10-12) o recto (Fig. 69, 5-6)– mientras que otras veces los perfiles son mucho más sencillos, funcionales i que podemos suponer que no responden a un acto mimético de copia sino a la necesidad de ofrecerun producto eficaz. En esta línea y a lo largo de tres cientos años, podemos señalar unos platos de perfil redondeado sin labio evidente o muy poco (Casas *et al.* 1990, 611-613), platos de carena marcaday labio engrosado y bien visible (Fig. 69, 1-3), con carena marcada y labio recto o un poco abierto (Fig. 69, 13-14). No parece observarse, si no es en la imitación de las cerámicas foráneas, una evolución clara.

Por lo que respecta a los platos o platos/cazuela en cerámica de cocina reducida, hay que decir que continuamos encontrando los perfiles característicos, con la base plana, diámetros notables de boca, paredes rectas o ligeramente exvasadas y, preferentemente,sin labio (Fig. 70, 19-22) o, mucho más raros, con el borde engrosado y evidente (Fig. 70, 18). Hay, tanto por lo que respecta a las cerámicas oxidadas como a las groseras reducidas, en algunos casos, inspiración de productos foráneos especialmente, a partir del siglo segundo de las cerámicas norte africanas(Casas *et al.* 1990, 465-466). Solamente fueron decorados algunos de los platos de la cerámica emporitana moderna a base de círculos concéntricos impresos o ruedecilla entre dos círculos concéntricos (Fig. 63, 1-3).

2. Los cuencos o boles.

Por cuenco o bol entendemos aquel recipiente pequeño o mediano, de diámetro de boca no superior a 20 cm, alto, con paredes rectas o de perfil redondeado y con pie sencillo en forma de anillo. Se trata de un vaso polivalente, la función del cual depende de las medidas. Su uso en la mesa queda claro por la presencia constante de esta forma en los repertorios de cerámicas de lujo o metálicas.

Este utensilio es uno de los más característicos y numerosos entre las producciones locales y lo encontramos bien representado en las cerámicas de calidad –emporitanas tardías (Fig. 63, 4-9) con modelos influidos o copiados de cerámicas importadas y perfiles más personales– o en productos más sencillos, oxidados, de unos acabados notables. En este campo destaca el que hemos llamado bol “Llafranc”, con un labio muy evidente y peculiar que es omnipresente en todos los yacimientos de este territorio desde fines del siglo I o inicios del segundo hasta el tercer cuarto y sabemos que estaba producido en Llafranc, con seguridad, pero muy probablemente en otros lugares de este territorio (indicios muy claros en Puig Rodon, Corçà) (Fig. 70, 4-7 y 11-12). No se observa ningún tipo de variación a lo largo del tiempo.

También hay otro tipo de boles que, a menudo, reproducen formas bien conocidas con la carena alta más o menos evidente, con o sin labio (Fig. 70, 1-3), de perfil hemisférico, sin labio o con un borde anular (Fig. 70, 10). Encontramos, finalmente, otras formas, menos frecuentes, con labio colgante (Fig. 70, 9) o inspiradas en formas de *terra sigillata* Clara B (Casas *et al.* 1990, 531).

En referenciaa los boles en cerámicas groseras, cabe decir que son poco numerosos, de perfiles redondeados y labio bien marcado, anular (Casas *et al.* 1990, 467) o a veces con la carena bien señalada (Fig. 70, 17). En decoración debemos comentar en este último ejemplo las estrías de la pared y fondo internos. Los boles "Llafranc" decoran el labio con acanaladuras o molduras sencillas.

3. Copas, tazas y vasos.

Se trata de utensilios para beber, de medidas reducidas. El criterio de distinción que hemos adoptado se refiere a la presencia o ausencia de asas. Son cerámicas de mesa.

Las copas son, por lo que sabemos, casi exclusivos del periodo augústeo y solamente las documentamos en cerámica emporitana moderna que produjo, también, en cantidad, vasos y tazas (Fig. 63, 12-15). Tendremos que esperar hasta la segunda mitad del siglo segundo, para volverlas a encontrar, con carena baja y evidente, cuerpo alto, cilíndrico y labio marcado, frecuentemente con decoración de estrías o puntitos añadidos de arcilla, siempre en la pared externa (Fig. 69, 22, 26, 29).

Tazas y vasos, en cerámicas oxidadas, las continuamos encontrando durante todos estos años pero como un material complementario no excesivamente numeroso. Por lo que respecta a las tazas, después de una larga etapa sin presencia efectiva, las volvemos a encontrar a partir de la segunda mitad del siglo segundo, con perfiles muy peculiares; carena baja y marcada, cuerpo alto, labio marcado y sin cuello (Fig. 69, 15-18) o de formas más globulares, próximas a modelos norteafricanos (Fig. 69, 21, 23). En la segunda mitad del siglo tercero, estas formas globulares, de base plana, son las únicas detectadas.

En cuanto a los vasos, en contextos de segunda mitad de siglo segundo y más tardíos, muestran una evolución semejante, marcando mucho una carena baja, cuerpo alto y cilíndrico y labio evidente. La producción de cocina es minoritaria y destacaríamos, únicamente, algunos vasos globulares sin cuello y labio anular (Casas *et al.*, 1990, 468) y tazas iguales que los vasos pero con un asa (Casas *et al.* 1990, 450).

4. Jarras y botellas.

En la clasificación funcional que hemos adoptado, distinguimos dos variantes de unos utensilios que formalmente son muy similares: las botellas y las jarras. Por botella entendemos un "olpes" con el cuello estrecho, muy bien diferenciadoy separado del cuerpo muchas veces por una moldura o una incisión y, también, por una pequeña carena. El cuello suele ser estrecho, más o menos largo, cilíndrico, y con una sola asa que comienza bajo el labio, aunque en ejemplares relativamente más tardíos (siglo II o III), pueden tener dos asas, sobre todo en piezas de procedencia norteafricana. El cuerpo, en cambio, es globular, a veces casi esférico. De todas maneras, dentro de este patrón se incluyen múltiples variantes, desde los recipientes de época augústea que se ajustan perfectamentea este modelo, hasta los de la fin del siglo II y primera mitad del siglo III, en los que el cuello casi no se distingue del cuerpo, que suele ser más alargado.

En época augústea se documenta abundantemente la forma, debido, sobre todo, a hallazgos cerrados e importantes lotes aparecidos en silos y depósitos de aquel periodo. No son tan abundantes, aunque existe una buena representación, en la segunda mitad de la misma centuria. En esta época (siglo I), no hemos podido documentar ningún ejemplar de dos asas. Todos los que hemos podido estudiar tienen un solo agarraderoy responden, con ligeras diferencias, al modelo estándar descrito en el inicio (Fig. 71, 1-8).

Los cuellos, son casi siempre cilíndricos y verticales; algunas veces, abombados y, más raramente, con la parte baja más abierta para unirse al cuerpo. De todas maneras, la unión del cuello y el cuerpo está muy marcada, tanto por el exterior, con una moldura o una incisión, como por el interior, con un surco o una carena notable. Los labios, en los ejemplares de este territorio, presentan unas peculiaridades comunes, que recuerdan algunos recipientes locales tardorrepublicanos; por ejemplo, la sección en forma de cuatro abierto que en periodos anteriores habíamos encontrado en las jarras de cerámica de engobe blanco. Pero a veces, el labio es redondeado, de sección circular y abierto ligeramente hacia el exterior. Casi nunca son verticales y, en estos casos, son muy moldurados. Estos dos tipos de labio perduran a lo largo de todo el siglo I y, con algunas variantes, todavía aparecen en la primera mitad del siglo siguiente. Únicamente se apartarían de estas características algunos recipientes pertenecientes a producciones concretas, como en el caso de las jarras de borde trilobulado de cerámica gris.

La característica principal de las bases es su poca diferenciación respecto a la parte baja del cuerpo. Si bien es cierto que generalmente presentan el pie con un anillo encima del cual reposan, no es raro encontrar otros sin pie diferenciado y el fondo externo cóncavo, siguiendo una moda iniciada en producciones más antiguas. A lo largo del siglo I la forma va evolucionando; el cuello no se encuentra tan diferenciado, aunque se continúa marcando la separación, y el cuerpo se hace más alto y a veces adopta una forma bitroncocónica (Fig. 71, 9-13). Siguiendo esta misma línea, durante la primera mitad del siglo I los cuellos se hacen cada vez más cortos, menos verticales y con el borde más abierto, mientras que el cuerpo se alarga y pierde la forma esféricade la centuria anterior. A veces, el borde y el labio se vuelven más complejos con un repertorio de molduras y carenas originales y pocas veces repetidas en las diferentes piezas. En los pocos ejemplares documentados, las bases se vuelven planas, aunque perduran los pies con anillo de reposo bien marcado (Fig. 71, 14-20).

Durante la segunda mitad del siglo II y especialmente al final del mismo siglo aparece un elevado número de botellas, todas fragmentadas, ninguna de entera y sin restos de ninguna base que sea suficientemente representativa y se pueda atribuir a un ejemplar o tipo concreto. En este periodo cabe distinguir entre las botellas de una asa y las de dos; estas últimas relacionadas frecuentemente con los ejemplares de cerámica común de pasta amarilla proveniente de talleres norteafricanos, que presentan como característica principal, a parte de su arcilla, un labio con un borde alto rodeado por surcos o estrías. En cambio, los ejemplares de una sola asa son los que podemos considerar mayoritariamente como locales, producidos en una zona indeterminada de las comarcas gerundenses. Los labios continúan siendo elaborados, moldurados o con formas complejas, cada vez más cortos y anchos en la base a medida que se acercan al punto de la unión con el cuerpo, que se va haciendo más alargado, hasta llegar a un ejemplar que se podría comparar a una botella moderna (Fig. 72, 1-14).

No hemos documentado ningún ejemplar en contextos claros de la primera mitad del siglo III, debido, circunstancialmente, a que no se ha excavado ningún ámbito que se pueda fechar claramente en este periodo. No obstante, existe un amplio repertorio en la segunda mitad avanzada del mismo siglo, gracias a un contexto intacto descubierto hace pocos años en Vilauba, completado con hallazgos de otros yacimientos del territorio (Fig. 72, 15, 17-18). Algunas de estas piezas podrían haber sido importadas (Fig. 72, 16) sobre todo si consideramos las características de su arcilla, claramente diferente de las cerámicas comunes locales.

Aunque no hay un claro predominio de un tipo concreto, ni en la forma general, ni en el número de asas ni con el acabado de los labios, podemos constatar que todos los recipientes del período tienen unas características comunes que se concentran sobre todo en los labios. Siguiendo la línea evolutiva, los cuellos se acortan cada vez más y los cuerpos se alargan. Pierden, en general, la forma casi esférica y adoptan la bitrococónica o abombada. Todos los cuellos, en este caso, terminan con un borde moldurado o estriado, independientemente de la forma específica de los labios, que en unas piezas son verticales, en otras de sección escalonada, cerrados hacia el interior o francamenteabiertos. Las bases siempre tienen pie diferenciado, aunque éstas se limiten a un sencillo anillo poco marcado encima del que reposa la pieza. Una última característica corriente la encontramos en la superficie externa del cuerpo, a menudo afacetadaoestriada.

Por lo que refiere a las jarras, recipientes destinados, también, a contener líquidos, tienen el cuello y la boca más anchas, poco diferenciados del cuerpo, al que se unen en una línea continua. Este cuerpo suele ser de forma globular, generalmente más alargado que el de las botellas, y tienen una o dos asas que salen directamente del labio y llegan casi siempre a medio cuerpo y, en todo caso, un poco por encima del punto que marca la anchura máxima del recipiente. En algunos casos, tienen cuatro asas dobles contrapuestas, situadas las dos primeras en la parte del cuello y el segundo par por debajo de ellas, a la altura del cuerpo del recipiente. Esta última característica, quizás más artística que funcional, aparece en ejemplares dispersos de épocas diferentes. Las documentamos en Tolegassos a mediados del siglo I y a finales del siglo II, y en Empúries en un contexto poco preciso de mediado siglo I (Fig. 72, 26; Fig. 73, 7).

A diferencia de las botellas, los ejemplares con una sola asa frecuentemente están dotadas de un vertedor en el labio, siempre a la parte opuesta al asa. La evolución de la forma no es tan evidente como en el tipo anterior, aunque es posible observar diferentes características diferenciadoras en el curso de los siglos I, II y III.

En cualquier caso, los detalles de esta evolución se notan sobre todo en los labios, más o menos anchos, más o menos elaborados, con molduras o no.

Esta evolución se detecta, asimismo, en las arcillas, con productos muy característicos en época augústea (tal vez con algunas importaciones, productos autóctonos y otros procedentes de talleres que pocos decenios antes habían fabricado cerámicas emporitanas y de engobe blanco), y en otros recipientes característicos de los siglos II y III, foráneos, especialmente las cerámicas comunes del norte de África de pasta amarilla o de pasta rosada.

Las bases de las jarras también tienen características que pueden ayudar a diferenciar los productos. Casi siempre planas en época augústea (Fig. 72, 19) e inicios del siglo I –pero también con piezas de base cóncava, resultantes de la evolución de las producciones de engobe blanco de los siglos II y I aC–, y con anillo de reposo diferenciado a partir de mediado siglo I (Fig. 72, 23-24). Curiosamente, tanto las bases planas como las bases cóncavas, relativamente habituales durante el cambio de era, desaparecen durante casi dos cientos años, y vuelven a estar presentes en contextos claros de la segunda mitad del siglo III, especialmente en Vilauba (Fig. 73, 10-13).

Tenemos que decir, para terminar, que los acabados exteriores de las piezas y los motivos decorativos, muy sencillos y formados por surcos o estrías, son los mismos que podemos encontrar en las botellas. En realidad, son dos productos extremadamente próximos y funcionalmente complementarios.

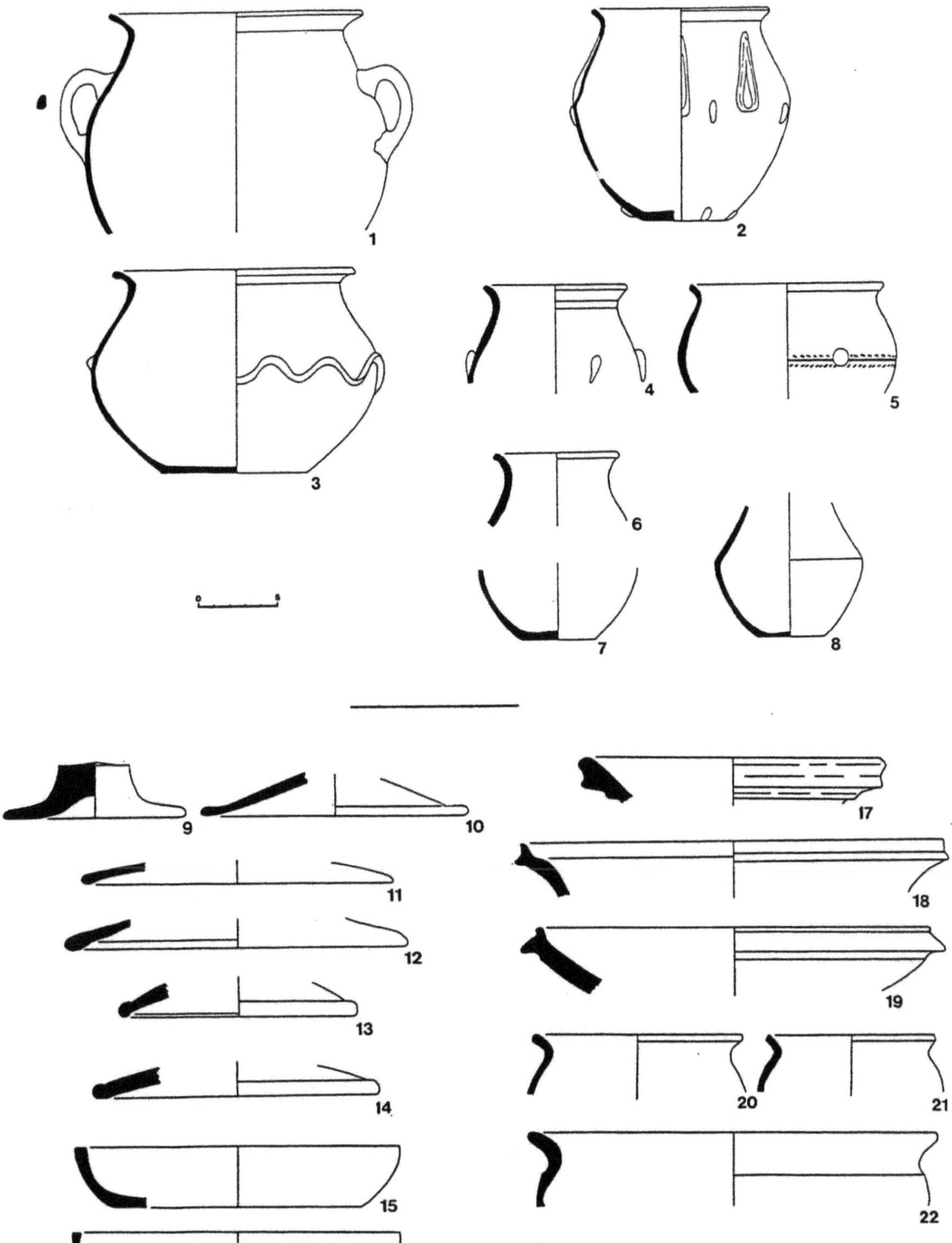

Figura 57. 1-8: cerámica reducida pulida procedente de la villa romana de Tolegassos (Viladamat), Empúries y Serra de Daró; 9-24: alfar de Fenals (Lloret de Mar), formas de cerámica común procedentes de los vertederos.

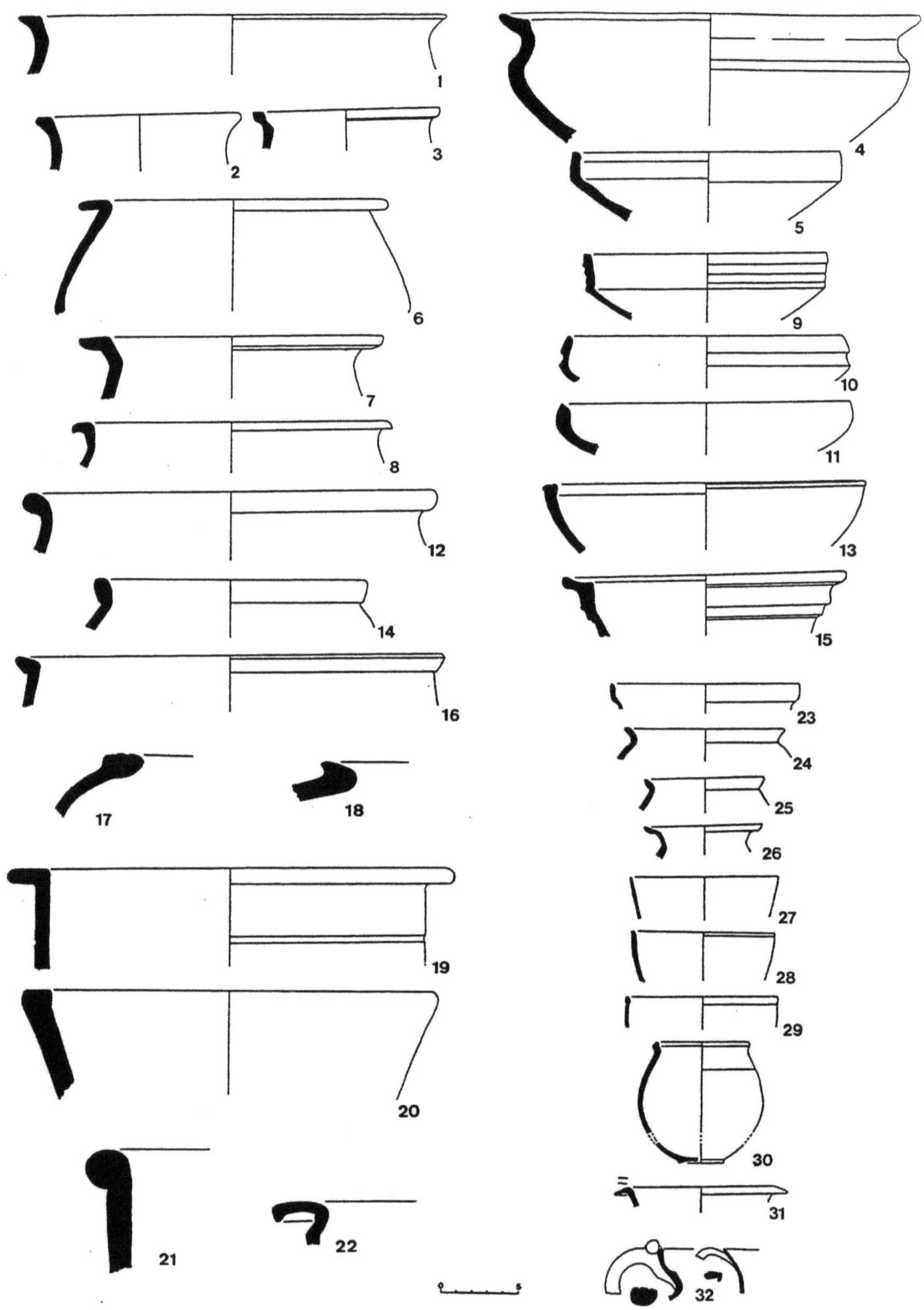

Figura 58. Centro alfarero de la Playa de Fenals (Lloret de Mar), formas de cerámica común.

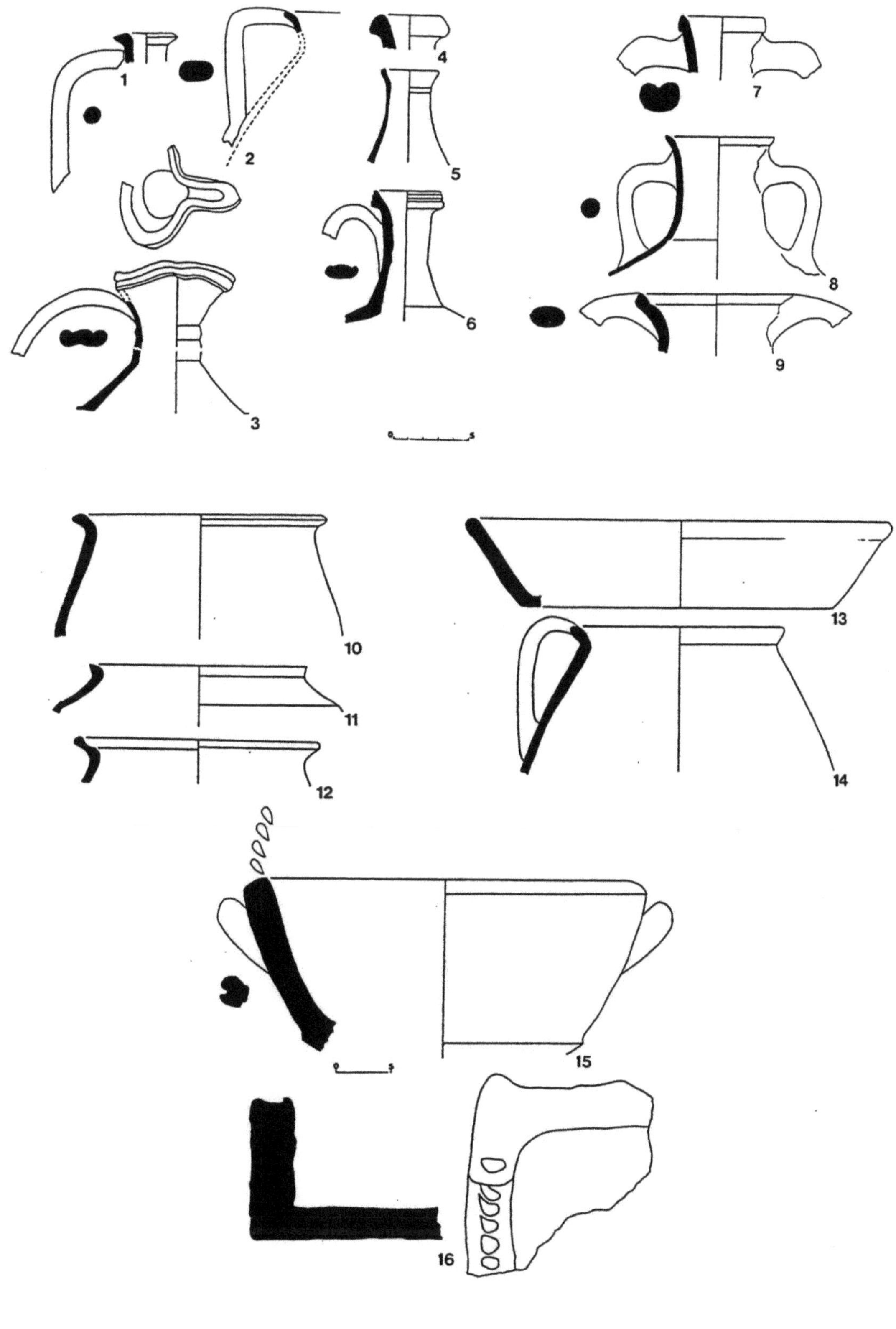

Figura 59. 1-2 y 4-9: jarras y botellas con una y dos asas fabricadas en los hornos de Lloret; 3; jarra de pasta gris de boca trilobulada; 10-16: ollas, plato, jarra y lebrillos en cerámica reducida de cocina procedente del alfar de Fenals.

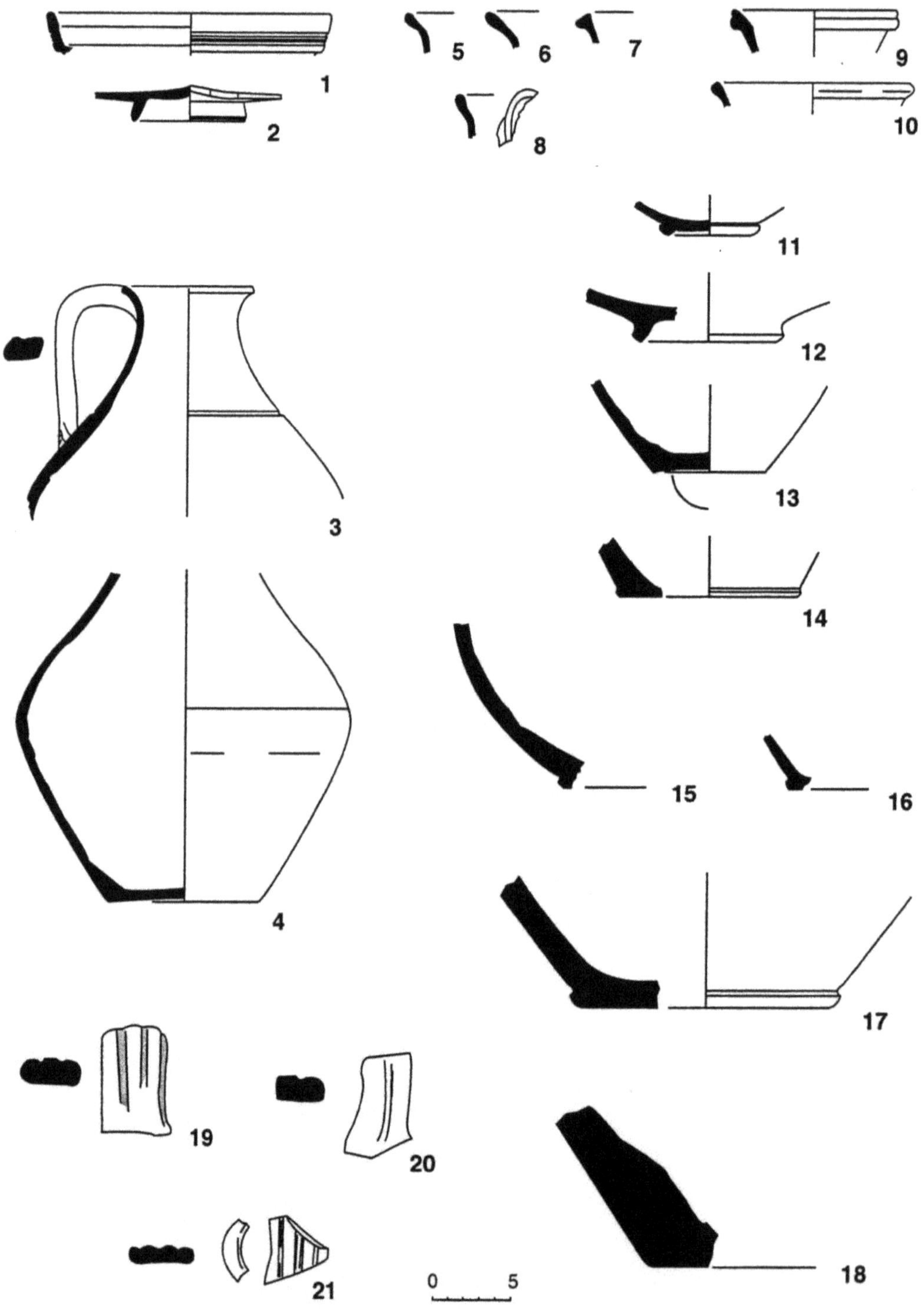

Figura 60. Repertorio de cerámica de producción local procedente del taller de Can Corominas (Maià de Montcal). 1-2: Forma Drag. 15/17 de sigillata; 3-18: diversas formas de cerámica común oxidada; 19: base de *dolium*.

Figura 61. 1: Horno de Palamós, jarra de boca circular fabricada durante el siglo I dC. 2-21: Hornos de Ermedàs (Cornellà del Terri), 2-3, 5: fragmentos de molde con decoración incisa usados en el horno de Ermedàs para fabricarpiezas de t. s. hispánica; 4, 6: fragmentos de piezas sacadas de molde, pero sin barnizar; 7-21: bordes de botellas, jarras y cuencos en cerámica común. 22-29: Alfar de Llafranc (Palafrugell), imitaciones locales de cerámica africana de cocina, 22-24: platos/tapadera; 25-28: cazuelas de borde almendrado; 29: platos de la forma Lamboglia 10.

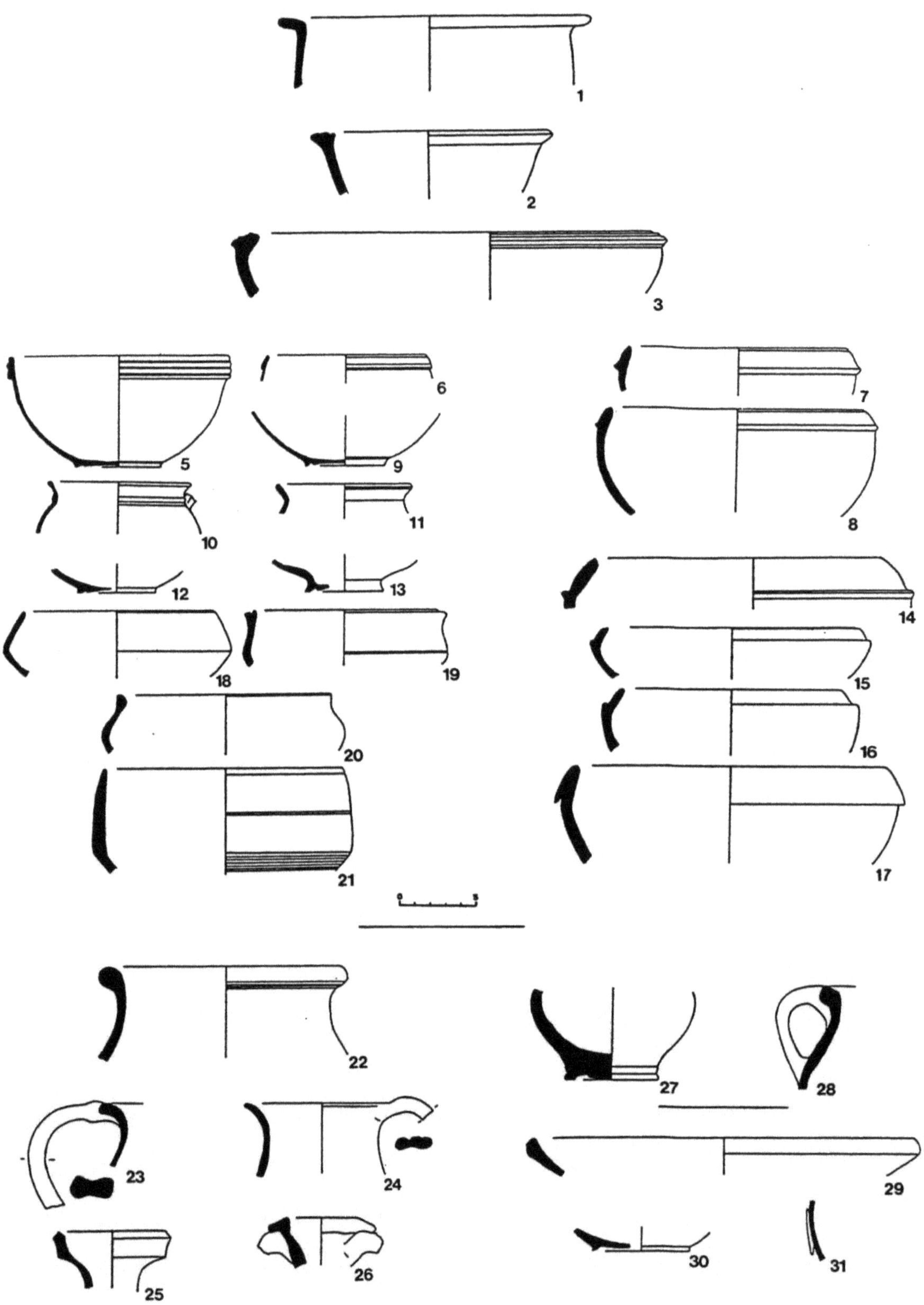

Figura 62. 1-17: Taller de Llafranc, 1: urna; 2-3: cuencos con labio engrosado y estrías marcadas; 5-6 y 9: cuencos de paredes finas y labio engrosado; 10-13: vasitos de paredes finas, con y sin asa; 18-21: cuencos con carena marcada; 7-8 y 14-17: cuencos de labio diferenciado. 22-28: Horno de La Bomba (Vilacolum) jarras y botellas fabricadas en el taller. 29-31: Horno de S'Agaró, imitación plato/tapadera de cerámica africana y vasitos de paredes finas.

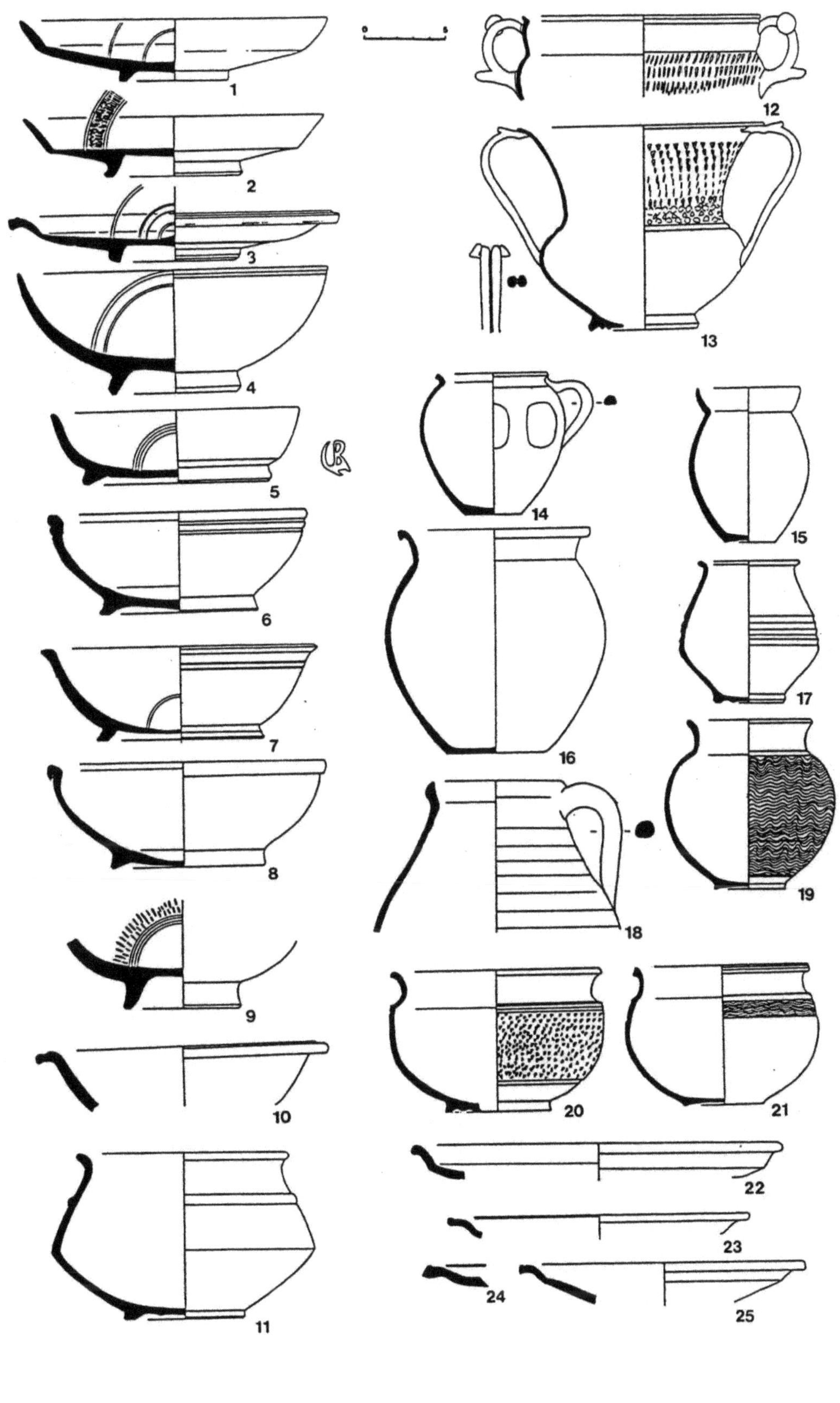

Figura 63. Repertorio de formas producidas en cerámica gris emporitana moderna o tardía (platos cuencos, vasos, tazas y urnas) procedentes de los yacimientos de Empúries, Tolegassos y Girona.

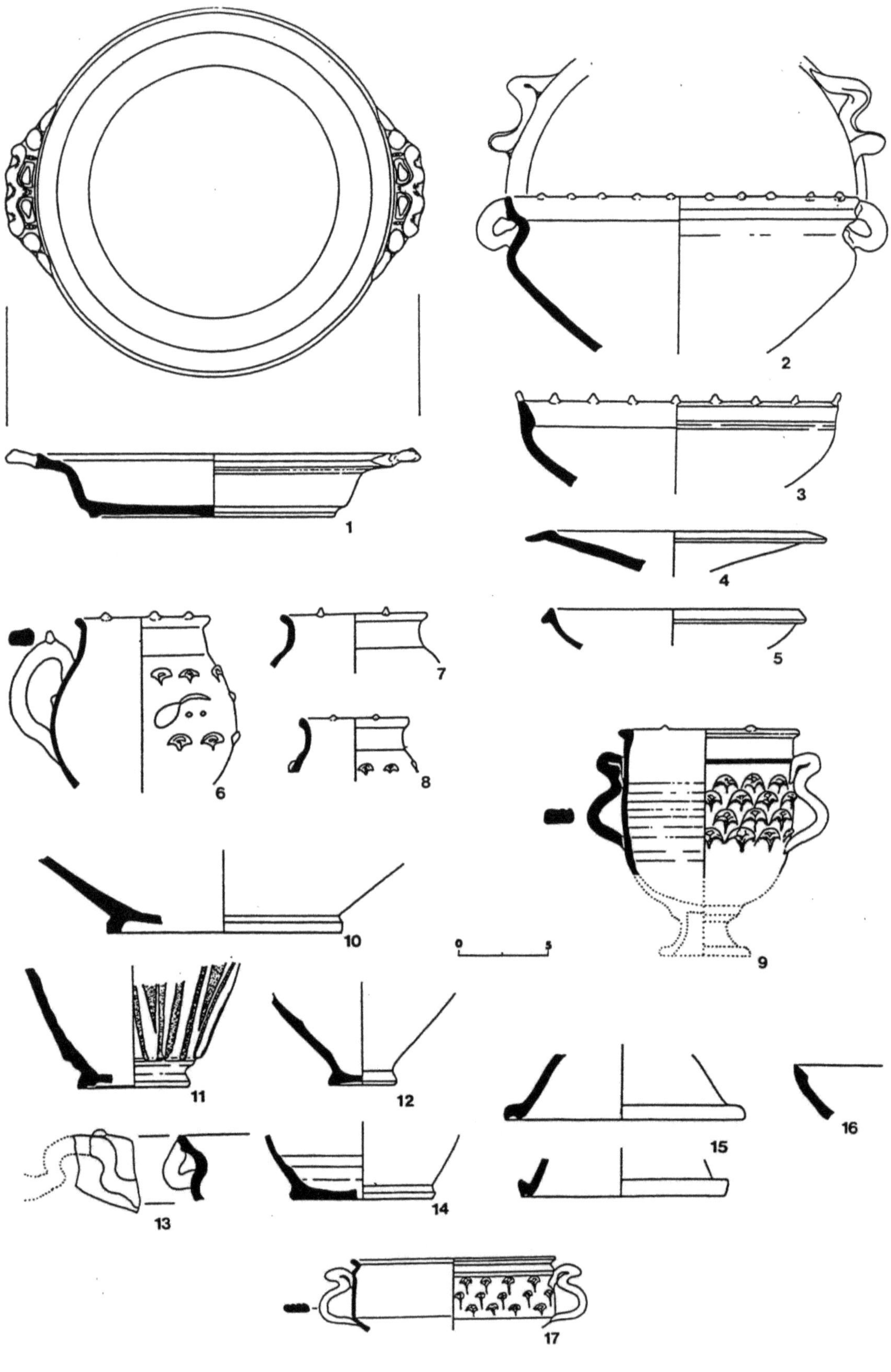

Figura 64. Cerámicas vidriadas de Tolegassos. Excepto los número 5, 10 y 17, probablemente de origen itálico, el resto se fabricó a partir de una fuente de arcilla común, situada en el bajo Ter, donde también se localiza la villa.

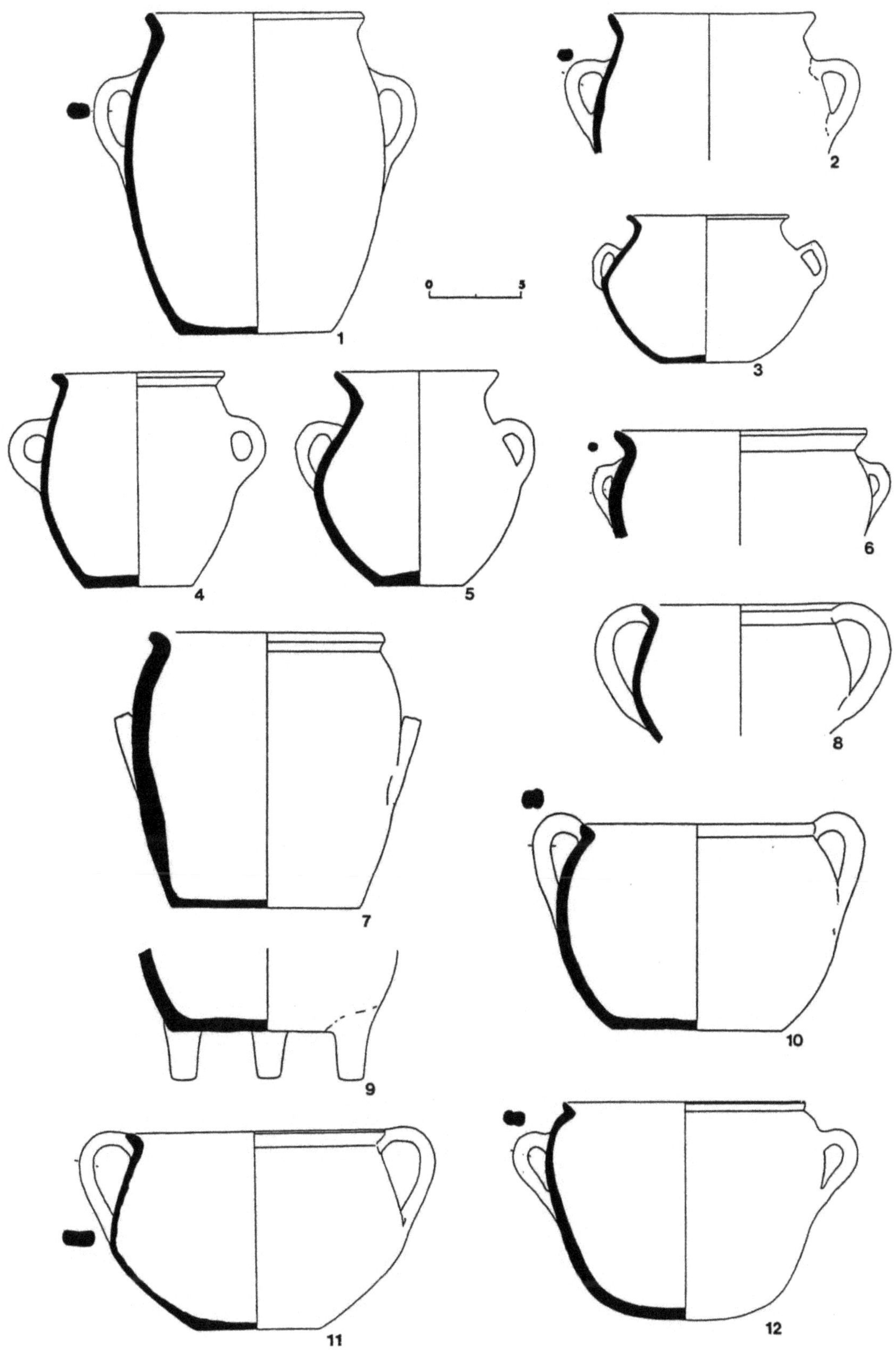

Figura 65. Ollas de cerámica de cocina. 1-3) Época augústea. 4-5) Siglo I. 6) Primera mitad del siglo II. 7-8) Segunda mitad del siglo II. 9) Primera mitad del siglo III. 10-12) Segunda mitad del siglo III.

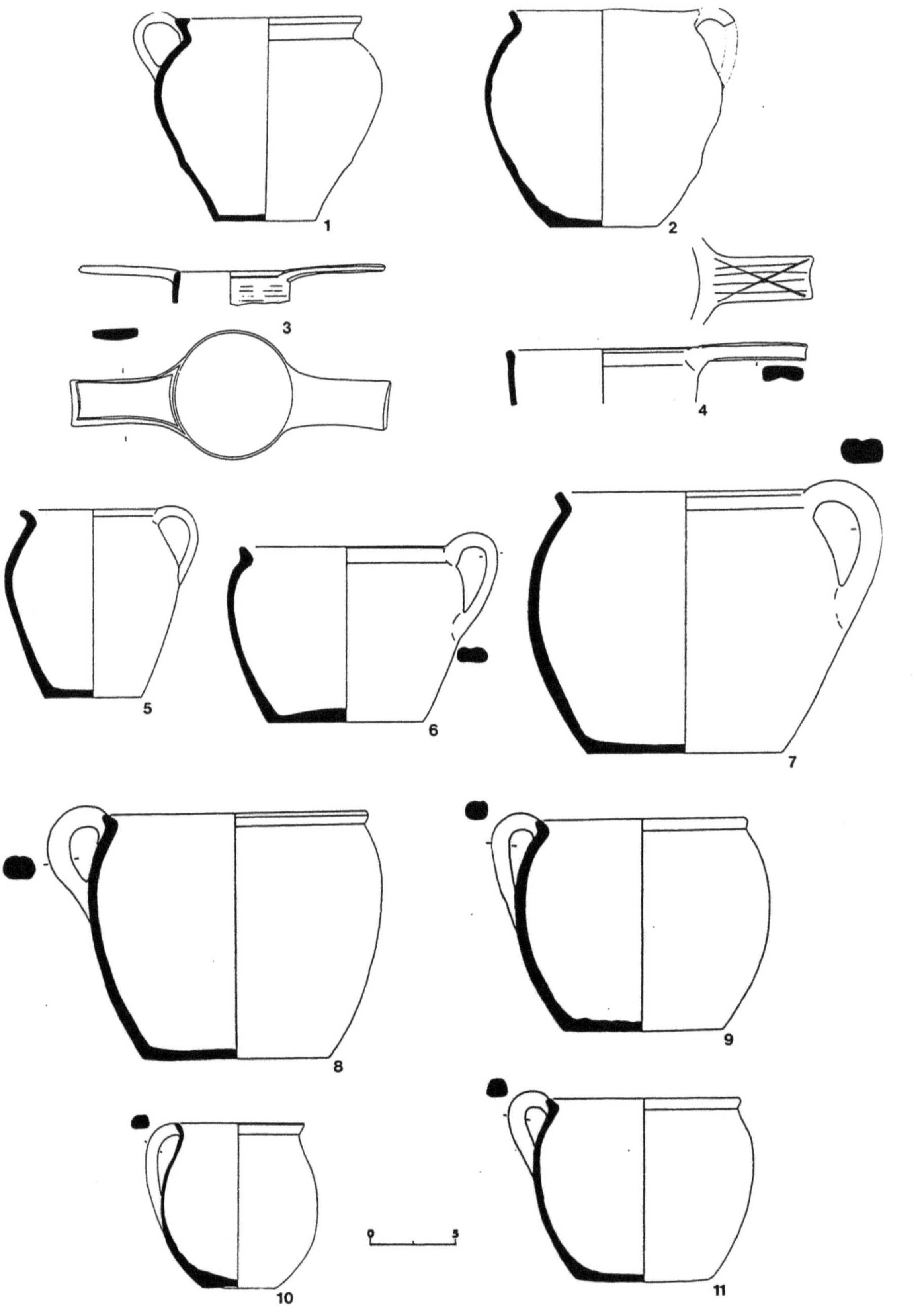

Figura 66. Ollas monoansadas. 1) Siglo I. 2) Primera mitad del siglo II. 3-7) Segunda mitad del siglo II. 8-11) Segunda mitad del siglo III.

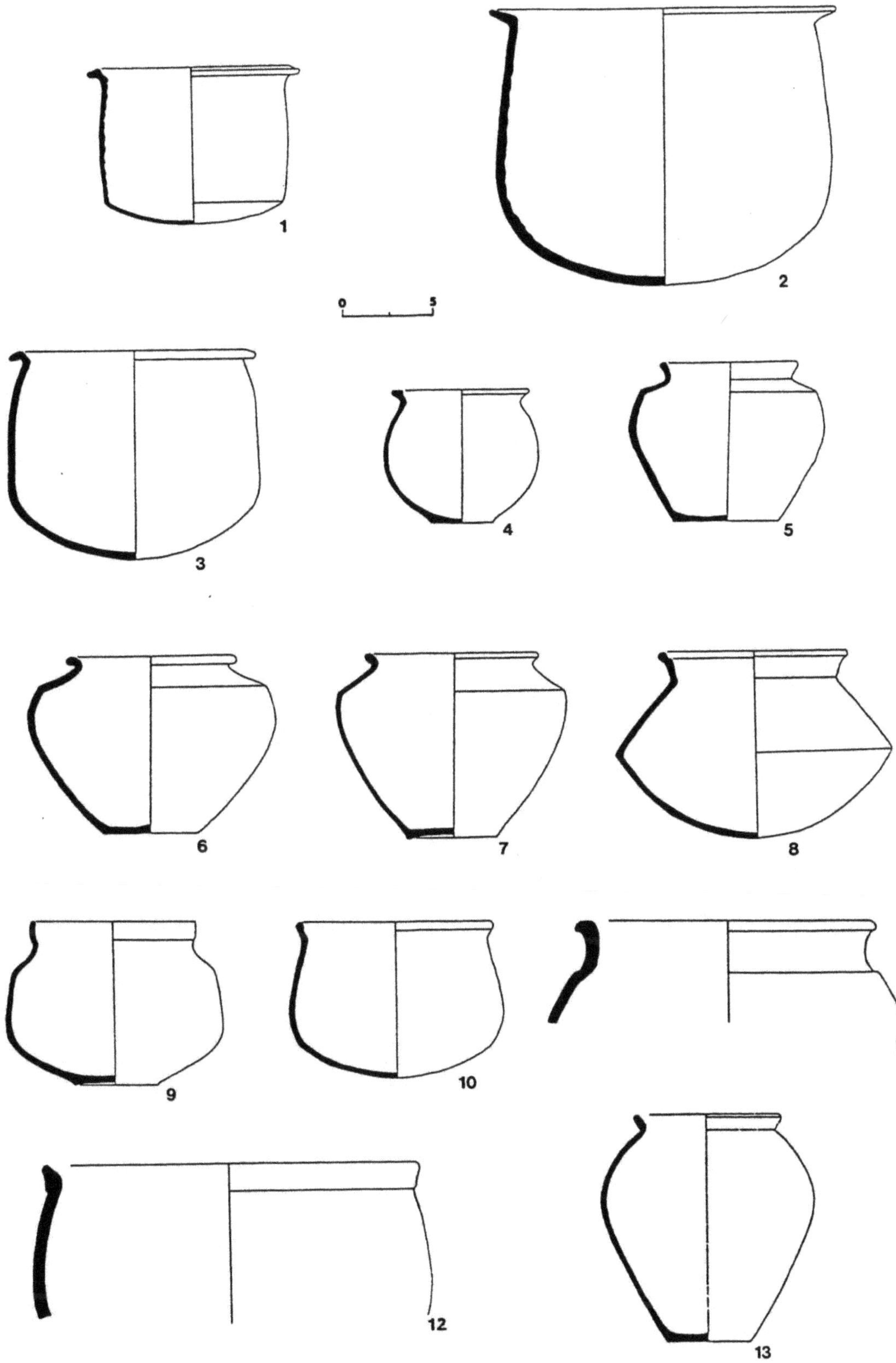

Figura 67. Urnas. 1) Cazuela de cerámica africana utilizada como urna. 4 y 6) Época augústea. 2, 3, 5, 7-10) Siglo I. 12) Primera mitad del siglo II. 11 y 13) Segunda mitad del siglo II.

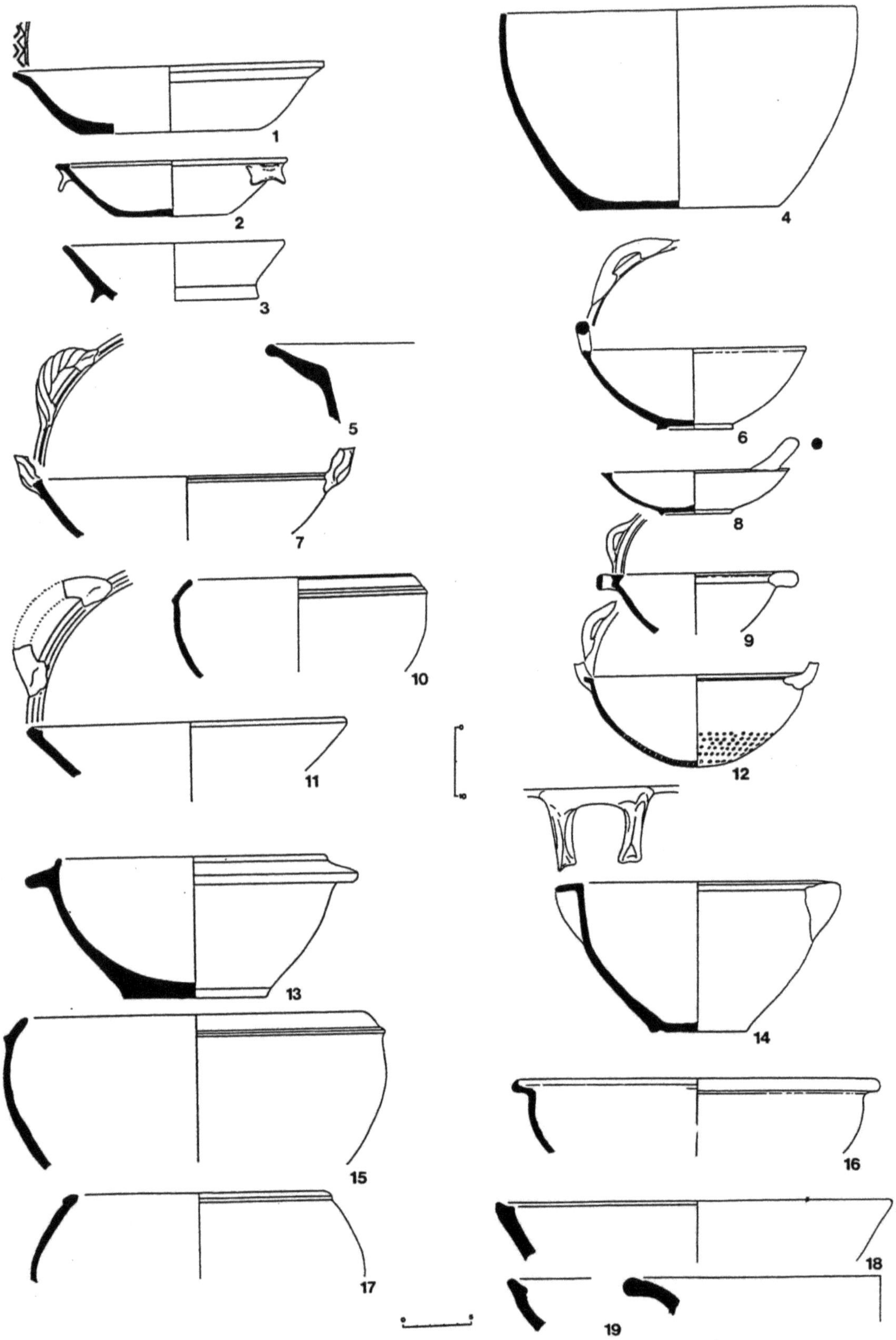

Figura 68. Lebrillos y jofainas. 1-4) Época augústea. 5, 7, 10-11) Primera mitad del siglo II. 6, 8-9, 12-16) Segunda mitad del siglo II. 17-19) Segunda mitad del siglo III.

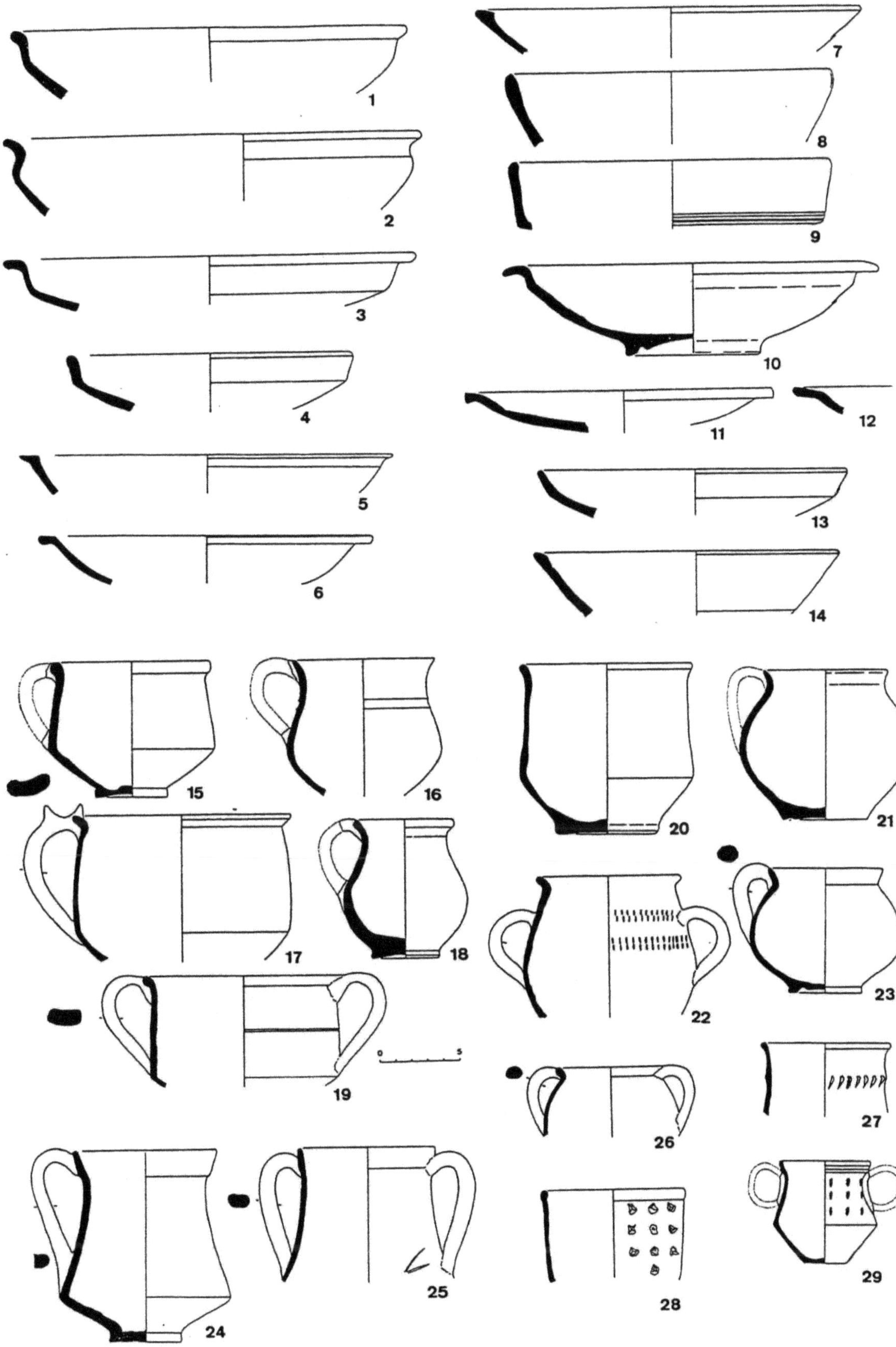

Figura 69. Platos. 1) Época augústea. 2-4) Primera mitad del siglo II. 5-14) Segunda mitad del siglo II. 15-29) Copas y tazas de la segunda mitad del siglo II.

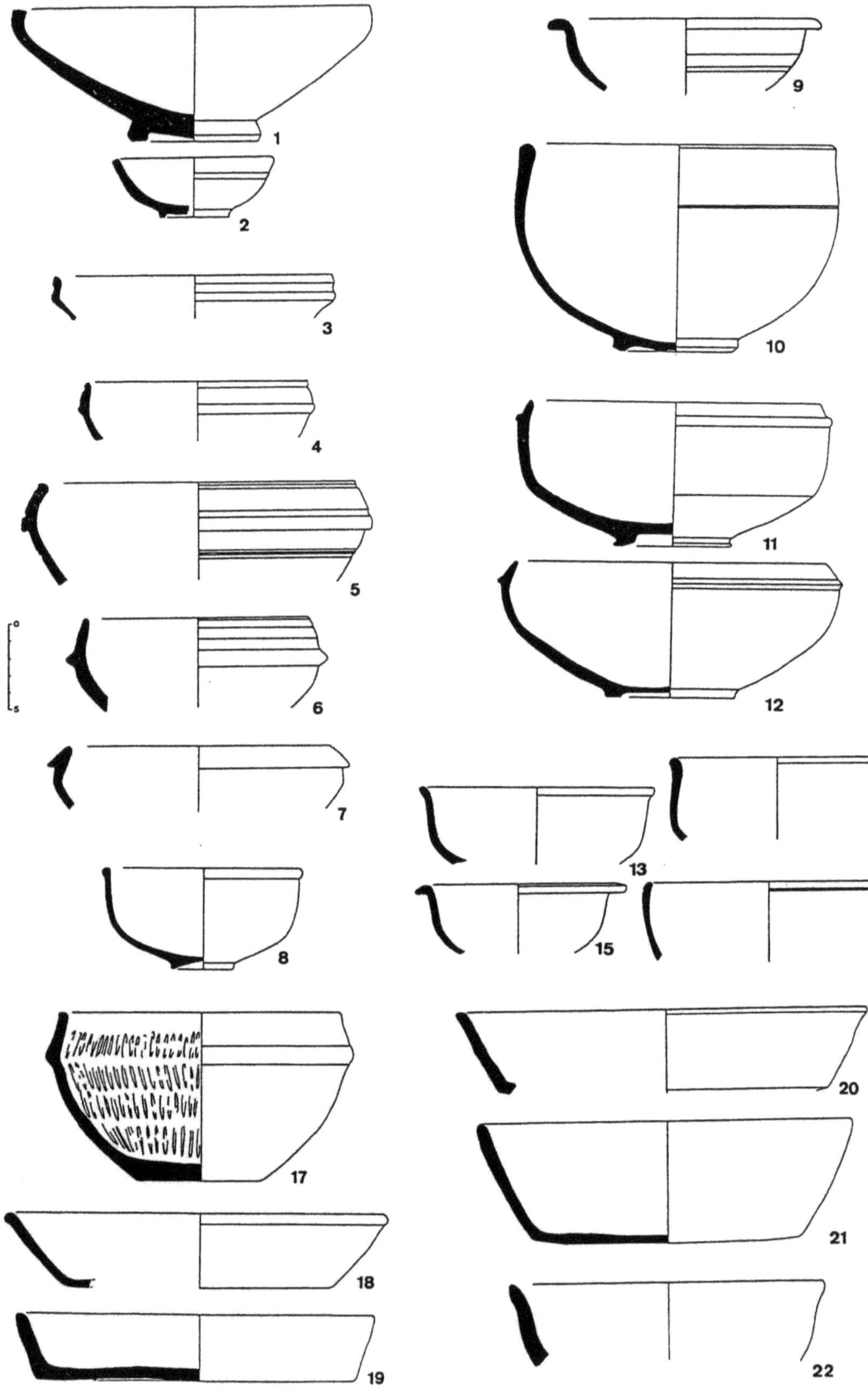

Figura 70. Cuencos. 1-2) Época augústea. 3-7) Primera mitad del siglo II. 8-17) Segunda mitad del siglo II. 18-22) Platos de cerámica de cocina.

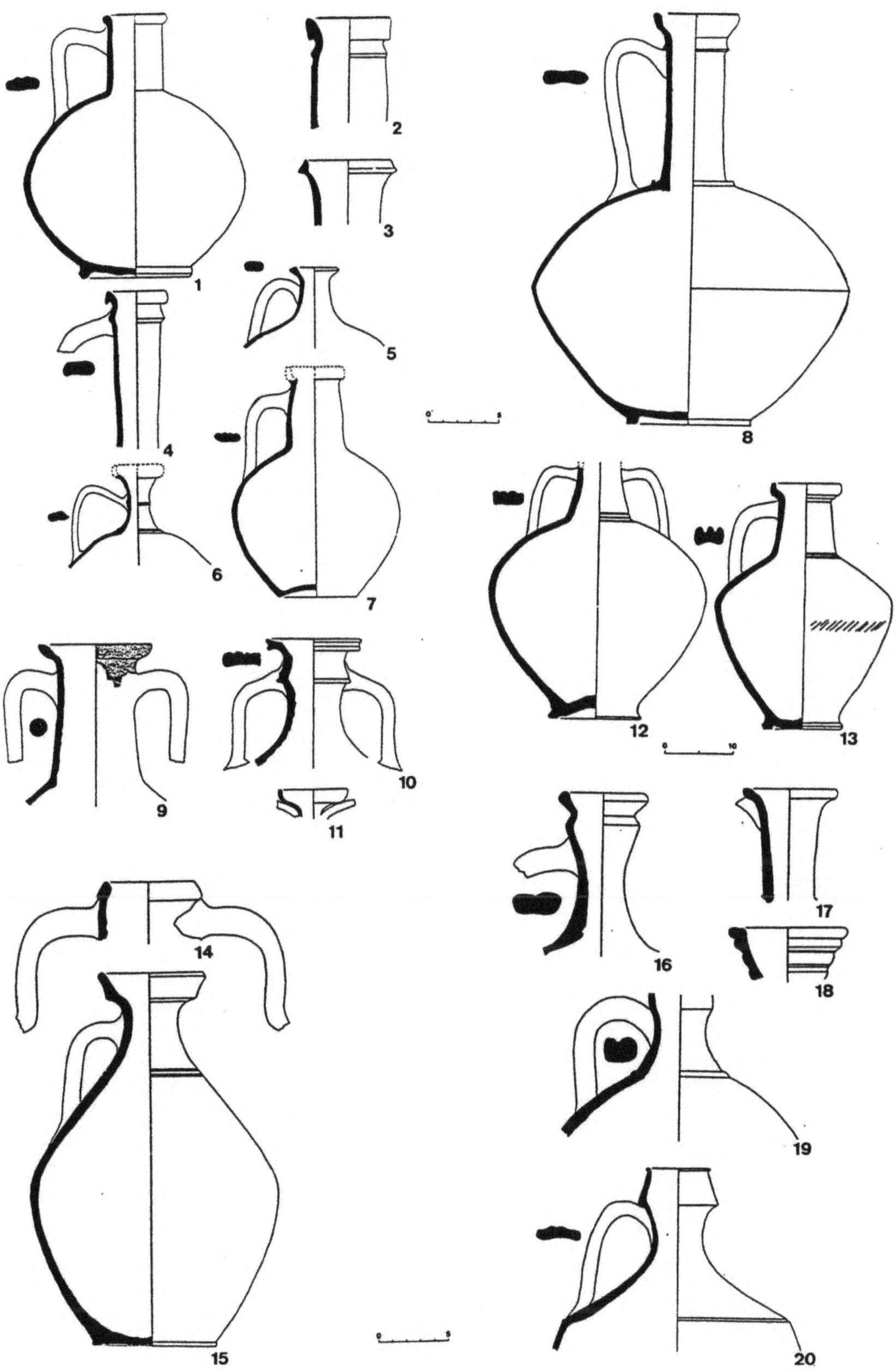

Figura 71. Botellas. 1-8) Época augústea. 9-13) Siglo I. 14-20) Primera mitad siglo II.

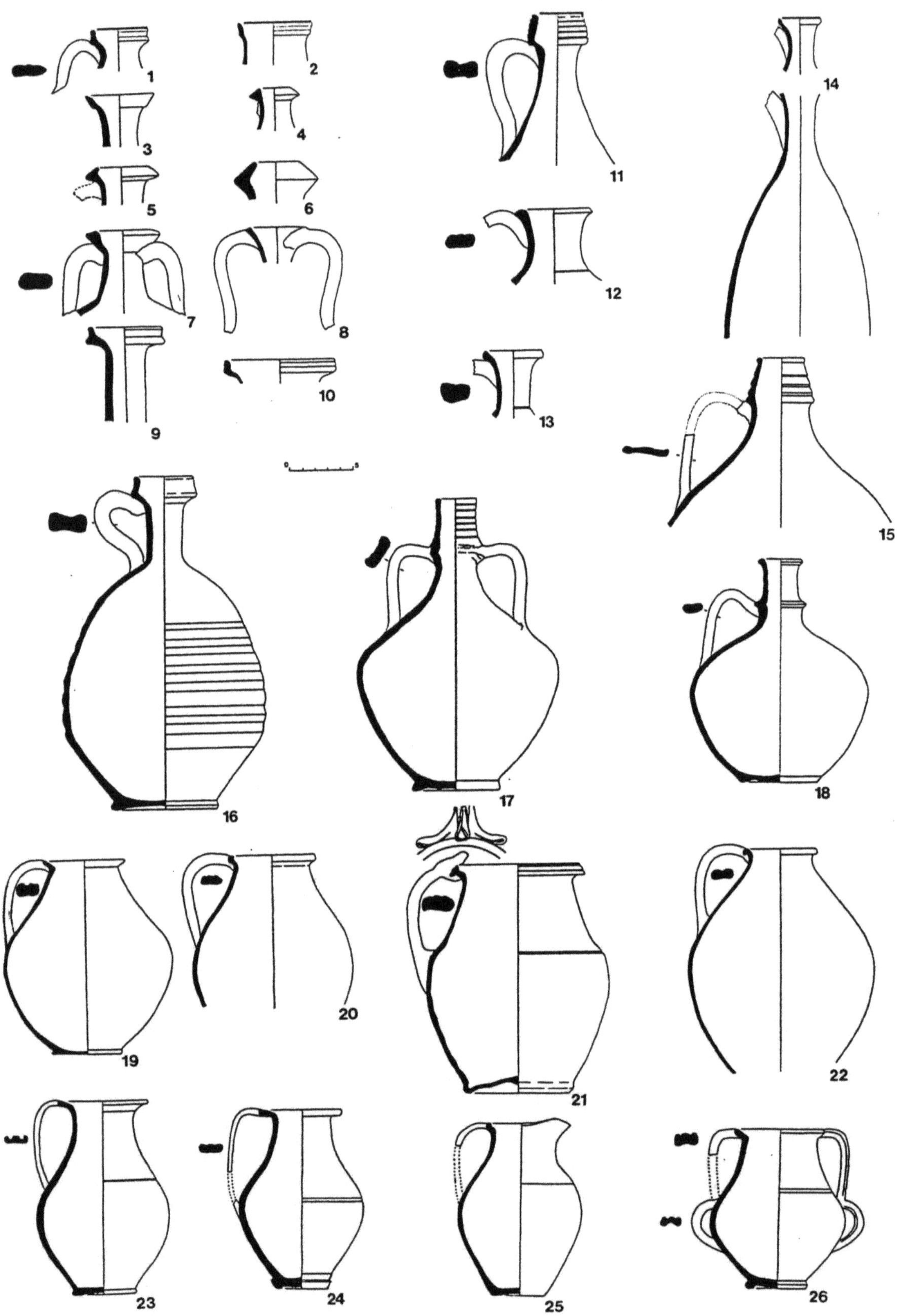

Figura 72. Botellas. 1-14) Segunda mitad del siglo II. 15-18) Segunda mitad del siglo III. Jarras. 19-22) Época augústea. 23-26) Siglo primero.

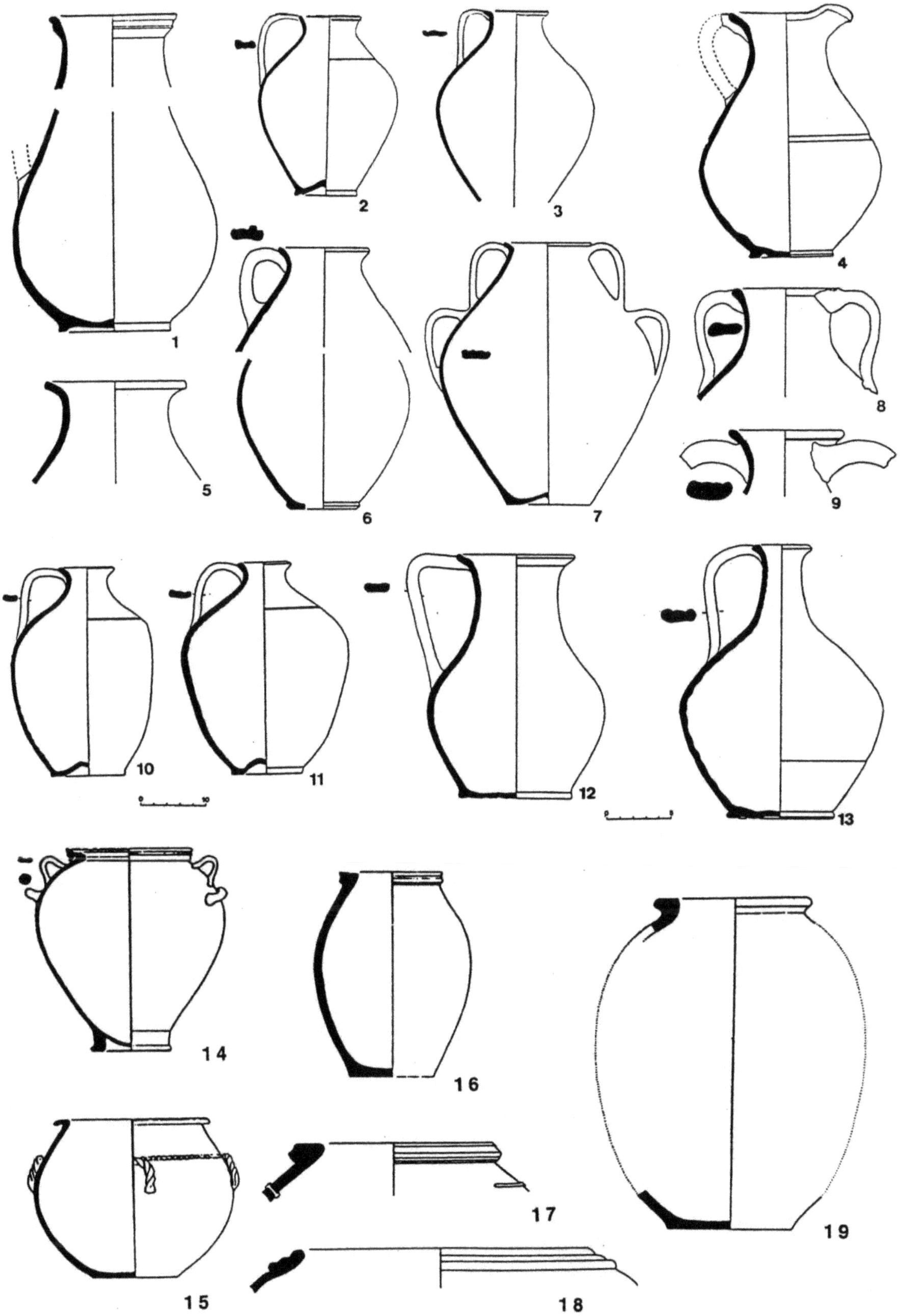

Figura 73. Jarras. 1 y 5) Primera mitad del siglo II. 2-4 y 6-9) Segunda mitad del siglo II. 10-13) Segunda mitad del siglo III. Dolia. 14-16) Época augústea. 17) Primera mitad del siglo II. 18) Segunda mitad del siglo II. 19) Segunda mitad del siglo III.

Capítulo 7. *Dolia*.

Paulus *(D18.1.40, 18.1.76),* Alfenus Vanus *(D19.1.26), and* Pomponius *(D33.7.21) make it clear that dolia are part of the fundus and go with it on sale of the farm.* Labeo *goes on to say (D.19.1.54) they must be in good shape when turned over to the buyer. But* Ulpian *(D19.2.19.1) says that a lessee is responsible for checking whether rented dolia leak or not.*

BUCK, 1983, p. 18.

Introducción.

En este apartado trataremos brevemente de los *dolia* como grandes recipientes de almacenaje y, por lo tanto, no nos referiremos aquí a los *dolia* de pequeñas dimensiones, ya que por cuestión funcional se han incluido entre el conjunto de material que forma parte de la cerámica común, puesto que, básicamente, tenían un uso doméstico como objetos de cocina o de despensa para guardar o transportar alimentos. Las piezas grandes servían pues, para ser instaladas en asentamientos y estaciones, en general, con la parte baja enterrada, especialmente destinadas para contener la cosecha de determinadas áreas.

Antes de entrar en materia queremos advertir que existe el término latino *opus doliare*, documentado en sellos de principios del siglo II, bajo el cual se recogen una serie de manufacturas que hacen referencia a las *tegulae, dolia*, morteros, sarcófagos, y que normalmente estaban fabricadas en las mismas *figlinae*. El concepto servía también para unificar una serie de productos con unas características técnicas muy similares. Nosotros, aún así, hemos preferido estudiar cada una de estas producciones de manera particular, no solamente para evitar posibles confusiones terminológicas, sinó también porque los ejemplares que estudiamos provienen de centros muy diversos del área que nos ocupa.

Definición y significación histórica.

El equipamiento necesario de una granja o villa recibía el nombre legal de *instrumentum*. Existían por lo menos dos clases superpuestas, *instrumenta fundi*, equipamiento necesario para el funcionamiento de una granja, y *instrumenta domus*, que era el equipamiento necesario para una casa, del que hemos tratado parcialmente en apartados anteriores.

Los *dolia*, por tanto, pertenecen al primer grupo. Ulpiano (D33.7.8) divide los *instrumenta fundi* en tres clases: *Quarendi*, que incluye arados, azadas, picos, hoces, podadoras, etc. *Cogendi*, que incluye las prensas de aceite (*torcularia*), cestos, guadañas, etc. Finalmente, *Conservandi*, que incluye *dolia* (grandes jarras de almacenaje) y *cupae*, (toneles y barricas) (Buck, 1983, pp. 16-18). Además, *dolia, molae* y *praela* están considerados como *instrumenta fundi* "*infixa*", puesto que estos recipientes, normalmente fabricados en cerámica, pero a veces también metálicos, estaban parcialmente enterrados en el subsuelo, y eran parte integrante del *fundus*, hasta el punto que estaban incluidos en la venta de este. Catón daba estos sabios consejos a los compradores de una explotación: "Al llegar a la granja, ve si hay muchos aparejos de vendimia y muchas tinas: donde no haya, tienes que saber que la abundancia será en proporción." (1, 4-5).

La importancia de este tipos de recipientes, y por eso les dedicamos un espacio propio, está motivada, en parte, porque simbolizan y están íntimamente ligados al nuevo tipo de concepción agrícola que se introduce con la llegada de los romanos y vendría a significar la asunción y consolidación de los nuevos patrones de asentamiento y explotación agrícola del tipo de la villa itálica, frente a los sistemas tradicionales practicados por la población indígena.

Como es bien sabido, el sistema usado por los íberos para guardar sus cosechas, sobre todo de cereal, era el de los silos. Consistían en grandes agujeros de forma globular u ovalada excavados en el subsuelo, que tenían frecuentemente las paredes endurecidas por la acción del fuego, convirtiéndose en contenedores de gran capacidad. Normalmente se agrupaban formando auténticas áreas de almacenaje y se establecían en las llanuras, cerca de las zonas de cultivo, a veces bastante alejados de los poblados habitados, que se situaban sobre las colinas cercanas (Castanyer, Roure & Tremoleda, 1986, pp. 45-48). De campos de silos como los que acabamos de describir conocemos un conjunto importante en las comarcas gerundenses y muchas veces es difícil asociarlos con su centro de poblamiento. A pesar de eso, también se excavaban silos en el interior del recinto de los mismos poblados, por ejemplo Mas Castell de Porqueres, el Puig de Sant Andreu (Ullastret) o la Fosca (Palamós), disponiendo de esta manera de una reserva para el consumo inmediato. Ultimamente se ha cuestionado este uso exclusivo para guardar productos del campo, sobre todo cereales, y se ha propuesto un uso como cisternas para reservas de agua para el consumo o como infraestructura de industrias textiles (Domínguez, 1986, pp. 196-199). A pesar de eso, continuamos pensando que su función principal estaría ligada a las funciones agrícolas.

Las buenas condiciones de los lugares donde se habían instalado los campos de silos motivarán que después, la introducción del nuevo modelo de explotación romano basado en las *villae* se realice, a menudo, en los mismos lugares. Así, es relativamente frecuente encontrar los campos de silos inutilizados e inmediatamente encima de las estructuras de la villa o estación. Tenemos ejemplos en el Olivet d'en Pujol (Casas, 1989, pp. 21-46), La Quintana (Castañer, Roure & Tremoleda, 1987, pp. 187-194), y un repaso exhaustivo hasta el momento de la publicación en Nolla & Casas, 1984.

El momento en que se realiza este cambio de orientación en la explotación agrícola lo tenemos muy bien documentado, no tanto por el conocimiento de una fase fundacional tardorrepublicana de las villas –cosa que poco a poco pensamos que se irá demostrando– como por el momento de inutilización de los silos, ya que el material que encontramos en su interior se sitúa entre finales del siglo II e inicios del siglo I aC. Estas fechas marcan, en efecto, un cambio radical que experimentó el país, ya que será el final de un proceso de conquista, control y ocupación por parte de los romanos, que controlaban indirectamente el territorio, sin influir decisivamente sobre la cultura y la organización social, para pasar a la colonización efectiva del territorio, fenómeno històrico que conocemos por "romanización" (Nolla & Casas, 1984, pp. 24-26), que coincide y forma parte del mismo proceso la fundación *ex novo* de la ciudad romana de Empúries, en una fecha posterior al 100 aC. La instalación en su territorio inmediato de una estación de almacenaje realizada enteramente con *dolia*, el Olivet d'en Pujol nos habla ya del repartimiento y explotación en manos de itálicos del *ager publicus*. Este sistema de explotación continuará vigente hasta la época bajo imperial y visigoda. En el Empordà lo tenemos documentado en La Font del Vilar a fines del siglo V.

El estudio de la villa de Settefinestre ha aportado algunos datos interesantes, sobretodo por lo que respecta a la reutilización de los *dolia*, ya que el hallazgo de fragmentos en la parte donde debían estar instalados originariamente, la *cella vinaria*, que formaba parte del primer edificio, solamente totaliza un 1% del total, mientras que la reutilización como material de construcción en partes diversas de la villa de las fases siguientes es mucho más normal. Eso permitió concluir a M. G. Celuzza, la encargada de estudiar este material, que la distribución que encontraban se refería a su reutilización y no a su uso primario (Carandini *et al.*, 1985, pp. 59-60). Este es un aspecto interesante en yacimientos que tienen una larga pervivencia como el Olivet d'en Pujol, Tolegassos o La Font del Vilar, en los cuales, a pesar de que se han localizado y excavado almacenes de *dolia*, cai nunca se han encontrado los recipientes *in situ*. Solamente podemos citar la excepción de Vilauba por lo que respecta a la destrucción puntual de la fase III de la villa.

Debemos comentar todavía otra utilidad, bastante original, que cumplieron los *dolia*. En un determinado momento, durante la primera mitad del siglo I, entre los reinados de Augusto y de Nerón (Beltrán, 1990, p. 260), el transporte del vino, tradicionalmente envasado en ánfora, parece que conoce un sistema más simple y económico, en base a cargarlo a granel en *dolia* (Laubenheimer, 1990b, p. 114). El que se hayan encontrado con un complemento de ánforas vinarias y que se hayan encontrado restos de revestimiento de resina, obliga a pensar que estaban dedicados exclusivamente al transporte del vino. Se trataría de auténticos barcos cisterna que transportarían grandes cantidades de vino, contribuyendo así a abaratar un producto a partir de reducir los costes del transporte. Según Tchernia representaba la reducción de 1/3 parte del peso del envase (Tchernia, 1986, pp. 138-140). En general eran barcos de medida mediana que ya eran armados con el equipamiento de *dolia* en la parte central de forma fija, entre 10 y 14, que podían contener entre 2.500 y 3.000 litros. Tenían poco calado para poder seguir rutas fluviales y acceder a zonas de carga y descarga.

A pesar de que la primera excavación subacuática de un barco cargado con *dolia* data del año 1957 en el golfo de Baratti y, más tarde, la del de Punta Garoupe, cerca de Antibes, no será hasta la excavación de Diano Marina que se despertó el interés para este tipo de cargamento. En total se conocen ocho barcos que llevaban *dolia*, uno de los ocho llevaba exclusivamente *dolia* (encontrado en Populonia) y el otro llevaba como complemento ánforas Dressel 1C de Pompeya (Cap Bénat), hoy por hoy el único que puede ser fechado en un momento anterior a Augusto. Los otros seis completaban el cargamento con ánforas vinarias Dr. 2-4, pero de estos encontramos tres que eran de fabricación itálica: el de Ladispoli (Roma), Grand Ribaud D (Var) y el de Punta Garoupe (Antibes); mientras que en los otros tres las ánforas eran de fabricación tarraconense: Petit Conglué (Marsella), Diano Marina (al sur de Albenga) y el de Ile Rousse (costa noroccidental de Córcega). A parte de estos se conocen también sellos sobre *dolia* de procedencia submarina en Santa Marinella, en Civitavecchia, Porto Ercole y Ostia que, aunque aislados, debían pertenecer a otros barcos hundidos. Eso ha permitido pensar que se debía realizar una ruta circular desde la zona de la Campania, Roma, la costa francesa y la costa catalana, durante la que el viaje de ida se realizaría cargado con vino itálico y la vuelta con vino de la zona catalana o francesa que sería vendido en Roma, para volver a los centros productores campanienses (Gianfrotta & Hesnard, 1987, p. 297).

Los ejemplos conocidos hasta el momento parecen, sin excepción, armados en Italia y fabricados o encargados por grandes familias dedicadas a este negocio; de éstas, de las más representativas serían los *Pirani* y sus esclavos y libertos, procedentes con toda probabilidad de Minturno, en el límite entre el Lacio y la Campania; pero también se conocen otras familias como los *Caecidii*, los *Helvii*, los *Calicii* (Corsi-Scillano & Liou, 1985; Gianfrotta & Hesnard, 1987; Pallarés, 1987). Por lo tanto, es un negocio que recae completamente en manos de itálicos y no tendrían nada que ver con los *dolia* fabricados en estas tierras, que estarían destinadas a equipar las explotaciones agrícolas.

Aspectos técnicos y tipológicos.

Desde el punto de vista técnico, la fabricación de *dolia* presenta algunas peculiaridades. En primer lugar, se debe destacar que la pasta es poco depurada, con abundante presencia de desgrasante, que se añade para garantizar la cohesión y la resistencia necesaria en objetos tan pesados. En segundo término, la misma fabricación era especialmente compleja, el torno solamente se podía utilizar en las piezas pequeñas y, de forma muy limitada, en las piezas grandes, que se construían en el suelo, en ambientes calientes y se levantaban muy despacio, un poco cada día. En algunos casos ha sido posible reconocer esta técnica observando los fragmentos desde la fractura, como en el caso de los *dolia* de la Garoupe (Fiori, 1972, p. 37).

Por todo eso, los *dolia* eran piezas muy costosas y apreciadas para quien las poseía. Los agrónomos consideraban, como hemos visto antes, muy valioso en la adquisición de una hacienda la presencia de un alto número de *dolia* y se tenía un cuidado especial en su conservación y técnicas de restauración. Catón recomendaba aprovechar el tiempo en temporadas de lluvia lavando, untando y guardando los grandes recipientes (2, 3). Encontrar *dolia* restaurados de antiguo es muy frecuentey, por ejemplo, en la excavación del alfar de Fenals se encontraron algunos ejemplares de grapas de plomo destinadas a esta función. Estas eran usadas para unir las partes rotas y, para recomponerlas, se perforabandiversos puntos cercanos a la fractura y se insertaban las grapas que, una vez remachadas y fundidas, quedaban dispuestas en sentido transversal a la fractura, marcando un pequeño relieve sobre la superficie de la pieza. También se ha documentado en pecios el uso del plomo de manera preventiva, como refuerzo o creando alrededor del *dolium* una armadura de protección (Gianfrotta & Hesnard, 1987, 286; Fiori, 1972, pp. 37-38). En su tratado, Catón recomendaba siempre proteger los grandes recipientes, y no solamente para el transporte: "asegura las tinas con plomo o atadas con cercos de encina medio secos medio verdes: si las arreglas bien o si la atas bien y tapas las grietas con ungüento y untas bien, cualquier tina podrá ser vinatera." (39, 1).

Como hemos visto hasta ahora, generalmente los *dolia* procedentes de excavaciones están estudiados desde un punto de vista funcional, pero no desde el ceramológico. Como pasa con material parecido (tejas, morteros, etc.) solamente ha recibido atención en los casos que llevan marca impresa o, incluso, grafitos hechos antes o después de cocer la pieza. Por lo tanto, estamos huérfanos de estudios tipológicos sobre este grupo de material, ya que no podemos considerar como tal el intento de tipología realizado por parte de Miguel Beltrán, porque se refiere a los *dolia* de pequeñas dimensiones, recipientes para almacenar y transportar alimentos (Beltrán, 1990, pp. 260-262), de los que nos hemos ocupado como una forma más de la cerámica común.

Una tipología procedente de las excavaciones, forzosamente se deberá limitar a los bordes, tanto por lo que respecta a la extrema fragmentariedad de las piezas, como por el hecho de ser la parte más significativa, ya que las paredes del cuerpo no son en absoluto explícitas y las bases siempre son planas. Solamente podríamos hacer excepción con las piezas enteras, que permitirían calcular medianas de las proporciones del vaso. A pesar de eso, no estamos seguros que establecer una tipología de estos objetos comporte una definición cronológica de los tipos, sobre todo por la estabilidad y simplicidad de las partes y la rudeza con la que eran elaboradas. No obstante, la observación de los ejemplares conocidos y bien fechados en nuestra área de estudio nos permite plantear una posible evolución morfológica, en base a tres etapas principales: época de Augusto, siglo I y siglo III.

1- En el primer periodo, la forma del labio es ligeramente triangular, doblado en dirección al exterior, con la punta redondeada. La cara interna es vertical o ligeramente oblicua marcando el enlace con la pared interna del cuerpo, y después del estrangulamiento que supone el cuello, la pared gira 45° hacia el exterior y se inicia un cuerpo globular.

2- La cara externa es vertical, a veces con una moldura en la parte inferior, el labio es horizontal con la parte superior totalmente plana y la parte interna del borde redondea la línea oblicua que enlaza con la pared del cuerpo.

3- Forma sencilla, derivada directamente de la anterior, poco elaborada y muy corriente, de forma vagamente triangular orientada hacia el interior, sin aristas vivas, sino de tendencias redondeadas; la cara externa del borde es prácticamente vertical pero menos alta y destacada.

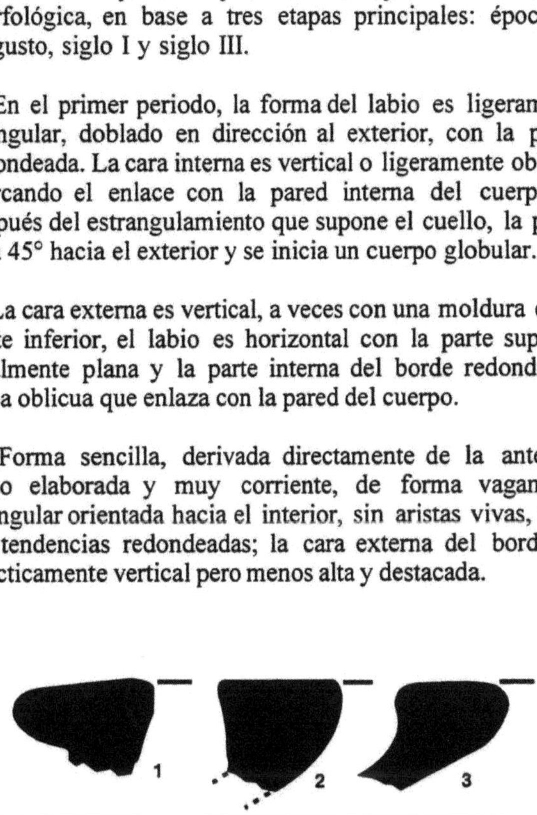

Figura 74. Tres modelos de evolución morfológica de los bordes de *dolia*. 1) Época de Augusto. 2) Siglo I. 3) Siglo III.

Elementos complementarios.

En los yacimientos de nuestra zona conocemos únicamente el nombre de fabricante o propietario en un ejemplar, se trata de la marca impresa, ya conocida, (P. VSV)L. VEIENT, procedente de Llafranc y que se fecha en el siglo I (Llinàs & Sagrera, 1993, pp. 126-127). Otro elemento interesante lo aporta el yacimiento de Porqueres, ya que sobre dos fragmentos de *dolia* han aparecido marcas impresas. Se trata de dos estampillas sobre la pared exterior de *dolia*, con el mismo motivo: una roseta esquemática de ocho pétalos; la flor completa es de forma circular, segmentada por los pétalos de forma triangular, dispuestos radialmente. Estos pétalos están vaciados y combinan de forma alterna, el fondo liso con pequeños círculos en la parte ancha del triángulo. Estas rosetas están superpuestas a otra decoración, formada por tres pequeños surcos lineales incisos y paralelos dispuestos en bandas horizontales y verticales que debían recorrer buena parte de la superficie exterior del *dolium*. Parece que sobre los cruzamientos de las bandas horizontales y verticales se estamparon las rosetas (Fig. 78, 1-2). Es posible que se trate de dos fragmentos de la misma pieza, más que de *dolia* diferentes.

Son relativamente habituales, en cambio, las marcas incisas en la pieza. El ejemplar más antiguo conocido de la zona y también el más celebrado procede de Santa Llogaia del Terri (Cornellà del Terri). Forma parte de un *dolium* entero que fue hallado casualmente labrando unos terrenos del manso Geli conocidos como "Camp dels Xiprers", donde existe, con tosa seguridad, una villa romana. En el año 1892 y debido a la intervención personal del Sr. Botet i Sisó ingresó en el Museo de Girona. El primero en dar la noticia fue el mismo investigador (Botet i Sisó, 1893, p. 289), a pesar de que más tarde se ocupó del estudio exhaustivo del *dolium* Miquel Oliva (Oliva, 1948-49, pp. 82-83). Posteriormente ha sido citado en trabajos diversos (Rodà, 1974, p. 73; Nolla & Casas, 1984, p. 174; Tremoleda, Roure & Castanyer, 1986-1987, pp. 140 i 142). Cerca del borde del *dolium* entero era remarcable la existencia de unas marcas incisas que representaban XXV (K) III.

Se conocen otros dos, procedentes de Vilauba (Fig. 76, 4 y Fig. 77, 8), con una X grafitada sobre el labio y, en una pieza diferente, con buena caligrafía, también una X incisa en la pared; otro, más complejo, de la villa del Pla de Palol (Fig. 76, 10), donde se puede leer en la parte conservada ...]XISIII (Nolla & Casas, 1984, p. 126, làm. XXXIX, 10). La mayor concentración de grafitos en un yacimiento se ha producido, con buena lógica, en el Olivet d'en Pujol, que a pesar de no conservar los *dolia in situ*, ha permitido recuperar cinco grafitos (Fig. 77, 1-5), (Casas, 1989, p. 26, fig. 8, 9 i 12; p. 33, fig. 14, 1 i fig. 15, 18), los dos primeros son iguales X(I?) y en los otros se lee XXI; XXX y XXS, respectivamente; de la villa de Tolegassos tenemos dos ejemplares (Casas, 1989, p. 117, fig. 74, 6), con los signos XXIIII y XX(?) (Fig. 77, 6-7); de Puig Rodon conocemos otro fragmento MX (Fig. 77, 9) (Casas, 1986, p. 22, fig. 4, 2) y, finalmente, el último y más espectacular proviene de Can Ring (Besalú), en el cual puede leerse XXVIIISIII (o VI) (Nolla & Casas, 1984, p. 212, làm. LXXI, 3) (Fig. 77, 10).

Sobre la función de estos grafitos sobre *dolia*, todo el mundo coincide en señalar que son cifras para medir la capacidad del recipiente.

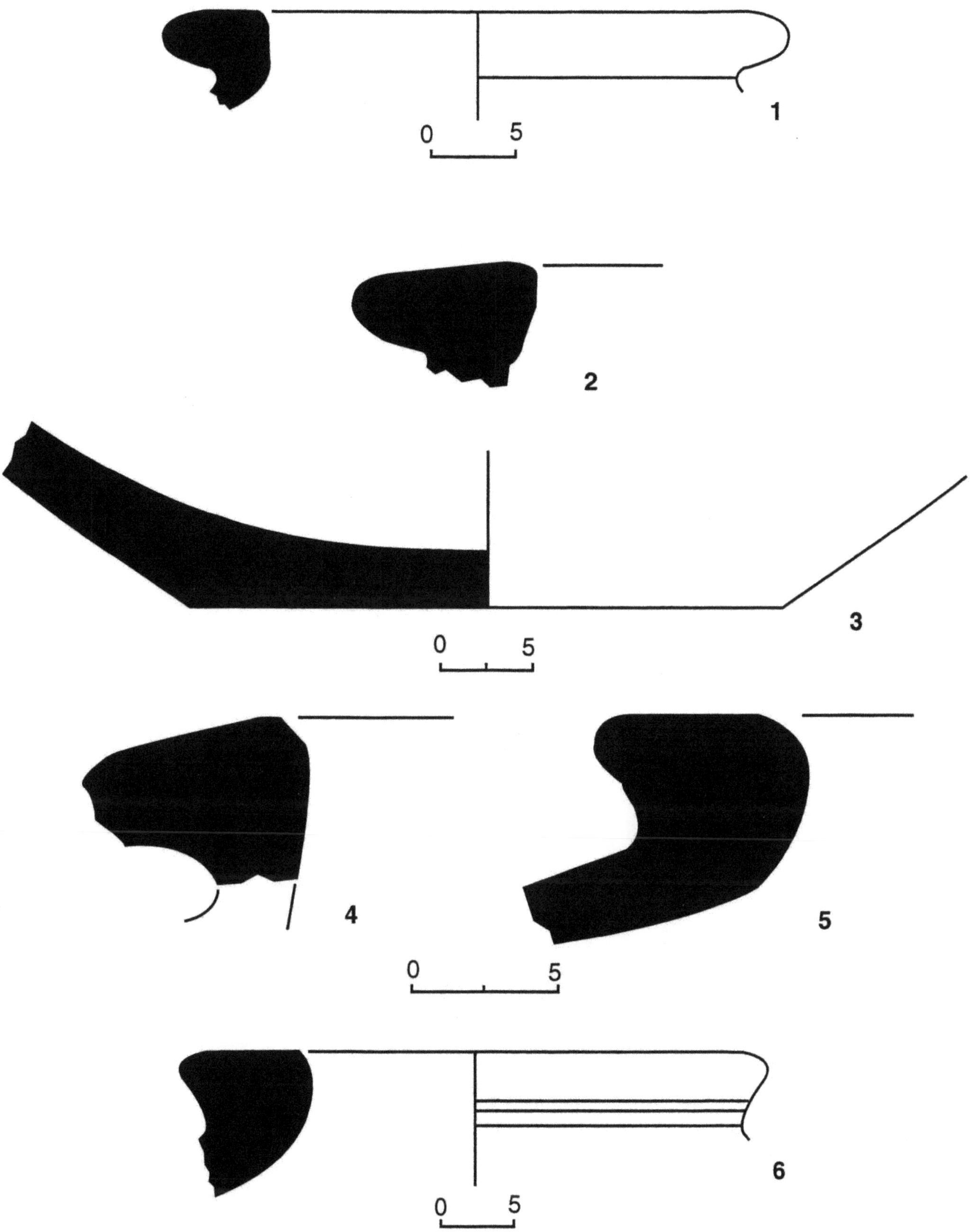

Figura 75. Diversos bordes de *dolia*. 1) Borde procedente del Camp del Bosquet, Camallera. 2-3) Borde y base de *dolium* de la excavación del alfar de Fenals, Lloret de Mar. 4) Borde hallado en Can Pau Birol, Girona. 5) Hallazgo superficial de Siurana. 6) Borde procedente de un hallazgo superficial en La Plana, Viladasens.

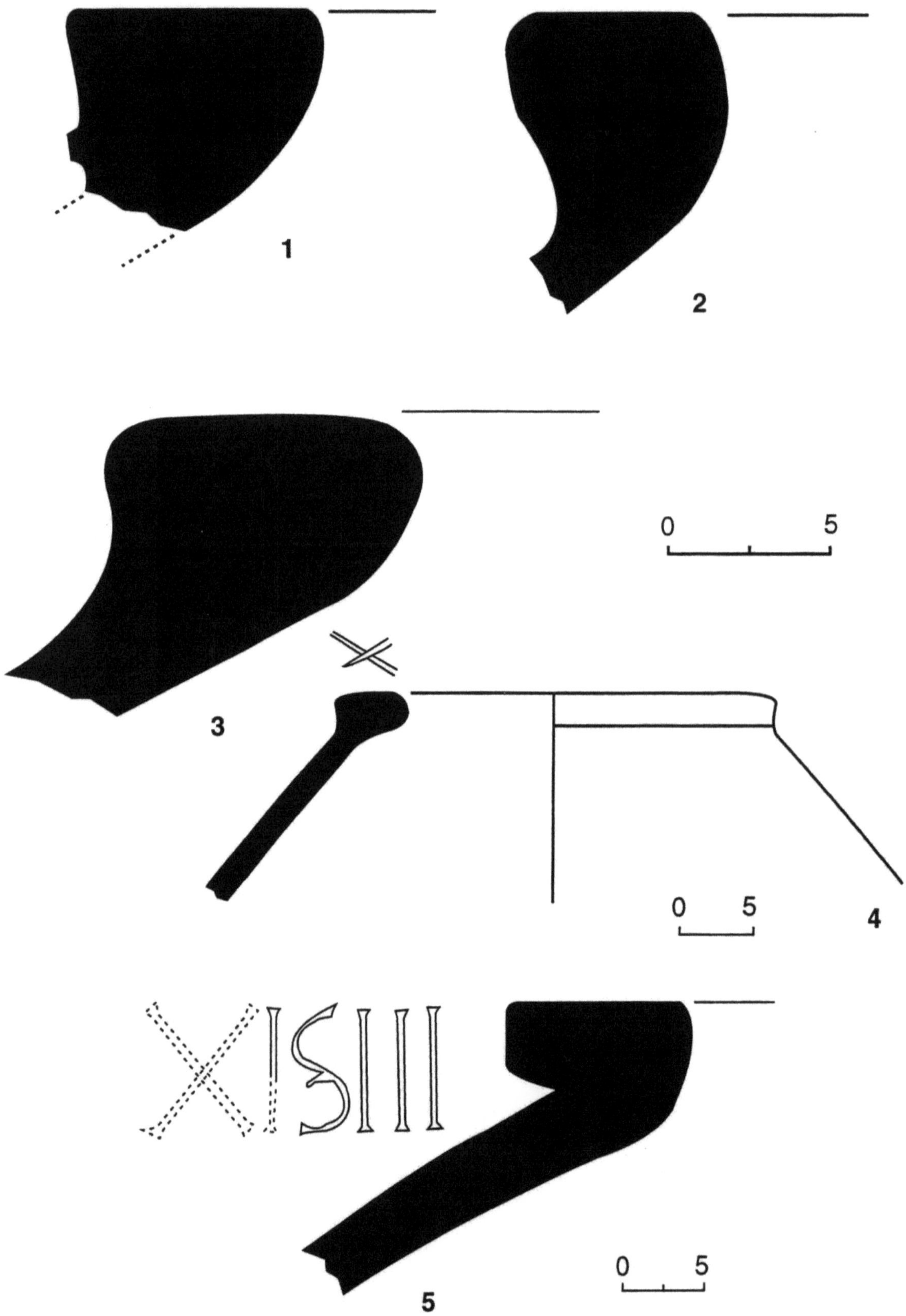

Figura 76. Diversos bordes de *dolia.* 1) Borde procedente del núcleo de Palamós. 2) Borde de *dolium* procedente de la excavación de la villa de la Quintana, Cervià de Ter. 3-4) Bordes procedentes de contextos del siglo III de Vilauba, el segundo con una X en el labio. 5) Borde de *dolium* con grafito fragmentario, procedente de Pla de Palol, Castell/Platja d'Aro.

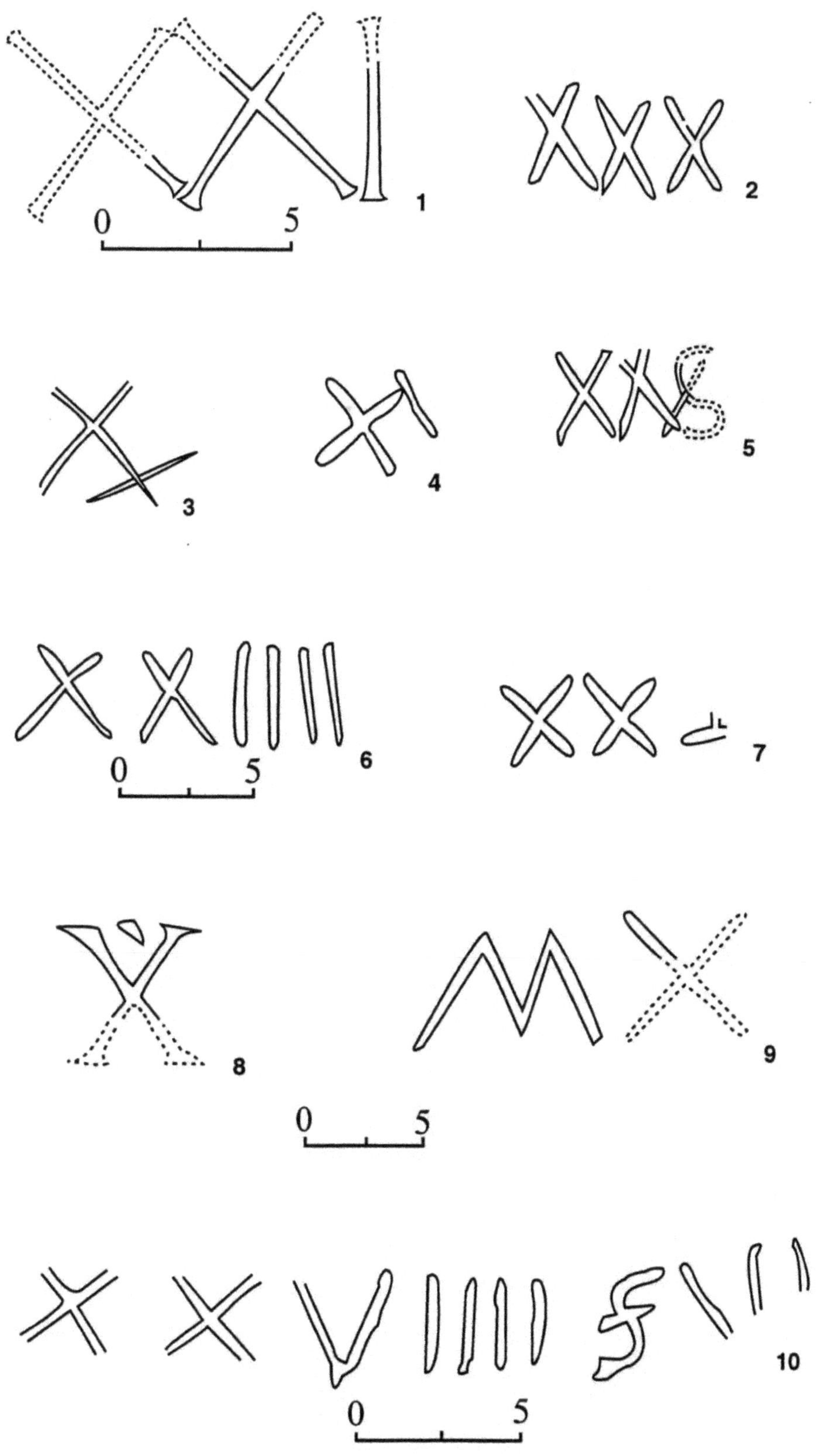

Figura 77. Diversos grafitos hallados sobre fragmentos de *dolia*. 1-5) Grafitos procedentes del Olivet d'en Pujol, Viladamat. 6-7) Grafitos sobre *dolium* procedentes de la villa deTolegassos, Viladamat. 8) Grafito sobre *dolium* hallado en Vilauba. 9) Grafito sobre *dolium* con reparación antigua, hallado en Puig Rodon, Corçà. 10) Grafito muy completo, procedente de Can Ring, Besalú.

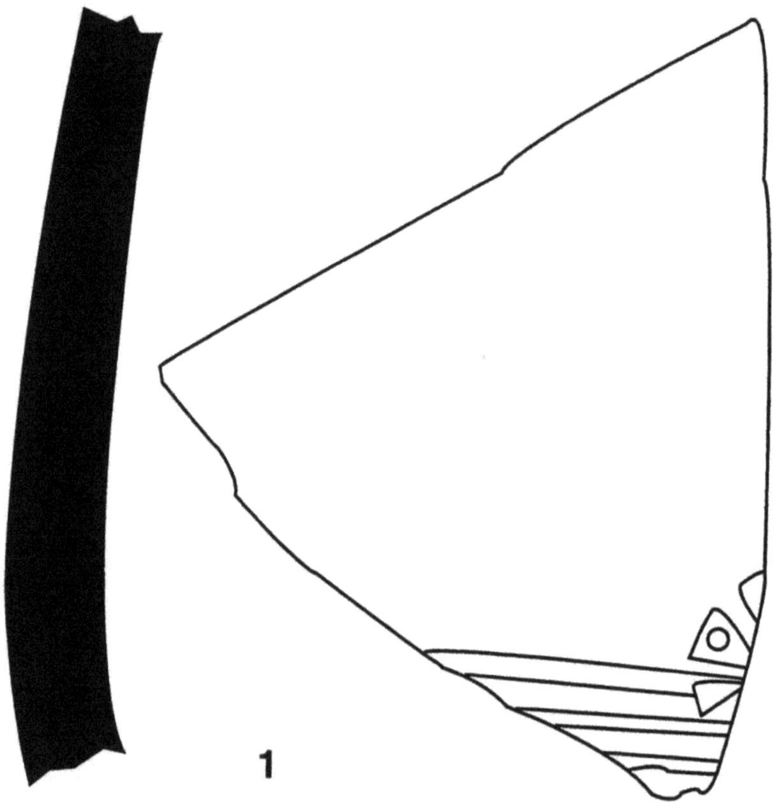

1

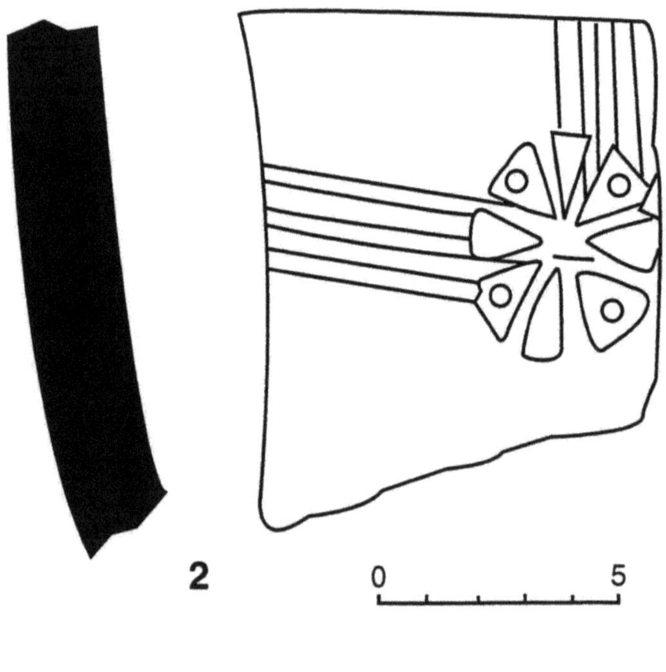

2

Figura 78. Dos marcas estampadas en forma de roseta sobre pared de *dolium*, procedentes de mas Castell, Porqueres.

Capítulo 8. Las ánforas.

En ce qui concerne la géographie viticole de l'Espagne romaine, les amphores de Tarraconaise viennent confirmer et vivifier ce que les textes et les découvertes de villas laissaient entendre: l'existence d'un grand vingoble qui va au moins d'Ampurias á Tarragone, (...) Dés Auguste, on buvait dans la Gaule du Sud-Ouest plus de vin de Léétanie que de vin italien. Les amphores 2-4 espagnoles sont présentes á Rome, de façon sensible, au plus tard au milieu du 1er siécle ap. J.-C. Au leur lumiére ont accordera peut être plus d'importance aux textes de Strabon et d'Ovide, qui font remonter á l'époque de Auguste les importations en Italie de vin de Bétique et de vin espagnol á bon marché.

TCHERNIA, 1971, pp. 77-79.

Introducción.

Las ánforas romanas han sido, en los últimos años, las grandes privilegiadas como objeto de estudio, respecto al resto de material. El año 1971 se celebró el primer congreso sobre el estado de su investigación, *Recherches sur les amphores romaines,* 1972; pronto el segundo siguió en la misma línea, incidiendo especialmente en aspectos metodológicos y tipológicos, *Méthodes classiques et méthodes formellas dans l'étude des amphores,* 1977. Doce años más tarde fue necesario de nuevo la actualización de conocimientos, la reunión de Siena llevaba un título altamente significativo: *Amphores romaines et histoire economique. Dix ans de recherche,* 1989. Los propios organizadores eran conscientes que de los numerosos temas posibles para abordar desde ese tipo de material, se había escogido el que predominaba en la investigación reciente: "considerer l'étude des amphores comme source pour l'histoire économique du monde romain, aussi bien sur le plan de la production que sur celui de la commercialisation." Es decir, las ánforas como indicadores económicos, no únicamente de la vitalidad productiva de determinados centros o zonas, sino también como un medio para conocer las vías de penetración y las áreas receptoras.

Mientras tanto se celebró y se publicaron las actas del "I Col·loqui d'arqueologia romana" en Badalona, dedicado al tema *El vi a l'Antiguitat. Economia, producció y comerç al Mediterrani occidental,* 1987. Encaja perfectamenteen esta línea de trabajo la tesis, totalmente vigente de Jordi Miró, en la cual se realiza una completa revisión de la difusión europea y de las condiciones de producción de los talleres de la Tarraconense (Miró, 1987; 1988), así como el trabajo de Fanette Laubenheimer centrado en la producción anfórica de la Galia Narbonense (Laubenheimer, 1985). También significa una síntesis para la Galia y provincias vecinas la publicación de las actas del coloquio de Metz (Laubenheimer (dir.) 1992).

Como definieron en una síntesis magistral A. Hesnard y J.-Y. Empereur, el estudio de las producciones anfóricas de la cuenca occidental del Mediterráneo se debía realizar por tipos, debido a la generalización de las formas que se fabrican e imitan en centros muy diversos, a diferencia de la situación que encontramos en la zona oriental mediterránea donde muchos centros y ciudades tenían un tipos de ánfora concreto y exclusivo que les servía de símbolo y de elemento diferenciador (Empereur & Hesnard, 1987, pp. 10-71).

El estudio de la producción de ánforas romanas en el ámbito de las actuales comarcas gerundenses lo vamos a realizar siguiendo el orden cronológico de aparición de los diversos tipos de envases. Con este material, como hemos visto en la introducción general, se constata una coincidencia entre los conceptos de clase de material, categoría cerámica y forma, ya que la denominación "ánfora" los lleva implícitos. La estructura de esta capítulo estará ordenada, pues, por tipos procedentes de los centros de producción conocidos en nuestra área.

En el estudio de cada tipo hemos estipulado una serie de apartados. El primero hace referencia a la historia de la investigación, lo cual nos aporta un marco amplio y general sobre el tipo de ánfora que estamos tratando, para pasar a la definición de sus características tipológicas. A partir de aquí, los apartados sobre los centros de producción, las arcillas, los contenidos, las marcas, y la cronología se referirán únicamente a las piezas procedentes de los talleres gerundenses, para establecer aquí las posibles particularidades técnicas o morfológicas, así como las que afectan a la cronología.

Una segunda parte está formada por el repertorio del material expuesto como un catálogo, ordenado no por tipos, sino por los talleres conocidos de la zona. En cada uno se pasa revista a los tipos que se fabricaban; finalmente, se cierra el capítulo con unas conclusiones.

Los tipos anfóricos.

Tarraconense 1.

- Historia de la investigación.

La identificación de este tipo anfórico es bastante reciente y se debe a los trabajos de Montserrat Comas y Josep M. Nolla. El primer autor acuñó el término "Layetana 1" para denominar estos envases a partir del estudio de los labios hallados en Badalona (Comas, 1983, pp. 23-26), nomenclatura que mantiene en un posterior estudio de conjunto sobre las ánforas conservadas en esta ciudad (Comas 1985, pp. 65-66). Los ejemplares layetanos fueron presentados una vez más en el congreso celebrado en Badalona el año 1985 (Comas, 1987, pp. 161-173).

Paralelamente, Josep M. Nolla proponía, en el mismo congreso, la denominación "Tarraconense 1" para la misma ánfora (Nolla, 1987, pp. 217-223) y permitía ya, por primera vez, conocer la forma entera. Se trataba, en realidad, del resumen de otro artículo, exhaustivo por lo que respecta a la documentación de paralelos, definición de las características, áreas de producción y cronología (Nolla & Solías, 1984-1985, pp. 108-144).

Es necesario que nos detengamos un momento para considerar la cuestión de la nomenclatura para aclarar posibles confusiones posteriores. Pensamos que la posición más correcta sería aceptar la segunda propuesta, que escogía un término suficientemente amplio como el de Tarraconense 1, frente al otro de Layetana 1, demasiado restrictivo para denominar un producto que, como se ha demostrado, se producía también fuera de los límites geográficos de la Layetania.

Retrocediendo en el tiempo, Martín Almagro, en los años 50, en su estudio de la epigrafía emporitana cita la marca L. VENVLEI, que se hallaba impresa en el cuello de un ánfora entera y sobre un fragmento, además se cita otro ejemplar depositado en el Museo Aqueológico de Girona (Almagro, 1952, pp. 217 y 223-224, inscripciones números 232 y 247). En la descripción del ánfora, a pesar de no encontrarla reflejada en la tabla de Dressel, marca semejanzas con el tipo 24; por lo que respecta al fragmento estampillado, nos describe las características de la pasta tarraconense, roja y con gránulos de cuarzo entre la arcilla. Beltrán, en su estudio general sobre las ánforas la considera también como una Dressel 24-25 (Beltrán, 1970, p. 159, inscripción número 254).

A pesar de que su tipificación morfológica no se ha realizado hasta la década anterior, su presencia había sido detectada ya en Empúries por parte de Josep M. Nolla, en motivo de su tesis de licenciatura (Nolla, 1974-1975, pp. 147-197), donde no pasó por alto la fuerte personalidad de esta forma, ni su posible origen local, lo cual le permitió realizar un primer ensayo de sus características formales (Nolla, 1974-1975, pp. 196-197). No obstante, los datos disponibles eran demasiado limitados y provisionalmente se propuso una cronología demasiado moderna, a partir del siglo II.

La campaña de excavación del foro emporitano del año 1982, donde aparecieron nuevos hallazgos en el sector de la curia y de la basílica asociados a bordes de ánfora Pascual 1 (Aquilué *et al.*, 1984, pp. 153-154, fig. 84, 1, 2 y 3 y fig. 87, 15), además de un borde con la estampilla L. VENVLEI (Aquilué *et al.*, 1984, fig. 87, 12), posibilitó la asociación de nuevos fragmentos con la formas completas, ya conocidas. Esta circunstancia permitió clarificar muy rápidamente el camino hacia su diferenciación, que se intuía ya a partir de este momento: "Si en un moment inicial, quan estudiárem per primera vegada aquest tipus de ánfora, dubtávem d'atribuir-la a les produccions catalanes, ara n'estem ben segurs i fins i tot podem precisar que seria, molt probablement, un recipient típic d'época augústea, i potser d'abans i tot." (Aquilué *et al.*, 1984, p. 154).

Una vez identificada la forma y sus características faltaba realizar un seguimiento en los museos, almacenes y publicaciones para poderla rastrear bajo clasificaciones erróneas y hacerse una idea más aproximada de la importancia real que tuvo.

Los conjuntos de ánforas Tarraconense 1 más importantes conocidos hasta la actualidad son (Nolla & Solías, 1984-1985, pp. 113-133): los de Empúries, procedentes de puntos muy concretos, la muralla Rubert; el área del foro, donde, a parte de los fragmentos citados de la campaña de 1982 en la curia y la basílica, conocemos seis individuos más procedentes de un silo excavado en el año 1992, y del mismo contexto dos fragmentos de Pascual 1 y uno de Dressel 1B itálica, a los cuales habrá que añadir los de las campañas recientes, y aún inéditas, en el foro de los años 1994-1998; la casa romana número 1; de algún lugar indeterminado de la Neápolis o son de procedencia desconocida. Badalona, ha proporcionado unos 18 fragmentos recogidos por Comas, procedentes del relleno de un silo de la calle Pujol, del estrato VIII de la excavación del patio del rector de Santa María y fragmentos hallados sin estratigrafía(Comas, 1985, pp. 18-25, 40-42 y 65-66); también en una zona industrial cercana a la *domus* de la calle Lladó (Puerta & Rodríguez, 1987, fig. 1, 9 y 10). Otro conjunto importantísimo es el que formaba la carga del naufragio de Illes Formigues o de Palamós, constituido casi exclusivamente por Tarraconense 1, de las cuales se recuperaron unas treinta, que se depositaron en el Museu

Marítim de Barcelona. La presentación de su descubrimiento se dio en el III Congreso Internacional de Arqueología Submarina, celebrado en Barcelona el año 1961 (Vidal & Pascual 1971, pp. 117-126), donde se publicaron aún como una forma no clasificada y con una datación del siglo I aC. También de procedencia subacuática son algunos fragmentos hallados entre la costa de Llavaneres y Mataró, que su autor considera de época republicana, sin más precisiones y busca paralelos en otros ejemplares recuperados en el pecio de Illa Pedrosa (l'Estartit) (Pascual, 1981, pp. 240-242, fig. 12, 4, 6 y 7). Dos ánforas más, enteras, proceden de la zona del Cap de Creus. Del poblado ibérico del Castell de La Fosca (Palamós), abandonado en época augústea, se recuperaron fragmentos durante las campañas de excavación de los años 1944 y 1945, y han estado recogidas per Nolla y Solías (Nolla & Solías, 1984-1985, pp. 129-130, fig. 8, 1-5). Blanes es otro punto que ha proporcionado ánforas de esta forma. Además de estos yacimientos mejor conocidos se conoce su presencia en *Barcino*, *Tarraco* y centros del Baix Llobregat (Nolla & Solías, 1984-1985, p. 133). Finalmente, las excavaciones en el tramo de la Autopista A-19, variante de Mataró, concretamente el yacimiento de Can Portell, en el término municipal de Argentona, es con toda probabilidad un centro de fabricación de este tipo anfórico, juntamente con los más corrientes (CODEX SCCL, 1992, pp. 170-173).

Fuera de Cataluña, probablemente un fragmento hallado en el pecio Drammont B (St. Raphaël Var), pueda pertenecer a este tipo (Corsi-Sciallano & Liou, 1985, pp. 71-77, fig. 62), en medio de un cargamento de ánforas Dressel 2-4; excavaciones submarinas en torno a Agde han proporcionado cuatro ánforas Tarraconense 1 enteras, clasificadas como variantes del tipo Dressel 10 (Fonquerle, 1982, p. 123, fig. 5, b, c, d y e); en el pecio de Cap Béar III, al sur del puerto de Port-Vendres, se hallaron, formando parte del cargamento ejemplares de Tarraconense 1, juntamente con ánforas Pascual 1 (Colls, 1986, 201-213, figs. 38-40). Por otra parte, Hesnard, dentro del grupo de ánforas de forma ovoide del depósito de la Longarina, en Ostia, que denominó "tipo Longarina 2 o Dressel 10", para las cuales proponía una posible procedencia tarraconense o bética y parecen corresponder al tipo que nos ocupa (Hesnard, 1980, pp. 147-148). Nolla y Solías citan también su presencia en niveles augústeos de *Lugdunum* (Nolla & Solías, 1984-1985, p.133) y Miró en Vieille-Toulouse (Haute-Garonne), Agen (Lot-et-Garonne) y Vienne/Saint-Roman-en-Gal (Isére), las dos primeras con las marcas conocidas de MEVI, L. VENVLEI y Q..., de fabricación layetana (Miró, 1988, pp. 122-123). El reconocimiento internacional de este envase motiva que aparezcan cada vez más ejemplares identificados en las zonas centroeuropeas (Desbat & Martin-Kilcher, 1989, p. 341, fig. 5, 3-5).

Finalmente, debemos dar referenciade un *unicum*, se trata de un borde de ánfora Tarraconense 1 con un nombre ibérico sellado, procedente de Salduie, en el centro histórico de Zaragoza. El sello, incompleto en la parte final, transcrito como e y ke bi y, según un estudio previo, debe relacionarse con la marca TIBISI del taller de la Aumedina, señalando dos posibilidades para su interpretación: como un nombre ibérico latinizado de un personaje o, la más aceptada, como un topónimo (Aguarod, en prensa). La importancia de esta hallazgo se debe a la posibilidad de constatar como en esta primera fase de producción de los viticultores tarraconenses se incorpora un propietario ibérico que adopta los hábitos comerciales que presentaba el grupo, muy homogéneo, de colonos itálicos. Esto sirve para demostrar como una parte de la producción estaba en manos de indígenas. Se trata probablemente de un miembro de la aristocracia indígena, que todavía no ha latinizado el nombre y que disfruta de las mismas condiciones económicas que los colonos. Otro caso conocido, aunque con los sellos ibéricos estampillados sobre ánforas Dressel 1B de fabricación tarraconense, son dos ejemplares hallados en el campo de Tarragona, a raíz de unas prospecciones realizadas en el territorio (Carreté, Keay & Millet, 1995, p. 83, figs. 5.14, 12.C.885:F.9 i 5.15, 1.C.884:F.9).

- Definición y descripción del tipo.

La definición y descripción de la morfología del tipo fue realizada en su momento por Comas, 1985, p. 65. Pero, debido a que se tuvo que realizar a partir de restos fragmentarios, preferimos hacer referencia a la descripción propuesta por Nolla y Solías ya que es más exhaustiva y utiliza todos los paralelos conocidos hasta el momento, sobre todo las ánforas enteras de Empúries y del pecio de Palamós. Esta descripción fue usada también por J. Miró (Miró, 1988, p. 68).

Ánfora de perfil ovoide, con un cuello de poca altura, robusto y troncocónico, a veces casi cilíndrico, acabada con un pie no muy alto, robusto, casi cilíndrico y macizo. Las asas son siempre cortas y robustas y salen de debajo del labio y acaban en el hombro del ánfora, que nunca es muy pronunciado sino suavemente redondeado. La sección de las asas es frecuentemente de sección elíptica y aplastada y puede presentar una o varias acanaladuras en la cara superior. La inferior raramente no es lisa. El labio es a la vez un elemento característico del ánfora y también la parte del recipiente con menores variaciones. Nunca es muy alta y suele tener siempre las paredes abiertas con un diámetro mayor en la parte alta que en la baja. Las paredes suelen ser rectas y la parte superior del labio suele presentar un engrosamiento redondeado, característico, a veces en forma de anillo, formando parte de un labio más complejo. En otras ocasiones estos labios presentan en el cuello un escalón de menor diámetro en relación con el labio propiamente dicho, o un listón, nunca demasiado ancho.

La altura de estas ánforas se sitúa entre los 70 y 85 cm, con una altura media de entre 75 y 80 cm; la anchura del cuerpo es de 32/36 cm. La altura de los labios es más variable y se sitúa entre 3 y 6 cm (Nolla & Solías, 1984-1985, p. 111).

- Centros de producción, particularidades, pastas y contenido.

Después de esta descripción rigurosa y general, querríamos hacer algunas precisiones en torno al material fabricado en los únicos talleres detectados hasta el momento en la zona: el de Fenals y el de Llafranc, los más primerizos.

Siendo Fenals el centro que ha aportado, hasta ahora, mayor cantidad de fragmentos asociables a esta forma y que los hallazgos de Llafranc son todavía recientes y muy atomizados, nos limitaremos al conjunto del primer yacimiento. Por la fragmentariedaddel material deberemos centrarnos en la parte más definitoria de la pieza, el borde, que es la que permite diferenciar mayor número de variantes. Al margen del aspecto homogéneo general que presentan estas ánforas, es difícil encontrar dos perfiles de borde totalmente idéntico, al contrario de lo que pasa, por ejemplo, con las Pascual 1 o las Dressel 2-4.

En los vertederos de los hornos de Fenals podemos distinguir, buscando el detalle, un máximo de cuatro variantes, con irregular presencia numérica, aunque, en general, podemos decir que se trata de perfiles sencillos y que no están presentes los que tienen, bajo el borde, un escalón de menor diámetro, un listón o moldura, de forma que estamos en condiciones de afirmar que los que poseen estos elementos no proceden de este alfar.

1- Borde de poco más de 4 cm, sencillo, separado claramente del cuello por una inflexión muy pronunciada y reentrante (Fig. 79, 1). El labio es triangular, engrosado por la parte exterior. La pared es delgada y sigue las curvaturas que dibuja el borde, con excepción de la parte superior. Es una forma especialmente estilizada y elegante.

2- Borde de poca altura, de 2,5 cm, totalmente vertical por la cara externa y redondeada por el interior, separada del cuello por un simple cambio de dirección de la pared, dejando paso a un cuello marcadamente troncocónico. El labio, sin diferenciar del borde se define simplemente por el redondeamiento del final de la pared (Fig. 79, 2). De hecho, se trata de la variante más simple de las detectadas. Conocemos un paralelo muy cercano procedente de Badalona (Comas, 1985, p. 45, fig. 8, 6) y dos más de un silo del foro de Empúries, todavía inéditos.

3- En esta variante se puede incluir un conjunto de bordes (Fig. 79, 3-10), con unas características similares y propias, por este motivo las agrupamos. Su altura de borde es muy homogénea, en torno a los 3 cm y se definen por las paredes verticales, separadas del cuello por un escalón, marcado externa y internamente, manteniendo un grosor de paredes bastante constante, excepto en algunos ejemplares que es más delgado en esta inflexión que marca el inicio del cuello. El labio es también muy característico, formado por un engrosamiento redondeado hacia el exterior, provocando frecuentementeun falso aspecto de abertura de la boca. Los cuellos resultantes tienen una forma prácticamente cilíndrica.

4- Conjunto de bordes (Fig. 79, 11-16) que, como sucedía anteriormente, presentan una fuerte homogeneidad. Estos bordes tienen una altura ligeramente superior a las otras, oscilando entre los 3 y 4 cm. Los elementos principales que permiten su diferenciación consisten en un borde más abierto, no vertical sino oblicuo, y el resalte que lo separa del cuello no está seguido en la pared interior, produciéndose así un engrosamiento de forma triangular en este punto de transición. El labio, que es redondeado, sigue la tendencia del borde, alargándose ostensiblemente. Un caso extremo en esta evolución lo representa la pieza Fig. 79, 16. Algunas de estos bordes recuerdan las formas recogidas y numeradas por Dressel entre el 7 y el 11.

Sobre las características de la arcilla de Fenals, debemos decir que se corresponden con las que tradicionalmente se han descrito como las propias de la Tarraconense (Tchernia & Zevi, 1972, p. 37), de color rojo ladrillo, con desgrasante de cuarzo e inclusiones negras, y que analizaremos con más detalle en el anexo 2.

La pasta propia de Llafranc, es muy diferente, dura, compacta y bien depurada, de color anaranjado, beige o rosado, de la cual también podremos ver, más adelante, los análisis.

Por lo que se refiere al contenido, la forma general del recipiente, que recuerda los tipos de la Apulia, de perfil ovoide, tradicionales contenedores de aceite i los tipos béticos y que frecuentemente han sido clasificados como tipo Dressel 10, parecían predisponer a los investigadores a pensar en productos propios de los tipos citados. Pero cada vez está más claro que las imitaciones de unas formas concretas no condicionan en absoluto su contenido, sino que deben asociarse con los productos propios de la región que los fabrica. Más adelante veremos como las ánforas Dressel 7-11 de la Aumedina se cree que transportarían vino, del mismo modo que la posibilidad más factible respecto a la Tarraconense 1 sea también el vino (Nolla & Solías, 1984-1985, p. 141-142). Este aspecto se confirma con el hallazgo del recubrimiento resinoso en el interior de alguna de las ánforas del pecio de Palamós (Vidal & Pascual, 1971, p. 120). A este respecto puede ser muy ilustrativo el caso del cargamento del pecio Sud-Caveaux 1, con la reutilización de ánforas de diversa tipología (Dressel 10, Oberaden 74, Haltern 70 y Lamboglia 2) para el transporte de pez (Long & Delauze, 1996, pp. 84-86).

Los ejemplares procedentes de los talleres gerundenses no han proporcionado estampillas, en cambio, un buen número de las que conocemos en Cataluña provienen de los hallazgos emporitanos.

- Cronología.
En Fenals debemos considerar que las dataciones más antiguas que aporta la excavación del taller son contemporáneas a los primeros tipos de ánfora que se fabricaron allí. En este caso no podemos suponer una cronología anterior al 30-25 aC y, per lo tanto, se trata de un taller que se incorporó a la producción cuando hacía ya años que el proceso se había iniciado más hacia el sur, sobre todo en el área del Bajo Llobregat, del Maresme y del Vallès.

Lo mismo podemos argumentar para la fabricación documentada en la *figlina* de Llafranc que, si bien, en los primeros trabajos el período inicial de la producción anfórica estaba poco documentado, no solo por la poca cantidad de fragmentos de ánfora Pascual 1, sino también por la ausencia de Tarraconense 1 (Nolla, Canes & Rocas, 1982, pp. 166 y 168), trabajos posteriores se han encargado de completar.

Excavaciones emporitanas recientes parecen aportar nuevas precisiones. Los conjuntos cerrados aportados por diversos silos del foro, excavados entre los años 1992 i 1998 muestran en los casos más antiguos una presencia exclusiva de Tarraconense 1, mientras que en los posteriores se halla ya una convivencia de los dos tipos, para dejar paso, ya con Augusto, a una presencia exclusiva de Pascual 1; sus dataciones, a falta de un estudio exhaustivo de los materiales (se trata aún de conjuntos inéditos) se situaría en el primer caso entre el año 40 y el 30 aC, mientras que en los posteriores se debería rebajar la cronología unos 10 años, entre el 30 y el 20 aC, de forma que la introducción de la Pascual 1, según estos datos concretos debería situarse en torno del 30 aC.

Estas dataciones se acercan mucho a las propuestas por Comas y Miró (Comas, 1985, p. 156; Miró, 1988, p. 69). La primera, según las excavaciones de Badalona, apuntaba el año 30 aC como la cronología más antigua para la Tarraconense 1 (entiéndase Layetana 1) que aparecía poco antes que la Pascual 1; habrían convivido un par de decenios, siendo substituida por esta última en época augústea.

Tarraconense 2-Fenals 1 (T1-F1). Nuevas precisiones sobre las primeras ánforas vinarias catalanas.

-Identificación.
Su identificación se produjo con ocasión de estudiar los materiales procedentes de la excavación del taller de Fenals. La nomenclatura se acoge a la propuesta realizada por Nolla y Solías de dar a los tipos fabricados en la Tarraconense una correlación sujeta al nombre de este ámbito geográfico. En nuestro caso, además, se justifica por la estrecha relación que, como veremos, mantiene con la Tarraconense 1. Se ha preferido también añadir la precisión del taller que ha permitido su identificación, término que de generalizarse el reconocimiento de este tipo en otros yacimientos se convertiría en superfluo.

- Definición y descripción del tipo.
Este tipo está representado en la Fig. 80. Se manifiesta sobre todo por un conjunto de bordes de ánfora reunido bajo esta nueva nomenclatura, y tienen un diámetro entre los 13 cm, las más estrechas y 16 cm las más abiertas, aunque la media debe situarse entre los 14 y los 14,5 cm. Morfológicamente se definen por un borde de poca altura, cercana a los 3 cm, un labio engrosado y mayoritariamente redondeado, delimitado en la parte inferior por un collarino o moldura en relieve, de forma triangular con la arista muy viva y afilada, bajo la cual empieza ya el cuello, de forma cilíndrica y de paredes gruesas (Fig. 80, 1-8). Las asas se pegan en el inicio del cuello, que caen suavemente sin formar un codo pronunciado. Su sección es redondeada o ligeramente aplastada y en la parte superior, y solo en esta, presenta dos o más acanaladuras poco profundas que producen tres o más crestas de poco relieve (Fig. 80, 1, 3, 5, 9). En estos casos el borde es vertical o ligeramente reentrante. Tenemos aquí algún caso que parece mostrar un grado más de evolución (Fig. 80, 3-4), marcado sobre todo por el borde un poco más alto y abierto, y transforma aquella arista inferior tan viva en un escalonamiento más suave, lo cual la acerca a los perfiles de la Tarraconense 1, por ejemplo (Fig. 79, 14) de Fenals.

Somos conscientes que definir un nuevo tipo de ánfora implica hablar de una forma de cerámica con realidad histórica, que fue fabricada per uno o más ceramistas, en uno o más talleres, durante cierto período de tiempo. Como escribió Fanette Laubenheimer, lugar de producción, ceramistas, arcilla utilizada o datación son caracteres extrínsecos al tipo y no entran en su definición; quedan, de alguna manera, independientes. En cambio, un tipo se define por una serie de caracteres intrínsecos, como un sistema de proporciones entre las partes, calidades y relaciones que el ceramista tiene en la mente, etc., que se repiten de la misma forma en una serie de objetos. Las dimensiones, el peso, la capacidad, que agrupadas en torno de un valor medio aseguran la repetición de una misma forma de proceder y son testimonio de la voluntad de crear muchas veces el mismo objeto. La morfología, la tipología, la fabricación le dan un aspecto idéntico (Laubenheimer, 1985, p. 235).

Con lo que hemos acabado de exponer queda claro que tenemos pocos elementos definitivos para asegurar la existencia de una forma estable, concebida como tal, ya que desgraciadamente para su individualización solo hemos podido disponer de las partes superiores del recipiente y, por lo tanto, no podemos conocer la proporción ni la relación entre las diversas partes de la pieza entera o cual sería su capacidad. En contrapartida, conocemos una serie no despreciable de ejemplares, teniendo en cuenta que no habría sido una forma de producción masificada y que, además, su período de producción habría sido corto, para acabar asimilándose a un tipo, la Tarraconense 1, que se caracteriza precisamente per una fuerte variabilidad de sus partes más definitorias, sobre todo el borde.

Para poder realizar diferenciaciones de este tipo debemos pensar que el papel del artesano no es negligible, su forma de trabajar es la que causa las variaciones en torno a lo que representan los valores medios de una medida, pero también juega un papel importante la morfología, y la técnica de fabricación. Por eso es indispensable trabajar a partir de series de objetos que nos ofrecen los lugares de producción y saber que no se deben clasificar como tipos los objetos de forma extraña, si no tenemos pruebas de una fabricación seriada y reiterativa, ya que podría tratarse de hechos excepcionales.

Es difícil hallar paralelos de este tipo de ánfora en nuestra zona. Solamente podemos citar un posible prototipo itálico, las denominadas ánforas ovoides de origen adriático, fechables entre el 50 y el 30 aC (Cipriano & Carre, 1989, pp. 77-80, fig. 9, a). De hecho, estas surgen de un panorama bastante complejo y poco conocido donde tradicionalmente se habían clasificado como ánforas de Brindisi. Hallamos también bastantes semejanzas con unos perfiles encontrados en Bolonia, que Beltrán considera dentro de su forma I, enmarcándolos dentro del primer estadio, fechable en época augústea o primera época imperial, ja que se trata de labios cortos y poco desarrollados (Beltrán, 1970, p. 400, fig. 158, 42-44). Hallada en Empúries fuera de contexto y con una pasta que no es de la Tarraconense, beige y con engobe de color blanco/amarillento, de tacto harinoso, se conserva la parte superior de una ánfora de perfil semejante. Fue estudiada por Josep M. Nolla, que después de describirla como de cuerpo ligeramente ovoide, la consideraba como un ejemplar no catalogado (Nolla, 1974-75, p. 170, fig. 16, 4).

- Centros de producción, pastas y contenido.

De momento, el taller de Fenals es el único centro de producción conocido y a partir de aquí se ha podido identificar. Es posible también que esté documentada en Calella, ya que de la publicación de los materiales del alfar del Roser conocemos un borde muy similar al tipo que estamos describiendo (López, 1985, lám. XI, 1).

La arcilla presenta las mismas características y componentes que las anteriormente descritas, tal vez debemos hacer notar que las tonalidades no corresponden a un rojo ladrillo tan intenso, sino más anaranjadas, hecho que podría estar motivado por el mayor grosor que presentan las paredes. Esta constatación no impide que los resultados de los análisis realizados sobre otras producciones de Fenals sean vinculantes, ya que, obviamente, se usaron las mismas arcillas.

El contenido de estos envases es difícil de conocer, por diversas razones: solo conocemos los fragmentos que ha proporcionado la excavación del alfar de Fenals; no disponemos de ningún ejemplar o paralelo completo, no solo en el vertedero, sino en cualquier otro yacimiento i, por lo tanto, ningún resto de revestimiento o resina que pueda ser analizado. A pesar de esto, por el contexto en el que fueron fabricados debemos pensar que estarían destinados a envasar vino, con más razón si pensamos que pueda tratarse de un modelo que evolucionará hacia la Tarraconense 1. No se conoce epigrafía.

- Cronología.

En este caso cabría suponer una cronología contemporánea a la propuesta por la Tarraconense 1.

Pascual 1.

- Historia de la investigación.

Fue el primer tipo anfórico reconocido como producción tarraconense y gracias a eso se pudo hablar y hacer consideraciones sobre una producción vinícola catalana en época romana. Es un fenómeno relativamente reciente, que se remonta a poco menos de cuarenta años, si tomamos como punto de partida la comunicación presentada por Ricard Pascual en Barcelona (Pascual, 1960), a pesar que en un primer momento las consideró como una imitación tardía de Dressel 1B.

Últimamente se ha producido un avance considerable, motivado sobre todo por tratarse de un material que trascendía la ceramología y permitía abrir nuevos horizontes sobre el comercio, el consumo, el transporte y, en general, sobre la economía de la Antigüedad. La primera interpretación del hecho económico que representaba una producción de ánforas vinarias en territorio provincial la debemos a André Tchernia (Tchernia, 1971). De forma prácticamente simultánea, Beltrán las incluía en su gran síntesis, bajo la denominación Dressel 1-Pascual 1 (Beltrán, 1970, pp. 329-338). La labor fue continuada por el mismo Pascual (Pascual, 1977), que agrupó los talleres del área layetana, configurándola como el núcleo originario y pionero de la producción anfórica catalana. No obstante, ha sido posible definir mejor el alcance real de esta producción desde la zona de Tarragona hasta el área gerundense y la Galia Narbonense (Nolla, Canes & Rocas, 1982; Laubenheimer, 1985; Miró, 1988). Todas estas aportaciones han permitido incluir la Pascual 1 como tipo propio y de pleno derecho en las tipologías más recientes (Peacock & Williams, 1986, pp. 93-95), y llegar a ser consideradas en las primeras grandes síntesis sobre la producción vinaria entre época republicana y alto imperial, su comercialización y difusión, tomando como principal fuente de información el documento arqueológico. En un ámbito global están integradas en el excelente síntesis de André Tchernia (Tchernia 1986) o en otras de un cariz más divulgativo (Laubenheimer, 1990).

El trabajo de Pascual agrupaba los centros productores del área del Baix Llobregat (Sant Boi, Can Pedrerol y Can Tintorer), el Vallès (Caldes de Montbui y se entorno inmediato: Cararach, Sant Miquel dels Martres, Can Vendrell y Can Cabot; Can Collet), Badalona y la comarca del Maresme (Torre Llauder, el Morrell, Sot del Camp y Calella) (Pascual, 1977, pp. 47-96). Posteriormente Jordi Miró ha completado el repertorio, sobre todo con las otras zonas catalanas, siguiendo Pascual y estudios locales (Miró, 1988, 14-56). Encontramos así Darró en la comarca del Garraf, de publicación reciente (López, 1993, pp. 64-76), Can Feu, en el Vallès (Martín *et al.*, 1988, pp. 89-91); el conjunto vinculado al núcleo romano de Barcelona, formado por Nuestra Sra. del Port/Gran Vía, Montjuic y Av. Francesc Cambó (Granados & Rovira, 1987, pp. 126-132) y las novedades sobre Badalona (Comas, 1985; Comas, 1987, pp. 161-173; Puerta & Rodríguez, 1987, pp. 183-188), Alella, El Masnou, Torre Llauder (Prevosti & Clariana, 1987, pp. 199-210; Prevosti & Clariana, 1988, pp. 126-127), Sant Pol, Calella (López, 1985, pp. 162-208) y Malgrat (Burjachs *et al.*, 1987, pp. 224-226). Por lo que respecta a las comarcas de Tarragona el punto de máximo interés sigue pivotando sobre la Aumedina, Tivissa, en la Ribera d'Ebre (Nolla, Padró & Sanmartí, 1980, pp. 193-218; Revilla, 1993).

Por otra parte, la presencia de ánforas Pascual 1 en los naufragios de la costa catalana y francesa son bien conocidos (Liou, 1987, pp. 271-274): Els Ullastres, en Calella de Palafrugell; Culip 1 y Culip 3, en el Port de la Selva, así como otros hallazgos en el Cap de Creus; Cala Cativa y Cap del Vol, también en el Port de la Selva; Cap Béar 1 y Cap Béar 3, al sur de Port Vendres, este último con presencia de Tarraconense 1, como hemos visto anteriormente (Colls, 1986); Port Vendres 4 y 5 y, finalmente, el pecio de Cap Gros, entre Port Vendres y Cotlliure.

La zona narbonense debe contarse también entre las regiones productoras de Pascual 1, aunque su incorporación habría sido algo más tardía que el área catalana. Conocemos tres talleres: Aspiran, Montans y Corneilhan (Laubenheimer, 1985, pp. 312-315; Laubenheimer & Widemann, 1977, pp. 58-82).

- Definición y descripción del tipo.

Cuerpo ovoide, de forma ahusada, lo cual motivó que en su momento los investigadores franceses las describieran como "fuselées" (Tchernia, 1971, p. 38). La parte más definitoria de su morfología es el borde, siempre en forma de amplio collar, de entre 7 o 8 a 12 cm, separado claramente del cuello por un escalonamiento de manera que el borde es siempre más grueso que el cuello. Este efecto, que proporciona más resistencia al borde, no se realiza añadiendo más arcilla, como así ocurría con las Dressel 1, sino que se consigue en el mismo proceso de torneado de las piezas. El labio o parte superior del borde acostumbra a ser redondeado, aunque a veces puede quedar ligeramente allanado. El borde suele ser bastante vertical, pero en algunos casos son más abiertos, adquiriendo, como suele decirse, forma de trompeta. El cuello es corto, de forma troncocónica, que está en conexión suave con la parte de la espalda, sin carenas marcadas y esta se entrega a la parte más ancha del cuerpo, que va adelgazando suavemente hasta que cierra en la zona del pivote, que siempre es alto y macizo. Las asas son cortas, en forma de L invertida y forman ángulo recto, con el codo redondeado. Están soldadas en la parte superior del cuello, justo al final del borde, sobre la espalda. La sección de las asas es elíptica con una acanaladura estrecha y profunda en la cara exterior, mientras que la interior es lisa. La altura total suele oscilar en torno a un m.

- Centros de producción, morfología, pastas, marcas y contenido.

Actualmente conocemos, en el área gerundense, tres centros productores de este envase, Fenals, Llafrancy S'Agaró. A pesar de conocer la cita de Mas Carbotí, Tossa de Mar, como una villa con posible producción de ánforas Pascual 1 y Dressel 2-4, no disponemos evidencias suficientes (López, Zucchitello & Fierro, 1985, pp. 38-43; Miró, 1988, p. 48). Los dos primeros son los talleres mejor conocidos y, por lo tanto, cuantitativamente los más importantes. En Llafranc, la excavación del vertedero más tardío ha motivado que, de momento, la Pascual 1 sea minoritaria respecto a la Dressel 2-4; pero esta tendencia deberá ser rectificada, sin duda, con la localización de nuevos testares. Por lo que respecta al horno de S'Agaró, su presencia es puramente testimonial, ya que se conoce debido a una simple recogida ocasional de materiales.

Empezando por el taller de Lloret de Mar, es el que nos ofrece datos más fiables pro la amplitud de la muestra recogida: sobre un total de 2.491 individuos de ánfora, las Pascual 1 representan el 54,05% (véase anexo 1). Hallamos, en conjunto, una resolución de las características tipológicas de las Pascual 1 muy estandarizada. Únicamente en un caso se ha podido restituir el perfil entero de un ánfora, en base a dos grandes fragmentos (Fig. 81, 1). Los bordes, en general, son abiertos y acampanados, con la pared exterior lisa y el engrosamiento que marca el labio y las marcas de torno por la parte interior. La altura media de los bordes se sitúa entre los 7 y 8 cm, sin excepción (Fig. 81, 2-4; Fig. 82, 1-14). Cabe destacar un elemento que podría ser distintivo del taller, no es general, pero se repite en diversos ejemplares. Se trata de un pequeño escalón en la parte alta del borde por la parte externa, en algunos casos menos marcado y en otros más (Fig. 82, 3, 10-11, 14). Las asas son, morfológicamente, muy regulares. La sección es casi circular, un poco aplanada, con un surco en la cara externa poco profundo y poco abierto (Fig. 81, 2-4).

Por lo que respecta a las Pascual 1 de Llafranc, a pesar de la poca cantidad recuperada se pueden distinguir claramente dos variantes: una de boca muy abierta y labio alto (Badia, 1966, fig. 1) (Fig. 93, 1) y la otra, de labio ligeramente más corto y más sólido, tiene las paredes más verticales y no tan abiertas (Nolla, Canes & Rocas, 1982, fig. 11) (Fig. 93, 2). Así lo corroboran los ejemplares provenientes de las nuevas excavaciones (Barti & Plana, 1993, fig. 5 y 8).

El único ejemplar proveniente de S'Agaró, (Fig. 91, 1) presenta un borde alto, de unos 7 cm y un diámetro de boca de 13 cm, lo más destacable es el engrosamiento redondeado que forma en el labio.

Frente a la gran uniformidad morfológica de la Pascual 1, Miró prefería como criterio fiable a la hora de establecer una diferenciación entre los diversos centros productores, más que en cuestiones morfológicas, en el de las arcillas, ya que las pastas de las diversas zonas geográficas presentan una gran diversidad (Miró, 1988, pp. 70 y 78). Este podría ser, en efecto, un elemento válido, poco tienen que ver las pastas de Fenals, que encajan perfectamente en la descripción de la pasta de la Tarraconense, muy bien definida, de color rojo ladrillo, con desgrasante de nódulos de cuarzo y pequeños puntos negros (Tchernia & Zevi, 1972, p. 37) y las del horno de Llafranc, de color beige/rosado, muy bien depuradas, compactas y duras (véanse los análisis de pastas de las dos procedencias en el anexo 2).

Por lo que respecta al contenido de estas ánforas, pocas novedades podemos aportar a lo que ya sabemos, primero, porqué está bien establecido que servían para envasar vino y, en segundo lugar, que nos hemos limitado a estudiar piezas procedentes de los vertederos y, por lo tanto, desechos de fabricación, lo cual implica que son ánforas que nunca fueron usadas ni revestidas interiormente con resina para recibir el líquido.

El único yacimiento que aporta epigrafía es Llafranc. Joan Badia publicó años atrás un ejemplar de Pascual 1, en dos grandes fragmentos, con una estampilla rectangular en el borde donde se podía leer ...SVL VEIEN... (971), el pensar que se trataba de una cartela entera le impidió realizar una correcta interpretación del nombre (Badia, 1966, pp. 265-266, fig. 1). Se ha tenido que esperar hasta finales de los 80 i inicios de los 90, cuando las excavaciones modernas de Llafranc han permitido hallar nuevos elementos, para completar el nombre que aparece tanto sobre Pascual 1 como sobre *tegulae* (Barti & Plana, 1993, fig. 11; Llinás & Sagrera, 1993, fig. 8), según los *tria nomina* siguientes: P. VSVL. VEIENT, aunque en estas publicaciones no se distinguió la T final ligada a la N.

- Cronología.

Los primeros talleres que producen ánforas vinarias en el área gerundense son los de Fenals y Llafranc. La cronología de estos talleres mejor conocidos no parecen remontar la fecha de mediados del siglo I aC; las Pascual 1 debían ser contemporáneas de los tipos comentados anteriormente, cubriendo el último tercio del siglo I aC. Para Montserrat Comas, el ánfora Tarraconense 1 (Layetana 1) habría sido la primera, siendo desplazada gradualmente y de forma masiva por la Pascual 1, que dominaría totalmente el mercado poco tiempo después, opinión que parece ser compartida por Miró (Miró, 1988, p. 69). Esta diferencia cronológica no es posible demostrarla, de momento, en los mismos talleres y tenemos que recurrir a los yacimientos receptores como seria el caso de Empúries, que permiten aportar mayores precisiones, que ya hemos comentado anteriormente.

El final de su producción es más difícil de precisar, ya que el proceso de substitución por parte de la Dressel 2-4 fue lento, gradual y, en buena parte, deberían superponerse en el tiempo; en todo caso no parece que se fabricasen más allá del reinado de Tiberio.

Dressel 2-4.

- Historia de la investigación.

Este tipo anfórico, a pesar que fue producido en los mismos talleres que permitieron el reconocimiento de las Pascual 1, no fue identificado como modelo autóctono hasta más adelante, probablemente por la fidelidad con que fueron copiados los modelos itálicos.

Beltrán estudia en un solo bloque las ánforas 2 a 5, 36 y 43 a 45 de Dressel (Beltrán, 1970, p. 358-380). Siguiendo la agrupación realizada por Lamboglia y Benoit, considera, más tarde, los tipos 2-3 como el mismo, no así la forma 4, cosa que mantienen Zevi y Callender, este último las agrupa bajo su forma 2 (Callender, 1965, pp. 9-12), ya que solo se pueden diferenciar por las dimensiones. Probablemente sea en estos dos tipos que debamos enmarcar tipológicamente las ánforas fabricadas en la zona gerundense.

En general, hay acuerdo en considerar toda esta variedad de tipos y subtipos como una derivación de los prototipos griegos del siglo III aC, en concreto los producidos en la isla de Cos. En primer lugar, fue imitado en Italia a finales del siglo I aC, para substituir la Dressel 1; más tarde pasó lo mismo en la Tarraconense y en la Galia, substituyendo las Pascual 1.

En el año 1971, en una publicación ya citada, André Tchernia las identificó como propias de la costa catalana y fabricadas en los mismos centros que la Pascual 1 (Tchernia, 1971); y, juntamente con Fausto Zevi, varen realizar una síntesis de la presencia de las Dressel 2-4 de la Tarraconense y de la Campania a Ostia, donde se pudo caracterizar en detalle la pasta más corriente de la zona tarraconense (Tchernia & Zevi, 1972). Posteriormente, Pascual agrupó el conjunto de talleres layetanos que habían fabricado también ánforas Dressel 2-4 (Pascual, 1977), la relación de los cuales corresponde exactamente con la que nos hemos referido a las Pascual 1, con pocas excepciones: Alella y Darró, donde no se fabricarían Dressel 2-4, a pesar de que para este último yacimiento, en su reciente publicación se identifican unos envases de una personalidad muy acentuada como Dressel 2-4 (López, 1993, pp. 68-70, fig. 7, 11-19).

En el año 1985 se publicó un estudio monográfico sobre los pecios cargados con Dressel 2-4 de la Tarraconense (Liou & Corsi-Scilliano, 1985; también Liou, 1987, pp. 274-277). Consta de 14 hundimientos que transportaban ánforas Dressel 2-4 de forma exclusiva (Planier, Grand-Rouveau, Las Fourmigues, Dramont B, Chrétienne H, Cavallo 1, Sud-Lavezzi 3, Perduto 1, Est-Perduto, Bará y Cala Vellana); o combinaban estos envases con una carga de *dolia* (Petit-Conglué, Diano Marina, Ile-Rouse). Es significativo que uno de los más antiguos –Sud-Lavezzi 3–, datado en torno al año 15 aC, juntamente con el conjunto de Dressel 2-4 transportase también una Pascual 1.

Otro de los conjuntos más antiguos con presencia de Dressel 2-4 de la Tarraconense es el de la Longarina, en Ostia, formado por once ánforas de este tipo, juntamente con quince Pascual 1, datado en los primeros 12 años de la era (Hesnard, 1980, 145-146).

Posteriormente, el estudio de las ánforas locales ha conocido una gran profusión. En el País Valenciano, el taller de Oliva proporcionó las primeras muestras de productos de fabricación autóctona (Enguix & Aranegui, 1977) y a inicios de los 80 se planteó un estado de la cuestión sobre las ánforas (Aranegui, 1981, pp. 529-538), donde se hacía un repaso de los talleres anfóricos, los más significativos serían los de Orley (Vall d'Uxó, Castelló), el Grau Vell (Sagunt), Oliva, y l'Hort del Conde (Daimús, Valencia), en los cuales se fabricaron ánforas Dressel 2-4. Las mejor conocidas son las producciones de Sagunt, bien diferenciadas tipológicamente y con seis marcas diferentes, fechables por los contextos arqueológicos a partir de época de Augusto (Aranegui & Mantilla, 1987, pp. 100-104). En el territorio de la ciudad de *Dianum* encontramos talleres en activo que producen ánforas Dressel 2-4, el mejor conocido por las excavaciones que se han realizado es el de la Almadrava; el vino que envasaba se comercializaba a través de esta ciudad portuaria (Gisbert, 1987, pp. 104-118).

En el sur de la Galia se conocen solo tres talleres que fabricaban Dressel 2-4: Corneilhan, en el territorio de Béziers (Laubenheimer & Widemann, 1977, pp. 58-82), Velaux-Moulin du Pont (Tchernia & Villa, 1977, pp. 231-239, fig. 5) y Velaux-Plaine du Levrau (Laubenheimer, 1985, 316, fig. 174, 4, 5 y 6). Hoy deben añadirse diez más, casi todos en el área narbonense (Laubenheimer, 1989, pp. 118-123).

- Definición y descripción del tipo.

Las características morfológicas que definen este ánfora, con las que en general hay bastante acuerdo, son: un borde pequeño, marcado por un engrosamiento semicircular en la parte externa, a continuación, el cuello, alto y casi cilíndrico, claramente separado del cuerpo mediante un resalte. Las asas, de sección bífida –auténtica o simulada–, son largas, en ángulo recto, a veces formando un codo bien marcado y en otras más redondeado, y se unen bajo el borde y en la espalda, por encima de la carena; esta suele ser muy pronunciada, la panza, cilíndrica, acaba con formas redondeadas y se une a un pivote macizo y grueso, acabado en punta.

Miguel Beltrán remarcaba en la definición de este tipo: "El hecho que los tratemos todos bajo el mismo apartado no quiere decir que correspondan a una evolución lógica y ordenada en el tiempo, durante el cual, a partir de un tronco común, irían surgiendo nuevas derivaciones, que adoptarían aspectos particulares en su morfología. (...) si bien parece claro que existe una norma evolutiva general a partir de las ánforas de pasta fina, asas bífidas, cuello corto y labio de sección circular, en donde cabría incluir los dos primeros números mencionados de la tabla de Dressel, llegando a una estabilización de las formas en época de Augusto, a partir de la cual las asas remontarían hacia arriba formando el típico codo que apreciamos en muchas de ellas, hay razones fundadas para suponer que esto no ocurrió así, y tal como sucede en las ánforas de la tabla de Dressel, que en el depósito de Castro Pretorio de Roma coincidieron durante cierto tiempo (entre Augusto y Tiberio), continuaron después su evolución por separado." (Beltrán, 1970, p. 360). Una vez asumida la posibilidad de una producción local de ánforas que imitaban las Dressel 2-4 itálicas, se avanzó rápidamente hacia el reconocimiento de la viticultura romana de la zona tarraconense (Tchernia, 1971, pp. 57-63).

Poco tiempo después, el estudio de las ánforas vinarias de Ostia dejaba en evidencia los problemas para identificar las diversas regiones productoras de Dressel 2-4: "Pour las amphores Dr. 2-4, l'auteur devait en revanche confesser son incapacité á établir des critéres typologiques permettant de distinguer celas de Tarraconaise de cellas de Campanie ou de ailleurs. Las variantes produites en Tarraconaise étaien multiplas, (...)" (Tchernia & Zevi, 1972, p. 35). De estos problemas se deriva la incapacidad para establecer conclusiones sobre la difusión y la cronología.

Frente al desconcierto de los investigadores a la hora de definir con precisión, no sólo la evolución de este tipo, sino también el reconocimiento de sus rasgos intrínsecos algunos elaboraron, a partir de algunos ejemplares de procedencia segura, un sistema para objetivar los datos que aportaba, en cada caso, la morfología. La formulación de un algoritmo basado en la relación métrica entre las partes permitía obtener fórmulas aplicables a las piezas para poderlas clasificar (Fariñas del Cerro *et al.*, 1977, 179-206). La validación de la aplicación de este sistema de clasificación sin disponer de informaciones extrínsecas, como pueden ser marcas o procedencia de un vertedero conocido es difícil de aceptar.

Parece más oportuno hablar de "familia de ánforas", con unos rasgos comunes, pero con diferencias regionales e incluso, como se podrá comprobar en el pequeño marco geográfico de las comarcas gerundenses, de cada taller que responden más bien a la concepción mental que tenía el artesano de la forma y de sus proporciones. Mediante el estudio de dos conjuntos conservados en Pompeya se realizó un intento de configurar diversos modelos, con metodología metrológica, a partir de las diversas partes que componen el contenedor (Panella & Fano, 1977, 134-177).

Un aspecto interesante para resaltar es el concepto de "revolución tipológica" que comportó su aparición, en palabras de Clementina Panella, ya que este ánfora fue concebida para tener menos peso en vacío y más capacidad llena, mejorando considerablemente la relación de peso entre contenedor y contenido, que pasó a ser de 1:1 con las Dressel 1 itálicas a 1:3 en el caso que nos ocupa, con todas las implicaciones económicas que eso comportaba (Panella, 1976, p. 59). De forma similar, Antoinette Hesnard reflexiona sobre dos aspectos importantes de este cambio de ánfora: utilitario, como contenedor usado para el transporte del vino y la ganancia en volumen que representaba el uso de la nueva forma; y también en un envase que identifica el producto, en la medida que los vinos de la Campania y del Lacio, de buena fama, cambian el envase con el que se asociaban y que sería como el símbolo de su reputación (Hesnard, 1980, pp. 161-164). Parece que, en definitiva, el primer aspecto primó sobre el segundo.

- Centros de producción, particularidades, pastas y contenido.

El alfar de Fenals, tal y como ocurría con la Pascual 1 produjo masivamente ánforas Dressel 2-4. Entre los dos tipos totalizaban casi el 99% de un total de 2.491 individuos anfóricos recuperados, de entre los cuales la Dressel 2-4 representa el 44,78% (véase el anexo 2). A partir de grandes fragmentos hemos podido restituir la forma completa (Fig. 84, 1). Presenta tres variantes diferenciables:

1- La más numerosa, de cuello alto, ligeramente cónico, fuertemente estriado por la banda interior y con la unión de la espalda bien marcada por un resalte (Fig. 84, 1-2; Fig. 83, 1-10). El borde es muy pequeño, de forma circular, que en ningún caso sobrepasa los dos cm. de altura, por debajo del cual se pegan las asas que forman ángulo recto y se entregan sobre la espalda, que forma una arista viva en la unión con la panza (Fig. 84, 1; Fig. 83, 7). Las asas presenten bastante variedad, no solo por la forma, sino también por la sección, que puede ser con un surco en la parte externa, más o menos ancho (Fig. 83, 1-3, 5-6, 8-9; Fig. 84, 2) o bífida por la unión de dos tiras de barro (Fig. 84, 1; Fig. 83, 4, 10); siempre forma ángulo recto y el codo es generalmente redondeado (Fig. 83, 1, 33-6, 9-10; Fig. 84, 2), aunque en un caso es apuntado (Fig. 83, 2) y en otro ligeramente sobreelevado (Fig. 83, 8).

2- La segunda variante tiene un cuello totalmente cilíndrico y los bordes más altos que en la primera, de entre 3 y 4 cm. Tienen una forma semicircular en la que la convexidad se orienta hacia el exterior y la parte interna es totalmente plana y vertical, formando una misma línea con la parte interior del cuello (Fig. 84, 3-8). No sabemos como termina el cuello ni la solución de las asas, pero no debemos pensar en grandes diferencias respecto al anterior.

3- Más que una variante en si misma, este tercer grupo lo forman fragmentos que no encajan en las dos normas especificadas anteriormente, aunque debemos considerarlas de la misma "familia". En un caso hallamos un borde con un pequeño listón en la parte baja (Fig. 84, 9) y sobre todo en otro hallamos algún elemento de más original, como un borde muy macizo y abierto, también con listón en la parte baja, cuello cónico y asas de sección en forma de corazón. Todos estos aspectos contribuyen a darle un aspecto robusto (Fig. 84, 10).

La Dressel 2-4 es el único tipo anfórico documentado en el horno de Palamós, y no sabemos si se habría producido algún otro, ya que las condiciones de la recuperación no fueron las óptimas (Tremoleda, 1987, pp. 210-211), hecho que condicionó incluso la cantidad de material recuperado, en total 27 bordes, 59 asas y 34 pivotes.

De entre las ánforas Dr. 2-4 de Palamós podemos distinguir tres variantes (Tremoleda, 1987, pp. 211-212):

1- Labios redondeados, poco altos y poco desarrollados. Cuellos ligeramente troncocónicos, a los que se entregan asas con el codo un poco redondeado, de sección ovalada y bífida, producto de unir dos tiras cilíndricas de barro, que frecuentemente se han desenganchado de la soldadura (Fig. 87, 1-2). Los pivotes son sencillos y macizos (Fig. 88, 5-6). Los diámetros de boca son pequeños, de poco más de 12 cm.

2- Labios redondeados y poco desarrollados, delimitados en la parte inferior por un surco que lo deja colgante. Esta característica es la que permite su diferenciación, ya que las otras partes asociadas son iguales al tipo anterior (Fig. 87, 3; Fig. 88, 1-2). Este grupo es numeroso y representa más del 50% del total.

3- La última variante se distingue también por el labio. Es más abierto que los anteriores, generando unos diámetros de unos 15 cm; en consecuencia, el cuello es marcadamente troncocónico y se separa del labio por una pequeña moldura horizontal. Es el grupo minoritario, ja que de los 27 bordes, sólo dos se pueden adscribir a esta variante (Fig. 88, 3-4).

Del horno de Platja d'Aro, conocido desde años atrás (Esteva, 1966), tenemos datos muy limitados sobre su fabricación propia. Los fragmentos asociables al tipo de ánfora Dressel 2-4 son mayoritarios dentro de la gran escasez. Los bordes son redondeados y pequeños, los cuellos ligeramente cónicos (Fig. 89, 1-3) y las asas redondeadas con surco en la cara externa (Fig. 89, 6). La unión del cuello con la espalda está bien marcada (Fig. 90, 1) y los pivotes (Fig. 89, 4; Fig. 90, 2-7) corresponden todos a Dressel 2-4, con las variantes de botón marcado o el modelo más sencillo. Todas estas características acercan mucho estas Dressel 2-4 de Platja d'Aro a las definidas como variante 1 de Fenals.

Si el material de Platja d'Aro era pobre, aún es menor el de S'Agaró y La Caleta. El valor más firme de estos fragmentos es el de poblar más densamente la costa gerundense de nuevos talleres anfóricos que de otra forma serían obviados.

Los tres bordes de Dressel 2-4 de S'Agaró nos muestran una forma circular, bastante abierta (Fig. 91, 2-3), con un caso un poco peculiar (Fig. 91, 4). Los otros fragmentos de asas y pivotes de S'Agaró, así como los de La Caleta parecen igualmente asociables al tipo (Fig. 91, 5-6; Fig. 92, 5-6).

El taller de Llafranc fue el primero bien conocido y publicado (Nolla, Canes & Rocas, 1982) y juntamente con el de Fenals los que tenían una estructura industrial mejor definida y preparada. En el primer caso, el hecho de conocerse mejor los vertederos donde se tiraban mayoritariamente ánforas Dressel 2-4 ha motivado que este envase sea más i mejor conocido que las Pascual 1 del taller.

En general, estos envases presentan un conjunto poco homogéneo, excepto cuatro ejemplares (Fig. 94, 2-5), con bordes pequeños y circulares, cuellos cónicos y asas bífidas, muy cercanos también a la variante 1 de Fenals. El codo de las asas levantado y la falta de resalte o escalonamiento en la unión del cuello con la espalda pueden ser elementos distintivos. Otras variables, de labio más alto y semicircular, a pesar de las diferencias, recuerdan remotamente la variante 2 de Fenals (Fig. 94, 1; Fig. 95, 3). Los otros ejemplares son poco cuidados, en algunos casos moldurados (Fig. 95, 1, 4-5) y un borde con surco bajo el labio, semejante a la variante de Palamós, aunque con un pequeño listón en relieve (Fig. 95, 10).

Las ánforas procedentes del Viaró, en Rupià, son todas del mismo tipo Dressel 2-4 y con una morfología muy semejante, bordes redondeados, cuellos de forma cónica, asas levantadas y de sección bífida. Todas presentan manchas de un engobe blanquecino (Fig. 99, 1-12). Las características del vertedero de ánforas del Viaró nos obliga a ser extremadamente reservados a la hora de considerarlo formado por desechos de horno, aunque esta sea la hipótesis que se ha apuntado (Nolla & Casas, 1984, p. 141), y eso porque no se han hallado restos del horno, por la ausencia de fragmentos quemados o deformados y por la presencia de engobe en algunos fragmentos del vertedero, esta última propia de productos más acabados y poco frecuente en desechos de horno, aunque puede ser normal en algunos casos (recordemos el taller de Llafranc).

Después de la campaña de excavaciones realizada en agosto de 1999 se ha verificado, a la espera de un estudio completo del material, que el taller de Ermedàs fabricó también ánforas Dressel 2-4.

En el entorno cercano al horno de La Bomba (Vilacolum) había el vertedero, de donde proceden los fragmentos de cerámica común que hemos presentado antes, y también fragmentos de ánfora propia del taller. Morfológicamente son muy difíciles de adscribir a un tipo concreto. Eso, unido a una datación poco precisa, probablemente a partir de finales del siglo I o ya en el siglo II, aumenta las dificultades (Nolla & Casas, 1984, p. 105). Provisionalmente, y a falta de más datos, las situamos como una variante de las Dressel 2-4, con unos bordes muy acentuados y unas asas trilobadas, poco características de este tipo (Fig. 100, 1-3).

Finalmente, daremos una rápida referencia a un ánfora Dressel 2-4 hallada en la tumba 17 de la necrópolis Rubert de Empúries (Almagro, 1955, p. 100, 82, 6) para apuntar la posibilidad de una fabricación local, como veremos al hablar de las Dressel 8 (Fig. 113).

De manera parecida a lo que sucedía con las Pascual 1 se plantean los mismos problemas en referencia a la adscripción de variantes a talleres y es más aconsejable la asociación talleres/pastas. Pueden consultar los análisis del anexo 2.

De los tres únicos talleres conocidos situados en el interior que podían haber fabricado ánforas Dressel 2-4, el de La Bomba utilizó una arcilla de color beige/amarillenta, dura y depurada, con pequeños puntos de desgrasante. La arcilla de las ánforas del Viaró, Rupià, son de color beige, dura, compacta, uniforme y con desgrasante de arena bien visible. Los centros que se localizan en la línea costera, a pesar de su proximidad, no presentan mucha homogeneidad en lo referentea la materia prima. Así, como hemos visto hasta ahora, y siguiendo una ordenación de norte a sur, encontramos que la arcilla usada en Llafranc es rugosa y dura, de color anaranjado fuerte, rosado o beige, bien depurada, con presencia de puntos blancos de cal como desgrasante y también de cuarzo y mica. La arcilla usada en Palamós, en cambio, presenta notables diferencias, es de color marrón claro o beige/anaranjado, arenosa y granulosa, muy depurada, con desgrasante de puntos blancos poco visibles, con alguno de negro y, sobre todo, con una gran cantidad de láminas de mica plateada, que permiten diferenciaresta pasta de las otras, más homogéneas. Estas láminas, generalmente superiores a 1 mm, se disponen horizontalmente a la superficie y son fácilmente visibles por el hecho que el ánfora no tiene engobe alguno de recubrimiento.

Las arcillas del taller de Platja d'Aro son de color beige/anaranjado, con presencia evidente de desgrasante de puntos blancos de cuarzo y partículas negras de mica, muy pequeñas. La pasta de los hornos de S'Agaró, situados a ambos lados de la playa de Sant Pol, en un caso es de color rojo oscuro o morado, con los típicos puntitos blancos de cuarzo, mientras que en la otra, el de La Caleta, produce una diferenciade cromática, no de composición, con unos tonos anaranjados, probablemente debido a cuestiones técnicas de la cocción. Finalmente, en Fenals es de color rojo intenso, dura, exfoliada, poco depurada, con abundante presencia de desgrasante de pequeños nódulos de cuarzo, pero bien visibles; también están presentes, en menor cantidad, los puntos de mica y los puntitos negros.

Por lo que se refiere al contenido, no hay discusión en considerar que se trata de un envase vinario. Este tipo anfórico, que habitualmente presenta numerosos timbres impresos, en nuestro caso sólo podemos hablar de estampillas ilegibles de Fenals sobre pivote y de otra proveniente de la necrópolis Rubert de Empúries con el nombre ANTH (Fig. 113). Los grafitos realizados sobre la arcilla tierna con el dedo o con un útil punzante, normalmente en la zona del pivote, en cambio, son mucho más frecuentes y deben hacerse extensibles a todos los tipos anfóricos, sobre todo Pascual 1 y Dressel 2-4, ya que es imposible realizar una clasificación exacta. Podemos ver el amplio repertorio procedente de Fenals (Fig. 85-86), habituales también en Llafranc (Fig. 98).

- Cronología.

La fecha de aparición de las Dressel 2-4 ha sido muy controvertida. Parece que fue a mediados del siglo I aC, momento que en Italia se comienza a realizar la sustitución de las Dressel 1, a pesar que en un primer momento se fabricaban simultáneamente, como parece demostrar el uso de un mismo sello hallado sobre una Dressel 1 de la Madrage de Giens y sobre una Dressel 2-4 del taller de Caneto, cerca de Terracina (Hesnard, 1977, pp. 161-162).

Por lo que respecta a los talleres de la Tarraconense el proceso de sustitución, en este caso de las Pascual 1 por las Dressel 2-4 fue también gradual y durante los primeros años del siglo I. Las precisiones aportadas por el hallazgo de un depósito de ánforas en Ostia son fundamentales para saber que entre los doce primeros años de nuestra era se exportaban conjuntamente los dos tipos anfóricos de la Tarraconense (Hesnard, 1980, 145-146).

Antes hemos comentado que la continuidad de funcionamiento de los talleres, también en la zona gerundense, mientras se efectuaba la sustitución de una ánfora por otra ha dificultado la determinación precisa de la cronología de este cambio. De todas maneras, la entrada de la Dressel 2-4 en los esquemas de los artesanos debería situarse a inicios del siglo I, probablemente entre finales del primer y inicios del segundo decenio. El final de la producción, para los talleres más restrictivos, como Fenals, Calella, Malgrat, etc., lo situaríamos sin ningún problema aún dentro del siglo I, a finales del segundo tercio, durante la década de los años 70, sin llegar nunca a una datación posterior al 100. No sabemos con tanta certeza el comportamiento de los talleres que perduran fabricando otros envases, como ocurriría en Llafranc; en todo caso no parece correcto alargar la producción ni su comercialización en la centuria siguiente si no fuera de forma claramente residual (Miró, 1988, p. 91), ya que se iniciaría la fabricación de nuevos modelos. En todo caso no parece posible suponer una continuidad de producción más tardía que el reinado de Domiciano.

Dressel 7-11.

- Historia de la investigación.

El ánfora prototípica es de origen bético, con las partes pensadas para una función específica, sobre todo una boca muy abierta en forma de campana invertida para facilitar el envasado de conservas de pescado. Su denominación proviene de la tabla que Dressel estableció a partir del estudio de las ánforas de Castro Pretorio, publicada en el C.I.L. XV. La excesiva diferenciaciónde tipos poco claros provocó que Lamboglia unificase en uno solo los tipos diferenciadosentre los números 7 y 11. Callender bajo su forma 8, considera los tipos 7-9 de Dressel (Callender, 1965, pp. 17-18). Beltrán los agrupa bajo la denominación "Forma I" de entre las ánforas imperiales hispánicas (Beltrán, 1970, 388-420). Existen otras tipologías o denominaciones equivalentes menos usadas como Camulodunum 186A o Class 17 de Peacock y Williams (Peacock & Williams, 1986, pp. 120-121).

Las formas béticas más antiguas son las procedentes de Oberaden, se fechan hacia finales del reinado de Augusto. La identificación de diversos talleres que fabricaban ánforas imitadas de estos modelos béticos es un hecho cada vez más claro y su amplitud geográfica demostrada, desde el norte de la costa alicantina hasta la costa gerundense, pasando por Ibiza (Aranegui, 1981, pp. 533-534; Ramon *et al.*, 1982, 223-229; Tchernia, 1976, 973-976; Nolla, Padró & Sanmartí, 1979, pp. 200-203; 1980; Revilla, 1993, 64-71; López, 1993, 68-71; Nolla, Canes & Rocas, 1982, pp. 170-173), más problemas presenta la zona narbonense (Laubenheimer, 1985, pp. 318-319). Dentro de esta tipología cabría considerar también las ánforas de tipo Dressel 8 procedentes de Empúries. Su especificidad, pero, nos ha aconsejado considerarlas aparte.

Ejemplares significativos hallados fuera de Cataluña son los cuellos hallados en el golfo de Fos, con las marcas C. MVSSIDI NEP., conocida también sobre Pascual 1 y Oberaden 74 y procedente posiblemente del Mas del Catxorro de Benifallet, muy cercano a la Aumedina (Revilla, 1993, pp. 64, 70-71 y 116, nota 256; Izquierdo, 1993, pp. 753-765) y TIBISI, también estampillada sobre Pascual 1 y Dressel 2-4, esta última fabricada en la Aumedina. Procedentes del conjunto de la Longarina (Ostia), tres ejemplares de Dressel 9 de pasta tarraconense (Hesnard, 1980, p. 147, lám. 5, 1-2). Cuatro ejemplares de este tipo de procedencia tarraconense provienen de la excavación subacuática del pecio Chétienne H (Saint-Raphaël, Var) (Corsi-Scillano & Liou, 1985, pp. 91-92, fig. 73-74).

Estos datos permiten hablar de tres talleres que fabrican con seguridad ánforas Dressel 7-11 en Cataluña: la Aumedina de Tivissa; Darró (Vilanova y la Geltrú), sin marcas conocidas, y Llafranc (Palafrugell), también con ánforas anepígrafas. Además, debemos considerar el taller que marcaba con el sello C. MUSSIDI NEP., probablemente el Mas del Catxorro de Benifallet; y, tal vez, Platja d'Aro.

- Definición y descripción del tipo. Centros de producción, pastas y contenido.

En este caso hemos preferido adjuntar la descripción del tipo con la de los talleres que la fabrican, puesto que prácticamente todos los ejemplares de que disponemos provienen del mismo centro. En el área gerundense el taller mejor representado por lo que se refiere a la producción de Dressel 7-11 es el de Llafranc, que se fabricó con relativa cantidad. El otro horno que conocemos es el de Platja d'Aro, aunque solo conocemos un borde (Fig. 89, 5). Ninguno de los ejemplares recuperados presenta epigrafía.

Cuando hemos hablado de la Tarraconense 1 de Fenals hemos dejado claro que el ejemplar (Fig. 79, 16) lo considerábamos como una variante muy abierta de este tipo, aunque morfológicamente podía parecerse mucho a una Dressel 7-11. Precisamente del período de funcionamiento del taller se documentaron algunas ánforas 7-11 de clara procedencia bética. No debe extrañarnos, pues, que las ánforas del pecio de Palamós o del Sot del Camp fuesen consideradas durante un tiempo como pertenecientes a esta categoría y concretamente asimiladas a las Dressel 10.

El conjunto de bordes procedentes de Llafranc es bastante heterogéneo (Fig. 96). Las bocas miden entre 10,5 cm. las más estrechas y 16 cm las más anchas, eso está motivado por unos bordes abiertos hacia el exterior, exvasados, en forma de campana invertida, la altura de los bordes oscila entre 4,5 y 5 cm. En algunos casos el borde triangular que es un elemento común a todos, se desarrolla formando una especie de visera. En general las molduras que marcan el final del borde son redondeadas y suaves, las paredes de los bordes son gruesas y robustas y con el inicio del cuello las paredes del envase recuperan la verticalidad. Las asas, en los pocos ejemplares conocidos se enganchan por debajo del borde, aunque pueden invadir su parte inferior. Las secciones, recordando los prototipos béticos en los que se inspiran, son muy aplastadas, con diversas crestas que se levantan en la parte exterior. Un elemento bastante característico de este tipo anfórico de Llafranc, después de haber proporcionado esta descripción general, es que no tienen ni unas oberturas ni unas molduras tan pronunciadas como las de fabricación bética o incluso las de otros talleres catalanes como el de Tivissa. El ejemplar (Fig. 96, 3), por ejemplo, presenta un borde prácticamente vertical y los bordes (Fig. 96, 4-7) son muy poco exvasados, a parte de tener un diámetro muy estrecho; en algunos casos hay poca diferencia entre estos y los bordes de Tarraconense 1 de Fenals, especialmente los números (Fig. 79, 13-16).

Esta "relajación" de los elementos más definitorios del tipo Dressel 7-11 podría haber estado motivada per el producto que tenían que envasar, ya que si en lugar de transportar conservas de pescado hubiesen llevado vino no tenían necesidad de bocas tan abiertas. A pesar de estas consideraciones no se puede descartar de ninguna manera que la su fabricación estuviese en función de las salazones, puede servir de ejemplo el caso de las Dressel 8 emporitanas, que veremos más adelante.

Las arcillas son, lógicamente, idénticas a los otros tipos fabricados en Llafranc, duras, compactas, de color beige o anaranjado, con presencia de cuarzo y mica, sobre todo, como desgrasante. La mayoría de los fragmentos estaban cubiertos exteriormente por un engobe de color beige/amarillento repartido y bien adherido, a pesar de que no todos tenían engobe.

El borde de Platja d'Aro lo encontramos muchos más "típico", aunque no es posible definirse sobre un solo ejemplar, es de forma exvasada y marcada por molduras que le confieren la conocida forma acampanada.

La distancia de la costa en la que se hallaban algunos centros cerámicos hizo concebir la posibilidad de una producción catalana de este tipo anfórico para envasar vino, el más significativo es el de l'Aumedina, Tivissa (Nolla, Padró & Sanmartí, 1980, pp. 213-214), a pesar de esto, y por lo que respecta a los casos gerundenses, es una hipótesis difícil de demostrar por falta de argumentos y pruebas definitivas.

- Cronología.
Es probable que se empiecen a fabricar a finales del siglo I, sobre todo en el momento que se deja de fabricar el tipo masivo hasta entonces, la Dressel 2-4. Su momento de máximo desarrollo debe situarse durante todo el siglo II, con una etapa final que entra ya en el siglo siguiente.

Dressel 8 emporitana.
- Historia de la investigación.
La fuerte personalidad, en lo que se refiere a aspectos formales, la homogeneidad de pastas, de tratamientos y de epigrafía que se evidencian en el conjunto de ánforas de esta tipología aparecido durante muchos años de hallazgos y excavaciones en Empúries permitió a Josep M. Nolla pensar en la posibilidad de caracterizar una producción local emporitana.

La procedencia de los ejemplares es diversa. El hallazgo más antiguo apareció el 30 de noviembre de 1925 en las excavaciones que conducía Emilio Gandia en la Neápolis emporitana. Los puntos que aportan los grandes conjuntos están situados, sin embargo, en la ciudad romana, muy cercanos uno de otro; per una parte, la casa romana núm. 1, excavada en los años 40, sobre todo entre el 44 y el 46; y por otra, la excavación para construir los depósitos de agua en el campo Villanueva, justo al norte de la casa romana núm. 1. Otro ejemplar de la casa romana núm. 2, hallado el 3 de junio de 1958, completaba las procedencias (1032), a pesar de que existe un lote importante, tanto en el Museo Monográfico de Empúries como en la colección del Museo Arqueológico de Barcelona y en la del Museo Arqueológico de Girona, descontextualizado, generalmente se han considerado como procedente de la casa romana núm. 1.

La excavación de la casa romana núm. 1 sorprende en parte por la poca cantidad de material que proporcionó, excepto alguna cisterna como la excavada en agosto de 1968. Hay que tener en cuenta también que la parte norte de la *domus* había sido ya excavada por el Sr. Villanueva, antiguo propietario de principios de siglo.

Fue de una manera ciertamente fortuita que se descubrió, en el mes de junio de 1967, en el Campo Villanueva, más al norte de la casa romana núm. 1 y fuera de sus dependencias, un almacén de ánforas. El motivo era la construcción de los actuales depósitos de agua para abastecer las necesidades del Museo, por lo que fue necesario practicar la excavación del área escogida para su ubicación. Se sitúa por la parte interior de la muralla Rubert y aparecieron algunas estructuras, probablemente un almacén, que por las limitaciones de espacio resultaron imposibles de interpretar. En el interior se recuperaron siete ánforas enteras y grandes fragmentos de otras, además de once fragmentos de pivote estampillados, siempre con las letras ANTH. También formaban parte del conjunto dos grandes fragmentos de ánfora Dressel 2-4 local, a parte de algún fragmento de cerámica de importación que aportaba pocas precisiones (Nolla, 1974-75, pp. 175-180 y fig. 19-22).

Que Josep M. Nolla, en su trabajo de recopilación, reuniese todos los ejemplares pertenecientes a la misma tipología le permitió formular algunas hipótesis. En primer lugar, se constataba una gran uniformidad morfológica, asimilable al tipo 8 de Dressel que, por sus particularidades, fue denominado Dressel 8 emporitana. A parte de las del depósito de agua, las ánforas restantes procedían mayoritariamente de la casa romana núm. 1, por lo que la vinculación de estos envases al complejo señorial de la casa número 1 parece fuera de dudas. La relación de las Dressel 8 emporitanas con ánforas Dressel 2-4 de fabricación local y, sobre todo, la existencia de una estampilla ANTH sobre un ejemplar de estas últimas procedente de la tumba Rubert 17 (Fig. 113), publicada en el segundo volumen de las necrópolis emporitanas (Almagro, 1955, p. 41 y 100) y antes en el corpus de inscripciones (Almagro, 1952, p. 215), juntamente con la exclusividad de esta marca para Empúries, permiten pensar poderosamente en una posible fabricación emporitana de estas piezas (Nolla, 1974-75, pp. 181-182).

Beltrán, en su trabajo sobre las ánforas de Hispania se limitó a enmarcarlas dentro de su forma y constatar que corresponde bastante con los tipos 7-11 de Dressel, a los que añadió aún algunos más (Beltrán, 1970, pp. 388-420). Al hablar de la estampilla, Miguel Beltrán veía improbable que fuese la misma que se puede leer sobre el ánfora Dressel 2-4 de la necrópolis Rubert (Beltrán, 1970, p. 418). La cuestión estaba en que este autor, siguiendo a Almagro, consideraba este ánfora de fabricación itálica y no tarraconense. En torno de este problema insistió Pascual, que contemplaba la posibilidad de que fuese una producción local destinada a envasar conservas de pescado (Pascual, 1974, pp. 139-144).

Un hallazgo reciente, en agosto de 1994, en la villa romana de Tolegassos acelera notablemente la solución en torno a la cuestión planteada por este tipo anfórico. Se trata de un fragmento de pivote, con restos de escamas de pescado en el interior que tenía dos sellos impresos: el ya conocido ANTH y por sobre de este SVA (Fig. 114, 2). Esta última marca completa con la primera letra las que hasta ahora se conocían como ...]VA, ya que por dificultades de impresión sobre la superficie cilíndrica de la zona del pivote, que impedían ejercer una presión correcta y homogénea de los sellos, solían quedar incompletas.

- Definición y descripción del tipo.
Morfológicamente, forman un conjunto totalmente uniforme, caracterizadas per un cuerpo piriforme, con la parte inferior de la panza más ancha que el superior, lo que

les da un aspecto pesado. Su altura se sitúa entre 89 y 97 cm. El diámetro de boca se mueve entre los 17 cm. en el más grande (Fig. 101, 3) y los 12 cm. del más estrecho (Fig. 103, 1). El borde no es muy alto, acampanado, bien diferenciado respecto del arrancamiento de las asas, más o menos vertical, pero siempre exvasada. Los cuellos, iniciados bajo el borde, tienen siempre una forma troncocónica, mayoritariamente altos y estilizados, aunque también pueden ser robustos y pesantes (Fig. 101, 3) y llevan las marcas de acanalados hechos por el torno en la pared interior. Las espaldas son cortas, marcadas respecto a los cuellos y sirven de apoyo para las asas; el paso a la panza del ánfora está marcado por unas carenas suaves, pero no por eso poco evidentes; el cierre inferior y el inicio del engrosamiento de la pared que conduce al pivote es en todos los casos redondeado. Los pies o pivotes son muy altos, bien diferenciados, cilíndricos y macizos. Las asas se inician bajo el borde, en algunos casos pegados a la parte inferior, y girando en ángulo recto acaban sobre la carena. Tienen el codo redondeado y sus secciones son de forma elíptica, con crestas marcadas en la parte superior, pero generalmente tienen un surco central. Las arcillas de estos ejemplares es homogénea, de color rojo ladrillo, dura, rugosa y de tacto áspero. Externamente estaban recubiertas con un engobe de color amarillento o beige, de calidad variable, con muy pocas excepciones que no conservan restos. En el inicio del pie de diversos ejemplares hay unas estampillas impresas, que en el interior de una cartela alargada y de cantos redondeados se lee, en la mayoría de los casos ANTH.

- Centros de producción, pastas, marcas y contenido.

Empúries, a pesar de las dos estampillas halladas en Badalona (Comas, 1985, p. 143, fig. 57, 4; Pascual, 1991, p. 30) parece ser la más firme candidata como centro productor de este envase. Desgraciadamente no podemos ofrecer aún los resultados de los análisis de sus arcillas, pero una primera aproximación *de visu*, permite suponer unos componentes geológicos muy similares a los de las piezas procedentes de Empúries que se exponen en el anexo 2.

Recapitulando lo dicho hasta ahora y resumiendo el catálogo podemos decir que en relación a la proporción de piezas conocidas, las Dressel 8 emporitanas representan la gran excepción regional, que es más bien escasa por lo que se refiere a la epigrafía, tanto en variedad como en cantidad. El porcentaje de sellos es superior al 50% y hallamos cinco marcas diferentes asociadas a la fabricación de estos envases:

1- La más numerosa con diferencia es ANTH con la dos últimas letras unidas, en el interior de la cartela rectangular, puede aparecer sola (26 ejemplares) o asociada a SVA (sobre 2 pivotes de Empúries (Fig. 109, 1, 3), 1 de Tolegassos (Fig. 114, 2) y 1 de Girona (Fig. 112, 2).

2- SVA, enmarcada por una cartela rectangular, no aparece nunca sola, se asocia normalmente con ANTH en los 4 ejemplares anteriores y en un caso, procedente de Empúries y conservado en Barcelona, con VENVS (Fig. 101, 3).

3- Dos estampillas de cartela rectangular con el nombre VENVS. En un caso se asocia a SVA y en otro aparece sola (Fig. 112, 1). Este último ejemplar, procedente de Empúries, se conserva en Girona.

4- En un solo caso aparece la estampilla VMAI o VAMAI, sola, difícil de leer, en una cartela ovalada, irregular (Fig. 104, 1).

5- Conocemos un único ejemplar de marca circular, que aparece sola y de difícil interpretación, para la cual proponemos tres iniciales: C.O.C. (Fig. 105, 4).

Después de haber buscado las marcas en el fondo emporitano podemos decir también que estas ánforas no tienen nada que ver con las marcas AMPH y MA que Pascual asociaba a ANTH (Pascual, 1991, p. 28, lám. III, 50), siguiendo una referenciade Almagro (Almagro, 1952, p. 216, núm. 230).

Además de estas estampillas sobre pivotes de Dressel 8 emporitana es habitual documentar también numerosos grafitos *ante coctem* o *ante cocturam* hechos con el dedo, generalmente los numerales V y VI. La asociación habitual de los grafitos y las estampillas dejan entrever dos momentos diferentes en el proceso de fabricación, como ya afirmaba Fanette Laubenheimer (1985, p. 418). Siempre se realizan primero los grafitos y posteriormente se imprimen los sellos.

A pesar de que normalmente se había planteado como más probable un contenido vinario para estas ánforas (Tchernia, 1971, pp. 67-69; Tchernia & Zevi, 1972, p. 52; Nolla, 1974-75, p. 192) por diversas y poderosas razones: hallarse en una zona vinícola, la marca ANTH asociada a la fabricación de Dressel 2-4 y la presencia de resina en algún ejemplar; el reciente hallazgo en la villa de Tolegassos permite asegurar un contenido de conservas de pescado. Las posibilidades de que fueran destinadas a contener salazones, un contenido más de acuerdo con su tipología, puede quedar totalmente refrendado en la ciudad portuaria de Empúries, donde no en vano tenemos los restos de una industria en la Neápolis que elaboraba este producto durante el siglo I, la más antigua y una de las únicas conocidas en la zona noroccidental del Mediterráneo.

- Cronología.

Mientras que Miguel Beltrán diferenciabaun tipo de época de Claudio y otro de más evolucionado de época de Nerón-Vespasiano (Beltrán, 1970, 406, fig. 164, 78 y 79), a pesar que no se adapten exactamente a los referentes de Puerto

Real de San Antonio, cerca de Ayamonte (Beltrán, 1970, fig. 160, 49 a 54) y Rheingonheim (Beltrán, 1970, fig. 61 y 62), Nolla sugería una datación de siglo I, con la imposibilidad de mayor precisión cronológica (Nolla, 1974-75, p. 182). Este mismo autor aporta un dato interesante: la presencia de una de estas ánforas que forma parte de la necrópolis formada frente a la puerta sur de la Neápolis emporitana a finales del siglo I o inicios del siglo II (Nolla, 1995, p. 300, fig. 161). La referencia original la encontramos en el diario de Emilio Gandia, encontrada el 14 de agosto de 1925 en 30 fragmentos; tenía dos estampillas cerca del pivote: ...]VA – ANTH, sin asas, ni cuello, ni boca (Gandia, 1925, p. 88).

Ánfora de base plana, tipo G. 4.

- Historia de la investigación.

La semejanza y la intención por parte de los arqueólogos de buscar paralelos provocó que en un inicio se identificase este ánfora con la Dressel 30 (Beltrán, 1970, pp. 525-529; Pascual, 1977, p. 69; Nolla, Canes & Rocas, 1982, pp. 173-176; Gisbert, 1987, pp. 104-118), a pesar que los trabajos más modernos dejan claro que es un ánfora de origen galo y de producción local. A falta de su inclusión en la tabla de Dressel y a partir de los hallazgos de Nyon, Pélichet continuó la numeración dándole la forma 47 o según la clasificación de Niederbieren, forma 76. Pronto hubo quien supuso su origen galo (Callender 1965, pp. 19-20), este autor la diferenció con la forma 10 y remarcaba que fue producida y exportada durante la segunda centuria e inicios de la tercera. En la publicación de las excavaciones de Ostia, su ausencia en la tipología de Dressel hizo que se hiciera referencia como Pélichet 47/Niederbieren 76 o con el número LX de las ánforas de Ostia para distinguirla del V, propio de las Dressel 30 (Panella, 1973, pp. 538-539). La primera advertencia, por lo tanto, va en el sentido de no confundir el ánfora de base plana fabricada en las comarcas gerundenses con la Dressel 30. Esta última es una producción propia de la provincia *Mauretania Caesariensis*, en la actual Argelia, dedicada probablemente al transporte de aceite y presente en contextos del siglo III (Peacock & Williams, 1986, pp. 171-172). Estos autores británicos diferenciaban ya, siguiendo los trabajos de los arqueólogos franceses y de Clementina Panella, una forma conocida como "Gauloise 4", con origen en el Languedoc y el hallazgo común en Francia, Gran Bretaña, Alemania, Holanda e Italia; el contenido sería el vino y el período de fabricación desde mediados del siglo I al siglo III (Peacock & Williams, 1986, 142-143).

En la Narbonese es el ánfora más numerosa y la que disfrutó de una vida más larga. Su fabricación se inicia en la segunda mitad del siglo I, sobre todo desde época flavia, y continuará hasta el siglo III. Los talleres más antiguos que fabricaban G. 1 y G. 5, muy semejantes morfológicamente a las G. 4 acabarán asimilándose a esta última. En esta provincia se ha podido documentar en dieciocho talleres de la baja Provenza o Provenza litoral (La Crau de Hyéres y un taller en la región de Fréjus); de la alta Provenza (St.-Martin-las-Eaux, Villeneuve y Volonne) y del Languedoc (Sallèles d'Aude, St.-Marcel, Sigean, Aspiran, Tressan, Servian, Laurens, Montbazin, Meynes, Beaucaire, St.-Gilles, Sauveterre y St.-Laurent-des-Arbres). La concentración y el nivel de conocimiento es muy desigual, pero la zona languedociense se encuentra claramente al frente (Laubenheimer, 1985, pp. 261-293). A pesar de que se habían publicado algunos trabajos sobre lugares de fabricación de este ánfora, por ejemplo, a Velaux (Tchernia & Villa, 1977, 231-239), los últimos años, desde 1975, el importante centro alfarero de Sallèles d'Aude ha sido objeto de intensas campañas de excavación y es, hoy por hoy, el mejor conocido de esta zona vecina (Laubenheimer, 1990, pp. 137-142).

En contraposición a esta zona, encontramos otro foco importante de producción de ánforas G. 4 en la costa norte de Alicante, en el territorio de la ciudad romana de *Dianum* (Gisbert, 1987, pp. 104-118). Se trata concretamente del importante taller de la Almadrava, pero también siete centros más de esta región, conocidos por prospección, a pesar de que aparentemente parecen menores (Aranegui & Gisbert, 1982, 106). Entre estos dos puntos extremos encontramos solamente tres centros más: el horno de Santa Maria de les Feixes, Cerdanyola, para el que Pascual proponía una problemática diferente de los otros hornos de la zona, productores masivos de Pascual 1 y Dressel 2-4, no solo por su aislamiento geográfico, sino también en el tiempo, al producir envases más modernos (Pascual, 1977, pp. 68 y 69, fig. 23), aún mal conocido y los talleres de Llafranc y de Puig Rodon, los dos en el Baix Empordà (Nolla, Canes & Rocas, 1982, pp. 173-176; Casas, 1986, pp. 15-77).

- Definición y descripción del tipo.

La mejor manera de resolver el problema de la nomenclatura creemos que será, debido a la identidad formal, hacer referencia a la forma gala, pero ya que también se fabricó en las tierras gerundenses, la usaremos abreviada como "G. 4", para evitar una denominación territorial que no correspondería a la realidad y resulta, en la práctica, demasiado restrictiva.

A pesar de no disponer de ningún ejemplar completo procedente de nuestros talleres, podemos imaginar la forma general por los fragmentos conservados y por paralelos de otros lugares. El cuerpo tiene forma de peonza, muy ancha en la parte alta que se va reduciendo a medida que se acerca hacia la base. Las partes que proceden de los diferentes talleres muestran siempre una gran homogeneidad. Los bordes son sencillos, ligeramente abiertos, de diámetro pequeño, entre 8 y 9 cm, con un engrosamiento hacia el exterior, macizo o por pliegue sobre si mismo, de forma semicircular, que está marcado también por el interior, iniciándose inmediatamente el cuello poco desarrollado, un simple traspaso entre la boca y el cuerpo. Las asas van del cuello a la carena, están pegadas, como es habitual en este tipo, de una manera muy exagerada y describen una curva alta y desarrollada; la sección es ovalada, con un surco amplio en la parte superior. Las bases son planas y permiten mantener el envase de pie, a pesar que los diámetros son pequeños, inferiores a los 10 cm, que se sostienen mediante un pie anular, ya que el fondo externo está ligeramente alzado. El diámetro máximo de las ánforas se sitúa en la parte alta de la panza.

Dentro de esta homogeneidad podemos distinguir algunas características diferenciales en los bordes, entre las que tenemos dos perfiles claros, unos de sección semicircular, propios de la mayoría de centros de la zona Narbonense, de Llafranc y de Denia; y otros de sección marcadamente triangular, propios del horno de Santa Maria de les Feixes.

El ánfora se fabricaba en tres partes diferentes: la base y el cuerpo de una sola pieza, el borde y el cuello, y finalmente, las asas. La unión entre el cuerpo y el cuello se realizaba después de un primer y breve secado y la soldadura se marca en el interior, mientras que por fuera desaparecía después de pulir la superficie (Genty, 1980, pp. 52-63; Laubenheimer, 1985, 261). Las paredes del cuerpo son muy delgadas y para facilitar su estabilidad, el fondo es la parte más gruesa y pesada.

Estas calidades consiguen que sea un ánfora muy ligera, en torno a los 10 kg, en cambio, la capacidad se sitúa en torno a los 30 litros. Eso la hacia frágil y es muy probable que se transportasen con una funda de protección hecha de paja o esparto, tal como demuestran algunas representaciones iconográficas (Laubenheimer, 1985, fig, 119, 1 y 2).

- Centros de producción, pastas y contenido.

Si bien los centros más importantes de fabricación del ánfora G. 4 debemos situarlos fuera del área catalana, tanto por lo que respecta a cantidades como en pervivencia, en la Narbonense, por un lado, y por el otro, la zona alicantina, los hornos del norte de la costa catalana que gozaron de continuidad fabricaron también estas ánforas.

Igual que sucedía con las Dressel 7-11, el taller más importante será, sin duda, el de Llafranc. Las arcillas son duras, compactas y bien depuradas, de color anaranjado, beige o rosado, con desgrasante de puntos blancos, mica y cuarzo (véase el anexo 2). Algunos presentaban restos de engobe (Fig. 97). Por ahora, parece que este sería el único envase de base plana que se produce, ya que no hay indicios suficientes para hablar de la fabricación de Oberaden 74 en Llafranc, a pesar del hallazgo de un borde y alguna base en las excavaciones recientes (Barti & Plana, 1993, pp. 94-95, fig. 9). En Platja d'Aro solo tenemos una base como elemento testimonial (Fig. 89, 7). Las arcillas de este taller son de color beige/anaranjado, con presencia evidente de desgrasante de puntos blancos de cuarzo y partículas negras de mica, muy pequeñas. Un aspecto interesante lo aporta la probable incorporación de la villa de Puig Rodon, un establecimiento que después de diversas fases y remodelaciones habría renovado sus instalaciones, entre las que hay unos hornos que fabricaban, junto con otros elementos, ánforas del tipo G. 4 (Fig. 115).

Morfológicamente, los fragmentos recuperados en Llafranc presentan bordes sencillos, ligeramente abiertos, con un engrosamiento hacia el exterior, semicircular, que está marcado también por el interior, iniciándose inmediatamente un cuello poco desarrollado. Las asas son muy abiertas y desarrolladas, unidas al cuello y espalda de forma muy poco cuidada. Las bases tiene pie anular y fondo externo plano, siempre por debajo de los 10 cm de diámetro, entre 8,5 y 9 cm. Las piezas procedentes de Puig Rodon, si bien son incompletas, responden básicamente a la misma descripción formal: bordes redondeados y marcados interiormente y bases con pie anular, a pesar de que algunas veces el fondo interno de la base llega a contactar con la superficie de reposo.

Aun que las ánforas G. 4 suelen tener estampillas en las asas, como demuestran los talleres narbonenses (Laubenheimer, 1985, pp. 426-441; figs. 200 a 202) o en el taller de la Almadrava (Denia) (Gisbert, 1987, figs. 2 a 4), en los talleres del nordeste catalán no conocemos ningún ejemplar marcado.

No parece razonable dudar, por ahora, que el producto que habrían contenido estas ánforas habría sido el vino, sobre todo si tenemos en cuenta que a partir de finales del siglo I se dejará de fabricar el ánfora Dressel 2-4 y que las G. 4 se seguirán produciendo en las mismas instalaciones.

- Cronología.

El inicio se debe situar a mediado siglo I, siguiendo el modelo narbonés, probablemente ya en la segunda mitad, mientras que la fecha final se situaría en el siglo III, aunque en un momento impreciso. Este marco general funciona para Llafranc, pero por lo que respecta a Puig Rodon la datación de las ánforas procede de los contextos en los que aparece, básicamente los estratos de la fase III y IIIB. La primera se puede fechar hasta finales del siglo III, mientras que la otra es más tardía, aunque con presencia de numerosos elementos residuales (Nolla & Casas, 1990, pp. 193-218).

Conclusiones.

El análisis de las ánforas procedentes de los diversos talleres ha permitido documentar siete tipos anfóricos, la mayoría ya bien conocidos y caracterizados, otros menos o muy poco. La mayoría son ánforas con pivote y solamente una es de fondo plano. De estos siete tipos, cinco estaban destinados al transporte vinario y los otros dos a contener salazones, lo que sirve para orientarnos claramente sobre la economía de la zona en época augústea y altoimperial, si reconocemos el carácter parasitario y la vinculación a otras actividades de estas industrias.

Algunos de estos tipos están muy bien representados y aparecen en todos los talleres, mientras que otros son muy poco representativos cuantitativamente y muy localizados en el espacio y el tiempo.

La fabricación de ánforas en las comarcas gerundenses se inicia en el último tercio del siglo I aC, integrándose, aunque tardíamente, a una actividad industrial que se había iniciado en el segundo cuarto del mismo siglo en el centro inicial y más activo situado en la zona layetana. Este fenómeno, se extendió hacia el norte y el sur abarcando, en las mismas fechas, un área que iba desde la costa de Girona hasta la zona de Tarragona, Valencia y Alicante. Debemos hablar, pues, de un hecho que proporciona unidad a toda la costa de la Tarraconense, y no solo al área estricta de la Layetania.

Es precisamente en el área del Maresme y, más concretamente, en Burriac que, corroborando este papel de precursor, se ha identificado una producción que imitaría con gran fidelidad las Dressel 1 itálicas, y que han sido llamadas Dressel 1 layetanas (Comas *et al.*, 1986, pp. 372-378; Miró, 1988, pp. 60-63, fig. 1 y 2). Serían las primeras ánforas de fabricación tarraconense y, según los autores, abarcarían un período cronológico que se sitúa entre los años 80-70 y 40-30 aC. En todo este período es pueden distinguir dos técnicas de fabricación diferentes: la primera, de "tradición ibérica", con las características típicas de esta cerámica (arcilla depurada y bien cocida, sonido metálico, frecuentemente tienen el núcleo de color gris, etc.), fabricadas entre los años 80-70 y 65-50 aC; y la segunda, de "tradición romana", entre los años 65-50 y 40-30 aC, que presentan ya las características típicas de la producción tarraconense (Comas *et al.*, 1987, pp. 373-374; Miró, 1988, p. 60). También serían locales algunas Dr. 1 procedentes de un centro de fabricación en la zona urbana de Badalona (Puerta & Rodríguez, 1987, p. 188). Más tarde, en el yacimiento de Can Portell, Argentona, han aparecido más ejemplares locales de esta tipología en las variantes A y B (CODEX SCCL, 1992, p. 170).

Vemos pues que, como un hecho plenamente confirmado, ya a partir del segundo cuarto del siglo I aC existen condiciones propicias para una primera producción, creación de excedente y exportación de vino en el territorio catalán, seguramente de carácter incipiente y reducido. La difusión es, por ahora, totalmente desconocida y no parece que la fabricación de estos envases tan primerizos haya sido general. Es muy probable que los primeros tanteos se realizasen en una zona que reunía unas condiciones óptimas, como la zona layetana, vinculados, seguramente a elementos colonizadores itálicos (Miró, 1988, pp. 60-63 y 116) y con una concentración importante de centros urbanos (*Barcino*, *Baetulo*, *Iluro*, etc.). Un caso parecido lo representa la Narbonense, con la reciente identificación de unas imitaciones locales de la forma Dr. 1 (Laubenheimer, 1989, pp. 105-138), y tal vez también en talleres con una larga tradición que arrancan del siglo IV aC, como los de Kuass, Marruecos (Ponsich, 1968, p. 13). A pesar de esto, ya empieza a ser habitual identificar fragmentos en centros urbanos como Girona y Empúries.

Probablemente de forma testimonial y más dispersa, también se documentan algunos elementos de fabricación claramente ibérica que imitan el borde del ánfora grecoitálica; se trata, seguramente, de los tanteos más antiguos por parte de los receptores indígenas de crear unos envases con la misma forma de los que llegaban importados de Italia. Se empiezan a encontrar ejemplares, por ejemplo, en Tarragona, Castellón de la Plana o la más cercana de Celrà, que conocemos directamente gracias a la amable cesión de Narcís Amich, caracterizada por una pasta depurada, gris en el núcleo y una superficie oxidada, de color marrón.

Por lo que respecta a los hornos del área gerundense, cabe decir que en ninguno de los yacimientos conocidos se ha documentado hasta hoy la existencia de estos tipos, cronológicamente muy primerizos respecto a las instalaciones que conocemos y debemos situar, sin excepciones, en el último tercio del siglo I aC.

La fragmentación con la que aparecen las piezas en los vertederos no permiten disponer de buenas series de piezas enteras ni conocer sus dimensiones y capacidades medias, limitación que imposibilita la concreción de métodos arqueométricos como elementos complementarios de identificación. La única excepción son las ánforas Dressel 8 emporitanas aparecidas en diversos depósitos de la ciudad. La parte más definitoria es siempre el borde, gracias al que podemos diferenciar cada uno de los tipos.

Los centros más antiguos, con cierta entidad, mejor conocidos por excavación y mejor documentados son los de Fenals y Llafranc. La producción de estos talleres se inicia con la fabricación de los primeros envases anfóricos: Tarraconense 1 y Pascual 1. Para este primer tipo, el yacimiento de Fenals aporta una serie interesante, con cuatro variantes, sobre todo por el número relativamente reducido de ejemplares que se conocen de este tipo anfórico. Fue generado seguramente, a partir de unos tanteos iniciales detectados en menor número y que hemos denominado Tarraconense 2/Fenals 1; aún poco definido, ya que no disponemos de la forma entera, pero con unos elementos morfológicos bastante claros. Aún así, este último también puede tratarse de un tipo minoritario, muy cercano a la Tarraconense 1 y, en todo caso, contemporáneo. No sabemos, por lo tanto, si se trata de una cuestión vinculada a la producción de imitaciones o realmente de un tipo establecido pero muy minoritario, teniendo en cuenta los tres conceptos en torno a las imitaciones que exponía André Tchernia en el coloquio de Metz: pueden ser vistas como la generalización de un tipo; como la inspiración a partir de un tipo, o como una copia clara de un tipo con la intención de que sea confundida por el original. En todo caso, me parece que como máximo las deberíamos catalogar dentro del segundo concepto de imitación, llegando a ser lo que en arqueología llamamos "similis".

La irrupción de la Pascual 1, hacia el año 30 aC, sustituirá la Tarraconense 1 que había comenzado a aparecer unos diez años antes. A pesar de esto, nuestros talleres parecen demostrar que comienzan su actividad cuando estos dos tipos (tres si contamos la T2/F1) ya son coetáneos y se fabrican conjuntamente. Esta coexistencia se documenta en muchos otros yacimientos, por ejemplo en el cargamento del barco de Cap Béar III (Colls, 1986) o en los silos del foro emporitano, a pesar que en uno de ellos solamente aparece Tarraconense 1. En cambio, en la época final de la producción de las Pascual 1 ya no están asociadas a estas Tarraconense 1, que se han dejado de fabricar.

La explosión definitiva de la Pascual 1, primera ánfora de fabricación masiva, vendrá acompañada de una notable homogeneización y estandarización morfológica, así como un mayor número de talleres que la fabrican a lo largo de la costa. Desgraciadamente, el "boom" turístico de los años 60 comportó la edificación descontrolada de la Costa Brava y es muy posible que otros talleres situados en la línea de la costa fuesen destruidos sin dejar restos, cubiertos por los cimientos de las urbanizaciones y chalets, auténticos monumentos a la especulación del suelo. En los yacimientos citados deberíamos añadir el de S'Agaró. El final que se ha señalado para este tipo anfórico no ultrapasa el reinado de Tiberio.

La difusión principal de la Pascual 1 ha sido señalada en detalle por Jordi Miró (Miró, 1988, específicamente para la Pascual 1, pp. 123-144). Se dio en la Galia y, a través de ella, a las zonas fronterizas del Imperio, como el *limes* germánico o el sur de Britania (Revilla & Carreras, 1993, pp. 75-80, fig. 2, completan la lista de hallazgos con nuevos puntos). En cuanto a la Galia se encuentra sobre dos ejes principales del país, uno que sigue una dirección noroeste por el Aude/Garona, llegando a Tolosa y el otro, el eje noreste por el Roine-Rhin, con dos de los centros más cercanos a nosotros: Viena del Delfinado y Lión, que no paran de ofrecer novedades (Desbat & Martin-Kilcher, 1989).

Con las Dressel 2-4, el otro ánfora de fabricación masiva, se consolida una tendencia y se vive el gran momento de la viticultura en la Tarraconense, que durará desde los primeros decenios del siglo I hasta finales del tercer cuarto. Igual que había sucedido en la zona centroitálica, donde en la segunda mitad del siglo I aC coexisten las Dressel 2-4 con las Dressel 1 por un periodo de unos 20 años, en la Tarraconense la convivencia se producirá con las Pascual 1. En todos los talleres que inicialmente se fabricaban estas ánforas se comenzarán a producir también Dressel 2-4 y, además, se incorporarán talleres nuevos, como mínimo es lo que podemos decir por los escasos datos de que hoy disponemos, como los de Platja d'Aro, Platja dels Joncs en Sant Feliu de Guíxols o el de Palamós, a los que debemos aplicar la misma problemática de conservación de restos que hemos comentado antes. La sustitución total de un envase per otro era una simple cuestión de tiempo y de asimilación de los nuevos tipos por parte de los artesanos, ya que las áreas y los talleres serán los mismos y el producto a envasar también. Queda pendiente saber porqué se continuaban elaborando Pascual 1 cuando ya se está introduciendo con fuerza el tipo Dressel 2-4. Para algunos, esta última estaría destinada, desde el primer momento a los mercados exteriores con un mayor volumen de producción y circulación, mientras que la Pascual 1 se limitaría a un comercio interno de ámbito regional (Miró, 1988, p. 118). Estas hipótesis son difíciles de defender y creemos que solo tendrían sentido si los dos tipos hubiesen convivido todo el tiempo, cosa que no sucede.

Se han señalado diversos factores que facilitaron el cambio de envase: seguimiento de una moda; racionalización de la producción, mejor relación peso/capacidad; tal vez las reformas administrativas augústeas impulsaron una organización diferente de la producción y de los mercados; que el contenido fuese un vino de diferente calidad (Panella, 1976, pp. 13). En todo caso, se trata de un modelo sencillo que no demanda una gran especialización y que permite ahorrar diversos detalles en el proceso productivo sin perder su identidad (por ejemplo la simulación de las asas bífidas). La imitación que se realizará en los talleres catalanes y específicamente en los del área gerundense debe entenderse en el sentido de la generalización de un tipo que se universaliza, como mínimo, en toda la vertiente occidental del Mediterráneo. Es a partir de este concepto que podemos entender las grandes diferencias de las variantes que encontramos en un mismo taller, como hemos podido apreciar en Fenals y entre diferentes centros.

La difusión de la Dr. 2-4 será diferente respecto a las vías de salida de la Pascual 1. Prácticamente no aparecen en la Galia, mercado que ha sido ocupado por las producciones locales galas. Se dirigirán hacia Roma, es en la Urbe y en su puerto, Ostia, donde se concentran los hallazgos. También son numerosas en Cartago (Miró, 1988, específicamente para la difusión de las Dressel 2-4, pp. 144-164; Revilla & Carreras, 1993, pp. 80-84, fig. 3, estos además de Colchester, único yacimiento que señalaba Miró, aportan once yacimientos más con hallazgos). El transporte en 2-4 se combina con barcos de *dolia*, para lo cual es mucho más difícil de cuantificar. Una posibilidad es pensar que el vi de baja calidad, a granel, se transportaba en *dolia*, mientras que el de mejor calidad se realizaba mediante el ánfora: el vino embotellado.

Queda claro que los dos tipos mayoritarios, Pascual 1 y Dressel 2-4 representan la gran mayoría de la producción anfórica en nuestros talleres. El ejemplo de Fenals, que tenemos bien cuantificado, que cubriría una cronología que va de Augusto hasta finales del siglo I y que solo habría producido envases vinarios, es extraordinario (véase el anexo 2). En este taller los dos tipos citados totalizan el 99% del total de ánforas recuperadas, porcentaje que se reparte entre el 54 y casi el 45%, respectivamente. Esta polarización masiva de la producción solo puede indicar una finalidad exportadora del vino que contenían. Por otra parte, este incremento evidente de producción solo se puede haber producido con la concentración de la propiedad en manos de personajes con medios para enfocar el producto hacia la exportación.

Pero, quienes eran los consumidores? La difusión de los productos que se fabrican en los talleres del área nororiental de Cataluña topa con un problema importante, la falta de epigrafía anfórica. Solo conocemos con total seguridad una estampilla sobre Pascual 1, asociada al taller de Llafranc, P. VSVL. VEIENT que, como veremos, se relaciona con otros elementos del alfar. Un dato precioso proviene de una nota del Sr. Botet i Sisó sobre la existencia de una pieza de bronce con asa para estampillar (Botet i Sisó, 1980, p. 339). No conocemos en absoluto su difusión ya que fuera del taller no se conoce ninguna otra marca, excepto un hallazgo subacuático sin contexto, depositado en los almacenes del CASC, en Girona.

Debemos decir también que de muchas estampillas conocidas sobre ánforas de la Tarraconense, sobre todo sobre Tarraconense 1 y Pascual 1, no conocemos su centro productor, sino solamente la zona receptora y, por lo tanto, las posibilidades de asociarlas a nuevos centros hoy desconocidos no están cerradas. Sirvan de ejemplo nombres tan importantes como C. Iunius, Sex. Statius, L. Venuleius o Cn. Lentulus Augur.

Debemos suponer, de todas maneras, que si los talleres del noreste de la Tarraconense se incorporan a un modelo de explotación bien desarrollado en la zona layetana, también utilizan las mismas vías de salida y las mismas fórmulas comerciales para la exportación del producto. De momento, la única pista que permitiría realizar un seguimiento sería la asociación entre tipo de pasta y centro productor. Debería hacerse un catálogo completo para comparar.

Habitualmente se ha concedido una datación para el final de las Dr. 2-4 de finales del siglo I e inicios del siglo siguiente, hasta época adrianea como máximo (Tchernia, 1971, p. 76; Miró, 1988, p. 91). Los datos arqueológicos del área de Girona y del Maresme sugieren, en cambio, el final de algunos talleres en el decenio de los años 70, como el de Calella (López, 1985, p. 203) o, a falta de un estudio definitivo, el mismo de Fenals, también el de Malgrat y los hallazgos recientes en torno de Mataró. No sabemos muy bien si a partir de ahora se entra en francaregresión por lo que refiere a la viticultura o se realiza un cambio de envase. En cierta manera todas dos propuestas son ciertas y posiblemente están asociadas. Fenals es un ejemplo claro de final de actividad. Llafranc por su parte, continuará produciendo ánforas diferentes tipologicamente pero con una clara continuidad por lo que respecta al taller, con las ánforas Dressel 7-11 y las de base plana G. 4, que perdurarán más allá del final de las Dressel 2-4.

Estas dataciones, hasta ahora poco estrictas, pero que coinciden *grosso modo* con la proclamación del Edicto de Domiciano han facilitado que fuese muy debatido el papel que jugó. La explicación tradicional que se había dado al Decreto de Domiciano, debida a Theodor Mommsen, como una mesura estatal y proteccionista en favor del vino itálico para protegerlo contra la competencia provincial, permitía encontrar la razón de este descenso en la exportación –y por lo tanto de producción– del vino de la Tarraconense. Si eso fuese cierto, porqué habría afectado a la Tarraconense y no a la zona del sur de la Galia. Probablemente cuando se publica este edicto ya había zonas que habían dejado de producir como hasta entonces, el taller de Fenals ya habría cesado en su actividad. ¿No tenemos que pensar más bien en un problema de competencia del vino galo, que cierra los mercados al vino de la costa Tarraconense? La noticia nos la proporciona Suetonio (*Dom.* 7, 2 y 14, 2). Según este autor, a inicios de los años 90 se prohibía plantar nuevas viñas en Italia y se obligaba a arrancarla mitad de las que existían en las provincias del Imperio. De hecho, el papel determinante de esta medida estatal no parece que tenga razón de ser. Este edicto no fue el único que dictó Domiciano, ya que un autor tardío habla de un segundo edicto que prohibía plantar viña dentro de los límites de las ciudades. Hay más fuentes sobre el tema: Estacio, *Silv.*, 4.3.11-12; Filóstrat, *v. Ap.*, 6.42; Eusebi, *Chron.*). Suetonio nos da el contexto del ataque de Domiciano contra la producción de vino: la razón de esta medida fue un año de gran abundancia de vino y escasez de cereales, de manera que el interés excesivo por el vino hacía descuidar el cultivo de los cereales; el éxito y el descontrol de las nuevas plantaciones, en coincidencia con un año malo para los cereales, debió facilitar la reacción del emperador frente al peligro que el pueblo sufriese hambre (Garnsey & Saller, 1991, 76-77). La teoría proteccionista ha estado analizada y debatida desde otros puntos de vista, según los que no tiene fundamento y como ha ido evolucionando la interpretación por parte de los historiadores (Pereira, 1987). Estos autores coinciden en señalar que la causa que llevó a crear esta medida, a pesar de que los contemporáneos no eran conscientes, fue la concentración de la propiedad, que provocó cambios en la explotación de la tierra y un aumento excesivo del vino (Garnsey & Saller, 1991, 77; Pereira, 1987, p. 363).

A partir de ahora se fabricarán ánforas de base plana del tipo G. 4, entrando ya en el siglo II. Ejemplos de Sallèles d'Aude, cerca de Narbona y la Almadrava en Denia. Aquí se encuentran en Llafranc y, hasta muy tarde, en Puig Rodon. Por lo que se refiere a la Almadrava, se ven posibles razones para la fabricación de las G. 4 en la llegada de ceramistas o comanditarios del norte de la Tarraconense o de la Narbonense, momento que parece coincidir, además, con una fuerte renovación de las instalaciones del taller (Aranegui & Gisbert, 1992, p. 104). Esta llegada de elementos foráneos la podemos documentar en Llafranc, desde época augústea, es decir, probablemente desde la creación del taller. Lo más interesante es constatar que en el momento inicial el taller produce las ánforas típicas del país; Pascual 1 y Dressel 2-4, no será hasta un momento más avanzado, a partir de la segunda mitad del siglo I, que se fabricarán las G. 4.

El cambio importante en la fabricación de ánforas vinarias en la zona catalana se produce con la desaparición del envase estándar y masivo, la Dressel 2-4 a finales del siglo I provocará el abandono de la mayoría de establecimientos destinados a la su fabricación; en el área gerundense solamente pervivirá Llafranc con la producción de Dressel 7-11 y G. 4. Este comportamiento regresivo comporta una cuestión difícil de responder, que afecta la base económica del país, en la medida que la producción agrícola es su máximo exponente, o ¿debemos buscar explicaciones alternativas?.

El hecho que la desaparición de las Dressel 2-4, que habían sustituido los envases anteriores en numerosas regiones como la Tarraconense y la mayoría de regiones tirrénicas de Italia que fabricaban ánforas (Hesnard *et al.*, 1989), sea general crea numerosos problemas para una explicación satisfactoria, no solo en la zona catalana sinó también en Italia. Para André Tchernia solamente existían tres explicaciones posibles: que de la misma forma que las Dressel 2-4 habían sustituido otros tipos, fueron cambiadas también por tipos nuevos que aún no han sido identificados; que las ánforas vinarias fueron sustituidas por otro tipo de contenedores que no dejan rastro, tipo barril de madera; o, finalmente, que las ánforas desaparecen porqué el comercio del vino se ha acabado. El mismo autor incitaba y recomendaba a los arqueólogos hacia una investigación cuidadosa en los contextos de finales del siglo I y del siglo II para encontrar los materiales que permitan confirmar las indicaciones de las fuentes literarias con la intención de demostrar la continuidad de producción en Italia que de ellas se desprende y piensa que la única explicación viable, de las tres que proponía, es la primera: "Prises en ellas-mêmes, las sources littéraires n'invitent donc á voir, du Ie au IIe s. de notre ére, aucune disminution du commerce des grands vins italiens, ni vers Rome, ni outre mer, vers l'Orient en particulier. Nous devons renoncer, pour expliquer la disparition des amphores Dr. 2-4, á la troisiéme hipothése: la cessation du commerce du vin? Il ne reste plus que la premiére (...) (Tchernia, 1980, pp. 307-310). Hoy, visto desde cierta perspectiva, podemos pensar que los tres factores actúan y no solamente uno: parece claro que son pocos los talleres que continúan activos, lo que implica una regresión en producción vinaria, que no es sinónimo de crisis económica en el campo, sino posiblemente de reconversión en beneficio de otros productos, sobre todo de los cereales (Miró, 1988, pp. 276-281); los talleres que siguen adoptan otro envase y, finalmente, este transporte en ánfora ya no era exclusivo.

Debemos tener muy presentes los datos que nos aporta la arqueología subacuática: de 23 pecios con ánforas de la Tarraconense, 9 transportaban ánforas Pascual 1 y 23 ánforas Dressel 2-4 y de entre estos últimos 3 estaban esencialmente cargados con *dolia*. La incorporación de esta fórmula de transporte a base de grandes contenedores es evidente que se realiza en detrimento del uso del ánfora y eso representa la incomodidad de no disponer del fósil director que ha guiado y sobre el que se han edificado hasta este momento los estudios económicos. A este factor deberíamos añadir un progresivo descenso en el volumen de exportación: de los 23 barcos hundidos que comentábamos, ninguno se puede fecharmás allá de los primeros años del reinado de Nerón, es decir, de mediado siglo I.

En lo que se refierea la Tarraconense, hemos visto que la distribución masiva de Dressel 2-4 se realiza en dirección a Roma, por tanto, para encontrar una explicación razonable a su desaparición se deberá tener en cuenta no solo el lugar de producción sinó también los puntos de recepción. Siguiendo en la línea de investigación, iniciada por Tchernia, Clementina Panella, a partir de los trabajos realizados en Ostia y Roma, encuentra en los contextos de siglo II que las ánforas "no identificadas" representan un porcentaje muy bajo y la situación que se desprende de los tipos anfóricos producidos en el siglo II, si se compara con el siglo I, refleja una profunda transformación de la geografía comercial de Italia. Frente al final o "crisis" de la comercialización masiva en ánforas del vino tirrénico se contrapone la consolidación de la producción de la Italia central interior y el desarrollo de algunas producciones de la zona adriática (Panella, 1989, pp. 161-162). Mientras eso sucede en Italia, es precisamente a partir de la segunda mitad del siglo I que la Galia comienza a tener las condiciones para generar una exportación en masa de su vino. Es sintomático que el estudio de las producciones de los talleres de la Narbonense haya permitido identificar once tipos anfóricos diferentes, nueve de estos son de fondo plano y el que es realmente masivo es el de la "Gauloise 4". Justamente será esta forma dedicada al transporte vinario la única que pervivirá en los talleres de nuestras comarcas y en un solo yacimiento, Llafranc, además de la incorporación tardía y tal vez más episódica de Puig Rodon y la poco probada de Platja d'Aro.

Por otro lado, a parte de estas ánforas vinarias se constata la fabricación de ánforas destinadas a contener salazones, a partir de finales del siglo I. Conocemos especialmente bien las ánforas Dressel 8 ampuritanas, con toda probabilidad forma autóctona de Empúries y asociada a cinco estampillas diferentes. También las ánforas del tipo 7-11 que se fabrican en Llafranc coetáneamente a las G. 4 y, tal vez en Platja d'Aro, producción que perdurará a lo largo del siglo II y parte del siglo siguiente. En todo caso, queremos destacar aquí solo algunas cuestiones excepcionales motivadas per las marcas documentadas sobre esta forma: altísimo porcentaje de piezas marcadas ya sea con grafitos o con estampillas; presencia relativamente frecuente de estampillado doble sobre una misma pieza; asociación de grafito y estampilla sobre una misma pieza y tipo de símbolo grafitado.

Las cuestiones que se refieren a la organización y a aspectos sociales del taller las desarrollaremos más adelante, ahora solo queremos destacar los aspectos que se sugieren a partir de los dos últimos puntos a nivel del proceso productivo. Es poco frecuente encontrar grafito y estampilla, además, siempre se realiza primero el grafito y encima se aplica la estampilla. Eso implica dos momentos en el proceso de producción: el primero es del ceramista; el otro es del encargado. El grafito parece que puede expresar un valor numérico, ¿o es una marca que siempre realizaba un operario determinado?, ¿o son las dos cosas a la vez, identifica al ceramista y sirve para contabilizar las piezas?.

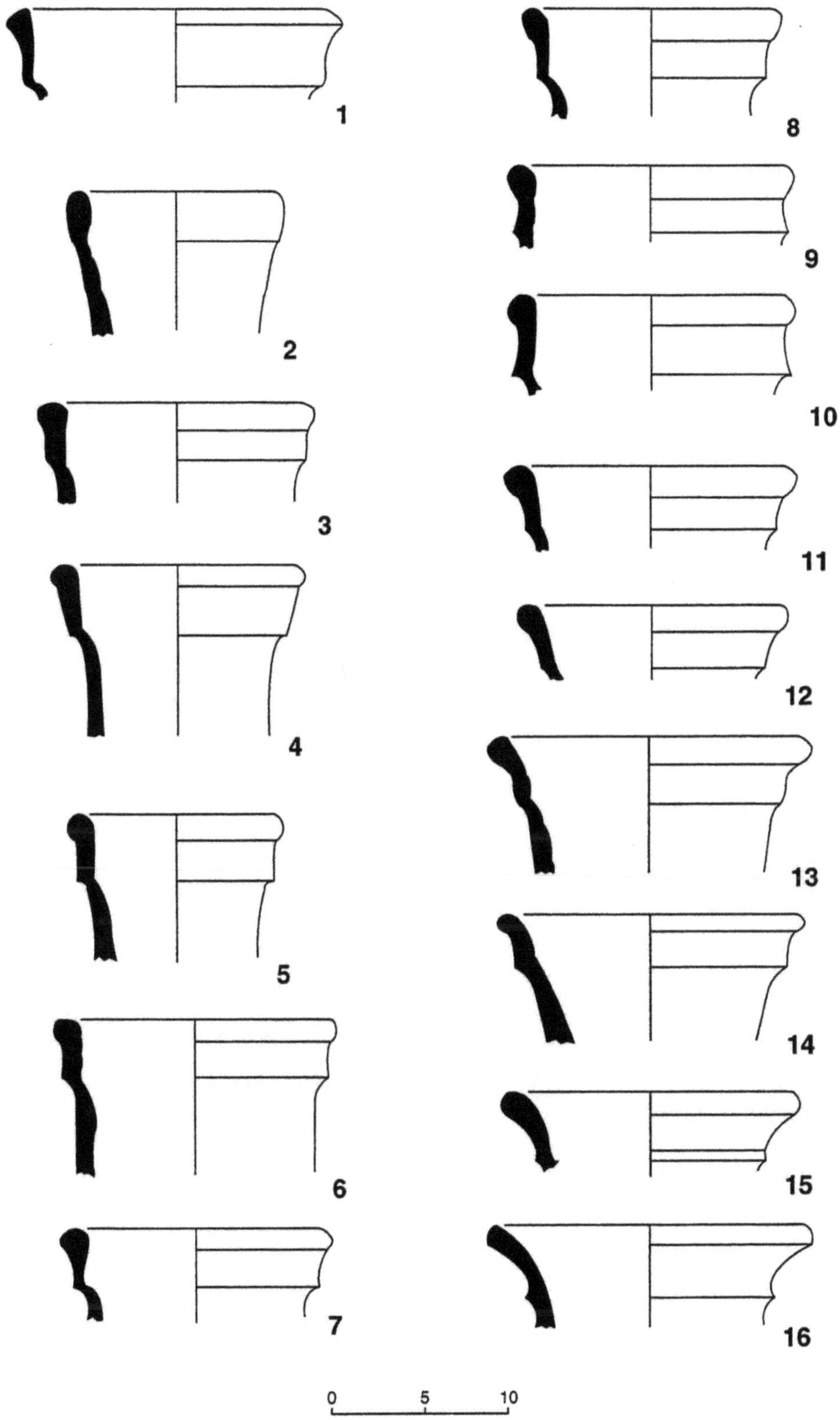

Figura 79. Alfar de Fenals, Lloret de Mar. 1-16) Bordes de ánforas del tipo Tarraconense 1.

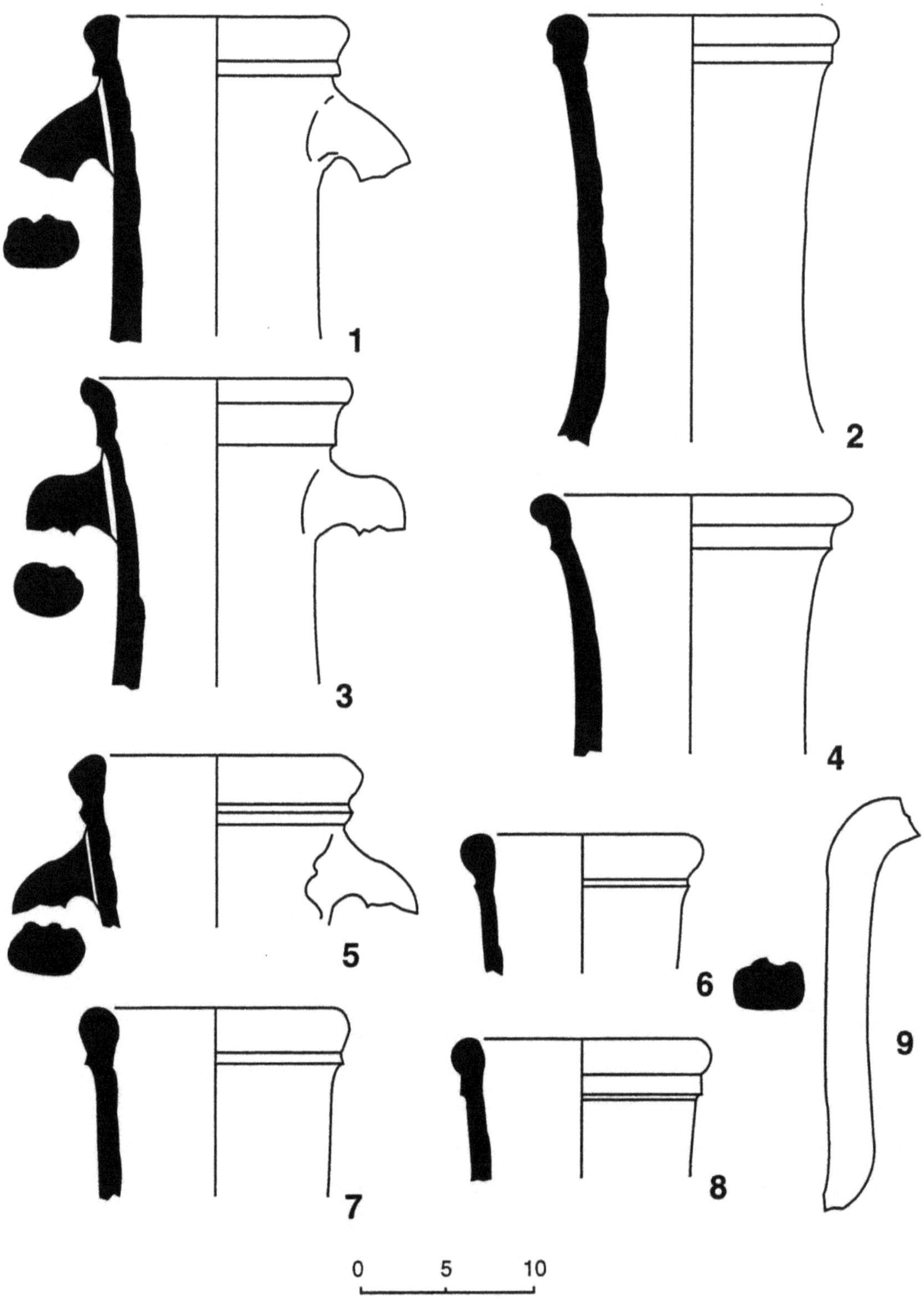

Figura 80. Alfar de Fenals, Lloret de Mar. 1-9) Bordes de ánforas del tipo Tarraconense 2/Fenals 1.

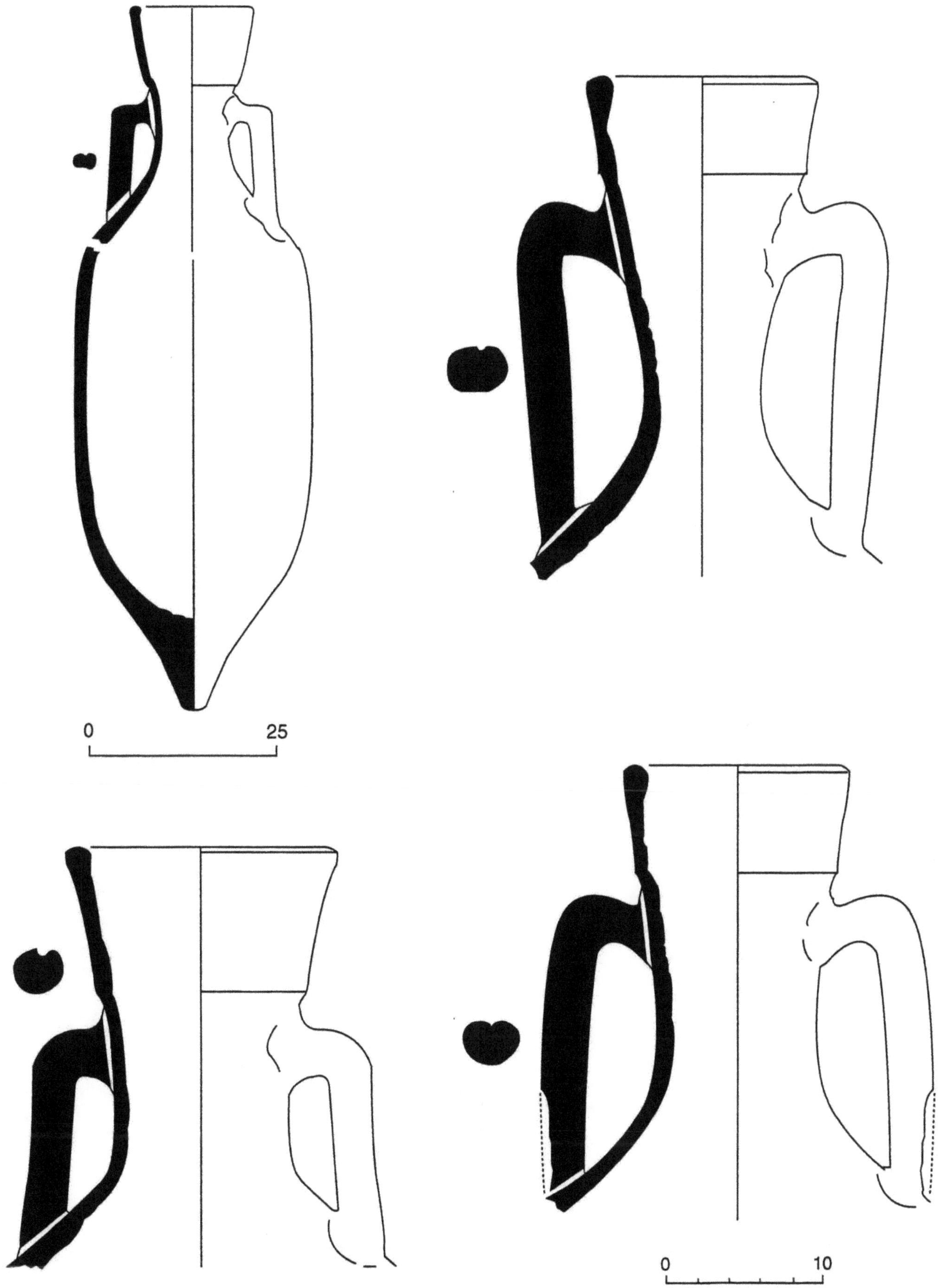

Figura 81. Alfar de Fenals, Lloret de Mar. 1) Ánfora Pascual 1 completa. 2-4) Fragmentos de ánforas del tipo Pascual 1.

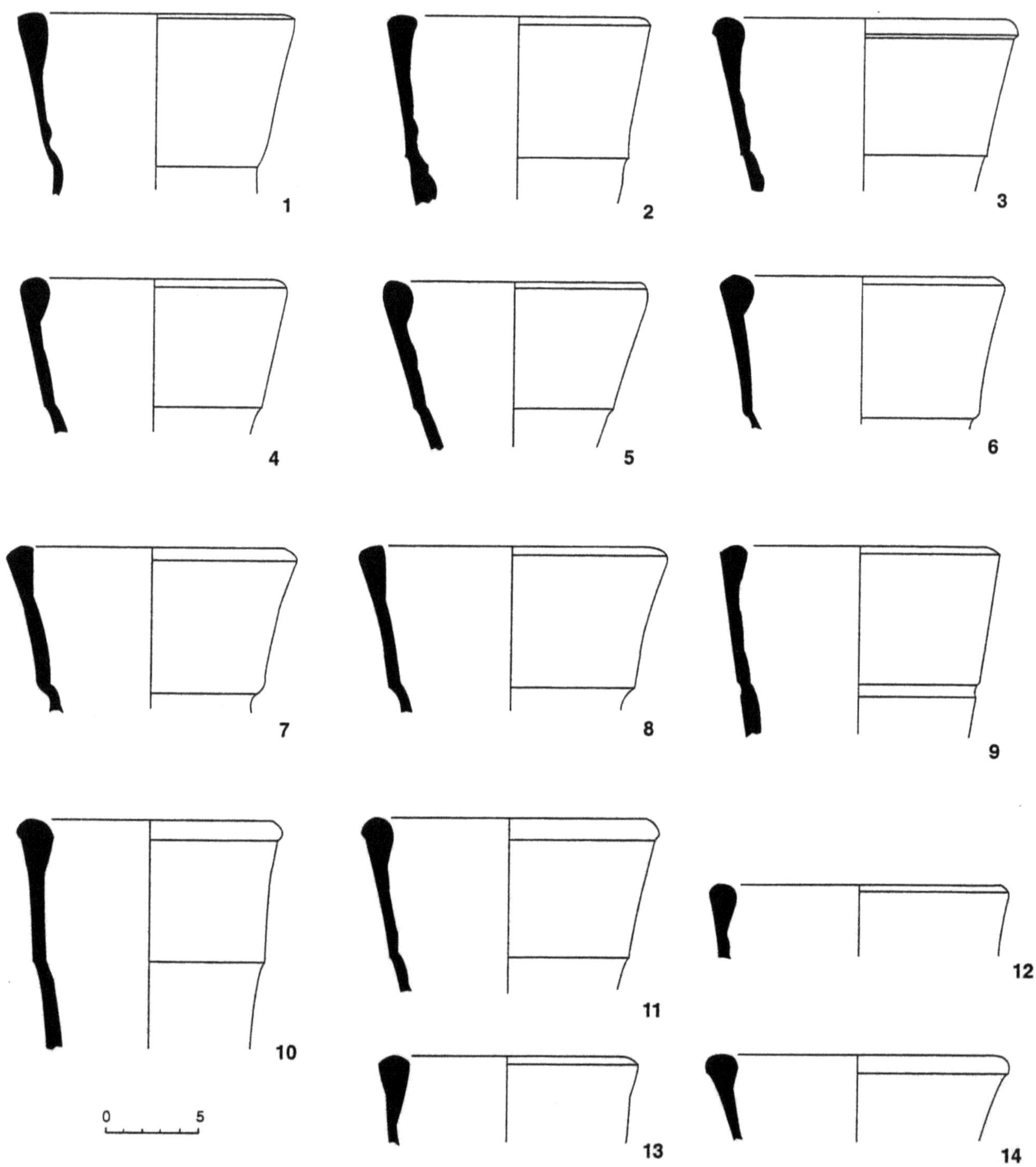

Figura 82. Alfar de Fenals, Lloret de Mar. 1-14) Bordes de ánforas del tipo Pascual 1.

Figura 83. Alfar de Fenals, Lloret de Mar. 1-10) Bordes de ánforas del tipo Dressel 2-4.

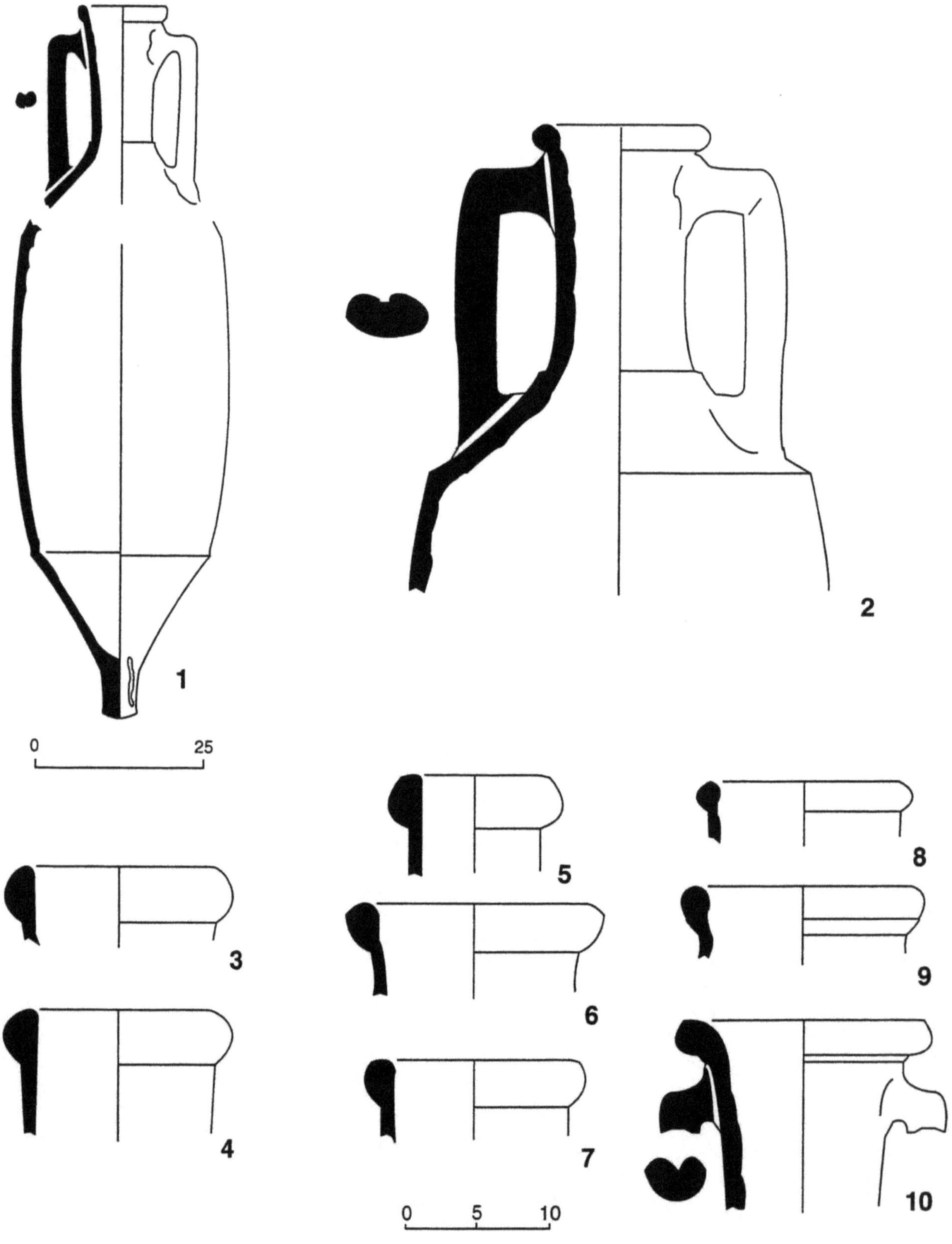

Figura 84. Alfar de Fenals, Lloret de Mar. 1) Ánfora Dressel 2-4 completa. 2-10) Fragmentos de ánfora del tipo Dressel 2-4.

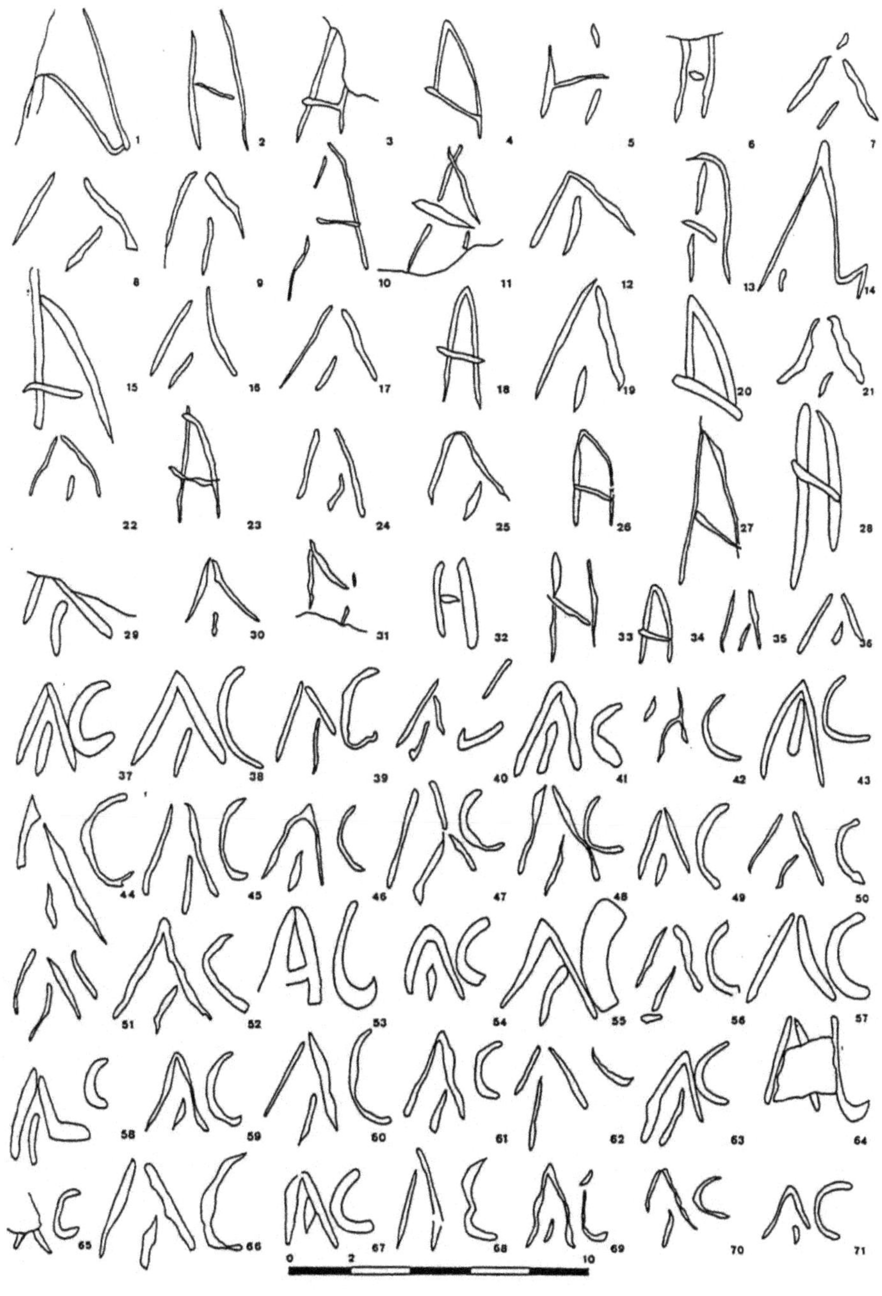

Figura 85. Alfar de Fenals, Lloret de Mar. Grafitos *ante cocturam* grabados integramente sobre pivotes de ánfora: 1-36, grafitos con diversas modalidades de la inicial "A" mayúscula; 36-71, grafitos con las letras mayúsculas "AC".

Figura 86. Alfar de Fenals, Lloret de Mar. Grafitos *ante cocturam* grabados integramente sobre pivotes de ánfora. 1-4) Con las letras "AC". 5-7) Con la letra "B". 8-11) Con la letra "C". 12-17 y 19) Con la letra "I". 20-35) Grafitos con dos trazos verticales, tal vez una E arcaica. 36-40) Grafitos en forma de cruz. 41-41) Grafitos de lectura difícil, seguramente son A fragmentarias. 43-44) Con la letra "N". 45-51) Grafitos que representan una "O". 54-58) Diversas representaciones de la letra "R". 59-60) Grafitos con la inicial "S". 61-62) Iniciales con la letra "V".

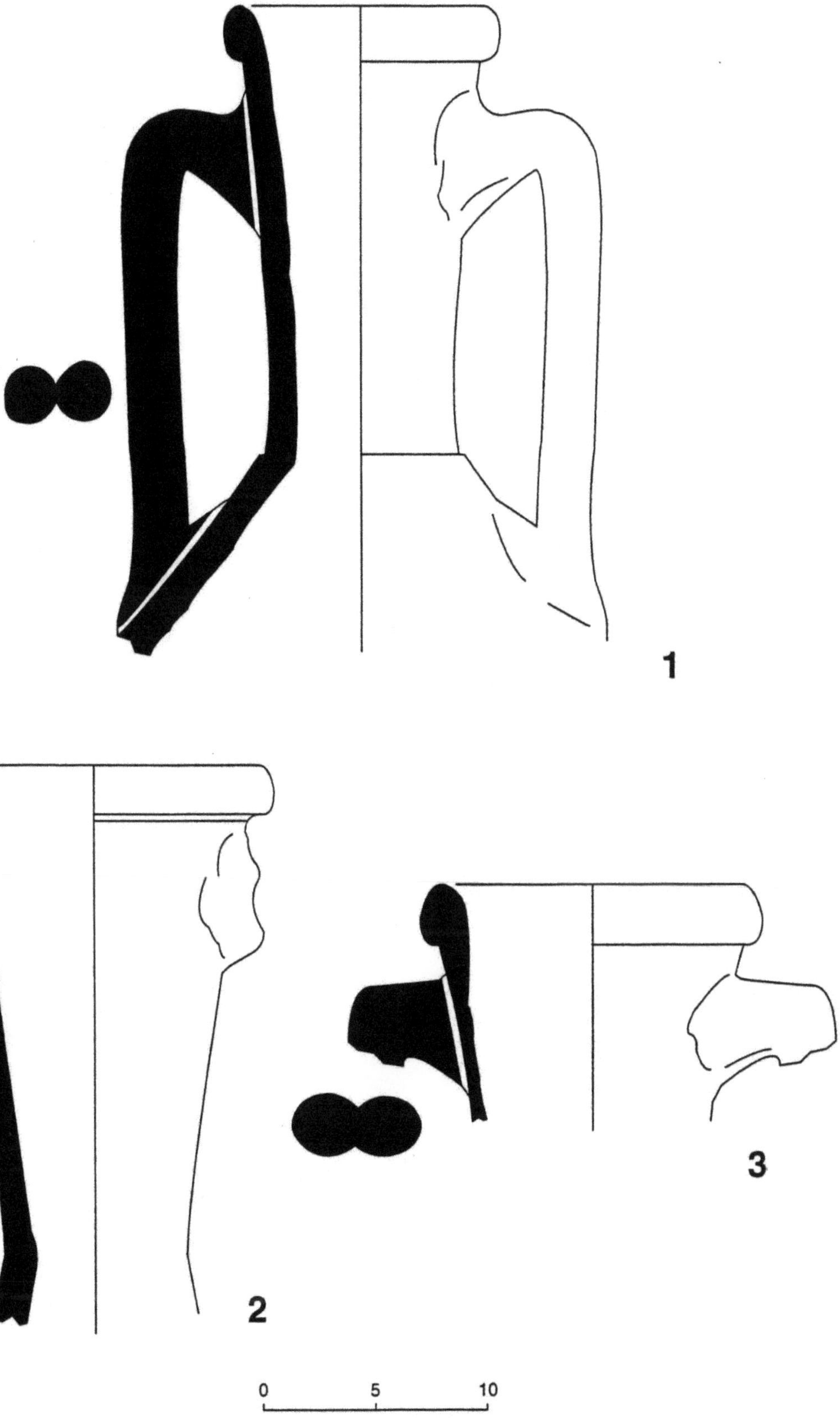

Figura 87. Taller de Palamós. 1-3) Bordes de ánfora del tipo Dressel 2-4.

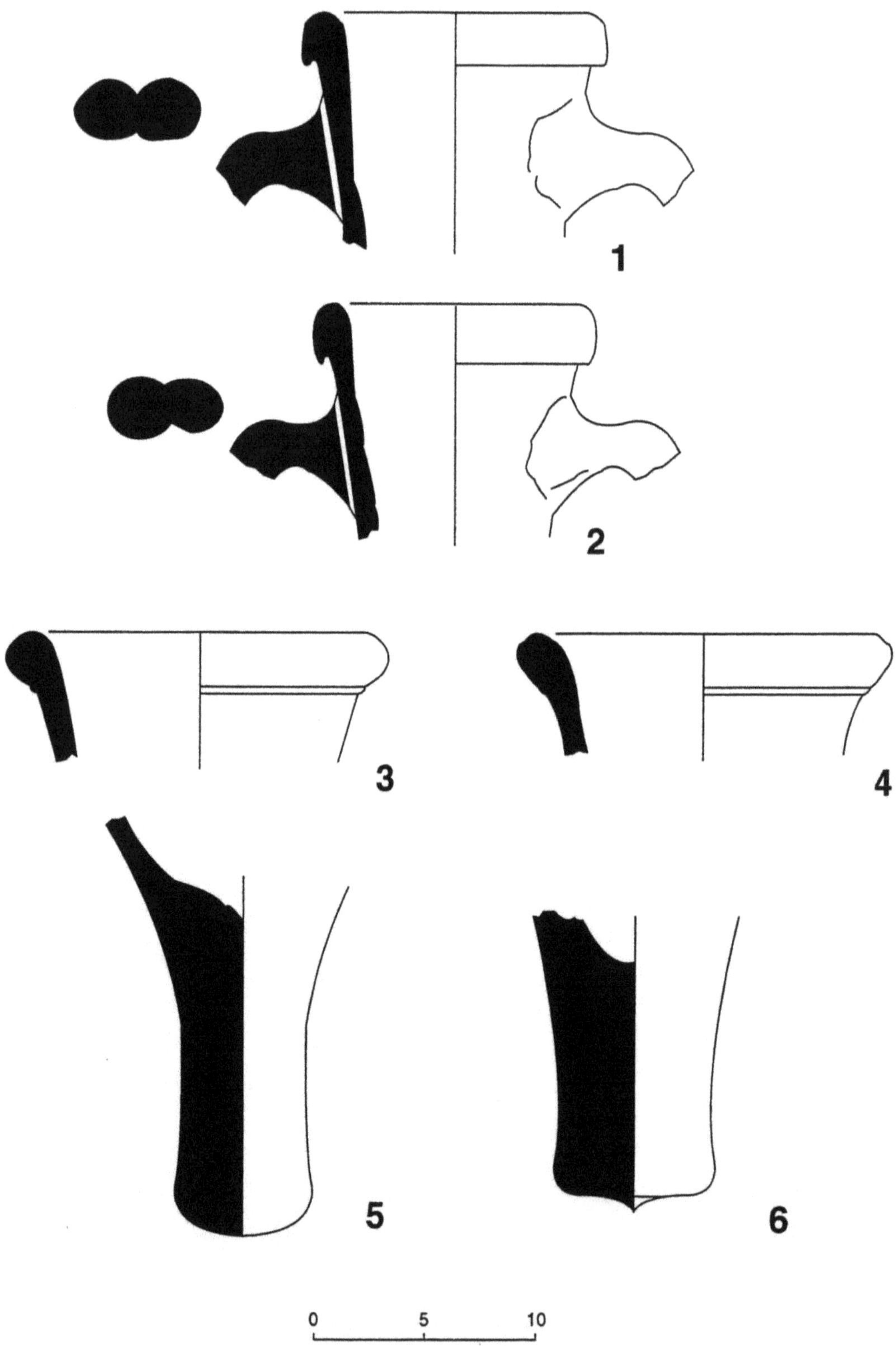

Figura 88. Taller de Palamós. 1-4) Bordes de ánfora del tipo Dressel 2-4. 5-6) Pivotes de ánfora Dressel 2-4.

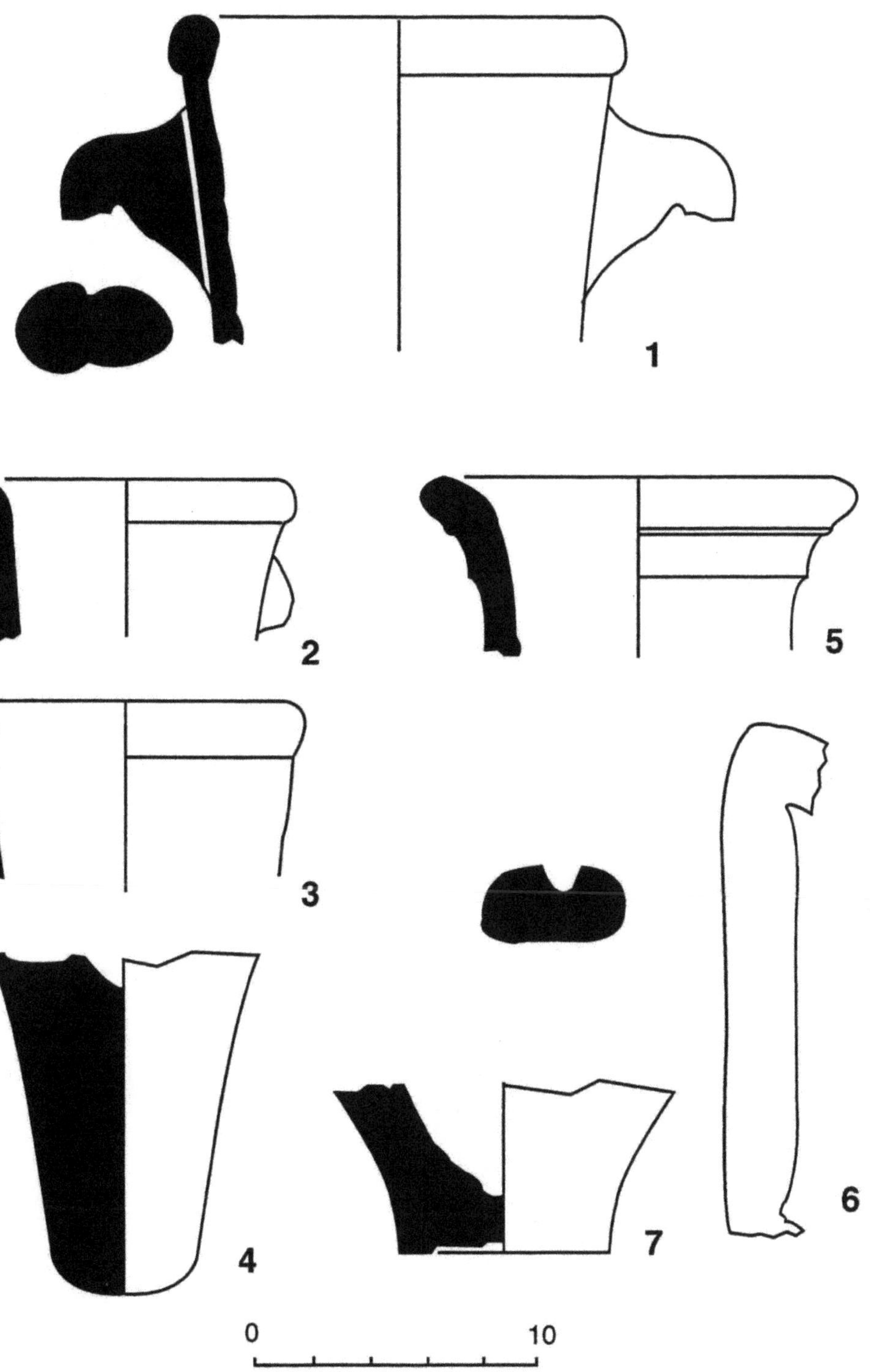

Figura 89. Taller de Platja d'Aro. Diversos tipos anfóricos: 1-3, bordes del tipo Dressel 2-4; 4, pivote del tipo Dressel 2-4; 5, Borde de ánfora Dressel 7-11; 6, Asa del tipo Dressel 2-4; 7, Base de ánfora del tipo G. 4.

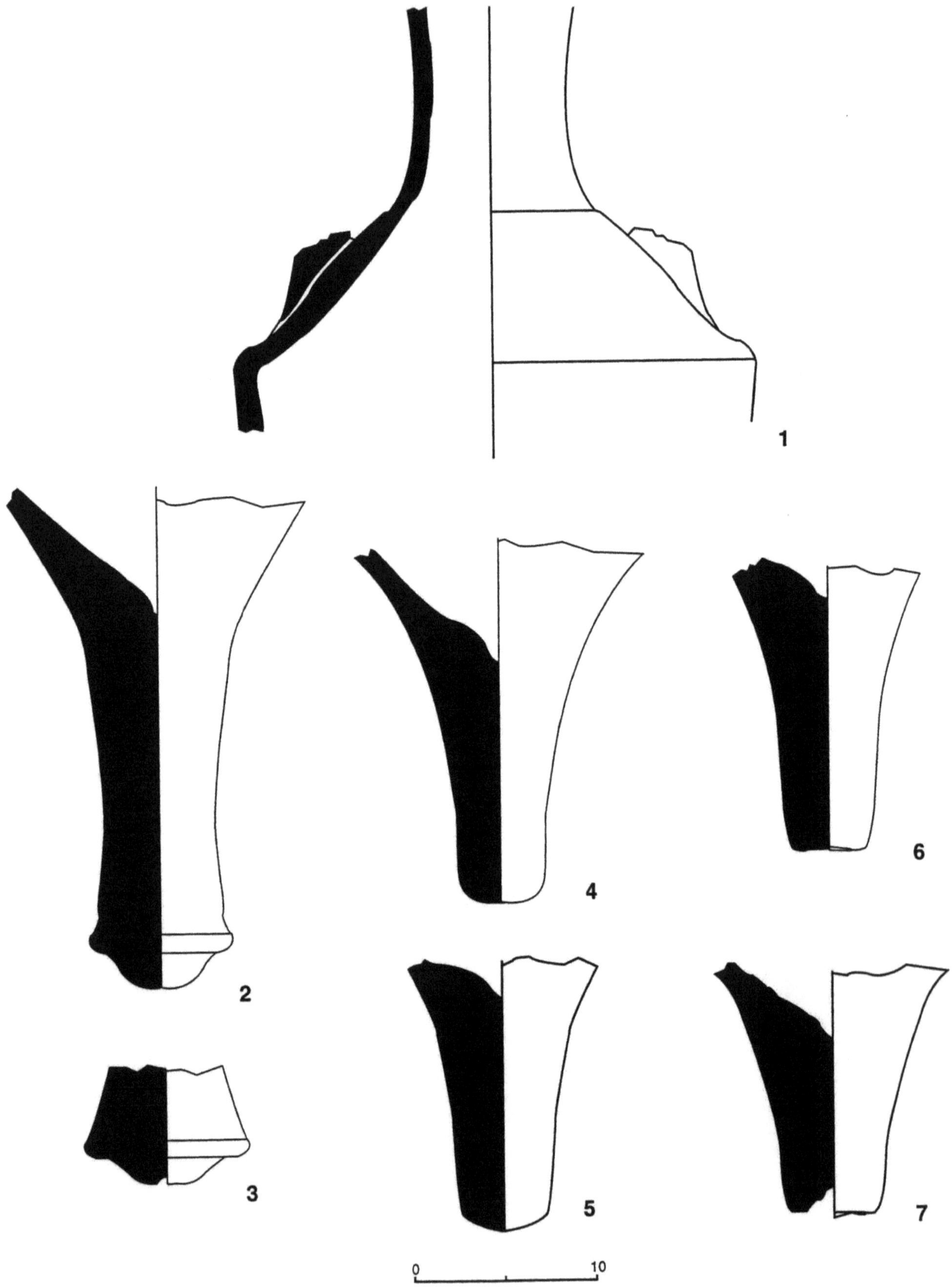

Figura 90. Taller de Platja d'Aro. 1) Fragmento de cuello y carena de ánfora Dressel 2-4. 2-7) Pivotes de ánfora del tipo Dressel 2-4.

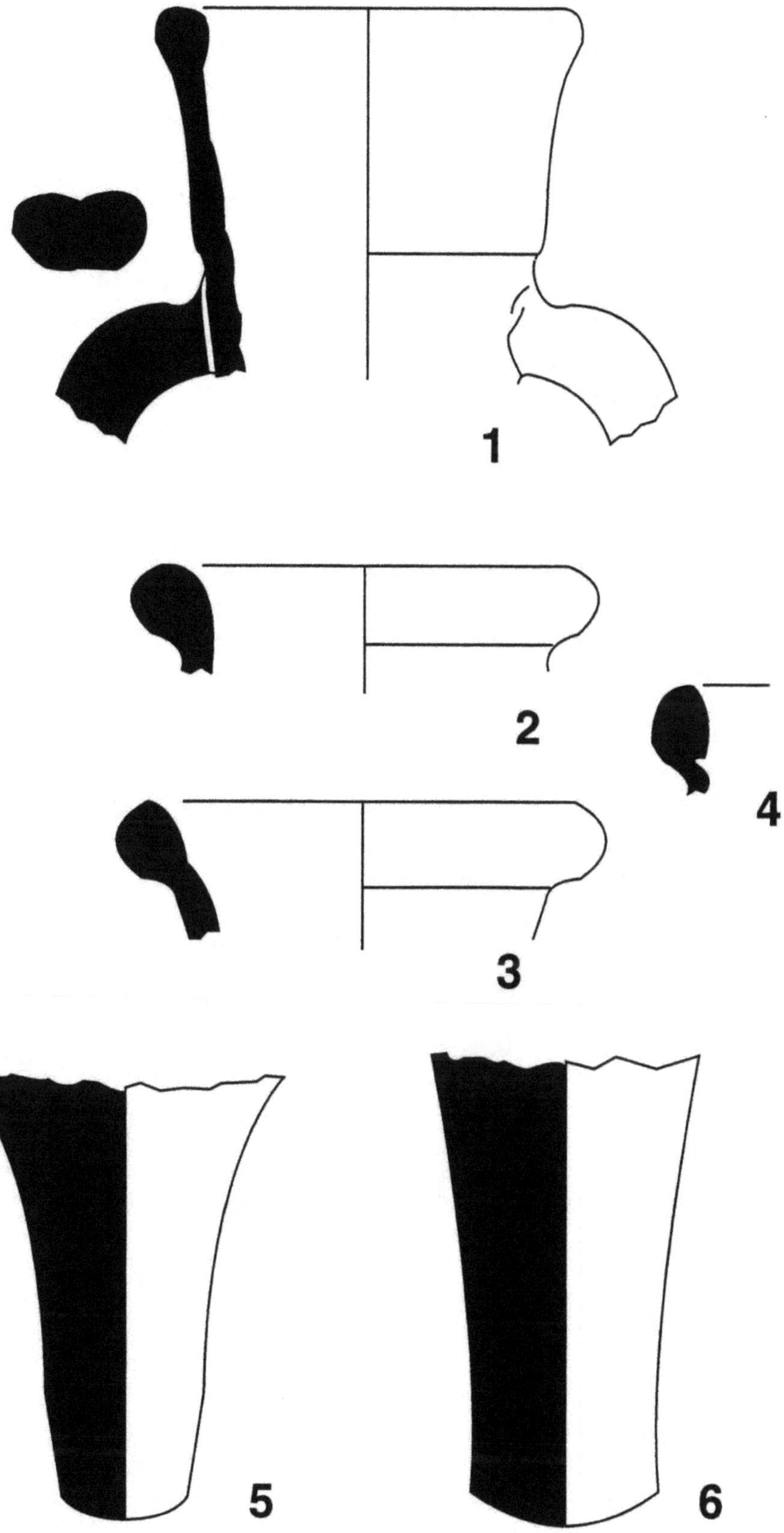

Figura 91. Taller de S'Agaró. 1) Borde de ánfora del tipo Pascual 1. 2-4) Bordes de ánfora Dressel 2-4. 5-6) Pivotes del tipo Dressel 2-4.

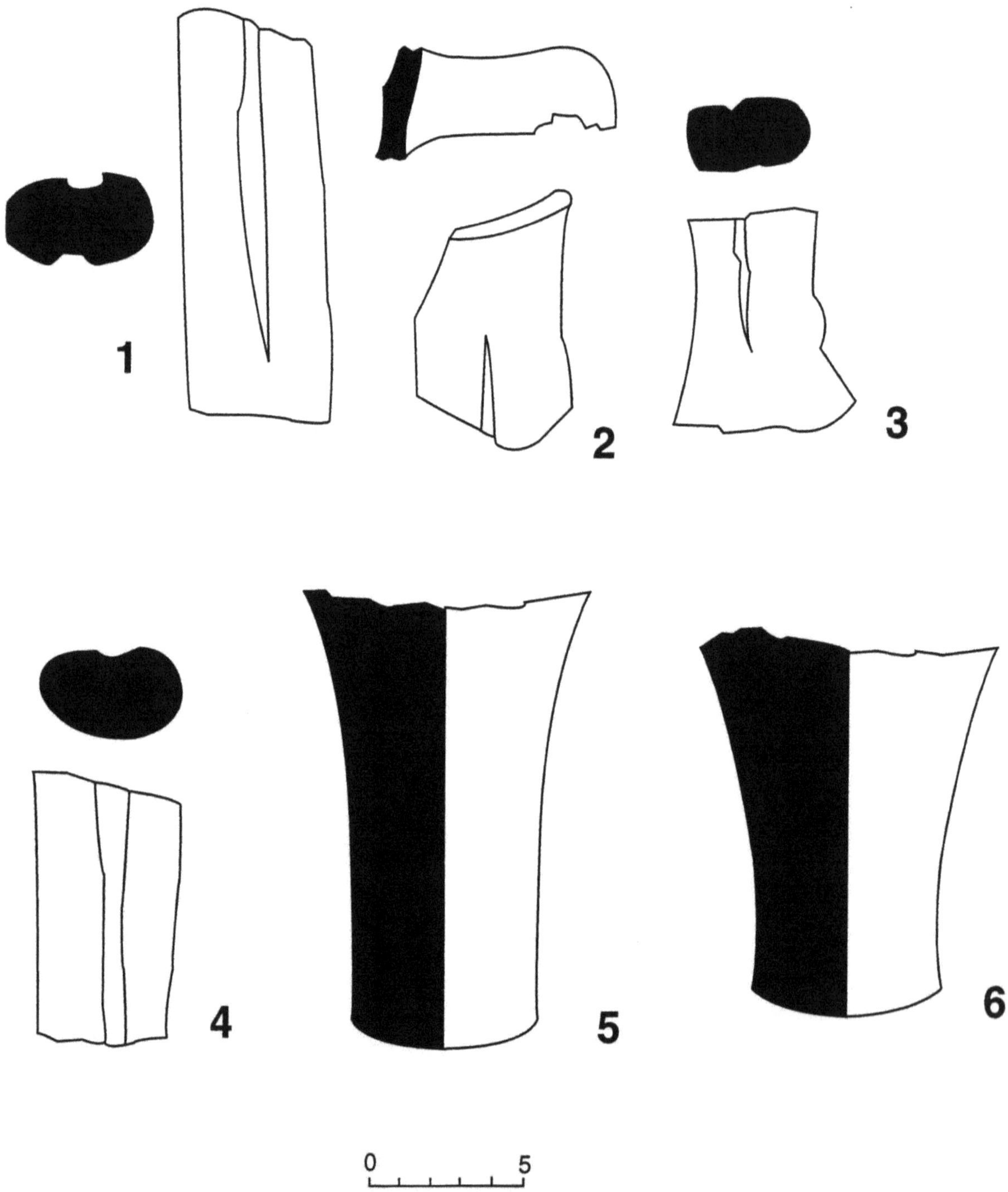

Figura 92. Taller de S'Agaró. 1-3) Asas del tipo Dressel 2-4. Taller de la Caleta. 4-6) Asa y pivotes del tipo Pascual 1 o Dressel 2-4.

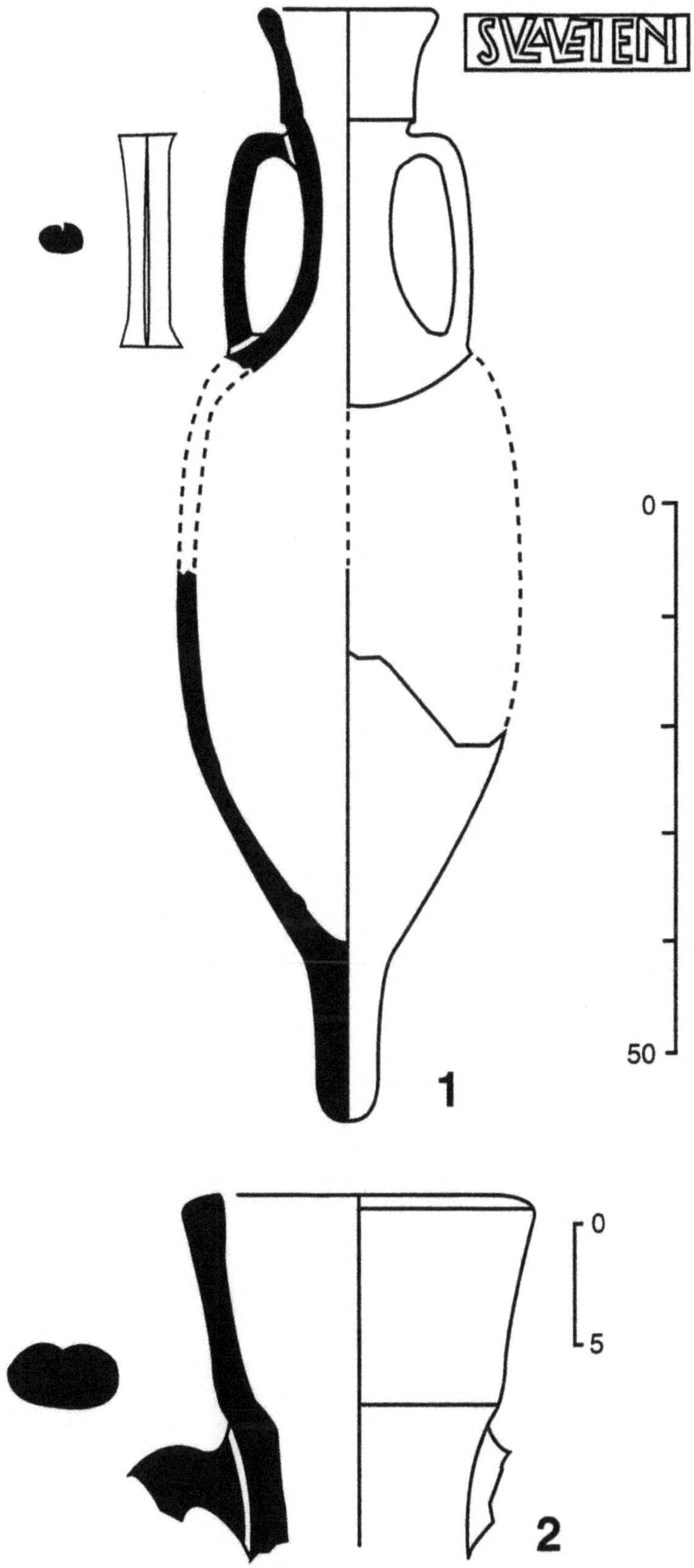

Figura 93. Taller de Llafranc, Palafrugell. 1) Perfil completo de ánfora Pascual 1 con el sello SVL. VEIENT. 2) Borde de ánfora Pascual 1.

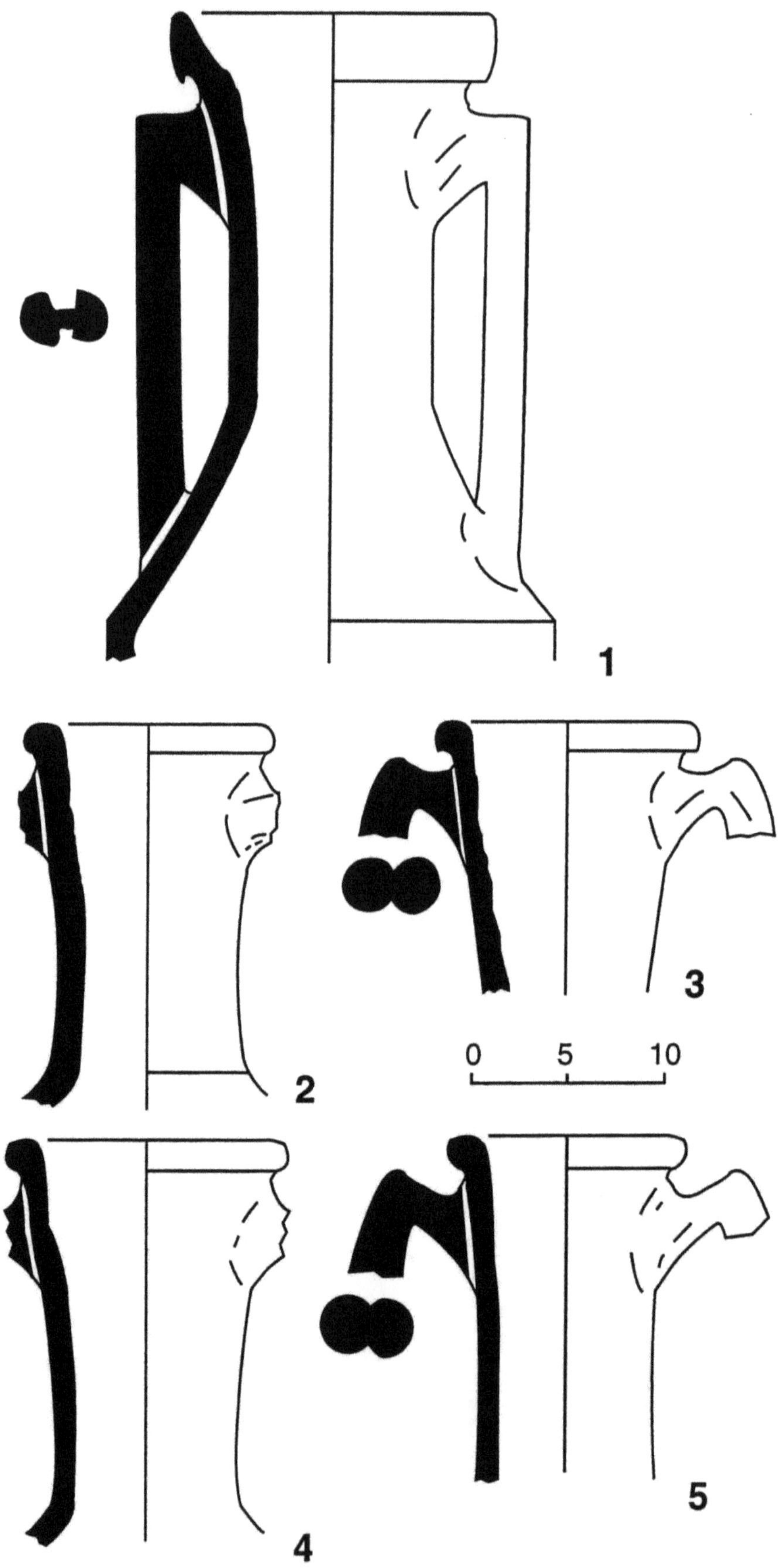

Figura 94. Taller de Llafranc, Palafrugell. 1-5) Bordes de ánfora del tipo Dressel 2-4.

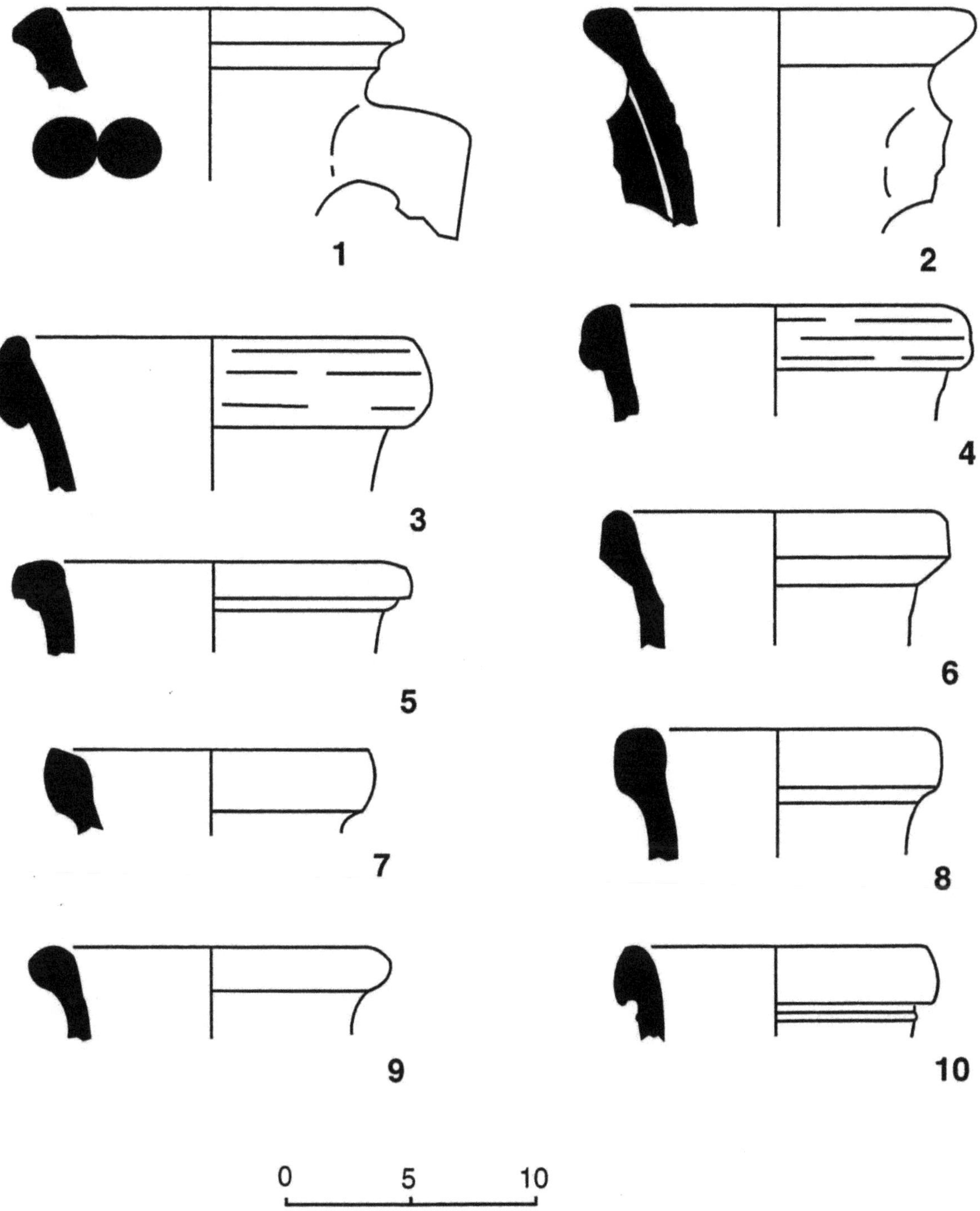

Figura 95. Taller de Llafranc, Palafrugell. 1-10) Bordes de ánfora del tipo Dressel 2-4.

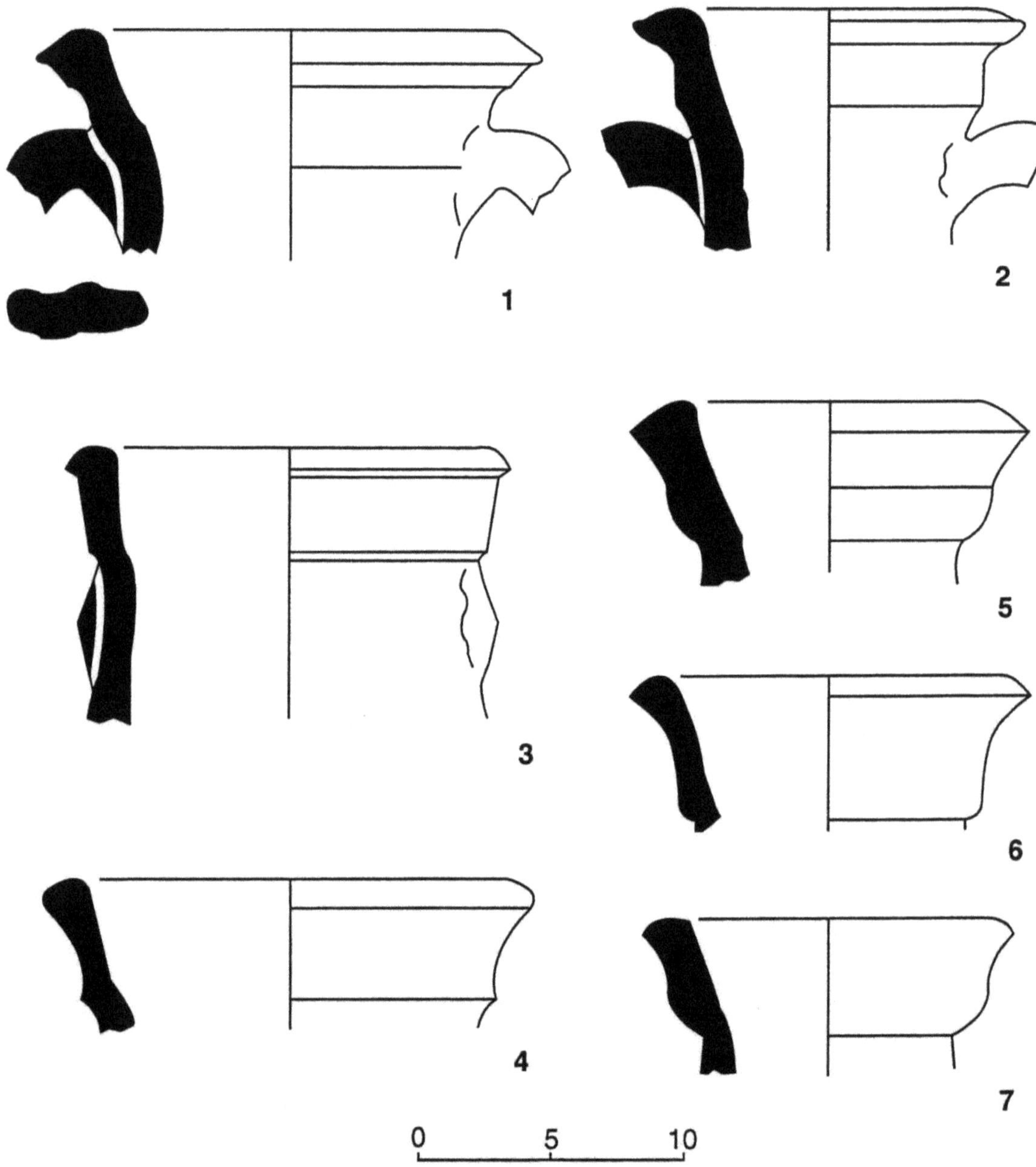

Figura 96. Taller de Llafranc, Palafrugell. 1-7) Bordes de ánfora del tipo Dressel 7-11.

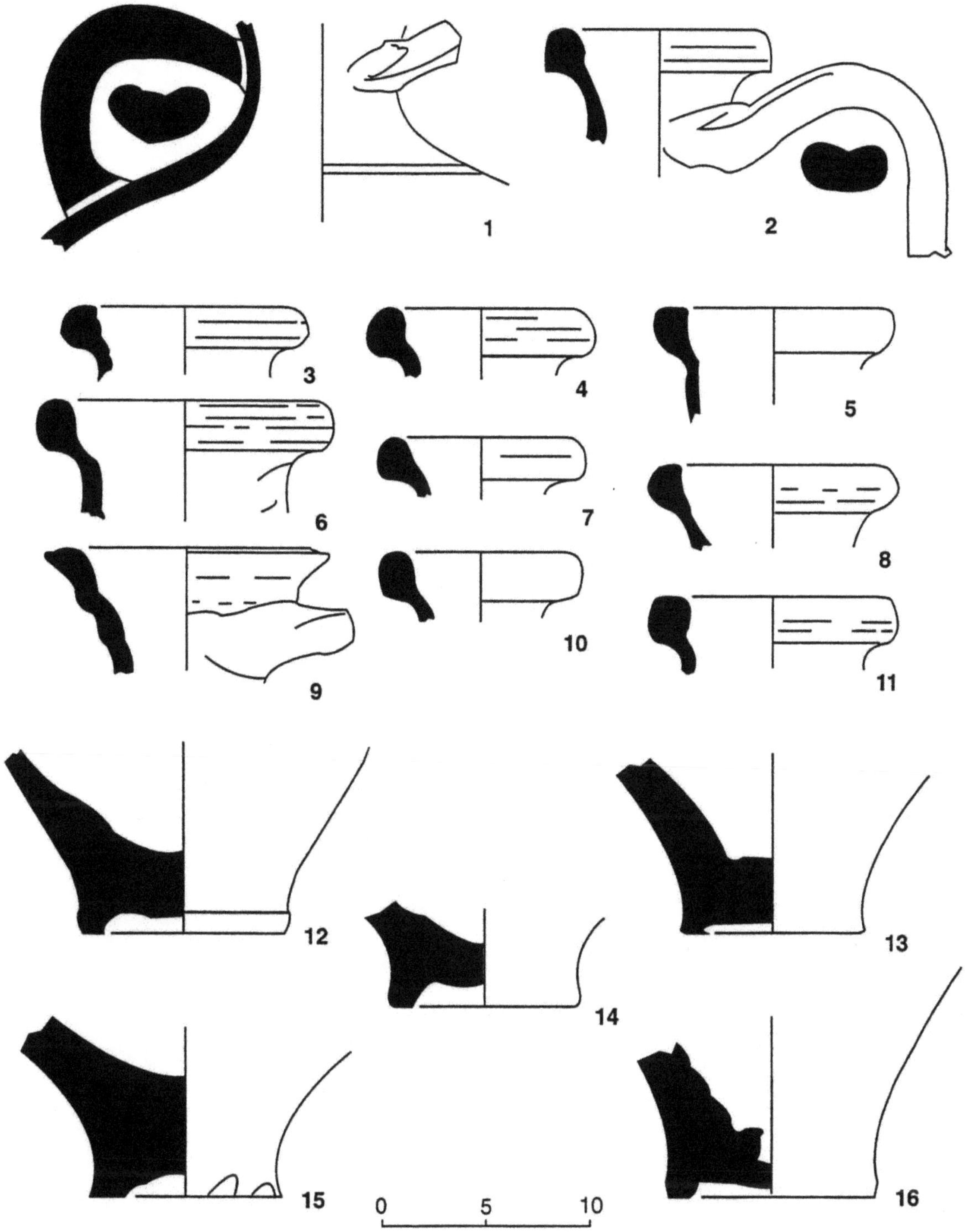

Figura 97. Taller de Llafranc, Palafrugell. 1-11) Bordes de ánfora del tipo G. 4. 12-16) Pivotes de ánfora del tipo G. 4.

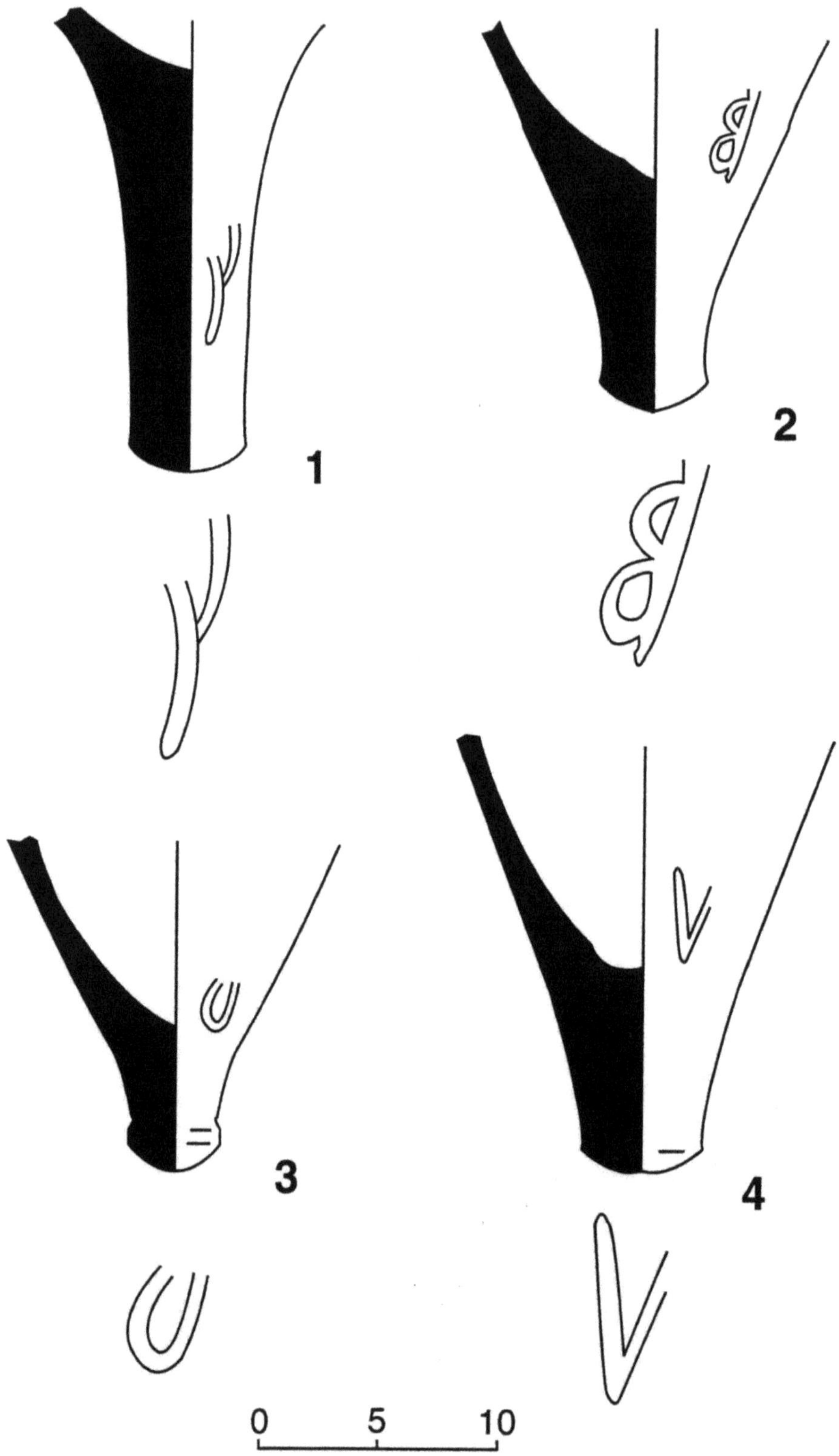

Figura 98. Taller de Llafranc, Palafrugell. 1-4) Pivotes de ánfora con diversos grafitos *ante cocturam*.

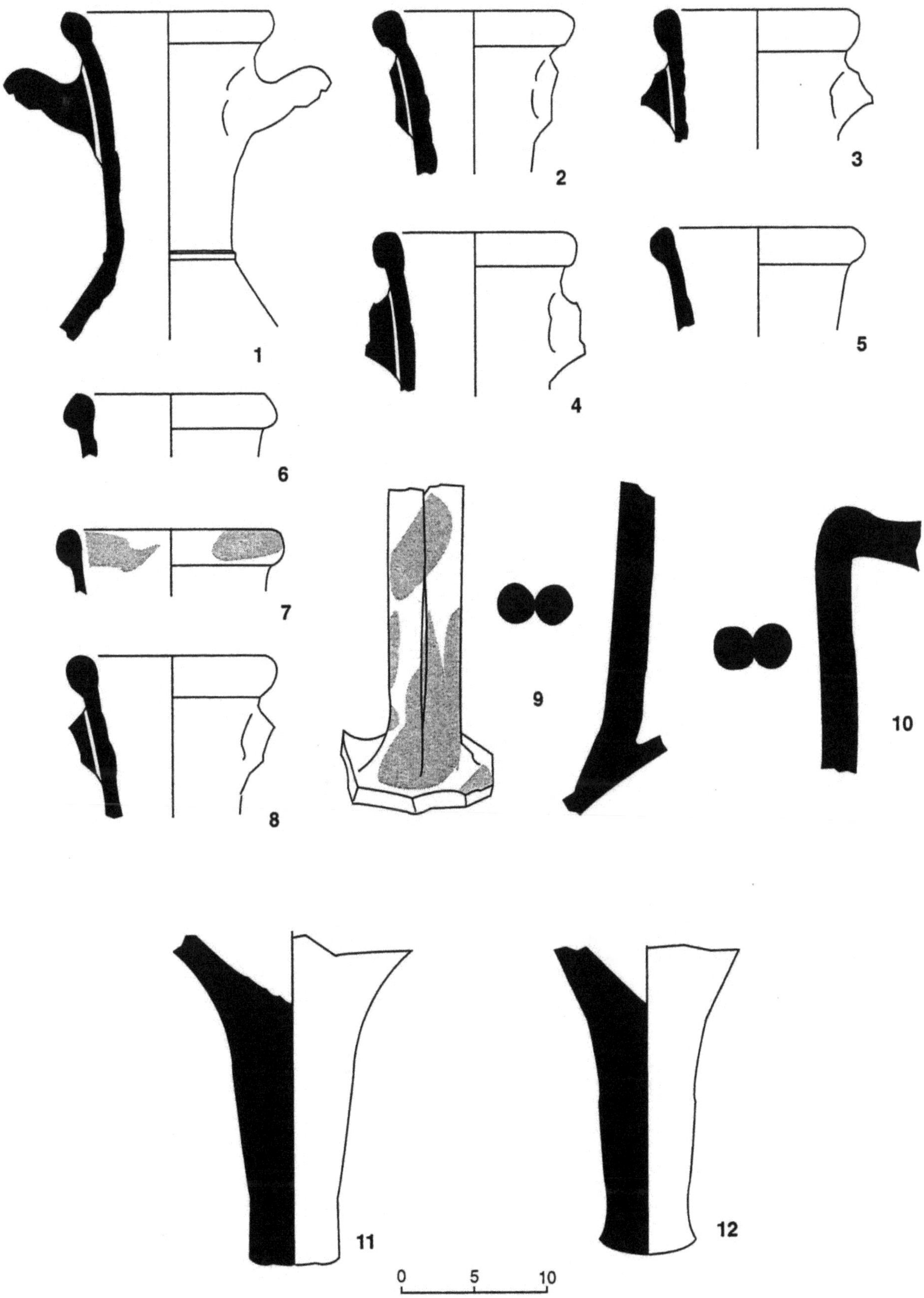

Figura 99. Vertedero de "el Viaró", Rupià. 1-8) Bordes de ánfora del tipo Dressel 2-4. 9-10) Asas de ánforas del tipo Dressel 2-4. 11-12) Pivotes de ánfora del tipo Dressel 2-4.

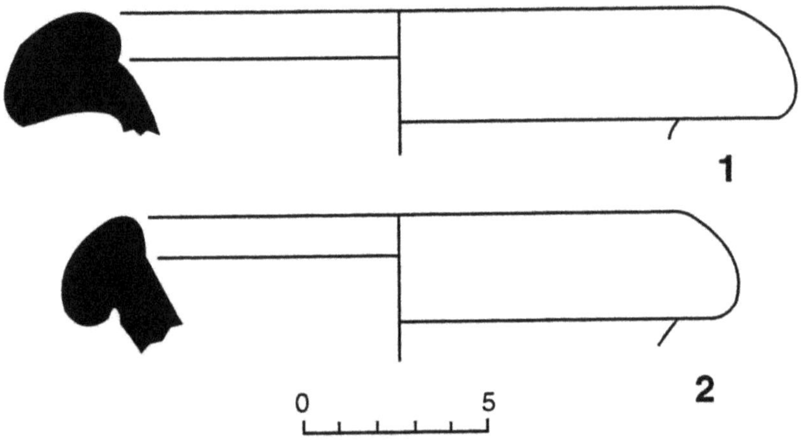

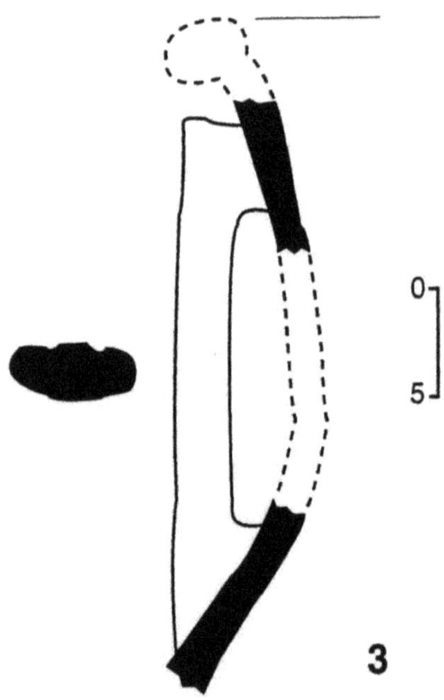

Figura 100. Horno de La Bomba, Vilacolum. 1-3) Fragmentos de ánfora Dressel 2-4 o similar.

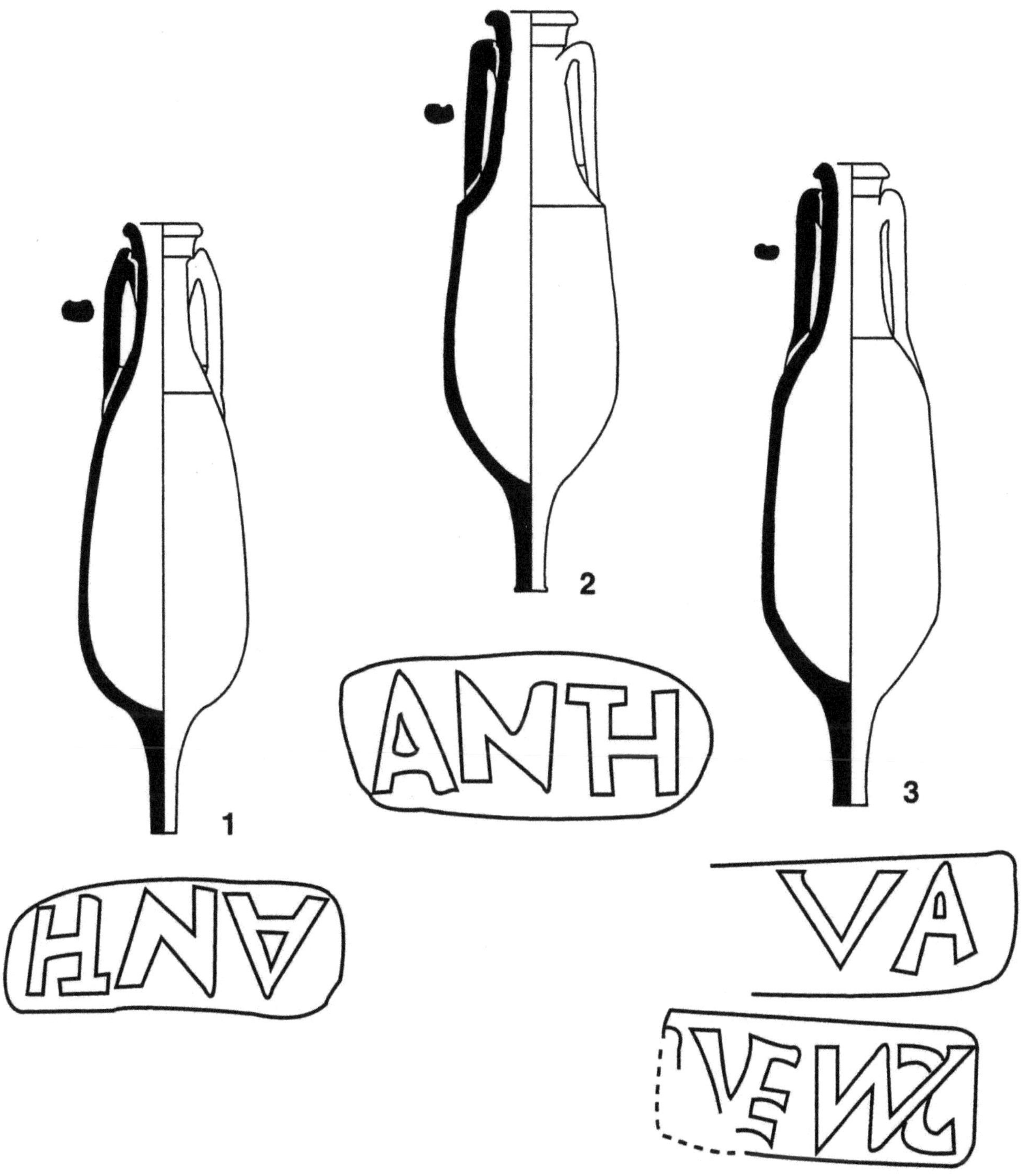

Figura 101. Empúries. 1-3) Ánforas del tipo Dressel 8 emporitano, con los sellos respectivos.

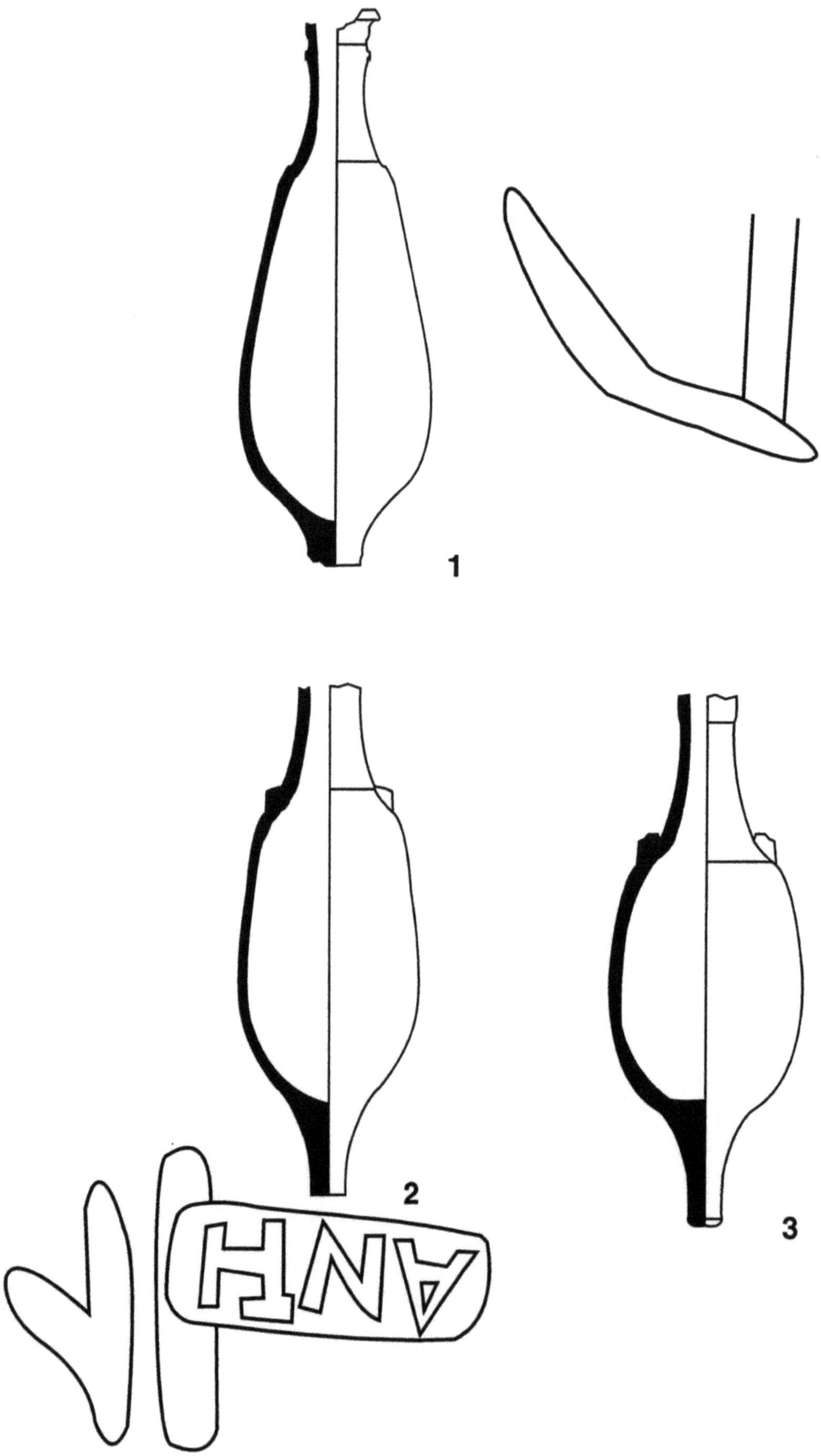

Figura 102. Empúries. 1-3) Ánforas del tipo Dressel 8 emporitano, con grafito en la primera y grafito y estampilla en la segunda.

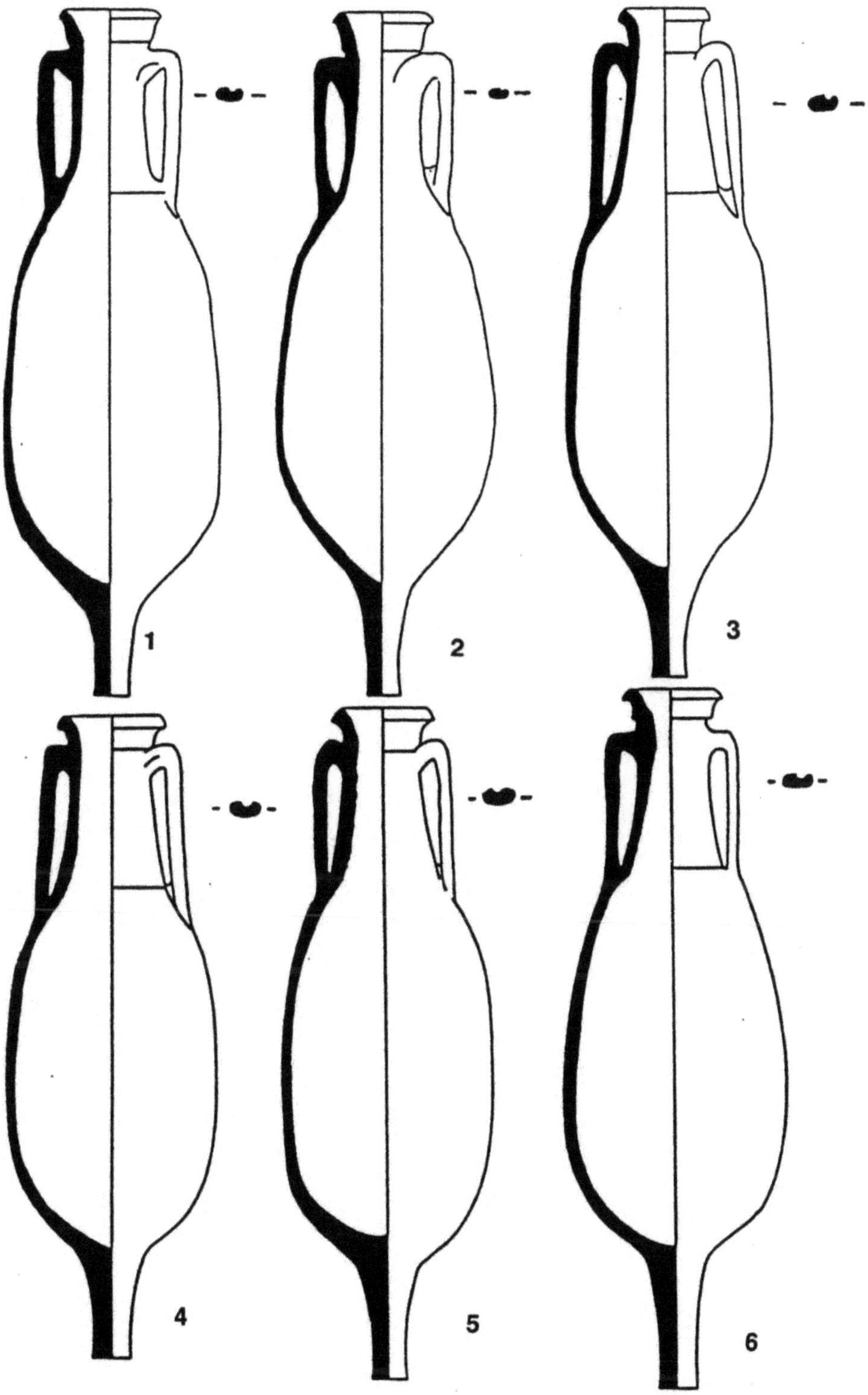

Figura 103. Empúries. 1-6) Ánforas del tipo Dressel 8 emporitano.

1

2

3

Figura 104. Empúries. 1) Sello con la inscripción VMAI perteneciente al ánfora 1 de la figura anterior. 2) Estampilla ANTH y grafito perteneciente al ánfora 3 de la figura anterior. 3) Estapilla ANTH perteneciente al ánfora 4 de la figura anterior.

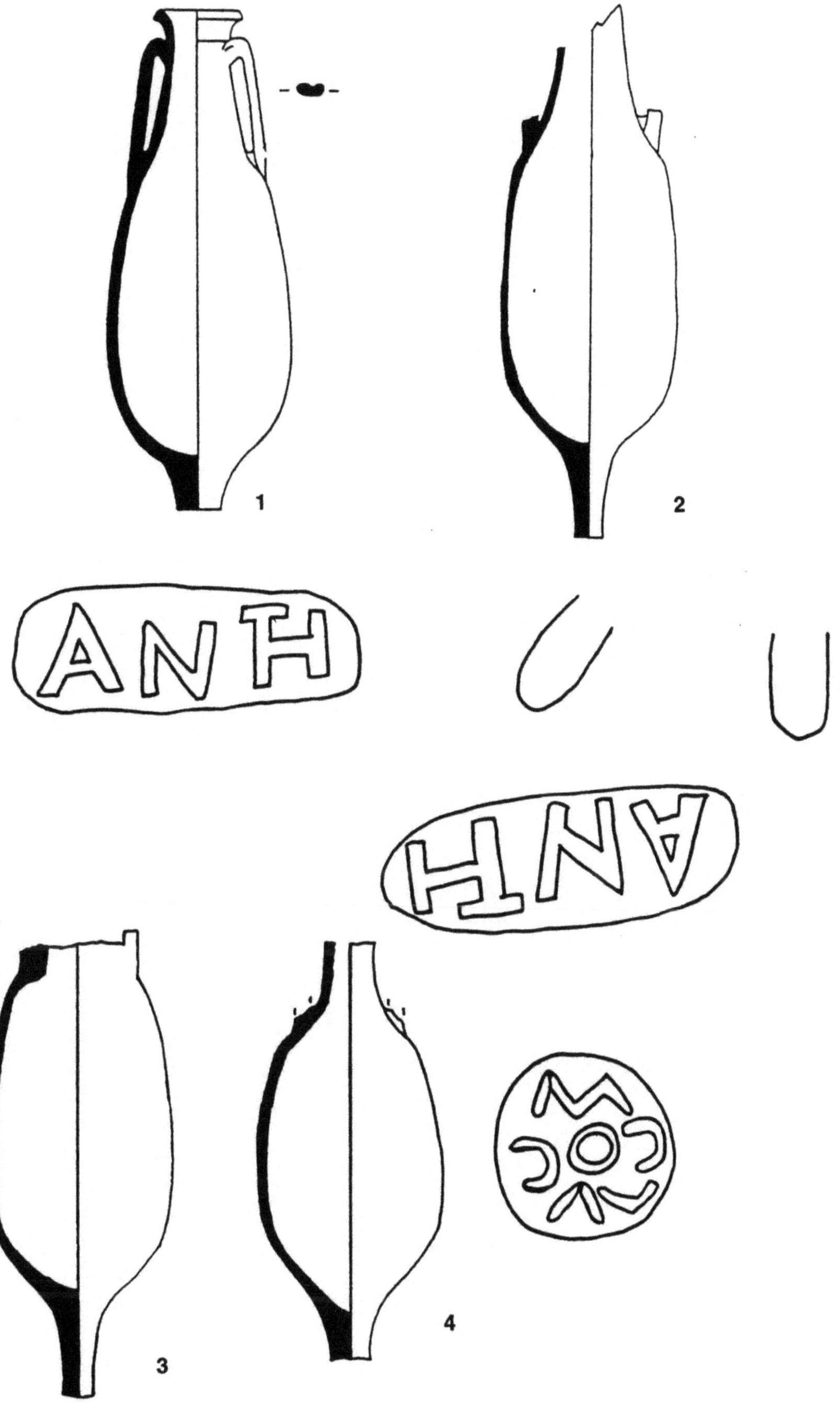

Figura 105. Empúries. 1-4) Ánforas del tipo Dressel 8 emporitano, la primeras con la estampilla ANTH, la segunda con grafito y estampilla ANTH, y la número 4 con estampilla circular.

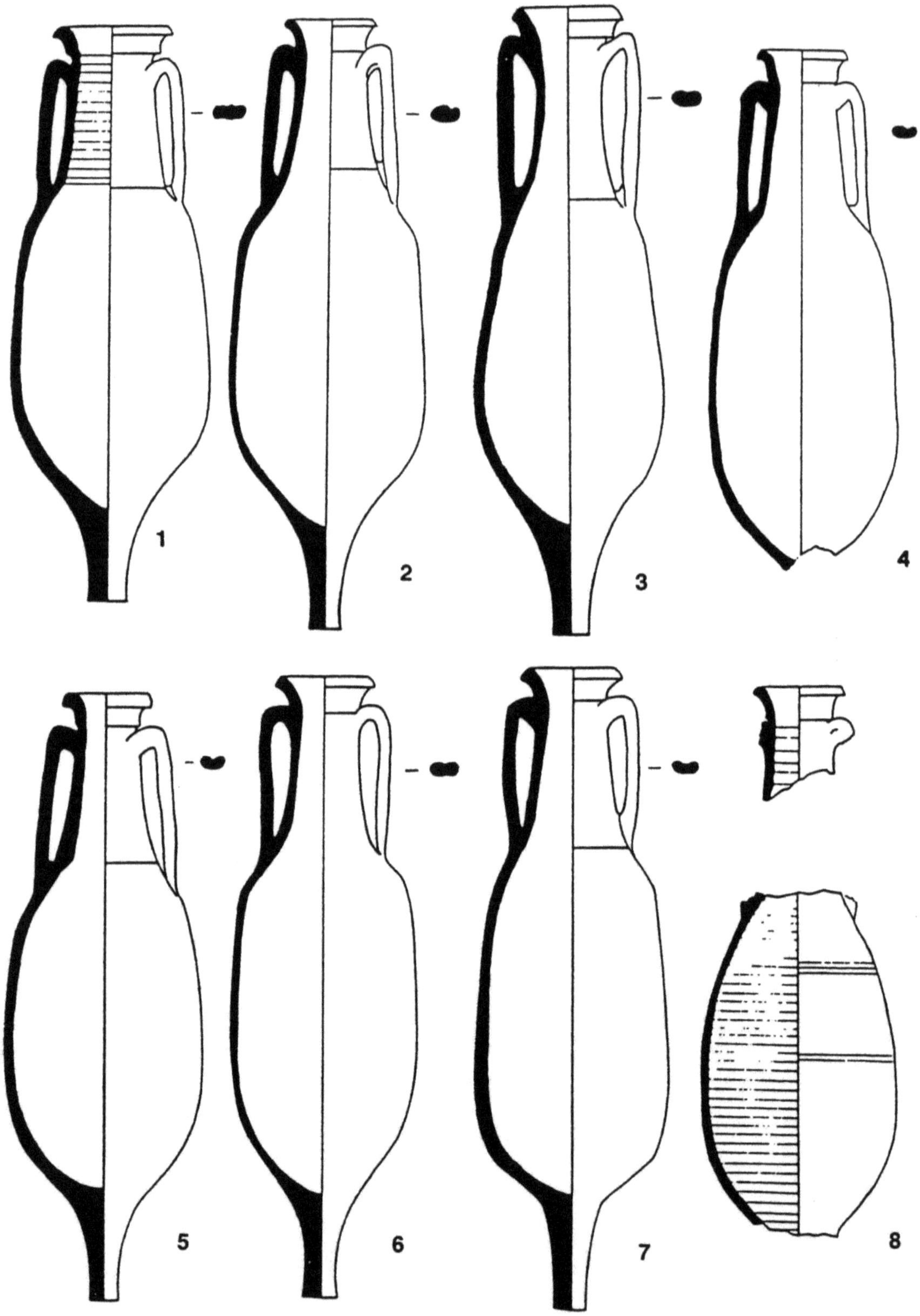

Figura 106. Empúries. 1-8) Ánforas del tipo Dressel 8 emporitano.

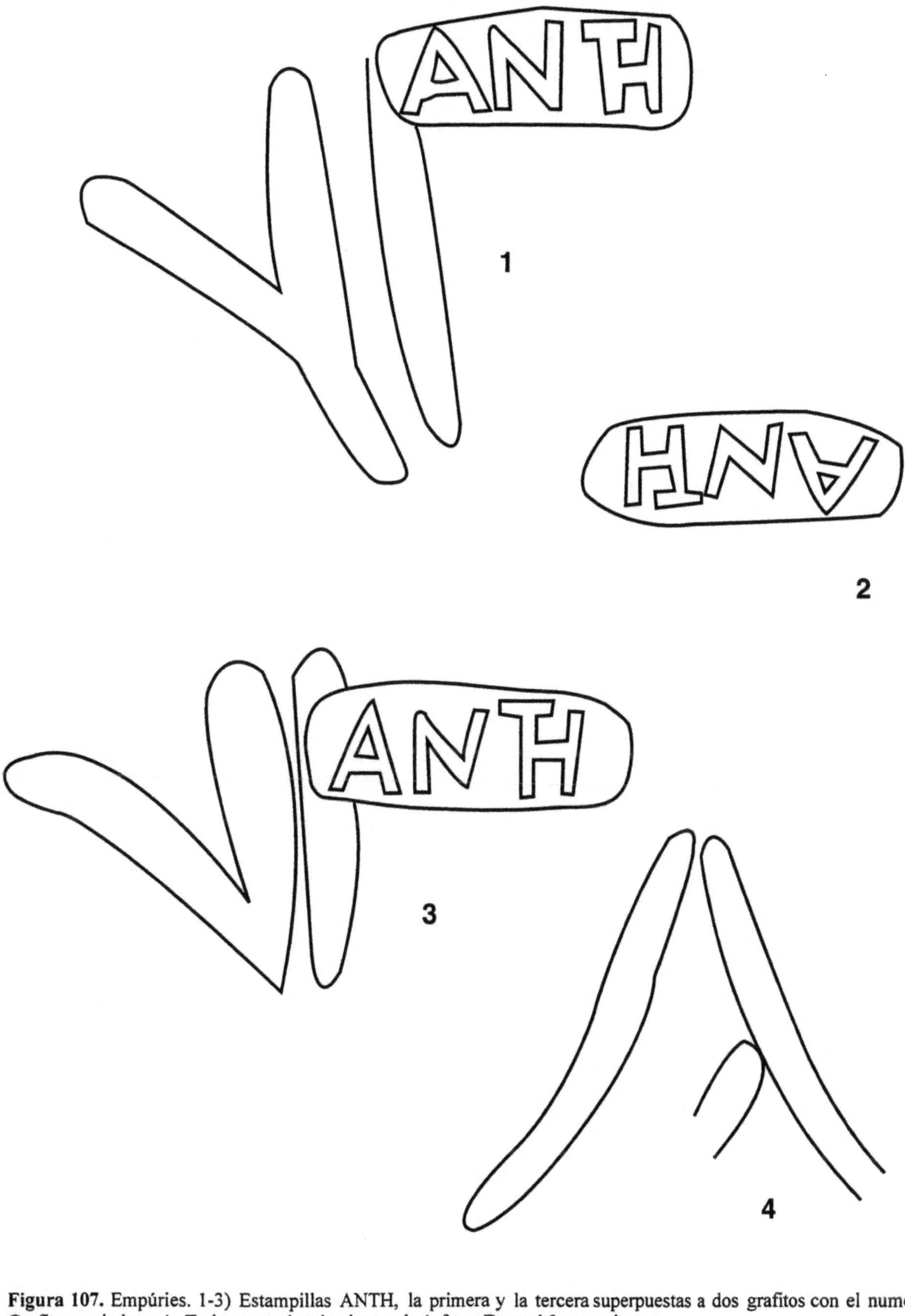

Figura 107. Empúries. 1-3) Estampillas ANTH, la primera y la tercera superpuestas a dos grafitos con el numeral VI. 4) Grafito con la letra A. Todas proceden de pivotes de ánforas Dressel 8 emporitanas.

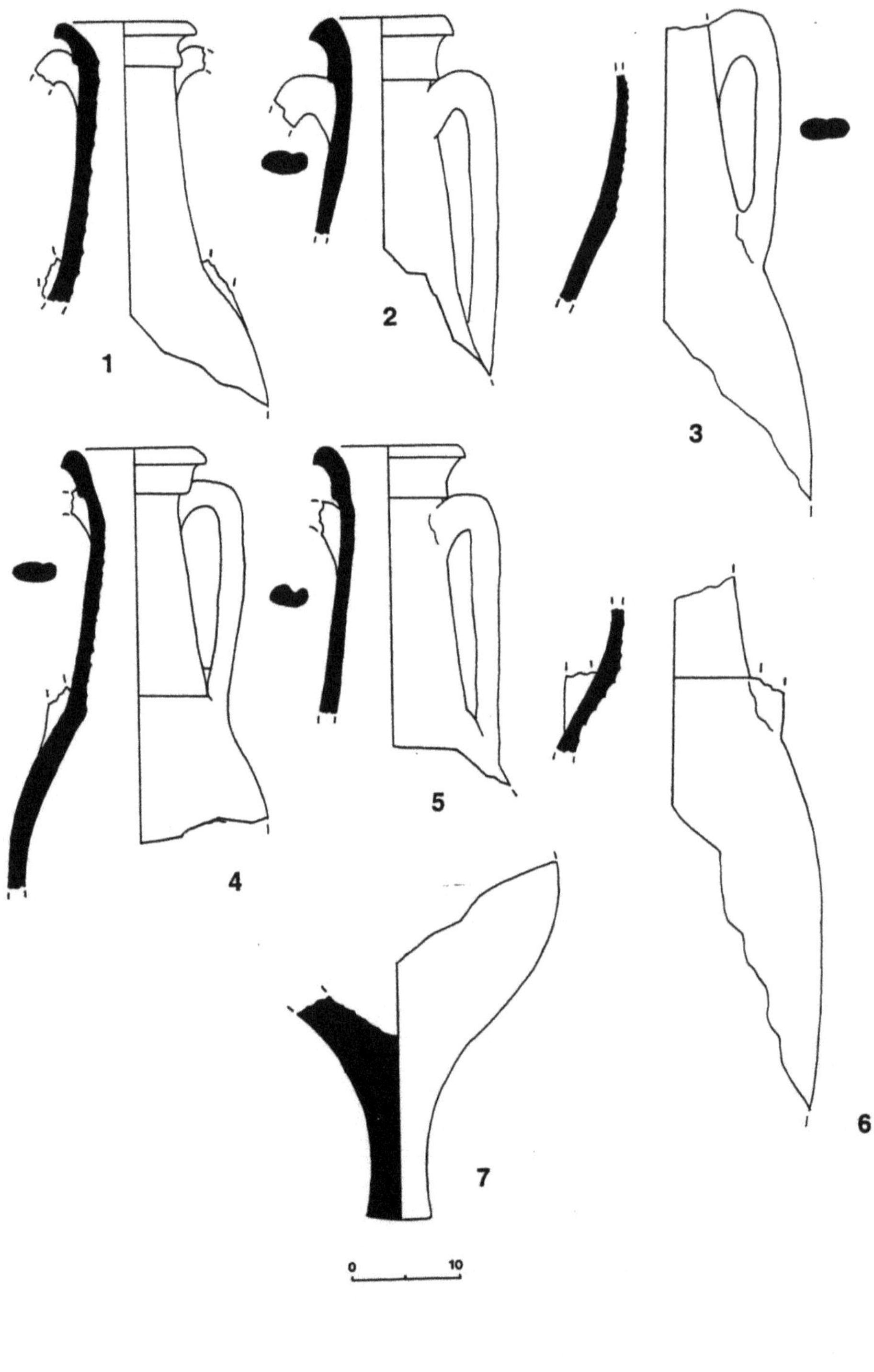

Figura 108. Empúries. 1-7) Diversos fragmentos de ánforas del tipo Dressel 8 emporitano.

Figura 109. Empúries. 1 y 3) Dos estampillas ANTH y SVA, marcadas sobre el mismo pivote. 2 y 5) Estampillas ANTH. 4) Estampilla ANTH marcada dos veces sobre el mismo pivote. 6) Estampilla ANTH superpuesta al grafito A. Todas proceden de pivotes de ánforas Dressel 8 emporitanas.

Figura 110. Empúries. 1-8) Estampillas con la marca ANTH, algunas están asociadas a grafitos (1, 3, 4, 6 y 7). Todas proceden de pivotes de ánforas Dressel 8 emporitanas.

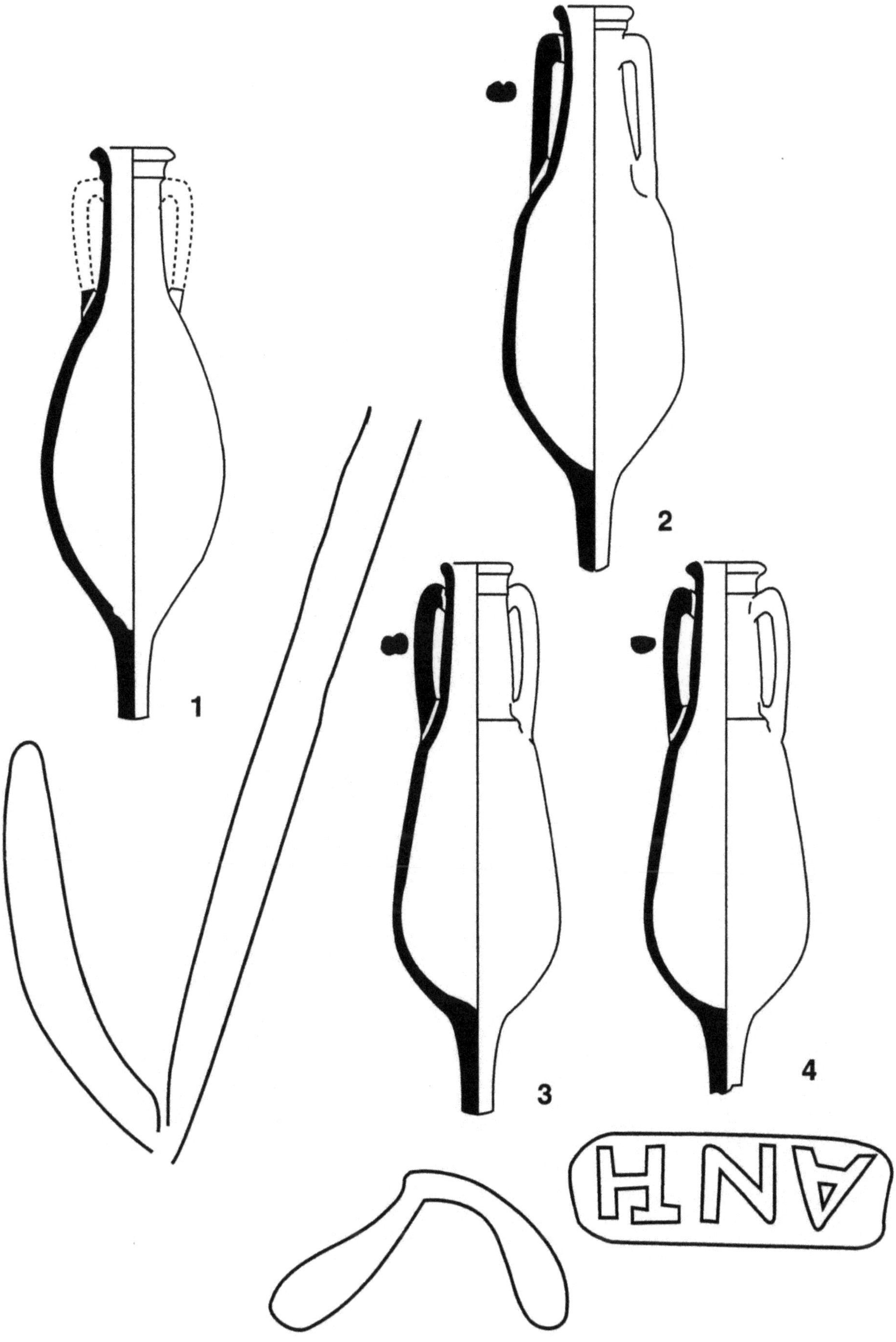

Figura 111. Empúries. 1-4) Ánforas del tipo Dressel 8 emporitano, dos de ellas con el grafito V en el pivote y otra con el sello ANTH impreso también en el pivote.

Figura 112. Empúries. 1-2) Fragmentos de pivote de ánfora del tipo Dressel 8 emporitano, la primera con el sello VENVS, y la segunda con dos sellos, ANTH y SVA.

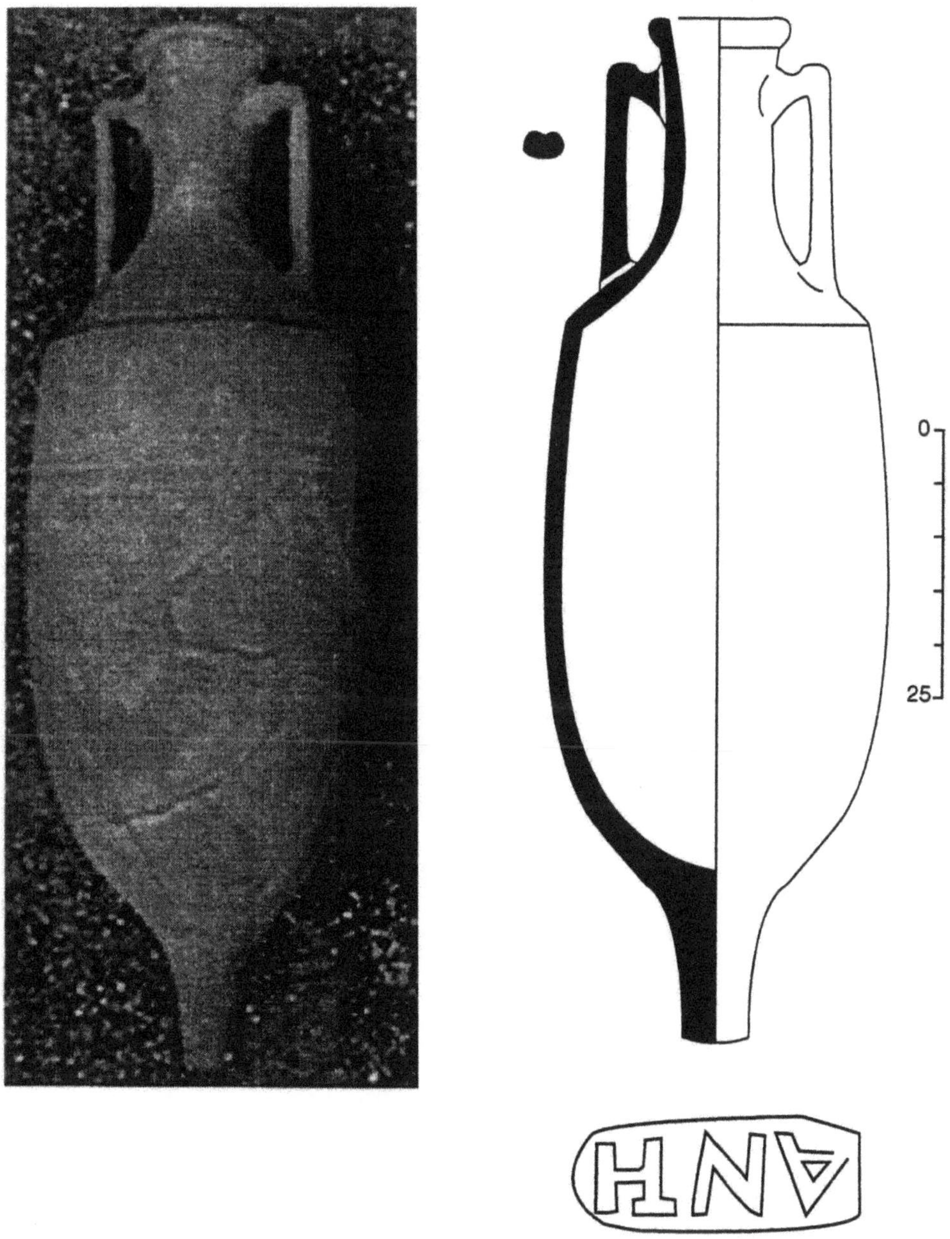

Figura 113. Empúries. Ánfora Dressel 2-4 con el sello ANTH.

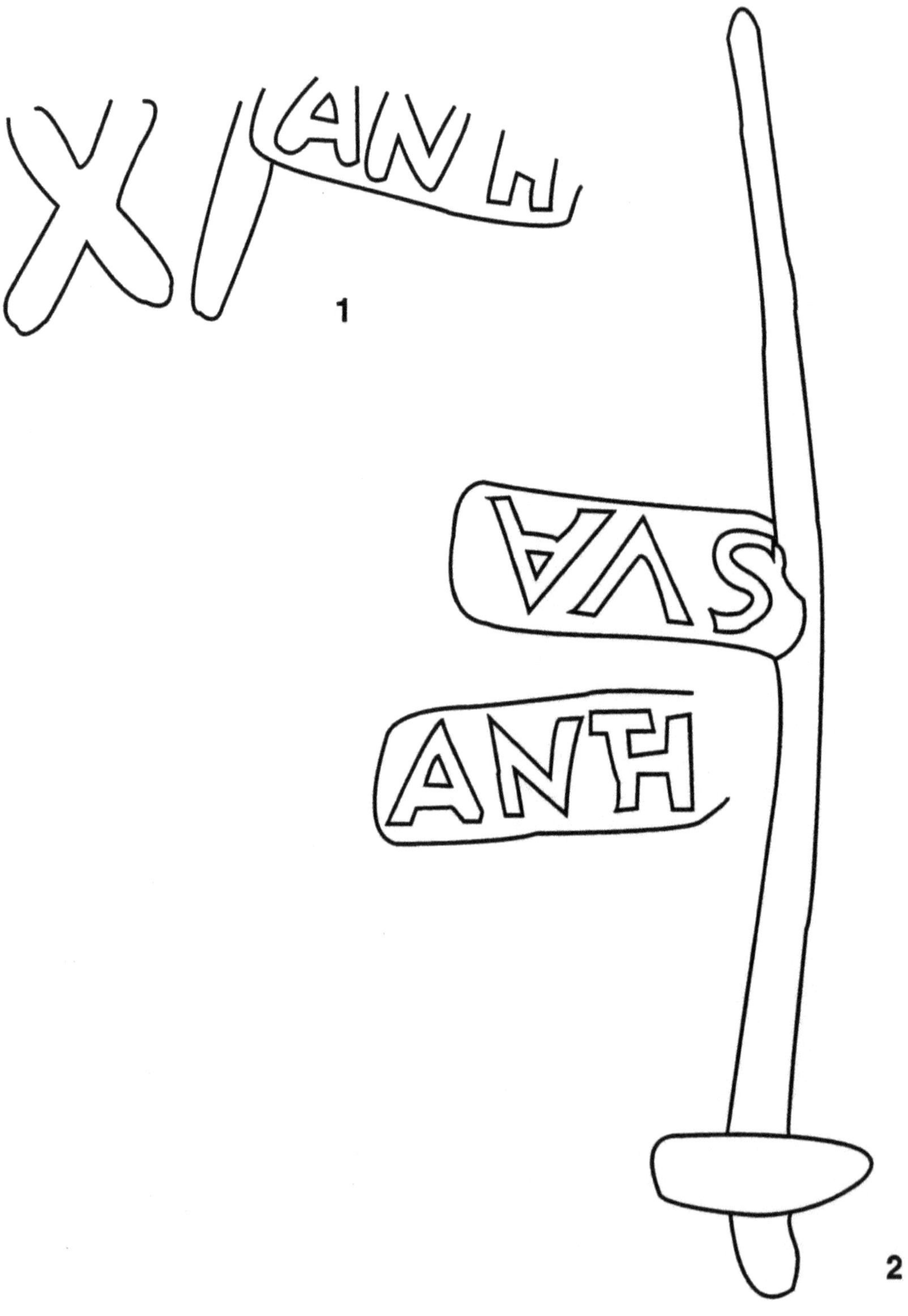

Figura 114. Tolegassos. Pivotes de ánfora Dressel 8 emporitana. 1) Estampilla ANTH superpuesta al grafito XI. 2) Estampilla doble (SVA y ANTH) y grafito sobre pivote.

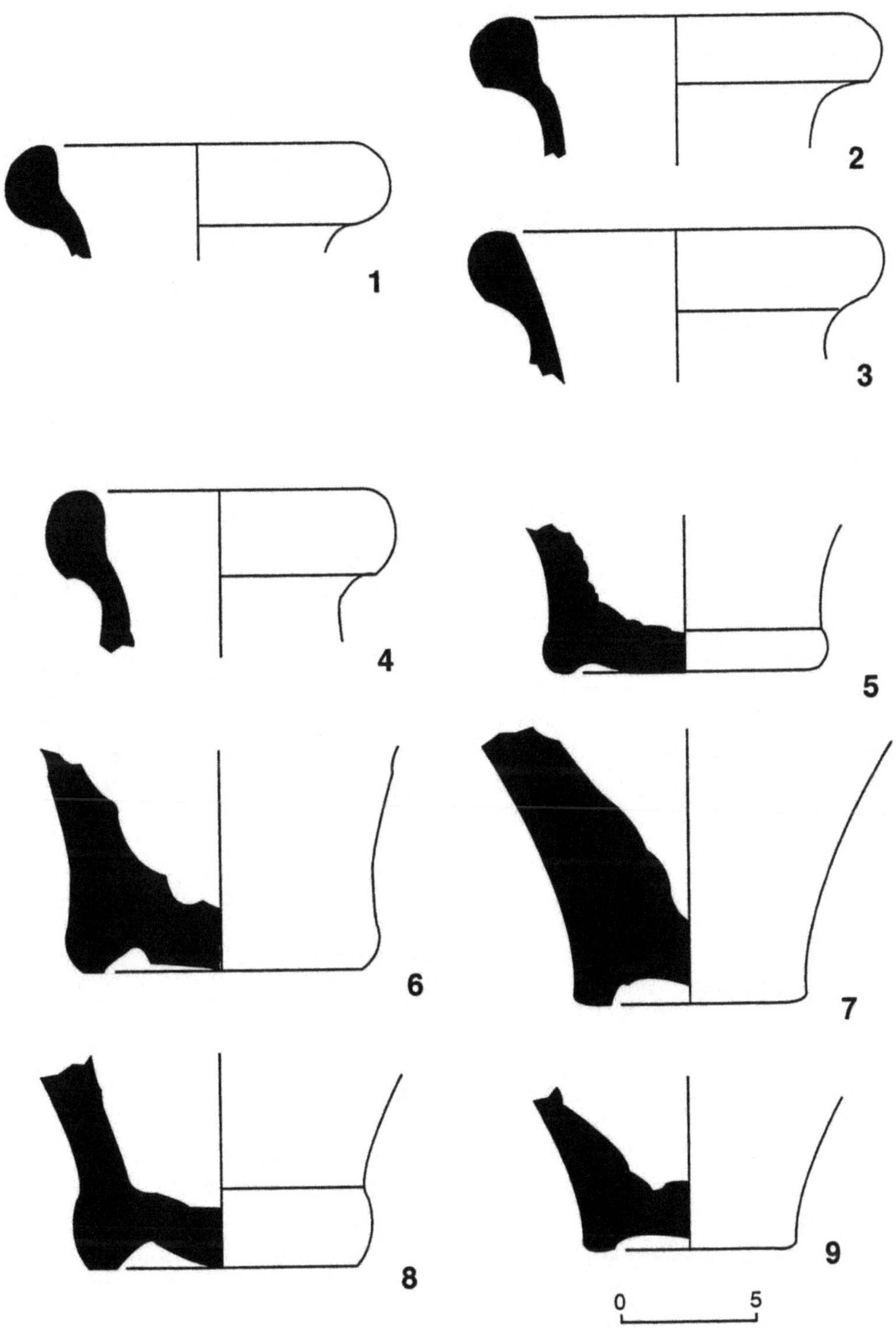

Figura 115. Villa de Puig Rodon, Corçà. 1-4) Bordes de ánfora de base plana G. 4. 5-9) Bases de ánfora G. 4.

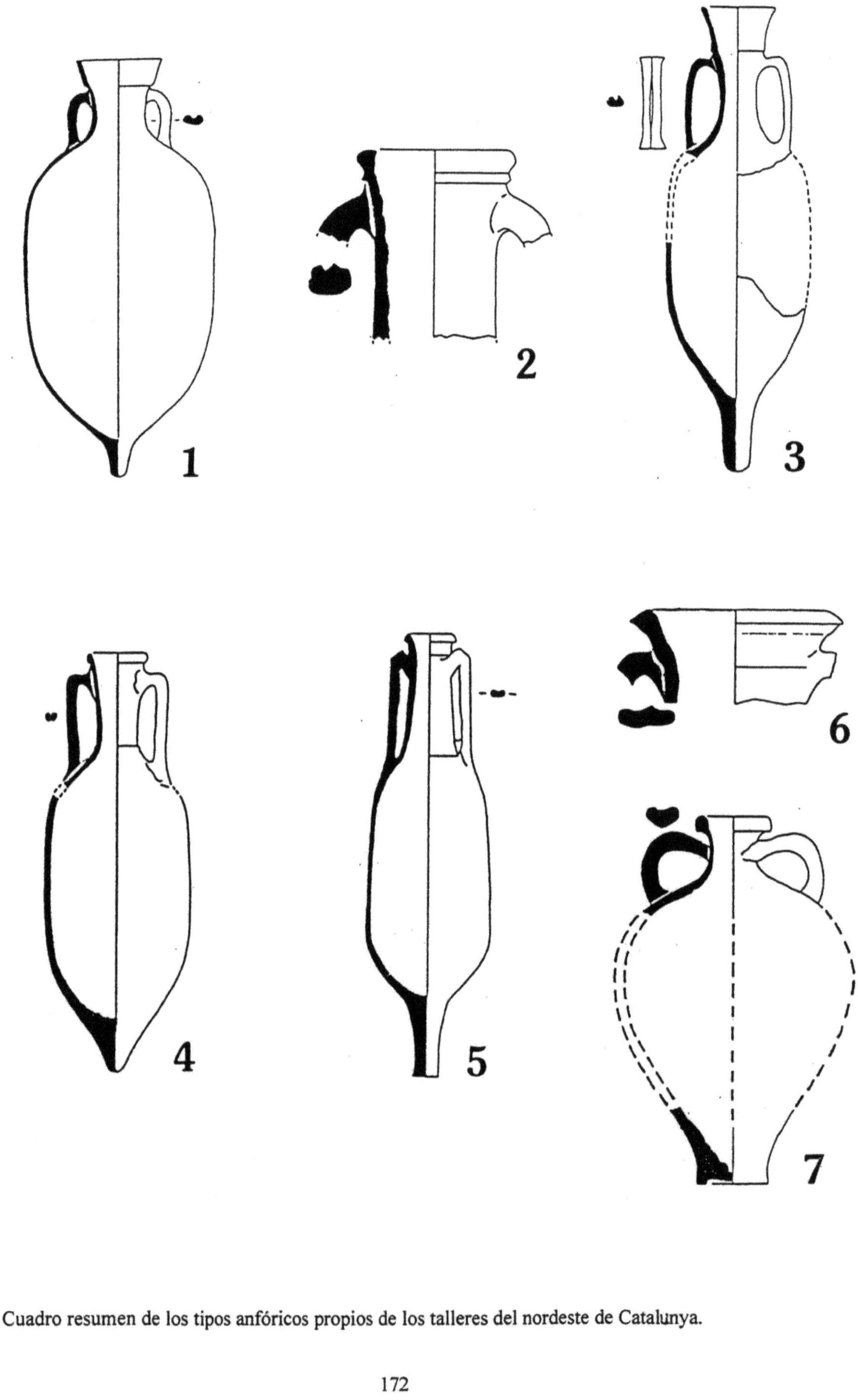

Figura 116. Cuadro resumen de los tipos anfóricos propios de los talleres del nordeste de Catalunya.

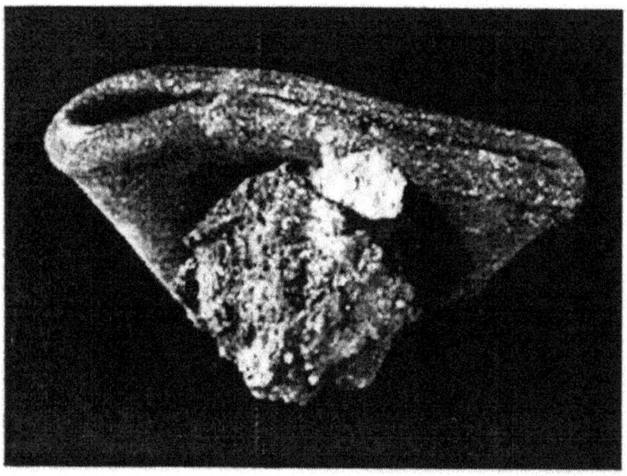

Figura 117. Desecho de cocción de un fragmento de ánfora Pascual 1 procedente del alfar de Fenals, Lloret de Mar (La Selva).

Figura 119. Desecho de cocción de un cuello de ánfora Dressel 2-4 procedente del alfar de Llafranc (Baix Empordà).

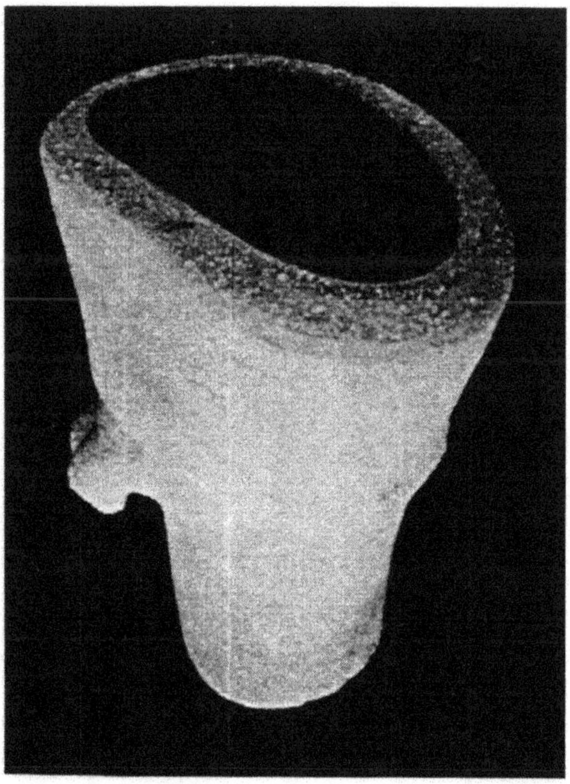

Figura 118. Desecho de cocción de un fragmento de ánfora Pascual 1 procedente de la excavación del alfar de Fenals, Lloret de Mar (La Selva).

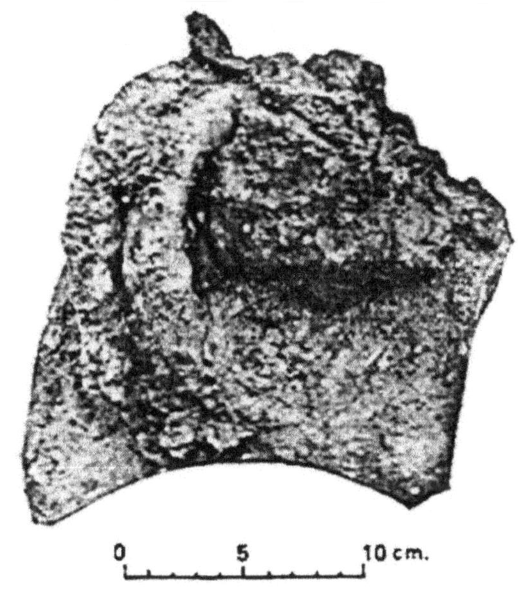

Figura 120. Desecho de cocción de un fragmento de ánfora del tipo G. 4 procedente del alfar de Llafranc (Baix Empordà).

Figura 121. Estampilla doble (ANTH i SVA) sobre pivote de ánfora Dressel 8 emporitana.

Figura 122. Estampilla ANTH sobre pivote de ánfora Dressel 2-4.

Figura 123. Estampilla ANTH superpuesta al grafito VI sobre pivote de ánfora Dressel 8 emporitana.

Figura 124. Estampilla ANTH sobre pivote de ánfora Dressel 8 emporitana.

Figura 125. Estampilla doble (ANTH i SVA) sobre un fragmento de ánfora Dressel 8 emporitana.

Figura 126. Estampilla circular (C.O.C.) sobre pivote de ánfora Dressel 8 emporitana.

Figura 127. Estampilla VENVS sobre un fragmento de ánfora Dressel 8 emporitana.

Capítulo 9. Material de construcción.

En cuanto a la buena o mala calidad de la tejoleta para la edificación, nadie puede saberlo a simple vista hasta que, puesta en el tejado y castigada por la intemperie y los años, demuestre su solidez, porque la que no sea de buen barro, o la que no esté bien cocida, atacada por los hielos y las escarchas, descubrirá sus defectos. Por tanto, la que no resista en los tejados, mucho menos podrá resistir las cargas en el edificio. Según eso, las paredes hechas con tejoletas viejas serán siempre las más sólidas.

VITRUBIO, *De Arch.*, II, 8.

Introducción.

Nos ocuparemos aquí del material cerámico fabricado en los hornos de nuestras comarcas que estaba destinado a la construcción, es lo que los italianos llaman "prodotti laterizi". Como ocurría con los *dolia*, se trata de un material difícilmente catalogable, no por lo que respecta a la distinción de formas, pero sí por las pequeñas diferencias que comportan las variantes, pero diferencias que no alteran en absoluto la funcionalidad de les piezas y, en consecuencia, la atención se ha centrado en documentar únicamente els ejemplares que tenían marca impresa.

Un planteamiento general de la problemática fijada en torno a la fabricación de este tipo de productos nos obliga a señalar unos primeros puntos de atención con la intención de esclarecer algunas incógnitas. En primer lugar, ¿dónde están situados los centros de producción?, ¿cuál era su área de difusión y la gama de productos? Las respuestas a estas cuestiones se van desvelando progresivamente con más precisión. Otro tipo de problemática continúa siendo más difícil de conocer, por ejemplo, ¿quiénes eran los productores y los propietarios de los talleres?, ¿qué organización interna tenían estos?, ¿de quién es el nombre que aparece en los sellos, del *officinator* o del *dominus*?. Este planteamiento formulado en la zona pompeyana (Steinby, 1979, p. 265), es perfectamente aplicable en nuestro área.

Probablemente, la mayor dificultad radica en la propia naturaleza del material y, por lo tanto, de la información que puede extraerse. Son unos productos muy funcionales, que para ser útiles deben adaptarse a unas formas y medidas estandarizadas. Asimismo, el estudio de los hornos que se hallan en la zona de Girona han permitido recoger bastante variedad de productos, el origen de los cuales está perfectamente constatado, y que ocuparían una parte importante en la producción de los diferentes talleres.

Más información parecen capaces de aportar las marcas que llevan impresas; esta información, pero, es encuentra considerablemente reducida por la forma casi siempre rectangular de la cartela, que dificulta posibles precisiones cronológicas, y el condicionante de contener un nombre, muchas veces abreviado, que difícilmente es identificable con un personaje que aparece en otros contextos. Aún así, puede convertirse en una vía interesante para comprender mejor cuestiones de ámbito social y, en nuestro caso se han convertido en un complemento precioso para el déficit epigráfico que presentan otros materiales normalmente más explícitos.

El criterio más útil para la definición de una cronología concreta proviene, en gran medida, de su documentación en secuencias estratigráficas suficientemente buenas. Aún así, creemos que estos datos deben ser contrastados, ya que era frecuente la reutilización de elementos más antiguos o la reparación de los tejados con piezas más modernas que las originales y pueden llevar a confusión o errores en estas consideraciones.

Las formas.

Seguidamente proporcionaremos las diversas formas que se han podido definir a partir del estudio de las producciones que se fabricaban en los talleres conocidos del país. En realidad, en una división primaria deberíamos distinguir entre ladrillo crudo y cocido. El primero podía ser modelado a mano o, de manera más frecuente, hecho a molde. Su forma es paralelepípeda y se compone únicamente de barro secado al sol, aunque normalmente se le mezclaba un desgrasante, transformándolo en "torchis". Vitrubio proponía para el ladrillo rectangular crudo, denominarlo de tipo "lidio", con un lado de un pie y medio y el otro de un pie, ya que llama "griegos" los dos tipos de superficie cuadrada, uno sería el pentadoron (5 palmos) y el otro el tetradoron (4 palmos) (Ginouvès & Martin, 1985, p. 53).

Cuando hablamos de ladrillos, se entiende que está cocido y puede ser calificado por: color, forma, dimensiones, tipos de fragmentación y, a veces, por el tratamiento de la superficie. Parece que los materiales cerámicos fueron voluntariamente fraccionados partiendo de piezas de ladrillo cuadradas con unas dimensiones regulares. Los formatos principales eran: los besales, de 2/3 de pie, de 19,7 cm de lado; los pedales, de 1 pie, en torno a los 30 cm; los sesquipedales, de 1,5 pies, de 44,4 cm de lado; y los bipedales, de 2 pies, con 59,2 cm de costado (Adam, 1984, p. 159; Giuliani, 1990, p. 160). Estos elementos eran utilizados enteros, con sus dimensiones originales, o fraccionados en otros elementos rectangulares y, sobre todo, triangulares. El ladrillo podía ser dividido, según Ginouvès & Martin, 1985, p. 54, en dos rectángulos; en dos triángulos por la diagonal; en cuatro triángulos por las dos diagonales; en ocho triángulos por las líneas medianeras y las diagonales; y en dieciséis triángulos por las diagonales, las medianeras y las paralelas a las diagonales partiendo de la extremidad de las medianeras. El beneficio de este fraccionamiento reside en la adaptación a las necesidades de la construcción y permitía obtener, gracias a las líneas rugosas hechas con un útil cortante, una excelente adherencia con el mortero. Pero es evidente que, a pesar de esta aparente homogeneidad se daban series bastante irregulares.

La recogida de las doce formas diferentes, elaboradas en el conjunto de talleres de la zona és bastante significativo de la variedad de usos y aplicaciones de esta clase de material en la construcción de edificios y estructuras de época romana, a pesar de que encontramos a faltar aún algunos elementos que, con toda seguridad, se habrían fabricado, como las *tegulae mammatae*, usadas en los edificios termales; las mitras, que se encajaban sobre los agujeros de las tejas de evacuación, realizando la función de claraboya o chimenea o las antefijas de terracota, usadas para rematar y embellecer los laterales de los tejados tapando la sección de las vigas de madera. De estas últimas, por ejemplo, se conocen numerosos ejemplares seguramente de fabricación local en Empúries o en la villa de Pla de Palol, pero el hecho de no haberlas encontrado nunca asociadas a los talleres, como, pongamos por caso, en Sallèles d'Aude (Laubenheimer, 1990, p. 101, fig. 65), condiciona a que no las podamos incluir aún en este repertorio.

A pesar de tener esta variedad morfológica –una docena de formes diferentes– no poseemos en ninguno de los casos una cantidad de ejemplares suficientemente numerosa que proporcione series largas y permita realizar valores medios sobre las dimensiones de las diversas partes. El estudio de estos elementos se realizará siguiendo las partes del edificio al que iban destinados cada uno de ellos.

La cobertura del tejado.

1. Tejas (*tegulae*).

Las tejas planas están formadas por un rectángulo de arcilla y unos rebordes en la cara superior de los laterales, además de unos encajes laterales superiores enfrente y inferiores detrás. Esta forma permitía disponerlas planas, yuxtapuestas en sentido longitudinal, sobre el envigado de madera y montarlas formando hiladas en el sentido que marca la pendiente, gracias a los encajes. Estos son variables en lo que se refiere a la forma, pero siempre tienen la misma función; de la misma manera encontramos también una gran variedad en la sección de los rebordes laterales (Esteva, 1966), que pueden ser cuadradas, de cuarto de círculo, etc., pero, siempre servían para recibir las tejas curvadas encima (Fig. 132, 1).

Las medidas más frecuentes, como demuestran las *tegulae* de Fenals (Fig. 131, 1) y de Ermedàs (Fig. 132, 2), eran de dos pies de longitud por un pie y medio de anchura (60 x 45 cm). Estas medidas parecen mantenerse muy constantes en todas partes del Imperio, como mínimo en época alto imperial, a pesar de que pueden observarse variables, por ejemplo, en Sallèles d'Aude, donde se han podido medir series largas procedentes de los vertederos de los hornos y puede constatarse un acortamiento de la longitud entre la primera mitad del siglo I y el siglo III (Laubenheimer, 1990, p. 96-98). Para Adam, en cambio, a pesar de que la forma general de la *tegula* varía poco, cree que es imposible determinar una normalización de las dimensiones y que cada región fabricaba sus modelos (Adam, 1984, p. 230).

La fabricación se realizaba con moldes de madera que tenían, en negativo, los encajes marcados. Solamente se debían rellenar los moldes de barro y regularizar la superficie y el grosor pasando una madera que eliminaba la materia sobrante, después se dejaban a la sombra sobre una superficie plana, cubierta de arenas para impedir la adherencia sobre el suelo. Este es el estado en que fueron halladas las tejas en la excavación de Llafranc (Nolla, Canes & Rocas, 1982, p. 153). Posteriormente, se realizaba un segundo proceso de secado, colocando las tejas levantadas, al que seguía ya la entrada en el horno para su cocción definitiva. Frecuentemente la pasta, si era bastante porosa, dejaba vacuolas y poros planos, producto de las presiones aplicadas sobre la superficie superior de la pasta para conseguir que se ajustase al molde que le había de dar la forma de teja.

Las marcas que encontramos sobre las tejas suelen ser de dos tipos diferentes, digitales y estampilladas. Siempre se realizaban sobre la cara superior de manera que fueran visibles cuando la arcilla era fresca. Las primeras son de carácter más anecdótico, a pesar de la variedad documentada en algunos yacimientos (Laubenheimer, 1990, pp. 99-100), generalmente se trata de semicirculos concéntricos en un extremo o en la parte central, lazos, ondulaciones, zigzags, etc., ya que era un intento de decorar la superficie y se realizaba en el momento del modelado. Las otras, en cambio, manifiestan la intención clara de marcar el producto con el nombre del fabricante o del propietario con la intención de hacerlo reconocible. Estas estampillas son las que nos interesará analizar más adelante.

2. Tejas curvadas (*imbrices*).
Los *imbrices* además de su forma curvada, debida al soporte sobre el que se modelaban, tienen como principales características una mayor anchura y altura en la parte frontal, que se orientaba hacia el borde del tejado, que en la parte posterior, más estrecha y baja, orientada hacia la cúspide del tejado. Eso permitía encabalgarlas y al cubrir los laterales de las *tegulae* usando mortero o argamasa para fijarlas se conseguía una cubierta impermeable, casi hermética (Fig. 132, 1).

La longitud de las tejas curvadas siempre era menor que la de las tejas planas, en torno a los 45 cm. (un pie y medio) o ligeramente superior (Fig. 131, 3). Esta diferencia era buscada conscientemente para crear un decalaje entre las junturas de las *tegulae* y de los *imbrices*, asegurando así un mejor cierre.

A pesar de que sobre este elemento es muy raro encontrar marcas por la dificultad añadida que implicaba realizar una impresión homogénea sobre su superficie curvada; por ejemplo, en todo el Rossellón no se conoce ningún *imbrex* con estampilla (Fédière, 1980, p. 327), en el horno de Llafranc se sellaban con la marca QVIETI (*retro*).

Estos dos elementos básicos para la construcción y cubrición de tejados (*tegulae* e *imbrices*), podemos decir que fueron fabricados en todos los hornos y talleres de nuestro área, incluso en algunos casos en que no conocemos su producción, éstos son los únicos elementos detectados. Se ha calculado el peso medio que debía tener un tejado romano, y sabemos que eran necesarias 6 *tegulae* y 9 *imbrices* para cubrir 1 m^2 y pesarían unos 123 kg.

3. Tejas de evacuación o con *opaion*.
Estos elementos aunque son conocidos eran, debido a su función, poco numerosos. En realidad, se trata de una *tegula* con un orificio en la parte central, en torno del que se levanta un borde. Debían utilizarse en los tejados que necesitaban luz y ventilación, como el de las cocinas donde permitía evacuar los humos y los vapores.

Conocemos un magnífico ejemplar con el borde del orificio decorado digitalmente procedente de Empúries (Fig. 140) y, también, otros más simples, en las villas de Tolegassos y de Mas Gusó.

Es muy probable, a pesar de que no tenemos evidencia, que en la zona se fabricasen también otros complementos del tejado, como mitras o antefijas.

Materiales de las elevaciones.

Era muy frecuenteen las villas para construir el alzado de las paredes el uso de material crudo, ya sea en forma de adobes o de simple tapial realizado con arcilla mezclada con grava o tierra mezclada y prensada en un encofradosimple, se dejaba secar al aire y posteriormente revestido con cal.

4. Ladrillos.
Son piezas de forma rectangular sin ningún tipo de encaje, de grosor considerable, fabricados también con molde (Fig. 131, 2). Conocemos algún ejemplar totalmente afectado i maltrecho por defectos de cocción procedente de los vertederos de Fenals y de Llafranc (Fig. 141).

5. Ladrillos biselados.
Los ladrillos biselados se utilizaban para la construcción de arcos. No tienen ningún tipo de encaje, son de forma rectangular, pero mientras la cara inferior es plana, la superior presenta un grosor diferente. Esta diferencia de grosor permite que al apilarlos marquen la curvatura del arco. Se utilizaban en arquitectura y aparecen frecuentemente en la mayoría de villas del país, pero muy habitualmente para construir las bóvedas de los hornos.

Todos los ejemplares que conocemos, como elementos exentos, provienen del alfar de Ermedàs, en dos módulos diferentes: el mayor, de 46 por 37,5 cm., y de 4 cm. de grosor en la parte más delgada por 8 cm. en la más gruesa, el más pequeño mide 32,5 por 28 cm., y 3 por 6 cm. de grueso (Fig. 133, 1-2).

6. Ladrillos cuadrados o besales.
Documentados en Llafranc i en Ermedàs. A pesar de su forma cuadrada, las medidas no son totalmente homogéneas, entre 19 cm. y 20,5 cm. de lado; en todo caso, siempre se mueven en torno de los 2/3 de pie romano, 19,7 cm., en las piezas de construcción más pequeñas o besales (Fig. 134, 5-6). Estos ladrillos, además de ser utilizados para la construcción de los muros, se usaban también para construir los pequeños pilares de los hipocaustos.

7. Ladrillos triangulares.
Son unas piezas fabricadas ya en forma triangular, evitándose así el tener que partir los ladrillos cuadrados en la construcción. Siguen el módulo utilizado en los sesquipedales de un pie y medio de lado, de los que serían 1/4 parte, ya que miden 42 cm. de base por 30 cm. de lado, que a la vez se podían dividir en 2/8 partes, convirtiéndose en triángulos de 30 cm. de base por 21 cm. de lado.

Los ejemplares conocidos son también de Llafranc y los había de dos tipos con la altura ligeramente diferente, mientras que uno era de 21 cm. el otro era de 22,5 cm. Su grosor siempre era homogéneo, de 5,5 cm. (Fig. 134, 7-8; Fig. 142).

8. Semicírculos de columna.
Como su nombre indica, son piezas semicirculares que servían para construir columnas en las que solamente debía colocarse otra pieza enfrentada para obtener el círculo completo, la hilada que iba encima únicamente se tendría que procurar que la línea de unión no coincidiese con la inferior y una vez acabada la columna se revestiría con un enlucido. Esta no es la única posibilidad ya que se podían realizar con cuartos de círculo, octavos, etc.

Las únicas que conocemos en nuestro territorio se fabricaban en el alfar de Fenals, de medidas regulares, con 6,5 cm. de grosor y 28 cm. de diámetro, que con la capa de enlucido completaría un pie romano (29,6 cm.) (131, 4).

9. Ladrillos circulares.
Los ejemplares que conocemos proceden de Llafranc. Están hechos de una sola pieza, circular, de alrededor de los 20 cm. de diámetro (2/3 de pie). Eran ladrillos para construir columnitas de *suspensurae*.

10. Ladrillos con encajes positivos y negativos.
Son piezas de cerámica de forma trapezoidal, con encajes en la parte superior e inferior, utilizadas para la construcción de arcos (Fig. 134, 3). Su colocación formando arcos, y gracias a los encajes situados arriba y abajo, permitía obtener una moldura continua con una degradación escalonada, más ancha arriba y estrecha en la parte inferior del arco. Una vez revestido y pintado, el aspecto era decorativo y de calidad, imitando los arcos de piedra moldurada. Piezas muy semejantes –idénticas en algunos casos–, se han localizado en otros lugares del Imperio, ya que el abaratamiento de costos que suponía su utilización hizo que se generalizase su fabricación.

En la Narbonense, se han encontrado unas piezas semejantes, pero que no tienen los encajes positivos y negativos en la misma pieza sino que son exclusivos, de manera que se fabricaban unas con encajes positivos y otras con encajes negativos (Laubenheimer, 1990, pp. 103 i 105).

Todos los que conocemos proceden del mismo yacimiento, de Llafranc, y a diferencia de este uso citado en último término, también podrían haber funcionado yuxtapuestos de manera articulada formando pisos regulares o soleras, como demuestra el montaje (Fig. 134, 4; Fig. 143). Conocemos dos módulos diferentes, uno grande, de formato rectangular, que mide 45,5 cm. de largo (un pie y medio) por 36,5 cm. de anchura máxima (Fig. 134, 1; Fig. 144); el otro, más pequeño, se inscribe dentro de un formato cuadrado, sobre la base de un pie romano (30 cm. de largo por 30 de ancho) (Fig. 134, 2; Fig. 145). Conocemos la marca QVIETI (*retro*) sobre uno de ellos (Fig. 146). Las excavaciones realizadas en agosto de 1999 en Ermedàs, han proporcionado fragmentos de piezas de este tipo producidas en el taller.

Canalizaciones.
Canalizaciones abiertas.
Es bien sabido que para la construcción de canalizaciones muchas veces no se utilizaban elementos diseñados expresamente para esta función, sino que se reutilizaban otras piezas como tejas planas clavadas, *imbrices* e incluso cuerpos de ánfora conectados entre sí. A pesar de eso, sabemos que en el horno de Ermedàs se fabricaban unas piezas de canalización que permitían que se encajasen sucesivamente (Fig. 133, 3). Tienen una longitud de 58 cm. y un extremo más ancho que el otro, el superior en negativo, y el inferior, más estrecho, en positivo (Fig. 133, 4).

Estas canalizaciones se disponían sobre el suelo y funcionaban al aire libre, ya que estaban abiertas por la parte superior y, en consecuencia, no se podían tapar, a no ser que se colocase una cubierta. En realidad, existían también canalizaciones pensadas para ser enterradas, como los tubos circulares y piezas de sección rectangular recuperados en Sallèles d'Aude, donde también se fabricaban canalizaciones idénticas a las nuestras (Laubenheimer, 1990, pp. 104 y 107).

Otros elementos.
a) Tubos de hipocausto o *tubuli.*
Se trata de pequeños cilindros de cerámica que permitían su conexión formando largas tiras y cumplir una función muy concreta: conducir el aire caliente que circulaba por el hipocausto de las termas a las paredes de las salas. En este sentido tienen un papel semejante a las *tegulae mammatae* que no conocemos en nuestro área. Aunque a menudo aparecen fragmentados son fácilmente reconocibles y por todas partes se conocen múltiples paralelos. Por lo que respecta a los hornos y alfares solamente los hemos documentado en Fenals y en Ermedàs, aunque su fabricación sería habitual en la mayoría de talleres.

b) *Pondus.*
Este es otro elemento de fabricación corriente y se han hallado en Fenals y Ermedàs. Son piezas macizas de forma rectangular o cónica, con cuatro caras, y con un orificio en la parte superior. Esto se debe a su uso como pesas para telares, puesto que se podían anudar en el extremo inferior de los hilos longitudinales de un tejido, su peso los mantenía tensados, mientras que el tejido se completaba con los hilos transversales.

Frecuentemente se usaba su limitada superficie superior para realizar decoraciones simples, a base de estrellas o cruces grafitadas antes de la cocción.

Las marcas.

Anteriormente hemos hablado de los tipos de marcas que podemos encontrar sobre el material de construcción. Aquí nos interesaremos de forma especial por las estampillas de ceramista, puesto que disponemos de bastante variedad y, además, es un elemento que puede aportar nuevos indicios sobre aspectos sociales y organizativos.

La impresión se realizaba mediante un punzón aplicado cuando la arcilla aún estaba tierna, momentos antes de la cocción. En la excavación de los talleres de nuestro área se han encontrado muy pocos de estos punzones que utilizaban los artesanos. Las únicas excepciones serían un ejemplar procedente de Llafranc, hoy perdido, con el nombre VSVL. VEIENT., al que nos hemos referido anteriormente, y otro, consistente en un instrumento de cerámica, alargado, con una palmeta de forma triangular incisa en cada extremo (Nolla, Canes & Rocas, 1982, p. 152, fig. 2). El otro elemento procede de una excavación reciente de la villa de Pla de Palol o Platja Artigues en Platja d'Aro, que comentaremos más adelante.

La calidad de las letras impresas dependía del estado del punzón o punzones, ya que se podía utilizar al mismo tiempo más de un negativo. En las estampillas de la marca C. OBVLNI, por ejemplo, los punzones estaban en muy buen estado; un caso totalmente opuesto es el de las marcas C.IVL.?, para las cuales el desgaste de los punzones hace casi imposible su lectura.

1. ΔHM.
Esta marca, en caracteres griegos, la encontramos siempre sobre fragmentos de *tegulae* (Fig. 135, 1-6; Fig. 147-152). Se conocen únicamente cinco fragmentos, todos provienen de Empúries, lo que revela que, como mínimo, se usaron dos punzones diferentes, ya que en uno de ellos la base del triángulo que forma la "delta" coincide con la línea inferior de las letras, mientras que en los otros la base del triángulo se levanta en el costado derecho hasta media altura (véanse fotografías 147-152 y Almagro, 1952, p. 46). En el CIL II 6254 sólo se citan dos ejemplares, uno procedente de Empúries –que recogemos aquí– y conservado en el Museu de Girona, y el otro de Sagunt.

El material sobre el que se hallan impresas las marcas griegas que tratamos aquí es exclusivamente la teja plana, *tegula*, confeccionada especialmente para la cobertura del tejado, articulada con las tejas curvadas (*imbrices*), gracias a unos apéndices laterales que permitían sellar e impermeabilizar las junturas. No conservamos ningún ejemplar entero con sello, la que comporta alguna dificultad a la hora de disponer de un módulo de teja seguro. A pesar de eso, tenemos elementos suficientes para suponer cual habría sido la medida real. El ejemplar que corresponde al número de inventario 2687, depositado en el Museu d'Arqueologia de Catalunya - Girona, si bien no conserva toda la longitud, la anchura es completa, y mide en torno a los 46 cm. (Canós, 1997, pp. 643-644, fig. 9). Esta anchura no hay ninguna duda que corresponde claramente con las medidas del sesquipedal romano, es decir, un pie y medio (29,6 + 14,8 = 44,4 cm.), que se corresponde con una dimensión bipedal de longitud (en torno a los 60 cm.), el uso de medidas que toman como base el pie romano permiten crear toda una gama de productos proporcionales muy amplia (Adam, 1984, p. 159). La aplicación constante de estas longitudes estandarizadas fue general en el imperio romano, se comprueba especialmente en todos los yacimientos y también en los alfares que fabrican estos materiales de construcción (Tremoleda, 1996, pp. 716-717 i 730-733), a pesar de que, a veces, las medidas han ido variando con el tiempo como ocurre en el taller de Sallèles d'Aude donde se ha detectado un acortamiento de 4 cm. en las tejas fabricadas entre la primera mitad del siglo I y el siglo III (Laubenheimer, 1990, pp. 96-98).

Rosa Plana intenta buscar, a partir de un fragmento de teja con la marca ΔHM, la base métrica que se habría utilizado, para la cual se toma como referencia el pie foceo, y que Trézini extrae de la metrología arquitectónica masaliota y de Velia, donde se documenta la medida de 37 a 38 que no es ni un pie ni un codo normal de 1,5 pies (unos 25 cm.), sino que se debe interpretar, cree, como un codo reducido de 5 palmos, o *pygon*, equivalente a 1,25 pies de en torno a los 30 cm. Los ladrillos cuadrados de Velia tendrían, pues, el formato *pentadoron* y los rectangulares equivalen a un *pygon* por 1,5 *pygon* (Trézini, 1989, pp. 3-4). La autora citada, cree que el fragmento conserva toda la anchura de la teja, unos 18 cm., lo que le permite asociarlo a medio pie jonio (Plana, 1994, p. 128-129, fig. 14), deducción absolutamente incompresible, ya que la evidencia que se trata de un fragmento incompleto es totalmente indiscutible, que solo puede explicarse por el uso de referencias indirectas y el afán de buscar, sea como sea, una medida griega.

En síntesis, aunque los sellos ostentan una grafía griega, lo cual les confiere una filiación vinculada a la aglomeración de la Neápolis, la base metrológica de las tejas es propiamente romana y las dimensiones de las piezas, de un pie y medio por dos, son las propias de todo el mundo romano, sobre todo altoimperial.

2. C. OBVLNIVS.
La encontramos impresa siempre, y por ahora de forma exclusiva, sobre tejas planas. Siempre presentan las mismas características: en el interior de una cartela rectangular de 93 mm. de largo y 29 mm. de anchura se inscriben unas letras en capital romana que miden entre 85 y 87 mm. de longitud y una media de 18 mm. de altura, que hacen referencia al *praenomen* y al *nomen* del que habría sido el probable productor, y están expresadas en genitivo, *C(aii) OBVLNI(i)*. Cabe pensar en el uso simultáneo de dos punzones, como mínimo, uno de los cuales tendría los

apéndices de las letras muy bien marcados, mientras que en el otro están ausentes.

Las características de la arcilla son también muy uniformes para todos los ejemplos citados, de color amarillo-verdoso con gradaciones hacia un rosado-rojizo, muy depurada, con un desgrasante de puntitos negros y marrones bien visibles, de buena calidad y cocción y con un grosor considerable, que oscila entre los 30 y los 35 mm. (véase anexo 2).

El primer ejemplar conocido procede de Vilauba en el año 1932, fue hallado con motivo de la construcción de la carretera que va de Banyoles a Pujarnol, y que descubrió la existencia de la villa (Nolla, Tarrús & Chinchilla, 1984, p. 57 y p. 53, fig. 2, 8). Posteriormente, las diversas campañas de excavación del yacimiento han permitido incrementar espectacularmente el número de estampillas, hasta un total de treinta y nueve, sobre todo a partir de las campañas de 1987 y 1988 donde se encontró el derrumbe del tejado del edificio de las fases II-III (Tremoleda, Castanyer & Roure, 1989, pp. 55-57, fig. 6, 8 a 16; Castanyer, Tremoleda & Roure, 1990, pp. 185-186, fig. 30, 1 y 2) (Fig. 135, 7 y 9; Fig. 154).

Igualmente, se conocen algunos ejemplares aparecidos en yacimientos muy cercanos; en Porqueres, conservados en el M.A.C. de Banyoles (Castanyer & Roure, 1985, p. 185, fig. 6, 2) (Fig. 135, 14); y en Puigpalter (Tremoleda, Roure & Castanyer, 1987, p. 144). También las excavaciones de las ciudades romanas importantes más cercanas a Vilauba han proporcionado algunos ejemplares, tres en *Gerunda* (Fig. 135, 14) (Nolla, 1977, p. 355) y cuatro en la ciudad romana de Empúries (Almagro, 1952, pp. 192-193), mientras que otro fue hallado en el área de la Neápolis (Gandia, 1910, 28 de septiembre) (Fig. 135, 8, 10, 12, 13).

Geográficamente, el área donde han aparecido tejas con esta estampilla, como hemos podido ver, está muy definida, limitándose al área comprendida entre Girona, Banyoles y hasta la zona costera de Empúries. Será este radio de dispersión el que conforma su área de mercado y es aquí, pensamos, donde debería buscarse el lugar de fabricación, ya que hasta el momento en los centros productores conocidos de esta zona no se ha detectado ningún indicio que permita asociarlas a un punto determinado. Una hipótesis que parece probable es que los hornos de fabricación se encontrasen en este entorno rural, quizá se trate del taller de Ermedàs y que el volumen de producción permitiese su venda en las ciudades más cercanas (véase el mapa de distribución).

En el aspecto cronológico, los datos principales provienen de Vilauba donde estos fragmentos de teja aparecen en los estratos de destrucción del edificio altoimperial, que se pueden fechar a fines del siglo III, pero está claro, que el momento en que fueron utilizados fue el de construcción, que corresponden al momento fundacional y deben situarse a partir de finales del siglo I, en época flavia, a pesar de que la actividad de fabricación podría haber perdurado hasta el siglo II.

3. C. IVL. ?

La segunda marca recuperada en Vilauba es C. IVL. AE?, con un total de 7 fragmentos, siempre sobre *tegula*. La cartela mide 29 mm. de anchura por unos 85 mm. de longitud. Las letras son en capital romana y miden unos 17 mm. de altura. La longitud que ocupan es de 73 mm. A diferencia del anterior esta cuenta con el *praenomen*, el *nomen* y el *cognomen* y debe desarrollarse de la forma siguiente: *C(aius) IVL(ius) AE(milius, lianus, tius, etc.) o ATE(ius?)*. El desarrollo del *cognomen* es dudoso por la poca definición que tienen las letras, pero la existencia de una A y una E ligadas parece bastante clara y podría verse, incluso, una triple ligazón ATE. Conocemos posibles paralelos, como veremos en el apartado siguiente, pero, de tratarse del mismo productor, serían punzones totalmente diferentes (Fig. 136, 2, 3; Fig. 158).

La arcilla de estas tejas es de color rojizo-anaranjado, con un desgrasante de puntitos negros y marrones, depurada y dura. Miden entre 25 y 35 mm. de grosor.

Que estos dos sellos se encuentren asociados al mismo estrato de derrumbe en la villa de Vilauba les proporciona el mismo valor cronológico (Castanyer, Tremoleda & Roure, 1990, pp. 185-186, fig. 30, 3 y 4). Pensamos que su momento de fabricación debe situarse, como así lo indican las cerámicas del momento fundacional, hacia finales de siglo, si bien su producción podría perdurar hasta el siglo II dC. Por lo que respecta a la distribución, si descartamos las marcas de Besalú y de Porqueres, únicamente la conocemos en Vilauba y podemos hacer las mismas consideraciones que con los sellos de C. OBVLNI en torno al posible centro productor.

4. C. IVLI. ATE.

De esta marca procedente de Can Ring o Can Llandric de Besalú (Nolla & Casas, 1984, làm. LXXI, 4) y de Porqueres (Nolla *et al.*, 1999, p. 95, fig. 65, 7) han aparecido cinco fragmentos, en el primer yacimiento, y uno en el segundo. La cartela mide 80 mm. y 20 mm. de altura. Las letras impresas en capital cuadrada de gran calidad miden 16 mm. de alto y en torno a 70 mm. de ancho. Aquí encontramos estampadas con claridad las abreviaturas del *praenomen*, del *nomen* y del *cognomen*: *C(aius) IVLI(us) ATE(ianus)*, en genitivo *C(aii) IVLI(i) ATE(iani)*. La puntuación que separa estas partes es triangular y en el *nomen*, a diferencia de la estampilla anterior encontramos una ligazón entre la V y la L, además de la I, ausente antes. El *cognomen* está expresado en una sola grafía de triple nexo, ATE. (Fig. 136, 5).

La poca información de que disponíamos hasta ahora, de estos fragmentos de teja con sello obligaba a enmarcarlas cronológicamente entre los siglos I y II (Nolla & Casas, p.

214). La reciente campaña de agosto de 1999 ha permitido hallar en el alfar de Ermedàs un sello entero con los mismos *tria nomina* y las mismas abreviaturas citadas más arriba (Fig. 136, 4; Fig. 159). La única discordancia que sorprende entre el ejemplar de Ermedàs y sus paralelos de Besalú y de Porqueres es el tamaño, puesto que el primero es de unas proporciones bastante más reducidas, marcando, asimismo, el uso de punzones diversos para timbrar.

5. L. CAMILLIVS.

Para documentar este nombre solamente disponemos de un magnífico ejemplar sobre una teja plana entera de Vilauba, hallada en el año 1990 en el derrumbe de la llamada habitación XI. El desarrollo entero del *nomen* es el motivo que tenga una cartela larguísima, de 140 mm., por 24 mm. de altura, con los extremos redondeados. En el interior, las letras estampilladas ocupan 123 mm. de longitud y 19 de altura. La inicial del *praenomen* está separada del *nomen* por un punto y se desarrolla como *L(ucius) CAMILLIVS* (Fig. 136, 1; Fig. 157).

6. P. VSVL. VEIENT.

Esta marca de alfarero es la que, en la zona gerundense, se conocía de tiempo atrás. Como hemos visto fue hallada sobre un labio de Pascual 1 y a partir de la noticia de Joan Badia (1984, pp. 265-266), todo el mundo ha citado la marca como SVL. VEIEN. (Beltrán, 1970, p. 193, fig. 28, 277; Miró, 1988, p. 49), lo que podía hacer pensar en un desarrollo del tipo *Sulpicius Veienus* (Pascual, 1991, p. 142). Las nuevas excavaciones del año 1991 en Llafranc han permitido, sin embargo, realizar una lectura completa de la estampilla, a partir de diversos fragmentos de *tegulae*, con el *praenomen* y el *nomen* completo (Llinàs & Sagrera, 1992, fig. 4, 6 a 9) y aún, otras campañas realizadas en los años 1988 y 1989 recuperaron un borde de ánfora Pascual 1 con la misma marca, si bien con el inicio fragmentado, ...]VSVL. VEIENT (Barti & Plana, 1993, figs. 5 y 11).

La cartela entera, sobre teja, mide unos 9,5 cm. aproximadamente. Las letras, en capital cuadrada tienen una altura de 13 mm. y 86 mm. de anchura total. El trazo de las letras es recto, no tienen apéndice y la primera letra, la P, no cierra del todo. La puntuación es triangular (Fig. 136, 6-8; Fig. 160). Así, los *tria nomina* quedan definitivamente como P. VSVL. VEIENT., que se tendrían que desarrollar concretamente, por razones que expondremos más adelante, como *P(ublius) VSVL(enus) VEIENT(o)*, en genitivo *P(ublii) VSVL(enii) VEIENT(onis)*. Es curioso pues, que hasta ahora ni en las ánforas ni en las marcas sobre teja, el nexo de la N con la T, del todo evidente, no se haya observado. En tot caso, estos ejemplares pueden indicar el uso de diversos punzones con ligeras variaciones entre ellos, y no sabemos si fueron usados de forma indistinta para marcar una u otra clase de material.

7. QVIETI.

Las marcas de *Quietus*, expresadas en genitivo, se producían en Llafranc, en negativo y con lectura *retro*, enmarcadas en una cartela pequeña, con el marco ancho e inciso, de 2,1 cm. de altura y 5 cm. de anchura. Las letras miden 10 mm. de alto y ocupan 39 mm. de ancho. Es característica la Q inicial y el nexo de la E y la T (Fig. 167). La estampilla la encontramos sobre una gran variedad de productos, todos destinados a la construcción, ladrillos (Fig. 137, 3), *tegulae* (Fig. 137, 1-2), *imbrices* (Fig. 137, 4) y ladrillos para arcos (Fig. 146). Cabe señalar, por ejemplo, que en el Rosselló no hay ningún *imbrex* que presente estampilla (Fédière, 1980, 327). A parte de Llafranc, el principal mercado que se abastecía era Empúries, con diversos ejemplares, también sobre diferentes productos y, en menor cantidad, ha sido también documentada en la villa de Tolegassos.

8. PRI (*retro*).

Los productos marcados con esta estampilla, básicamente tejas, se fabricaban en Llafranc. Cartela corta y alta, casi cuadrada, 3 cm. de altura por 4,5 cm. de anchura, de formas redondeadas, enmarca tres letras en relieve que permiten leer PRI (*retro*), la grafía es curiosa, con apéndices bien marcados y la P sin cerrar. Las letras son muy altas y miden un máximo de 22 mm. A parte de Llafranc (Fig. 136, 9-10; Fig. 161) la encontramos en Empúries y en el Camp de la Gruta, en Torroella de Montgrí (Fig. 136, 11; Fig. 162).

9. SEC.

Esta marca fue producida también en Llafranc (136, 12; Fig. 164). Solamente la conocemos sobre tejas y, como pasaba con las otras marcas de este taller, la encontramos también en Empúries (Fig. 136, 13; Fig. 163). La cartela, apenas definida, es de forma rectangular, de 3,5 cm. de altura por 5,4 cm. de anchura. Las letras, incisas, son grandes y tienen una altura máxima de 27 mm. y su desarrollo ocupa 45 mm. de longitud. Están bien definidas, con los apéndices discretamente marcados.

10. HERM.

Estampilla hallada en una excavación de salvamento practicada en el año 1995 en Llafranc. Apareció sobre un fragmento de *tegula*. La cartela es rectangular y bien enmarcada, de 4,5 cm. de longitud por 2,8 cm. de anchura. Las letras, en capital cuadrada, oscilan en torno a un cm. de altura (Fig. 136, 14)

11. MV(L) o LVM.

Esta marca es propia del taller de Llafranc, junto con las anteriores, y solamente la conocemos sobre teja plana (Fig. 136, 15; Fig. 166). Otros ejemplares conocidos fueron hallados en Empúries, al menos dos, uno conservado en el Museu d'Arqueologia de Catalunya -Empúries (Fig. 136, 16; Fig. 165) y el otro, en Girona.

Estampilla rectangular, de 5 cm. de largo por 3,2 cm. de alto, bien careada. Las letras que hay en el interior están impresas con poco relieve, a pesar de eso, son fácilmente legibles. Miden 20 mm. de altura y ocupan unos 40 mm. de anchura. El trazo es fino y simple, sin nexos entre las letras. Se distinguen claramente una M y una U, la última, pero no es clara y recuerda una "lambda" del alfabeto griego o, más probablemente, una L en "capital-cursiva" y retrógrada. Eso puede permitir una lectura totalmente retrógrada (LVM) (Rico, 1995, p. 206).

12. L. L.
Conocemos únicamente dos ejemplares sobre *tegula*, una sobre un fragmento, y la otra, sobre una teja casi entera, las dos proceden de Fenals, único lugar conocido que la produce. Se enmarca en el interior de una cartela rectangular, bien definida y escuadrada, de 2,8 cm. de alto por 6,7 cm. de largo. En el interior solamente encontramos dos "L" en relieve, de 16 mm. de altura y la anchura total es de 36 mm. Detrás de cada letra se distingue claramente una puntuación triangular (Fig. 137, 6). Poca información proporciona la lectura de este sello, ya que solamente proporciona las iniciales, que corresponderían a un *L(ucii) L (...),* pero al no desarrollar el *nomen* el abanico de posibilidades es inmenso y sin ninguna garantía.

13. CANP.
El único yacimiento que ha proporcionado esta marca es la villa de Tolegassos, por lo tanto, cabe suponer que fueron fabricadas en este establecimiento, con más razón cuando disponía de un horno para fabricar el material de construcción. En total se conocen ocho ejemplares, siempre sobre teja plana.

El contexto arqueológico aporta buenas precisiones cronológicas, ya que siempre aparece en niveles del siglo I y procedentes de la amortización del edificio augústeo. Esta inscripción no está enmarcada en el interior de ninguna cartela, función que debían cumplir, en algunos casos, unas incisiones semicirculares que la enmarcan por la parte superior (Fig. 137, 7). En todos los casos se puede leer, con trazos sencillos, CANP, con un nexo entre la A y la N; la P no cierra completamente como ocurría en los casos anteriores y, a veces, la C está en contacto con la A (Fig. 137, 8).

14. Marcas indeterminadas.
Hemos reservado este último apartado de las marcas para algunas que, debido a su fragmentariedad o a la dificultad que presentan para entender su contenido son ilegibles.

De la primera solamente se conserva el ángulo superior derecho, con un marco bien definido. La estampilla era de forma rectangular y en el interior se puede leer una O al final y un fragmento de P, B o R como penúltima letra (Fig. 137, 5). Este fragmento procede de la villa de Tolegassos y no sabemos si se trata de una producción propia o no.

La otra, procedente de Llafranc, está impresa sobre un pequeño fragmento de teja. Parece que se puede distinguir la parte final de una M y una N invertida, pero no tenemos la total seguridad (Fig. 136, 17). Por el tipo de trazo, recuerda muchísimo el de las estampillas MVL, punto que queda reforzado por el hecho de proceder del mismo taller.

Finalmente, procedente del cierre lateral de una tumba del yacimiento de Porqueres, se encontró un fragmento de teja con dos marcas de forma circular, dispuestas una al lado de la otra (Fig. 137, 9; Fig. 168). Se trata de la misma marca, con diferente grado de definición, y se encuentran enmarcadas por una banda circular; en el interior de las que se disponen diversos motivos ondulados, ininteligibles, que ocupan prácticamente la totalidad de la superficie interior del círculo.

Conclusiones.

El material de construcción, a parte de la innegable dificultad práctica que representa su conservación y estudio en una excavación romana, a menudo es el elemento más claro y el primero que permite la identificación de un nuevo asentamiento. Es así sobre todo porque este material es la expresión más clara de la colonización romana, que lo usa de forma generalizada en una arquitectura nueva, muy práctica y que tiene un elemento común: la economía de medios y la sencillez. La particularidad de que todo este material fuese fabricado a partir de la arcilla permite que sea barato y fácil de conseguir. Generalmente, cuando se tenía que construir un edificio nuevo, el sistema más económico era construir un horno y fabricarse el material de construcción uno mismo; la consecución de materia prima no suponía ningún problema, la arcilla está presente y de forma abundante en todos los terrenos sedimentarios, de más o menos calidad, más o menos depurada. Estas dos ventajas motivan que la ocupación romana sea totalmente homogénea en todas partes donde se hizo efectiva, al menos por lo que respecta a los restos materiales.

El repertorio de formas usadas como material de construcción y fabricadas en los talleres de nuestra zona proporciona una gama bastante completa –si bien en absoluto exhaustiva–, sobre todo por lo que respecta a elementos de cobertura del tejado (tejas, *imbrices*, tejas con opaion) y de las elevaciones de edificios, que tendrían un coste bajo y una vez revestidos daban un resultado altamente satisfactorio ya que eran mucho más regulares que no construir con elementos fabricados a mano.

Es lógico que sea así, ya que las otras partes de los edificios no solían usar estos productos manufacturados, con todas las excepciones que se quiera. Las cimentaciones de las villas se construían con piedra que solían tener a mano, ya fuera unida en seco o mediante argamasa. Los pavimentos, si no eran lujosos y confeccionados con *opus tessellatum, opus sectile* o cualquier otra variedad, solían usar el *opus signinum* o si eran más sencillos se hacían de cal o tierra batida, según las necesidades, incluso podían ser empedrados; más raro es encontrar pavimentos hechos con tejas planas si no es que se trata de algún ámbito especial como el suelo del hipocausto de unas termas. El alzado de las paredes ya hemos comentado que corrientemente se construían con material crudo, adobes formando hiladas del muro o tapial hecho con encofrado.

Los elementos de elevaciones más frecuentes que encontramos son los de soporte y sustentación que aportaban soluciones fáciles para aligerar el peso de las estructuras, como piezas de columna o de arcos.

Algunas partes de los edificios para su función y características necesitaban de manera especial un buen repertorio de estos productos, nos referimos a las termas (*balnea*). Una constatación que llama poderosamente la atención al estudiar en detalle los edificios rurales de estas tierras es la gran cantidad de conjuntos termales que estuvieron en funcionamiento (Casas *et al.*, 1995). Este es un fenómeno que no se observa desde el periodo inicial de estos establecimientos, sino que se trata más bien del acondicionamiento de las *villae* para que fueran más agradables a sus dueños, preferentementea partir del siglo segundo, seguramente acostumbrados al lujo y comodidades de los centros urbanos, a los que no quieren renunciar cuando se trasladan a vivir en el campo.

Notamos la aparición casi generalizada de pequeños y domésticos conjuntos termales que se incorporan a las explotaciones agrícolas de esta zona, algunos muy bien conservados, otros deducibles solamente por indicios (Vilauba, La Quintana, Pla de Palol, Els Ametllers, La Font del Vilar, Puig Rodon, Roses, Vilareny, Bell-lloc d'Aro, Mas Gusó, Mas de Dalt, Can Pau Birol, Pla de l'Horta).

Las termas eran edificios complicados, costosos de construir y de mantener, y dotados de hornos, de hipocaustos y pequeñas piscinas de agua caliente, pero que denotan, una gran estandarización, el seguimiento de un modelo o planta tipo, que se repite con muy pocas variaciones. La necesidad de disponer de un suelo elevado que permita el paso del aire caliente, sostenido por *suspensurae*, hacía obligado el uso de columnitas de ladrillos unidos en seco que suelen descansar sobre un suelo de *tegulae* y que, a veces, también, soportaban otros para asegurar la estabilidad del pavimento de la cámara. La comunicación entre el *praefurnium* y las otras cámaras se realizaba mediante la construcción de arcos de ladrillo. El abastecimiento de agua y, sobre todo, los desagües se realizaban con canalizaciones de cerámica. Las paredes, revestidas de *signinum*, tapan a una distancia determinada unas conducciones verticales hechas con tubos cilíndricos de cerámica (*tubuli*) que facilitaban la circulación del aire caliente y el calentamiento total del ámbito.

Podemos ver, pues, como la construcción de un edificio termal implicaba el uso de numerosos elementos cerámicos (tejas e *imbrices*, ladrillos para columnas de hipocausto, piezas de arco, canalizaciones, *tubuli*). Precisamente estos últimos que tenían una función idéntica a las *tegulae mammatae*, son el único sistema que encontramos documentado en nuestro territorio.

Si realizamos un rápido análisis de los resultados que nos aporta la fabricación de material de construcción en los alfares y hornos de nuestro ámbito de estudio, veremos, en primer lugar, que en todos, incluso en los que no se han localizado los vertederos, se fabricaban *tegulae* e *imbrices*, probablemente en algunos, los más interiores y vinculados estrechamente a una villa, se fabricaban de forma exclusiva. A pesar de esto, preferimos no utilizar el término "hornos de tejas" (fours de tuiliers), como ha introducido algún arqueólogo francés (Le Ny, 1988, p. 7), muy especializado sobre los productos fabricados, como mínimo hasta que el hallazgo de sus vertederos así lo demuestre. En los pocos casos que eso ha sido posible en la zona gerundense (La Bomba, Camino a la cruz de Albons, Ermedàs y, posiblemente, Can Coromines) se ha demostrado que la diversificación de productos, como mínimo tejas y un repertorio más o menos completo de cerámica común, era la tónica dominante, aunque estuvieran orientados hacia unos mercados muy reducidos y a un consumo local. El término "taller u horno cerámico", aunque sea más tradicional, nos parece más oportuno.

Las instalaciones mejor equipadas, "industriales", como Llafranc o Fenals y posiblemente, todavía mal conocido, Ermedàs, fabrican mayor variedad de elementos. Solamente con estos tres ejemplos encontramos toda la variedad formal y volvemos a encontrar como la distribución espacial que habíamos comentado al principio del trabajo es altamente significativa.

Desgraciadamente las excavaciones, salvamentos e incluso hallazgos casuales que se han ocupado de estos yacimientos de forma particular son demasiado parciales para proporcinar series largas que permitan cuantificar y porcentuar los objetos hallados. Un aspecto muy interesante es la epigrafía que aportan, y que ayudará a completar otras lagunas. Una vez más unos pocos yacimientos proporcionan todos los ejemplares estampillados que conocemos, de forma destacada tenemos que situar Llafranc, con seis marcas (P. VSVL. VEIENT., QVIETI, PRI., SEC., HERM. y MV(L); el horno de Ermedàs proporciona otra marca segura: C. IVLI. ATE. y , a pesar de que falta la confirmación, podría ser el centro de donde proceden las marcas: C. OBVLNI, C. IVL. (?) y L. CAMILLIVS, como mínimo presenta unas instalaciones con capacidad para producir sigilata hispánica; Fenals aporta la marca L. L. Finalmente, y en este caso es la excepción, el horn del camino a la cruz de Albons, vinculado a la villa de Tolegassos tiene dos marcas propias, CANP. y ...]PO. Este último, como pasaba con Ermedàs, parece que también habría fabricado cerámica fina, sigilatas hispánicas y un buen repertorio de cerámica vidriada (Casas & Merino, 1990, pp. 139-155; Casas, Merino & Soler, 1993, pp. 129-144); son aspectos que podrían tener sentido por la proximidad con el centro urbano de *Emporiae*, mercado que daría salida a todos estos productos.

La distribución de estas marcas es, cuando la conocemos, siempre de carácter regional. Así, la más numerosa y que tiene mayor expansión es C. OBVLNI, con una gran concentración en torno de la zona de probable fabricación: Vilauba, Mas Castell de Porqueres y Puigpalter, por una parte, y los dos centros urbanos más importantes de la zona, *Emporiae* y *Gerunda*, definiendo así un área triángular fuera de la cual no ha aparecido ningún ejemplar.

Las piezas estampilladas en el alfar de Llafranc, a parte del propio yacimiento, las encontramos todas, excepto P. VSVL. VEIENT., en Empúries, definiendo una difusión costera hacia el norte. El resto de estampillas solamente las documentamos en los propios centros de producción, eso no tiene nada de extraño si pensamos que la marca ΔHM de Empúries, nos habla de una industria ciudadana dedicada a abastecer las propias necesidades; de forma parecida ocurriría en Tolegassos, mientras que el resto de marcas que suponemos de Ermedàs solamente se han hallado en Vilauba, excepto C. IVLI. ATE. que tiene salida hacia el norte, con hallazgos en Porqueres y Besalú. Por lo que se refiere a Fenals, de la marca L. L. no conocemos su difusión.

Este pobre panorama indica la ciudad romana de *Emporiae* como el mercado receptor y el centro más activo de la zona en relación con los establecimientos que están en funcionamiento en el interior del país.

HORNOS / MATERIAL CONSTRUCCIÓN	*TEGULAE*	*IMBRICES*	LADRILLOS RECTANG.	LADRILLOS BISELADOS	LADRILLOS CUADRADOS	LADRILLOS TRIANG.	SEMICIRC. COLUMNA	LADRILLOS CIRCULARES	LADRILLOS CON ENCAJES	CANALIZACIONES	TUBOS HIPOCAUSTO
FENALS	*	*	*				*				*
LLAFRANC	*	*			*	*		*	*		
ERMEDÀS	*	*	*	*						*	
VILADAMAT	*	*									
EMPÚRIES	*										
ST. MIQUEL DE FLUVIÀ	*	*									
PONTÓS	*	*									
LA BOMBA	*	*									
ORRIOLS	*	*									
TOSSA	*	*									
PLATJA D'ARO	*	*									

HORNOS / MARCAS	ΔHM	L. L.	ITƎIVǪ	P.VSUL.VEIENT	ꟼRI	SEC	MUꟻ	CANP	...]PO	C.OBVLNI	L.CAMILLIVS	C.IVL.	C.IVLI.ATE.
FENALS		+											
LLAFRANC			+	+	+	+	+						
ERMEDÀS										+	+	+	
VILADAMAT								+	+				
EMPÚRIES	+		•		•	•	•			•			
ST. MIQUEL DE FLUVIÀ													
PONTÓS													
LA BOMBA													
ORRIOLS													
TOSSA													
PLATJA D'ARO													

* material fabricado en el taller + marca propia • marcas de otros talleres presentes en el yacimiento

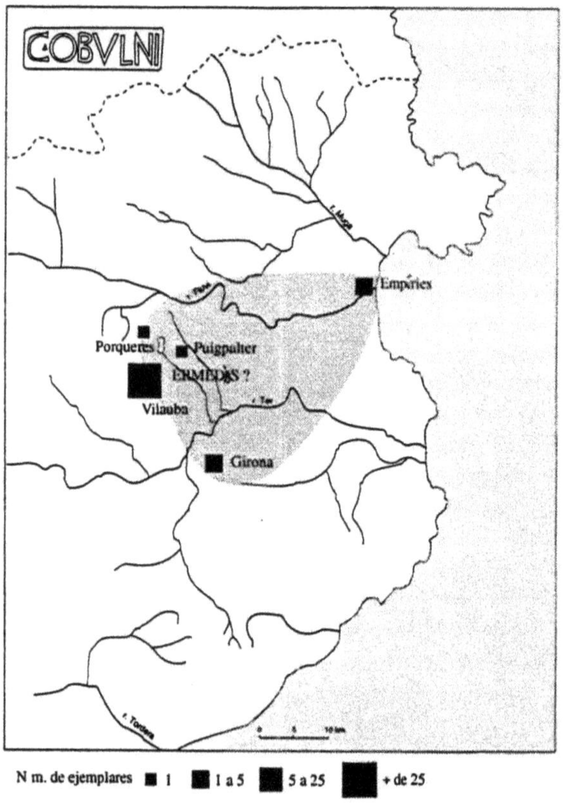

Figura 128. Hallazgos y zona de distribución de las marcas sobre *tegulae* con la estampilla C. OBVLNI.

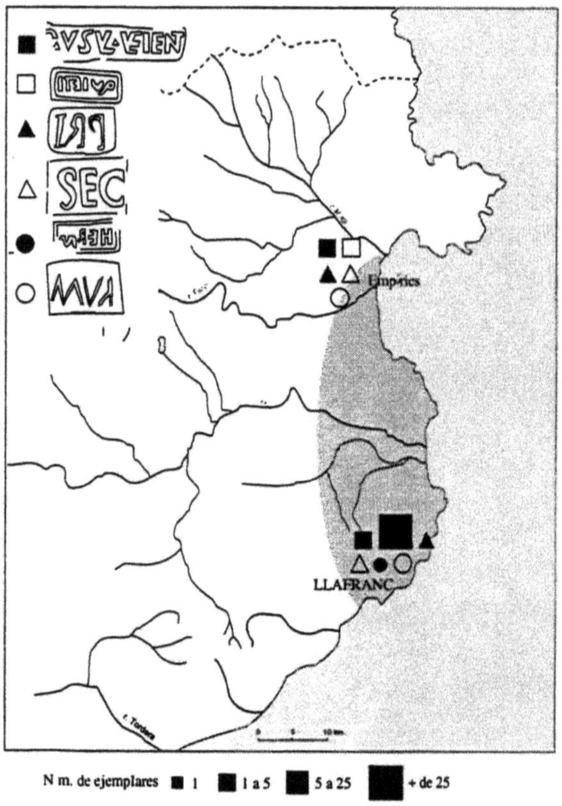

Figura 129. Hallazgos y zona de distribución de las marcas sobre *tegulae* con las estampillas originarias del taller de Llafranc.

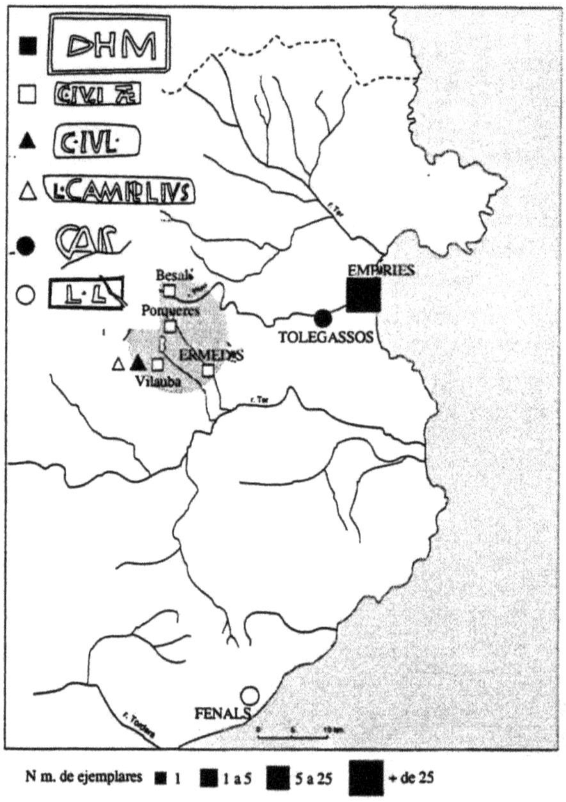

Figura 130. Origen y presencia de otras marcas estampilladas sobre *tegulae*.

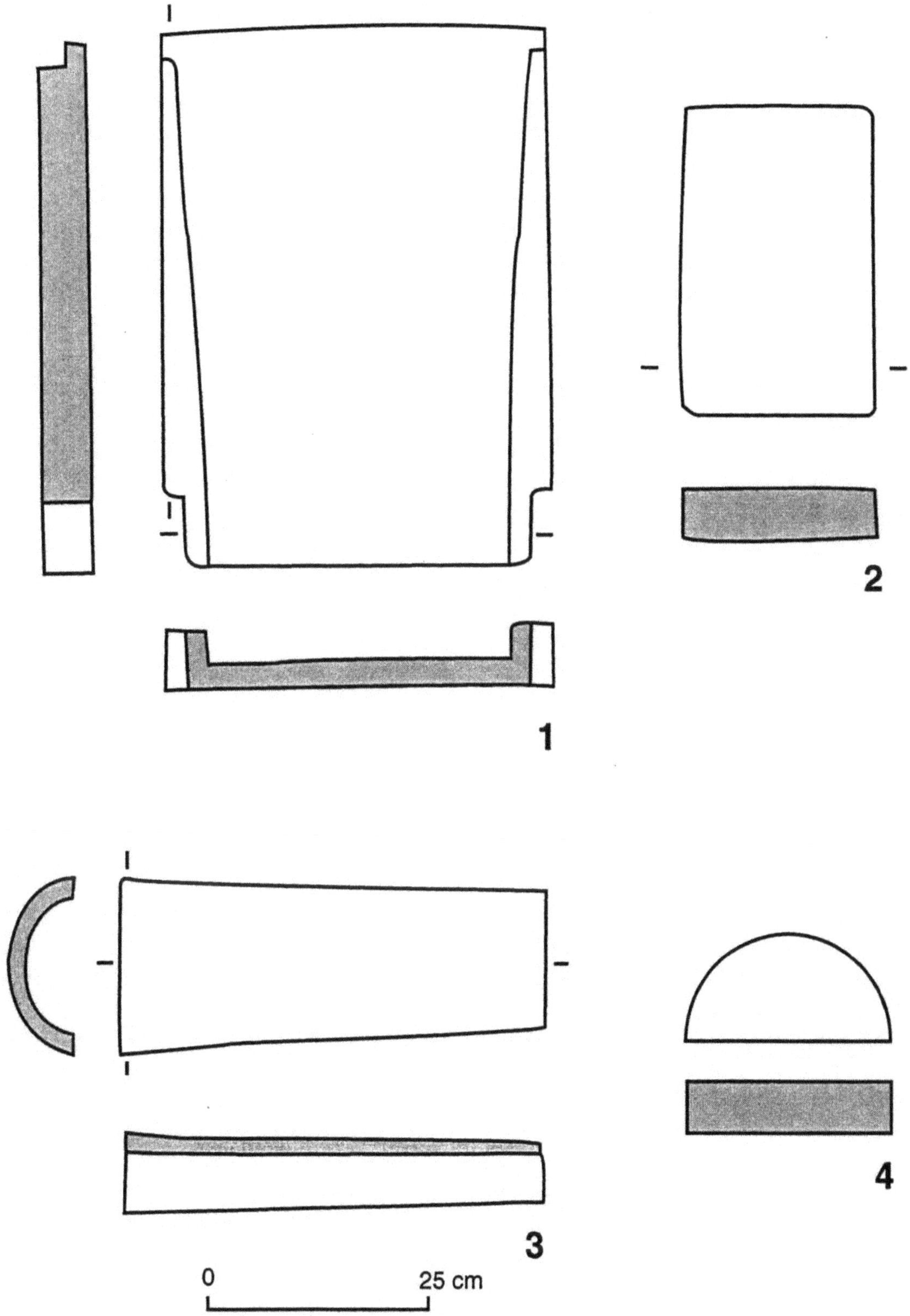

Figura 131. Taller de Fenals, Lloret de Mar. 1) *Tegula*. 2) Ladrillo. 3) *Imbrex*. 4) Semicírculo para la construcción de columnas.

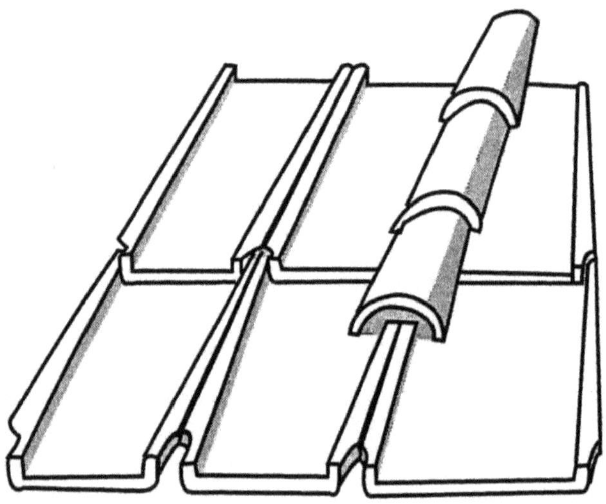

1

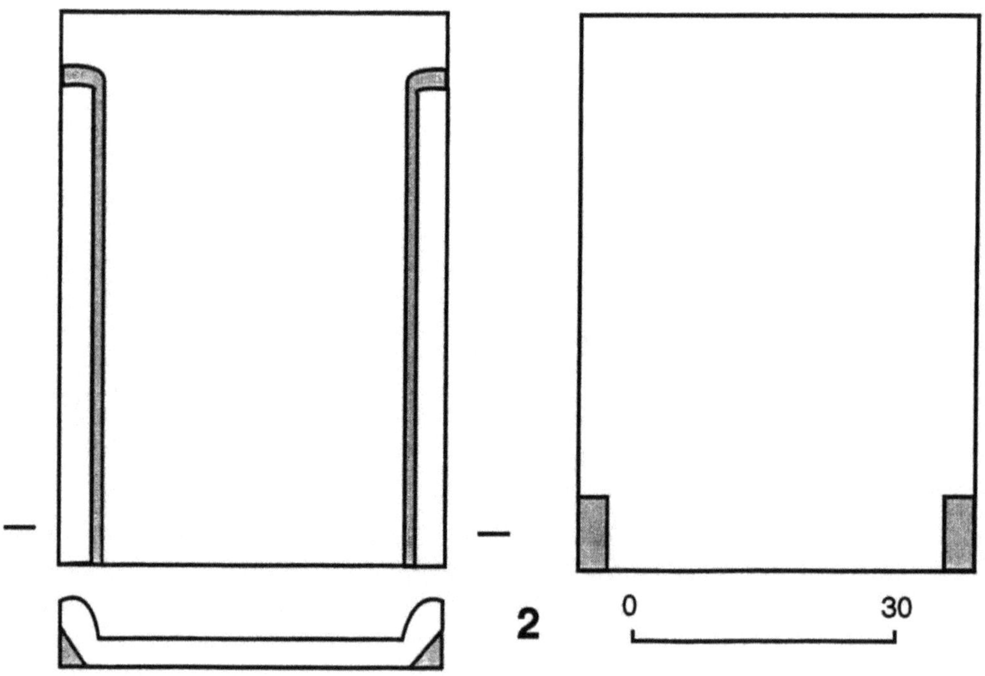

Figura 132. Taller de Ermedàs, Cornellà del Terri. 1) Esquema del tradicional montaje de un tejado con base de tejas planas, rematada per hiladas de tejas curvadas para sellar las juntas. 2) *Tegula*.

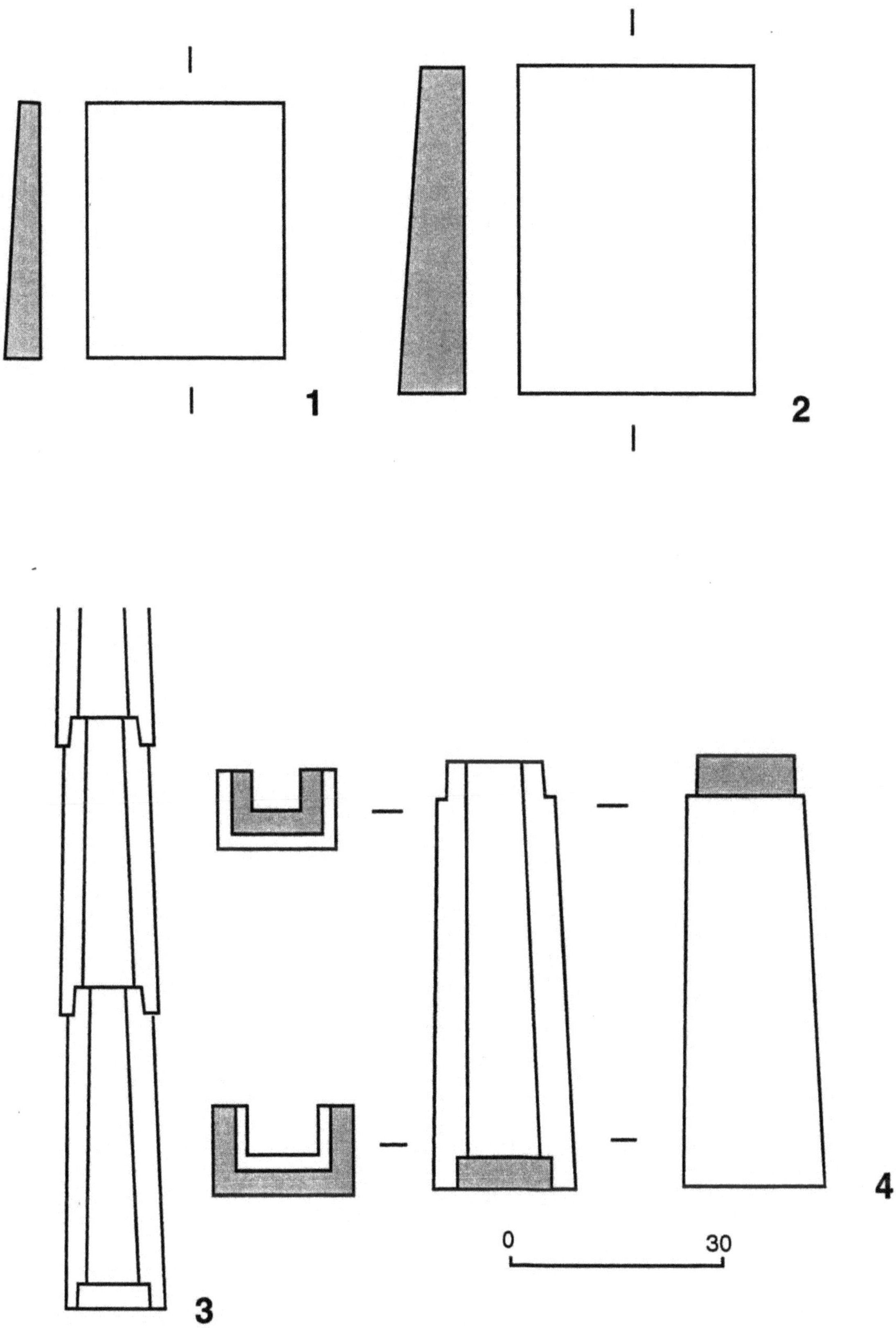

Figura 133. Taller de Ermedàs, Cornellà del Terri. 1-2) Ladrillos biselados. 3) Esquema de montaje de una canalización realizadas con piezas prefabricadas con los encajes. 4) Pieza de canalización.

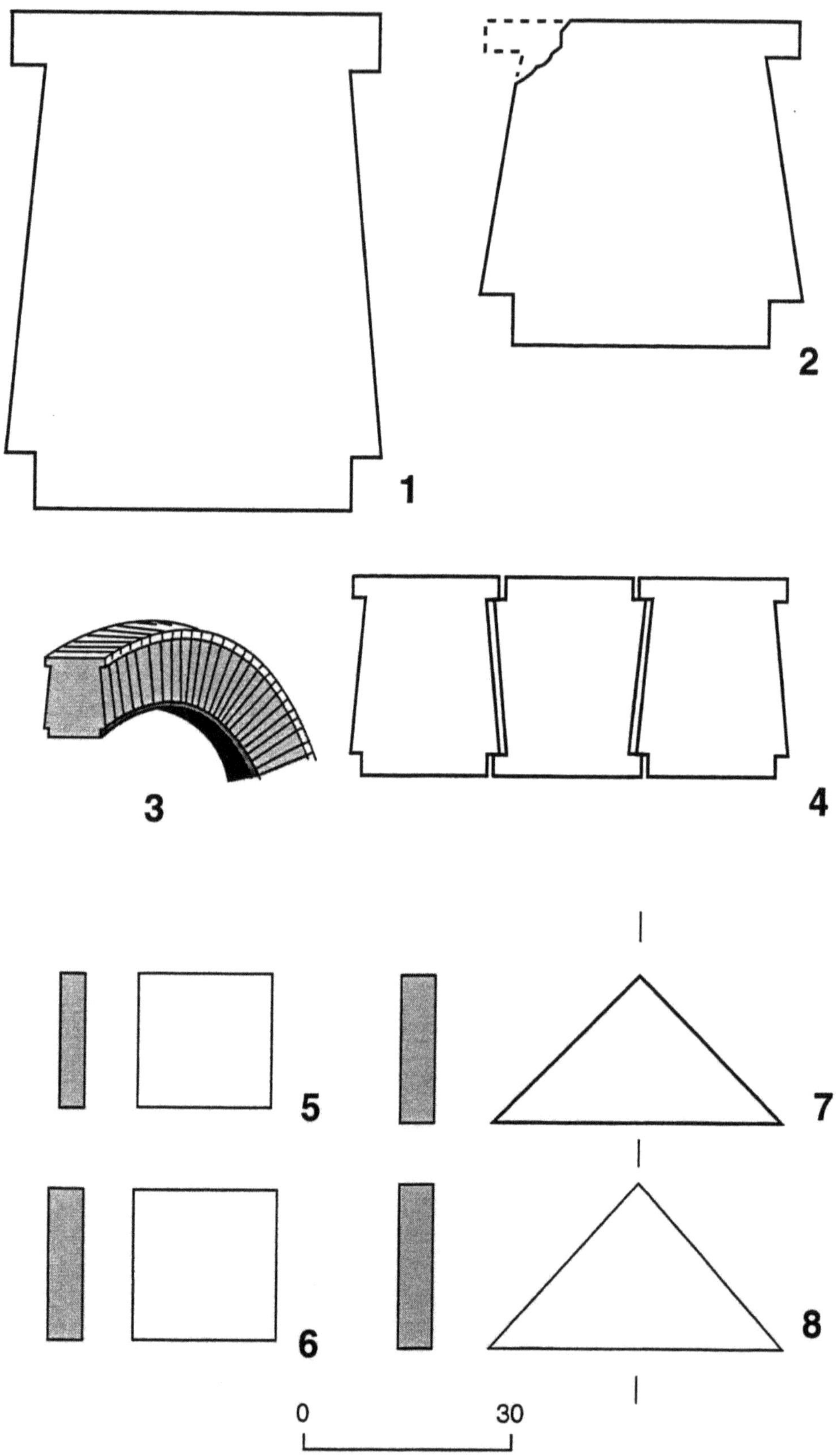

Figura 134. Taller de Llafranc, Palafrugell. 1-2) Ladrillos de diferentes dimensiones con encajes positivos y negativos 3-4) Esquema del montaje de arcos moldurados y suelos con ladrillos con encajes positivos y negativos. 5-6) Ladrillos cuadrados. 7-8) Ladrillos triangulares.

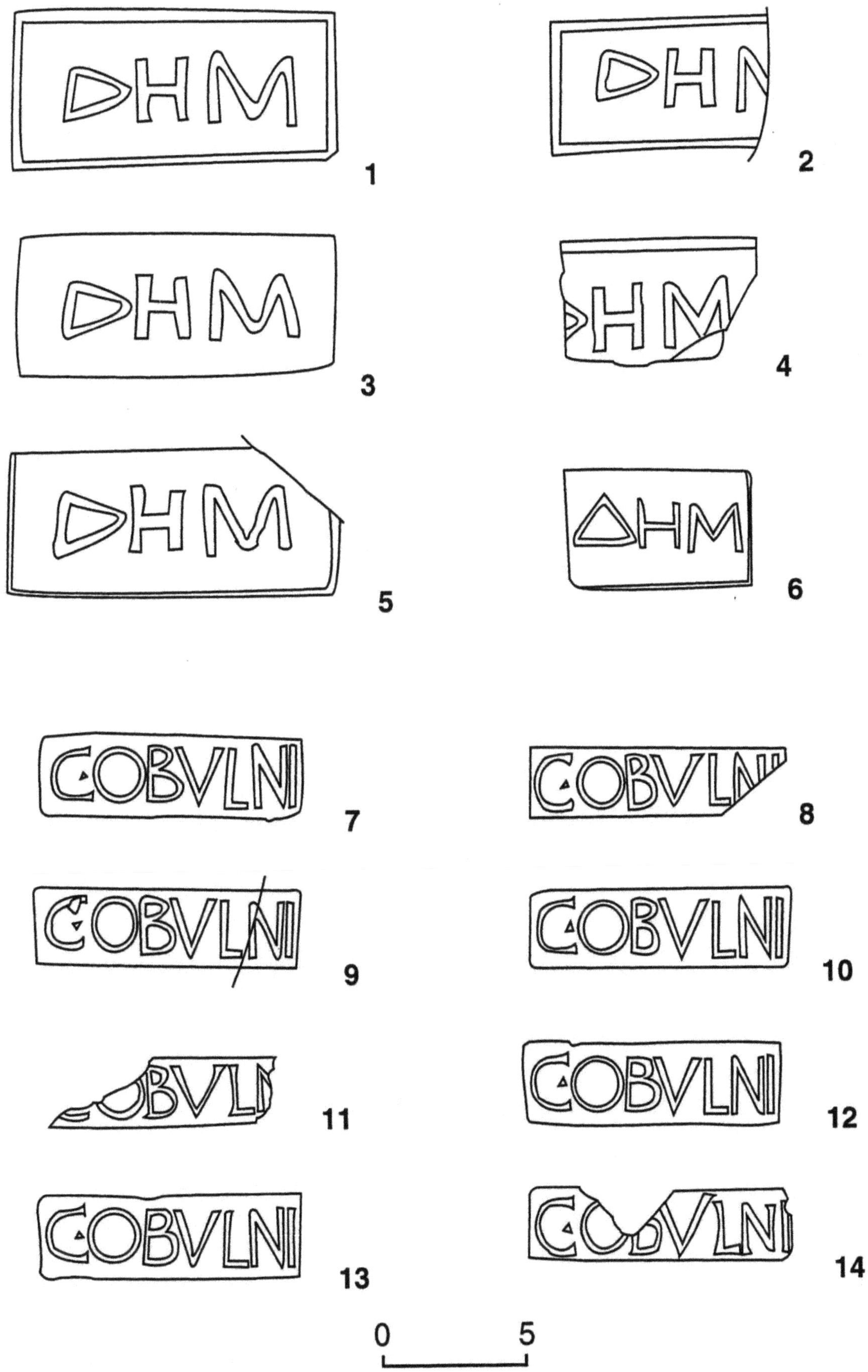

Figura 135. Estampillas sobre material de construcción. 1-6) Sellos con la lectura ΔHM de Empúries. 7-14) Diversos sellos con la marca C. OBVLNI.

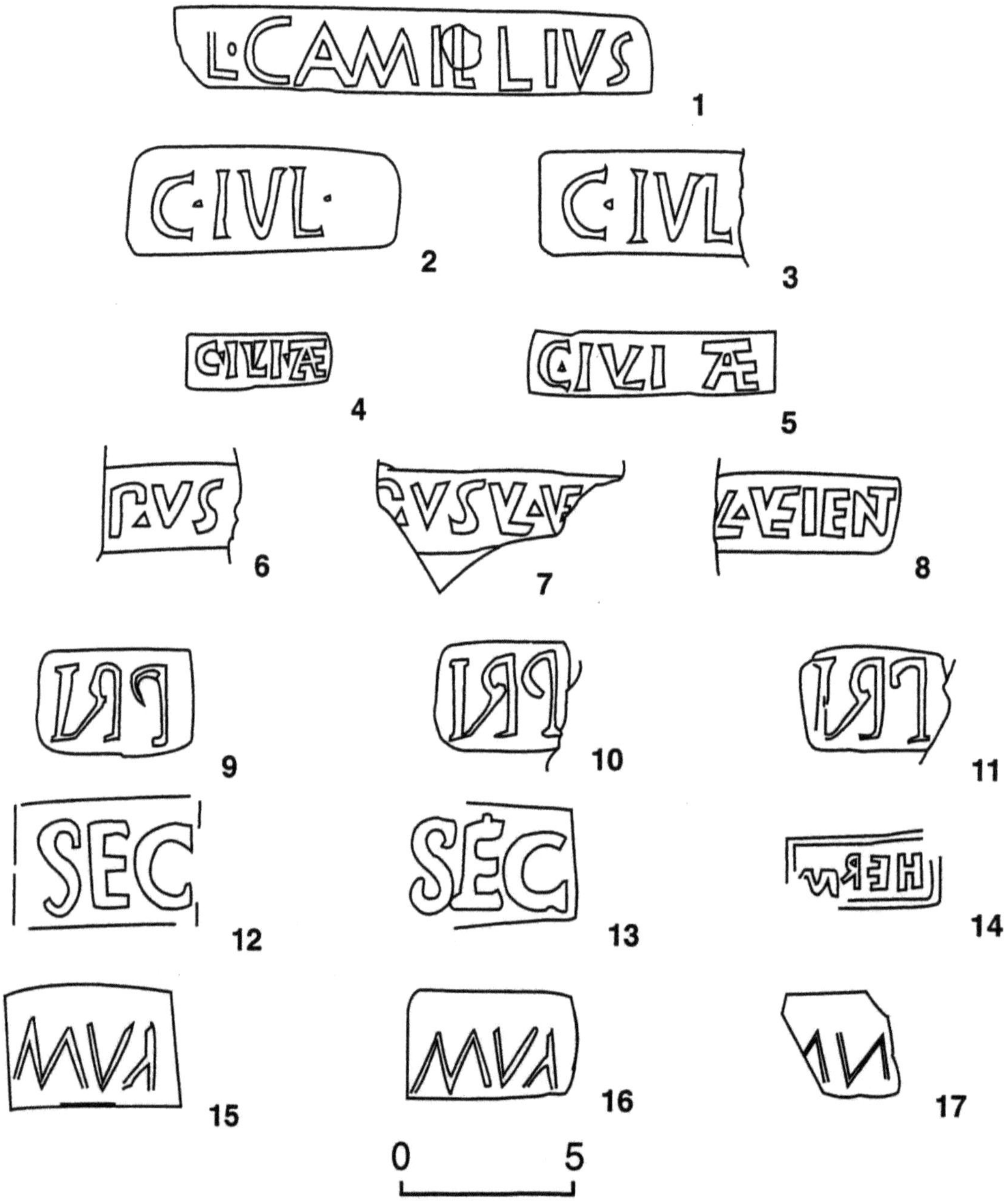

Figura 136. Estampillas sobre material de construcción. 1) Sellos con la marca L. CAMILLIVS. 2-3) Sellos con la marca C. IVL. 4-5) Sellos con la marca C. IVLI. ATE. 6-8) Diversos fragmentos de sello P. VSVL. VEIENT. 9-11) Sellos con la marca PRI (*retro*). 12-13) Sellos con la marca SEC. 14) Sello con la marca HERM. 15-16) Sellos con la marca MVL. 17) Sello ilegible.

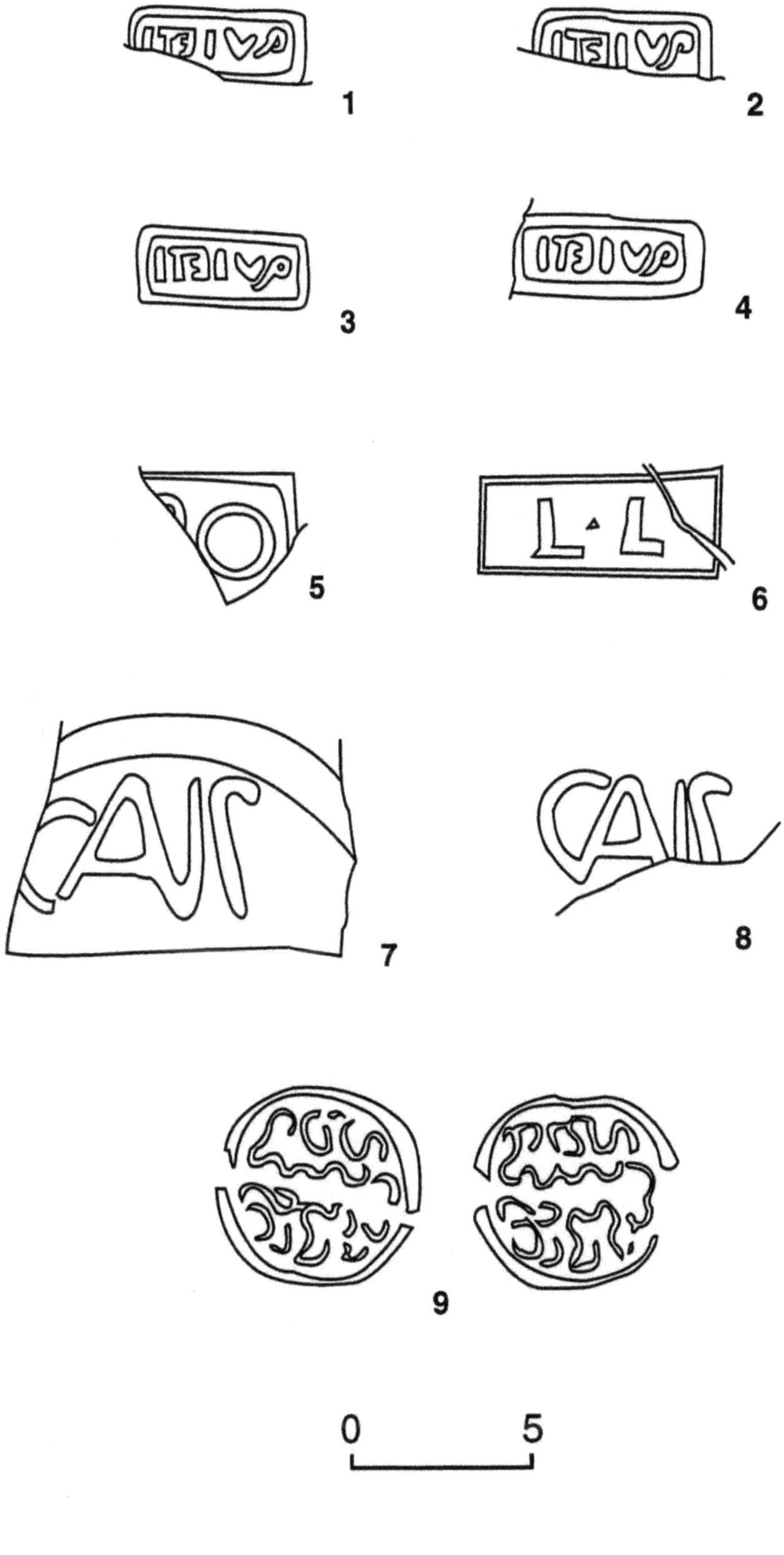

Figura 137. Estampillas sobre material de construcción. 1-4) Sellos con la marca QVIETI (*retro*). 5) Sello con marca fragmentada. 6) Sello con dos iniciales L. L. 7-8) Sellos con la marca CANP. 9) Dos marcas con sello ilegible procedentes de Porqueres.

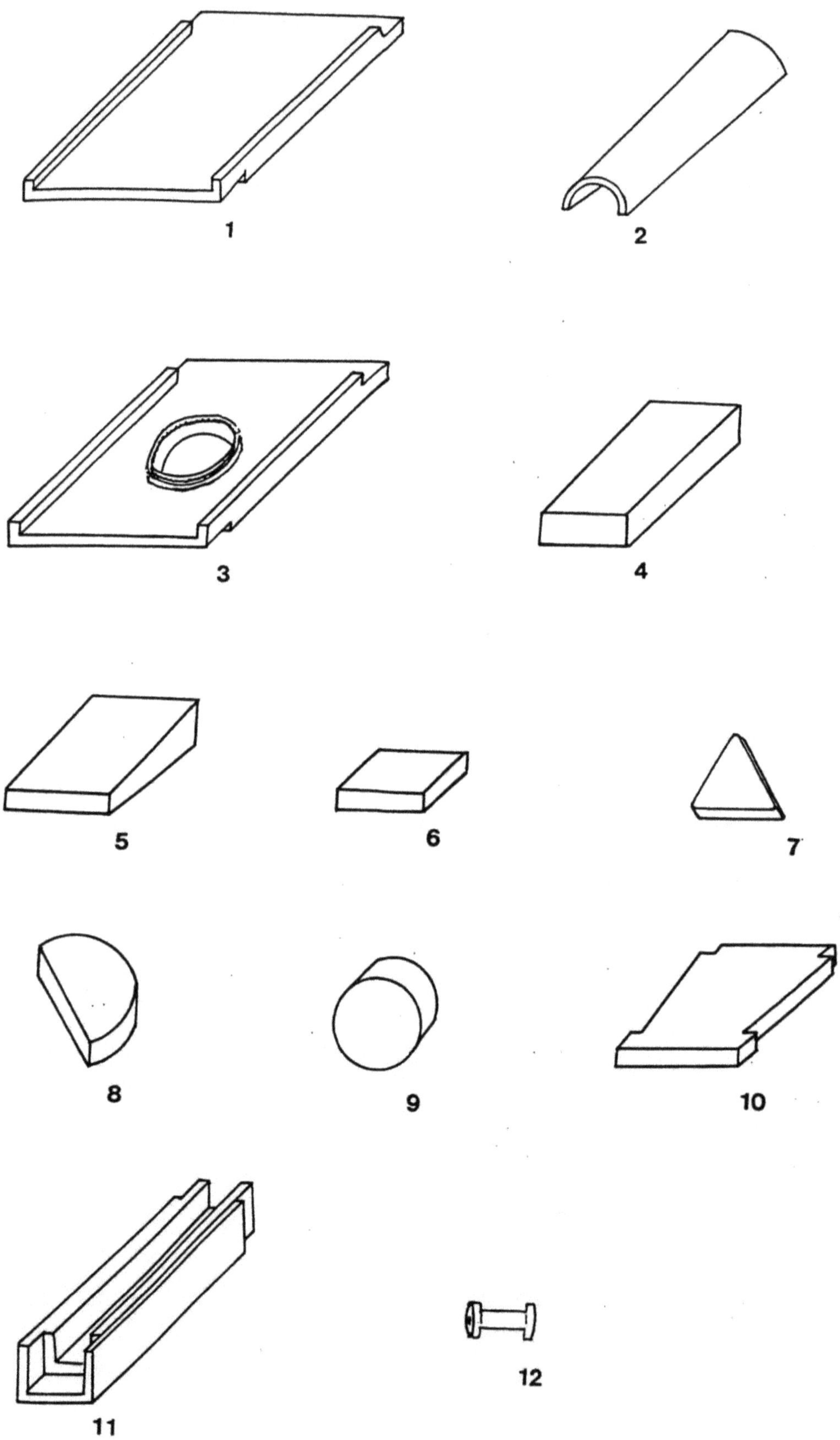

Figura 138. Cuadro resumen de los tipos usados como material de construcción en los talleres del nordeste de Cataluña.

Figura 139. Desechos de tejas procedentes del vertedero del horno de Platja d'Aro.

Figura 140. *Tegula* con opaion procedente de Empúries.

Figura 141. Ladrillo cuadrado fabricado en el alfar de Llafranc.

Figura 142. Ladrillos triangulares hallados en el vertedero del taller cerámico de Llafranc.

Figura 143. Ladrillo con encajes positivos y negativos, procedente de Llafranc.

Figura 144. Ensamblaje de ladrillos con encajes positivos y negativos, procedentes de Llafranc.

Figura 146. Detalle de la marca QVIETI, estampillada sobre un ladrillo con encajes positivos y negativos, procedente de Llafranc.

Figura 145. Ladrillo con encajes positivos y negativos, procedente de Llafranc, con la estampilla QVIETI.

Figura 147. Ladrillo con la marca ΔHM, procedente de Empúries.

Figura 148. Ladrillo con la marca ΔHM, procedente de Empúries.

Figura 149. Teja con la marca ΔHM , procedente de Empúries.

Figura 150. Fragmento de *tegula* con la marca ΔHM, procedente de Empúries.

Figura 151. *Tegula* con la marca ΔHM, procedente de Empúries.

Figura 152. Fragmento de teja con la marca ΔHM, procedente de Empúries. Obsérvese la diferente grafía de la delta respecto al resto de estampillas.

Figura 153. *Tegula* con la marca C. OBVLNI, procedente de la excavación de la villa romana de Vilauba.

Figura 154. *Tegula* con la marca C. OBVLNI, procedente de la excavación de la villa romana de Vilauba.

Figura 155. *Tegula* con la marca C. OBVLNI, procedente de la excavación de la villa romana de Vilauba.

Figura 157. *Tegula* entera con la estampilla L. CAMILLIVS, procedente de la excavación de la villa romana de Vilauba.

Figura 156. Fragmento de *tegula* con la marca C. OBVLNI, procedente de Empúries.

Figura 158. *Tegula* fragmentada con la marca C. IVL., procedente de la excavación de la villa romana de Vilauba.

Figura 159. Fragmento de *tegula* con la estampilla C. IVLI. ATE., procedente de la excavación del alfar romano de Ermedàs.

Figura 160. Diversos fragmentos de *tegula* que completan la lectura de la estampilla P. VSVL. VEIENT., procedente de la excavación del taller cerámico de Llafranc.

Figura 162. Fragmento de *tegula* con la marca PRI. (*retro*), procedente de Llafranc.

Figura 161. Fragmento de *tegula* con la marca QVIETI (retro)., procedente de Llafranc.

Figura 163. Fragmento de *tegula* con la marca PRI. (*retro*), procedente de Empúries.

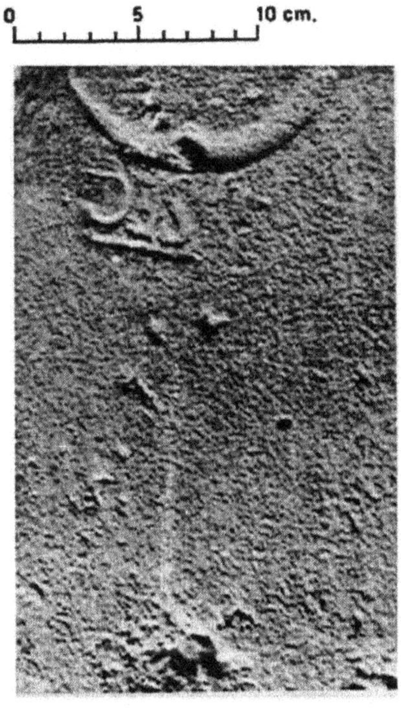

Figura 164. Fragmento de *tegula* con la marca SEC., procedente de Llafranc.

Figura 165. Fragmento de *tegula* con la marca SEC., procedente de Empúries.

Figura 167. Fragmento de *tegula* con la marca MVL. o LVM., procedente de Empúries.

Figura 166. Fragmento de *tegula* con la marca MVL. o LVM., procedente de Llafranc.

Figura 168. Detalle de la tumba 78 de Porqueres, en la que se puede apreciar la *tegula* con dos sellos de motivo ilegible.

PARTE IV
Aspectos sociales y económicos.

Capítulo 10. Análisis prosopográfico.

Efectivamente, notables personajes no desprecian la ocasión de sacar provecho de las actividades artesanales. T. P. Wiseman ha observado que C. Vibieno y T. Rufreno, que poseen unos talleres de cerámica sigillata en Arezzo, pertenecen a familias senatoriales. Pero es sobre todo en la fabricación de ladrillos y tejas donde encontramos datos al respecto: efectivamente, una curiosa ficción hace que esta producción, el opus doliare, *sea asimilada por los romanos a la actividad agrícola, quizá porque se encuentra vinculada a la arcilla, y por ende, a la tierra. Por ello, los aristócratas no tienen reparos en confesarlo, e imprimen su marca en estos productos.*

MOREL, 1991, pp. 267-268.

Introducción.

Si bien es relativamente cómodo hablar de las producciones artesanales en época romana, y en concreto en nuestras comarcas, a pesar de las lagunas e incertidumbres, se trata de una materia sobre la que comenzamos a tener buenos puntos de referencia,es mucho más problemático hablar de los productores, sobre todo teniendo en cuenta los huecos considerables que tenemos por lo que respeta a las fuentes arqueológicas, epigráficas y literarias en un marco rural como el que nos ocupa.

Hemos visto antes que la práctica totalidad de los nombres de los productores que conocemos en el área gerundense nos han llegado gracias a que fueron estampillados sobre ánforas y material de construcción. Ignoramos todavía los talleres de fabricación de muchas de las estampillas que figuran sobre ánforas tarraconenses, en gran parte se conocen por fragmentos hallados en Empúries, pero no queremos hablar de las estampillas encontradas en las comarcas de Girona -–esto es otro trabajo–, sino solamente de las que tenemos la completa seguridad que fueron producidas en estas tierras. Excepto el conjunto de marcas sobre ánforas Dressel 8 de Empúries solamente tenemos una excepción, la marca sobre ánfora Pascual 1 procedente de Llafranc que encontramos a la vez sobre teja. Trataremos en primer lugar los nombres asociados a la producción de ánforas. El grupo emporitano es el más numeroso con cinco marcas diferentes, seguido por el alfar de Llafranc con cinco marcas más, aunque solamente una sobre ánfora. Finalmente nos ocuparemos de las marcas aparecidas exclusivamente sobre teja, la de Empúries, el grupo aparecido en Vilauba, Ermedàs, la de Tolegassos y la de Fenals.

En lo referente a la metodología usada para este estudio seguiremos una línea semejante a la iniciada por Jordi Miró al estudiar las estampillas sobre ánforas catalanas (Miró, 1988, pp. 243-261) y también, de forma pionera, por Ricard Pascual (Pascual. 1980, pp. 261-279). En primer lugar, y en caso de existir, realizaremos una recopilación de los estudios anteriores sobre cada uno de ellos y seguidamente buscaremos en las fuentes epigráficas las posibilidades de realizar un seguimiento de cada uno de ellos para intentar ver su posible origen y distribución geográfica. Hemos revisado los volúmenes del CIL, sobre todo de los que recogen las inscripciones de Hispania, de Roma y el resto de Italia y de la Narbonense; así como la importante obra de Schulze. Este seguimiento solamente será posible en los *nomina* y *cognomina* que sean poco habituales o poco generalizados en las diversas provincias romanas. Cuando eso sea posible haremos una recopilación exhaustiva de su presencia. Para los *nomina* más frecuentes o las marcas realizadas solamente con el *cognomen,* nos limitaremos a su difusión en el ámbito de Hispania y de la Narbonense e, incluso, en los más abundantes solamente en la ciudad de *Tarraco*, capital de la Tarraconense que dispone de un corpus de las inscripciones muy importante y bien estudiado. El nombre del personaje lo citaremos aquí desarrollado y sin nexos entre las letras.

Los nombres.

1. CAIVS OCTAVIVS CARBO.

Se conoce un solo ejemplar de esta estampilla sobre Dr. 8 emporitana sin estar asociada a ninguna otra. Esta estampilla circular presenta especialmente dificultades de lectura. Los signos que se aprecian en el interior parecen alfabéticos. Este tipo de sellos circulares son muy habituales sobre ánfora griega de diferentes centros como la isla de Rhodas (Jörens, 1986, fig. 1-11; Nicolaou & Empereur, 1986, fig. 5 b-c; 14 b-c), Macedonia

(Nikolaïdou-Patera, 1986, fig. 1) o también Marsella (Bertucchi, 1993, pp. 153-164).

Por otro lado, también es bastante habitual encontrar sellos circulares sobre ánforas romanas; si dejamos a parte las de lectura directa o con un solo signo, hemos realizado una selección de las estampillas con leyenda radial: C. PAV, procedente de Menorca (Pascual, 1991, núm. 63, p. 52, lám. VIII, 149; Carre *et al.*, 1995, núm. 175, p. 68), CRISPI, de Torralba Vell, Alaior, Menorca (Pascual, 1991, núm. 67, p. 53, lám. VIII, 153; Carre *et al.*, 1995, núm. 146, p. 62), C. VET, de Mercadal, Menorca (Pascual, 1991, núm. 69, pp. 53-54, lám. IX, 155), IVL. AND. ONS, de Torre Llauder, Mataró (Pascual, 1991, núm. 112, p. 74, lám. XII, 233), MNOL, de Cartago (Pascual, 1991, núm. 140, p. 90, lám. XVI, 309), PAS, de Menorca (Pascual, 1991, núm. 161.1 y 161.2, p. 109, lám. XIX, 371-372; Carre *et al.*, 1995, núm. 174, p. 68), PCV, de Cartago (Pascual, 1991, núm. 170, p. 111, lám. XX, 380), P. GV, con un ejemplar de Barcelona y otro de Torre Vella d'en Loçano, Menorca Ciudad (Pascual, 1991, núm. 171.1 y 171.2, p. 111, lám. XX, 381-382; otra interpretación como Q. GV (Q. G() V()) en Carre *et al.*, 1995, núm. 469, p. 144). Sobre una Dr. 2-4 de fabricación gala hemos recogido otro sello circular de lectura radial, guardada en el Museo de Angers (Maine-et Loire), pero, más complejo que los citados hasta ahora: SVLLVGNOMARVSF, leído como *Sullugnomarus f(ecit)* con una flor central (Carre *et al.*, 1995, núm. 203, p. 75), aunque creemos mucho más adecuado el desarrollo que nos ha sugerido A. Cobos: *SVL(la?) LVG(duni) NOM(ine) ARUS(picum) F(ecit).*

A pesar de que no podemos descartar que sea una estampilla anepígrafa y se trate de un simple anagrama distintivo de una producción –hay algunas estampillas que son consideradas como anepígrafas, encontramos también el motivo llamado circunferencia con radios o rueda radiada, la más semejante a la nuestra sería una que procede de El Mujal, Calella, (Pascual, 1991, núm. 254, p. 154, lám. XXVIII, 556; Carre *et al.*, 1995, núm. 197, p. 74)– vamos a proponer una lectura muy sugerente.

Esta consiste en la lectura de los signos que forman la línea central del sello como las iniciales de un *tria nomina* (propuesta que debemos agradecer al profesor Morel.): C.O.C., que estarían enmarcados arriba y abajo por otros signos difíciles de interpretar, vagamente parecidos a una M.

La lectura debería desarrollarse, tratándose de unas ánforas de probable producción emporitana, sin ninguna duda como C(*aius*) O(*ctavius*) C(*arbo*), en nominativo o C(*aii*) O(*ctavii*) C(*arbonis*) si estuviese de genitivo. Esta propuesta se apoya en diversos elementos que documentan un personaje emporitano de cierto relieve:

1- El primero, y más completo, es un elemento epigráfico formado por seis fragmentos diferentes de la misma placa, labrada sobre piedra calcárea de Chemtou (*marmor numidicum*), sin moldurar. Los fragmentos a a c fueron hallados durante la campaña del 1982 en el ala norte del criptopórtico del foro de Empúries (Aquilué *et al.*, 1984, pp. 127-128, fig. 81); d y e proceden del sector oeste del mismo criptopórtico, exhumados durante los trabajos del 1970; y f el se encontró el 1965 cerca del gran muro del foro. Los fragmentos de a a d pegan.

La lectura completa se desarrolla en IRC III 45. Pl. XXV:

a, b, c, d)

[C(aio) • O]CTAVIO • D(ecimi) • F(ilio)
[GAL(eria tribu)] CARBONI
[- - -] VI [- -] FL[A]
- - - - -

e)

- - - - - -
[- - -] AECO [- - -]
- - - - -

f)

- - - - - -
[- - -] VSI [- - -]
[- - -] P O B O R [- - -]

El personaje honrado no ofrece grandes problemas, parece asociarse con el monetario C.O.CAR. o C.O.C. señalado en la serie 24 de Villaronga (Villaronga, 1979b); gracias a eso podemos conocer la C. del *praenomen.*

La propuesta de desarrollo de la lápida sugiere la numeración de los cargos del personaje en una o dos líneas, siguiendo las fórmulas habituales en estos casos. La tercera línea habría indicado la secuencia edil, duovir, cuestor, flamen. En una cuarta línea se habría precisado el flaminado municipal o los nombres del dedicante; en el primer caso, este último habría figurado en una quinta línea. Así pues, los autores del corpus proponen dos versiones posibles:

[C(aio) • O]CTAVIO • D(ecimi) • F(ilio)
[GAL(eria tribu)] CARBONI
[AED(ili) • II(duo)]VI[RO • Q(uaestori) •] FL[A]
[MINI • DIVI • AVG]VST[I]
5 [C(aius) • OCTAVIVS • PR]AECO P[ATRI]

A Cayo Octavio Carbón, hijo de Décimo, inscrito en la tribu Galeria, edil, duovir, cuestor, flamen de Augusto divinizado, Cayo Octavio Precón, a su padre.

la otra posibilidad sería:

[C(aio) • O]CTAVIO • D(ecimi) • F(ilio)
[GAL(eria tribu)] CARBONI
[AED(ili) • II(duo)]VI[RO • Q(uaestori) •] FL[AM(ini)]
[C(aius) • OCTAVIVS • PR]AECO
[D(e) S(ua) o S(uo)] P(ecunia) o P(osuit)

A Cayo Octavio Carbón, hijo de Décimo, inscrito en la tribu Galeria, edil, duovir, cuestor, flamen, Cayo Octavio Precón, a sus expensas, o erigido por él (¿este monumento?).

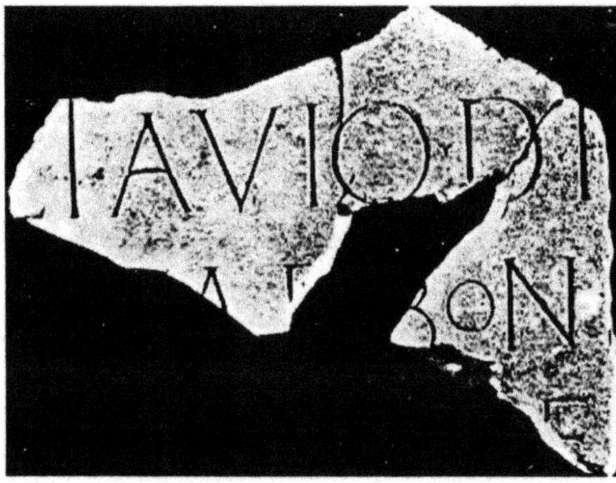

Figura 169. Fragmentos de lápida dedicada a C. Octavio Carbón, procedente de Empúries (según Aquilué *et al.* 1984, fig. 81).

2. El otro elemento se refiere a un argumento numismático, puesto que las mismas iniciales se hallan sobre acuñaciones emporitanas. Se trata de una de las llamadas "emisiones no transicionales". Empúries en el siglo I aC pasa a usar la escritura latina en sus monedas comenzando por una emisión singular que se aparta de las otras. Anverso con cabeza de Diana con arco y carcaj, delante EMPORIA, en el reverso Pegaso y la palabra MVNICI; que parece conmemorar la fundación del Municipio. Presenta paralelismo con las emisiones de la colonia Lépida, del 49/47 al 44 aC, que coincide con el asentamiento de colonos por César. Las demás presentan una secuencia: la que tiene mayor sabor íbero, sin el QVAIS, o con él en la contramarca o incluido en el cuño del anverso, que se interpreta como Quaestor. Siguen las emisiones con parejas de magistrados, seguidos de Q, de Quaestor, más que Quinquenales como antes se había supuesto. Los nombres de estas últimas están abreviados con las iniciales y encontramos algunos dos y otros con tres nombres. Los de dos nombres son más antiguos, siguiendo el sistema griego, que con la romanización es sustituye por el romano, con tres nombres, entre los cuales hallamos a nuestro magistrado, que aparece bajo dos formas distintas:

C.CA.T. - C.O.CAR, Q.
C.O.C. - C.M.A., Q.

También hay emisiones con dos pares de magistrados designados por tres y dos nombres: C.I.NICOM. - P.FL., tal vez un *Flamen Primus*. También L.M.RVF.P.C., posiblemente un *Praefectus Caesaris* o *Procurator Caesaris*, quizá corresponda al *Rufus Legati Augusti* de la necrópolis Ballesta, según Villaronga. Después se acaban las emisiones emporitanas con dos que no llevan magistrados, generalmente con contramarcas, un delfín sobre el casco i el DD enfrente de la cara.

Figura 170. Emisión monetaria con las iniciales de los cuestores C.CA.T. - C.O.CAR, Q., procedente de Empúries (según Villaronga, 1979a, 249).

La cronología de estos elementos resulta difícil de definir. Para las emisiones monetales se ha marcado el inicio entre el 44 y el 27 aC y las últimas son de la época de Tiberio y Calígula, las contramarcas son de época de Calígula o Claudio (Villaronga, 1979a, 249, *930*), lo cual coincide bien con la cronología propuesta para la inscripción, dentro del primer tercio del siglo I dC, en todo caso siempre postaugústea (Aquilué *et al.*, 1984, p. 128; IRC III, p. 81). Las ánforas, por su parte, participan también de una cronología propia del siglo I dC.

Finalmente, debemos hacer un par de constataciones respecto a los *cognomina* de estos personajes, los que aparecen en la inscripción (*Carbo* y *Praeco*) son poco habituales, aunque *Carbo* aparece otra vez en Empúries (Lucio Papirio Carbón) (IRC III, 77, Pl. XXXI). Por otra parte, se da una coincidencia muy interesante entre el significado del *cognomen Carbo* y el de otro personaje que aparece en las mismas ánforas Dressel 8 emporitanas y que desarrollamos más abajo: ANTH. Esta raíz procede, sin duda, de un nombre griego latinizado (ἄνθραξ), que significa carbón. La presencia de elementos griegos no sería de extrañar, puesto que existía la antigua Emporion; por lo tanto, la propuesta contemplaría la existencia de un señor (*Carbo*) que tendría propiedades y negocios en torno a la fabricación de salazones de pescado y producción vinaria, al cargo de los cuales habría diversos esclavos o libertos, uno de los principales sería un personaje de origen griego al que dio nombre, aunque en forma griega.

2. ANTHRAX, ANTHVS, ANTHIVS o ANTHRACIVS.
Este nombre, siempre sobre las ánforas Dressel 8 emporitanes, merecieron la atención de Ricard Pascual, que lo trató de manera monográfica (Pascual, 1974, pp. 139-144), posteriormente lo recogió en su corpus de estampillas (Pascual, 1991, pp. 28 y 30). Además, esta estampilla la encontramos asociada de forma dudosa a AMPH y MA (Almagro, 1952, p. 216), extremo que después de nuestra comprobación se puede desestimar definitivamente. En cambio si que es correcta la asociación con VA, parte incompleta de SVA.

A parte de Empúries esta estampilla ha sido documentada, que se conozca, únicamente dos veces más en Badalona, en un caso fraccionada y siempre fuera de contexto (Comas, 1985, p. 129 y fig. 57, 4 y 8) y en las escombreras de la villa romana de Tolegassos, muy cercana a Empúries, otra vez, sola, impresa en un pivote de Dressel 8 (Casas, 1989, fig. 95, 2) (1079).

La casi exclusividad de aparición de esta marca en Empúries, impresa indistintamente sobre Dressel 2-4 y sobre Dressel 8 emporitana, pero casi siempre sobre esta última, con las particularidades que presenta y que hemos resaltado en hablar de las ánforas, unido a la particularidad de ser un *nomen* de origen griego, nos decantan hacia la suposición de que nos encontramos frente a un personaje emporitano.

Este nombre personal griego, según la forma que se desarrolle, hace referencia a diversos significados (Solin, 1982, pp. 461, 569, 680-682, 1075-1080, 1145-1146 y 1343-1354). Las formes *Anthas* y *Anthae* se refieren a nombres de héroes. *Anthemusius, -imusius* y *Anthedo* son nombres geográficos del ámbito de Grecia y las islas, de Macedonia y del Epiro. *Anthus, -io, Anthea, -eis, Anthemio, -emis, -emius, -emus, Anthesphoris, -esphorus, Anthia, -ianilla, -ianus, idius, -imas, Anthimianus, -imus, Anthophorus* y *Anthylla* se refiere a nombres de vegetales; *Antherus* y *Anthusa* son nombres relacionados con entidades corporales o, aún mejor, con calidades corporales que signifiquen florecimiento, crecimiento, vigoroso (derivados de ἄνθος, flor, vigor, fuerza, plenitud). *Anthrax, Anthracia, -racis, -racium* son nombres de fenómenos que aparecen en la Naturaleza, en este caso, un tipo de material, concretamente carbón o brasas, ἄνθραξ, carbón ἀθρακεύς, carbonero, ἀνθρακία, brasas o fuego de carbón).

En Hispania y, más concretamente en *Tarraco*, hemos encontrado un *Anthracius* de la tribu Velina (*Q. Anthracius Q. f. Velina Ingenuus*) (CIL II 4262; Alföldy, 1975, 338; Vives 1322; Abascal, 1994, p. 79). Este mismo nombre corresponde a la madre de un esclavo de la familia de los *Volusi Saturnini* (CIL VI 7386; Buonocore, 1984, pp. 86-87). Encontramos *Antracius*, sin la h, en Aesernia (CIL IX 2660) y en Capua (CIL X 3776 sq.). Conocemos también un *L. Antonius Q. f. Gal. Antullus* (CIL II 1727). Estos nombres latinos son la transcripción de nombres griegos que hallamos documentados, como *Anqulla* (Schulze, 1966, p. 124).

Bajo la forma de *cognomen* es mucho más frecuente en Hispania encontrar variantes de esta raíz. Una *Anthusa* en Terrassa (CIL II 4495; Vives 1690; Abascal, 1994, p. 277), en Cádiz (CIL II 1805) en Llíria (CIL II 6017) y también una *Anthusa* en Sagunt (CIL II 6017); en Barcelona encontramos un *L. Valerius L. f. Anthemonianus* (CIL II 4590), un *Anthid[ius]* en Badalona, un *Anthimus* en Valencia y un *Anthinus* en Riba-Roja de Túria (Abascal, 1994, p. 277). Bajo la forma *Anthus* encontramos un *C. Aemil. Anthus* en *Aratispi* (Antequera) (CIL II 2056), un *M. Valerius Anthus* en *Dertosa* (CIL II 6070), *Seleucus et Anthus* en *Emerita* (CIL II 492), otros *Anthus* en Morón, Saelices y Salvaleón (Solin, 1982, p. 1075; Abascal, 1994, p. 277) y cuatro menciones más sobre *instrumentum domesticum* en Tarragona (CILII 4970 29. 30. 31. 32.), *Anthus, Ant, Anthu(s) C. Mem(mi)* y *Ant C. Volv.*, respectivamente. *Anthracius* en Tarragona (CIL II 6091; Alföldy, 1975, 245; Vives 6365).

En la *Gallia Narbonensis* (CIL XII), también es corriente como *cognomen*. Aparece como *Anthemus* (2067, 2421, 4311), como *Anthimilla* [181], *Anthis* [3475 l., 3599, 4593], *Anthus* (3533, 5686 57) [3009, 3898, 4266, 4408], *Anthusa* [2397] y un *Anthus Caesaris Livianus* (257).

Es frecuente encontrar este *cognomen* en sellos de sigillata itálica (Oxe & Confort, 1968, núms. 95, 96), así hay algunos provenientes de Roma (CIL XV 4985 y 5928); de Pozzuoli (CIL X 8056 33 a-c); Tarragona (CIL II 4970 29a); Viena del Delfinat y Ginebra (CIL XII 5686 57, 432); Autun, Neuss y Mainz (CIL XIII 10009 27a, b, 28, 29) y conocemos un *Anthus P. Corneli*, un *Anthus C Mem(mi)* y un *M. Seri Anthus* (Oxe & Confort, 1968, núms. 482, 986, 1754).

Finalmente, en la zona norte de Italia, concretamente en el área veneciana, se han encontrado dos estampillas con el nombre ANTH, con las formas ANTHI.FADI y T.ANTHI sobre ánforas Dressel 6A (Modrzewska, 1993, pp. 171-177); a propósito de estas marcas, alguien se ha preguntado si se trataba de homonimia respecto a las de Empúries o simplemente de una semejanza (Laubenheimer, 1994, p. 395).

3. VENVSTVS.
Esta marca que hallamos impresa en dos ejemplares de Dressel 8 emporitana, corresponde a una forma abreviada de un *cognomen*. Se encuentra como nombre femenino –seis casos en el CIL, entre los cuales XIV 1737– (Kajanto, 1982, 216) y en Hispania (CIL II 4415; Abascal, 1994, p. 541) y masculino en Prioro y Fuentebeza (Abascal, 1994, p. 541). Buscando su posible desarrollo encontramos una

serie de nombres de procedencia apula y más concretamente relacionados con Venusia, ciudad de la Apulia: *Venusenus* (CIL VI 2379a), *Venusia, Venusinius* (CIL VI 21613) y *Venusius* (CIL XII 181, 234) (Schulze, 1966, pp. 253; Kajanto, 1982, p. 195).

Además de eso, lo encontramos más frecuentemente como adjetivo substantivado, que designa una cualidad como "lleno de gracia, belleza, encanto, elegancia". Forma numerosos derivados: *Venustinus* (diez hombres, un esclavo y seis mujeres en el CIL), *Venustianus* (diez ejemplos en el CIL, entre los que uno es de Tarragona: CIL II 4317), *Venustilla* (CIL X 7809; CIL XII 685), *Venustinianus* (X 8059, 103), *Venustina* (CIL II 4186; Abascal, 1994, p. 542), *Venustinula* (CIL VIII 27241) (Kajanto, 1982, p. 283). Este *cognomen* aparece en el CIL X 1271, además de numerosos ejemplares recogidos en el CIL, Kajanto, 1982, p. 183. En Hispania, *Venustus* es el más numeroso (Abascal, 1994, p. 542) También figura en tres ejemplares de *sigilla* sobre aretina procedentes de Roma (Oxe & Confort, 1968, 2255), como *Venusti* aparece sobre estampilla anfórica hallada en Londres (Callender, 1965, núm. 1776 (b); CIL VII 119) o un *Venustus Augg. lib.* (CIL XV 1981), identificado como un liberto con el cargo de procurador del puerto de Pozzuoli (Houston, 1980, p. 171). Es en este último sentido que nos inclinaríamos si tuviésemos que escoger entre una de estas opciones para el nombre que nos ocupa.

4. SVAVIS.

Esta estampilla casi siempre ha sido mal impresa, de forma que en la gran mayoría de ejemplares conservados solamente se leían las dos últimas letras. Hoy sabemos que la forma completa es SVA. De entrada, plantea el problema de saber si se trata de unos *tria nomina* abreviados o de parte de un *cognomen.* Nos inclinamos por esta segunda opción, por diversas razones: no hay puntuación entre las letras que demostraría que se trata de tres iniciales; también por la similitud que presenta respecto a otras estampillas de la zona, como PRI, SEC o el mismo VENVS.

Siguiendo esta opción podemos ver que es poco frecuente como *nomen,* en Hispania solamente encontramos un *Suavet(tius)* de Alcalá de Henares (CIL II 3042; Abascal, 1994, p. 224), en cambio, no es raro encontrarlo como *cognomina* que desarrollan las primeras tres letras con que contamos, hay posibilidades muy diversas: *Suaduttio* CIL V 3552), *Suana, Suanius* (CIL VIII 812. 5356), *Suasanus - ius, Suavettius* (CIL VI 10350), *Suavis* en Adra (CIL II 1980), Cádiz (CIL II 1772, 1891; Abascal, 1994, p. 516), Mérida (CIL II 570), Tarragona (CIL II 4118) y Roda de Eresma (Abascal, 1994, p. 516), *Suavithus* (CIL VI 2591), *Suavit(t)ius* (CIL X 640, 3972) (Schulze, 1966). *Suavillus* (CIL IX 2381; CIL XI 7936 (el nombre del padre era *Suavis*); CIL XV 167. 1291), *Suavola* en Mérida (CIL II 533, 534) (Kajanto, 1982, p. 283). Pero son SVADI (Callender, 1965, 1684), y sobre todo SVAVIS, en la Bética, los que parecen más próximos, donde, según Callender, mediante el estudio de estampillas anfóricas encontradas en Britania y en el norte de Europa, cree que podría tratarse de un *villicus* de *P. S. Avitius* que operaba desde la Bética, más que de la *Tarraconensis*, durante la segunda mitad del siglo I (Callender, 1965, núm. 1395). En Trinquetaille, sobre el Ródano, se encontró una estampilla doble con P. S. AVI y más abajo SVAVI, con la *VA* ligadas y la I elevada (CIL XII, 252); SVAVIS, sobre ánfora Dressel 20 (CIL XV 3197); SVAVI(S?) en Roma, donde vuelve a aparecer junto con P. S. AVITI en un mismo ánfora (Callender, 1965, núm. 1678; CIL XV 3196; Remesal, 1986, 255) y juntamente con *Porphiris* (Callender, 1965, núm. 1369). Finalmente, también encontramos un *Ti(berius) Claudius Suavis* en una inscripción que había formado parte del columbario que había existido sobre la Vía Appia perteneciente a la familia de los *Volusi Saturnini* (Buonocore, 1984, pp. 97-98, lám. I, fig. 3-4).

No sabemos si podría existir alguna relación entre estos personajes de la Bética con una industria emporitana que fabrica ánforas Dressel 8 per envasar conservas de pescado; con los datos en la mano, pensar en la llegada de artesanos o comanditarios entra ya en un terreno totalmente hipotético.

5. VMAI o VAMAI.

Se conoce un solo ejemplar de esta estampilla sobre Dr. 8 emporitana y no está asociada con ninguna otra. No nos ha sido posible encontrar ninguna propuesta plausible sobre este nombre, lo cual puede ser debida también a la lectura poco segura de la estampilla. En todo caso, podemos pensar tal vez en V(aleri) MAI. Esta posibilidad si que cuenta con posibilidades de desarrollo del *nomen*: *Maia/-us, Maicira, Maiduceni, Maila, Mailgenus, Mailo, Mailonus, Maimia* (?), *Maior, Maisontina* o *Maiuna* (Abascal, 1994, p. 410).

6. PVBLIVS VSVLENVS VEIENTO.

La investigación de este nombre asociado al alfar de Llafranc ha permitido encontrar diversos ejemplares en Hispania: interesan sobre todo las *Usulenia Atticilla* (CIL II 6161; IRB, 130; Vives 4229, Abascal, 1994, p. 251) y *Usulenia Valentina* (CIL II 4594; IRB, 219; Vives 4406; Abascal, 1994, p. 251) de Barcelona, mientras que en el resto de la península solamente encontramos una *Veienta*, en Extremadura (Vives 936).

Si nos centramos únicamente en el *nomen*, además de los de Barcelona, lo encontramos en Roma y en la *Gallia Narbonensis* (Schulze, 1966, p. 261). Hallamos la presencia numerosa de *Usulenus* en Narbona (CIL XII 4426, 4479, 4542, 4892add, 5263, 5264, 5265, 5266, 5370) y *Usulenius* en Roma, con el nombre *Usulenia Salvia* (CIL VI 29608). A pesar de que los *corpora* de inscripciones nos muestran estos ejemplos de *Usulenus*, parece claro que gentilicios con las desinencias *-enus* y *-ienus* son propios y originarios de las regiones etrusca, picena y sabina (Syme, 1989, p. 131).

Por lo que repecta al *cognomen,* nos aporta una información más general, ya que permite asociar un gentilicio que aparece en las inscripciones a un origen geográfico, así *Veientius* se pone en relación con la ciudad de Veyes, como *Aeserninii* lo hace con Aesernia, *Aquileienses* con Aquileia, *Campanii* con Capua, *Ostienses* con Ostia, *Potentini* con Potentia, *Pisaur(enses)* con *Pisaurum*, *Mevanates* con *Mevania*, *Terventinii* con *Tereventum*, *Venafranii* con *Venafrum*, *Amiternii* con *Amiternum*, *Menturnii* con *Minturnae* o *Saepinii* con *Saepinum* (Schulze, 1966, p. 525). De la misma manera encontramos un *titulus pictus* sobre ánfora que dice *V(inum) VEIENTAN(um)* (Callender, 1965, p. 11), refiriéndose a su lugar de producción.

El *cognomen* pertenece a los que se forman con el sufijo *-o / nis*. Este fue relativamente el más frecuente en época republicana, con 1/5 parte de los ejemplos conocidos (Kajanto, 1982, 118). Este autor considera dos grupos: el primero consiste en *cognomina* que eran en gran manera republicanos y acuñados a partir de nombres comunes, mientras que el otro, que se encuentra en época imperial, incluye *cognomina* derivados de los antiguos.

El sufijo latino *-o / nis* implica una cualidad que posee un hombre en grado visible. La mayoría son de carácter peyorativo: *Barbo, Dento, Dorsuo, Lento, Lippo, Naso,* etc., con excepciones como *Cato*, derivado de *catus*, que denotaba una buena cualidad mental. También se refiere a *cognomina* de nombres de objetos. Entre estos grupos más homogéneos encontramos algunas excepciones como *Veiento*, referido a un origen étnico y, por lo tanto, probablemente no latino, sino etrusco. La distribución desigual del sufijo *-o* que se encuentra en los nombres, mayoritariamente difundido en las tierras del norte, tanto orientales como occidentales del Imperio, hacen pensar sobradamente que es no latino. Este origen no latino ayuda a explicar también porque en algunos nombres de mujeres este sufijo mantiene únicamente la forma masculina (Kajanto, 1982, 118-120). Eso lo hemos podido documentar en una de las inscripciones narbonenses (CIL XII 4892).

Si en Hispania es raro, la expansión de este gentilicio fue grande, sobre todo en Italia. *Veienus* lo encontramos en el área del Lacio, en Umbría y en el Piceno (Conway, 1967, 31, 372 y 375). Lo encontramos con la forma *Veienius* en Roma (CIL VI 5493, 7459); *Veienus* en Ateste (CIL V 2724), en Roma (CIL VI 28419 y 28420), en *Tolentium* (CIL IX 4629 (cf. XI p. 702) y 5570) y Ricina CIL IX 5783), en Espoleto (CIL XI 4807, 4935) y en Ficulea (CIL XIV 4043); *Veionius* en *Patavium* (CIL V 3058) y en Nola (CIL X 1318). La forma *Veius* aparece en Aquilea, (CIL V 1356), Roma (CIL VI 1057) Pompeya (CIL X 806, 890, 901, 996), Durias (CIL V 6943) y cerca de Sassari (CIL X 8056369). Además cabe citar un *T. Pomponius Veientanus* (RE 21, 2333), este personaje es un publicano que participó en una subasta el 215 aC para las provisiones del ejército de Hispania, a condición de obtener la *vacatio militiae* y un seguro del Estado. Fue declarado culpable de baratería con su cómplice *M. Postumis Pyrgensis* (Nicolet, 1974, p. 991); CIL VI 15305. 14014; un *Fabricius Veiento* (RE 6, 1938; Broughton, 1984, p. 253); un *M. Perpena Vento,* pretor (=*Veiento*?) (RE 19, 897) y un *Fabricius Veiento* de época de Nerón (PIR F 91).

Después de haber realizado una recogida general, a través del *nomen* y del *cognomen* por separado y de sus posibilidades, es evidente que la coincidencia del *tria nomina* entre el grupo procedente de Narbona, como veremos seguidamente y las marcas procedentes de Llafranc es de un interés excepcional, ya que con toda probabilidad nos permite entrar en contacto directo con el personaje que fue el propietario del alfar, razón por la cual realizaremos un estudio con mayor profundidad y proporcionaremos todo el texto de estas inscripciones, tal como hemos hecho también con el caso de *C. Obulnius.*

1. CIL XII 4426; estela de mármol con escritura del siglo primero. En el claustro de las Minimes, al lado de la puerta de la entrada; el 1726 fue ofrecida al arzobispo, situada dentro del palacio. Narbona.

[P] Usuleno Veiento(ni) / IIvir Q. Flamini Primum [... / Plocamus lib. pos ?

En las notas, Hübner dice que ha visto el nombre completo y que es *Veiento(ni),* ya que aparece en una larga inscripción de Narbona donde aparece como *P. Usulenus Veientonis l. Phileros.*

2. CIL XII 4479; en el Museo Lapidario, Narbona.

Vivit / P. Usulenus Hila[ri] / l. Anoptes gypsa[r] / Q et communi fil[... / ...]V Usulenae P. l. [... / Hilarae uxs[ori].

3. CIL XII 4542; en el Museo Lapidario, Narbona.

P. l. Aga[... / et P. Usuleno / Isochrys[o] / in / p. XV.

4. CIL XII 4892; estela hallada en las murallas de Narbona (bastión Montmorency), extraída en el año 1870. Se conserva en el Museo Lapidario.

...] Iulius Licini l [... / Inachus sibi et / Usulenae Veientonis l / Quartae coniugi

Es importante el *addendum* porque Tourn había leído *Svienae* y también *Udentonis.*

5. CIL XII 5263; estela guardada en el Museo Lapidario, Narbona.

P. Usuleno / P. l. Celado / Primae libertae / in a. p. XV / et / Primae Mat / ria.

6. CIL XII 5264; encontrada en la demolición de una torre de la muralla de la ciudad en el año 1618, Narbona.

Q / Usulena T. f. Procula / sibi et suis parentibus / quorum nomina scripta.

7. CIL XII 5265; Narbona.

Usulena P. l. Ursa / sibi et suis de suo fecit / Herenio Rufioni Coni / Usuleno Acasto fratri.

8. CIL XII 5266; estela extraída de las murallas de Narbona (bastión Damville). Se encuentra en el Museo Lapidario. Narbona.

D. M. / Usuleniae / Lupae / Usulenius Ge / minianus Pa / tronae et Voco / nius Eutychi / anus coniugi / sanctissimae

9. CIL XII 5370; Inscripción de mármol con letras buenas. Hallada en el año 1850 cerca de Moux, en el monte Alaric, entre ruinas antiguas. Narbona.

T. Valerius C. f. Senecio / P. Usulenus Veientonis l. / Phileros / T. Alfidius T. l. Stabilio / M. Usulenus M. l. Charito / magistri pagi ex reditu fani / Larrasoni cellas faciund / curaverunt idemque probaverunt

Ya Hübner apunta que recuerda el *Usulenum Veientonem* desgastado de la lápida 4426 de Narbona.

Habíamos tenido ocasión de comentar que el hallazgo del nombre completo sobre *tegulae* obliga desestimar los desarrollos que se habían realizado a partir de la estampilla sobre un labio de Pascual 1, así, siguiendo un razonamiento lógico, Pascual suponía un *Sulpicius Veientus* o *Veientanus* (Pascual, 1991, p. 142). El hecho que el gentilicio *Sulpicius* sea muy habitual le impedía deducir nada más. Con la nueva lectura, en cambio, tenemos a disposición unos *tria nomina* que permiten seguir mucho mejor el rastro de este nombre. No es el único caso, la relectura de las marcas ha aportado resultados espectaculares para su reinterpretación en algunas zonas itálicas (Zaccaria, 1989, pp. 470-473). La aparición de un nuevo sello en Llafranc, no únicamente sobre *tegulae*, sino sobre borde de ánfora Pascual 1 contribuye a confirmar la lectura del *nomen* como VSVL. y del *cognomen* como VEIENT, con la T unida a la N (Barti & Plana, 1993, fig. 11).

Si centramos nuestra atención en el grupo de inscripciones de Narbona, nos daremos cuenta que podemos formar dos grupos claramente diferenciados: uno, formado por personajes que no tienen relación directa con los *tria nomina* que nos ocupan, las que hemos numerado con el 2, 3 y 5 a 8; mientras que el otro grupo lo forman tres inscripciones interrelacionadas, las numeradas con el 1, el 4 y el 9.

Así mientras que las del primer grupo proporcionan poca información, en general, que se trata de libertos y en algún caso su oficio y el nombre de la esposa, por *ejemplo P. Usulenus Anoptes*, liberto de *Hilarus*, que era *gypsarius* (yesero) y estaba casado con una liberta del mismo patrón (CIL 4479) (Gayraud, 1981, p. 556). Las del otro, en cambio, nos relaciona directamente con el personaje en cuestión.

La primera de estas últimas, CIL XII, 4426, es fundamental, ya que muestra el *cursus* municipal de un magistrado, *P. Usulenus Veiento*, en orden descendente, que se puede desarrollar como *(duo) vir(o) q(uinquennali) flamini primum*, según Lebegue, a pesar de que Herzog prefiere *q(uaestori)* (Gayraud, 1981, p. 332).

De sus cargos, si la cuestura fuera uno de ellos, sería uno de los tres únicos conocidos en Narbona y, como en Roma, tenía la función de velar por la caja pública de la ciudad y de controlar los movimientos del fondo. El duovirato aparece como el coronamiento del *cursus* municipal, venía después de ser *edil* o después de la prefecturapro *duoviro*. En lo que refiere al flaminado, Grenier 1959, equivalía *flamen primum* a *flamen primus*, que en este caso sería el primero, cronológicamente, de todos los *flamines* de Narbona. A pesar de que Gayraud piensa que si mantenemos el carácter de adverbio querría decir que el personaje fue honrado con el flaminado por primera vez, teniendo en cuenta que el sacerdocio era anual y renovable, o bien que lo ejerció antes de su duovirato, no parece una postura que pueda defenderse, en primer lugar porque el sacerdocio estaba siempre después del duumvirato, además, en epigrafía suele hacerse constar el hecho de ser el primero, el inaugurador de un sacerdocio o magistratura. Por lo que respeta a la *q.* detrás de *vir*, quiere decir que es más importante o que clasifica la magistratura y en este caso *q(uinquennalis)* sería la opción más válida. En otras lápidas de magistrados narbonenses encontramos *quaestor* siempre desarrollado (CIL XIII 969, Gayraud, 1981, p. 332: *quaestor*; I.L.G.N. 573: *ques[tor]*). En cambio, *quinquennalis*, siempre detrás de *duumvir* puede estar desarrollado o solamente con la inicial (CIL XII 4371, Gayraud, 1981, p. 331: *[duumv]ir quinquenna[lis]*; A.E. 1950, 62, Gayraud, 1981, p. 332: *[duo] vir(o)* y *(duo) vir(o) q(uinquennali)*.

En la zona de Moux, en el límite occidental del territorio de la ciudad de Narbona, se descubrió, cerca de la fuente de Comigne, sobre las pendientes del monte Alarico, un pequeño santuario dedicado al dios Larraso, restaurado por cuatro *magistri pagi*, y se trata sin duda de tierras que son propiedad del magistrado de quien hemos tratado antes. Una inscripción hallada en el mismo lugar, CIL XII, 5370, nos proporciona el nombre de los cuatro *magistri pagi*, entre los que hay dos *Usuleni*: *T. Valerius C. f. Senecio, P. Usulenus Veientonis l(ibertus) Phileros, T. Alfidius T. l. Stabilio* y *M. Usulenus M. l. Charito*. El cargo referido era el de administrador de estos distritos rurales, incluidos en el distrito de una ciudad, de manera semejante a los *vici* que eran aglomeraciones sin estatuto de colonia ni de municipio y estaban adscritos a una *ciuitas*. Este título no era conocido en toda la *Narbonensis*, el nombre de administradores era variable según los cantones; si los *praefecti* y los *aediles* parece que fueron únicos, en cambio los *magistri* podían ser más numerosos y llegar a la cifra de cuatro, como demuestra la inscripción de Moux. Sus poderes parece que fueron idénticos a los de los *magistri vici*, anuales y renovables. Se encargaban de los trabajos públicos y de la observación y vigilancia de los cultos; no es raro pues, ver a los *magistri* de Moux construyendo *cellae* al dios Larraso usando para eso los rendimientos del lugar sagrado (*fanum*) (*ex reditu fani Larrasoni cellas faciund(as) curaverunt idemque probaverunt*). A las notas de la inscripción 5370 se habla también de un *cipus marmori* dedicado al dios en caracteres griegos: ΝΙΙΙΙΡΩΝΟ / ΛΑΡΡΑΣΩΝΙ / ΔΩΡΟΝ.

Figura 171. Inscripción de Narbona dedicada a P. Vsuleno Veientón.

La carrera puede ser de una fecha anterior a Nerón, ya que el liberto *magister pagi* que ostenta el nombre de este magistrado restauró el *fanum* de Larraso antes del reinado de este emperador (Gayraud, 1981, p. 339, nota 154). Estos datos se complementan a la perfección con los datos arqueológicos de Llafranc, que fechan las estampillas con su nombre en torno al año 20 aC (Llinás & Sagrera, 1993, p. 127). La grafía de la P, abierta, recuerda mucho las que encontramos en las inscripciones augustales de Empúries dedicadas a A. Claudio Pulcher, Cn. Domicio Calvino, M. Junio Silano o M. Agripa, de los años 30 y principios de los 10 aC (IRC III, 25, 27, 29, 24).

7. QVIETVS.

El *cognomen* Quietus se refiere a una característica sobre el carácter, pacífico, quieto. Es bastante numeroso y lo encontramos disperso por toda la península Ibérica y en todas las províncias romanas. A causa de esta abundancia, nos hemos limitado solamente a los que están recogidos en el CIL II, ya que ampliar el campo geográfico no implica, en este caso, tener mejor información.

Encontramos ejemplos en *Emerita* (CIL II 575; Vives 4448), en Estepa (*Ostippo*) (CIL II 1465; Vives 4215), en Cabra (CIL II 1630; Vives 3595), en Priego (CIL II 1649; Vives 2075), en Segovia (CIL II 2748), en Clunia (CIL II 2805; Vives 4025), en Ucles (CIL II 3135; Vives 5122), cerca de Gandia (CIL II 3616; Vives 3727), en Llíria (CIL II 3797), en Sagunt (CIL II 3946), entre Sagunt y Tortosa (CIL II 3962), en Tortosa (CIL II 4067; Vives 5560), en Valencia (CIL II 4295; Alföldy, 1975, p. 416; Vives 6160 y CIL II 4296; Vives 3700), en Tarragona (CIL II 4340; Alföldy, 1975, 454; Vives 3981; CIL II 4407; Alföldy, 1975, 677; Vives 4579 y CIL II supplem. 6129), en Barcelona (CIL II 4568; IRB, 152; Vives 5034) y en Alcalá de Henares (CIL II supplem. 6306)

Por lo que respeta a las estampillas sobre *tegulae* debemos citar las marcas FABRICIA/QVIETAE que aparecen en trece yacimientos de la zona rosellonense, todos en un radio de 15 Km. en torno de Perpinyà, especialmente en *Ruscino*. Su datación es estrictamente altoimperial y es muy posible que se fabricasen en Perpinyà por el hallazgo de algunos ejemplares pasados de horno y deformados. No se conocen marcas sobre *imbrices* (Fédiére, 1980, pp. 329 y 331, fig. 1, 1).

8. PRIMVS.

PRI puede dar pie a un desarrollo muy diverso a partir de la misma raíz: *Primaevius, Primanus, Primariola, Primarius, Primasius, Primatianus, Primella, Primemianus, Primeus, Primianus, Primicianus, Primicus, Primigenianus, Primigenius, Primillianus, Primillus, Priminianus, Primiscus, Primitivus, Priscus, Privatus, Primus, Principalis, Privernas, Privignus*, entre otras (Kajanto, 1982). Numerosas variantes, que se mantienen incluso en un ámbito más reducido, como puede verse en las inscripciones de *Tarraco* (Alföldy, 1975): *Primigenius*, 424 (*sevir*) y 645; *Primi<l>a*, 633 (*serva*); *Primiti*[*vus*] (*sevir*), 523; *Primiti(v)us*, 373; *Primitiva*, 652, 683; *Primulus*, 417 *(lib.)*, 430 *(lib., sevir)*, 438; *Primula*, 191. *Priscus;*

Privatus; Primus, 488, 610, 692; *Prima*, 395, 416, 417; *Pri[ma]*, 520.

Pensamos que en nuestro caso debería corresponder a la abreviatura de esta última forma, de *Primus*, tal vez en genitivo, tanto por la frecuencia mayoritaria con que aparece en la epigrafía, como por la relación que parece tener con *Sec(undus)*, nombre de otro personaje que había trabajado en el mismo taller. Esta misma abundancia motiva que limitemos la recogida de inscripciones a la ciudad de *Tarraco*. El mismo sistema servirá para *Secundus*.

Por otra parte, es bastante frecuente encontrar sellos anfóricos con esta forma PRI (Pascual, 1991, núm. 183, p. 118, lám. XX, 411 a 414 y XXI, 415; Carre *et al.*, 1995, núm. 179, p. 69 y núm. 180, p. 70) y otra con PRIM sobre labio de Pascual 1 en Angers (Maine-et Loire) (Carre *et al.*, 1995, núm. 333, p. 108).

9. SECVNDVS.
El desarrollo de SEC, debe ser, sin duda, *Secundus* (Kajanto, 1982, p. 292) y, como ocurría con *Primus*, esta raíz puede posibilitar diversas variantes: *Secundanus, Secundeus, Secundinus, Secundosa, Securianus, Securitas, Securus* (Kajanto. 1982). *Primus* y *Secundus* son *cognomina* que hacen referenciaal orden de nacimiento y, según Kajanto, 1982, p. 74, de los 130.000 apellidos que tiene documentados en su obra, estos son dos de los más numerosos, con 2397 y 2684 ejemplares, respectivamente, motivo por el que, *a fortiori*, vemos reforzada nuestra opción.

Vemos seguidamente las inscripciones con este *cognomen* presente en el *corpus* de Tarragona (Alföldy, 1975): *Secundo*, 134, 180, 183, 260, 281; *Secundus*, 209, 212, 247, 404, 924; *Secunda*, 350 y 924. De este pequeño conjunto podemos destacar dos puntos principales: que pertenecen a personajes la mayor parte de las veces libertos y que muchos habían servido en el ejército como legionarios, sobre todo en la *Legio VII Gemina Felix*, con un caso extraordinario como *Marcus Valerius Secundus* que fue centurión de la legión que hemos citado y, además, de la *III Augusta*, de la *II Trajana* y de la *XIIII Gemina*. Igual que con el *cognomen* anterior, SEC también aparece en la epigrafía anfórica y citaremos solamente un sello circular de Torre Llauder, Mataró (Pascual, 1991, núm. 214, p. 136, lám. XXV, 483).

10. HERMES.
Aunque pueden encontrase numerosos derivados de la raíz Herm-, como *Herm-elius, -entidius, -idius, -inus, -inius, -iscius, -onius, -uleius, -unia* (Schulze, 1966, pp. 75, 83, 89, 213, 173, 213, 278, 335, 483), creemos, que por el contexto del yacimiento de donde procede, que ha proporcionado ya numerosos nombres de *servi* o *liberti*, probablemente sea más adecuado un desarrollo simple del nombre tipo Hermes.

11. MVLVS (o LVM).
Este *cognomen* que aparece con la forma abreviada, tanto si se trata de MVL como de LVM, no está documentado en la *Tarraconensis*. El último podría ser de la familia de nombres como *Luminosus* (Rico, 1995, p. 206); si hablamos de la segunda lectura, tenemos tres posibilidades: que tenga la raíz de *Mulsus*, como *Mulso, Mulsulus* o *Mulsutus*, derivado de dulce, miel, nétar; de *Mullus* o derivados, que se refiere a un tipo de pescado y, finalmente, *Mulus* o *Mulio*, referente a la fauna. Todavía podríamos hacer referencia a *Multus*, mucho, abundante (Kajanto, 1982; Schulze, 1966). En todo caso, todo eso nos aporta muy poco, si no fuera por el hecho de tener la seguridad de que se trata, como en otros casos, de un *cognomen* y que revela una identidad de *servus* o de liberto.

12. ΔΗΜΟΥ (del demos).
La presencia de diversos sellos impresos en griego sobre material de construcción, en concreto sobre *tegulae*, procedentes de diversas áreas de las zonas urbanas de Empúries, ha sido un motivo de atención diversas veces por parte de los investigadores, aunque han habido divergencias a la hora de interpretar el sentido de las inscripciones, en las consideraciones sobre el material de soporte, e incluso, en su datación.

El primero en interpretar estas marcas emporitanas fue A. Frickenhaus, quien daba paralelos encontrados en Velia con la misma marca (Frickenhaus, 1908, p. 198) y afirmaba que no se trata de la abreviatura de un nombre propio, sino de Δημόσια o Δημόσιον. Antonio García Bellido (1948, p. 44) cree que la inscripción es una abreviatura de ΔΗΜΟΣΙΑΚΕΡΑΜΙΣ o ΔΗΜΟΣΙΑΚΕΡΑΜΟΣ, que significa "ladrillo de la ciudad" o "ladrillo comunal" y halla paralelos, con las inscripciones ΔΗΜ, ΔΗΜΟΣΙΟΣ, o ΔΗΜΟΣΙΑ, en Atenas, Esparta, Argos y también en la colonia focea de Velia, juntamente con el nombre de un arquitecto. Más tarde, Martín Almagro recogía estas opiniones y creía que, en efecto, la inscripción reflejaba una abreviatura de δη̃μος o de un compuesto suyo, referida al carácter público de la fábrica (Almagro, 1952, 47). Finalmente, el último autor que ha tratado estas estampillas es Alberto Balil (Balil, 1962, pp. 323-325), y cree que, en efecto, se trata de una empresa monopolista del municipio, como así lo demuestran los numerosos paralelos de otras localidades del mundo griego: Tanagra, Atenas, Tegeita, Argos, Epidauro, Mantinea, Megalópolis, Esparta, Coerium, Tasos y Eretria. Pero en estos ejemplos suele indicarse el nombre de la localidad, o magistrados epónimos y, en otras, la fecha de fabricación. Todo eso se hacía para garantizar y controlar la edad del ladrillo. Que eso no suceda en Empúries quiere decir, según Balil, que el periodo de fabricación fue breve y, por tanto, no fue necesario recurrir a este método para distinguir las etapas y edad de los ladrillos. En una publicación más reciente manifestaba que debían desarrollarse como ΔΗΜ(ου), en genitivo, "del demos" (Balil, 1976, p. 153); o más probablemente δημόσια o δημόσιον, "público" o "común" (Pena, 1992, p. 141). Para esta última autora, el que se conozcan dos tipos de delta contradice la opinión de Balil sobre un tiempo breve de fabricación y la lleva a afirmar, sin que disponga de ningún tipo de información fiable, una datación del siglo III aC, como muy moderna.

Esta fórmula parece que se podría haber aplicado también en forma de estampilla anfórica, concretamente en la ciudad griega más importante de Occidente. En efecto, en dos timbres sobre ánfora masaliota se señala un monograma que une una delta y una eta que podría significar ΔΗΜΟΣΙΟΝ (público). Estos timbres fueron hallados en las excavaciones de la Bolsa, sobre dos fragmentos, aparecen en relieve en el interior de un cartucho circular hueco (Bertucchi, 1992, p. 163, fig. 80, 53/73).

No parece que existan dudas razonables acerca de que la estampilla corresponda a una empresa cerámica controlada por la ciudad que marcaría así sus productos, a pesar de que habíamos pensado en la posibilidad de que se tratase de la abreviatura de un nombre propio como Δημόκριτος, muy corriente y documentado en Empúries en una lápida funeraria dedicada por *Paulla Aemilia* (CIL II 4263; Almagro, 1952, p. 17; IRC III, pp. 65-66). Hay todavía quien las ha considerado como un epígrafe votivo y ve una abreviatura de ΔΗΜΗΤΗΡ (Ochoa, 1989, pp. 223-229). Por lo que respeta a la cronología, Balil había sugerido una datación, por cuestiones epigráficas no anterior al siglo II aC, mientras que en una publicación posterior proponía, no sabemos por que razón, una datación de época griega clásica, en torno a los siglos V-IV aC (Balil, 1976, p. 153), aspecto con el cual no podemos estar en absoluto de acuerdo, ya que sus hallazgos en determinados lugares de la ciudad romana nos marcan un *terminus ante quem* del siglo I aC. Más en consonancia con nuestra propuesta hay la de Morel, quien considera estas producciones ciudadanas como propias de la época helenística tardía, apoyando esta datación con los ejemplos de Velia y también de Rhegium, Messina, Taormina o Ischia (Morel, 1983, p. 29). Incluso, para algún autor, podrían rebajarse cronológicamente hasta la guerra social (Costabile, 1979, p. 465).

13. CAIVS OBVLNIVS.

El estudio del nombre OBVLNIVS ha proporcionado resultados interesantes. Después de realizar un repaso a los volúmenes *del Corpus Inscriptionum Latinarum* y de la obra de Schulze, desconocemos la existencia de testimonios del nombre en Hispania y las otras provincias occidentales, excepto Italia. Concretamente se conocen cinco inscripciones con el nombre OBVLNIVS/OBVLNIA de la ciudad de Roma y una de Ostia.

1. CIL VI. 2. 4624. Hallada en el *Monumentum Familiae Marcellae*, Roma.

Dis Manibus /]Obulnia Sintyche /]et Obulnia Athenais /]Fecerunt sibi et /]suis colliberto caris.

2. CIL VI. 3. 23209. *Tabula marmorea*, encontrada el 1732, bajo la Puerta Latina, Roma.

Obulnia / Faceta v[ixit] a[nnis] X[/ olla eius interior[.

3. CIL VI. 2 Roma.

Lado primero: Dis Man[ibus] / L[ucio] Attio Successo / fecit L[ucius] Attius Anicetus / patrono bene de se merenti / h. m. e. / et L[ucio] Attio Dap / libertis libertab / in f[ronte] p[edes] X / et Valeriae Sabinae donav / aedicula.

Lado segundo: Dis Man[ibus] / L[ucio] Attio Successo / fecit Obulnia Rome con / bene merenti / de se / h n s / hno con lib / usq nostris / in agro p[edes] XIV / erunt introitus parte sini / et ante aedicula p[edes] II

4. CIL VI. 35959; Tablilla encontrada en un columbario en la Viña Bartoccini, en la Vía Labicana, Roma.

Obulnia / Sperata

5. CIL VI. 3 17041; Roma.

Domitiae Vitali fec / Obulnia Tertia amicae / pientissimae et sibi et / libertis libertabusque suis.

Otro ejemplar proviene de Ostia, única en el puerto de Roma.

6. CIL XIV. 1420; trobada el 1827.

D[is] M[anibus] S[acra] / N Obulnius Prothym[us] / fecit sibi et suis liber / tis libertabus poste / ris que eorum.

Parece que el nombre *Obulnius* debe buscarse en Italia central. Es un nombre poco frecuente, procede del Lacio (Conway, 1967). Otras variantes, sobre todo *Obultroni* y *Obulci*, los encontramos en la zona de habla del osco central (Campania, Volsci y Picenum), siempre poco frecuente (Conway, 1967, 155, 257 y 375).

A pesar de la escasa evidencia epigráfica fuera de Roma y Ostia, nombres semejantes, de la misma raíz, se hallan mejor representados. Así, *Obelsianus* en Perusia (CIL XI 2006), los *T. Obulsii*, de *Urvinum* (CIL XI 6094), *Obulcius*, conocidos en Ravena, *Arminum*, Cales y Cupra Marítima, *Obulcius*, de Alba Fucens (CIL IX 3942) y Puteoli, *Obilenus* y *Obilius*, de Falerno (CIL IX 5485 y 5486), el nombre *Ogulnius* lo encontramos en Roma el 300 aC cuando mediante *Q.* y *Cn. Ogulnii*, se aprueba la *lex Ogulnia* que autorizaba el acceso de los plebeyos a los colegios sacerdotales (Livi, X, 6), en *Minturnae* (CIL X 6064) y Ostia (CIL XIV 1423), *M. Ogulnius*, de Pompeya;

este último representado como grafito podría ser una corrupción de *Obulnius* (CIL VI *supplementum* 1-2. 4309) y los *Obultronii*, conocidos en *Casinum* (CIL IX 6078131 607942 y CIL X 5188. 5205) y nombrado por Tácito (*Ann*., 13, 28; *Hist*., 1, 37), como *Obultronius Sabinus*.

La forma *Obulnius* no aparece como *cognomen*, las más cercanas son *Ogulnianus* o *Obelsianus* (Kajanto, 1982, p. 152 y 160).

Queda claro que las inscripciones que se refieren a personas que llevan los nombres OBVLNIUS/OBVLNIA, indican *liberti* y, probablemente, del Mediterráneo oriental. Por eso es una lástima que nos falte la evidencia de la *gens* original de los *Obulnii*, y sobre todo del que fue el responsable de la *manumissio* de los esclavos. No conocemos los detalles, pero es seguro que se hallaba en la Italia central, rico, poderoso y probablemente domiciliado en Roma. No sabemos tampoco como fueron liberados los *liberti*, pero era corriente que constase en el testamento de su patrón muerto, y a menudo recibiendo parte de su herencia.

Las inscripciones nos ofrecen poca información de los libertos, excepto las edades y que tenían suficiente dinero para pagar sus lápidas funerarias. Así, vemos como *Obulnia Rome* ayudó a pagar, con sus recursos, la tumba de *Lucius Attius Successus*. Todavía más indicativo de su riqueza es la constatación de que *Obulnia Athenais* y *Obulnia Sintyche* fueran enterradas en el *Monumentum Familiae Marcellae*, es decir, la tumba colectiva de la casa de los *Marcelli*, miembro de la familia imperial, de Augusto y Livia. Se encuentra en la *Via Appia*, en las afueras de Roma y contiene unas 1000 *ollae* de *liberti* y esclavos *–servi–* de la casa imperial entre los reinados de Augusto y de Adriano. Por lo que respeta a la fecha de enterramiento de las *Obulniae*, puede ser significativo que su *loculus* estuviese colocado en la penúltima posición, bajo las escaleras del lado 4 del columbario, e inmediatamente bajo del de *M(arcus) Livius Eros*, un liberto de la emperatriz Livia (CIL VI-2 4602). Eso implicaría una datación que se sitúa entre finales del siglo I aC e inicios del siglo I dC. Su presencia en este monumento no indica que fueran libertos imperiales, ya que en sus nombres no llevan *praenomina*, pero se puede insinuar una conexión indirecta.

No sería extraño que hubiese relación entre los *Obulni* de las tejas y el de las inscripciones, dada la rareza del *nomen*, y encontraríamos una explicación muy sugerente para el fragmento de lápida de Carrara hallado en Vilauba, que habría homenajeado a Germánico o a sus hijos Druso, o mejor aún, Nerón (Roure *et al*., 1988, pp. 73-75; IRC III, pp. 30-31), siendo, probablemente, un dominio de esta familia. De todas maneras, está claro que las tejas fueron fabricadas en algún *fundus* de nuestra zona –como así lo demuestran los análisis–, que era propiedad de un liberto llamado *Obulnius*, o como mínimo bajo su administración. Ya hemos visto la cantidad de marcas encontradas en Vilauba, y otros fragmentos sin marcar con la misma pasta procedente del tejado, así como un mortero (Castanyer, Tremoleda & Roure, 1990, pp. 184-185, fig. 28, 3 y 29), hallados bajo el derrumbe del edificio altoimperial.

14. CAIVS IVLIVS ATEIANVS.

Caius Iulius Ateianus es la lectura de los *tria nomina* completos que proporcionan una teja de reciente hallazgo en el taller de Ermedàs durante el verano del año 1999 y, por tanto, en su zona de fabricación. Esta misma composición corresponde a las cinco tejas estampilladas de Besalú y también a otra procedente de Porqueres. Además de estas hemos visto como en la villa romana de Vilauba se encontraron diversas estampillas con el *cognomen* ininteligible debido al mal estado del punzón; no sabemos a ciencia cierta si se refieren al mismo personaje, aunque las diferencias entre las marcas no parecen indicar una coincidencia en este sentido.

Iulius es un nombre tan general que, excepto en la zona siciliana de habla osca del sur, aparece, y con mucha frecuencia, en todas las áreas dialectales itálicas (Conway, 1967, 12, 27, 32, 34, 36, 155, 161, 188, 198, 242, 246, 251, 257, 259, 271, 276, 279, 307, 311, 350, 372 y 375). En Hispania la recogida de *cognomina Iulia/-us* es numerosísimo (Abascal, 1994, pp. 151-166). *Ateius/Ateianus* es bastante frecuente en la zona de habla osca central y norte (Campania, *Paeligni* y *Marrucini*) (Conway, 1967, 155, 242 y 246); mientras que lo es muy poco en la zona lacial (*Praenestini*) y umbra (Conway, 1967, 307 y 372).

En lo referente al conocimiento del nombre, no tiene sentido proporcionar la relación de *C. Iulii* que aparecen en los corpus de inscripciones; en todo caso, no hemos encontrado ninguno que corresponda a los *tria nomina* completos; dando solamente una ojeada al *corpus* de marcas sobre sigillata itálica encontramos: *C. Iulius Clemens, C. Iulius Firmus, C. Iulius Pl., C. Iulius (Pri), C. Iulius Primigenius Suar(?) y C, Iulius Umbr.* (Oxe & Confort, 1968). Cabría citar un único ejemplar procedente de *Ruscino* sobre teja con el nombre IVLI (Fédiére, 1980, p. 329, fig. 1, 4). Ya Pascual, y más tarde Miró, señalaban su extraordinaria frecuencia, acentuada a partir de Julio César que concedió numerosas ciudadanías y como por la vía militar se adquiría la ciudadanía romana (Pascual, 1980, pp. 264-266; Miró, 1988, pp. 249-250). Las posibilidades con más verosimilitud señalan, pues, que se trate de un personaje al que se concedió la ciudadanía por parte de algún miembro de la familia Julia, un veterano de las legiones, tal vez de la *deductio* que César realizó en Empúries e, incluso, de un liberto imperial. En todo caso *Ateius*, nos marca un nombre itálico bien conocido, a diferencia de los dos nombres que se marcan sobre Pascual 1 de la zona layetana, *C. Iulius Anicetus* y *C. Iulius Theophilus*, que indican un origen griego (Miró, 1988, pp. 217-218; 1988a, pp. 249-250) o sobre ánforas itálicas Dr. 6

y Dr. 2-4, como *C. Iulius Orp.* y *C. Iulius Poly.* (Zaccaria, 1989, p. 474; Beltrán, 1995, 181).

Así pues, *Ateianus* parece el desarrollo más correcto del *cognomen*, bien conocido en la zona italiana, aunque también encontramos otras variantes como *Ater* (CIL II 4970 63), *Atellianus* (CIL II 3445) o *Ateianus* (Oxe & Confort, 1968, núm. 446). Conocemos, por ejemplo un *C. Iulius* de Narbona (CIL XII 5968) que vivió en el siglo I, era un tendero de comestibles (*copo*), probablemente ingénito, que se casó con una mujer nacida libre (Gayraud, 1981, pp. 550 y 557); un *Iulius Aemilius* (CIL II 5880); un *C. Iulius Aemilianus* (CIL II 4376) de *Tarraco* o un *C. Iulius Aelianus* más lejano (CIL II 6259 6), pero nada que se adapte mejor a nuestro caso.

15. LVCIVS CAMILLIVS.

En las inscripciones aparecidas en Hispania encontramos dos personajes de Tarragona, con este *nomen*, pero con una sola l: *C. Camilius Paternus* y *Camilius Saturnalis lib.*, los que están recogidos en el CIL II y II *supplementum*, 4345 y 4346, juntamente con otros ejemplos (Abascal, 1994, p. 107). Además de estos encontramos un *L. Camilli(us) Melissi(us)* sobre un asa de ánfora, en el Museo Arqueológico de Madrid, procedente de Urso (CIL II 6254a) (= 4968 19. 20), un *Camillius Arrus* de Badajoz (CIL II 6211; Abascal, 1994, p. 107) y una *Camilia Aemiliana* de Segovia (CIL II 2738, Abascal, 1994, p. 107). Citamos además, unas posibles *Cam(ilia) Chysampelis* y *Cam(ilia) Vini*[*c*]*iana* de Mérida (CIL II 494).

Fuera de Hispania se puede seguir también su pista. Lo encontramos así, bajo la forma *Camillius Camilius* en Roma: CIL VI 200, donde aparece en la línea 27 de la parte posterior un *C. Camillius Restitutus* sobre una gran base de mármol dedicada a la familia del emperador Vespasiano, que se fecha en el año 64; en el CIL 2002, aparece *M. Camillius Surdinus* bajo el grupo de los *fasti* de los colegios sacerdotales inciertos o poco conocidos; CIL 7693sq. son dos inscripciones citadas como *tituli* que no constan como hallazgos en un monumento funerario, un columbario, de los *Iunii Silani*, pero encontradas a su alrededor, por lo tanto, perteneciéndole con total seguridad. Fueron recogidas en la viña Randanini, sobre la *Via Appia*. Las que fueron encontradas *in situ* están recogidas entre los núm. 7600-7643; CIL 14301sqq. son cinco inscripciones donde aparecen personajes con este *nomen*, *Q. Kamilio Cyriodoro* y su hija *Kamilia Eugenia*, *P. Camillius Philogenes*, *C. Camillius Stephanus*, *Camillo Archia* y *Camillo Prisco*; en el CIL 14513 encontramos un *Camilius Cyriodorus* y *Camilia Septima* y CIL 17426 recoge un *P. Camilius*. Todavía en Roma aparece citado un *C. Camellius Africanus* en una *tabula* donde hay un listado de magistrados de época de Diocleciano (CIL VI 1686) y *P. Camelio Salvillo* en una inscripción en el columbario de la familia *Statilia* (CIL VI 6612). En Venusia encontramos *M. Camillius* (CIL IX 445), en Calabria *M. Camil. Vit.* (CIL X 80419) y en Nepet *A. Camillius* (CIL XI 3208). En Cumas aparece *A. Camelius Protocensis* (CIL X 3699) y en Praeneste cinco inscripciones de dudosa autenticidad bajo la forma *Camelius* (CIL XIV 3080 sqq). Además cabe citar las *figlinae Camillianae* o *Camillanae* (CIL XV, 1, 112 a 115) de las que fue recogida la marca: *Ex figlinis Caesaris N. Camillianis* en la construcción original del llamado Palacio Imperial en Porto (Bloch, 1968, p. 101). De Narbona procede *Sex Camilius V. ntiu*[*s*] (CIL XII 4981udd) y de Ambarri, en la *Prouincia Lugdonensis*, *Camilia Maria* (CIL XIII 2531).

A raíz de un viejo grupo de nombres similares será denominada la tribu CAMILIA. En griego también, escrito Καμελλια (Schulze, 1966, p. 140). En esta recogida podemos ver que, si bien el gentilicio *Camillius* no es muy abundante, es significativo que lo encontremos concentrado en la Italia tirrénica central, en concreto del área de habla osca del sur (*Brutti* y *Peucetii*) (Conway, 1967, 12 y 34).

Sobre su condición, lo solemos encontrar con los *tria nomina*, la cual indica ciudadanía romana, solamente uno de ellos, *Camilius Saturnalis*, refiere su condición de liberto. Como *cognonem* hemos hallado las formas *Camillus* (Kajanto, 1982, p. 313) y *Camilianus* (CIL XIII 10010. 416).

De todas las inscripciones recogidas aquí solamente queremos resaltar el hecho que una de ellas esté asociada al monumento que los *Iunii Silani* tenían en Roma, sobre la *Via Appia*; familia con una larga tradición de cargos oficiales y una fuerte vinculación con la provincia narbonense y con nuestras tierras, concretamente con el núcleo emporitano (Gayraud, 1981, pp. 376-378 y 421; Aquilué *et al.*, 1984, pp. 128-132; Aquilué *et al.*, 1986, pp. 151-156; IRC III; Rodà, 1993, pp. 246-247) y que podría corresponder a un liberto de esta familia instalado en el territorio. Un estudio de los elementos asociados a este monumento, seguro que podría proporcionar grandes resultados como demostraron las inscripciones del columbario que los *Volusi Saturnini* habían tenido también en la *Via Appia* (Buonocore, 1984).

La vinculación de este fabricante de cerámica con el territorio cercano a Vilauba –no solamente por el hecho que la estampilla procede de esta villa, sino también por la composición de pastas, prácticamente idénticas a las utilizadas por *C. Obulnius*– permite acercarnos a unas posibilidades, aunque débiles, de relacionar la lápida aparecida en Vilauba con miembros de aquella importante familia.

En un primer estudio, la inscripción se consideró dedicada a Germánico (Roure *et al.*, 1988, pp. 73 y 75). Más tarde, los especialistas se han inclinado por una dedicatoria a uno de sus hijos, Druso o Nerón. Si fuese Druso, sabemos que se casó con una *Aemilia Lepida*, hija de *M. Aemilius*

Lepidus, cónsul del año 6 y gobernador de la Citerior entre el 10-12 y el 14 y tal vez nieta de la *Paulla Aemilia* que se encuentra referida también en una lápida de Empúries. Todavía más conveniente sería Nerón, que había estado prometido a Junia, miembro de la familia de los *Iunii Silani* documentados en Empúries. El hallazgo de un fragmento de lápida en las reformas del templo capitolino del foro emporitano dedicado a un miembro de esta familia, *Marcus Iunius Silanus*, gobernador de la Ulterior el año 112 aC se ha rectificado posteriormente, y se cree que estaría dedicada al *Junio Silano* que fue cónsul el 25 aC. Todo eso permitiría pensar en una relación bastante directa entre un liberto de los *Iunii Silani* y la posible relación de estos con la propiedad de las primeras fases de Vilauba.

16. CAMPANVS(?).

Canp, es poco explícito y es difícil, bajo esta forma, encontrar referencias,es muy probable que se trate de una forma corrompida de *Camp*, sobre todo cuando en otros casos encontramos la ambivalencia de la N y la M, por ejemplo, *Canpanilia/Campanilia*. De ser así, veríamos sin esfuerzo una abreviatura de un *cognomen* como *Campanus, Campanianus*, o *Campatius* que denota un origen geográfico, como pasaba en el caso de *Veiento* en relación con la ciudad de Veyes, en este caso sucedería con Capua, (Schulze, 1966, p. 525; Kajanto, 1982, pp. 191, 309). Campania y posibles variantes como *Campia, Campila, Campilia, Campanula, Campanilia* o *Campusia* a pesar de ser poco frecuentes, son propios de la zona de habla osca del sur y central (Kajanto, 1982, p. 191). En la primera, proviene del área lucana (*Peucetii*) y apula; mientras que en el sur se documenta en la Campania y en la tribu samnita de los *Hirpini*. Es muy poco habitual en el área lacial y en el *Picenum* (Conway, 1967, 27, 34, 155, 161 y 375). Tampoco cabría descartar los derivados de *campus*, como *Campestris, Campinus* o *Campestrinus* (Kajanto, 1982, p. 309).

Como ejemplos documentados citaremos una inscripción donde aparece un *Q(uintus) Caecilius Campanus* (CIL II 4199; Alföldy, 1975, 262) conservada en el Museo Municipal de Reus y un *Hostilius Campester* (CIL II 4368; Alföldy, 1975, 581), un *P. Campanus Geminus* de Castromao y un *L. Campanus Macer* de Moreiras, los dos de Orense (Abascal, 1994, p. 1070). Finalmente, un *L. Campilius Paternus* de León (CIL II 5682; Abascal, 1994, p. 107).

Hay que tener presente la inscripción, a pesar de que sea más antigua, sobre un ánfora grecoitálica encontrada en Empúries (Almagro, 1952, p. 184, 146; Nolla, 1974-75, p. 181, fig. 23, 9; Mayer, 1992, p. 208). Al respecto, no debemos olvidar que la marca procedente de Viladamat es una de las más antiguas de la zona, que se fecha en época augústea, como muy moderna y el arcaísmo que presenta estilísticamente la estampilla, con letras muy grandes y sin cartela que las delimite.

Conocemos todavía un personaje que se adapta mucho mejor que aparece en las *tabellae defixionis* encontradas en una tumba colectiva de la necrópolis Ballesta de Empúries, concretamente las incineraciones 16 a 23, situada a la parte de poniente de la ciudad. Se trata de tres placas escritas de plomo, próximas a tres urnas, que se leen de derecha a izquierda y de bajo arriba. Fueron publicadas por M. Almagro (Almagro, 1952, pp. 163-168, núms. 114-116) e indica que el material recogido es de época augústea, como muy tarde.

El texto, a pesar de las dificultades de interpretación parece claro que se trata de un asunto sin respuesta o fórmulas de execración contra los enemigos de un personaje que se cree perjudicado por una decisión tomada por las autoridades de la provincia (IRC III, pp. 159-163, núms. 172 a 174, láms. XLVI-XLVIII). Aparecen cuatro personajes escritos: *Titus Aurelius Fulvus, Rufus, Maturus* y *Sempronius Campanus Fidentinus*. El estudio de los nombres que aparecen en estos interesantes documentos han sido analizados y, según Geza Alföldy, *Titus Aurelius Fulvus*, indicado como *legatus Augusti* sería el gobernador de la Citerior entre el 75 y el 78. *Rufus*, con el mismo cargo y citado en segundo lugar, se debería identificar con *Q. Pomponius P. f. Rufus*, según los autores y que habría pernoctado en la Tarraconense entre el 74 o 75 y el 78. De *Maturus* no conocemos las competencias, mientras que *Sempronius Campanus Fidentinus* sería el cuarto personaje oficial en este asunto del cual tampoco conocemos el cargo, pero parece que está en relación con los *Olossitani*, es evidente que este último personaje es el que despierta nuestro interés.

17. LVCIVS LICINIVS(?).

Es la única estampilla inteligible de Fenals, aparecida sobre teja, solamente tiene dos iniciales separadas por una puntuación triangular, del *praenomen* y del gentilicio, sin ningún tipo de desarrollo.

A pesar de que no tenemos ningún nexo ni indicios suficientes no podemos evitar pensar en un *Lucius Licinius*, ya que se trata de un *nomen* muy vulgar y bien conocido en el mundo romano, que no hacía falta desarrollar y debía haber sido familiar a cualquier persona del entorno, tal y como pasaba con los *Baebii* de Sagunt que ocasionalmente habían abreviado el nombre simplemente con la inicial B (Alföldy, 1977, p. 6). El problema es su no documentación en esta parte más septentrional de la provincia y se podría asociar más a Barcelona. En efecto, representa una muestra de extrañeza la ausencia de este nombre en las inscripciones emporitanas, estando, como lo está, bien representado en todo el nordeste de la Península (IRC, III, p. 17). Por otra parte, en Blera se han encontrado tejas marcadas con una "L", en referenciaa los *Licinii* (Morel, 1991, p. 31, nota 82, donde cita a A. Andrén y E. Berggren) *Barcino*, por su parte, concentra buen número de personajes pertenecientes a la *gens Licinia*, el patrón *Lucius Licinius Sura* y una numerosa clientela, de entre los que sobresalió *Lucius Licinius Secundus*, estudiado por Isabel Rodà (Rodà, 1970, 167-183). En el ámbito de Hispania también es muy frecuente (Abascal, 1994, pp. 168-173).

18. POCIANA.

Sello de bronce de forma vagamente semicircular, de 5,8 cm. de longitud máxima por 3,4 cm. de anchura. La altura de las letras es de 1,4 cm. en las mayores y de 0,8 cm. en las menores.

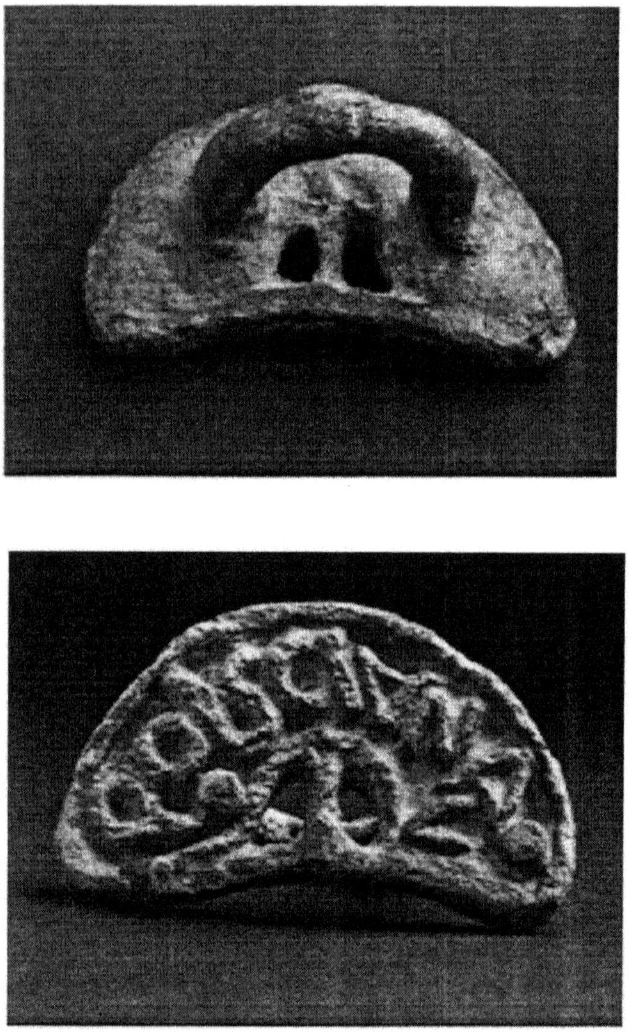

Figura 172. Sello hallado en la villa de Platja d'Aro.

El sello que proporciona este nombre sólo presenta alguna dificultad en su terminación, puesto que sería posible entender *Porcianu* o *Porciana*. Nos inclinamos por esta segunda posibilidad, entendiendo así que se refiere, probablemente, al nombre de la hacienda o explotación que producía los envases o incluso el producto a envasar.

No conocemos ningún material mueble sellado con esta marca, ya sea material anfórico ya perteneciente a la construcción. Por otra parte, a pesar de que conocemos la existencia del nombre *Porcina* (Schulze, 1966, 421), el nombre que viene a la cabeza rápidamente y que surge de la raíz Porci-, es sin duda *Porcius*. Esta suposición permitiría pensar en la creación de un topónimo de la misma forma que *Deciana* debió generarse a partir de *Decius*. Asimismo, son muy numerosas las estampillas anfóricas con el nombre *PORC* o *PORCI* y, si bien, no se conoce el lugar exacto de su origen, la gran concentración documentada en torno en la ciudad de *Baetulo* parece indicar este punto.

Figura 173. Dibujo del sello de platja d'Aro.

Ya que estamos comentando una de las pocas matrices conocidas en este área que servían para sellar material cerámico, citaremos dos ejemplares más. Los dos proceden de Empúries.

El primero es un sello de plomo fundido de forma rectangular, con asa. Sus dimensiones son de 3 cm. de anchoo por 5,5, cm. de longitud por 0,9 cm. de grosor; el campo epigráfico es de 2,2 por 4,6 cm. y la altura de las letras de 1,1 cm. El texto está dispuesto en dos líneas superpuestas y se han sugerido diversas lecturas, ninguna de ellas definitiva. Almagro proponía, siguiendo a Hübner, una lectura retrógrada (Almagro, 1952, 122): *MINELASV* o *MINELA VS*, aunque también recogía otra lectura, propuesta por D. Manuel de Goicoechea (Botet i Sisó, 1879, p. 117), leyendo de derecha a izquierda y alternando una letra del primer renglón con otra del segundo, hasta el final, excepto las dos últimas que pertenecen al primer renglón. El resultado de esta ingeniosa, aunque improbable, interpretación sería. *EM(I)LIANVS*.

En la interpretación más reciente se apunta la posibilidad de que se incluyan dos nombres, *Min/us*, un sobrenombre, seguido de la abreviatura de un *cognomen Alex (andri),* que podrían corresponder al nombre de un esclavo y al de su dueño. También se admite que no puede descartarse una mala grafía del nombre griego *Menelaus* (IRC III, 181).

Si entrar en profundidad en el tema, no podemos evitar ofreceruna propuesta de lectura más simple, en la que la segunda V está invertida, resultando un VSVL. ENIM. o un VSVLEN. IM., habida cuenta de la documenta que poseemos de un personaje con el mismo gentilicio en el cercano yacimiento de Llafranc.

La otra pieza es un sello semicircular, de 5,5 cm. de diámetro externo y 3,7 cm. de diámetro interno; 2,3 cm. de anchura y 0,5 cm. de grosor. La altura de las letras es de 1,4 cm. La lectura propuesta *es S(extus) RVL(lius) NEOS* o *RVL(lius) NEO*, dependiendo de si las dos S de los extremos son letras o símbolos que buscan crear simetría (IRC III, 180). De este gentilicio, muy poco habitual en la Península, solamente conocemos un grafito sobre ánfora grecoitálica procedente del relleno de un silo en el poblado ibérico de Pontós (García, 1997, p. 44).

Conclusiones.

La muestra de personajes conocidos a través de las inscripciones sobre productos cerámicos de procedencia segura de los talleres locales del nordeste de Cataluña es poco numerosa. Pero permite realizar breves observaciones de interés que son evidentes si detallamos el cuadro sinóptico adjunto, aunque algunas de ellas puedan parecer banales:

1- El hallazgo de todas las marcas en seis yacimientos y la mayoría en solamente cuatro. Debemos remarcar que estos yacimientos son los que han mantenido la investigación más dilatada, constante y sistemática de entre todos los que se encuentran en la zona.

2- La agrupación de las marcas en las industrias más importantes, revela una actividad en la que tenía que participar mucha gente, una parte de esta con cargos de confianza o de responsabilidad. Podemos resaltar la entidad de Empúries, que es el único centro con una industria comunitaria.

3- Encontramos una notable variedad de números que se marcan sobre ánforas de la misma tipología en Empúries y, en contrapartida, se constata la poca epigrafía anfórica que hallamos en el resto de talleres.

4- La mayor parte de *sigilla* aparecen sobre material de construcción, básicamente en talleres rurales.

5- Abundancia de *cognomina* estampados sobre cerámica, posiblemente indicadores de individuos de origen o estatuto servil respecto de los que disfrutan de ciudadanía. De los tres *tria nomina* y de los tres *dua nomina* (*praenomen* y *nomen*), solamente uno era de origen ingénito, mientras que los otros revelan *liberi* con probabilidades de un origen liberto. Son fórmulas habituales (Beltrán, 1995, pp. 176-192).

6- La poca representatividad de la onomástica griega, a pesar de la influencia directa que debía tener el antiguo poblamiento emporitano. Solamente ANTH revela un origen griego y aparece ya con grafía latina. En todo caso, la epigrafía indica que esta presencia no es superior a la de otras villas del nordeste (IRC, III, p. 17).

7- La tendencia a abreviar los nombres; esto impide conocer las terminaciones que pueden aportar una información adicional. Así, solamente tenemos un *Quieti* y un *C. Obulni* en genitivo y un *L. Camillius* en nominativo.

	NOMENCLATURA				OFFICINAE						
	sello	nombre	composición	estatuto	centro de producción	productos P1	2/4	7/11	*tegulae*	*dolia*	otros
1	C.O.C.	CAIVS OCTAVIVS CARBO ?	*tria nomina*	libre	Empúries			+			
2	ANTH	ANTHUS	*cognomen*	liberto	Empúries		+	+			
3	VENVS	VENVSTVS	*cognomen*	liberto	Empúries			+			
4	SVA	SVAVIS	*cognomen*	liberto	Empúries			+			
5	VMAI ?		*cognomen*	liberto	Empúries			+			
6	P. VSVL. VEIENT.	PVBLIVS VSVLENVS VEIENTO	*tria nomina*	libre	Llafranc	+			+	+	
7	QVIETI	QVIETVS	*cognomen*	liberto	Llafranc				+		+
8	PRI.	PRIMVS	*cognomen*	liberto	Llafranc				+		
9	SEC.	SECVNDVS	*cognomen*	liberto	Llafranc				+		
10	HERM	HERMES	*cognomen*	liberto	Llafranc				+		
11	MVL.	MVLVS	*cognomen*	liberto	Llafranc				+		
12	ΔΗΜ	ΔΗΜΟΥ-ΔΗΜΟΣΙΟΝ		industria ciudadana	Empúries				+		
13	C. OBVLNI	C. OBVLNIVS	*praen./nomen*	libre	Vilauba/Ermedàs				+		
14	C. IVL. [...]	CAIVS IVLIVS ...	*tria nomina*	libre	Vilauba/Ermedàs				+		
15	L. CAMILLIVS	LVCIVS CAMILLIVS	*praen./nomen*	libre	Vilauba/Ermedàs				+		
16	C. IVLI. ATE.	CAIVS IVLIVS ATEIANVS	*tria nomina*	libre	Ermedàs				+		
17	CANP.	CA(M)PANVS	*cognomen*	liberto	Tolegassos				+		
18	...] PO ?	?		?	Tolegassos				+		
19	L. L.	LVCIVS L(ICINIVS ?)	*praen./nomen*	liberto ?	Fenals				+		

Cuadro sinóptico de la correspondencia entre estampillas, estatutos y centros de producción en el nordeste de Cataluña.

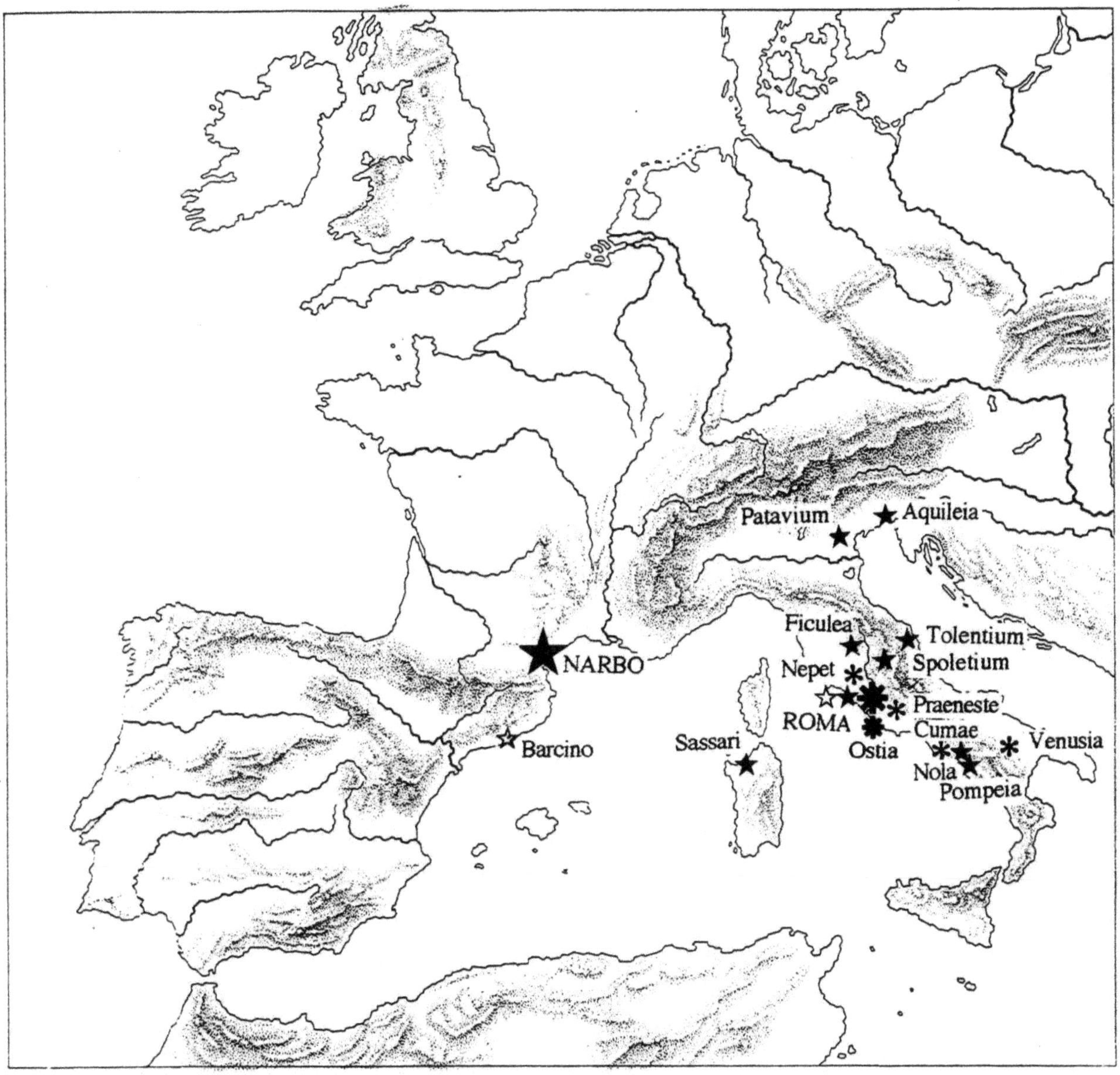

- *Obulnius*
- *Usulenus*
- *Camillius*
- *Veienus*
- *P. VSVLENVS VEIENTO*

Figura 174. Presencia geográfica de los nombres más significativos documentados en los alfares del área de Girona.

Capítulo 11. Emigración e inversión en *Hispania Tarraconensis*.

La importancia de las provincias, que poco a poco suplantaron a Roma desde el punto de vista económico, no tiene necesidad de demostrase (...) (p. 207).
El gran comercio se hallaba más bien, al parecer, en manos de italianos y galos, instalados en el país, que en las de los españoles, de los que no encuentra huella fuera del país (p. 214).

PETIT, 1969.

Antecedentes.

A menudo el imperialismo romano se ha planteado como un problema histórico. Los historiadores que lo han analizado creen en una formulación consciente que les llevó a realizar el proyecto unitario de la conquista de la hegemonía mundial, que les llevó, paso a paso, a vencer en Italia, en Sicilia, en la Galia e Iberia, la guerra contra Cartago y, finalmente, en Grecia y Asia (Gabba, 1990, p. 189).

A partir del año 272 aC no quedó en Italia, al sur del Arno, ningún pueblo o ciudad que no estuviese ligado a Roma, fuese como *dediticii* o como aliados. A pesar de la fórmula confederada se trataba, en realidad, de una dominación en la que Roma tenía el papel hegemónico. Algunos textos antiguos designarán este conjunto como "los romanos, los latinos y los aliados itálicos". Se referían, en realidad, a la situación jurídica respecto a Roma, de las tres categorías en que se distribuían los habitantes de Italia. Esta uniformización de categorías escondía una gran diversidad de componentes étnicos y culturales (Nicolet, 1982, pp. 188-190). El período que va desde aquí hasta la resolución de la lucha por la hegemonía mediterránea entre Roma y Cartago constituirá una prueba de fuego para la cohesión y organización de la Italia romana, a la que no le faltaron momentos de extrema dificultad motivados, no sólo por los ataques externos, sino también por las defecciones internas.

La conclusión de la guerra anibálica marca el inicio de un período de estabilidad política, que coincide con la rápida expansión en el curso de la primera mitad del siglo II aC. Las iniciativas gracanas rompieron la cohesión del grupo dirigente, introduciendo un período de ásperos conflictos, creando los presupuestos por profundos cambios en la vida política. La victoria final romana permitió aplicar duras represiones a los pueblos itálicos que habían hecho defección y modificar el equilibrio italiano y la forma de la hegemonía romana. Asistimos a partir de ahora al proceso de integración de Italia que se desarrolló a lo largo del siglo II (Gabba, 1990a, pp. 267-283), durante el cual el sistema de alianzas y obligaciones con la comunidad latina y con la comunidad itálica fue evolucionando a medida que Roma salía reforzada, tendiendo a interferir en la soberanía de los estados aliados, a la aplicación de la legislación romana, para acabar con la aceptación realista de la hegemonía de Roma por parte de la mayoría y un proceso de asimilación (Laffi, 1990, pp. 285-304).

Todo esto condujo a la crisis política y militar que estalló en la guerra social (91-89 aC). La guerra, a pesar de ser breve, fue durísima porque se enfrontaban tropas de valor y organización militar semejante, con jefes experimentados y de similar formación. Este enfrentamiento manifestaba la demanda de los aliados de no quedar excluidos de los derechos políticos que concedía la plena ciudadanía romana. La propuesta de hacer extensivo a los aliados este estatuto jurídico surgió por primera vez, y por interés partidista, de los reformistas agrarios en Roma. En recuerdo de éste y de otros agravios sufridos, los itálicos se alzaron en armas, no tanto para arrancar un privilegio como para destruir Roma, la ciudad que los tiranizaba. A pesar de su derrota, políticamente supuso una victoria de los aliados ya que se hizo extensible la ciudadanía, eliminándose una barrera legal que los situaba en inferioridad respecto al cuadro romano; esta oferta fue una amnistía que llamaba a la deserción y debió debilitar bastante la causa de los aliados. El mismo año 89, la ley *Plautia Papiria* (que toma el nombre de los dos tribunos de aquel año, aunque no puede excluirse que lo fueran otra vez en el 88), perfeccionaba la inserción de los aliados a la *ciuitas*, en el sentido que ampliaba la admisión con pocas excepciones (Gabba, 1990b, pp. 701-706). Aún así, no fue suficiente para acabar con las hostilidades en todas partes, en la Lucania aún estaban en armes en el 88 y en el Samnio se resistieron al control de Roma como mínimo entre los años 88-83 aC (Syme, 1989, pp. 123-124). Cuando aún la paz no estaba establecida volvió a iniciarse la guerra, en la que Mario lideraba a los insurgentes; Sila salvó a Roma. Posteriormente, las guerras sertorianas y la guerra civil tendrán uno de los escenarios principales en la Península Ibérica.

La segunda guerra púnica constituye un punto de referencia para la transformación de la estructura económica y social de la sociedad romana tradicional en la primera mitad del siglo II aC, en la medida que destruyó sus elementos básicos y permitió el desarrollo de otros nuevos, ligados a la expansión mediterránea. Fue, en gran parte, una guerra para la posesión de las minas de plomo y plata de la Península Ibérica. El agotamiento de los centros mineros de los Balcanes y de Grecia representaban un fenómeno económico de gran importancia que, unido a las noticias de historiadores y geógrafos que aseguraban las riquezas de Hispania, explica, en parte, el desplazamiento hacia el oeste de los centros de gravedad económicos y políticos del Mediterráneo (Nicolet, 1982, pp. 70-71). Las nuevas condiciones de desarrollo económico, con la asunción de una economía de mercado cada vez más productiva frente a una economía de subsistencia, no serán seguidas al mismo ritmo por el orden social tradicional. La imposibilidad de armonizar este desfase generó unas contradicciones que se tradujeron en una crisis prolongada que condujeron a la caída de la República.

La reflexión histórico-política durante el siglo I aC, particularmente la segunda analítica, representada por Cicerón y Salustio, retomó el tema de la decadencia romana, en el marco de una exigencia de estabilidad y, por lo tanto, de funcionamiento dirigido y ordenado por las instituciones políticas, que se habían ido formando en los dos siglos precedentes. El pasado se idealizaba, no tanto por una simple actitud conservadora y nostálgica, como por el hecho que eso contenía el modelo de funcionamiento que podía evitar la crisis de la República (Clemente, 1990, pp. 235-240).

La repercusión de los nuevos modelos económicos fue muy traumática porque la sociedad romana se había cimentado hasta entonces en las estructuras agrarias, y tuvo consecuencias graves. La más clara fue la crisis progresiva de la pequeña propiedad familiar autosuficiente en favor de la gran explotación latifundista con trabajo esclavo que orientaba la producción a la creación de excedente para el mercado. De esta situación general derivó la desaparición del pequeño propietario itálico y la creación de un importante proletariado rústico y urbano.

La sociedad romana fue dominada siempre por una aristocracia tradicionalista donde se desarrollan y se mantienen hábitos mentales, morales e intelectuales que constituyen un sistema de valores donde la tierra constituye el bien supremo. La tierra es, por tanto, no sólo el elemento de diferenciación económica sino también social. Únicamente los grandes propietarios reunían las condiciones que les podían permitir aplicar los nuevos métodos para orientar sus explotaciones hacia la gran producción con la introducción de mano de obra servil. La nueva dinámica rompía la vieja relación patriarcal entre el pequeño campesino y el gran propietario, en la que el primero complementaba su economía con el trabajo jornalero en las grandes propiedades. El desarrollo de los centros urbanos que absorbían los excedentes creaba beneficios en capital que se vuelven a invertir en la agricultura para permitir aumentar la extensión, la calidad y la especialización de las propiedades (Roldán, 1991, pp. 353-360).

La precariedad en que se hallará el pequeño campesino itálico frente a los latifundios, la depreciación de sus productos frente a la competencia, el encarecimiento del nivel de vida en una economía más desarrollada, la expropiación ilegal de tierras comunales por parte de los ricos y la prestación del servicio militar unida a devastaciones y requisamientos en etapas inseguras acabarán llevando a la ruina la pequeña propiedad que se verá obligada a convertirse en proletariado urbano, sin propiedad, dispuesto a emprender la aventura de la colonización, bajo diversas condiciones, lejos de sus tierras. Por otra parte, el concepto de *populus romanus* que, según Vittinghoff, estaba por encima de las variantes étnicas, fue un instrumento político que les permitió abrirse fuera de sus límites nacionales y hacerlo extensible a zonas nuevas.

La cuestión de la inmigración itálica.

La amplitud de la emigración itálica en Hispania es uno de los temas más trabajados y controvertidos de la historiografía romana provincial, y debemos vincularlo a la cuestión de las primeras fundaciones peninsulares. Es por eso que, conociendo la amplia bibliografía existente, trataremos el tema de la forma más breve posible y enfatizando solamente los puntos que nos parecen más destacados.

En el origen tenemos que ver la necesidad por parte del gobierno romano de mantener el control militar de la región. Las causas de esta decisión son de orden político-militar: el área ibérica había sido la base principal para la potencia cartaginesa y para Aníbal, era impensable una renuncia que habría podido comportar aún un retorno de Cartago. La riqueza de la región, no hay duda al respecto, fue un argumento ulterior para decidirse por una ocupación militar (Gabba, 1990, pp. 199-201).

No será hasta finales del siglo II aC que Roma comenzará una política de extensión de la ciudadanía romana fuera de Italia, como mínimo, no a comunidades enteras, o bien con la creación de colonias de ciudadanos romanos. Eso no quiere decir que no existiesen concesiones de ciudadanía puntuales a determinados personajes como gratificación para determinadas actitudes o con la voluntad de crear clientela (la primera que encontramos citada es a un íbero llamado *Moericus*, el 211), sobre todo a partir de finales del siglo II aC (Blázquez *et al.*, 1978, pp. 210 y ss.).

A finales del siglo II e inicios del siglo I es cuando la situación da un giro importante y abre las puertas o facilitará la llegada masiva de itálicos: la conquista y dominación del territorio de la Narbonense y la fundación de *Narbo Martius*, en el 118 aC, que permitía el enlace terrestre entre Italia e Hispania; en Italia, la crisis agraria y la guerra social, de las que hemos hablado en el apartado anterior; y, finalmente, la propia Península Ibérica como escenario de las guerras Sertorianas primero (82-72 aC) y Civiles después (49-44 aC) serán factores que facilitarán los movimientos de población.

Rostovtzeff constituyó un punto de referenciaimportante en la investigación, que ha sido seguido y matizado, cuando remarcaba que durante las guerras civiles las provincias occidentales se vieron afectadas por una sistemática colonización itálica. El siglo I conoció un cambio de destino para pasar de las zonas orientales, ahora menos favorables, a las occidentales: "Por primera vez en la historia de Roma las provincias occidentales fueron objeto de una colonización itálica sistemática. Las tentativas emprendidas por C. Graco y por algunos de sus sucesores para llevar a cabo una tal colonización del Occidente, fueron infructuosas. No lograron resultado alguno importante. Pero durante las guerras civiles, olas sucesivas de emigrantes romanos afluyeron a Galia, España y África. Los establecimientos más notables fueron las colonias romanas organizadas por los jefes del movimiento revolucionario, especialmente las de Mario en África y las de César, Antonio y Augusto en Galia, España y África, y también en algunas partes del Oriente, sobre todo en Asia Menor. Estos establecimientos organizados no fueron, sin embargo, los únicos que surgieron en las provincias durante las guerras civiles. Núcleos importantes de itálicos se establecieron en ellas por cuenta propia, como comerciantes, prestamistas y agentes de las Compañías arrendatarias de impuestos, se asociaron a los colonizadores romanos y a la población indígena de las ciudades de Galia, España, África y Numidia." (Rostvtzeff, 1972, pp. 71-72).

Cabría pensar que pronto el derecho latino fue un recurso utilizado en el territorio provincial por su situación intermedia entre la condición de ciudadanía y la de peregrino, dada la eficacia demostrada en Italia como elemento integrador. Además de la presencia continuada de los ejércitos, y además del recurso a fuerzas de origen indígena, la autoridad contó con el derecho latino para fomentar la superioridad de la ciudad romana y evitar el aislamiento de los colonos. La introducción constante y paciente de la ciudad bajo formas tan variadas como la colonia, la ciudad de ciudadanos romanos, la ciudad latina y pronto el municipio romano y después latino, constituye la base de la organización de los territorios provinciales con la difusión selectiva de la ciudadanía. La importancia y el interés del derecho latino se fundamentaba en su función de pasarela hacia la integración en la *ciuitas* y la sociedad romana. En diversas ocasiones se ha defendido un estatuto de derecho latino para algunas de las primeras fundaciones creadas por Roma en la Península, que en la mayoría de los casos supondrá un paso previo para la adquisición de la plena ciudadanía en el siglo I aC por obra de César o Augusto. No se trata ahora de comunidades indígenas preexistentes, que podían establecer con Roma una relación más o menos privilegiada (ciudades federadas, *civitates liberae et inmunes*) o bien ser considerados como simples *dediticii* (ciudades estipendiarias) (Knapp, 1977, p. 105-108), sino núcleos fundados por iniciativa romana, con un fuerte componente de población de origen itálico y que, en general, jugaron un papel decisivo en el proceso de romanización de la Península. A pesar de esto, M.J. Pena planteaba la cuestión de como se tenían que interpretar las colonias latinas de Hispania situadas entre la última colonia latina "auténtica" de Aquileia, del año 181 aC y las posteriores al año 89 aC, consideradas "honoríficas" por Salmon, es decir, a título puramente nominal (Pena, 1984, p. 82).

Ligada a esta problemática de las primeras fundaciones se encuentra la cuestión de la importancia que tuvo la emigración itálica en la Península en época preaugústea y ya desde el siglo II aC. Pero antes tendríamos que aclarar que el concepto de emigración se mueve entre dos nociones diferenciadas: por una parte, encontramos una postura "modernista", en el sentido que se entiende como un mecanismo que permite acceder a un "país nuevo", una tierra de promesas y de grandes posibilidades, inspirada en la historia reciente de los Estados Unidos, representada por Wilson. Por otra parte, se encuentra una concepción "primitivista", defendida por Brunt, que tiende a reducir el fenómeno a un pequeño nombre el lote de emigrantes. La existencia de estas posturas divergentes se explican y pueden ser defendidas por la imposibilidad de establecer un balance cuantitativo o mínimamente riguroso del flujo, tanto por falta de datos absolutos como las que establecen los ritmos según los períodos. Respecto a eso, algunos autores han remarcado que frecuentemente se ha hablado muy alegremente de emigración, pero, en realidad, había obstáculos de derecho y de hecho que ejercían de freno y de control. La fórmula *togatorum*, fuente de obligaciones anuales de los aliados respecto a Roma obligaba a las comunidades itálicas a vigilar los desplazamientos y sobre todo la marcha. Cambiar de ciudad necesitaba el acuerdo de diversas autoridades. Cambiar de domicilio podía comportar una condición inferior ligada a la privación de estatuto. En realidad, el único interés especial en cambiar era para ir a Roma.

En el marco de esta primera colonización romana republicana cabe distinguir tres grandes grupos: el de los veteranos, militares licenciados después del servicio; una "colonización difusa" de emigrantes itálicos y comerciantes. E. Gabba hablaba de un importante flujo migratorio de contingentes de población itálica a partir del 206, año de la fundación de Itálica por parte de Escipión el Africano, a pesar de la falta de datos para defender esta postura. El motivo principal sería la inestable situación militar en la Península, lo cual exigiría una presencia constante de numerosos contingentes militares, acompañados por un buen número de población civil dedicada al abastecimiento de las tropas y a la comercialización del botín; muchos soldados acababan por establecerse en la provincia donde habían militado y donde habían creado amistades o familia, después de un largo servicio. Por otra parte, en un primer momento había la riqueza minera del sur y este peninsular, su explotación, concedida por el Estado, habría atraído una importante migración privada que buscaba un enriquecimiento rápido. "Queste due cause fondamentali portarono alla fondazione di un certo numero di comunitá romano-italiche, di condizione giuridica ibrida, senze che questo fenomeno posa trovare corrispondenza alcuna, in quell'etá, nelle altre province." (Gabba, 1973, pp. 289-291).

Wilson, por su parte, ha defendido la existencia de un importante proceso de colonización privado de los valles del Ebro y del Guadalquivir ya desde el siglo II aC (Wilson, 1966, pp. 10-30). El asentamiento de Metelo en las Baleares de tres mil colonos "de entre los romanos de Iberia", según cita de Estrabón (III, 5, 1), con los que fundaría las ciudades de *Palma* y *Pollentia*, se ha visto como una evidencia más de la primeriza existencia de núcleos de numerosa población itálica (García Bellido, 1978, p. 174). Asimismo, la importante participación de los residentes itálicos de Hispania durante el desarrollo que tuvo la guerra entre Pompeyo y César es otro factor.

Como testimonios de esta supuesta primeriza colonización privada por parte de contingentes no únicamente romanos, sino también, y aún en mayor número, itálicos de la parte centro-meridional, sobre todo, se han citado la presencia de determinados topónimos con paralelos en Italia (Menéndez Pidal); así como evidencias lingüísticas paralelizables en el latín suritálico o la conservación de determinados vocablos en el castellano y portugués modernos que denotarían una latinización primeriza de Hispania, según hipótesis de Albertini y Tovar. Gabba extrae hipótesis semejantes de la prosopografía republicana de Hispania, documentada en las fuentes escritas y epigráficas. El recurso al uso de la toponimia y de las listas onomásticas debe hacerse, no obstante, con precaución; su cronología es esencial para validar los testimonios, ya que a veces abarcan diversos siglos y no pueden proporcionar datos correctos en una larga duración.

M.A. Marín, en su estudio de la prosopografía presente en las inscripciones y leyendas monetales, manifiesta una mayor proporción de gentilicios de origen itálico en comparación con los romanos en época tardorrepublicana, la que se refuerzapor el hecho que la mayoría de gentilicios patricios constatados se deben poner en relación con el fenómeno de la creación de clientelas políticas, más que no con los fenómenos de la emigración (Marín, 1986-1987, p. 59). Esta misma autora, si bien admite que la presencia constante de contingentes militares, juntamente con una buena participación de elementos itálicos como auxiliares, llevaría al asentamiento de los soldados una vez licenciados, también argumenta la repetida alusión a *redemptores* (empresarios), *mercatores* (comerciantes), *mangones* (mercaderes de esclavos) que confirmaría la atracción de determinados grupos sociales dedicados al abastecimiento de la tropa y a la administración del botín de guerra para resaltar la importancia de la emigración privada en Hispania en el siglo II aC. A pesar de esto, cree en una emigración civil que busca la participación en la explotación de los recursos económicos de la Península, y no solamente circunscrita a las zonas mineras del sur y este, sino también en la posibilidad de intervenir en el creciente desarrollo de las relaciones comerciales entre Hispania y la Península itálica (Marín, 1986-1987, p. 53). Los documentos privilegian la Bética por encima de la Citerior y la Lusitania, sobre todo para la época anterior a la tripartición provincial.

Otros autores no creen en la existencia de una emigración privada importante hacia las provincias hispanas en el siglo II aC Brunt creía que esta emigración itálica anterior a César estaría formada solamente por un pequeño número de comerciantes y soldados asentados después de su licenciatura; cree que no hay testimonios suficientes y fiables para cifrar los movimientos migratorios sobre una supuesta emigración en masa de carácter privado en los siglos anteriores al cambio de Era (Brunt, 1971, pp. 160-165). Knapp comparte esta postura, para el que las evidencias toponímicas, lingüísticas y prosopográficas se pueden explicar perfectamente en función de la presencia continuada del ejército de ocupación. Pero hay que tener en cuenta que de existir esta emigración privada solo en casos excepcionales no es anónima en las fuentes. Este autor respeta la tesis de Wilson sobre la riqueza minera como foco de atracción, en cambio, sobre los "romanos" asentados por Metelo en Mallorca cree que se trataría más bien de nativos romanizados, igual que las legiones reclutadas en Hispania durante la guerra civil (Knapp, 1977, pp. 152-158).

Una evidencia de la presencia de estos *negotiatores* se refleja en algunas inscripciones de Cartagena, que se fechan hacia el 100 aC y que hacen referenciaa *collegia* religiosos con una organización semejante a las asociaciones comerciales de Delos, en las que participan tanto individuos libres, como libertos y esclavos. Del mismo modo, la existencia de un nombre importante de libertos, seguramente ligados a actividades comerciales, se desprende de las inscripciones de época republicana procedentes de Tarragona (Alföldy, 1975). De todos estos comentarios, Marín, deduce la existencia de una importante emigración económica, configurada por libertos procedentes de ciudades de la Campania, a finales del siglo II aC, hacia los principales centros de la costa oriental de la Península (Marín, 1986-1987, p. 62). También Mar y Ruíz de Arbulo han señalado el importante papel de los comerciantes itálicos en este marco histórico para enmarcar la fundación de la ciudad romana de Empúries (Mar & Ruíz de Arbulo, 1993, pp. 258-263). Para Le Roux, en cambio, la emigración de carácter económico difícilmente puede verse como un hecho espontáneo y numeroso, y contra esta visión masiva de Cartagena cree que los itálicos, sean ciudadanos romanos, nobles o no, adquirían las propiedades sin ninguna necesidad de instalarse en el lugar: actuaban normalmente por mediación de libertos encargados de sus negocios, que velaban por sus intereses y por la buena marcha de la explotación y regulaban los problemas de la mano de obra y de la intendencia, eran esclavos de confianza que habían acabado liberando (Le Roux, 1995, p. 90).

Roldán, si bien tiene en cuenta todos estos condicionamientos económicos para justificar una fuerte colonización civil, cree que es la posibilidad de una colonización agraria la que arrastró la emigración itálica durante la República, como consecuencia de la presencia continuada de numerosas fuerzas militares con el asentamiento como colonos de los soldados, sobre todo itálicos, una vez licenciados. La relación directa con la crisis del campesinado libre en Italia y la formación de los grandes latifundios sería una evidencia. El volumen de estos asentamientos irregulares de población romano-itálica vendría confirmada por la participación en los conflictos civiles del siglo I aC y por la fundación de diversos núcleos urbanos, aunque no bajo las formalidades coloniales (Roldán, 1974, p. 161; Blázquez *et al.*, 1978, p. 197). En el mismo sentido, Gabba solo puede explicar la fuerza de un episodio como el de Sertorio por la profunda romanización de la provincia ibérica que tuvo lugar durante el siglo II aC, a parte de la personalidad de esta figura, que fue capaz de aglutinar en una misma iniciativa fuerzas residuales contrarias a Sila de Italia y, además de los romanos, los Hispanienses (itálicos de Hispania), así como los mismos indígenas (Gabba, 1990b, p. 714).

Para otros, en cambio, será sobre todo con las guerras civiles que se debe situar la emigración no controlada, y todavía respondía a motivos políticos y fuera de episodios muy concretos como el de Sertorio o de los hijos de Pompeyo, no parece que Hispania fuese una tierra especialmente acogedora y buscada como destino (Le Roux, 1995, p. 87). Este autor sigue la línea iniciada por Brunt: "The average peasant in Italy had neither the desire to emigrate nor the means to do so without government direction wich (so far as we know) was not providet before the time of Caesar's dictatorship except in a few instances, none of them in Spain" (Brunt, 1971, pp. 163-164).

Esta población inmigrada no se asentará solamente en el interior de las ciudades existentes, en gran parte indígenas, sino también, sobre todo a partir del último tercio del siglo II aC en una serie de fundaciones de nuevos núcleos urbanos, ya sea sobre asentamientos indígenas anteriores o bien creados de nueva planta. La función de estos últimos era la de canalizar los asentamientos de veteranos e inmigrantes citados y la de proporcionar un sólido control del territorio, convirtiéndose en eficaces factores de romanización y organización del territorio, que a partir de ahora se intensificarán, una vez pacificada la Península después de las guerras celtibérico-lusitanas. Serán el germen de la posterior política de urbanización. Pero a pesar de lo que a veces se ha afirmado, Le Roux intenta remarcar que la emigración no precedió la conquista, la ha seguido. El ritmo de instalación de establecimientos urbanos para los magistrados romanos encargados de las provincias lo confirman mostrando que la colonización se realizaba en regiones controladas y pacificadas. La imagen desvirtuada y viciada de los *propugnacula imperii* que se ha dado a las colonias como fortalezas militares creadas con una función estratégica ha enmascarado su rol como símbolos de la dominación de Roma y su irresistible progresión (Le Roux, 1995, p. 90).

No deja de sorprender que mientras la oligarquía senatorial se oponía taxativamente a la creación de núcleos de asentamientos coloniales en la propia Italia durante la segunda mitad del siglo II, lo permitía, e incluso lo impulsaba, en Hispania. A pesar de eso, que existiese esta práctica antes de la guerra social no implica que fuese muy común ni generalizado (Beltrán *et al.*, 1988, p. 214). En el ámbito peninsular no se puede hablar de una autentica política planificada de creación de colonias romanas y de la extensión de la ciudadanía romana a ciudades indígenas hasta la época de César, auténtico impulsor de este fenómeno sobre todo en la Ulterior, que con la figura de su continuador, Augusto, se extenderá también a la Citerior. El movimiento de romanización por la multiplicación de las comunidades romanas, que estaba ya preparada por Pompeyo, se aceleró en tiempos de César. Sus herederos, Lépido y Augusto ejecutaron su programa de tal manera que es difícil de distinguir entre los proyectos realizados por César y los de sus sucesores, que define como "cesarianas" las colonias que habrían sido previstas sin haber tenido tiempo de establecerlas, antes que Augusto personalizase con su figura estas iniciativas (Nony, 1984, p. 541). Los móviles de César debían ser diversos, pero el más claro y urgente sería el de recompensar a los veteranos y ganar para su bando una Península en la que Pompeyo había creado una clientela importantísima; eso denota una voluntad de prever un reclutamiento exhaustivo y, tal vez, un interés en equilibrar la parte occidental de las posesiones romanas frente a Oriente, hasta entonces la zona que presentaba más atractivos.

Probablemente, no sería lícito concluir que Roma dirigió una política de emigración masiva, sino admitir que permitió un movimiento espontáneo de emigración de gran volumen provocado por la atracción de la *pecunia*. Como dice Le Roux, se quiera o no, el individuo pertenecía a una ciudad de la que dependía profundamente y una separación a título privado no rompía esta ligazón, era necesario tener la facultad o la obligación de emigrar para iniciar el proceso que acabaría con la instalación en otra comunidad (Le Roux, 1995, p. 89). Será a propia petición del dictador que se pudo producir, durante la segunda mitad del siglo I aC, una colonización mayoritariamente civil y que benefició a los proletarios de la propia Roma.

César adquirió el derecho de vender, otorgar o parcelar las propiedades de sus enemigos. Sus partidarios esperaban acceder a las riquezas, a la buena posición social y al poder, tal y como hizo Sila con los suyos. La tierra fue confiscada para sus colonias de veteranos en Italia y fuera (Syme, 1989, p. 110). La inexistencia de *ager publicus* en la Península itálica, del que se debían extraer lotes para el reparto de propiedad era uno de los grandes problemas con que habían topado los programas de los reformadores agrarios. El recurso a la expropiación por la fuerza de las tierras a los propietarios anteriores, fue uno de los sistemas al que se vieron obligados algunos comandantes para gratificar los servicios de los soldados que habían servido en el ejército. César probablemente habría hecho lo mismo si no hubiese dispuesto de gran libertad en materia colonizadora. Esta será la originalidad de su política: pudo ofrecer tierras en el ámbito extraitálico a sus veteranos y a los partidarios de su bando y, por otra parte, no rompía la estrategia de conciliación política, que había conducido a una larga etapa de conflictividad civil.

Pero, no solo los veteranos eran afectos a su causa, gracias a sus mandatos en provincias se ganaba la fidelidad y el seguimiento, clientela, a su persona de pueblos y regiones enteras, provincias y naciones, reyes y tetrarcas. Pompeyo ya fue un buen ejemplo de esta práctica. El dictador no aplicó su programa de la misma forma en todas las provincias; Hispania era una de las que ofrecía mejores condiciones por diversas razones: una antigua tradición colonizadora; la disponibilidad de grandes superficies de tierra que pasaban a formar parte del *ager publicus* y repartidas, ya fuese por conquista, ya contra comunidades indígenas favorables a la causa pompeyana; además, disponían de una buena comunicación con Italia (Solana, 1989, pp. 73-74). Juntamente con la creación de colonias y la reconversión en municipios romanos de algunas comunidades indígenas que habían apoyado a César durante la guerra civil y que presentaban un avanzado nivel de romanización y de administración interna, también se concedió el derecho latino a otras ciudades que aparecen citadas en la relación de Plinio. Parece claro que con todo eso se intenta aplicar el mismo sistema organizativo de la Italia anterior a la guerra social, con una gradación de estatutos para las diferentes comunidades, desde las simples ciudades peregrinas hasta los núcleos más privilegiados por la concesión del *ius latii* y especialmente por la creación de los nuevos municipios y colonias romanas, en torno de los que se edificará la administración provincial de época imperial (Roldán, 1981, p. 631; Blázquez *et al.*, 1978, pp. 206 y ss.).

El periodo de las guerras civiles propiamente dichas, prolongado por el "primer reinado" de Augusto, hasta el 16/13 aC, favoreció el desarrollo de las colonias de veteranos: *Valentia, Pax Iulia, Scallabis, Metellinum, Norba, Emerita Augusta, Caesaraugusta, Celsa, Carthago Nova, Tarraco, Barcino*, serían los ejemplos principales (Galsterer, 1971, pp. 17-30). Según los cálculos de Le Roux, admitiendo que cada una hubiese recibido un contingente de unos 3.000 colonos y que todos fuesen de origen itálico, proporciona una cifra de solamente 33.000. Es poco, y la realidad seguramente menor, ya que el reclutamiento provincial se acentúa en la medida del desarrollo de las luchas (Le Roux, 1995, p. 91). De esta forma refuerza aún la visión de Brunt, quien reducía el número por asentamiento a 2.000 colonos.

Con el Imperio, la cuestión evoluciona sensiblemente, si bien se inscribe en la continuidad de las tendencias evidenciadas en el periodo republicano. Habrá, pero, dos elementos esenciales para la originalidad de este período: la integración política y social de las ciudades bajo la línea de las élites locales, herederas de los inmigrantes itálicos y de las clientelas aristocráticas romanas de la República, que eran suficientes para asegurar el progreso de las ciudades, que se encargarían de sus negocios y del desarrollo de las relaciones indispensables con Roma e Italia. Por otra parte, y mientras tanto, una inmigración "intrahispánica" tiende a dominar sobre una inmigración de Italia; en el conjunto de Hispania la presencia de extranjeros originarios de otros sectores provinciales va creciendo regularmente. (Le Roux, 1995, p. 92) Además, un hecho garantiza un flujo constante de itálicos en Hispania: la presencia de siete legiones entre el 30 aC y el 69 dC y la instalación permanente después de una de ellas. En general, a las ciudades mejor documentadas, el número de *alieni*, sobre el total de la población epigráfica de que se disponen nunca es superior al 5% y casi siempre inferior al 3% (Haley, 1991, p. 51).

En definitiva, la cuestión se sigue debatiendo entre un papel importante de la emigración privada republicana en la romanización de Hispania, que ha contado con numerosos defensores, y una visión más restrictiva ofrecida por Brunt y las últimas síntesis de Le Roux, según las cuales sería menos por la emigración que por el gobierno de Roma que fue modelando, poco a poco, Hispania a su imagen y según sus criterios de civilización. Fuera del ejército, los personajes encargados de la organización y de la seguridad de los territorios conquistados se reducen a un pequeño número, pero con un peso considerable en lo que se refiere a sus decisiones y iniciativas en la difusión de los modelos italianos y romanos. Frente a una primera colonización republicana se resalta la importancia del momento de las guerras civiles y de época cesariana por la colonización de Occidente y de la Península ibérica en particular.

La administración romana del sudeste de la Galia.

Uno de los pocos personajes que tenemos documentado, procedente de nuestro área de estudio, sobre el que podemos tener la completa seguridad, no solo de que ostentaba un estatuto de ingénito, sino que había ocupado cargos de responsabilidad, con un *cursus honorum* completo en las magistraturas municipales, pertenecía a la Galia Narbonense, como demuestra la epigrafía y hemos podido comprobar en el capítulo anterior (Gayraud, 1981, pp. 330-339). No deja de ser curioso que este personaje, afincado y bien asentado en Narbona realice inversiones y tenga negocios en la Tarraconense. ¿Se trata de un caso único?, a parte de la proximidad geográfica, había otros elementos que facilitasen estos contactos? Un aspecto que podría sugerir explicaciones sobre la vinculación entre las dos zonas puede ser la administración que gobernó estos territorios al norte de los Pirineos.

La Galia Transalpina es la zona delimitada por la costa mediterránea desde el Var a los Pirineos, por los Alpes, el lago Leman y el curso superior del Ródano, por los contrafuertes del macizo Central y de Cevennes, englobando Toulouse y su territorio. A partir de Augusto formará la provincia Galia Narbonense. Esta unidad territorial que regirá también para la época imperial se ha considerado de forma implícita válida para la época anterior. Pero no hay nada que nos indique que fuese reconocida, y aún menos, organizada antes de una época reciente (Goudineau, 1984, p. 548-549). Hay un texto extremadamente revelador, Estrabón, en III, 4, 19 precisa: "Los autores anteriores denominan Iberia a todo el país situado en el otro lado del Ródano y del istmo formado por los golfos galácticos". Entre estos autores anteriores deberíamos citar el periplo marsellés en el que se inspiró Avieno para confeccionar la *Ora maritima*, 612-613 y Pseudo-Scimno, 206-208. Veamos, por tanto, que la adscripción del Rossellón y del Languedoc en la Galia es más reciente, a pesar de que no podemos precisar de cuando. Iremos viendo cuales son las posibilidades. Si damos crédito a Dión Casio (*Hist.*, Liv., 4, 1), el año 22 aC sería el de la creación definitiva de la provincia (Guyon, 1994, p. 215).

Marsella en el siglo III contaba aún como una de las grandes potencias de Occidente, tanto por lo que respeta a la representación política como a la presencia comercial. Las dos guerras púnicas (solamente se documenta participación marsellesa en la segunda) sirvieron para estrechar los lazos –y probablemente la dependencia– con Roma. En el siglo II la ciudad tuvo que recurrir a Roma en diversas ocasiones, el 181, con motivo de las actividades de los piratas ligures; y el 154, cuando dos pueblos ligures asediaban las factorías de Niza y Antibes; sin contar la llamada del 125 (Barruol, 1975, p. 167). En ambas ocasiones los romanos solventaron el problema de su aliado. Pero, ¿debemos pensar en una ayuda desinteresada? No parece que fuera así. Nicolet señala que desde la creación de las provincias hispánicas, a partir del año 197, se eligieron dos pretores suplementarios para que se hicieran cargo de ese territorio. La vía marítima y la vía terrestre interesaban especialmente y de forma directa en Roma. La zona marsellesa, de contacto entre Roma e Hispania, era insegura según demuestran diversas expediciones púnicas por tierra y por mar y los ataques que sufrieron dos magistrados que se dirigían a Hispania, los años 189 y 173.

El trasfondo de estas intervenciones en el este del Ródano plantean un problema de mayor alcance, la posibilidad de que el Rosselló y el Llenguadoc hubiesen pasado a ser controlados y administrados por Roma en la primera mitad del siglo II aC (Goudineau, 1984, p. 554). Esta hipótesis que nunca tuvo aceptación fue planteada ya por Mommsen, a pesar de que dispone de diversos argumentos, mantenidos por Ebel (1976) y recogidos por Goudineau. Entre estos, se han esgrimido otros de tipo diverso: un argumento teórico, ya que una provincia no debía tener necesariamente unos límites precisos, sobre todo si estaban en contacto con pueblos que no tenían relaciones legales con Roma, como sería el caso de Hispania Citerior con el Languedoc, que estaba incluido en el concepto de Iberia, como hemos comentado antes. El argumento numismático, por el hecho de que un control anterior al 125 acabaría la polémica sobre el momento de la creación de la moneda en el Languedoc. Hay dos textos difíciles para los historiadores: uno es un pasaje de Polibio centrado en el año 218 (III, 39, 8): "Desde la Nueva Cartago hasta el Ebro hay 2600 estadios; desde el Ebro hasta Emporion, 1600; de Emporion hasta el paso del Ródano, también 1600, aproximadamente. Este recorrido ha sido minuciosamente medido por los romanos, que han colocado mojones cada ocho estadios". La publicación del libro tercero se supone anterior al 146, y, por tanto, el control por parte de Roma sería anterior a esta fecha; el otro texto es un fragmento de Cicerón, escrito hacia el 53-52, pero con la acción situada en el año 129, donde se comenta la prohibición por parte de los romanos de plantar olivos y viñas a los pueblos transalpinos (*De Rep.*, III, 9, 16: "y nosotros, que nos consideremos los más justos, no permitimos que los pueblos transalpinos planten olivos y vid, para así dar más valor a nuestros olivos y viñas"). Finalmente, Goudineau señala diversos argumentos negativos que también avalan esta hipótesis, como ahora, el que no se tenga noticia de ninguna acción al oeste del Ródano, con motivo de las operaciones realizadas entre los años 125-122; así como si era posible pensar en la fundación de la colonia de *Narbo* el 118 si la zona acababa de ser pacificada.

Durante los cien años que van entre el último cuarto del siglo III y el del siglo II las relaciones comerciales con Roma se muestran con una gran intensidad en la zona situada entre Marsella y Empúries; por ejemplo, la llegada masiva de ánforas vinarias itálicas que comienzan a substituir las de producción masaliota, las que incluso llegarán a imitar la forma de las primeras; la cerámica campaniense, que también será imitada por talleres regionales, la intensificación de la circulación monetaria o la evolución del hábitat indígena con novedades urbanísticas a la mayoría de poblados (Enseruna, Nages, Entremont, entre otros).

A parte de la importancia militar del territorio, la modalidad de la conquista y de la provincialización muestran la importancia asumida por *equites* y comerciantes, además del flujo migratorio de campesinos de Italia. El hecho que Narbona fuese, en palabras de Cicerón, un *propugnaculum* no quiere decir que su importancia militar fuese preponderante respecto a su relevancia como centro económico.

La fundación de la colonia *a causa popularis* recibió la oposición del Senado. El apoyo de los *equites* y los intereses comerciales itálicos son difícilmente negligibles en la decisión de fundar *Narbo*, ya que muestran una consciencia política del aprovechamiento de la provincia por parte de grupos financieros y comerciales, que para recoger inmediatamente los frutos, actuaron sobre la decisión senatorial.

La prohibición de la que hablaba Cicerón, se refería al periodo anterior al 129 aC. Quizás hacía referencia a la tierra confiscada en el 154, la única sobre la que los romanos podían tener jurisdicción. Es posible que en torno al 129, y después, en el marco de las iniciativas gracanas, se establezca que los que se convirtiesen en senadores tuvieran que abandonar la centuria ecuestre; lo cual parece implicar el reconocimiento de una especialización de las funciones ecuestres. Una parte de los *equites* se dedicaba a los *publica*, formando un grupo siempre más definido, pero probablemente amplio y abierto; algunos *equites* habrían renunciado, o no serían aceptados en la vida política y se habrían dedicado a las actividades económicas, financieras y comerciales. Este grupo amplio, que incluiría también ricos itálicos, cuya presencia de los cuales representa un dato relevante, podía ser identificado como potencial antagonista político del Senado, no por divergencias en los intereses o visiones políticas, sino por el crecimiento de su peso financiero y su capacidad de operar en el marco de las nuevas exigencias imperiales. El reconocimiento de su función política fue la consecuencia de su progresiva afirmación (Clemente, 1990a, pp. 381-384).

En los años 125 y 124 aC, el cónsul Fulvio Flaco y su substituto Cayo Sexto Calvino, respectivamente, vencen a los voconcios y a los salios celto-ligures, en acción de ayuda a *Massalia*, y algunos centros galos, especialmente Salyi, fueron destruidos. La fundación del *presidium* militar de *Aquae Sextiae*, que toma el nombre del último personaje, nace para defender la zona. En la Transalpina, el 122-121 vuelven a actuar Cneo Domicio Ahenobarbo y Fabio Máximo Alóbrogico al frente de dos ejércitos consulares; el primero se enfrenta con los galos en *Vindalium*, al noreste de Aviñón, el segundo derrotó a los alóbroges y a los arvernos en el Ródano. Seguidamente Domicio se internó en territorio de los arvernos y volcos hasta Tolosa, donde debió dejar una instalación militar, en el marco de una alianza con los *Volques Tectosagi*. Se quería pacificar el Languedoc y establecer la autoridad de Roma. La fundación de *Narbo* y pronto de *Forum Domitii* y Tolosa, juntamente con la construcción de la *Via Domitia*, que seguía el trazado de la vieja vía Heraclea, servirán para el control definitivo de los volcos y unirá finalmente por tierra Italia e Hispania.

Desde aquí hasta las guerras sertorianas hay muy pocas noticias que se refieran a la zona de los Pirineos; la más destacada será la incursión de germánicos que durante unos años recorrieron la zona gala del sur a partir del año 120; en el 104, un grupo atravesó los Pirineos y fue deshecho, según Livio, por los celtíberos. La Galia meridional tuvo un rol esencial para garantizar el aprovisionamiento en la guerra contra Sertorio. Los territorios pirenaicos nororientales, controlados por los romanos, dependían del gobernador de la Hispania Citerior y precisamente la necesidad de controlar estratégicamente esta orografía, con motivo del conflicto civil, hará que la frontera entre la Galia e Hispania comience a convertirse en una demarcación estable (Fatás, 1995, p. 161).

Así pues, la fecha de creación de la provincia Transalpina presenta diversos problemas. A la visión tradicional, que la sitúa entre el 122, fecha de la partida del cónsul Cneo Domicio Ahenobarbo, a quien se atribuye la creación, y el 118, año de la fundación de *Narbo*. Se han planteado, sin embargo, numerosas reservas como las de Badian, que apunta una fecha posterior al 100.

Una de las más sugerentes, en contrapartida, es la que propone que durante un siglo no habría existido una provincia, sino que los territorios situados al oeste del Ródano habrían formado parte de Hispania Citerior y los del este estarían controlados por Marsella y vigilados por el gobernador de la Cisalpina. La creación de una provincia que abarca desde los Alpes a los Pirineos se remontaría a la época de las guerras sertorianas y la habría creado Pompeyo (Ebel, 1976, pp. 74-102). El establecimiento de las bases sertorianas al sur de los Pirineos, así como la insurrección también de diversos pueblos de la Galia meridional, situaron el problema de esta zona en las prioridades a resolver por parte del Senado, enviando a Pompeyo primero y a Marco Fonteyo más tarde. Asimismo, es significativo que, como se desprende de un pasaje de César (*De Bello Gallico*, I, 46), en el año 83, un aristócrata local llamado Cayo Valerio Caburo recibió la ciudadanía romana de parte Cayo Valerio Flaco, gobernador de la Hispania Citerior (Broughton, 1984, p. 64, lo sitúa como procónsul en la Galia Transalpina). En la misma línea, un texto de Plinio (*Nat. Hist.*, III, 18) demuestra que los Pirineos, en época de Pompeyo, no constituían el límite norte de la Citerior; no se conoce ninguna ley de organización ni ningún gobernador de la Transalpina anterior a Marco Fonteyo, que lo fue probablemente en el trienio 74-72. Después de este, la Galia Cisalpina y la Galia Transalpina quedaron regidas por el mismo gobernador. En el plano económico, este período políticamente problemático, conocerá, por una parte, la extensión del territorio dominado por Marsella y, por otra, el asentamiento de colonos en Narbona y, sobre todo, el acaparamiento de tierras por parte de ciudadanos romanos que aplicarán los esquemas itálicos para la explotación del territorio. La presencia masiva de material itálico demuestra una intensificación de las relaciones comerciales.

Las dificultades de la zona y la rápida expansión de la revuelta, después del fracaso de la primera intervención del Senado, motivó que se nombrase a Pompeyo procónsul de Hispania, para acabar con el problema. Sus acciones a las dos bandas de los Pirineos (fundaciones, ahora discutidas, de *Lugdunum Convenarum* y *Pompelo*) y su triunfo, permitieron incorporar los nuevos territorios al control romano, lo que se conmemorará con la construcción de trofeos. En una carta, poco valorada, de Pompeyo al Senado, Salustio pone en boca del protagonista estas palabras: "He reconquistado la Galia, los Pirineos, la Lacetania y el país de los indicetes; he resistido el primer ataque de Sertorio (...)" (*Orationes et Epistulae*, 5). Más adelante, las acciones de César se destinaron a consolidar la frontera occidental de la *Narbonensis* y la salida atlántica, mientras que el control de la costa cantábrica será obra de Augusto. El control definitivo de los Pirineos se realizará con diversas acciones de sus generales: Agripa, que actuó en el noroeste aquitano; Domicio Calvino, que sometió a los ceretanos el 36 aC, después del cual se fundará *Ilulia Livica*, a pesar de que la acuñación de denarios en Huesca, con la leyenda DOM. COS ITER. IMP., conmemorativa de esta victoria hace pensar en actuaciones en el Pirineo central y no oriental (Villaronga, 1979, p. 240, fig. 55); Messala Corvino, que entre el 29 y el 26 pacificó la Aquitania pirenaica. La *pax romana* necesitaba tener bajo control las partes más alejadas: la cornisa cantábrica, el País Vasco y todo el extremo occidental de los Pirineos. Una vez conseguido todo este programa la división administrativa entre la Galia e Hispania quedaba fijada de forma definitiva en los Pirineos (Fatás, 1995, pp. 163-166).

La existencia de los Pirineos como barrera geopolítica moderna ha querido ser reivindicada por el cartesianismo francés como el antiguo límite provincial romano. Se ha dicho frecuentemente con razón que esta cordillera no supone un límite real, ya que los diversos pasos la han hecho siempre muy permeable, como los bien conocidos, aunque no únicos de Cervera/Portbou y del Portús/Figueres, por lo que respecta a nuestra zona. La valoración de su componente ortográfico como auténtica demarcación no comienza a realizarse, como hemos visto y por cuestiones militares, hasta la época de Sertorio. No fue, por tanto, la llegada de los romanos el 218 aC, ni la relación terrestre entre Italia y la costa oriental hispana mediante la Vía Domitia, ni la fundación de *Narbo* lo que concibió Hispania y la Galia como demarcaciones político-administrativas diferentes. Hará falta una acción global sobre el conjunto pirenaico que no comienza antes del 79-78, que comportará la integración definitiva debida, inicialmente a Pompeyo Magno. Administrativamente, la provincia de la Galia Transalpina no constituía ya ninguna entidad. Fue unida a Hispania en la época de Lépido –en el año 45 aC Marco Emilio Lépido, nombrado por César, se hace cargo del gobierno de la Narbonense y de la Hispania Citerior (Syme, 1989, pp. 151 y 218), Broughton lo sitúa el año 44 y 43 (Broughton, 1984, pp. 326 y 341)– y a la Galia con Antonio –procónsul, en base a una ley de inicios de junio del 44, de la Galia Cisalpina y Transalpina el 43; y de la Transalpina y la Narbonense el 42; después de la batalla de Philippos, el 40 (Broughton, 1984, p. 342)–; así como con Augusto. Fue, por tanto, durante el periodo del Principado que se convirtió en la *Gallia Narbonensis*.

El gran desarrollo económico que protagonizó la nueva provincia se reflejó en la existencia de una importante política urbana y pronto se la dotó de centros administrativos, económicos y culturales. En su territorio hubo 23 ciudades principales. En el inicio de la administración romana seis de estas eran colonias romanas (Arles, Béziers, Fréjus, Narbona, Aurenja y Valence), de las cuales las cinco primeras habrían contado con veteranos y tal vez también cuatro ciudades federadas (Vaison, Marsella, Antibes y Alba). Otras ciudades latinas cambiaron enseguida de estatuto para convertirse en colonias, entre las que debemos contar Viena del Delfinado, Aviñón y Ais de Provenza (Guyon, 1994, pp. 215-216).

Hay un gran contraste entre la Narbonense y otros lugares romanizados, ya que allí, a diferencia por ejemplo de la Bética, los notables llevan, mayoritariamente, gentilicios de familias nobles romanas, es decir, que sus ancestros habían recibido el derecho de ciudadanía romana (Syme, 1977, p. 379). En este contexto y con estos precedentes no encontraríamos nada extraña una pertenencia al cuadro ecuestre por parte del personaje narbonés Publio Usuleno Veientón, la familia del cual podría haber acumulado riquezas y patrimonio en el periodo colonizador y haber accedido a propiedades rústicas con motivo de las diversas fundaciones, tanto en la republicana como en la cesariana, como parece demostrar la inscripción localizada en el *pagus* de Moux, en los límites occidentales del territorio de la ciudad; así como disponer de facilidades para acceder a la propiedad de terrenos situados en la Hispania Citerior, vista la estrecha relación administrativa que habían tenido las dos regiones.

Si buscamos información sobre la inmigración que afectó Hispania en época imperial, los datos que se desprenden de las fuentes epigráficas, trabajadas por E. W. Haley, vemos que es originaria principalmente de cinco partes del Imperio: Roma e Italia, Galia, las provincias del Rin y del Danubio, de Grecia y del Este y de Africa. De origen galo reúne 31, la repartición de los cuales es la siguiente: uno en la Lusitania, tres en la Bética, tres más en el levante (Peal de Becerro, prov. de Jaén, *Saguntum* y *Cartago Nova*), mientras que el resto, (24) se dirigieron a la *Tarraconensis*, y en concreto ocho en *Tarraco* y seis en *Barcino*. Queda claro, por lo tanto, que la inmigración gala estaba destinada eminentemente a la Tarraconense. La procedencia de estos personajes es también bien significativa, principalmente de las áreas y ciudades más cercanas a Hispania: *Narbo* (Narbona), *Nemausus* (Nimes), *Forum Iulii* (Fréjus), *Tolosa*, *Arelate* (Arles), *Vienna* (Viena del Delfinado) (Haley, 1991, pp. 27-52, especialmente 33-37).

Las evidencias de la zona catalana.

Cuando R. Syme examina el desarrollo de las provincias en el final de la República e inicios del Imperio, observa regiones dinámicas, focos de energía, donde se constatan ciudades, clases y hombres pujantes. En Hispania, en su estudio se interesa por la Bética y por el litoral de la Tarraconense; fuera de este ámbito también se fija en el Languedoc, en la Provenza, en la Lombardía, en el Véneto, es decir, en unos puntos que define como una zona-frontera incluida en el concepto dinámico que dan a la palabra frontera los americanos, porque para ellos "la frontera" comenzaba con el Middle West y se extendía hasta el Far West, estas regiones dinámicas en el desarrollo de los Estados Unidos (Syme, 1977, p. 373).

Si bien comúnmente es admitido hoy por los historiadores y arqueólogos que la estructuración romana del territorio de la actual Cataluña se inició en fechas anteriores a las épocas cesariana y augústea, como daba por supuesto la tradición historiográfica, hay menos acuerdo en otorgar una fecha precisa a este proceso. Tarradell, hablaba de una fase de conquista rápida, de no más de 30 años desde el año 218 aC. La transformación interna, sin embargo, no se consiguió tan rápidamente. Todavía en esta fase, se desarrolló una etapa de la cultura ibérica, antes de convertirse en romanos (o catalano-romanos, como decía este autor, paralelizando irónicamente los términos con los de galo-romanos o hispano-romanos) (Tarradell, 1983, p. 216). En efecto, después de los primeros episodios turbulentos, provocados por la rapiña y las abusivas exacciones tributarias de los gobernadores y magistrados romanos, y pacificado el territorio, aunque sea a costa de una severa derrota militar, lo cierto es que se abrirá un periodo de crecimiento económico, de expansión demográfica, en la que se dará aún continuidad de población en los centros indígenas, las excepciones son contadas y ejemplificadoras, con una adecuación y remodelación de muchos poblados y pequeños núcleos o granjas que explotarán de forma intensiva el campo. Durante el siglo II, según Balil, el asentamiento urbano fue básicamente ciudadano y comercial, no de agricultores, ya que en Hispania no existiría todavía el *ager publicus* y la explotación agrícola estaría en manos de los indígenas. Si hubiera habido empresariado romano o itálico, sería absentista y el asentamiento de soldados licenciados sería todavía ocasional (Miró, 1988, pp. 248-249).

Esta situación de continuidad, a pesar de la presencia romana, que controla pero no interviene de forma directa y decisiva en el territorio, se romperá en el paso del siglo II al I aC. El cambio de actitud ha sido descrito profusamente en nuestro territorio (Nolla & Casas, 1984, pp. 24-26; Casas & Nolla, 1995, pp. 137-142) y definido como el "gran cambio", ya que por sus efectos el país quedará integrado de pleno derecho en la civilización romana. Los agentes que expresarán esta voluntad de Roma serán, por una parte, la fundación de centros urbanos y la posible centuriación del territorio; por otra, la explotación del campo bajo unos parámetros itálicos, con la instalación de *uillae* agrícolas y una red de vías y ramales secundarios que comunicarán los centros urbanos entre sí y estos con el territorio interior, unida a la propia Italia gracias al control de la Galia Transalpina, como hemos tenido ocasión de comentar antes.

Por otra parte, sería interesante saber si los primeros asentamientos rurales de pequeñas dimensiones, bien fechados por los materiales republicanos, tanto importados como locales, corresponden a las primeras explotaciones de colonos romanos si se trata todavía de pequeños núcleos indígenas, anteriores a las villas propiamente dichas, que ya consumen cierta cantidad de productos de importación. Por encima de la mayoría de éstos, dado lo acertado de la elección del lugar para explotar la llanura, se edificarán las villas que, a partir de ahora, cultivarán el territorio. Es importante, y es una cuestión que la arqueología tendrá que aclarar en los próximos años, para conocer su carácter y poder evaluar la cantidad y la capacidad colonizadora del elemento itálico en estos momentos. Como ya se ha planteado en áreas determinadas, una última fase de reestructuración de los poblados, que duran hasta mediados del siglo I aC, éstos se usan como elemento romanizador del territorio (García & Zamora, 1993).

La existencia de un programa de implantación urbana en el territorio de la actual Cataluña habría surgido, por tanto, a partir de finales del siglo II, para continuar de manera progresiva a inicios del siglo I aC. Este conjunto de ciudades de nueva planta habrían tenido una importante incidencia en la estructuración del país y en la aceleración del proceso romanizador. Mientras tanto, el soporte a la política de intervención romana en la península habría contado, desde las Guerras Púnicas con el soporte de diversas ciudades pre-romanas como Empúries y Sagunto y el establecimiento de *Tarraco* como plaza fuerte y base de operaciones militares. A partir del momento inicial y hasta el final de Sertorio encontraríamos, en primer lugar, la fundación de *Tarraco*, en torno del 125 aC; Empúries en el primer cuarto del siglo aC; poco después, a finales del primer cuarto del siglo I aC o ya dentro del segundo tercio, *Baetulo, Gerunda, Blandae* y tal vez también *Iluro* (Aquilué, 1984, pp. 95-113), *Barcino* en las últimas décadas del siglo I aC. La consolidación de las grandes vías que penetran hacia el interior entre el 120-110 aC, sería coincidente con las fundaciones de *Iesso* (Guissona) y de *Ilerda* (Lleida) (Sanmartí, 1994, pp. 357-360).

Según Guitart, el programa habría surgido los primeros años del siglo I aC como una señal de alarma de un fenómeno puntual, ya que en el siglo II aC, no habría constancia de ninguna iniciativa de colonización urbana, solo encontramos dos casos excepcionales: *Valentia* (138 aC) y *Narbo Martius* (118 aC), a las que deberíamos añadir las dos fundaciones mallorquinas del 123 aC; pero no marcan una tendencia general, que aún tardará en darse. El programa de fundaciones se concretaría con las ciudades de *Iluro, Baetulo, Iesso, Aeso* y la ciudad romana de Empúries. La coyuntura histórica que permitió el desarrollo del programa, siguiendo aún a Guitart, se habría creado después de la victoria de Mario sobre los cimbrios y los teutones y en el marco de la desmovilización de su ejército entre el 100 y el 98 aC. Con estas acciones se reforzaríauna zona que se había mostrado excesivamente vulnerable a las incursiones foráneas (Guitart, 1994, pp. 205-210; 1993, pp. 54-83). Las mismas fuentes que hablan de la derrota de los bárbaros por parte de los celtíberos (Livio, *Per*., 67; Plutarco, *Mario,* 14), parecen desmontar la teoría de una entrada por Cataluña y la indican, con más seguridad, por el Pirineo central (Fatás, 1995, p. 161). Otros autores, si bien de forma poco explícita, reivindican un papel para las acciones reorganizadoras y fundacionales de Pompeyo en Cataluña, como un ejemplo del establecimiento de un nuevo modelo de actuación imperialista sobre el territorio y sobre el mundo indígena, acciones que conocemos mejor en Oriente (Olesti, 1994, pp. 316-317).

Para el estudio de la implantación romana en un territorio, y aunque nos centremos en el ambiente rural, en sus asentamientos y en la explotación del campo, es capital conocer la problemática urbana de la zona, ya que la implicación campo/ciudad está en la base de cualquier explicación. Pasar revista al panorama urbano de las comarcas gerundenses quiere decir centrarse en el Alt Empordà, el Gironès y la Selva. Esta concentración en determinadas demarcaciones administrativas modernas, que con frecuencia ha provocado sorpresa, si observamos su distribución topográfica sobre el mapa, es bastante lógica y controla los puntos más importantes, sobre todo si tenemos en cuenta los numerosos centros semi-urbanos que llenan los grandes espacios vacíos y que debían encontrarse por toda la costa bajo empordanesa, entre los que habría Llafranc, Platja d'Aro y muchos otros.

Más problemas presenta el conocimiento de cada uno de estos centros urbanos y, a pesar de la abundante bibliografía, tendremos que pasar de puntillas por la Roses alto imperial, sobre todo después de invalidarse el único elemento que permitía suponer un *municipium Flavium Rhodinorum* apoyado en una inscripción de Cartago (CIL VIII 1148) (Pena, 1993, pp. 667-673). Caldes de Malavella, *Aquae Calidae* nombre del centro urbano, probablemente ciudad estipendiaria en época julio-claudia, que accedió al estatuto de municipio en época de Vespasiano (Nolla, 1993, pp. 660-662; Merino, Nolla & Santos, 1994). Blanes, de la que no sabemos si fue o no municipio (Tarradell, 1978, p. 29), tal vez *oppidum civium Romanorum* con Augusto, a pesar de la falta de inscripciones del lugar (IRC III, p. 18). Más información y más segura es la que disponemos de Empúries y Girona, a las que se debía vincular, en gran medida, el territorio de las comarcas gerundenses.

Gerunda nació como centro urbano en el curso del primer tercio del siglo I aC; la definición de este origen romano republicano, gracias a los numerosos trabajos del Dr. J.M. Nolla (Nolla, 1988, pp. 69-108, con toda la bibliografía anterior, véase *infra*), ha permitido desterrar viejos tópicos muy enraizados en la investigación anterior, sobre todo el de la existencia bajo la ciudad romana de un *oppidum* ibérico, a partir de unos restos monumentales mal fechados y de un nombre pre-romano. La principal razón para su fundación estuvo motivada por la situación estratégica y elevada que le permitía dominar el importantísimo paso norte-sur y la llanura de Girona que se abre a sus pies. Probablemente el contexto histórico en el que se deba situar la iniciativa sea el de las guerras sertorianas. El perímetro de la muralla, de casi 1000 m., define una forma vagamente triangular de unas 6 hectáreas de superficie, la estructura interna de la cual se organizaba con el *kardo maximus*, que corresponde al trazado de la calle de la Força, entre las dos puertas bien conocidas de Sobreportes al norte y la de la antigua plaza del Correu Vell al sur; mientras que el *decumanus* ligaría el vértice del triángulo, marcado por la Torre Gironella y el otro límite occidental. El desnivel topográfico de la zona permitió organizar tres plataformas naturales en terrazas que evolucionan, en sentido decreciente, de este a oeste. La villa republicana, con la concesión del derecho latino, se convirtió en municipio con Augusto (Nolla, 1988, p. 92; IRC III, p. 18).

El estudio sobre la catastración del territorio ha permitido detectar una estructuración que, trabajando sobre mapas y fotografías aéreas, determina las líneas fosilizadas sobre el terreno y presentan una orientación precisa sometida a un ritmo métrico basado en módulos romanos. La centuriación denominada Girona A, dada la vinculación con esta ciudad, presenta un módulo clásico de 20 x 20 *actus* y tiene una buena implantación en extensas áreas del territorio (Aguilar, Olesti & Plana, 1991, pp. 112-116; Plana, 1993, pp. 32-34). Pero es difícil establecer o fijar los límites del *ager* propio de cada ciudad, además, es probable que hubiese variaciones en los diversos momentos históricos y en las modificaciones organizativas generales y de estatuto en particular. No sabemos si el territorio vinculado a Girona habría tenido salida al mar, lo que si sabemos es que había contactos entre todos los centros en funcionamiento, Girona con Empúries, Empúries con Llafranc, Girona y Empúries con la zona del lago de Banyoles, etc. Lo que es seguro también es que en el siglo tercero, con la crisis de Empúries como centro urbano y con la consolidación de las vías terrestres, Girona conseguirá la categoría de centro más importante del área del noreste catalán.

La Empúries romana había sido considerada una fundación cesariana, por una larga tradición historiográfica que llega hasta Almagro, gracias a la única cita clásica concreta (Livio, XXXIV, 9), y siguiendo los mismos argumentos, fue construida encima de la ciudad de Indika. Excavaciones de inicios de los años 70 en diversos puntos de la ciudad: básicamente en la zona del foro, cardo B (el mal llamado *decumanus* B) y puerta sur, así como el reestudio de los materiales de antiguas excavaciones permitieron afirmar que no hay nada anterior al siglo II aC dentro del perímetro excavado de la ciudad romana, como mínimo no en los dos tercios sur con que se divide la superficie urbana mediante la llamada muralla transversal. La gran incógnita todavía por desvelar es el tercio norte restante, que resta inexplorado. El origen se tendría que buscar en un primer *praesidium* de época catoniana, a inicios del siglo II aC, la continuación lógica del cual fue la ciudad. Tal y como ya había intuido Lamboglia, la estructura urbana ya estaría definida a finales del siglo II o inicios del siglo I, momento al cual correspondería la muralla (Nolla & Nieto, 1978, pp. 236-238; Aquilué *et al.*, 1984).

La situación histórica del momento fundacional de la ciudad romana de Empúries, a falta de referencias textuales explícitas, se debe apoyar en contextos que proporciona la arqueología. R. Mar y J. Ruíz de Arbulo valoran un marco cronológico que abarca entre el 125 y el 75 aC. Dentro de este periodo distinguen cuatro contextos o programas diferentes desarrollados por Roma: el primero, que llegaría hasta el consulado de Mario, al cual corresponden fundaciones de tipo estratégico y social; una segunda etapa de fundaciones coloniales ligadas a los fenómenos de los veteranos; el tercer momento correspondería, en el año 82 aC, con el final de la Guerra de Italia (84-82) por Sila y diversas deducciones coloniales, casi todas en Italia; finalmente, encontraríamos el contexto de las guerras sertorianas, concluída con la pacificación definitiva de Pompeyo en el año 72. Los problemas son bastante elocuentes y, por eliminación, el periodo que les parece más plausible podría ser el primero, es decir, el periodo del último cuarto del siglo II aC (Mar & Ruíz de Arbulo, 1993, pp. 244-266).

Diversos indicadores muestran de forma clara una gran influencia itálica, ligada a una fuerte inmigración desde el final de la República hasta la época de Augusto y se manifiestan en Empúries a través de los nombres documentados, que frecuentemente representan excepciones para el resto de la Península, así como en el registro arqueológico y la impronta urbanística.

Por lo que se refiere a estos elementos onomásticos (IRC, III, p. 17), hallamos gran número de *Cornelii* y *Porcii*, que se podrían relacionar con la primera implantación romana emporitana. Los *Sergii*, tal vez la primera tribu de Empúries, y los *Pompeii* del final de la República que ultrapasaron el ámbito emporitano para entrar en la zona ceretana se podrían considerar descendientes de las clientelas de Pompeyo o de sus hijos. La presencia de *Iunii* se puede relacionar con el patrón de la ciudad. Una buena lista de gentilicios nos marca una potente inmigración itálica de finales de la época republicana y augústea y se manifiesta en nombres, como los *Audienii* y los *Fabrinii*, exclusivos de todo el ámbito peninsular (IRC III, p. 17).

La creación de la nueva ciudad de Empúries, a parte de la cuestión más problemática de su carácter doble, debió reunir un conjunto de población con estatutos jurídicos diferentes como ciudadanos romanos, elementos de derecho latino, además de la población indígena; sin contar con el núcleo griego que se mantuvo diferenciado física y jurídicamente. El diseño urbanístico de la ciudad, bien planificado, ortogonal, se ejecutó en base a pies romanos de 29,6 cm. formando ínsulas de 2 *actus* por 1, equivalentes en superficie a un *iugerum* (Mar & Ruíz de Arbulo, 1993, Casas *et al.*, 1995, pp. 32-34). Pero en su formación y en su interior, se han detectado numerosos elementos que nos hablan de una estrecha relación con la zona centro-meridional itálica, particularmente con la Campania: la metodología constructiva de las murallas perimetrales que asocian un zócalo de obra poligonal con un cuerpo de *opus caementicium* (Mar & Ruíz de Arbulo, 1993; pp. 212-216); la composición del primer foro y, dentro de este, el templo capitolino que fue proyectado según un módulo basado en pies itálicos de 27,5 cm., propio de la zona campana y del sur itálico (Mar & Ruíz de Arbulo, 1985, pp. 67-77; 1987, pp. 367-374; 1993, pp. 218-238) o las *domus* de atrio, que siguen esquemas compositivos típicamente itálicos (Mar & Ruíz de Arbulo, 1993, pp. 239-243; Santos, 1987, pp. 320-327; 1989; 1991, pp. 19-34; Carrión & Santos, 1995, pp. 111-118). Estas interpretaciones, que hallamos en la bibliografía actual, tendrán que matizarse en gran medida, al menos en lo que refiere al conjunto forense, ya que los datos más actuales nos hablan de un centro público monumentalizado solamente a partir de época de Augusto.

Después de este periodo que se sitúa en el primer cuarto del siglo I aC, caracterizado por un importante flujo de productos itálicos hacia las provincias occidentales, se abrirá un periodo con más dificultades, derivadas de los periodos de guerra civil. Las fuentes nos hablan de hambres y crisis de producción derivadas de los conflictos, que unidos al dominio del mar por parte de Pompeyo, debían cortar la intensa conexión comercial entre el centro y las provincias. En efecto, a diferencia de lo que pasa con la llegada masiva de las ánforas Dressel 1, prácticamente no se documentan sus substitutas, las ánforas Dressel 2-4 de producción itálica. Es muy posible que estos factores ayudasen a que, a partir de este momento, se comience a desarrollar una viticultura intensiva por parte de una élite indígena, así como de algunos elementos itálicos, que debía estar destinada al consumo interior del país y, con las primeras imitaciones del tipo Dressel 1, a iniciar unas incipientes exportaciones.

Un momento que nos interesa especialmente es el de la *deductio* cesariana de Empúries, que aparece en el relato de Livio, XXXIV, 9. Según el historiador, eso ocurrió después de vencer a los hijos de Pompeyo, es decir, después de la batalla de Munda, el 45 aC; no sabemos a ciencia cierta si fue de manera inmediata o no. Para algunos autores (Mar & Ruíz de Arbulo, 1993, p. 277), la falta de datos precisos permite pensar que se llevó a cabo en los años siguientes y se podría inscribir en las fundaciones de Lépido cuando fue gobernador de Hispania y de la Narbonense. A pesar de eso, una gran parte de las tropas cesarianas, veteranos de sus guerras y también de Munda, fue asentada en la Narbonense, justo después de la campaña hispánica. El comisionado Ti. Claudio Nerón, antes de la muerte de César en el 44 aC, dejó veteranos de la X legión en *Narbo* y de la VI en *Arelate*, tal como narra Suetonio, *Tib.*, 4, 2.

Para Gayraud, hay relación directa entre estos asentamientos y el viaje de César a Italia después de Munda; la ruta pasaba por Emporion. Además, la huída de Sexto Pompeyo se dirigió, según algún autor (Estrabón, III, 4, 10), a los Pirineos donde se guardaba un gran aprecio hacia su padre. Parecería lógico que César, en su paso por Empúries, quisiese asegurar el control de este punto costero con alguna medida. El asentamiento de veteranos implica, como significado político, un tratamiento de represalia hacia las ciudades hostiles, sobreentendiendo que la instalación de *coloni*, comportaba la necesidad de un *ager publicus* que pudiese ser repartido y sólo era posible en comunidades que sufriesen confiscaciones; por otra parte, la vigilancia que ejercían estos recién llegados era un factor estratégico importante.

El hecho de que César realice un asentamiento de veteranos ¿implica que Empúries había jugado la carta pompeyana? ¿Hay que relacionarlo con la postura de Marsella, sublevada contra César, en razón del común origen foceo de las dos ciudades? (Almagro, 1951, p. 58). ¿Era un punto destacado para la vigilancia de la zona ceretana, encerrada entre la zona narbonense y emporitana? Sea una *deductio* propiamente cesariana o establecida por Lépido es muy probable que en estos años hubiese una centuriación y una redistribución del territorio.

Según Michel Christol, la última fase de influencia itálica al sur de la Galia fue decisiva, se abre hacia el 45-44 con la fundación de Arles y la refundación de Narbona. Duró unos tres decenios, ya que se traduce en la transferencia a la Transalpina de grupos de población que tenían los tipos de vida que se habían desarrollado en Italia (Christol, 1995, pp. 50-51). Las huellas o trazados de las diversas centuriaciones han permitido reconocer hasta cuatro tramas diferentes, todas del mismo módulo (20 x 20 *actus*). Mientras que la conocida como Narbona A ha sido propuesta como el catastro colonial del 118 aC, la Narbona B correspondería, según Gayraud (1981, 144), también a la primera colonia, pero para Chouquer podría asociarse a la *deductio* cesariana del 45 aC. Las otras dos, C y D, serían de época imperial y augústea, respectivamente (Chouquer, 1993, p. 92-93). De todas maneras, las dificultades metodológicas y tipológicas para fechar correctamente las centuriaciones son numerosas. Es difícil establecer la relatividad entre las diversas tramas que se encuentran superpuestas en un mismo territorio, igualmente es compleja la diferenciación y delimitación con la de territorios vecinos que tengan una orientación similar e, incluso, el establecimiento de una tipología, ya que no siempre una trama de pequeño módulo, propia de época graco-silana, o una distribución por *scamnatio* o *strigatio* en centurias, es sinónimo de arcaísmo, dado que en época triunviral se conoce una gran variedad de módulos y los augústeos recuperan los tipos antiguos (Fiches, 1993, pp. 99-104).

Si es cierto que en *Tarraco* hay evidencias de una rápida *damnatio* contra la memoria de Pompeyo, reflejada en una lápida que le fue dedicada entre el 77-72 aC conservada en una cara, que fue gravada por la otra con una dedicatoria a Publio Mucio Escévola en los años 40 (Alföldy ha propuesto la identificación de este personaje con uno de los legados de César del año 49 aC), tendríamos un fenómeno que se podría relacionar con la serie de *tabulae* de patronato dedicadas a los lugartenientes de César procedentes de Empúries (Mayer, 1995, pp. 98-99). Estos elementos interesantísimos que nos ha dejado Empúries es la serie de inscripciones patronales con las que la ciudad homenajeaba y cooptaba diversos personajes romanos, muchos de ellos de rango consular y que habían actuado en la Península como procónsules, que habían sido significados en el bando de César, para ganarse su favor y mantener su importancia en el territorio. Entre estos podemos contar con el patrón Cneo Domicio Calvino, (IRC III 26-28), hacia el 36-35 aC, que dirigió el cuerpo central de las tropas cesarianas en Farsalia (Rodá, 1993, p. 248; Syme, 1989, p. 92), Paulo Emilio Lépido (IRC III 31-32), posiblemente del 33 aC, Apio Claudio Pulquer (IRC III 25), hacia el año 30 aC, Marco Junio Silano (IRC III 29), que puede situarse en el 26-25 aC; y también, aún posteriores como Marco Agripa, Druso/Germánico César o Cayo César, el hijo de Augusto (IRC III, p. 18-19; Rodá, 1993, pp. 246-249; Mayer, 1995, p. 102); algunos de los cuales fueron identificados por Boneville, 1985, pp. 181-200, con personajes de época augústea, como Marco Valerio Mesala Mesalino, Marco Emilio Lépido o el mismo Augusto.

Todos estos eran miembros de importantes familias de la oligarquía patricia romana (Syme, 1989, pp. 38-49). Por su entramado de intereses, probablemente podríamos aplicar lo que dice este autor, no eran partidos políticos eran facciones. Cicerón define muy claramente este comportamiento en *De re publica*, III, 13, 23: "*Cum autem certi propter divitias aut genus aut aliquas opes rem publicam tenent, est factio, sed vocantur illi optimates*" (Pero cuando hay determinadas personas que, basándose en su riqueza, orígenes u otros recursos, dominan la república, son una facción, aunque se llamasen ellos mismos *optimates*).

El carácter homogéneo de este primer horizonte epigráfico emporitano, dedicado a los lugartenientes de César, muestra como estos personajes fueron honrados por los propios veteranos de César precisamente en una ciudad que le debía una de sus *deductiones* (Mayer, 1995, p. 103). Estos documentos se tendrían que relacionar con otras evidencias que muestra la ciudad y que deberían verse como uno de los hechos capitales que condicionarán su futuro y el del territorio que se le vinculaba.

Como hemos visto, la historiografía ha estado viciada desde los inicios por la necesidad de fechar todos los hallazgos en la ciudad romana posteriores al 45 aC, y de vincular la muralla romana a la fundación cesariana que se asentaba encima de la ciudad indígena (Almagro, 1951, p. 54-59). Por otra parte, la referencia de las fuentes es escueta y concisa, (Livio, XXXIV, 9: *"Tertium genus Romani coloni ab divo Caesare post devictos Pompei liberos, adiecti"*. (Un tercer tipo de gente eran los colonos romanos asentados por el divino César después de la derrota de los hijos de Pompeyo"). Esta instalación de veteranos significa el inicio de un proceso, que conduciría a la creación de un *municipium*; dentro del cual debemos situar el patronazgo de Domicio Calvino; las emisiones monetales con la leyenda *munici(pium) Emporia(rum?)* (Villaronga, 1977); la amortización de las murallas Roure y Rubert, sobre todo esta última, con los estratos I y II fechados por su formación entre el 30 y el 25 aC (Sanmartí, 1978, I, pp. 233-382; II, pp. 385-405), en los que hemos encontrado la presencia clara de ánforas Tarraconense 1 y Pascual 1. Las supuestas reformas arquitectónicas que modificaron el aspecto del templo republicano con la adición de las escaleras laterales y el cierre frontal del *temenos* sagrado, reforma que ha hecho pensar en un cambio en la dedicación del templo y que a partir de entonces fue consagrado al culto de César divinizado, ya que se hizo para imitar el aspecto del templo del Divino Julio construído en el foro de Roma, cuya construcción fue decidida por un decreto de los triunviros en el año 42, aunque no fue consagrado hasta al 29 aC (Mar & Ruíz de Arbulo, 1990, pp. 147-150; 1993, pp. 282-285). Pero ya hemos visto que la construcción del templo del foro emporitano debe fecharse en plena época augústea, como demuestra el hallazgo de sigillata aretina y ánfora Pascual 1. En definitiva, la situación podría ser resumida así: "D'època de Cèsar podria ser l'estatut jurídic definitiu d'*Emporiae* que segons sembla seria un *municipium*, però que alguns autors han considerat que hi ha elements no menyspreables que fan pensar la possibilitat d'una colònia, sobretot després de la *deductio* feta pel dictador, després de la victòria de Munda, el 45 aC. Mancats de proves epigràfiques es fa, però, molt difícil mantenir aquesta opinió." (Nolla & Casas, 1984, p. 26).

El estudio sobre la posibilidad de reconocer las centuriaciones emporitanas ha permitido detectar dos entramados en dos lugares diferentes, con orientaciones también diferentes, según un detallado estudio de Borao, al que seguimos por lo que se refiere al Empordá (Borao, 1987, pp. 277-326). Una de estas tramas circunda Empúries y esta ciudad guarda simetría con la centuriación, ya que hacia el norte hay una sucesión de ocho centurias, igualmente que hacia el sur, y los propios *kardo* y *decumanus* de la ciudad serían los ejes de partida. Por la parte oeste tiene un límite preciso, marcado por los caminos que unen Saldet, Pelacals, Montiró, Viladamat, Albons y Bellcaire. La banda este es más difícil de precisar por las zonas de marismas y las variaciones que ha sufrido la línea de la costa. La vía *Gerunda*-Empúries, que bordeaba el lago de Bellcaire sube hacia Empúries siguiendo la orientación de la trama y podría constituir uno de los límites bien definidos.

La segunda, al norte, podría representar la ocupación definitiva de la llanura empordanesa por parte de los colonos romanos. Esta vez la orientación parece que se toma a partir de la Vía Augusta para seguir en sentido sur-este después de la Muga, hacia El Far y Vilacolum, atraviesa el Fluvià y desde Saldet se une con la centuriación de Empúries. Los límites de esta centuriación serían por el norte los primeros contrafuertes de los Pirineos y la vía de *Rhode* a *Iuncaria*, el lago de Castelló por el este, por el oeste la propia Vía Augusta y por el sur el Fluvià.

No sabemos si estas dos centuriaciones serían contemporáneas o no; si lo fuesen no sabemos como enlazarían. Podrían corresponder a momentos diferentes: la del norte, por su relación con la Vía Augusta, más moderna, podría ser augústea y la otra cesariana como sugiere el autor; o tal vez, una republicana y la otra cesariana. El resto del territorio era también objeto de una ocupación masiva, como demuestran multitud de restos materiales y toponímicos, pero no de una centuriación, que presenta una delimitación concreta y unos límites precisos. Aquí no deben confundirse los términos, ya que sabemos que la totalidad del territorio romano fue catastrado, pero nunca centuriado en su totalidad (Clavel-Lévêque, 1993, p. 18).

Cuando un pueblo era derrotado por Roma, una parte del territorio le era restituída, otra era objeto de una alienación en favor de diversos beneficiarios, según las circunstancias, y una tercera, el *ager publicus* propiamente dicho, era propiedad del pueblo romano y librado a la explotación de quien quería y disponía de los medios. Podemos ver esta tripartición como un resultado del proceso de conquista y la eventualidad de un fenómeno migratorio, en estas condiciones, afectaba los dos últimos casos. En la parte del noreste, si bien después de la revuelta indígena y su derrota frente al cónsul Marco Porcio Catón (Schulten, 1935, pp. 177-194; Almagro, 1951, pp. 47-74; Martínez Gázquez, 1974; Nolla, 1984, pp. 150-157; Nolla & Casas, 1984, pp. 24-26), cabe pensar en la declaración de *ager publicus* de parte del territorio, debía continuar siendo trabajado por mano de obra indígena, sin grandes cambios, hasta que en el contexto de las diversas fundaciones urbanas comenzará el inicio efectivo de la Romanización. Es probable que este momento comporte la centuriación del territorio y la distribución del país, fenómeno que podemos asociar a la aparición y desarrollo del modelo itálico de explotación del campo, las *uillae* (Nolla & Casas, 1984, pp. 24-26).

El otro gran momento de centuriación debía corresponder a la época cesariana, que implicó un reparto de propiedades para formar lotes con los que responder a la *deductio* de veteranos. Cabría pensar también en la posibilidad de la formación de latifundios por parte de nobles itálicos o provinciales que tenían propiedad y recibían los beneficios de la explotación encargada a la vigilancia de libertos o encargados. La adquisición de terrenos de explotación dependientes del *ager publicus* no debía atraer *ipso facto* la emigración del *possessor*, como tampoco lo debía motivar la compra a título privado de tierras provinciales por un noble o un caballero romano de carácter absentista, como podrían ser los casos de Cneo Cornelio Lentulo el Augur o Publio Usuleno Veientón, que a pesar de disponer de tierras en la Tarraconense debían permanecer en sus lugares habituales de residencia, Roma y Narbona, respectivamente; dejando la organización y la explotación de las nuevas propiedades en manos de trabajadores de confianza, como también podemos imaginar la posible venida de libertos con las grandes familias senatoriales que aparecen en Empúries: Domicio Calvino, Cayo Apio Claudio, los Junios Silanos, los Emilios, etc.

En estas condiciones, la formación de una propiedad después de la centuriación cesariana y su orientación en forma de monocultivo intensivo de cara a producir excedente vinario para la exportación necesitaba un periodo de tiempo razonable. Las viñas necesitaban un mínimo de unos siete o diez años para producir a pleno rendimiento, este periodo mínimo se puede deducir de las cartas de *complantatio*, contratos que permitieron la extensión de la viña en la Cataluña de los siglos IX-XI, según los cuales, durante la época de plantación el plantador tiene el usufructo íntegro del terreno que le es confiado durante un tiempo, que suele ser de unos siete años. Cuando éste prescribe, la viña es dividida en dos partes iguales, una para el propietario de la tierra y la otra para el plantador y su familia (Bonassie, 1979, pp. 201-202 y 391). Por tanto, si comenzamos a encontrar la fabricación anfórica de la Tarraconense a partir del 35-30 aC como muy pronto, parece razonable pensar en que se dispusiera de las condiciones y se pusiesen las bases entre el 45-40 aC. A partir de estas consideraciones podemos afirmar que si bien la eclosión de todo este proceso se realiza en época de Augusto (parece significativo un pasaje de Séneca respecto a Cneo Léntulo el augur, quien acumuló su riqueza en época de Augusto: "A pesar de ser extremadamente avaro, era más fácil de arrancarle monedas que palabras, tan pobre era su expresión. Este, aunque debía todas sus ganancias en dinero al divino Augusto, al que no aportó sino pobreza aumentada por la carga de un alto linaje" (*De ben.*, 2, 27, 1), no lo podemos atribuir directamente a la voluntad y a la ideología del Princeps, sino como la conclusión lógica de un período de acumulación, ya que no se habría podido dar si no hubiese habido un periodo inicial que hubiese marcado una tendencia y puesto las bases que permitiesen formar a las elites itálicas y provinciales unas propiedades considerables.

Hemos visto que es difícil definir el territorio de la ciudad. Hemos hablado de posibles trazas de centuriaciones, pero haría falta conocer en profundidad la vertebración del territorio con las diversas unidades que las formaban, aglomeraciones secundarias, con toda una serie de categorías (Leveau, 1994, pp. 277-299) y *pagi*. De estos últimos, unidades territoriales autónomas, que pueden ser definidos sin catastración y pueden estar asociados administrativamente a una ciudad sin tener contacto físico con ella, no tenemos documentación en nuestro espacio de estudio; incluso en la *Gallia Narbonensis* donde, gracias a restos epigráficos, se conocen bastantes –podemos citar el ejemplo de los *magistri pagi* que gobiernan el *pagus* de Moux, entre los cuales encontramos los libertos de *Publius Usulenus Veiento*–, pero no de forma homogenea (Laubenheimer & Tarpin, 1994, pp. 264-276). Creemos que es probable que toda la línea costera del Alt y Baix Empordà dependiese de Empúries, mientras que el control de la vía Augusta y el interior se asociase a Girona. Uno de los espacios más fértiles de la zona gerundense se halla al sur del Montgrí, en la llanura del Baix Empordà y la Selva.

Este espacio en manos de grandes propietarios que planificasen un cultivo extensivo de viña, en el plazo de unos diez/quince años podría producir en cantidad. Será precisamente en una fecha no anterior al 30 que las industrias cerámicas de Fenals y de Llafranc, S'Agaró inician su actividad, sin contar, por falta de datos, con otras posibles como Palamós y Platja d'Aro.

Pero ¿cuál es la razón para dedicar toda esta especialización agrícola a la viña? La explicación tradicional, argumentada por economistas como Duncan-Jones, se encontraba en la alta rentabilidad de la viña, de forma que sería lógica una dedicación a este cultivo con la finalidad de obtener los beneficios más elevados de sus tierras y que incluso se abandonasen otros productos como los cereales por el vino. Ha habido respuestas que contradicen la alta rentabilidad de la viña, que se basan en textos de Plinio el Joven o Cicerón, ya que estaba sujeta a grandes riesgos y a poca estabilidad en lo que se refiere a los rendimientos. Carandini también contestó estas teorías argumentando que la gran rentabilidad solo se podía dar en unas condiciones muy específicas: en las villas esclavistas que estaban bajo la propiedad de personajes ricos e influyentes, que controlaban además el transporte y el acceso a los mercados, en una época muy concreta y para producir una calidad muy alta (las diversas interpretaciones se encuentran en Pereira, 1987, p. 352); es decir, en las *villae* esclavistas itálicas de la época tardorrepublicana. Esta última argumentación ha convencido plenamente a muchos investigadores, pero, yo me pregunto, ¿acaso estas propiedades provinciales en la *Tarraconensis*, en manos de oligarquías provinciales e, incluso, de algún personaje de rango consular, todos absentistas, no cumplían un papel semejante ya que se trataba de una agricultura especulativa? ¿No explotaron el territorio durante un siglo a pleno rendimiento? ¿O se dedicaron a la viña por inercia, ya que era el cultivo que conocían y practicaban en sus lugares de origen? Sinceramente, creo que sin las primeras premisas difícilmente se hubiera producido este fenómeno.

A pesar de que la situación es prácticamente paralela, en el sur de la Galia, no han tenido tantos problemas para reconocer y ponderar el papel importantísimo que jugó la intervención de época de César en adelante. Si bien es incontestable una introducción del latín antes de la colonización cesariana de la Transalpina, a partir de mediado siglo I aparecerán las condiciones de un cambio a causa del desarrollo del movimiento colonial. Christol pone el ejemplo de una colonia de veteranos legionarios como *Arelate* (Arles), donde fueron instalados los *Sextani* en torno del 45 aC, y constata que las últimas etapas de la construcción de los principales monumentos, es decir, la colocación de los elementos decorativos, se sitúan entre el 25 y el 10 aC, lo cual remonta la abertura de las canteras desde finales de los años 40 o inicios de los años 30. Parece que los inicios importantes de la epigrafía cívica se fechan también hacia estos años (Christol, 1995, p. 51). De aquí la propuesta de revisión de la cronología de las inscripciones de Narbona que, según la propuesta de Hirschfeld basada en criterios estilísticos, situaba a partir de inicios del siglo I dC, y que es aceptada sin reservas por Gayraud, 1981, 149. Un grupo se tendría que fechar entre el siglo I aC, sobre todo en la segunda mitad de este siglo hasta la mitad del siglo I, ya que son comparables a otras procedentes de Roma, según estudios de Rosanna Friggeri y Carla Pelli, y muestran una clara transferencia de usos epigráficos itálicos (Christol, pp. 51-52).

El conjunto de talleres y centros cerámicos que tenemos documentados en la parte costera de la *Tarraconensis* no está todavía definitivamente establecido. Miró contabilizaba unos cincuenta (Miró, 1988, pp. 12-56); más tarde, Revilla, sobre todo gracias a las obras viarias públicas realizadas en el área del Maresme y otras actuaciones de urgencia, pudo elevar el número situándose en más de sesenta (Revilla, 1995, pp. 161-286). La parte del catálogo que realiza este último, que contempla once talleres en el área gerundense, hoy podemos fijarlo en más de veinticinco, de manera que el total se sitúa actualmente en torno a los setenta y cinco, sin contar algunos poco seguros en el campo de Tarragona (Járrega, 1995, pp. 180-184).

Uno de los problemas que presenta el corpus que presentamos es que frecuentemente se limita a reconocer las producciones locales que se pueden atribuir a cada uno de ellos, sin que se haya realizado un estudio más profundo de la vida de los talleres, analizando las importaciones y definiendo claramente, en los casos en que eso sea posible, su periodo de funcionamiento. Dejando claro que ésta es una labor que queda pendiente si nos fijamos en los casos que permiten ir más allá, pienso que proporcionan unos resultados mucho más homogéneos de lo que podría parecer a simple vista. La precisión de estos límites temporales debe permitir rectificar la idea de una pervivencia de la fabricación y exportación de las ánforas Dr. 2-4 hasta bien entrado el siglo II. Hay que saber discriminar su presencia en las estratigrafías de esta cronología y conocer cuando un elemento es intrusivo, sino puede dar lugar a confusión (Comas, 1985, p. 44): "La forma Pascual 1 es troba representada en els dos estrats del segle II y III dC, amb la qual cosa la seva desaparició, que segons Tchernia se situa cap al tercer quart del siglo I dC y que Pascual fa arribar fins a mitjans segle II dC, s'hauria d'allargar encara més o bé considerar que es tracta d'un material residual. Quant a la forma Dressel 2-4, encaixa en la cronologia més tardana que habitualment se li dóna." (La forma Pascual 1 se halla representada en los dos estratos del siglo II y III dC, con lo que su desaparición, que según Tchernia se sitúa hacia el tercer cuarto del siglo I dC, y que Pascual hace llegar hasta mediados del siglo II dC, debería alargarse todavía más o bien considerar que se trata de un material residual. Por lo que se refiere a la forma Dressel 2-4, encaja en la cronología más tardía de la que habitualmente se le asigna).

Miró, por su parte, cuando habla del final de las exportaciones, se limita a repetir los mismos argumentos: o bien se sigue fabricando o se trata de material residual (Miró, 1988, p. 204). En la última síntesis que hemos citado todavía podemos encontrar pasajes como este: "su presencia [se refiere a las ánforas Dressel 2-4] domina el panorama de las exportaciones vinarias de la Tarraconense hasta bien avanzado el siglo II dC" (Revilla, 1995, p. 51). Frente a este panorama es evidente que deben dejarse los términos claros.

Algunos yacimientos por sus condiciones excepcionales presentan una actividad especialmente dilatada, desde finales del siglo I aC hasta el siglo III o más allá, son poco numerosos y los más significativos son el taller de l'Aumedina, Ribera d'Ebre (Revilla, 1993) y Llafranc, Baix Empordà (Nolla, Canes & Rocas, 1982). Aparte de éstos encontramos la gran mayoría de centros que inician su actividad en el último tercio del siglo I aC y se abandonan, como tales, a finales del tercer cuarto del siglo I, aunque a veces mantengan continuidad como lugar habitado. Este grupo, que se adapta de forma más estricta a la cronología más restrictiva que hemos señalado, es especialmente numeroso (Revilla, 1995, pp. 161-286): La Clota (Tarragonés), El Vilarenc (Baix Penedès), Adarró (Garraf), Vila Vella (Sant Boi, Baix Llobregat), primera fase de can Jofresa (Terrassa), la Salut (Sabadell), can Feu (Sant Quirze del Vallès), camp d'en Ventura de l'Oller (Santa Perpètua de Mogoda), estos últimos en el Vallès Occidental. Can Portell (Argentona), primera fase de Torre Llauder (Mataró), el Moré (Sant Pol de Mar), el Roser (Calella) y can Viader (Malgrat de Mar) todos estos del Maresme. Fenals (Lloret de Mar) y Mas Carbotí (Tossa de Mar) en la comarca de La Selva. Aparte de este grupo hay muchos otros que, por falta de datos concretos no ocupan todo el marco cronológico, pero, aunque parcialmente, se sitúan entre estas fechas límite, sin más precisiones. Entre estos podemos citar el grupo de la comarca del Baix Camp, en Tarragona; el grupo de Caldes de Montbui y el de Santa Eulàlia de Ronçana, en el Vallès Oriental; el grupo de Barcelona (Granados & Rovira, 1987) y, finalmente, el grupo del Baix Empordà (Tremoleda, 1996, pp. 41-46).

Los yacimientos que han sido estudiados más a fondo o de los que disponemos datos de primera mano confirman las dataciones, tanto en la fecha inicial, con la presencia de sigillatas itálicas del periodo precoz y clásico de Goudineau, como por la parte final y de abandono, con presencia de cerámica africana de cocina, pero con la ausencia de sigillata africana clara A o únicamente con presencia de las primeras formas. En el camp d'en Ventura de l'Oller la cerámica más tardía está representada por un pequeño plato de la forma Hayes 3A, Atlante, tav. XIII, 10, con una datación de época flavia. En can Portell (Aguilera & Revilla, 1994) la excavación de un vertedero proporciona una fecha precisa entre el 10 aC y el 20 dC, con la presencia de las primeras formas de africana de cocina y ausencia total de sigillata sudgálica (CODEX SCCL, 1995, pp. 43-55). En Sant Pol de Mar, la excavación de vertederos en la zona conocida como el Moré proporcionó abundante material anfórico de los tipos Pascual 1 y Dressel 2-4 (Arqueociéncia S.C.P., 1995, pp. 192-204). El material proporcionado por la excavación del Roser en Calella se fecha entre el 30 aC y la década de los 70 dC, en la que únicamente había presencia de las primeras formas de cerámica africana de cocina (López, 1985, p. 193). La excavación de can Viader, en Malgrat de Mar, se caracterizaba por la ausencia de cerámica africana(Burjachs *et al.*, 1987, pp. 225-227). En el taller de Fenals, se documentan también las primeras formas en cerámica africana de cocina, mientras que la cerámica africana clara A es ausente. Es sabido que estas primeras formas, como platos/tapadera y cazuelas, comienzan a estar presentes en contextos de época julio-claudia y flavia (Aquilué, 1985, pp. 210-221). Finalmente, en mas Carbotí, sus excavadores señalaban que las importaciones más modernas eran sigillata sudgálica y de paredes finas (López, Batista & Zucchitello, 1987, p. 324).

La amplitud de estos datos es suficientemente importante para detectar un panorama homogéneo en lo que se refiere a la producción cerámica catalana, y particularmente anfórica. Este conjunto de constataciones denota unos ritmos y unas condiciones de producción que se desarrollan durante el mismo arco cronológico, que será superado solamente en casos excepcionales, por reunir mejores condiciones y, tal vez, por el hecho de aglutinar la atomización que representaba este conjunto de pequeños talleres.

Las marcas que se encuentran sobre el tipo anfórico Tarraconense 1 forman un conjunto bastante homogéneo, arcaico y con nombres poco frecuentes en las fuentes epigráficas hispanas. Muestran una procedencia de las regiones centro-itálicas y de la parte suritálica, particularmente campaniense, más que específicamente romana (Miró, 1988, pp. 209-240; 1988a, pp. 255-256). Eso parece coincidir con las hipótesis sobre las inmigraciones itálicas de la Baja República que hemos comentado más arriba. Miró reflexionaba sobre la identidad de estos personajes, que de entrada considera inmigrantes, que se establecen en la Layetania a partir de inicios del siglo I aC, y la situación se presentaba compleja. Sobre la situación jurídica, estimaba diversas posibilidades, que se resumen en cuatro categorías: colonos ex-legionarios de diversas procedencias itálicas, pero, con ciudadanía romana, a los que se había concedido un lote de tierra en las ciudades; colonos civiles, en parte con ciudadanía romana y algunos de las clases altas; emigrantes agrícolas itálicos, sin ciudadanía; finalmente algunos *negotiatores*. El componente indígena, en buena parte emancipado en los años centrales de la centuria, estaría vinculado a la aristocracia local. Una parte importante de la población serían esclavos y libertos de los itálicos y de sus descendientes, con restricciones en lo que re refiere a la ciudadanía (Miró, 1988, pp. 226-234; 1988a, p. 255).

Entre este mosaico de población, ¿quién marcaría las ánforas? Del grupo de nombres que hallamos sobre Tarraconense 1 y la situación de los talleres, Miró piensa que se trata de ciudadanos romanos, descendientes de veteranos o de civiles, de origen centro-itálico, instalados en el *ager* de los principales centros urbanos que explotan intensivamente la viña, y que comienzan a producir excedente a mediados de siglo (Miró, 1988a, p. 256). Pero se trataría, aún de un momento inicial, con el debut de las imitaciones layetanas de la Dressel 1, anteriores a la Tarraconense 1.

La aparición, poco después, de las Pascual 1, envase propio del periodo augústeo, que se exporta básicamente a la Galia, muestra una composición de nombres de procedencia también centro-itálica, pero, algunos de ellos ya típicamente romanos. Entre estos encontramos el sello de Cneo Léntulo el augur, cónsul del año 14 aC, y conocido por diversas citas de autores clásicos (Tácito, *Ann.* 4, 44; Séneca, *De ben.* 2, 27, 1; *Floro*, 2, 28; Suetonio, *Tib.*, 49) y una intensa vida política en los reinados de Augusto y Tiberio (Tremoleda & Cobos, en prensa), del cual desconocemos la ubicación de los talleres y, por lo tanto, de las propiedades; así como otros gentilicios que podrían corresponder a familias aristocráticas, generalmente vinculadas al bando de Augusto durante la guerra civil: Cayo Antestio, (cónsul del año 30 aC y tal vez el gobernador de la Tarraconense en el año 25 aC), Tito Herennio o Cayo Mussidio Nepos (Miró, 1988, pp. 234-235; 1988a, p. 257). A estas posibles identificaciones cabría añadir las que aportemos nosotros de Publio Usuleno Veientón, magistrado municipal de Narbona, tal vez con estatuto de caballero, del cual hemos tratado más extensamente y también Publio Baebio Tuticano, procedente de Verona y perteneciente a una familia consular, cuyas marcas se han asociado con el yacimiento de el Moré, en el Maresme. Otras marcas conocidas pertenecen probablemente a un origen liberto o legionario, como ocurre con Julio Aniceto o Julio Teófilo (Miró, 1988, pp. 217-218). El ánfora Oberaden 74, de cronología augústea, no se encuentra todavía documentada en los talleres gerundenses, sino de forma puntual en el Sot del Camp y en la Aumedina. Debemos hacer notar, sin embargo, que además de cuatro sellos exclusivos de este tipo (*Philodamus, Sex. Domiti, Andronicus* y *C. Fouri*), comparte con la Pascual 1 *C. Mussidi Nep.* y con la Dressel 2-4 *Maes. Cels.*, lo que puede indicar su estacionalidad y la poca cantidad en el volumen total de fabricación.

Las marcas sobre Dressel 2-4 de la Tarraconense son totalmente diferentes –desgraciadamente, nuestro área no aporta novedades al respecto–, propias de la etapa postaugústea, desaparecen los nombres completos, para proporcionar nombres de esclavos o de libres de baja condición, de origen latino o griego, la que hace pensar que sean los nombres de los ceramistas o de encargados los que se marquen, y eso denota cambios en la organización, no sabemos si en el sistema de producción o simplemente en el control (Miró, 1988, pp. 236-240; 1988a, pp. 258-260; Revilla, 1995, pp. 99-104; Beltrán, 1995, p. 184; Comas, 1997, pp. 111-114), y eso que se trata de los mismos talleres que fabricaban los envases anteriores.

Síntomas parecidos los detectamos en las marcas emporitanas de las ánforas Dressel 8, de cronología alto imperial: diversidad de nombres en las mismas ánforas, nombre de origen griego, duplicidad de nombres en algunos casos, el mismo nombre en ánforas de tipo y de contenidos diferentes. Para algunos, estos cambios de estampillas entre la Pascual 1 y la Dressel 2-4 se deben a la transformación de las estructuras internas de la producción artesanal y en sus relaciones con la agricultura (Revilla, 1995, pp. 99-102). Bastante menos parlante por lo que se refiere a estos elementos es lo que encontramos referido a las ánforas que se fabricarán de ahora en adelante, básicamente Dressel 7-11 y ánforas de base plana del tipo G. 4, por diversas razones: la reducción substancial de centros productores en activo a partir de finales del siglo I; el bajo nivel de producción, proporcionalmente hablando y la poca epigrafía que se les relaciona. En las zonas cercanas que conseguirán mayor importancia en este momento, la *Narbonensis* y la zona costera del País Valenciano, vemos como los datos que aporta su epigrafía son poco significativos (Laubenheimer, 1985, pp. 422-452; Aranegui & Gisbert, 1992, pp. 104-106).

Si la tradición historiográfica se había ceñido en acontecimientos conocidos por las fuentes para el momento inicial de la Romanización, también lo hizo para explicar el momento de crisis y de decadencia. Así, la referencia clara eran las invasiones bárbaras y el contexto político, social y económico propio de lo que se ha venido a denominar "la crisis del siglo III". Esta línea argumental se había aplicado con solidez durante muchos años, por lo que respecta a nuestro área, sobre todo a las evidencias que proporcionaba la ciudad de Empúries. En efecto, la segunda mitad del siglo III se revela como un momento de abandono generalizado del área urbana, lo cual confirman las últimas intervenciones (Castanyer *et al.*, 1993, 159-194); pero no es menos cierto que este final es el resultado de un largo proceso de decadencia –agónica en muchos aspectos– iniciada muchos años antes. El momento a partir del cual se comienzan a evidenciar los problemas que afectan la ciudad debe situarse en época flavia, y tal vez en determinadas zonas de la Neápolis ya en época de Claudio (Nolla, 1992, pp. 83-89). Estos efectos se pueden apreciar en los grandes conjuntos arquitectónicos públicos (Aquilué *et al.*, 1984, pp. 110-114; Mar & Ruíz de Arbulo, 1993, pp. 415-459), que una vez derrumbados ya no se van a reedificar o en amplias zonas urbanas abandonadas durante el siglo II (Nieto, 1983, pp. 34-51), particularmente las grandes casas romanas conocidas, que se abandonan en el curso del segundo tercio del siglo II. La única obra pública de cierta envergadura se realizará extramuros de la ciudad con la edificación del conjunto formado por la palestra y el anfiteatro, a mediados del siglo I, en época de Claudio (Almagro, 1956-57, pp. 1-26). Se trata de la última exigencia ciudadana, que será solventada de una manera ciertamente modesta (Sanmartí *et al.*, 1995, pp. 119-137). De todas formas, no hay que pensar tampoco en un final rápido en este momento sino en una adaptación a las exigencias del nuevo contexto (Nolla, 1993a, pp. 207-224), marcado en gran medida, por una inversión de los circuitos comerciales en el Mediterráneo occidental y por la organización provincial de la *Tarraconensis* desde época augústea.

La personalidad anómala de la Empúries romana con respecto al resto de ciudades se debía notar en su zona de influencia. Anómala en la creación por la preexistencia de un núcleo griego y también por la singular crisis urbana que es totalmente diferente a la evolución normal de otros centros, que se irán asentando y cumplirán un destacado papel en la baja romanidad. La decadencia de Empúries derivó de un error romano de planificación. El papel que jugó con la llegada de los romanos, el contar con una ciudad griega de cierta importancia debió crear la previsión de un establecimiento urbano puntero (Tarradell, 1987, pp. 93-94). Empúries dejó de ser la gran ciudad republicana enriquecida per un comercio que recibía en su puerto los productos mediterráneos y los redistribuía en el territorio, cuando las provincias pasaron a producir para la exportación. La desviación de las rutas hacia la capital provincial, que vía Ebro tenía llegada hasta el interior de la Península, y a otras ciudades como *Barcino, Baetulo* o *Iluro*, con una situación geo-estratégica mucho mejor, convertirán la zona del noreste catalán en una área apartada y separada de las principales arterias de comunicación naval. Por contra, Girona, punto clave para el control del paso terrestre de la vía Augusta, mantiene una pervivencia mucho mas larga y continuada; su conjunto epigráfico, que debemos situar en el siglo II-III, es una muestra de esta vitalidad tardía.

Coetáneamente a esta crisis urbana que se experimenta en el noreste de Cataluña, el campo se halla en condiciones de dar salida a sus productos y los núcleos rurales experimentarán durante el Alto imperio un crecimiento y una mejora de condiciones y confort debido al desplazamiento o a las largas estancias de los propietarios de las ciudades al campo que se traducirán, por ejemplo, en programas decorativos de pavimentos de mosaico o de la edificación de anexos termales en las villas durante el siglo II (Casas *et al.*, 1995, 79-86). El hecho de que se produzca el final de la actividad de la mayor parte de alfares que elaboraban ánforas no implica una crisis económica en el campo, sino una reconversión, que comporta, junto con una reducción del espacio de agricultura vinícola, una reconducción de la salida de su producto, tal vez hacia un mercado interior, en todo caso ya no se producirá de forma masiva una exportación "internacional"; también hay que considerar una reorientación hacia otros cultivos, sobre todo cereales, más difícil de detectar y que incomoda por la falta de registro arqueológico en comparación a lo que ofrecía la anterior dedicación.

Capítulo 12. El papel económico y social de los *liberti.*

L'affranchi porte le même costume que le citoyen, la toge; au début les deux classes portaient les cheveux courts et la tête couverte; plus tard, quand les ingénus ne portèrent plus le chapeau en public, l'ancien esclave dut porter le pileus sur la tête, rasée à sa première sortie. La toga pretexta *des enfants d'ingénus a été interdite pendant quelque temps aux enfants des affranchis.*

LÉCRIVAIN, 1904, p. 1200.

Definición.

Los aspectos sociales son difíciles de detectar, ya que los datos que aparecen sobre el terreno son poco explícitos al respecto. En la Layetania la epigrafía anfórica es relativamente abundante, en cambio, en las comarcas gerundenses esta es prácticamente inexistente y tendremos que usar básicamente la estampillada sobre elementos constructivos para extraer datos en torno al nombre y a la condición de los ceramistas.

El seguimiento y análisis de los nombres que encontramos estampados nos indican en que medida fue importante la actividad económica de los *liberti* durante el Alto Imperio. Los ejemplos de *Obulnius* y *Iulius Ateianus* en Ermedàs, *Primus, Secundus, Hermes, Quietus* y *Mulus* en Llafranc, también *Anthus* o *Anthracius, Suavis, Venustus* en Empúries son un claro exponente y constituyen un altísimo porcentaje de la onomástica conservada.

Para poder hablar de los libertos y de lo que representaron para la época romana es necesario que hagamos una breve síntesis de los conceptos principales que nos han de permitir tener una idea del papel económico y el espacio social que ocuparon. Huelga decir que deberemos limitarnos a una visión resumida e incompleta de un tema de estudio que ha generado una inmensa bibliografía, ya desde los inicios de la investigación histórica del mundo romano, y eso se debe a que fue una cuestión de referencia obligada para dar una lectura social y económica de la sociedad romana.

Las fuentes de estudio tradicionales han sido los textos jurídicos clásicos y los corpus de documentación epigráfica. Después de establecer el marco global, en ámbitos más locales debemos aprovechar al máximo las posibilidades que nos ofrecen otros documentos arqueológicos como son las marcas de fabricante en las piezas cerámicas. Es evidente que extraer conclusiones o aproximaciones muy definidas relativas a su estatuto económico y a su condición social, con una base material tan débil es difícil; sobre todo cuando los mismos historiadores han cuestionado siempre las posibilidades de extraer conclusiones a partir de materiales bastante más explícitos como las inscripciones funerarias por su brevedad y el convencionalismo de sus fórmulas. Por lo tanto, no querríamos pecar de imprudentes al extraer unas conclusiones que se apoyan en la base de unos documentos demasiado avaros en detalles, pero si creemos de interés dejar que hablen y se expresen estas manifestaciones tan mecánicas y lacónicas.

Para comprender, en profundidad el significado de todo esto debemos realizar, como mínimo, una aproximación al entorno del liberto. Tradicionalmente los libertos se han integrado en la categoría de esclavos en general, hasta hace poco. Esta visión ha cambiado radicalmente por la situación particular, aunque ambigua, que ocupaban los libertos. Una de las principales definiciones de este colectivo ha sido señalar el rol específico que jugó en el modo de producción, de tipo artesanal y en las actividades de negocios que hacen referencia a la multitud de los esclavos.

La Segunda Guerra Púnica comportó cambios considerables en los planos económico y social, no sólo por el trastocamiento que implicaron las operaciones militares o por el campo nuevo que se ofrece a la conquista romana. A partir de ahora, Roma entra decididamente en un sistema de producción donde, cada vez más, hará uso de los esclavos. Los problemas ligados a la liberación serán cada vez más importantes, así como la multiplicación de las manumisiones que tendrán efectos tanto en el dominio privado como en el político.

El periodo que va desde Aníbal a Augusto sin ser del todo uniforme, como mínimo mantiene cierta coherencia respecto a este tema. A partir de finales del siglo III aC se fechan los primeros edictos y leyes que transforman sistemáticamente aspectos del derecho fundados sobre la ley de las XII tablas o su interpretación.

Por otra parte, la época de Augusto significa un cambio bien definido por diversos factores: la creación de una especie de corpus legislativo que engloba todos los aspectos de la libertinidad (*manumissio* –edad y relación con el derecho de la ciudad–, boda, *bona*, *operae*) sin paralelos, solamente con algún precedente republicano, de época silana o cesariana; por el nacimiento de la *Familia Caesaris* que creó las bases de una participación más activa de los libertos al servicio del Estado e influyó en la práctica de las relaciones privadas entre los señores y sus dependientes. Las condiciones de trabajo de los especialistas encargados de adaptar las formas del derecho privado a las transformaciones de la vida económica y social, en Roma y en el Imperio, sufrieron modificaciones radicales. También por la originalidad del período imperial que está marcado por el freno en la participación de los libertos en la vida cívica, tanto en el plano del Estado como en el dominio municipal donde las posibilidades ofrecidas por la *Lex Iulia Municipalis* no fueron de ahora en adelante puestas en marcha.

Los problemas de trabajar con este tipo de fuente, los textos clásicos, son las lagunas que se observan sobre todo en las fuentes jurídicas, ya que los autores antiguos estaban ligados a los aristócratas, a los senadores o a los caballeros y, por lo tanto, es una información que no emana de los mismos libertos.

El verdadero liberto es el que ha salido de una esclavitud legal *ex iusta servitute*; así el ingénito que ha sido liberado no se convierte en *libertinus*, la ley lo retorna a su primitivo estado, con algunas excepciones muy concretas que implican una degradación de estatuto.

A parte de la palabra *manumissus* que indica la liberación, hay dos expresiones para designar al liberado: *libertinus* y *libertus*. El primero es opuesto a *ingenuus* y designa la condición social del liberto al que, en relación al patrón, se le denomina *libertus*; a pesar de eso, *libertus* se ha impuesto en la práctica y frecuentemente ha sido utilizado impropiamente en lugar de *libertinus*, es por esta razón que no discriminaremos en el uso estas palabras y, como la mayoría de autores, unificaremos el uso de la designación bajo el término más común.

En el Alto imperio los juristas reconocen según el derecho civil dos tipos de hombres: los esclavos (*servi*) y los libres (*liberi*). Mientras que en los primeros no hay diferencias, los segundos se dividen en ingénitos y libertos. De estos, los primeros son los que desde el nacimiento han sido libres, es decir, los que sus padres no han sido o no son esclavos en este momento. Los libertos eran todos los que no habiendo nacido libres, lo han sido conforme al derecho. Son *liberi* en relación a los esclavos, pero para distinguirlos de los ingénitos se crearon los términos *liberti* y *libertini*. Por otra parte, hay tres clases de manumisos: ciudadanos romanos, latinos y dediticios. Sobre los detalles de estas diferenciaciones se puede consultar Lemonnier, 1887, pp. 1-12, y los puntos I, 9 a 12 de las *Instituciones Jurídicas* de Gayo.

De entrada, la liberación parece que está en desacuerdo con los intereses del amo, pero esta nueva situación le dejaba los más importantes y los más lucrativos de sus derechos y una parte de la sucesión del liberto, tanto es así que el *patronus* estaba tan interesado en poseer libertos como esclavos en una sociedad donde el número de sirvientes superaba largamente las necesidades. La liberación era, a veces, gratuita, pero era más frecuente que el esclavo comprase su libertad, sobre el peculio que había acumulado y a un precio variable según su valor, formación, calidad y también según el carácter del amo. Había numerosos móviles y razones que podían impulsar a liberar: se podían recompensar los largos servicios, por devoción, una recompensa por buena conducta, a la fecundidad, la consecuencia de una relación entre el propietario y la esclava. Una de las causas más frecuentes era el aprecio del liberto en relación a los parientes del amo, mujer y niños, que el primero le había confiado; también del amo a su criador, maestro o gramático; a los esclavos nacidos en la casa. Frecuentemente se liberaba al esclavo que estaba a punto de morir; también se convirtió en una moda para demostrar generosidad y tener en los funerales un numeroso acompañamiento de libertos.

Situación general, aspectos sociales y políticos.

Roma fue durante la etapa imperial una sociedad de "clases", es decir, que había distinciones legales entre los diferentes estatutos. En primer lugar y como representantes de la élite aristocrática estaba el Senado, después el orden ecuestre y los decuriones. Por debajo de estos estaba la *plebs* y el campesinado rural. A nivel jurídico, al final de la separación, existían los libertos y los esclavos (Hopkins, 1981, p. 119; Weaver, 1981, p. 137). Esta división de la sociedad romana, aunque es muy esquemática, es reveladora de los límites reales entre estamentos (Alföldy, 1987, pp. 198-211).

Metodológicamente se presentan problemas para definir el concepto de clase en la sociedad antigua. Tampoco el análisis marxista se halla ausente de dificultades en este sentido. La clasificación que propone diferencia entre los que poseen los medios de producción y los que no los poseen; los primeros se dividen entre los que trabajan y los que viven del trabajo de los otros. La aplicación mecánica de estas diferencias conduciría a confundir en una misma clase personajes que tienen poca relación entre sí. Así, el esclavo y el jornalero libre serían miembros de la misma clase, como también lo serían un rico senador y el propietario de un pequeño alfar que vivía del trabajo de sus obreros (Finley, 1974, p. 62).

La existencia de los libertos, una vez que los historiadores asumieron la existencia de la esclavitud en el mundo antiguo sin que eso fuese un hecho traumático que manchase la base de la cultura occidental, ha sido visto como uno de los argumentos para demostrar que en economía antigua habían existido épocas de capitalismo, con la identificación de éstos con una clase burguesa, enriquecida con las ganancias del comercio. Esta visión, en buena parte motivada por la imagen de Trimalción, el rico liberto que aparece en *El Satiricón* de Petronio, ha viciado un aspecto que en absoluto debemos considerar unitario y que Paul Veyne se ha encargado de desmitificar de forma magistral (Veyne, 1991, pp. 11-51). Con frecuencia el liberto es un personaje pobre, pero lo que lo define mejor es su estatuto social, inserto en una sociedad con multitud de categorías jurídicas y de lazos personales más propios de las sociedades pre-industriales que no del mundo capitalista.

Los historiadores han discutido muchas veces si los libertos formaban un grupo social homogéneo y debían verse sólo como un punto común, ya que todos proceden de la esclavitud de la que han sido liberados, pero en su interior se pueden diferenciar otros grupos. Realmente es un grupo social con una cohesión difícil, sus orígenes esclavos, a pesar que quedan atrás, siempre los llevará asociados y se les recordarán al denominarlo liberto, por otra parte, la manumisión le concede el derecho de ciudadanía, la misma que la de su amo y, por lo tanto, lo acerca a él, pero, a la vez eso le comporta una serie de reglamentaciones y obligaciones que los hace diferentes de los *ingenui*. Es lo que J. Andreau define como un movimiento pendular, entre el pasado y el futuro, entre la ciudadanía y la esclavitud, entre la integración y el repliegue, en el que se halla atrapado el liberto, máxima expresión de las contradicciones de la sociedad en la que le tocó vivir (Andreau, 1991, p. 207).

Parece que tendría fundamento pensar que la *plebs urbana*, la gran masa de habitantes que poblaban las ciudades formada por buena parte de libertos, tenía un gran poder en Roma (Brunt, 1981, p. 94). Una parte también vivía en el campo, en el medio rural, dedicados a la agricultura o a otras labores relacionadas. El influjo del trabajo esclavo era tan grande que a finales de la República no solamente la agricultura italiana dependía de éste, sinó que había invadido la mayor parte del comercio y la industria hasta el punto que tal vez el 90 por ciento de los artesanos de Roma eran de origen esclavo (Anderson, 1980, p. 57).

Con su liberación, un manumiso adquiría el estatuto de su antiguo señor, de tal forma que el manumiso de un ciudadano romano se convertía en ciudadano, con algunas incapacidades menores, pero que, como mínimo, tenía derecho a votar y a casarse dentro de la clase de los ciudadanos. Eso tenía implicaciones interesantes, ya que en el Imperio romano había una gran variedad de estatutos libres, en la medida que había muchos no romanos, libres y ciudadanos de sus comunidades, que no tenían ni los derechos políticos del ciudadano romano ni el *ius conubii*, es decir, el derecho de contraer matrimonio con un ciudadano romano. Pero un ex-esclavo, por efecto del acto privado de la manumisión los sobrepasaba automáticamente, al menos de derecho, por el solo hecho que su amo hubiera sido un ciudadano romano (Finley, 1979, p. 106). Las posibilidades de ascenso social de un liberto dependía de la altura a la que se encontraba el propio señor, aunque también se podía desarrollar completamente en la condición de esclavo con cargos importantes, por ejemplo, como *dispensator* del amo (Veyne, 1991, p. 15).

Aunque los libertos continúen yendo a rendir homenaje a la casa del antiguo señor, generalmente no viven en ella. Tanto si los libertos se quedaban en la casa como si se establecían por su cuenta conservaban una vinculación simbólica con la casa del amo, convertido en *patronus* a la que estaban obligados a ir para ofrecer el *obsequium*. Se daba gran importancia a este comportamiento, semejante al de los clientes, ya que era una muestra de agradecimiento por haberles concedido la libertad. De no ser así, podrían ser considerados como libertos ingratos y provocar las iras de los ciudadanos (Veyne, 1988, p. 96).

Solían establecerse por cuenta propia como artesanos, tenderos o negociantes. Gran parte de las actividades industriales y comerciales en Roma eran asumidas por esclavos que actuaban de manera independiente, controlaban y administraban bienes designados con el nombre de *peculium*. Si bien no todos estos oficios fueron ocupados exclusivamente por libertos sí, en cambio, que estos eran mayoritariamente gente de comercio y de negocios. Formaban un grupo que muchas veces era superior en riqueza a la mayoría de población libre y, por contra, era inferior en la categoría social. Esta opulencia que no era mal vista ni criticable en un ingénito, frecuentemente era causa de hostilidad y animosidad, ya que representaba una humillación para la población nacida libre la prosperidad de una parte que no lo era. Buena parte de esta situación era culpa de unos oficios que según la mentalidad romana eran indignos de la persona, con los que, según la moral imperante, se explotaba y se obtenía un beneficio poco honroso (Veyne, 1988, pp. 91-97). No deja de ser sintomático que el personaje de Petronio cuando se convierte en heredero de la fortuna y del nombre del señor al morir éste, vende los terrenos y se dedica a los negocios, al comercio de alto nivel, a las especulaciones de todo tipo. Pero, en el momento que ha recogido su fortuna y consciente que solo el *otium* y la tierra ennoblecen, renuncia a sus empresas para recuperar las tierras y vivir, desde aquel momento, de las rentas, como un aristócrata (Veyne 1991, pp. 11-12).

Los prejuicios sociales hacia los libertos de alguna manera trascendieron a su propia época hasta llegar a influir en la mentalidad moderna. Pongamos un ejemplo paradigmático, en el estudio de la casa de los *Vetii* de Pompeya, las pinturas de las paredes presentaban momentos diferentes, el más antiguo, de gran riqueza de acabados, dejan entrever un gusto delicado y exquisito; las más recientes, demuestran un gusto menos refinado. Esta constatación dio pie a Mau a pensar que hasta mediados del siglo I, la casa habría pertenecido a una familia culta y que la habría decorado con expertos pintores de Roma o de una ciudad griega; en cambio, después de los terremotos la casa habría caído en manos de los *Vetii*, libertos enriquecidos, que no tenían buen gusto y se contentaban con la obra de artistas locales (Etienne, p. 268).

Lo más trágico de los libertos es que no formaban una clase social, sino que constituían un estatuto social totalmente efímero, ya que sólo se daba en la primera generación, sus hijos se convertían en ciudadanos de pleno derecho. La jerarquizada sociedad en la que vivió Trimalción, a pesar de los elementos de ficción, no le permitirá renegar de su pasado ni de su origen, y atrapado en un futuro sin horizontes busca reconocimiento en patéticas escenas de gran opulencia hacia sus invitados.

De esta forma el mundo de los libertos se renovaba constantemente con nuevas manumisiones, mientras que las clases altas se renovaban en buena parte por el acceso de los hijos de libertos ricos o, en Roma, de libertos de la casa imperial.

En un sentido más político, los libertos y sus hijos fueron legalmente excluídos de las magistraturas y del Senado, la tentativa del censor *Appius Claudius* de introducir los hijos de los libertos en el Senado fue considerada ilegal; algunas admisiones fueron consideradas abusivas, los senadores de este género frecuentemente eran expulsados del Senado o excluidos de las magistraturas. Hay ejemplos de hijos de libertos que se convirtieron ilegalmente en magistrados bajo la República; bajo el Imperio no hallamos libertos magistrados y senadores hasta muy tarde, muchas veces puede ser con la concesión de la ingenuidad ficticia. Solamente con Valentiniano y Valente se admiten legalmente los hijos de libertos. Desde inicios del Principado los libertos pueden tener *ornamenta*, con derecho de asistencia a las sesiones del Senado.

También estaban legalmente excluidos de la magistratura ecuestre, a pesar de las numerosas excepciones ilegales, que se producen hasta el final. Los hijos de libertos aún están excluidos el 23 dC, bajo Tiberio. En época imperial hubo dos formas de dar la vuelta a la ley: el *ius aureorum anulorum* y la *natalium restitutio* (Lémonier, pp. 228-251).

La concesión del anillo de oro aparece desde finales de la República. Con el Imperio se da la plenitud de derechos de caballero, el *cognomen* ecuestre, la capacidad de ocupar funciones ecuestres y municipales, reduciendo los derechos del patrón. Los primeros emperadores no admiten estas concesiones y reprimen enérgicamente con persecuciones judiciales a quien lleve ilegalmente el anillo de oro. Con Cómodo se empieza a dar sin el rango ecuestre y desde entonces indica solamente una transformación de la condición privada, la adquisición de la ingenuidad ficticia. Con los Severos se acuerda para todos los soldados y también era accesible a las mujeres. Los libertos que la obtenían ocupaban pequeñas funciones por debajo del ecuestrado, pero no serán elegibles al menos hasta Diocleciano para los cargos municipales. Por el derecho civil son asimilables a los ingénitos, están dispensados de la tutela en los mismos casos que estos últimos, están obligados a aceptarla respecto a los hijos del amo, pero quedan sometidos a la atención del señor en el *obsequium* y el *officium* con todas las consecuencias, a las penas especiales que reciben los libertos por el adulterio con la hija o la esposa del amo, y no sabemos si se debían aún las *operae*.

Por lo que respecta a la *natalium restitutio*, que era acordada solamente por el emperador, es una ficción que servía para conceder la ingenuidad completa. Bajo formas simuladas y testimonios falsos, sólo en el siglo II la institución quedará establecida, el emperador solamente la acordará con el consentimiento del señor o de su hijo; entonces el liberto quedará completamente equiparado al ingénito, puede casarse con una persona de familia senatorial, el señor pierde sobre el todos los derechos sucesorios y otros (Lécrivain, 1904, 1202-1203).

Las magistraturas y los cargos municipales estaban cerrados a los libertos, sólo se les abrieron momentáneamente en las colonias fundadas por César donde constituían la mayor parte de los colonos. Augusto, en cambio, les dejó la dirección de los *compita Larum* en Roma y en todas las ciudades el papel principal en la institución de los Augustales, que les permitía jugar el papel de un orden ecuestre municipal. Los libertos también fueron excluidos de las adjudicaciones de trabajos públicos y de los arrendamientos de impuestos, reservados al orden ecuestre, más por una cuestión de costumbre que por leyes específicas. En lo referente al voto, su situación fue variando dependiendo de las luchas políticas, aunque siempre en inferioridad respecto a los ingénitos, sobre todo si estos eran propietarios. Diversas reformas varían sobre el concepto de contabilizar la riqueza y la clasificación en las centurias y tribus; muchas veces fueron usados como reivindicación partidista. Bajo Augusto, el derecho a voto parece que fue retirado y quedaron excluídos, regularmente, de las legiones, que solo se constituían en caso de necesidad como *voluntarii*.

Condición jurídica. Formas de liberación.

En el aspecto jurídico, el liberto es completamente libre. El jurista Gayo, que vivió en el siglo II, se expresa con gran claridad en la distinción de las diversas categorías de hombres libres: los *ingenui* y los *liberti* (*Ins*., 1, 9-12):

"9. La principal distinción aparente en el derecho de las personas es que los hombres son libres o esclavos.
10. Además, entre los hombres libres, unos son ingénitos, los otros manumitidos.
11. Son ingénitos los que han nacido libres; manumitidos los que han sido libertados de una servidumbre conforme al derecho.
12. Por otra parte, hay tres clases de manumitidos; ciudadanos romanos, latinos y dediticios..."

Más adelante, Gayo, después de describir los dediticios, dice:

"16. Pero si el esclavo no es de esta condición humillante, diremos que una vez liberto, se hace tanto ciudadano romano como latino.
17. Pues el individuo que satisface las tres condiciones siguientes, a saber, ser de edad mayor a los treinta años, haber pertenecido a su dueño en virtud del derecho quiritario y haber sido liberado por una manumisión justa y legal, es decir, por la vindicta, declaración de testigos, o testamento, aquél se hace ciudadano romano; si por el contrario una de estas condiciones falta, se hará latino." (*Ins*., 1, 16-17).

Hemos podido ver hasta aquí que no había diferencias esenciales entre los libertos, por una parte, y los clientes y los plebeyos, por la otra. Hasta Augusto no existía el *connubium*, el derecho de matrimonio entre libertos e ingénitos; las uniones entre libertos e ingénitos únicamente eran concubinatos, pero la prohibición legal de matrimonio comienza a caer en desuso a finales de la República. Respecto a los hijos de los libertos no hubo nunca limitación, pero la opinión pública reprobaba siempre la boda de un noble con la hija de un liberto o de un cliente.

El derecho de sucesión del liberto estaba regulado per la ley de las Doce Tablas en estos términos, en primera línea venían los herederos testametarios, naturales y adoptivos, y la mujer *in manu* del liberto; a falta de estos se llamaba al patrón y a sus descendientes, constituían un orden de sucesores que sustituían a los consanguíneos, además, no había ninguna diferencia entre el patrón y la patrona, entre el hijo y la hija del patrón. La ley excluía a los herederos externos, a los descendientes de la patrona, a los nietos y biznietos del patrón por la vía de las hijas, los descendientes que se habían emancipado o dado en adopción, pero no los niños desheredados. La sucesión siempre favorecíaal más próximo. El pretor intervino para mejorar la condición del patrón. Continuaba excluído por los descendientes naturales del liberto, no desheredados, y también por los que habían estado emancipados y dados en adopción, siempre que figurasen como herederos en el testamento; a falta de estos herederos, el patrón tenía que ser instituído heredero de la mitad de los bienes para el testamento del liberto; si no, obtenía esta parte en virtud de una *bonorum possessio contra tabulas*; tenía derecho a esta parte, incluso, a falta del testamento, en presencia de un hijo adoptivo, de una mujer que hubiese estado *in manu*. Estos derechos estaban acordados también para los hijos y para los descendientes masculinos por vía masculina; pero el derecho antiguo era mantenido para las patronas, las hijas y las descendientes del patrón.

El liberto era propietario de sus bienes en vida, pero el patrón encontró la manera de conservar prerrogativas útiles y derechos financieros, después de la liberación. El esclavo, que no gozaba de personalidad jurídica, no se podía comprometer legalmente; se puede pensar en la dificultad que suponía la imposición de un juramento realizado antes de la liberación, que comportaba ciertas obligaciones y prestaciones que debía renovar inmediatamente después de la liberación. Primitivamente no había límite legal a estas promesas; el liberto podía así prometer *operae*, la partición de todos sus beneficios, reconocerse deudor de sumas de las que nunca podría devolver el capital, renunciar al derecho de matrimonio. De eso resultaban graves abusos; por otra parte, no había una sanción positiva del juramento de un esclavo; los pretores intervinieron para proteger también a los libertos, en un sentido, y para obligarles a cumplir sus compromisos, en el otro. Al respecto, Cicerón cita una decisión del pretor *Drusus* según la cual éste anuló una liberación cuando el liberto rehusó renovar su juramento (Cicerón, *Ad Att.* 7, 2).

Esta era la situación legal de los libertos al final de la República. Es más difícil conocer la evolución en otros momentos, sobre todo durante las guerras civiles, cuando formaban parte de la clientela que ayudaba a los patronos en sus luchas políticas. A partir de la época de Augusto realizaremos el seguimiento según las principales medidas legislativas que se fueron publicando y que regulaban los mecanismos de la liberación.

Bajo la República había tres formas legales de liberación y para cada una de ellas el consentimiento del esclavo era indiferente: *per vindictam, censu* y *testamento*. La afirmación de Cicerón al respecto es absoluta *"si neque censu, neque vindicta, neque testamento libert sit, non est liber"* (*Top*., II, 10).

En los dos primeros casos era necesaria la intervención de los magistrados y al principio del tercer procedimiento. No parece que hubiera existido liberación por adopción, como a veces se ha pensado; por los textos se sobreentiende que los casos de adopción debían utilizar la vindicta.

- La *manumissio vindicta.*
Es la forma de liberación *inter vivos* más frecuente, a pesar de que necesita de la presencia de un magistrado pretoriano. Probablemente, a partir de la mitad del siglo I aC, los magistrados locales habrían podido proceder a estas liberaciones; esta descentralización de responsabilidades podría tener correspondencia con la política cesariana en materia de censo, según la cual las operaciones se podrían desarrollar a partir de profesiones locales. De esta manera se daría respuesta a la multiplicación de actos que era imposible atender en el cuadro administrativo y jurídico tradicional, por eso César habría facilitado las manumisiones *inter vivos* fuera de Italia, (intenciones que fueron retomadas por Marco Aurelio). Se trataría de liberación de esclavos de ciudadanos y esclavos de ambos sexos.

Algunos autores han querido ver el rol del propietario muy reducido, a una simple figuración, y donde se da a la palabra vindicta un significado cercano a un símbolo de una fuerza ritual de la que el liberto es la materia y el dueño, al menos hasta el momento de la liberación, era el detentor. Se tuvo que llegar al reinado de Augusto y tal vez a la votación de una ley que dispensaba al Emperador, en motivo de la liberación de sus esclavos, de adaptarse a los ritos de la vindicta; desde entonces, el simple reconocimiento de la voluntad del señor sustituye el cumplimiento del rito, por eso el rol del patrón en la ceremonia de la liberación comienza a perder importancia. De todas maneras, la expresión de esta *voluntas domini* de liberar continua siendo fundamental y el punto de partida para este tipo de manumisión (Fabre, 1981, pp. 16-23).

- La *manumissio censu.*
La utilización de este procedimiento está documentado en el final de la República, por el mismo Cicerón: "Por lo que respecta a la libertad, que ya no hay negocio más grave que este, ¿no puede surgir contienda de derecho civil, cuando es cuestión si aquel que por voluntad del amo es recensado (quiere decir inscrito en el censo de ciudadanía), se convierte en libre encontinente o bien cuando se cumple el sacrificio?" (se refiere al sacrificio con que se daba por acabado el censo) (*De Oratore*, I, 183). Ulpiano confirma la existencia de este sistema de liberación, pero deja entender que ya no se aplicaba en su época (I, 8); en época de Gayo, a pesar de las constantes referencias de éste, ya no debía estar en uso (*Ins.*, I, 17, 44, 138, 140).

Todos los autores están de acuerdo en decir que se trataba de la forma más decente para integrar un antiguo esclavo en el cuerpo cívico, gracias a un acto de derecho público. El desarrollo práctico de las operaciones de inscripción del nuevo liberto se puede seguir con precisión gracias al texto de Ulpiano, deben distinguirse cuatro etapas:

1) la *professio censu*, es decir, la presentación del esclavo a liberar frente al magistrado, al que se pide la inscripción en las listas.
2) el *iussus domini*, que permite validar el acto,
3) la inscripción en la lista,
4) la *lustratio*, especie de contraprueba, que por su carácter sagrado proporcionaba todo el valor a la acción liberadora.

Los puntos anteriormente expuestos, a pesar de la claridad que parecen tener a simple vista, han generado diversas discusiones entre los especialistas, que para nosotros no son fundamentales en este repaso; por ejemplo, para ver si el censo tenía un valor de creación de libertad, de una nueva situación jurídica, o simplemente tenía un valor de oficialización; o también si los liberados por los otros procedimientos quedaban en suspenso hasta el cumplimiento del *lustrum*, período de cada cinco años que se realizaba el censo, o tenían efecto inmediatamente (Fabre, 1981, pp. 10-13).

- La *manumissio testamento.*
Tercer procedimiento de liberación regular, caracterizado porque, contrariamente a las fórmulas *inter vivos*, este no entra en efecto hasta la muerte del señor del esclavo y la abertura del testamento. Fue el sistema más usado, por cuestiones de comodidad y descentralización, para expresar el deseo de los señores de liberar regularmente sus esclavos.

El procedimiento era aparentemente pesado, ya que tenían que figurar y asistir cinco testigos a la declaración, todos ciudadanos. Pero, aligeraba mucho el trámite el que no fuese necesario ningún magistrado, así, los cinco testigos, la mayoría familiares, tenían que oficializar las operaciones. Un procedimiento de este tipo era asequible a cualquier ciudadano de Roma, Italia o de las provincias. Ofrecía, además, las ventajas de basarse en documentación escrita y permitía estipular todas las sutilezas a través de las cuales el testador en vida nunca quedase privado de los servicios de su esclavo.

En realidad, tras esta comodidad técnica, frecuentementese escondían diversas razones, desde compensar la falta de hijos o hacer pagar sus deudas al esclavo, pasando por razones "comerciales", como veremos en el capítulo siguiente.

En lo que respecta a las modalidades prácticas, relacionadas con la liberación testamentaria, había dos posibilidades:

1) la liberación directa, que responde a la misma voluntad del testador y crea del esclavo, inmediatamente después

de la muerte del señor o a más largo término, el liberto del difunto,

2) la libertad por fideicomiso, en ésta interviene, bajo la forma de fideicomiso, la buena voluntad del heredero al que se pide liberar un esclavo como parte de la sucesión (Fabre, 1981, pp. 23-39).

Según esto vemos que hay dos diferencias esenciales entre las liberaciones entre vivos (*per vindictam* y *censu*) y las liberaciones testamentarias: en el primer caso, el antiguo esclavo conserva su peculio, si es que no se le ha retirado expresamente; en el segundo caso sólo el puede reclamar en virtud de un *lex* formal. En el primer caso, hay exclusión de todo término y de toda condición; en el segundo caso la liberación puede ser acordada *ex die* o *sub conditione*, el esclavo es entonces *statu liber* y pasa a estar bajo el poder del heredero; pero la libertad es, por principio, irrevocable y no puede ser dejada *ad diem*, es decir, hasta cierta época, ni *ad conditionem*, para dejarlo en tal o cual caso. El estatuto personal del esclavo liberado legalmente, está protegido por el pretor, bajo la República (Lécrivain, 1908, p. 1202).

Las tres formas legales de liberación eran, en la práctica bastante incómodas, ya que el censo solamente se realizaba cada cinco años; el acceso a los magistrados sólo era fácil en Roma; y los testamentos no tenían efecto hasta que pasaba bastante tiempo. Desde finales de la República se multiplican las liberaciones sin forma legal, el propietario les concede por acuerdo tácito, con una carta, o una declaración delante de los amigos (*inter amicos*). Estas liberaciones son completamente nulas por lo que se refiere a la ley civil, en consecuencia, el propietario puede recuperar la propiedad; pero debemos suponer que pronto los pretores tomaron medidas para mantener a los libertos en libertad, dejando subsistir todas las consecuencias legales que se derivaban de esta situación.

Legislación.

Parece que de libertos y de liberación se puede hablar desde los orígenes de Roma. A pesar de que en época más antigua no había legislación para regular la situación del liberto, el Estado no se involucraba en estos asuntos. Más adelante, la ley empieza a intervenir entre el *libertus* y el *patronus*, pero de forma muy excepcional, ya que la tradición fija los derechos de uno y los deberes del otro. La verdadera intervención se realiza con la justicia pretoriana, que arbitraba entre el *paterfamilias*, apoyado por la fuerza de la costumbre, y su antiguo sirviente, invocando su título de hombre libre. El pretor resolvía los problemas a medida que la práctica exigía la necesidad de una solución. Tanto es así, que Lemonnier cree que se puede hablar de un período pretoriano, que se iniciaría con la Ley de las Doce Tablas y acabaría en época de Augusto (Lemonnier, 1887, pp. 13).

En este momento la ley escrita se sitúa entre el señor y el liberto y sustituye la costumbre y la jurisprudencia pretoniana. La liberación existe en las instituciones y se cumple por tres modelos diferentes, como categorías de contratos solemnes: *vindicta, censu* y *testamento*. Por lo que se refiere a los deberes de *obsequium* y *officium* impuestos al antiguo esclavo, y de los que hablaremos más adelante, existen, pero están mal definidos porqué responden a costumbres o instituciones que ya están en decadencia.

Los pretores intervenían de tres maneras:

1) para corregir, en beneficio del patrón, el rigor de la ley. Habían introducido diferentes *bonorum possessiones* con las que se aseguraban para los señores, al menos una parte de la sucesión del antiguo esclavo.

2) Para garantizar los derechos fijados por la costumbre, con un edicto, habían limitado la facultad de recurrir a la justicia en caso de una acción intentada contra el señor.

3) Per proteger al liberto de exigencias abusivas, consideraban nulas ciertas cláusulas impuestas por el señor.

Eso es lo que sabemos según la ley, pero la situación de hecho es más difícil de determinar. Si recordamos lo movida que fue la época que comienza con los Gracos y acaba con César, como se removió desde sus cimientos la sociedad y como Roma estaba agitada por revueltas durante las cuales todo se cuestionó, se comprende que la condición de los libertos, como otros elementos del organismo romano, quedase en la incertidumbre, entre las antiguas instituciones que se mantenían, a pesar de haber perdido vigencia, y el nuevo espíritu que aún mantenía actitudes contradictorias. Quedaba bastante claro, también que era necesaria una reorganización material.

Todo eso explica en parte el gobierno de Augusto. Quiso restablecer la regularidad en las cosas y acabar con la anarquía social y política, incluso estética y religiosa (Zanker, 1992), pero no lo hizo creando elementos nuevos, sinó conservando los antiguos, esforzándose en mejorarlos o ajustarlos a sus ideas de autoridad (Syme, 1989).

Con la llegada al poder de Augusto, la multiplicación del número de libertos, había alterado profundamente la composición del cuerpo de los ciudadanos, la clase de los ingénitos estaba inundada por esta oleada creciente; por otra parte, la legislación no había quedado fijada y eso permitió que Augusto aplicase su política. La legislación augústea estaba dirigida a mantener la sociedad esclavista y a mantener la familia con una fuerte defensa de las tradiciones romanas. Era favorable a los libertos, pero desfavorable a los esclavos y tenía como objetivo, por una parte, establecer el orden y la medida en las relaciones entre libertos y patronos; por otra parte, empujar al esclavo hacia la servitud, levantar la situación social del liberto a la vez que su inferioridad política y utilizar esta nueva clase de ciudadanos para repoblar el Imperio. No es extraño pues, que en este afán regulador algunas obras analicen la legislación augústea como un intento de frenar las liberaciones (Rodríguez, 1978). G. Alföldy comparte la misma opinión, las principales leyes implantaron el control y la restricción de las manumisiones y dificultaron sobre todo que los libertos pudiesen obtener el derecho de ciudadanía romana completo (Alföldy, 1971, p. 100).

Así, a las limitaciones naturales del derecho de liberar, Augusto añade limitaciones legales que constituyen una de sus reformas políticas y sociales. Son obra de las leyes *Aelia Sentia* y *Fufia Caninia*. Con la ley *Aelia Sentia*, año 4 dC, se concretaban los requisitos necesarios para la emancipación de esclavos. Ésta se complementó con la promulgación de la ley *Fufia Caninia* del año 8 dC, que reglamentaba el número de esclavos que se podían manumitir por testamento. Eran medidas dirigidas a favorecer la clase esclavista, poniendo dificultades a los esclavos para obtener la libertad si no eran obedientes con los dueños. En relación a los libertos parece que quiso continuar con los viejos usos y añadió otros nuevos. Se promulgaron diversas leyes, las más importantes eran la ley *Papia Poppea*, el año 9 y la *lex Iunia*; siete de las leyes de época augústea se refieren directamente o indirectamente a los libertos:

Iulia de maritandis ordinibus (4 dC). Juntamente con la ley *Papia Popaea*, permiten el matrimonio entre libertos e *ingenui*, excepto en las familias senatoriales (encontraremos aún en época de Marco Aurelio y Cómodo un *senatusconsultus* a través del que se consideran nulos los matrimonios entre familias de libertos y familias senatoriales).

Aelia Sentia (4 dC). Añade travas a la facultad de liberar. Lo prohibe al señor menor de 20 años sin una autorización por consejo especial. Anula las liberaciones fraudulentas. Crea la clase de los *dediticii*, esclavos que al liberarlos no obtenían el derecho de ciudadanía y no recibían el derecho de latinidad, dejándolos en una categoría muy inferior, la última dentro de la libertad; fueron creados especialmente para proteger la sociedad del peligro de liberar esclavos viciosos y criminales, no podían pasar la noche en Roma. Rehusa al esclavo liberado antes de los 30 años de edad, el *ius Quiritium*, pero le abre una forma de acceso a la ciudadanía. Modera los derechos de los señores sobre los libertos; prohibe el juramento de celibato; la promesa de pagar una suma concreta de dinero. Establece la pena contra la ingratitud. Retira al señor que rehusa dar alimentos al liberto, los derechos a las *operae* y a la sucesión.

Fufia Caninia (8 dC). Tenía por objeto frenar el exceso de liberalidad de los moribundos que daban el derecho de ciudad a un número excesivo de libertos y lesionaban los derechos de los herederos. Establece diversas limitaciones que prohiben liberar por testamento, así como por fideicomiso, más allá de un número concreto de esclavos: de dos a diez, no más de la mitad; de diez a treinta, un tercio; de treinta a cien, un cuarto; de cien a quinientos, la quinta parte; y el número total no podía exceder nunca de cien; el amo de dos esclavos podrá liberar a los dos. Esta ley aún estaba en uso a finales del siglo III y será suprimida por Justiniano.

Papia Popaea (9 dC). Regula la sucesión del liberto que deja un patrimonio superior a los 100.000 sestercios. Libera de la tutela patronal a las mujeres libertas que tienen al menos cuatro hijos y les permite hacer su testamento reservando al señor una parte.

Iunia Norbana, de fecha incierta (17 dC ?). A pesar de la diversidad de opiniones, las más recientes creen que esta ley es no anterior a la *Aelia Sentia* y probablemente del año 17 dC (Rodríguez, 1978, pp. 127-141), aunque opiniones más tradicionales la sitúan en el año 19 dC (Lécrivain, 1904, p. 1208). El propio nombre de la ley deriva de *M. Iunius Silanus* y *L. Norbanus Balbus*, cónsules bajo Tiberio. Decide que la liberación que no se cumpla siguiendo las formas legales, y que bajo la República proporcionaba una libertad de hecho, da la libertad llamada "latina", y crea la clase de los Latinos Junianos y determina en ciertos puntos su condición jurídica.

Gayo explica así su situación:

"22. ... latinos, porque están asimilados a los colonos latinos; junianos, porque han recibido la libertad de la ley Junia. Cuando, en otro tiempo, eran considerados como esclavos.

23. Sin embargo, la ley Junia no les permite ni hacer su testamento, ni recoger, lo que sea, en virtud del testamento de un tercero, ni ser designados como tutores por testamento.

24. Lo que hemos dicho en lo que concierne a la imposibilidad para ellos de recibir por testamento, debe entenderse en el sentido de que no pueden recibir directamente a título de sucesión o de legado; pero pueden recibir por fideicomiso." (*Ins.*, I, 22-24).

La condición de Latino Juniano era un estadio transitorio antes de llegar al derecho de ciudadano completo, una especie de ensayo o prueba. Da al esclavo liberado antes de los 30 años el acceso a la ciudadanía por la *causae probatio*.

Iulia de adulteriis (18 dC). Permite al señor matar al liberto sorprendido en adulterio con su esposa.

Iulia de publicis judiciis (18 dC ?). El señor no puede declarar en justicia contra el liberto, ni éste contra el patrón.

Las más importantes son la ley *Aelia Sentia*, *Fufia Caninia* y *Papia Poppaea*, sobre todo la primera que, bajo el consulado de *Sextus Aelius Catus* y *Gaius Sentius Saturninus*, es como el código de liberación. Lemonnier realiza un intento muy completo de clasificación cronológica de las leyes, senadoconsultos y otras ordenaciones que afectan a los libertos, que continúa con el Imperio (Lemonnier, 1887, pp. 293-303).

Bajo el Imperio se mantienen las tres formas de liberación. Cabe añadir que el emperador liberaba sin formas, como una simple manifestación de su voluntad. En época de Claudio comienza a suavizar la condición de los esclavos. Vespasiano continuó por esta vía y un gran número de leyes y edictos, desde época de Tiberio, significaron un desarrollo de la ley *Aelia Sentia* y facilitaron al Latino Juniano el acceso a la ciudadanía. Una ley de la que se desconoce la fecha de promulgación autorizaba a las villas a liberar sus esclavos. Las liberaciones en el teatro, aprovechando la celebración de juegos, generalmente impuestos por el pueblo, había comenzado a practicarse en Roma desde los primeros emperadores. Este abuso fue, sin embargo, suprimido definitivamente por Marco Aurelio. Este mismo, en cambio, permitió a todas las asociaciones autorizadas el derecho de liberar sus esclavos, y estas disponían igualmente los derechos de patronazgo.

Durante el siglo I, muchos debates filosóficos y la influencia del cristianismo en temas relacionados con esclavos y libertos permitió un movimiento de moderación dirigido por los Antoninos, desde Trajano a Marco Aurelio, con la colaboración de los estoicos, jurisconsultos, motivando una edad de oro del derecho, con la presencia de Pomponio, Juliano, Gayo, Escévola, Papiniano, Ulpiano, etc.

La tendencia general fue la de facilitar la manumisión y suavizar las relaciones entre señores y libertos, abrir más ampliamente la ciudad y favorecer las aspiraciones de los *libertini* para pasar a un nivel superior, si no en la condición política sí al menos en la civil. A pesar de eso, se añadieron algunas limitaciones especiales a las manumisiones: entre otras, Adriano declara nula la liberación hecha para sustraer un esclavo a los perseguidores; los dueños acusados de un crimen capital y, en particular, después de los retoques de Antonino, los que habían sido deportados o los que habían sido condenados o que estaban en posibilidad de serlo, no podían liberar.

La cuestión de la nomenclatura y las relaciones patrón/liberto.

La relación patrón/liberto.

Es de la misma naturaleza del acto de liberación, del que hemos hablado antes, que depende el reconocimiento más o menos oficial del estado de libertad en el que se sitúa, al menos teóricamente, el nuevo liberto. La nueva unión entre *patronus* y *libertus* adquiere una dimensión pública y las transformaciones que se reflejan en la nomenclatura del individuo liberado traducen los cambios de estatuto, a la vez que mantienen a este último en una situación de dependencia estrecha a la atención del patrón. Deben verse las formas asociadas a los diferentes procedimientos jurídicos que crean la libertad y el significado profundo de la nueva denominación de liberto, mostrada sobre todo a través del documento epigráfico.

Hemos dicho también que nadie nace liberto, se convierte. En efecto, el liberto es el antiguo esclavo de su patrón y eso crea un nuevo marco, con una relación diferente. Con el paso de *servi* a *liberi* se adquieren unos derechos, civiles y personales, se obtiene el derecho de ciudad. Según Cicerón, hemos visto que las únicas maneras por las que un esclavo se convertía en libre eran: por censo, por vindicta y por testamento. Estos casos están confirmados por todos los autores imperiales, Gayo, Dositeo o Ulpiano, a pesar de que la diferencia cronológica entre unos y otros es de dos siglos y medio. Esta unanimidad permite pensar en que existió cierta estabilidad de formas.

Es incontestable que al final de la República, la manumisión, en tanto que institución jurídica, conoce en esta época su pleno desarrollo, al menos por lo que respecta a las formas regulares destinadas a crear ciudadanos liberados. La *lex Iunia* de época augústea sirvió para dejar constancia jurídica de una actitud expresada como *voluntas domini* según la que el señor quería liberar a su esclavo y sólo estaba creado por la práctica. Pero mientras que en la jurisprudencia sobre las liberaciones testamentarias de época republicana (a condición de que los intereses económicos del patrón o de sus herederos no estuviesen en juego), la liberación del esclavo no se rehusaba, la legislación augústea representó el final de esta tradición (esencialmente leyes *Aelia Sentia* y *Iunia*).

La verdadera novedad del período augústeo parece residir en el final de las turbulencias que habían agitado el Estado y la sociedad romana durante todo el siglo I aC. En efecto, no debemos olvidar que la expansión de las formas jurídicas de liberación de los esclavos así como la expresión normal de la *spes libertatis* (esperanza de conseguir la libertad), se sitúan en una coyuntura histórica particularmente agitada y que tiende a cuestionar la *voluntas domini* en esta materia (Fabre, 1981, p. 91-92).

Es muy probable que durante los primeros siglos el liberto normalmente se quedara en el mismo domicilio del patrón y formase parte del grupo familiar y también, en cierta medida, de su *gens*, de los sacrificios de la cual participaba; es por esta razón que los libertos no podían casarse fuera de la *gens*, sin un decreto de gentiles o una ley. El liberto estaba sometido a la jurisdicción doméstica del patrón.

La palabra *patronus* establece con *pater* una relación semejante a la de *matrona* con *mater*, el liberto está, pues, bajo la dependencia del patrón como el hijo bajo la del padre, y esta dependencia ha sido, en principio, extremadamente estrecha. Eso comporta deberes y derechos que fueron durante mucho tiempo los mismos que los de los clientes y que se basaron durante mucho tiempo más en la costumbre que en la ley. Además de asegurar la subsistencia del liberto, procurándole los alimentos necesarios bajo pena de perder las *operae* y los derechos sucesorios, el patrón lo tenía que defender frente a la justicia, como al cliente en procesos civiles. Había, en cambio, un conjunto de prerrogativas que el propietario poseía en virtud únicamente del título, sin que tuviese que estipularlo de manera particular. Eran consecuencia de la *manumissio* misma. Entre ellas debemos contar la obligación de fidelidad, de respeto, de deferencia (*obsequium* y *officium*) y el derecho del patrón a la tutela y a la sucesión del liberto. En una segunda categoría estaban las obligaciones a las que el liberto estaba sometido únicamente si habían sido expresamente estipuladas en el momento que recibía la libertad y que procedían, por lo tanto, de una convención particular. Agrupaba un conjunto de servicios conocidos con el nombre de *operae* (Lemonnier, 1887, pp. 105-126).

Todos los autores coinciden en las dificultades para definir el *officium*. Parece que fue una obligación ligada a la condición de liberto, que consistía en servicios variados fijados más por la tradición que por la ley.

Por lo que respecta al *obsequium*, que comprendía la *reverentia*, es, en general, un deber de fidelidad y de respeto y se basa en el reconocimiento que debe el liberto al patrón y en la asimilación *filius/libertus* y desde época de Augusto fue sancionado por la ley. Diversas reglas son la aplicación indirecta del *obsequium*: el patrón puede revocar una donación concedida a un liberto; no está siempre obligado a ejecutar el fideicomiso en virtud del testamento del liberto; la mujer puede intentar una acusación para vengar la muerte del patrón. Las aplicaciones directas son bastante más numerosas: la prohibición recíproca de testificar el uno contra el otro; desde Augusto y bajo el Imperio el patrón tiene contra el liberto que infringe esta regla una acción penal que comporta una multa de 10.000 sestercios, más tarde de 50 *aurei* o, si es pobre, una pena corporal impartida por el pretor de la villa; prohibición de socorrer en justicia a su adversario; también se debían aplicar otras dos reglas explícitas para el cliente, según las cuales éste no podía intentar una acción en justicia contra su patrón, y que el patrón que atacase los intereses de su cliente se exponía a una persecución criminal frente al pueblo. La injuria del liberto respecto al patrón es considerada grave; mientras que el patrón sorprendido en flagrante adulterio no puede ser muerto por el liberto y no puede ser perseguido por la justicia si no es por una especie de asimilación de este delito de adulterio a una injuria grave; el liberto, en cambio, después de la legislación de Augusto, podía ser matado por el patrón en las mismas circunstancias, aunque el liberto lleve el anillo de oro. Después de la ley *Pompeia*, del final de la República, la muerte del patrón en manos del liberto equivalía a la pena de parricidio.

El liberto debe encargarse de la tutela y debe tener cuidado de los hijos del patrón, obligación que fue regulada por Marco Aurelio. Ignoramos hasta que punto la obligación que tiene el cliente de sostener al patrón en sus gastos extraordinarios se extiende al liberto, en todo caso le debe regalos (*donum, munus*) cuanto más tarde en época imperial. Mommsen aplicaba al liberto la regla que el patrón no debe enriquecerse con los regalos del cliente. La *lex Cincia* del 204 aC que prohibía las donaciones y los regalos más allá del *modus legitimus*, parece que no se habría aplicado a los libertos; parece lógico que esta ley destinada a proteger a los clientes no hubiese incluido a los libertos, unidos al patrón con lazos más estrechos.

Desde Augusto se instaura el *connubium* para los libertos y se autorizan las *iustae nuptiae* entre ingénitos y libertos, solamente se prohiben las bodas entre miembros de familias senatoriales y los libertos y las libertas. En época imperial las uniones entre patronos y libertas fueron extremadamente frecuentes, pero sobre todo bajo la forma de concubinato. De entre todas las concubinas únicamente la liberta propia guardaba el nombre y la consideración de matrona, estaba considerada como una esposa. Las inscripciones siempre las llaman *concubina*, *coniux* o *contubernalis*, nunca como *amica* o *hospita*.

La legislación augústea, adoptando y regulando la jurisprudencia del final de la República, suprimió el *acto societatis* y mantuvo el *actio operarum* (*exactio*, *petitio*, *persecutio operarum*). Las *operae* variaban según las aptitudes de los libertos y se evaluaban en jornadas de trabajo, de doce horas consecutivas y de día. En principio estaba prohibido evaluar las *operae* con plata y al mercado real, bajo pena de perder los derechos de patrono. Se dividían en dos categorías: las *officiales* y las *fabriles* o *artificiales*. Las primeras eran los servicios domésticos y personales, frecuentementesuponían la continuación de las funciones del esclavo; las *operae fabriles* tenían un carácter diferente, eran las prestaciones especiales del liberto que tenía oficio especializado, por ejemplo, médico, artista, etc. Estas *operae* podían ser cedidas o alquiladas a otras personas; la cesión completa de estos servicios, normalmente a un creditor con carácter de deuda, se llamaba *delegatiio liberti*. La ley *Iulia de maritandis ordinibus* dispensaba de las *operae* y los regalos a los libertos que tenían un niño de cinco años o dos niños en edad de crecimiento. No se podían reclamar las *operae* al liberto en virtud de un fideicomiso o como condiciones de una venta. La ejecución de estas *operae* no tenían que comportar ningún peligro ni nada que fuera deshonesto ni contrario a la dignidad del sujeto (Lécrivain, 1904, 1215-1216).

El estudio del nombre como indicador de la relación.
Uno de los efectos más inmediatos de la *manumissio* era que generaba un cambio radical en la nomenclatura del antiguo esclavo. Este cambio era tanto más sensible en la medida que se beneficiaba de cierta "publicidad". La mayoría de los nombres que conocemos provienen de inscripciones, sobre todo funerarias, destinadas a ser leídas por cualquiera; por otra parte, los nombres de los libertos figuran en el censo, así como la Tabla de Heraclea y la *Lex Iulia Municipalis* nos lo indican sin discusión: evocan las operaciones de empadronamiento "en los municipios, colonias, prefecturas de ciudadanos romanos que son o estarán en Italia". Esta, precisa que el magistrado más elevado o el que detenta más poder tendrá que recibir "bajo juramento su nombre (gentilicio) (*nomen*), nombre propio (*praenomen*), el nombre de su padre o de su patrón, de su tribu y su nombre individual (*cognomen*)".

De ahora en adelante, como los *ingenui*, el nuevo liberto lleva al menos un nombre propio, si es un hombre y un nombre de familia, generalmente la del patrón, suficiente para indicar su posición de hombre libre. Igual que el muchacho (*puer*) nacido libre recibía, después de los *liberalia* y en el momento que tenía entre dieciséis y diecisiete años, su denominación completa, el esclavo se convertía en libre a partir de su liberación y veía como su nomenclatura, hasta entonces reducida a un solo nombre, se enriquecía con nuevas indicaciones que traducen su cambio de estatuto, con eso se realiza un auténtico signo de agregación al mundo de los hombres libres.

En casos limitados, el nuevo liberto puede llevar todavía su antigua denominación, pero en general, tienden a señalar la ligazón que ha existido entre la invocación a una divinidad y su salida de la esclavitud. Pero toda relación con el pasado mientras tanto no queda borrada, en la medida que el antiguo nombre de esclavo, el *nomen servile*, figura en un lugar destacado. Por otra parte, la relación con el patrón, a condición que no sea voluntariamente omitida, o que no nos hallemos frente a hábitos heredados de Grecia, se encuentra en buena posición, en el centro de la nomenclatura, como la indicación de la filiación con los *ingenui*, así se pone normalmente en evidencia un elemento de dependencia, así como la indicación de un estatuto jurídico inferior.

El nombre del liberto presenta un triple interés: de entrada hay un elemento personal, individualizado, que según las épocas, ha sido el nombre propio después del antiguo nombre de esclavo conservado a título de *cognomen*; también refleja las relaciones con el antiguo amo, ya que el liberto es como una criatura en el plano social y jurídico, de la misma manera que el hijo lo es con su padre; finalmente, tiene un valor social en la medida que permite a cualquiera situar, por relación con un hombre y un marco jurídico, al antiguo esclavo.

Si entramos en la valoración del elemento individualizante, podemos ver como al final de la República la denominación normal del liberto de ciudadano romano comporta, además del gentilicio y de la indicación de las relaciones con el patrón, un nombre propio y un *cognomen* que lo encuadran en un tipo determinado de condición, siguiendo la forma típica: *P(ublius) Vsulenus P(ublii) l(ibertus) Celadus*, por ejemplo. Esta disposición que va continuando durante la mayor parte del Alto Imperio no estuvo siempre en uso en épocas más antiguas, parece que se impuso a partir del final del siglo II o inicios del siglo I aC en el curso de una evolución que ha visto, por una parte, como el nombre propio del liberto perdía, poco a poco, su carácter exclusivo de elemento personal y calca el de su patrón. Por otra parte, el nombre del antiguo esclavo juega el rol que cumplía hasta entonces el *praenomen*.

Estudios epigráficos en Ostia de M. Cébeillac demuestran que todo liberto portador de *cognomen* debería ser fechado después de los años 80 aC. Esta datación ha sido discutida por algunos investigadores, por ejemplo, rebajada al 71 por Degrassi. Sobre esta cuestión y los datos que aporta su estudio, véase Fabre, 1981, pp. 95-108.

Según este autor, la evolución que se produjo entre finales del siglo II e inicios del siglo I aC conduce a una despersonalización del liberto (en relación a la denominación en vigor durante el siglo II aC), esto se refleja, por una parte, en que llevó mucho más frecuentemente un elemento nominativo que lo sitúa a parte de la *plebs ingenua*, que no tiene sobrenombre o lleva con más frecuencia *cognomina* latinos. Por otra, la alineación del *praenomen* al del patrón ha privado al liberto de un medio para individualizarse en relación al primero, a la vez que el lugar tomado por el antiguo nombre del esclavo afirma abiertamente la idea de una continuidad de la dependencia del liberto en relación a su antiguo amo, dependencia reforzada aún por el hecho de que la indicación del patrón es para el liberto el medio principal para ser clasificado en el plano social (Fabre, 1981, p. 110). Así, vemos como la dependencia del liberto frente al patrón, expresada en un plano colectivo y en uno de individual, está plenamente definida.

Por lo que se refiereal *nomen gentilicium*, no es necesario aquí buscar el orígen, ni precisar el sentido, si no que es, en la época que nos interesa, el medio de recordar si no la pertenencia, al menos la ligazón, del individuo que lo ostenta a una *gens* concreta. Es inútil, por otra parte, insistir en el hecho que el esclavo no tiene *nomen gentilicium*, siendo una *res*, un objeto de posesión, sin personalidad real, ya que no podía ser admitido entre los que, disfrutando de su posición de hombre libre, son del grupo de los *gentiles*. El tener un gentilicio, es pues, para el liberto un signo aparente de superioridad jurídica, en relación a los que están privados, esclavos y también extranjeros.

Lo importante es que este gentilicio es el del patrón, sobre este punto no hay duda alguna. Pero hay que precisar que se trata de un gentilicio que el patrón tenía en el momento de la liberación. Excepcionalmente, el liberto podía tener otro *nomen*, por ejemplo el del personaje al que el debía la decisión de su amo de liberarlo.

En el caso que el liberto tenga diversos patronos hay dos posibilidades: si los patronos tienen el mismo gentilicio, el liberto adopta el gentilicio común; en el caso que los patronos tengan gentilicios diferentes el liberto adopta el gentilicio de uno de ellos, lo que comportaba frecuentemente algún tipo de compensación: el patrón del que no se ha conservado el *nomen*, da su nombre propio; o bien si hay dos libertos, cada uno puede tomar el gentilicio de uno de sus patronos. Así, la indicación para el liberto de un gentilicio idéntico al de uno o al de unos de los patronos es un elemento que acerca y también que une, por una parte, al antiguo esclavo y refuerzala idea de una solidaridad muy estrecha en relación con el patrón.

No es por casualidad que en el orden de la nomenclatura del liberto, el gentilicio ocupe un lugar central, justo antes del indicativo del patrón. Se comprende así porque no hay ninguna denominación "oficial" posible sin mención del *nomen* del liberto. Pero se constata que cuando se quería una identificación cierta de un personaje liberto se usaban siempre los *tria nomina*.

La transcripción que se hace del gentilicio en las inscripciones, sobre todo en los epitafios, a veces con letras más grandes que en el *cognomen*, suele ser para exaltarlo y valorarlo. Eso, que permite insistir en el carácter de hombre libre del liberto, significa también un homenaje a la gens a la que el antiguo esclavo está ligado.

La indicación de la posición jurídica del liberto, a partir del momento que los libertos ya no son considerados *servi*, está íntimamente ligada al conjunto de la nomenclatura y es, generalmente, la réplica de la de los *ingenui*. En los ejemplos, a la fórmula *P. Vsulenus P. f. Veiento* utilizada para designar un ciudadano, le corresponde la designación *P. Vsulenus P. l. Celadus* para uno de sus libertos. Este paralelismo no es únicamente formal, remarca el lugar del *patronus* en relación al liberto, al mismo nivel que el del *pater* en relación al *filius*.

La forma general es l. precedida por el nombre del patrón abreviado. Tiene pocas excepciones: *li(bertus), lib(ertus)* o *libertus*. Esta insistencia por indicar el estatuto del liberto, ligada al jurismo, servía también para desmarcarse de los señores, los que posiblemente ejercían control en este punto. El interés de los libertos de no esconder su estatuto no parece seguro que fuera totalmente espontáneo.

Los libertos imperiales llevaban *Augusti liberti*, igual que las mujeres del emperador o las que pertenecían a la familia imperial ostentaban el título de Augusta. El liberto tomaba el nombre propio y el nombre gentilicio del señor que lo ha liberado. Podían llevar también, como gentilicio, el nombre de la ciudad o país, por ejemplo en Capua = *Campanius Vrsulus, col. lib.* o de Amiterne = *M. Amiternus Iucundus, municipio l.* A veces, también tomaban el gentilicio de *Publicius*, por ejemplo liberto de Tergeste = *Q. Publicius Tergeste l. Felix*. Bajo Marco Aurelio ya hemos visto que los *collegia* y corporaciones recuperaron la facultad de dar la libertad, se encuentran *gentilicia* derivados del título de la corporación. Un liberto conocido del colegio de los *Monetarii* se llamaba: *P. Monetius Philogenes soc(iorum) lib.*; y un liberto del templo de Asclepio: *Septimius Asclepius Hermes*.

A la nomenclatura normal, entre el gentilicio y la mención del estatuto se situaba la referencia al señor. En la mayor parte de los casos, el señor si es un hombre está indicado por el nombre propio, escrito abreviado, pero tendría que desarrollarse en genitivo. Es una indicación importante, recordémosla en la medida que el nombre del liberto tienda, a partir de finales del siglo II-inicios del I a ponerse al nivel de su antiguo amo y pierde su valor personal. Hay aquí, pues, un elemento de inferioridad que no se debe negligir. Y cuando el liberto es el mismo señor, esta inferioridad sólo desaparece con la condición que su propio señor no figure en la inscripción, sinó es imposible saber si se trata de un liberto de liberto o de un co-liberto y es evidente que es el primer señor el que tiene ventaja. Se llega prácticamente a una desposesión del rol del señor en detrimento del liberto-señor.

En el caso de mujeres, que en esta época no tenían *praenomen*, era corriente utilizar un signo genérico (C al revés) = Gaia = mujer, que se colocaba en el mismo lugar que el nombre del señor (hombre) y se entendía también en genitivo. Debía ser este carácter impersonal el que empujó a indicar la identidad de la mujer por el gentilicio, más raro en los hombres, al que añaden su *cognomen* de esclava, como podemos ver en uno de nuestros ejemplos: *Vsulena P(ubli) l(iberta) Ursa*. De todas maneras se observa con claridad un predominio masivo de patronos masculinos, como también son minoritarios los casos de libertos de un menor (*pupus*).

Finalmente, el patrón puede estar indicado con su *cognomen*, sobre todo si se trata de un ilustre o, incluso, por los *tria nomina*. Se ve entonces un alargamiento de la nomenclatura que responde, sin duda, a un sentimiento de respeto, y que seguramente debe relacionarse con el orgullo de aparecercomo el liberto de algún gran personaje y de tomar para él y los suyos una parte del prestigio al que está unido. Eso es un fenómeno que se observa desde época de Augusto, a propósito de los libertos imperiales, y que explicaría su voluntad de no esconder su estatuto. La indicación del patrón adquiere, en estas condiciones, un valor social de primera magnitud y la relación entre el liberto y su antiguo patrón tiende a coger un prestigio particular relacionado con el lugar que este último ocupa a nivel local. Sea como fuere, siempre expresa una relación de estrecha dependencia y de inferioridad del liberto respecto al patrón. Otra forma de posesión, bastante extendida, está asociada al patronato múltiple ejercido per dos o tres individuos sobre un antiguo *servus communis*.

El *cognomen* fue, cronológicamente, el último elemento de la nomenclatura latina, como revela su situación en el nombre romano completo, después del *praenomen*, el gentilicio y el nombre de la tribu. El primer ejemplo republicano se encontró en el elogio de los Escipiones: *L. Cornelius Scipio Barbatus, cos.* 298 aC; pero, los *cognomina* solo comenzarán a ser comunes en las inscripciones, y especialmente en documentos, a partir de finales de la segunda centúria aC. La *plebs ingenua* empezará a llevarlos más tarde, habitualmente no antes de época augústea. En la nomenclatura femenina, durante la època republicana, los *cognomina* fueron excepcionales, y usuales solamente después del inicio del Imperio (Kajanto, 1982, p. 19). Había sido, en origen, un privilegio de los patricios y, según una vieja hipótesis de Schulze, los *cognomina* se habrían introducido en el Lacio imitando una práctica de los etruscos, y generalizado durante el siglo III aC, a pesar de que los más antiguos se documentan en el siglo V aC en los *Fasti*.

Después que el gentilicio hubiese entrado en uso, los viejos nombres individuales se convierten en *praenomina* y su número fue reducido fuertemente. Además, con frecuencia, un limitado número de *praenomina* estuvo en uso en diferentes *gentes*: *Aemilii, Fabii, Claudii, Cornelii, Marcellii, Marcii*, etc. Eso originó, en consecuencia, la necesidad de un nuevo nombre individual, y esta necesidad se cubrió con el *cognomen*. Durante mucho tiempo no fue oficial y se daba normalmente a un adulto en recuerdo de algún aspecto físico de su portador –como el citado *Barbatus*–, su lugar de vivienda o procedencia étnica, su ocupación, inclinaciones, aficiones o peculiaridades. Los primeros *cognomina* eran apodos y se podían transmitir a los niños y muchos designaron ramas de las *gentes* (Kajanto, 1982, p. 20). Es lógico, pues, que la gran mayoría de *cognomina* latinos sean formaciones adjetivas.

En época imperial el liberto, a título de *cognomen*, lleva el nombre que tenía durante la servitud. Ejemplos: *Quintipor, Marcipor*; *Statius* antes designaba un esclavo cualquiera, después se convirtió en *cognomen*. Presenta una variedad infinita. El *cognomen* del liberto no presenta nada que le sea absolutamente particular y que lo distinga por sí sólo del ingénito. Muchos *cognomina* de *libertini* eran llevados igualmente por el romano nacido libre. Los nombres que indican país de origen son minoría y deben haber perdido un sentido preciso, convirtiéndose en términos corrientes. La única regla con fundamento es que el liberto tenía un *cognomen*.

Las excepciones y los ejemplos reales.
Frente a ejemplos que expresan la nomenclatura del individuo en toda su extensión (*tria nomina*), como muestran los conocidos C. IVLI. ATE. o P. VSVL. VEIENT., es mucho más frecuente encontrar nombres incompletos. Para entender estos casos, haremos un repaso de las excepciones habituales que se documentan en la epigrafía y como estas se adaptan a las que aparecen sobre cerámica.
El nombre propio, por regla general, es el mismo que el del patrón, pero hay diversas excepciones a la norma. Es bastante normal que el liberto tenga un nombre propio diferente al de su patrón, esto ocurre también entre los hijos y los padres. Las explicaciones se basan en hipótesis jurídicas, recogidas por Lemonnier, 1887, pp. 309-310:

- Si un esclavo tiene diversos dueños, solamente puede tomar un nombre.

- Que esté ligada a una liberación testamentaria, que puede cumplirse directamente o por fideicomiso. En el primer caso, el patrón es el amo difunto; en el segundo, el heredero o legatario encargado del fideicomiso. Así, el liberto puede tomar el gentilicio del heredero o legatario, y para recordar al antiguo amo, su nombre propio.

- La más simple es pensar que los hábitos han cambiado, sin más importancia, por lo que respecta al elemento que representa el nombre propio.

En lo que se refiereal gentilicio, si no tiene el mismo que el patrón puede deberse a una propia disposición del amo, dándole el nombre de un pariente o de un amigo. Cuando el patrón cambia de nombre, después de la adopción, por ejemplo, el liberto toma su nuevo gentilicio. Si es un personaje más célebre por el primer nombre que por el segundo que ha adoptado, de entrada puede desconcertar. A veces, el liberto, aunque guarde el nombre y el gentilicio de su patrón, se designa por su *cognomen*, no por el nombre propio. Este uso que era regla para los antiguos esclavos de los emperadores, se encuentra como una excepción en algunas inscripciones donde se citan las grandes familias de Roma. Es el deseo por parte de los libertos de remarcar su alto origen.

Parece que, a veces, hubo derogación a la regla que daba al liberto los *tria nomina* y se reproduce de forma incompleta el nombre del liberto. Sobre algunas inscripciones, en efecto, su nombre se compone sólo de dos partes, o únicamente de una sola, el *cognomen* (Lemonnier, 1887, pp. 315-318). Podemos encontrar diversas formas:

1. La inscripción sólo lleva el gentilicio y el *cognomen*. Es muy frecuente y se explica a menudo por una simple omisión, voluntaria o no.

2. La inscripción sólo proporciona al liberto el nombre propio y el gentilicio. La explicación que daba Mommsen es que remontaban a una época muy antigua y podía indicar que el *libertus* no tenía *cognomen*, pero en general no se está de acuerdo con esta explicación. Podría ser el caso de nuestros C. OBVLNIVS o L. CAMILLIVS que, a pesar de ser hombres libres, el orden de los nombres parece mostrar un origen liberto.

3. La inscripción designa el liberto sólo por el *cognomen*. Muy numeroso. El liberto debía ser designado generalmente por su *cognomen* en la vida corriente, no debe extrañarnos que se dejen poner o quieran figurar únicamente con el *cognomen*. Podría corresponder a nuestros PRIMVS, SECVNDVS, MVLVS, QVIETVS, HERMES, CANPANVS, ANTHVS, VENVSTVS, SVAVIS.

La epigrafía nos aporta, por ejemplo, el caso de *Persicus*, liberto por una de las formas exigidas para convertirse en un ciudadano romano y, por lo tanto, debía tener, con toda seguridad *praenomen* y gentilicio. Eso no tenía importancia ni ningún significado si no era en un acto auténtico y solemne, como una donación.

Podemos ver como la epigrafía sobre cerámica reproduce en muchos casos nomenclaturas que son incompletas, pero que también es frecuente en la epigrafía lapidaria. ¿Como se puede reconocer que nos encontramos frente a un liberto?. La propia epigrafía lapidaria tiene problemas al respecto. La presencia del signo l. o variantes es un criterio seguro. Cuando falten otros elementos Lemonnier aconseja, con buen criterio, que deben evitarse afirmaciones generales como: todo personaje que tiene un *cognomen* griego es un liberto, como nuestro ANTH; todo *Ulpius* que no sea de la familia de Trajano es un liberto, etc. No es suficiente para indicar que se encuentran fuera de la clase ingénita.

Numerosas inscripciones en las que se mencionan ciudadanos nacidos en plena libertad no llevan ni filiación ni tribu. En cuanto al gentilicio, ¿cómo podemos extraer deducciones rigurosas si, aunque el niño haya nacido después de la liberación del pare, llevará de todos modos el gentilicio del patrón? Y, asimismo, este niño es incontestablemente un ingénito. Veamos pues, como ni el mismo *nomen*, que se perpetúa de padres a hijos, no es suficiente para distinguir el patrón del liberto, siempre y cuando se trate verdaderamente de un liberto. Lo mismo sucede con *Ulpius* cuando decíamos que no tenía que tratarse necesariamente de un antiguo esclavo de Trajano, ya que entre el emperador y él pueden haber existido diversos intermediarios y también generaciones.

Pero, en general, el gentilicio, una vez transmitido del liberador al esclavo, quedó y se perpetuó en la familia de este último. Ésta era una de las preocupaciones del patrón. Se puede ver fácilmente a cuantas condiciones diferentes corresponde un único *gentilicium* y como este elemento no es suficiente para limitar el campo de las conjeturas. Queda el *cognomen*, que proporciona indicaciones útiles, pero no determinantes. A menudo aparece en la forma latina tanto con el liberto como con el ingénito, a veces tiene la forma griega con los segundos, pero seguro en los primeros.

De todo lo expuesto hasta ahora podemos decir que el estudio de la nomenclatura del liberto permite mesurar su estrecha dependencia en relación con el señor, en virtud de unos lazos que tienen un carácter personal. Su inferioridad queda determinada por el uso del *cognomen*, el cual, en el marco de una denominación familiar, tiende a ser el elemento esencial que designa el liberto y marca el paso de un esclavo a un hombre libre sin que cambie en nada la posición de siervo hacia el señor, lo que parece bastante generalizado en nuestros casos.

Al mismo tiempo, la nomenclatura de los libertos tiene un carácter público, que se marca por el hecho que en la mayoría de inscripciones se utilizan los *tria nomina*, con indicación del señor. Tanto la expresión del estatuto como la mención del patrón, cuya identidad es tanto más precisa cuanto más importante es la posición social que ocupa, tienen un valor de criterio social, el señor aparece como el garante del lugar del liberto en la jerarquía de los hombres libres.

Muchas veces el interés para que se especifiquen los lazos viene motivado en gran parte por los señores, sobre todo si éstos son libertos particularmente orgullosos para insistir sobre sus nuevos derechos y aparecen ellos también, por su nombre propio, en la nomenclatura de sus libertos. Por otra parte, los nombres, tal y como aparecen en las inscripciones, no son suficientes para definir la calidad de las relaciones reales que existen entre señor y liberto, tienen solamente un valor externo. La mención de sus nombres son la prueba definitiva para dejar constancia de su existencia. Esta insistencia en figurar en sus epitafios revela una necesidad psicológica de salir de un anonimato del cual su estatuto social no los dejaba escapar. Escribir su nombre en la piedra representaba, pues, para numerosos libertos, el medio esencial de fijar su existencia en tanto que personas de condición libre. Expulsados de la Historia por los autores aristocráticos o por los autores que estaban a su servicio, sólo les quedaba escribir, sobre sus epitafios, aunque encajonados por unas fórmulas muy inexpresivas, su pequeña historia, de prestigio, de aprecio o de menosprecio, individual o familiar. Probablemente, esta sea la diferencia entre la inscripción funeraria sobre placa de mármol para la lectura pública y el sello como instrumento de control del trabajo de un encargado de los obreros de un alfar.

Capítulo 13. Organización de los talleres. Espacio y propiedad.

Le mot qui traduit le mieux notre mot commerce, c'est negotium, negotiatio, *cela ressort des exemples donnés par Labéon et rapportés au Digeste (XXXIII, 65, p.), mais cependant ce mot a un sens beaucoup plus large comme il ressort de son origine nec otium, ne pas être dans l'oisieveté, il est vrai que nous disons encore volontiers être dans les affaires, ce qui signifique être dans le commerce.*
Comment une nation méprisant le commerce, dénuée de droit commercial, pratiquant un droit anti-commercial, a-t-elle pu être commerçante? – Tel est le problème dont la solution nous a préoccupé.

JUGLAR, 1894, p. XIV.

Según la historia real y verdadera, la conquista, la servidumbre, el robo a mano armada, el reinado de la fuerza bruta, son los que siempre han triunfado. Por el contrario, en los manuales de economía política es el idilio el que siempre ha florecido, jamás ha habido otros medios de enriquecerse que el trabajo y el derecho. En realidad, los métodos de la acumulación primitiva son todo lo que se quiera, excepto materia de idilio.

MARX, 1885, p. 228.

Condiciones para la instalación.

La investigación realizada sobre los talleres y sus producciones ha proporcionado resultados bastante significativos. Su inventario permite aproximarnos a la realidad de unes instalaciones bien caracterizadas, aunque de forma muy parcial tanto por lo que respecta a su conservación como a su conocimiento. Ignoradas y dispersas, su desarrollo fue, sin duda, muy superior a lo que revelan los restos que hoy podemos encontrar. Las observaciones realizadas hasta ahora aportan datos sobre las fábricas, su situación, la organización, la producción y la difusión de sus productos.

Los modelos son diferentes según las zonas. Algunas de las áreas mejor conocidas o exploradas presentan variantes significativas. Las excavaciones y prospecciones realizadas en el área de la Narbonense permiten avanzar que no parece que haya ninguna relación particular entre la distribución geográficade las *officinae* y sus dimensiones, excepto en las grandes, que siempre están bien situadas en relación a los territorios más ricos y mejor comunicados. Las variaciones de superficie y, por tanto, de capacidad de producción responden, sin duda, a necesidades diferentes (Laubenheimer, 1985, p. 213). En general, los talleres están asociados a los valles fluviales, a una vía terrestre, o a la costa, si bien esta búsqueda de puntos cercanos a la costa parece menos sistemática en la Narbonense que en la zona layetana o que en la costa tirrénica de Italia, lugar donde se agrupan en torno a los centros de Etruria (Orbetello, talleres de *Sestius* en Cosa), Lacio (talleres de Astura, el lago Fondi y la parte baja del río Garigliano), Campania (Falerno, Cales, Dugenta, región del Vesubio) y Calabria (Hesnard *et al.*, 1989). En la Bética, los talleres se disponen siguiendo el curso del Guadalquivir y afluentes, cercanos a los puertos o puntos de embarque, mientras que la zona productora de aceite se extiende hasta una gran distancia del río. Los dos sistemas básicos que se documentan en Andalucía son: el tradicional, basado en la gran propiedad que dispone de taller y, por otra parte, grandes zonas de olivo vinculadas a un solo taller cerámico. En este caso parece que se puede hablar de consorcio, ya que las grandes industrias cerámicas se hallan implantadas aquí. Las prensas de aceite están vinculadas a las villas, como dependencias anexas, y ninguna de estas dispone de su propia fábricade ánforas en el entorno inmediato (Ponsich, 1974, p. 293). Por su parte, M. Roca analiza los talleres de cerámica de t. s. hispánica en Andalucía y establece diversas categorías, grandes centros de producción, como los de la Rioja y Andújar, que se caracterizan por tener un volumen de fabricación importante, activos durante mucho tiempo y difusión de largo alcance; al lado funcionan talleres menores, con un bajo volumen de fabricación, actividad restringida a un período muy concreto y poca o nula difusión más allá de su entorno inmediato, son pequeños talleres independientes tipo Bronchales, filiales o sucursales de grandes centros como Granada o Antequera, vinculados a villas (La Salut) o destinados a abastecer ciudades concretas como Tarragona (Roca, 1994, pp. 409-410).

De todo lo dicho podemos concluir que la situación geográficade los talleres está en función de su producción. Los hornos del interior, vinculados a una explotación agrícola, forman parte de sus instalaciones; mientras que los talleres de la costa son centros industriales que producen en función de unas demandas grandes, aunque sean estacionales, y en condiciones de dar salida rápida y masiva a sus productos.

¿Dónde escoger la instalación de una *officina*? Geológica y geográficamente se han documentado diversas zonas. Es poco frecuente encontrar yacimientos de altura, sobre montículos, aislados. Por contra, la mayoría fueron instalados en los valles limosos, en llanuras aluviales o en playas abiertas. El primer aspecto que llama poderosamente la atención al examinar en detalle los hornos o talleres de fabricación de cerámica de la zona gerundense es el de su distribución geográfica por zonas y por funciones.

Encontramos una disposición que sigue unos ejes bien marcados según la geomorfología del territorio. En éste se definen dos zonas de concentración claramente diferenciadas: la primera tiene como límites, por la parte norte, los contrafuertesmás orientales de los Pirineos, repartidos en tres unidades diferentes, la Albera, al norte y la Sierra de Roda y del Pení que cierran por el noreste hasta el Cabo de Creus. Este límite montañoso está delimitado en la parte baja por los cursos de la Muga y del Manol, al norte de éstos el único yacimiento de entidad es Roses. Al sur se abre la llanura alto empordanesa, delimitada por el curso del Ter y por el macizo del Montgrí. Este espacio concentra gran cantidad de yacimientos, vertebrados por el Fluvià. La otra zona sigue el contorno de la línea de la costa, que se inicia sobre todo en el Baix Empordà y llega hasta la Selva, definida por un estrecho pasadizo entre el mar y el extremo norte de la Cordillera litoral, comenzando por la zona de Begur, las Gavarres hasta las elevaciones de la Marina de la Selva y el curso del Tordera que cierra por el sur.

Esta repartición geográficacorresponde a una diferenciación clara entre los hornos del interior, de poca entidad, vinculados a asentamientos agrícolas y que producían en función de las necesidades de éstos: cerámica de uso cotidiano para la cocina y la mesa, así como material de construcción para las reformas, remodelaciones y ampliaciones de los establecimientos rurales. Los de la línea de la costa, de mayores dimensiones, mejor equipados y preparados, eran auténticas industrias con un concepto "capitalista" de la producción, capaces de fabricaren cadena para satisfacer unas necesidades inmediatas, sobre todo envasar el vino del territorio que se destinaba, en buena parte, en la exportación. Por otra parte, esta concentración costera de los hornos anfóricos, que sólo intuímos pero que debía ser mucho más intensa, choca con el grave problema de no poder ser evaluado nunca en su justa medida, ya que la fuerte especulación y edificación de la Costa Brava iniciada en los años 60 nos ha privado de manera irreversible de la conservación de otros centros, que debían ser numerosos. Su instalación se veía facilitada por unas condiciones costeras óptimas en forma de pequeñas playas y calas. Aún así, podemos ver como las noticias y hallazgos nos marcan un largo rosario de establecimientos que comenzando por Roses y Empúries poblaban muy densamente sobre todo la costa del Baix Empordà: Llafranc, Sant Esteve de la Fosca, Palamós, Cala del Forn y Cap Roig en Calonge, Platja d'Aro, S'Agaró, La Caleta, Tossa de Mar, Platja de Fenals, que enlazaría ya con Malgrat y la costa del Maresme, aún más rica en concentración de talleres.

Puede pasar también que haya independencia entre la creación del taller cerámico y las necesidades de producción agrícola y sea la demanda de vajilla o de materiales de construcción la que haya provocado la elección del punto para la instalación del complejo. Podría ser éste el caso de algunos talleres que además de cerámica común fabrican vajilla barnizada que imita la cerámica de moda del momento, conocemos los ejemplos del horno del Home Dret, en Maià de Montcal o el alfar de Ermedàs, en éste último taller hoy sabemos que también se producían ánforas Dressel 2-4 y, tal vez, algún tipo más tardío. Estos dos casos, además, se encuentran en el interior y están alejados de la salida al mar. Seguro que la elección de estos puntos no fue por azar y deben obedecer a la demanda de algún sector preciso.

Tipos y organización de los establecimientos en el nordeste de Cataluña.

¿Qué sabemos sobre la organización de los talleres en nuestro territorio de estudio?; ¿tenemos a disposición datos suficientes para poder distinguir tipos de talleres diferentes o debemos limitarnos a aspectos meramente teóricos?. Para responder estas preguntas es evidente que no tenemos a disposición una buena gama de yacimientos excavados en extensión que permita realizar una comparación en términos absolutos.

Algunas excavaciones, desgraciadamente muy raras e incompletas, como las de Fenals, Llafranc, Ermedàs, S'Agaró, Viladamat o Maià de Montcal, y sobre todo hallazgos casuales y prospecciones; complementadas con datos proporcionados por el material como son las estampillas halladas en Empúries, ofrecen datos sobre la estructura y la organización de los talleres que nos permitirán ensayar una clasificación de estas industrias.

TALLERES		SITUACIÓN				PRODUCCIÓN									DATOS CRONO.
	nombre	altura	implantación	proximidad	localización	número hornos	ánforas T1	T1-F1	P1	2/4	7/11	G4	cer. com.	otros	
1	La Bomba	14 m.	llanura	r. Fluvià	rural	1				?			+	+	s. I-II
2	Vilauba	230 m.	valle	lago	rural-villa	1									s. I-III ?
3	Ermedàs	200 m.	valle	lago	rural	3 +							+	+	s. I-II
4	Mas Castellà	110 m.	elevación		rural-poblado	1								+	s. I-II ?
5	Clos Miquel	35 m.	llanura	r. Fluvià	rural	1								+	s. I-II ?
6	Camp dels Recs	75 m.	llanura	vía Augusta	rural	1								+	s. I-II ?
7	Empúries	10 m.	costa	centro urbano		2 +					?		+		s. III-II aC-IdC
8	Viladamat	8 m.	llanura	Empúries	rural-villa	1							+	+	s. I
9	Mas Gusó	20 m.	llanura	Empúries	rural-villa	1 ?									s. I-II ?
10	El Viaró ?	60 m.	llanura	r. Ter/Daró	rural	?				+					s. I
11	Puig Rodon	40 m.	llanura	r. Daró	rural-villa	?						+			s. I-III +
12	Llagostera	160 m.	llanura	vía Augusta	rural	1									s. I-II ?
13	Llafranc	5 m.	costa		rural	3 +	+		+	+	+	+	+	+	s. IaC-IIIdC
14	Palamós	5 m.	costa		rural	?				+			+	+	s. I
15	Platja d'Aro	5 m.	costa		rural	1				+	+	?	+	+	s. I-II
16	S'Agaró	3 m.	costa		rural	1							+	+	s. I-II ?
17	La Caleta	0 m.	costa		rural	?			+	+					s. IaC-IdC
18	Vinya Badosa	30 m.	costa		rural	1								+	s. I-II ?
19	Fenals	0 m.	costa		rural	4 +	+	+	+	+			+	+	s. IaC-IdC
20	Solius	180 m.	montaña	r. Ridaura	rural	1									s. I-II ?
21	L'Home Dret	180 m.	llanura alta	r. Fluvià	rural	1 +							+	+	s. I
22	Can Miró	140 m.	llanura alta	r. Alguema	rural	1									s. I-II ?
23	Maçanet	60 m.	llanura	vía Augusta	rural	1									s. I-II ?

Cuadro sinóptico de los talleres localizados en el nordeste de Cataluña.

Está claro también que los datos muy puntuales que disponemos de diversos yacimientos no permitirá que podamos definirlos con precisión y las posibilidades de establecer modelos diferentes deberá integrarse con los que presenten una conjunción de elementos más favorable, lo que motiva que se reduzcan mucho los ejemplos.

En la zona de la *Narbonensis* la extensión ocupada por las oficinas en función de su importancia se puede evaluar por cartas de distribución de objetos en once casos, la cual permitía clasificar los centros de fabricación en tres grupos: 1) pequeños talleres que ocupan un cuarto o media hectárea; 2) talleres medianos que ocupan una superficie del orden de una hectárea; y 3) los grandes talleres que ocupan entre 2 y 2,5 hectáreas (Laubenheimer, 1985, pp. 212-213). J.-P. Morel, para hablar de las producciones artesanales del final de la República en Italia, en cambio, diferenciaba entre propiedades de "personas morales" y colectividades, por un lado, y particulares por el otro. En el primer grupo destaca las colectividades civiles, entre las que diferencia las producciones de ciudades y las del Estado; las colectividades militares con producciones del ejército; y las colectividades religiosas con producciones de santuarios como los de Diana Tifatina en Cápua o el de Ceres en Pompeya (Morel, 1983, pp. 29-34).

El ensayo para definir los tipos de establecimientos industriales que podemos diferenciar en el área del noreste de Catalunya se basa en los restos estructurales y, sobre todo, en los diversos elementos que se fabrican, de manera que podemos avanzar los siguientes grupos: industrias comunitarias; industrias urbanas privadas; industrias situadas en un *vicus*; alfares dependientes de un *fundus*, talleres de ámbito rural con producción diversificada y especializada; y hornos de tejas.

1- Industria comunitaria.
Se conoce en Empúries una producción ciudadana de ladrillos que están marcados con la estampilla ΔΗΜ, sin duda abreviatura de ΔΗΜΟΥ o ΔΗΜΟΣΙΟΝ (del demos), en un momento que la presencia romana podría haber provocado una autoafirmación de identidad y de voluntad del mantenimiento de la independencia política de la vieja polis respecto a los nuevos administradores del territorio. Esta industria ciudadana posiblemente estaba limitada al servicio del común y únicamente fabricaba ladrillos; estaría en función de las necesidades edilicias que generaba la ciudad, básicamente construcción y reparación de edificios públicos y religiosos.

2- Industria urbana privada.
Durante el siglo primero, en Empúries funciona una industria dedicada a la fabricación de salazones. Es muy probable que se trate de la conocida factoría instalada en la Neápolis. Esta actividad que necesitaba recipientes para envasar el producto, debía generar un taller de cerámica, cuyos restos aún no se han podido localizar y que producía ánforas Dressel 8 emporitanas. Estas ánforas llevan asociada abundante epigrafía: las marcas VENVS, SVA, ANTH, VMAI y la marca circular están relacionadas con él. Los hallazgos anfóricos se concentraron en la ciudad romana, particularmente en la casa romana núm. 1 y en la casa que queda al norte de ésta, solamente sondeada parcialmente. Gracias a la estampilla ANTH sobre un pivote de ánfora Dressel 2-4, hallada en las necrópolis emporitanas, sabemos que también se producía vino en el territorio emporitano y que los envases se fabricaban en el mismo taller. Eso nos proporciona datos para conocer Empúries como zona de instalación y pone en relación la producción vinaria y la industria de salazón a través de la estampilla ANTH, pero no sabemos si se trata de propiedad o, simplemente, de encargos diversos realizados en la misma alfarería.

Me parecen muy interesantes, ya que pueden servir como ilustración del modo de funcionamiento de las industrias y de la relación legal entre los personajes que trabajan en ellas, las tabletas halladas en la casa de *L. Caecilius Iucundus* de Pompeya que nos hablan de la fábrica de *garum* de *A. Umbricius Scaurus*. Supone un ejemplo real que puede servir para imaginarnos funcionamientos semejantes.

Las ánforas de *garum* de la fábrica de *A. Umbricius Scaurus* demuestran que está dividida en muchas *officinae*. Éste dirige personalmente una; al frente de cada una de las otras hay un liberto, a menudo un ex-esclavo de *Umbricius*. Los jefes de *officinae* son: *A. Umbricius Abascantus*, (*A*?) *Umbricius Agathopus* y, como mínimo, dos o más de ilegibles. Un tal *A. Stabonius* parece que también lo fue, y un liberto imperial, *Martialis Aug(usti) l(ibertus)*, trabaja en la fábrica. Los nombres de los libertos se escribe en ablativo acompañado de *ab*, o en genitivo. Dado que *Abascantus* y *Agathopus* también figuran sobre ánforas en ablativo precedido de *ab*, en dativo-ablativo solo o en genitivo, es posible que hubiesen aún más jefes de *officinae*: una tal *Umbricia*, *Umbricia Fortunata* y *Eutyche*, esclava de *Scaurus*. Finalmente, diversas ánforas llevan el nombre de *A. Umbricius Scaurus*, pero, sin ninguna indicación más que muestre de que *officina* provienen.

Las peculiaridades de este negocio, admirablemente descrito por Andreau gracias a las tabletas conservadas, le permiten reflexionar sobre determinados puntos interesantes que se desprenden de la información (Andreau, 1974, pp. 296-299). Por una parte, es muy posible que estos hombres y mujeres libres y estos esclavos no hayan trabajado conjuntamente, es decir, que no sean contemporáneos. Algunos libertos empleados de *Scaurus* no son antiguos esclavos suyos, pueden ser de otras familias más modestas que al haber tenido que renunciar a la plaza que ocupaban en la clientela del antiguo amo, hayan sido englobados en otra clientela, o tal vez fueran independientes. En este ejemplo se ve como el concepto moderno de profesión es inadecuado; las personas influyentes se definen por su estatuto jurídico, por la situación social y por los medios financieros, no por su profesión. Frecuentemente tienen más actividades, y pueden cambiar. Si es indispensable atribuirles una actividad principal, son antes que nada propietarios de bienes raíces. El mismo sistema es válido para algunos de sus libertos y esclavos, a los que ha concedido mayor confianza y que se encargan de la gestión de uno o otros de sus negocios. Estos libertos se definen antes que nada por la plaza que, gracias al amo, ocupan en la jerarquía social, más que por "el oficio" que ejercen.

La asociación de estampillas que encontramos sobre las ánforas Dressel 8 de Empúries podrían indicar un tipo de funcionamiento semejante: el sello VMAI y la estampilla circular se han encontrado una sola vez y no asociados con otros; mientras que el sello ANTH es omnipresente (figura en más de 25 ejemplares) y aparece solo o asociado con SVA; VENVS, por su parte, con sólo dos ejemplares, también aparece solo y asociado a SVA; y este último, siempre lo encontramos acompañado de otro. Estas dobles estampillas parecen hablar de asociación en el taller, de una actividad común de dos artesanos, sin que podamos determinar en que estadio del proceso de fabricación intervienen. La importancia de ANTH es indiscutible y podría corresponder a un encargado general del negocio, más si tenemos en cuenta la marca sobre ánfora vinaria; en cambio, SVA podría corresponder al nombre de un operario con responsabilidad en alguna sucursal o establecimiento.

3- Industria en un *vicus*.

Las diversas campañas e intervenciones arqueológicas realizadas en Llafranc demuestran que en la antigüedad este establecimiento no era una simple villa (Badia, 1966, pp. 265-266; Nolla, Canes & Rocas, 1982, pp. 147-183; Barti & Plana, 1989, pp. 137-146; Barti & Plana, 1993, pp. 87-99; Llinàs & Sagrera, 1993, pp. 105-127), sino un importante centro de comercialización de la producción agrícola. Podríamos hablar, más bien, de una aglomeración semi-urbana relacionada con un territorio agrícola, pero que no vive necesariamente de la agricultura sino que concentra diversos sectores del artesanado, instalados en este contexto por las facilidades que comporta su situación privilegiada, para recibir materias primas y, sobre todo, para la distribución de los productos elaborados.

En este entorno, es perfectamente reconocible una alfarería que fabricaba una enorme variedad de productos cerámicos. Esta industria, que disponía de espacios diversos relacionados con las diferentes fases de elaboración con una extensión cercana a una hectárea, sabemos que estaría vinculada, como mínimo desde el momento fundacional, en época augústea, a un magistrado municipal de Narbona: *Publius Usulenus Veiento*, seguramente en régimen de propiedad de la factoría y también de propiedad agrícola del interior, en el que se trabajaba la viña como cultivo principal, pero también se fabricaban envases para salazones de pescado.

Es posible que por esta razón su nombre (*tria nomina*) sea el único de la industria que aparece marcado sobre ánfora (Pascual 1). También hay productos marcados con otros nombres, *Quietus, Primus, Secundus, Mullus, Hermes*, lo que nos habla inequívocamente de personajes vinculados a dicha propiedad, de la forma que nos han llegado los nombres (*cognomina*) posiblemente se trate de libertos o incluso de esclavos. Las formas de relación no las conocemos, pueden ser simples trabajadores adscritos a la alfarería o puede tratarse de contratos de alquiler de las instalaciones por parte de estos personajes sin propiedad, que poseen únicamente su fuerza de trabajo y producen para un encargo específico, por esta razón ponen su nombre, para reconocer los productos propios. De ser así, los términos del contrato no los conocemos, pero tenemos algunos ejemplos en el Digesto o en los papiros de Oxirrinco (*P. Oxi.* L 3595-7). Eso avala una situación de dependencia del arrendatario respecto al *dominus*, en el que si bien el primero se beneficia de las posibilidades inversoras del propietario queda sometido no sólo a la dependencia económica sino también a una subordinación socio-jurídica.

Este centro proporciona indicios también de una vinculación con la Galia Narbonense y rompe con la tendencia a considerar que fue una zona dependiente exclusivamente de la inversión y emigración itálica, situación más propia del área layetana. De alguna manera, estas constataciones dan soporte a la gran importancia que debía tener durante la época alto imperial el puerto de Narbona, como puso ya de manifiesto el trabajo de X. Nieto y su equipo sobre la excavación de Culip IV.

Centros de poblamiento secundarios como sería Llafranc, tipo *vicus*, eran núcleos intermedios entre las ciudades y las explotaciones agrícolas, que vertebraban el territorio. Tendrían unas facultades más amplias que las de un *fundus* agrícola. Además de crear los envases para contener la producción agrícola del país, se realizaría el envasado y las fases necesarias para la transacción comercial de compra-venta: contrato de transportistas, tal vez el control fiscal de productos, fijación de aranceles, etc.

4- Instalación de un alfar dependiente de un *fundus*.

Fenals, era un edificio cerrado ,un complejo dedicado exclusivamente a la fabricación de cerámica, con una amplia gama de productos, posiblemente con espacios para que los trabajadores pudieran comer y dormir, separado del núcleo poblacional del que dependía, pero muy bien situado geográficamente, costero, con salida por mar de los productos. De este taller conocemos la marca L. L. (tal vez *Licinius*). Se documenta un final en época de Domiciano, anterior al año 100, que coincide con la fuerte crisis de la producción anfórica en la Tarraconense, de la que debía depender excesivamente y a la que no sobrevivió. A pesar de la falta de datos, podríamos suponer un tipo de instalación semejante para S'Agaró, la Caleta y, sobre todo, para el taller de Platja d'Aro, vinculado a la villa de Platja Artigues o Pla de Palol.

5- Taller de ámbito rural con producción diversificada y especializada.
Se hallan en el interior del país y en tres casos se fabrica t. s. hispánica, además del repertorio habitual de cerámica común, material de construcción y *dolia*; en cambio, solamente en uno se conoce fabricación de ánforas, el taller de Ermedàs, en Cornellà del Terri. Los dos restantes son el horno del Home Dret, en Maià de Montcal, el horno del Camí Vell a la Creu d'Albons de Viladamat. En uno de estos, el de Viladamat, se fabricaban además diversas formas de cerámica vidriada y cuenta con las marcas CANP y ...]PO sobre teja. Mientras que del horno de Maià se conoce poco de su extensión y organización, el taller de Viladamat está claramente relacionado con la villa de Tolegassos. En el caso de Ermedàs se trata de un centro industrial para la fabricación de cerámica y desconocemos el centro de poblamiento o explotación principal al que se vinculaba.

6- Hornos de tejas.
Tenemos diversos ejemplos, no sabemos a ciencia cierta si por falta del hallazgo y excavación del vertedero o por su dedicación exclusiva a estos productos. Es lo que los franceses denominan "fours de tuiliers" (Le Ny, 1988). Están vinculados estrechamente a villas y producen en función de sus necesidades. Pertenecen a este tipo los de Clos Miquel, en Sant Miquel de Fluvià, Orriols, Vilauba, Pontós, posiblemente el conjunto del Camí del Pla, y seguramente muchos otros no excavados, como el de Navata.

Todo lo que hemos expuesto hasta ahora nos conduce a diversas reflexiones. ¿Hasta qué punto se pueden identificar los hábitats ligados a los talleres y reconocer una eventual dependencia de un *fundus*, de una villa o de otra estructura? La respuesta es difícil, aunque se haya realizado la excavación. Parece muy frecuente que un hábitat rural esté ligado al taller, uno está implantado al lado del otro. En la mayoría de los casos, parece que formaban parte del negocio de una villa, es decir, forman parte del conjunto de edificios enclavados en un *fundus*. La falta de conocimiento global de las zonas hace que seamos incapaces de analizar con seguridad los establecimientos más modestos como granjas, viviendas de los alfareros, etc. No tenemos nada que nos permita poner en evidencia, de forma explícita, las relaciones que pueden existir entre taller y villa o cualquier otro tipo de estructura de explotación.

Por regla general, los grandes talleres están asociados a villas, pero no todas las propiedades disponían de una alfarería con el complejo de instalaciones que implican, de manera que parece lícito, pensando en su amortización y rentabilidad, que una sola *oficina*, con su gama de productos, podría haber alimentado diversas propiedades, teniendo en cuenta que las necesidades eran paralelas por el similar estadio cultural en que se encontraban. Por otra parte, otras explotaciones tenían un pequeño taller, suficiente para satisfacer únicamente las propias necesidades, tal como sucede en la villa alto imperial de Vilauba. Podemos considerar también que ciertas fábricas eran independientes de los *fundi* y funcionaban solamente para vender cerámica, como los complejos talleres de sigillata, pero, hoy por hoy, en nuestro territorio y en sentido estricto, no tenremos ninguno de documentado, tal vez el de Ermedàs responda a este esquema, en todo caso su excavación lo confirmará. Es posible que la capacidad de producción de los talleres más grandes, que fabrican sobre todo ánforas, fuesen suficientes para mantener su autonomía, como mínimo mientras había demanda suficiente. También quedan pendientes cuestiones en torno a talleres muy próximos, contemporáneos y con una producción semejante; ¿se trata de talleres anexos?, ¿sucursales?, ¿talleres interdependientes que forman parte de una estructura de producción más grande?; ¿o simplemente son fábricas independientes?. Las lagunas de la investigación y la falta de datos son demasiado importantes para resolver estas cuestiones.

La producción.

Lo más normal es que los hornos tengan una producción diversificada, pero mientras unos están orientados sobre todo a la fabricación de ánforas y se fabrican otros elementos para obtener ganancias adicionales o amortizar las instalaciones; los otros tendrían por objeto satisfacer las necesidades de la villa en base a fabricar materiales de construcción y cerámica común para uso doméstico.

No conocemos ningún taller de nuestra zona que se dedique de forma exclusiva a la fabricación de ánforas; en todo caso al contrario, se encuentra una mezcla de todo el conjunto de sus producciones en los vertederos. A pesar de esto, la necesidad de disponer de ánforas para envasar y exportar los productos de una explotación agrícola fue, en muchos casos el principal motivo para la creación de los talleres, aunque en su funcionamiento habitual encontremos una producción diversificada. El único caso excavado en extensión que ha permitido disponer de porcentajes significativos es revelador al respecto: en Fenals el 65,92% del volumen total de objetos recuperados son formas de ánfora, frente a las otras producciones locales y las importaciones. En cambio, sí que hay muchos hornos que no fabrican ánforas, se trata de los talleres del interior, que trabajan en función de unas necesidades relacionadas con la propiedad de una villa. Parece posible, por lo tanto, y con todas las limitaciones, poder asociar un tipo de material en relación al tipo de taller.

Debemos plantear y entender cada taller. Saber la distancia entre cada taller y la potencialidad de cada uno de ellos. Es muy difícil establecer modelos sin conocer extensamente las dos partes que son necesarias, por una parte, disponer de un cómputo real de las instalaciones que forman los talleres para conocer su capacidad de producción y, por otra, saber cual es el poblamiento real del territorio y su contemporaneidad con los momentos de funcionamiento de los talleres. Solamente así se podrían definir las diversas áreas que abastecían los diversos centros industriales. En todo caso, excepto el territorio inmediato de cada uno, no parece que un solo taller monopolizase el mercado urbano: Empúries, a parte de lo que se fabrica en la misma ciudad, recibe material de Llafranc, pero también del área de Banyoles y de más lejos.

Uno de los aspectos que, a partir del estudio del material, hemos podido esclarecer sobre el proceso de fabricación es el orden de colocación de las diversas marcas sobre las ánforas, lo cual permite precisar suposiciones sobre su función. Así, los grafitos *ante cocturam*, realizados sobre todo en los pivotes, son los primeros en hacerse, y con la parte baja de la pieza aún en el torno, es decir, antes de ensamblarla con la parte superior, ya que casi siempre se leen invertidos. La gama de señales es muy concreta (numéricas o alfabéticas). Debía depender del sistema que seguía cada alfarero, ya que en Fenals encontramos la A y la AC en mayor cantidad que el resto de grafitos; su inscripción reiterada parece que puede ser equivalente un valor numérico bajo como elemento para el recuento de piezas, adquiriendo así un posible valor numérico de los grafitos alfabéticos; en Empúries, en cambio, los pivotes de Dressel 8 suelen llevar el signo V y VI con mucha más frecuencia, pero también II o XI, lo que indica ya una numeración. Posteriormente, con la arcilla todavía fresca, se estampaban los sellos que contenían el nombre del productor o tal vez de los diversos encargados de una industria. El que se encuentren invertidos o del derecho podría indicar que se aplicaban tanto antes como después del montaje de la pieza. Esta afirmación aún está puesta en cuestión por muchos especialistas que se preguntan cuál es el significado de las marcas de los envases: es el del fabricante, del propietario de la hacienda, del productor del vino, etc. Como Morel (Morel, 1989, p. 529), pienso que se trata del productor del ánfora. Es evidente que el sello se imprime en la última fase del trabajo de la pieza, pero aún con la arcilla tierna, frecuentemente la posición se encuentra en un lugar difícil de leer como el pivote o la parte baja del cuerpo, a pesar de que también las hay en partes bien visibles como el labio o el cuello, y es normal también que se coloquen con la pieza puesta al revés; es decir, que se marca cuando sale de la mano del ceramista, cuando todavía no ha sido utilizada. Esta respuesta, a pesar de todo, aún es poco concreta, es el *officinator*, el propietario ...? Supongo que también depende del tipo de organización interna que tenga la instalación, si se trata de una estructura compleja, con encargados e, incluso, sucursales, cada una de las personas con responsabilidad podría marcar las ánforas; si se trata de un taller pequeño, a un propietario y pocos trabajadores, probablemente se marcasen con el nombre de aquél.

De igual manera la organización de una alfarería puede interpretarse como confiada o delegada a un *servus* o liberto que, a la vez, puede avalarse en diversos *institores*. Manacorda ya había propuesto que las señales distintivas sobre los sellos podrían servir para diferenciar la actividad productiva de los esclavos con peculio o *institores preposti* en el ámbito de la organización.

Respecto a la organización de los talleres, se trabaja en función de los encargos recibidos que se pueden orientar de dos maneras, una demanda interna y otra de externa. Algunas pruebas documentales de gran interés nos hablan en este sentido: la recuperación de tres escrituras sobre el alquiler de alfarerías para poder dar cumplimiento a unos encargos de fabricar cerámica. Se trata de la transcripción de papiros hallados en Oxirrinco y que se fechan en torno a mediados del siglo III, en Egipto. En unos términos muy semejantes, se alquila un taller para la fabricación de ánforas vinarias, de tres medidas diferentes, con todas las instalaciones y equipamientos complementarios (almacenes, tornos de alfarero, etc.), por un período de uno o de dos años; se especifican las cantidades de envases a fabricar, así como las condiciones legales impuestas por las dos partes: abastecimiento de materias primas como arcilla, leña, agua y pez o betún, por parte del arrendatario; mientras que el que alquila aporta ceramistas, ayudantes y fogoneros, para poder cumplir los términos por las cantidades especificadas, a cambio de unas proporciones determinadas en el pago (P. Oxi. L 3595-7; Cockle, 1981, pp. 87-97; Hengstl, 1983, pp. 663-673).

Solamente tres o cuatro arrendamientos de alfares han sido publicados antes que éstos: dos son de cronología tardía, siglo VI; otro documento es el informe de una confiscación de propiedad de finales del siglo II. El único documento de Oxirrinco es del año 181, y hace referencia al alquiler de una parte de un negocio que podría ser una alfarería, pero la lectura es dudosa y en ningún caso hay palabras específicas que hablen de cerámica (Cockler, 1981, p. 90). La norma para época romana son alquileres que van desde períodos cortos hasta alrededor de los cinco años. A pesar de la forma de los arrendamientos, los documentos son, de hecho, contratos de trabajo y la autora propone compararlos con otros para trabajar en viñas (P. Oxy. XIV 1631; 1692 i XLVII 3354) (Cockler, 1981, p. 91).

Estas fuentes evidencian, pues, un sistema elaborado y diferenciado de contratos de trabajo y de talleres para los *conductores-officinatores* y el desarrollo del trabajo organizado por ellos. Los empresarios de alfarería o bien los *officinatores* no eran los propietarios de las grandes instalaciones de fabricación y de las fuentes de materias primas; de la misma forma, las instalaciones de los hornos para la cocción no eran utilizados en cooperativa, como hipótesis más plausible que se propone últimamente. Según los documentos, es mucho más probable que las etapas de fabricación se hiciesen bajo las directrices y la responsabilidad del *officinator*, quien abastecía los hornos con artículos de propia fabricación y con este, otros ceramistas que tenían contrato con él. Los propietarios de las grandes instalaciones de producción, o sus agentes, –a los que los *conductores-officinatores* libraban las mercancías que representaban los derechos de alquiler–, eran entonces el punto de partida de la distribución de la mayor parte de la producción. Estos son, seguramente, los que están entre los más importantes propietarios regionales y se deben relacionar con el círculo de los *negotiatores*, es decir, los grandes hombres de negocios y empresarios de comercio. Esta misma estructura, piensa Strobel, es la que debemos suponer para los grandes talleres cerámicos, particularmente los de La Graufessenquey también para la producción de ánforas olearias de la Bética (Strobel, 1987, pp. 75-115). En efecto, este sistema de organización debía funcionar para los grandes talleres, pero debemos pensar, que la trasposición mimética de los esquemas expuestos debería tener en cuenta el marco global del territorio donde se aplica, las dimensiones de los talleres y la cronología (no olvidemos que los ejemplos citados de los papiros se sitúan ya en la segunda mitad del siglo III).

Para nuestro territorio habría podido funcionar de forma semejante en algunos talleres costeros, con un volumen de producción importante, extenderlo más sería difícil, aunque los resultados recientes que ofrece el taller de Ermedàs podrían ir en este sentido. Esta fórmula pienso que es más probable que no un sistema bien organizado, como el que X. Nieto ha planteado para la Graufessenque, sobre la base de dos observaciones clave: que desde principios de los años 40 todas las formas nuevas dejan de llevar *sigilla*; y que el número de ceramistas que firman su producción es casi cinco veces mayor respecto a la época anterior. Estas constataciones permiten pensar que a partir de este momento se adoptó una fórmula mancomunada, creada libremente por los propios ceramistas, para optimizar los beneficios y la salida comercial del producto (Nieto, 1987, pp. 426-434; Nieto, 1989, pp. 197-206).

Otra cuestión abierta es la de la fabricación puntual de ánforas de base plana del tipo G. 4, a partir del siglo II en las comarcas de Girona, se localizan solamente en Llafranc y, bastante más tarde, en Puig Rodon. Una posible razón para la introducción de este envase, además de ser una copia de la forma nueva por necesidades de la moda, podría estar motivada por la llegada de alfareros o comanditarios de la *Narbonensis* (posibilidad contemplada en relación a la Almadrava por Aranegui & Gisbert, 1992, p. 104), sobre todo por la conocida vinculación del taller de Llafranc desde el momento fundacional con esta zona del sur de la Galia.

Continuando con el tema de la organización de la producción, por su parte, Morel sugiere dos líneas, a partir de diversas evidencias: la asociación y la desconcentración. La primera se puede manifestar en un gran abanico de posibilidades, pequeñas sociedades familiares, como la de *Titus* y *Quintus Iuventius*, que marcan conjuntamente las ánforas grecoitálicas, o *Lucius Numisius* y *Caius Comicius* que lo hacen con los ladrillos. En el otro extremo encontraríamos las grandes familias de fabricantes, con numerosas ramificaciones, y que se pueden formar por lazos de parentela, como sería el caso de los *Cossutii*, o agrupar los libertos y tal vez los esclavos de un personaje influyente; o, incluso, sociedades poco definidas pero que se intuyen por diversas fuentes (Morel, 1983, p. 35). Por otra parte, las grandes empresas parece que se subdividían en gran cantidad de *officinae* de pequeñas dimensiones, el propietario y los libertos de confianza dirigían cada uno un pequeño negocio, como el citado *Umbricius Scaurus*; diversos talleres de arquitectura de la Campania; o el caso de las oficinas de La Muette de Lión, que fabrican sigillatas itálicas del patrón *Cnaeus Ateius*, equipadas con materiales y dirección italiana, para ahorrar riesgos y los costes de transporte de Italia hasta Lión para vender desde aquí hacia el norte, a los campamentos del Rhin (Goudineau, 1974, pp. 103-104) e incluso el modesto taller de Montans llegó a tener cuatro centros satélites a pocos kilómetros del centro (Morel, 1991, p. 277). Esta desconcentración manifiesta una voluntad de partir riesgos, así como facilidades para la coerción y fiscalización para optimizar la producción en estas unidades, ni demasiado grandes, ni demasiado pequeñas (Morel, 1983, p. 35).

¿Cuál fue su período de funcionamiento?. Los talleres principales y mejor datados marcan un inicio semejante, fuerte y homogéneo, en torno a los inicios de la época augústea. Durante los últimos años del siglo I aC y casi todo el siglo Primero parece que se produce en nuestras comarcas un auténtico "boom" económico, por lo menos en lo que refiere a la producción vinaria y a la exportación de su excedente. El final se halla más diversificado, si bien hay un momento, que debe situarse a finales del siglo I, que marca el final seguro de algunos centros (Fenals); pero también es cierto que hay otros muchos que disfrutan de largas perduraciones que les permiten continuar activos durante la centuria siguiente y hasta bien entrado el siglo III (Llafranc). En la Narbonense, en cambio, a parte de algunos talleres que se inician en época augústea, el gran desarrollo tendrá lugar a partir de la segunda mitad del siglo I i perduran hasta el siglo II; los yacimientos de ocupación más larga conocen una actividad importante aún en el siglo III (Laubenheimer, 1985, pp. 218-219).

El trabajo estaría condicionado por las diferentes épocas del año y, por lo tanto, dependiendo de fuertes períodos estacionales. Los mismos papiros encontrados en Oxirrinco permiten saber que la manufactura de las cerámicas se realizaba durante el invierno y todo el proceso había terminado en junio-julio, a tiempo para usar de nuevo las instalaciones después de la vendimia (Cockler, 1981, p. 93). Intentar obtener una idea aproximada de la capacidad de producción de los talleres es una cuestión difícil, que se podría enfocar desde diversas perspectivas: las posibilidades productivas del territorio del que dependen; en segundo lugar, por el estudio de los restos conservados en los vertederos de los talleres; y en último lugar, por el estudio de la capacidad real de los hornos.

No hay problema en admitir que la potencialidad de las instalaciones industriales están estrechamente ligadas a la potencialidad de cada región y, en definitiva, de la propiedad a la que están asociadas. El conocimiento de la capacidad de producción de las *officinae* basado en su estructura permitiría saber si nos encontramos frente a un pequeño taller dependiente sólo de una pequeña o mediana propiedad, o una gran fábrica que correspondería a una instalación semi-industrial con capacidad de satisfacer las necesidades de grandes encargos y clientela. Pero hoy por hoy, intentar extraer datos fiables a partir del estudio del territorio es una empresa difícil. Puede servir como muestra el intento realizado por Jordi Miró en el territorio layetano a partir de las prospecciones y los trabajos de Marta Prevosti y las numerosas dificultades para poder calcular con seguridad los tipos de propiedades: falta de exhaustividad; contemporaneidad o no de las explotaciones; índice de productividad del suelo; etc. motivaron que se tuviesen que introducir medidas correctoras que desvirtúan la realidad (Miró, 1988, pp. 110-116).

En cuanto a las posibilidades que ofrece un recuento total de los restos tirados en los vertederos de los alfares topa, en nuestro caso, con graves problemas: la falta de talleres excavados exhaustivamente; aplicar un porcentaje correcto sobre el total de desechos conservados para evaluar el volumen total de piezas salidas del taller; la del período seguro de funcionamiento, ya sea en referencia a la vida total del taller, ya sea al período de actividad anual. Es probable que, en esta línea de estudio un planteamiento en términos "etnológicos" aportase resultados fiables, que permitiesen comparar los porcentajes de desecho en alfares actuales, pero con una tecnología de trabajo similar; probablemente un estudio de este tipo se debería realizar en zonas que no hayan incorporado avances tecnológicos actuales. Los anglosajones han realizado experiencias de este tipo en lugares como el Norte de Africa, Grecia, Portugal, Turquía o zonas del Próximo Oriente (Peacock, 1982).

La otra vía posible sería el cálculo de capacidad de las cámaras de cocción. También aquí se presentan problemas por el desconocimiento de muchos elementos: forma y altura de la cubierta o cúpula del laboratorio; forma de la carga; combinación de material dentro del horno o no; frecuencia de cocción; poca durabilidad de estas estructuras; falta de los restos físicos de los hornos. Cabe decir que en determinadas zonas donde los restos presentan mejor grado de conservación ha proporcionado resultados interesantes (Laubenheimer, 1985).

En la *Narbonensis*, los resultados de prospecciones magnéticas y de las excavaciones, dibujan los hornos agrupados en barrios de cocción, dispuestos uno al lado de otro en torno del mismo foso de entrada. Así ha sido posible detectar un conjunto de once hornos en Sallèles d'Aude, también en Aspiran, cuatro en Meynes, dos en Tresques, tres en Velaux-Moulin du Pont, dos en la Crau d'Hyères y cuatro en Fréjus-Pauvadou. En cambio, en Corneilhan, nueve hornos están separados en dos partes, a un lado y otro del río, que corresponden a dos períodos diferentes de producción. Cuatro de los talleres citados, los más excavados (Sallèles, Aspiran, St-Martin-les-Eaux i Fréjus-Pauvadou), muestran que los hornos están incluídos en los edificios que agrupan también las dependencias para el trabajo y el almacenaje de la cerámica (Laubenheimer, 1985, p. 215).

Nuestros ejemplos parecen, en general, de dimensiones más modestas. Encontramos, en un caso, una reconstrucción de los hornos encima de los restos inutilizados de otros más antiguos (Barti & Plana, 1993, p. 87-90, fig. 1-2), como muestra de continuidad. Fenals evidencia que hubo más de una fase de funcionamiento, con remodelaciones de la estructura en la misma zona; los hornos estaban integrados en la construcción global del edificio, en espacios abiertos y patios interiores, rodeados por los corredores cubiertos, porticados y habitaciones de trabajo. Aparte de éstos encontramos pocas agrupaciones, la más clara y potente es la que se localiza en Ermedàs, con tres hornos excavados en verano del 99 y, con otros sin excavar en el mismo núcleo; otra de clara es también de cronología más antigua en el Camino del Pla de Medinyà, con tres hornos de cronología republicana. Pero, en principio, no parece que sea posible distinguir y discriminar, a partir de los vertederos que tiene asociados, una vocación productiva especializada en un tipo de material concreto, sino que aparece una mezcla general de las diversas clases de material.

En todo caso, los talleres de ánforas no son únicamente anexos industriales de las villas, sino que están siempre muy bien comunicados y debían funcionar como puntos de partida de la mercancía hacia su exportación, por tanto, no sólo sería el lugar donde se envasaría el vino, sino también el punto donde se realizarían las transacciones comerciales de compra/venta, contratos de transportistas, tal vez también el control fiscal. Debemos pensar también en la posibilidad que pequeños productores del territorio creasen asociaciones para canalizar su excedente hacia estos centros de la costa, agruparlo para el envasado y llevarlo al destino deseado. No tenemos documentación que permita confirmar estas suposiciones, solamente creemos que para que llegase a buen término este proceso era necesario tener organización.

Finalmente, queremos comentar las posibilidades de la participación del elemento indígena en el proceso productivo, hoy disponemos de dos evidencias claras de la implicación de las élites ibéricas como propietarios y fabricantes de ánforas, todas proceden del campo de Tarragona, puesto que los sellos escritos en este alfabeto así lo demuestran (Carreté, Keay & Millet 1995, fig. 5.68 y 5.69). A parte de estos elementos debemos suponer una participación anónima, pero numericamente bastante superior, de la población indígena como fuerza de trabajo, que se debería ver obligada a participar en los nuevos modelos itálicos en la explotación del campo.

La distribución y los mercados.

No sabemos nada de la distribución desde el yacimiento hasta el consumidor, a partir del estudio del centro productor. Pero algunos aspectos pueden entreverse con seguridad. Los talleres costeros, dedicados a la fabricación masiva de ánforas estaban situados en puntos que permitían el embarque directo en barcos de pequeño calado en la playa o en la desembocadura de los pequeños arroyos como el de Fenals.

Para todos los productos que se elaboran en los alfares, parece claro que no existía un modelo unitario que procurase su salida al mercado, sino que tendrían una comercialización diferente. Las ánforas son un tipo de material aparte, creadas en gran volumen, en función de un producto para contener y de una demanda; el material de construcción e incluso los *dolia* se venderían en grandes pedidos; la cerámica común, por su variedad formal y bajo coste seguramente no. En gran medida, la producción de cerámica común se relaciona con los trabajos y la vida cotidiana de una propiedad rural de la que dependen y a la cual responden, mientras que los *dolia* y, sobre todo el material de construcción, se encargan en grandes cantidades, pero, en un ámbito geográfico reducido y cercano al taller, ya que tanto para la construcción o reforma de un edificio como para la instalación de un almacén de *dolia* se necesita una buena cantidad de estos materiales, que serían tanto más caros como lejana fuera su procedencia.

La demanda interna de un *fundus* es limitada y discontinua, es por eso que la producción de cerámica para comercializar facilitaba recursos adicionales y el mantenimiento de una actividad que, para las necesidades internas, tal vez no compensaría mantener en funcionamiento las instalaciones. La orientación prioritaria de los alfares en relación a sus explotaciones limita su crecimiento; ya los elementos que fabrican denotan una demanda reducida, diversificada, estacional y barata. Eso conduce a una situación de difícil ruptura en la medida que una producción reducida sólo es capaz de abastecer una demanda limitada y, a la vez, estas proporciones condicionan el crecimiento de la producción. Por lo tanto, las instalaciones son limitadas ya que son suficientes para cubrir la demanda que tienen, dando trabajo poco especializado y estacional. Eso implica también una debilidad en la salida del producto, ya que no se puede mantener una red de comercialización estable. Solamente la gran producción, una demanda estable, un buen control de los canales de distribución y una fuerte inversión podrían desarrollar las fábricas de cerámica como centros industriales e independientes de la explotación agrícola de la zona. La combinación de una fuerte demanda anfórica combinada con una alta necesidad de material a nivel local o comarcal, como podría ser el caso de Llafranc, explicaría por qué este alfar mantuvo una actividad continuada durante tres siglos.

Al lado de estos productos de bajo consumo, encontramos, para el momento que estamos tratando, el vino como la gran mercancía que conoce una distribución. Siempre se ha elaborado, pero ha habido diversas calidades y también cantidades de vinos. Como comentaba Tchernia y también recoge Carandini, en la parte más baja de la jerarquía estaban los vinos rústicos, destinados a la autosuficiencia y los mercados modestos; seguían los vinos de segunda clase, tratados para poderlos conservar; finalmente, los vinos de primera calidad, sin tratar y muy viejos. El primero es un producto de gran constancia y regularidad que siempre ha estado presente, es un vino de larga duración. Los vinos de calidad media, abundantes, con una gran difusión, son los que tendrán una mayor significación a partir del Principado de Augusto, y disfrutarán de gran relevancia económica; tienen una duración muy corta en el tiempo y son, por sus características, una de las grandes originalidades de la época romana. La tercera categoría es un producto de lujo, realizado con mucho arte, de gran prestigio social, que satisfacía la demanda de los estratos sociales más altos, restringido, por tanto, al uso de las élites, también producido en menores cantidades, como tal, económicamente menos relevante, tuvo una duración media en el tiempo (Carandini, 1989, pp. 505-506).

Muchos de los vinos griegos que eran considerados de buena calidad y consumidos regularmente desde época republicana debían preocupar menos a los fabricantes romanos que los vinos más mediocres y abundantes, producidos en la *Tarraconensis*, que invadieron el mercado a partir de una época concreta, que podemos situar bajo Augusto.

Sobre les condiciones de competencia comercial con que se encuentran los productos en el mercado hay puntos de diferencia entre dos de los autores actuales que más han analizado el cambio de corriente comercial que se experimenta en el Mediterráneo, particularmente entre Roma y las provincias occidentales. Por una banda, Carandini analiza la situación de este momento como el cambio de un mercado monopolizado por una zona productora, a una situación de concurrencia (idea desarrollada recientemente en Carandini, 1989, pp. 505-521). Debemos aclarar que en economía, concurrencia define una situación del mercado caracterizada por la entrada libre y la igualdad de posibilidades, en el sentido que cualquier individuo o empresa puede participar en el mercado sin que la intervención del Estado (al que se deben añadir los trusts, cárteles y otros grupos en la economía moderna) rompa la paridad entre los competidores. Esta interpretación ha sido criticada per A. Tchernia, que la denuncia como una vuelta a las tesis de Rostovzeff, ya que se expresa en términos de economía de mercado para interpretar estos cambios que se producen en la sociedad antigua. Por su parte, este autor habla en términos de grados de civilización, en la medida en que se pasa de un mundo de sociedades diferentes a un mundo uniformizado por acción de la romanización (Tchernia, 1989, p. 532). Términos, por otra parte, utilizados también por M. Clavel-Lêveque, para quien la acción del imperialismo romano se aplicó donde "la diversidad de experiencias históricas concretas ha producido desigualdades fundamentales en el desarrollo de estas regiones" (Clavel-Lévêque, 1983, pp. 85-95).

Una cosa sorprende de la producción tarraconense: que la exportación vinària no está acompañada de la creación de una cerámica fina de lujo o semi-lujo destinada a la exportación que aprovecha los mismos canales de distribución. Sobre todo cuando eso se observa en todas las regiones activas económicamente que participan del comercio internacional a lo largo de la historia romana. Por lo que respecta a la península itálica de época republicana, encontramos las ánforas grecoitálicas e itálicas del tipo Dressel 1 asociadas a la cerámica de pequeñas estampillas y la campaniense A y B; las ánforas Dressel 2-4 itálicas con la tierra sigillata itálica. En época imperial, en la Galia, las ánforas galas se asocian con la cerámica sud-gálica y de los otros talleres; a las ánforas olearias y de salazones de la Bética, la cerámica de paredes finas; y a la exportación de ánforas vinarias y olearias del norte de Africa le corresponden las diversas producciones de cerámica africana clara. En nuestra zona, en cambio, no parece que hubiera existido –como mínimo no se detecta y eso ya es bastante significativo– una fabricación masiva y paralela de vajilla fina de mesa para exportar conjuntamente con el vino. ¿A que se debe esta carencia?. ¿Pone en cuestión la magnitud del fenómeno económico que se produce?. ¿Es incapaz de desplazar, en un primer momento, a las cerámicas de gran calidad como las aretinas y el espacio queda ocupado posteriormente y de forma masiva por las producciones sud-gálicas?. En todo caso, no parece que hubiera existido ningún intento serio que lo posibilitase.

Un problema fundamental es el de no saber si hablar del final de la producción vinaria equivale también a hablar de la desaparición de las ánforas. Entramos con eso en el problema del cambio de envase, sobre todo del uso de *dolia* para el transporte masivo en barco. Una idea muy interesante es la que planteó Fanette Laubenheimer al hablar de trasvase de vino a granel que llega en *dolia* a ánforas que se fabricarían especialmente solo para transportar el vino llegado de fuera a tierras del interior y su venta al por menor; sería el caso de las ánforas de Fréjus y Marsella (Morel, 1989, p. 527). Eso pondría sobre la mesa al ánfora como producto vendible en sí mismo y no únicamente como una industria parasitaria de una producción agrícola. De todas formas, no creo que, para los casos conocidos, esta posibilidad se pueda aplicar a nuestro àrea de estudio.

Se debe crear la interpretación de como se producía la comercialización de los productos de una villa. En el caso de grandes propiedades italianas, como las de Léntulo o Sestio, podrían ser enviados por los propios *institores* o *magistri navium* y relativo a los propios barcos (tanto *Lentulus* como *Sestius* eran propietarios de naves), o tal vez, mediante nobles locales, como *Sex. Arrius* para el primero y *L. Trittius* para *Sestius*, que marcaban tapones de ánfora y podían, incluso, poseer sus naves como demuestra un sello con el nombre de *Sex. Arrius* sobre un ancla. La relación entre el noble romano y el noble local podría ser de venta, de sociedad, e incluso, de encargo comercial (Carandini, 1989, p. 509).

La comercialización de los productos se realiza mediante una red de distribución, pero, ¿debe verse como una fase más del negocio, como el final de un proceso que ha pasado por las etapas de modelado, cocción y, en el caso de las ánforas, envasado del producto?. ¿Habría intermediarios o sería el propio comprador que la buscaría? Es evidente que hay que diferenciar entre los productos: la distribución de cerámicas comunes en mercados locales/regionales cercanos al centro de fabricación o al *fundus* de la villa de la que depende la alfarería; la destinación definida en caso de encargos específicos por lo que respecta al *opus doliare*; y una estructura más compleja por lo que respecta al comercio "internacional" en las ánforas.

Respecto a estas últimas querríamos apuntar una idea que encontramos muy sugerente. Nos la proporciona uno de los personajes al que nos hemos referido más arriba: Cneo Léntulo el augur. Antes nos hemos referido a él como uno de los grandes propietarios itálicos que para comercializar los productos de sus propiedades debía hacer uso de los propios *institores* o *magistri navium*, e incluso, en combinación con nobles locales. Sabemos también, gracias a la arqueologia, que este personaje poseía propiedades en la Tarraconense –los sellos *in planta pedis* con su nombre estampados sobre ánforas Pascual 1 (Almagro, 1952, núm. 217, p. 211; Pascual, 1991, p. 50, làm. VII, 142-144; Laubenheimer, 1990, p. 113), así lo demuestran (a pesar de que no sabemos exactamente donde se sitúan los talleres)– y aso puede hacer pensar en un comercio de ida y vuelta, es decir, que podría exportar productos itálicos al exterior, y de vuelta importar a Italia vino de sus propiedades de la *Tarraconensis*, asegurando con este sistema que nunca volvería de vacío, rentabilidad básica en el comercio marítimo.

Ya fuese por venta directa o mediante intermediarios, el gran transporte se realiza en la antigüedad, en un porcentaje altísimo, por vía acuática, marítima o fluvial. Es bastante significativo un fragmento del edicto de Diocleciano que fija las tarifas de transportes en el imperio: una carga de 400 kg. pagaba 50 denarios para navegar 20 millas por vía acuática a favor de corriente, 100 contra corriente; un desplazamiento por carretera y por la misma distancia, pagaba 400 (Goudineau, 1974, p. 108) o el mismo Catón nos informa que el precio de una prensa de aceite fabricadaen Pompeya se incrementaba un 73% si se entregaba en *Venafrum*, a 110 km. de distancia (Morel, 1991, p. 277). Además de ser más lento e incómodo, más caro. La única ventaja es que el transporte marítimo era estacional, solamente practicable en primavera y en verano.

Sobre el tipo de comercio y de transporte marítimo, la excavación y el estudio del pecio romano de Cala Culip, permitió formular a sus excavadores diversas hipótesis de funcionamiento. En síntesis, las hipótesis de trabajo (motivadas por la procedencia diversa de las mercancías i la situación intermedia del naufragio, que hacían impensable un recorrido lineal según el cual el barco hubiese ido recogiendo los productos en les zonas productoras respectivas) permitían distinguir unos puertos de primer orden y otros de secundarios. Según eso, el comercio y el transporte se desarrollaba en tres niveles diferentes y complementarios: el primero, de ruta directa, que debía unir puertos principales; un segundo nivel, de redistribución desde cada uno de los puertos principales a los puertos secundarios de su zona de influencia económica; un tercer nivel, de ámbito más local o regional, que debía afectar el territorio o hinterland de cada puerto secundario (Nieto, 1986, pp. 81-114; Nieto (ed.), 1989, pp. 239-244).

Esta propuesta probablemente sea válida tanto por lo que respecta al periodo que nos ocupa, como para el ámbito geográfico que nos afecta, ya que después de época republicana el puerto principal de nuestra zona, el de Empúries, debió perder el papel económico de primer orden que había tenido, para convertirse en un puerto secundario que redistribuía los productos que se centralizaban en *Tarraco*, por el sur y, sobre todo, en Narbona, por el norte. El papel que jugó esta ciudad, bien situada, preparada y con buenos equipamientos, permite entender mucho mejor, respecto al nordeste de Cataluña, la llegada masiva de la cerámica de la Graufessenque y el flujo comercial que dominará todo el siglo I.

Nobles o comerciantes. Obreros o artesanos.

Uno de los aspectos importantes de la mentalidad romana es el menosprecio que sentían y manifestaban los hombres libres por el trabajo. Para comprender este menosprecio, vinculado al trabajo manual, debemos tener en consideración dos aspectos: la dependencia que crea el trabajo y los progresos de la economía servil. No es el trabajo en sí el que crea este sentimiento, sino la relación de dependencia que se establece entre el artesano y el usuario del producto fabricado. Era el hecho trabajar para otro, a cambio de un salario, lo que se considera degradante, ya que se trabaja para satisfacer las necesidades de otros y no las propias. En la medida que para subsistir se depende de otras personas se deja de ser libre. Seguramente es esta mentalidad la que distingue el artesano del agricultor, ya que éste se halla más cercano al ideal de autarquía (Mossé, 1980, pp. 67-68).

Ésta es la expresión de la "intelligentsia" romana, cuyo portavoz destacado sería Cicerón. Cuando afirmamos que los objetos esconden relaciones sociales es evidente que no proponemos un tema nuevo, sino que se trata de una cuestión que está presente desde las primeras interpretaciones sociales y económicas del mundo romano que debemos a Rostovtzeffy a Mommsen. De un tiempo acá, pero básicamente desde inicios de los años 70, el tema se ha renovado y se ha abierto un debate importante en la historiografía por lo que respecta a la interpretación de la mentalidad romana y, en particular, de la clase dirigente, centrada sobre todo en la participación o no de capital senatorial y de los estratos sociales superiores en las ganancias del comercio, así como en el origen de sus fortunas.

Si nos referimos a estas últimas cuestiones, asistimos a una bipolarización de los términos, y mientras que unos niegan esta participación, postura que defendía sin concesiones M. I. Finley, cada vez son más numerosos los investigadores que, a partir de la evidencia que aportan ejemplos concretos, creen en una plena entrada en el mundo de los negocios de los estratos sociales superiores (con fórmulas diversas, como veremos más adelante).

El origen de esta polémica está marcada por los escritos de diversos autores clásicos y por un dato más concreto: la existencia de un interdicto legislativo formulado el 218 aC destinado a los senadores y a sus hijos, según el cual estos no podían poseer una nave de más de 300 ánforas. Esta ley fue, además, renovada en momentos posteriores, de forma que desde después de la II Guerra Púnica hasta época severiana se mantuvo vigente el espíritu esencial del citado interdicto. Las condiciones que allí se establecen parecen claras. Benoit, en la publicación del Grand Conglué (Benoit, 1961, p. 62, nº 4), proponía corregir por 3.000 la cantidad de ánforas frente a la reducida cantidad que representan las 300, pero nadie estuvo de acuerdo. Según las condiciones técnicas de la antigüedad eso significaba en la práctica descartar la aristocracia senatorial de los beneficios del gran comercio.

Este interdicto tiene el precedente en el plebiscito votado sobre la propuesta del tribuno Quinto Claudio, inspirado por el célebre demócrata Cayo Flaminio Nepos. Después del 287 aC los plebiscitos fueron considerados como *leges*, es frecuente designarlo como ley claudiana. Estaba en vigor en época de Cicerón y el 59 aC César la confirma. No parece ser coyuntural, ya que esta ley figura en los textos de los juristas de finales del siglo II dC. Es por un párrafo del jurista Escévola que figura en el Digesto (48.11.2) que conocemos esta disposición de la *lex Iulia repetundarum* y, gracias al fragmento de Leyde, sabemos que no sólo continúa la prohibición sino que fija las penas para los que incurrieran en la no observancia. Aunque esto admite también una interpretación a la inversa, y que esta renovación fuera necesaria por su reiterado incumplimiento.

Las fuentes envuelven al comerciante con su reprobación moral. Cicerón en el *De Off.* *Sordidi etiam putandi, qui mercatura mercatoribus, quod statim uendant; nihil enim proficiant nisi admodum mentiantur, nec uero est quicqquam turpius uanitate* (*Off.* 1, 42, 150): "Viles son también en considerar a los que compran para vender inmediatamente, no ganarían nada, en efecto, si no engañasen mucho, y ciertamente, nada es más ignominioso que el fraude". Livio muestra también un gran menosprecio: *quaestus omnis patribus indecorus visus*, "todo provecho –comercial– se muestra indigno de los senadores" (XXI, 63, 3-4). Para Tácito, comerciar es rebajarse: *Illic adultus inter extorres et liberalium artium nescios, mox per Africam ac Siciliam mutando sordiadas merces sustentabatur.* (*Ann.* 4, 13, 5): "Allí, criado entre forajidos y hombres ignorantes de las artes liberales, se ganaba la vida mercadeando y intercambiando vilísimas mercancías en las provincias de Sicilia y África". Cicerón, en otro pasaje concreta un poco más: *mercatura autem, si tenuis est, sordida putanda est; si magna et copiosa ... non est admodum vituperanda*, "el comercio, si es reducido, debe considerarse vil, pero si es amplio y abundante ... no debe criticarse en absoluto (*Off.*, 1, 42, 151).

Entre los aspectos morales que se desprenden de los escritos ciceronianos, el mismo Finley reconoce que el asunto es más difícil cuando entran en consideración aspectos sobre el comercio y la manufactura. Este autor es partidario de mantener la línea proporcionada por los propios contemporáneos, a pesar de que es consciente que había violaciones del código ciceroniano mediante asociaciones subrepticias o con el uso de esclavos y libertos. Contra estos ejemplos conocidos es contundente en afirmar que "no se puede identificar un solo ecuestre destacado que fuese principalmente un mercader o unos equites que participasen ellos mismos del tráfico de cereales o que interviniesen personalmente en el comercio marítimo. Y estamos hablando de equites, ni tan solo pensamos en senadores." (Finley, 1978, p. 76).

Para el autor británico, el análisis de los testimonios epigráficos confirman tanto las fuentes literarias como los textos legales sobre la baja condición social de los comerciantes y manufactureros de profesión, si bien está dispuesto a aceptar algunas excepciones, pero sólo eso. Véase, de forma significativa, las objeciones sobre las tesis que se desprenden del estudio de Wiseman sobre la participación de miembros de familias senatoriales terratenientes en la fabricación de cerámica aretina, según la cual, los propietarios de la región de Arezzo *C. Vibienus* y *T. Rufrenus* habrían fundado los talleres donde los productos llevan sus nombres (Finley, 1978, p. 66). De forma semejante, Goudineau no parece estar dispuesto a reconocer la participación de la aristocracia en el negocio de la cerámica, ya que se constata: "que, parmi les centaines de noms de potiers que nous connaissons, aucun ne se retrouve sur d'autres documents épigraphiques que les vases (à une exception près, et encore elle n'est pas sûre). Aucun de ces potiers n'ha fait partie, autant que nous sachions, de la bourgeoisie municipale, aucun n'a exercé de fonction publique, aucun ne s'est signalé par un acte d'évergétisme." (Goudineau, 1974, p. 106).

Por contra, los estudios de T. P Wiseman, J. D'Arms, H. Pavis d'Escurac, R. Syme, J.-P. Morel o A. Carandini apuntan sobre una implicación de capital senatorial i de las burguesias municipales en negocios; a estos cabe añadir una tesis recientemente publicada (Cébeillac Gervasoni, 1998). El objetivo de la obra más valiosa del primer autor es realizar un examen prosopográfico de los senadores del final de la República y de la época de Augusto con un origen municipal o ecuestre. Tratando del enriquecimiento que fue condición necesaria para la elevación de los *homini noui*, el autor estudia los *negotia* que permitieron a más de uno disponer de una fortuna que les diese la posibilidad de aspirar a entrar en el Senado (Wiseman, 1971). Pavis d'Escurac, por su parte, en un trabajo investiga si en la gestión de un patrimonio de senador entraban o no las ocupaciones comerciales, más que considerar el origen de las fortunas de los que se convierten en senadores (Pavis d'Escurac, 1977, pp. 339-353).

¿Cual era la actitud predominante en Roma sobre el comercio y los negocios en la baja República y los dos primeros siglos del imperio?, y ¿cómo es descrita por ellos mismos? Éstas son las dos cuestiones que se plantea J.H. D'Arms. El foco de atención serán los hombres y a veces los mercados, los artículos de los negociantes y también los negociantes de los artículos; los senadores, equites, notables municipales y hombres libres y sus respectivos rols y funciones en las operaciones comerciales (D'Arms, 1981). Por otra parte, Syme se dedica a estudiar las "*gentes* bien" de las provincias occidentales, de los *viri boni et locupletes*, según Cicerón, en contraste con los *homines tenues*. En Hispania su estudio se limita a la Bética y al litoral de la Tarraconense, pero también se fija en el Languedoc, la Provenza, la Lombardía y el Véneto (Syme, 1977), ya que son las zonas más dinámicas y las que se integran antes en la estructura romana.

Planteada la cuestión, asistimos a un goteo constante de notícias y hallazgos que aportan cada vez más elementos que parecen apoyar la hipótesis. El descubrimiento realizado en un pecio en Comacchio de un lingote que llevaba una sigla con el nombre de Agripa que, de tratarse del gran general augústeo, podría ser considerado como otra importante prueba de la dedicación de la aristocracia al comercio y/o a la manufactura (Whittaker, 1989, p. 537-538, donde toma referencia de una publicación de L. Perelli). No hay nada que permita pensar que el fabricante de *garum* A. Umbricio Scauro, según Andreau, no fuese propietario de tierras, como debían serlo los otros miembros del *ordo decurionum*; esta posibilidad el autor la comenta para no ver un representante de la oligarquía industrial que pueda ser separado de la oligarquía propietaria. De hecho, en la tumba no hay ninguna mención sobre su actividad industrial, explicable seguramente por el hecho de que él mismo se identificaba como un miembro de la oligarquía municipal que se ocupaba también de dirigir una fábrica de *garum* y no al revés (Andreau, 1974, pp. 296-299). Igualmente, el nombre de Cátulo, de la familia de los *Valerii Catulli*, que poseían una villa palacial en Sirmione y diversos consulares del siglo I testimonian su importancia, aparece en una ánfora de Catro Pretorio, hallada el 1878, sobre Dressel 7-11 de *garum* hispánico, en el *titulus pictus C. Valerius Catullus* (CIL 15, 4756 (*in campana amphorae formae 10 similis*)). De esta forma, según Wisemann, *Catullus* se une a los *Sestii*, a los *Volusii Saturnini*, a los *Rubellae*, *Caecinae*, *Caelii*, etc., como una rica familia italiana con "interés comercial" o "negocios florecientes" y "libres de los prejuicios anti-comerciales de la *nobilitas* romana" (Whittaker, 1989, p. 538). Por su parte, E.W. Haley aporta también la implicación en la producción y comercialización de terra sigillata de la familia hispánica de los *TT. Mamilii* (Haley, 1988, pp. 141-156). Así como se ha detectado también la relación del magistrado narbonés Publio Usuleno Veientón con la elaboración de vino y su posterior comercialización a partir del alfar de Llafranc, cerca de Ampurias (Christol & Plana, 1997; 1998, pp. 273-302; Tremoleda, 1998, pp. 231-241).

Carandini protesta que normalmente se ha subvalorado la importancia de los esclavos, sobre todo en el trabajo de la viña. También que se ha querido disminuir la importancia de los caballeros y de los senadores como productores de vino itálico, en época tardorrepublicana, manteniendo la idea de que estos órdenes preferían exclusivamente la agricultura más segura de los prados y de los bosques. Que la aristocracia romana estuvo siempre dividida entre partidarios de la agricultura especulativa y de alta remuneración (como la de la viña) y partidarios de rendimientos más bajos y seguros (como la de los cultivos) es seguro, de la misma forma que siempre han existido personas con iniciativa y otras más medrosas. Hacer coincidir estos segundos con los órdenes sociales más altos le parece grotesco, y más cuando estos mismos son los inventores del imperialismo romano (Carandini, 1989, pp. 506-507). La conclusión sería que la ideología quería que los senadores se mantuviesen alejados del comercio, pero no de los beneficios comerciales.

¿Disponía la aristocracia de instrumentos para llevar a cabo la premisa anterior?. ¿Había estructurado una auténtica y propia organización comercial?. ¿Tenía instrumentos jurídicos que les permitiesen, en última instancia, adquirir estos beneficios?.

La respuesta que dan muchos especialistas es que quien quiso participar de estas ganancias, solo o con otros, pudo realizar una especie de multiplicación de sí mismo y un fraccionamiento del propio patrimonio, haciendo, en palabras de Carandini, *negotiatores per servos*. Algunas partes de esta fragmentación se podían vender a terceros, obteniendo así un resultado parecido a la figura moderna de la sociedad-persona jurídica. En estos términos, la producción agrícola se debe conectar con otras actividades especulativas. El *dominus* tiene, por lo tanto, la línea jurídica y económica del completo ciclo económico interno y externo a la agricultura, en el marco de una empresa jurídicamente unitaria. El instrumento fundamental de esta actividad es la figura del esclavo-manager, como explica Carandini, 1989, p. 507-508, basándose en esquemas de A. di Porto.

De forma semejante, otros autores creen que no hay duda de que el propietario noble, más deseoso de evitar inquietudes que de aumentar sus bienes recorre a los servicios de un empresario-mercader, para que se encargue de la distribución de los productos. Es la solución adoptada por Plinio el Joven para dar salida a su vendimia. Normalmente, en lugar de llamar a un intermediario extranjero, se debía recurrir a la propia familia, encargando directamente la operación a sus esclavos y libertos (Pavis d'Escurac, 1977, p. 347). Era bastante corriente tener a los esclavos como *dispensa-tores* o *actores* encargados de la tesorería o de la gestión de un patrimonio senatorial entero. La ventaja de esta segunda fórmula es, para el amo, que en caso de negocios ruinosos realizados por el esclavo, las pérdidas se limitan al importe del peculio concedido (Juglar, 1894, p. 13).

Al lado de la utilización de los servicios de un esclavo en los negocios, debe tenerse en cuenta el papel aún más importante jugado por los libertos como agentes de sus patronos. Estos últimos no tenían responsabilidad financiera en caso de negocios ruinosos hechos por sus libertos; por eso la gestión de los negocios mediante un liberto intermediario fue, según parece, más usual que la comandita de agentes esclavos. El patrón proporciona a su liberto un capital de salida y participa, como una especie de asociado, en los beneficios de la empresa lucrativa. Los derechos del patrón que originalmente, en virtud del *obsequium*, podía reservarse la mayor parte de las ganancias del liberto, fueron progresivamente limitadas por el derecho pretoriano. El pretor Rupilio, el 118 aC, no concedía al patrón más "que el derecho a una parte de la mitad sobre todo el beneficio realizado por el liberto que ha obtenido la libertad y disfrute de su ejercicio por su cuenta personal y exclusiva". Posteriormente, entre el 118 y el 74 aC en la inquietud por mejorar la situación del liberto, también la mitad percibida en vida del liberto sobre los beneficios realizados será suprimida por el pretor a la que sustituirá un derecho de sucesión, después de la muerte del liberto. Más tarde, la ley *Pappia Popaea* retocó este edicto pretoriano disminuyendo la parte testamentaria del patrón si el liberto tenía tres hijos. Sin entrar en detalle en la devolución sucesoria de los bienes de los libertos, es esencial saber que los derechos del patrón sobre las sucesiones de sus libertos forman parte de los patrimonios y podían ser legados (Pavis d'Escurac, 1977, pp. 346-347), para ver extensamente las relaciones patrón/liberto: Lemonnier, 1971; Fabre, 1981. Así, habiéndose dado que muchos libertos obtuvieron sus ganancias del comercio del artesanado y de los negocios, podríamos decir que esta parte en las sucesiones de los libertos representaba, para los patronos, una participación en los beneficios comerciales.

La documentación epigráfica nos aporta numerosos ejemplos de esta utilización de agentes comerciales esclavos o libertos. A pesar de que el columbario de la Vía Appia contenía las inscripciones de los *officiales domus Volusiae*, el esclavo Euxino, *negotiator* de profesión, hizo precisar sobre su piedra sepulcral que había sido esclavo de un *Volusius Saturninus* (Buonocore, 1984, pp. 233-236). Las ganancias comerciales de Euxino, que trabajaba para un miembro de la gran y célebre familia Volusia, se fundían con el patrimonio familiar. Es aquí donde se nota más la falta de documentación, ya que por un ejemplo conocido, que no sería una excepción, ¿cuantos se nos escapan?.

Con el desarrollo de la arquitectura de ladrillo, las *figlinae* se convierten en una forma muy lucrativa para valorizar un patrimonio en tierra y frente a su carácter industrial son considerados como una actividad directamente derivada de la agricultura: *Quidam, cum in fundo figlinas haberet, figulorum opera, maiore parte anni ad opus utebatur* (D.37.7.25.1): "Quien tiene alfares en la propiedad, usa los productos de los alfareros para el trabajo del campo, la mayor parte del año" (D.33.7.25.1). Los propietarios de *figlinae* conocidos gracias a las estampillas, son muchas veces senadores, cónsules, personajes de alto rango, ilustres y pujantes: *Domitius Afer, Iulius Ursus, Flavius Titianus, Servilius Pudens, Cornelius Severus, Annius Verus*, etc., también emperadores y emperatrices. Las marcas sobre *opus doliarum* aportan también los nombres de los *officinatores*, frecuentemente libertos que dirigen la producción y la comercialización del material. J.-P. Morel, en su estudio sobre los productores de bienes artesanales de la Italia republicana halla diversos particulares sobresalientes, todos pertenecen a la aristocracia o a la burguesía municipal, como *C. Vestorius, Crassus*, los *Cossutii* o los *Sestii* que combinan la explotación de viñas, la fabricación de ánforas para envasarlo, ladrillos y una actividad de armadores que les permite comercializar sus producciones (Morel, 1991, pp. 30-31).

A pesar de que se conocen oficios y actividades de esclavos y libertos vinculados a grandes familias como los *Trebonii*, vendedores de incienso, los *purpurarii* de la *gens Veturia*, o los *centonarii* de los *Octavii*, cuando hablamos de personajes de la clase social alta ligados a la producción industrial o artesanal ocupan siempre un lugar destacado las actividades de alfarería. Otros ejemplos conocidos en la producción de ánforas o *dolia* son los *Eumachii* de Pompeya, *A. Claudius Pulcher, M. Herennius Picens, M. Tuccius Galeo* o *Trebius Loisius*; para la fabricación de ladrillos y tejas se citan los mismos *Eumachii, Asinius Pollio, Cn. Domintius Calvinus*, Cicerón o los *Licinii*. Estas actividades tienen una estrecha ralación con la propiedad de la tierra, quizá porque servían de complemento a la agricultura, proporcionando embalajes y otros complementos indispensables para su producción. Por lo tanto, fabricar ladrillos adquiriría el estatuto de la agricultura, y es prácticamente la única industria en Roma en la que el aristócrata no tenía ningún problema en mostrar sus conexiones con las ganancias de una fábrica. Igual que con los *dolia* de la explotación, el cuerpo jurídico se planteó en los mismos términos la condición de los pozos de barro, si tenían que contar entre los *instrumenta* de una granja y si podían quedar sujetos a usufructo (D.8.3.6; 33.7.26.1).

Por otra parte, los textos como fuente de información que permite documentar asuntos puramente comerciales en lea preocupaciones senatoriales son raros. En la *Vida de Catón* de Plutarco se puede ver como más de un rico propietario podía disponer de su capital. Entre otras formas de especulación, el censor participa en los negocios del gran comercio marítimo y practica el *nauticum foenus*, préstamo marítimo, de todos los que había, según Plutarco, el de peor reputación. Es cierto que la tasa de interés era superior al normal por el concepto de *pretium periculi* (precio del peligro), el prestatario se encontraba después libre de cualquier tipo de obligación frente al creditor si la nave es perdía en el mar. Esta fórmula era corriente en Grecia. Catón, por su parte, aplica una fórmula perfeccionada de préstamo marítimo, fijando una división de riesgos (Pavis d'Escurac, 1977, p. 351).

Frente al número creciente de evidencias que apuntan hacia la actividad de los aristócratas como *negotiatores* y a modo de conclusión –que no de solución–, tal vez se impone una reflexión. Como que la mayoría de nombres aristocráticos provienen de materiales arqueológicos que eran objeto de comercio, cabría preguntarse si los *tituli picti* y las estampillas pueden significar todo lo que se ha supuesto. Los nobles romanos y itálicos (y diríamos que también los provinciales) producen vino en sus propiedades y también otros productos como el *garum*. Es evidente que los vendían, muchas veces mediante diversas fórmulas con sus "agentes". Porque, a parte de los cargos oficiales ¿cómo se hacían ricos si no era a través de la venda de los productos de sus haciendas?. Pero, ¿es eso "interés comercial"?. En cierto sentido si, desde el punto que ganan dinero por esta vía. Seguramente es diferente de hacer negocio o manufactura. Los mismos romanos hacían una clara distinción entre renta directa y actividad intermediaria, lo primero no era como lo segundo, que ganaba dinero por acción de comprar y vender. Tal vez fuera este el sentido que quería darle Cicerón a la frase: *si magna et copiosa ... non est admodum vituperanda.*

Si enfocamos la otra cara de la moneda, ya hemos visto antes como no había mucha diferencia entre la libertad jurídica y formal y la libertad real. J.-P. Vernant no ve una situación peor para el que se le creaba una posición como artesano a cambio del pago de una tasa anual, a la del libre que estaba sujeto por las deudas pendientes o a la de un cliente que tenía que confiar con la espórtula de su señor o, incluso, a la del pequeño propietario ahogado por las deudas contraídas con un vecino poderoso. En todos estos casos, aún que hayan nacido libres no pueden ejercer su libertad (Vernant, 1991, p. 16).

Desde tiempo atrás hay una preocupación para realizar un estudio social de los ceramistas, debido a la ignorancia que hay en la relación con aquellos que fabricaban la cerámica. Diversos lugares reunían mejores condiciones para intentar responder estos interrogantes, como son los grandes talleres de la Galia o los itálicos. Grenier, a finales de los años 30, ya se preguntaba sobre las costumbres laborales de los alfareros romanos de la Galia, constatando que se conocían una decena de nombres de entre los miles de estos ceramistas, en el sentido de valorarlos como artistas o simplemente hábiles artesanos. Al mismo tiempo, Hermet se preguntaba si estos ceramistas eran hombres libres que se regulaban ellos mismos el trabajo o si eran esclavos que trabajaban para un amo. En general, se admitía la idea de un trabajo realizado por artesanos libres. En el caso de Arezzo, en cambio, la solución parece más clara, los estudios de las estampillas permiten afirmar que se trataba de esclavos. En la firma, su nombre estaba seguido por el de su amo, para el que trabajaban y, a menudo, ahí mismo se refieren a su condición servil. Éstas eran las conclusiones, un poco simplistas, de los grandes estudiosos como C. Jullian, que se basaban en un muestreo muy corto. A pesar de esto hoy aún se admiten en esencia estos resultados, la documentación es más completa y se aviene más con la complejidad de las formas de trabajo (Favory, 1974, pp. 90-91).

Al margen de estas consideraciones legales, socialmente los artesanos estaban mal considerados en la sociedad romana. Ya hemos visto como Cicerón, Tácito y otros autores, no tienen ninguna manía en considerar viles y bajas las personas que se dedican a un trabajo asalariado y están reñidas con les auténticas calidades humanas propias de la condición de hombre libre.

Si para los lugares más ricos en documentación sobre el artesano romano se dispone de las fuentes y de las inscripciones que nos han dejado, por nuestra parte, sólo disponemos de los productos que han fabricado para intentar un acercamiento. Últimamente, el estudio más completo de los sellos que nos aportan buena parte del material cerámico que se fabricaba en la Antigüedad permite llegar a un buen grado de conocimiento tanto del estatuto como de las relaciones laborales que se establecen entre los diversos sujetos (buena muestra de la complejidad de estas informaciones se puede comprobar en una recogida actualizada (Beltrán, 1995, pp. 159-213).

El aspecto que permite definir mejor al artesano de época romana es el de una persona ocupada en actividades que son utilitarias, contraponiéndolas a las que están enfocadas únicamente a satisfacer el espíritu. Así, la diferencia esencial no debemos buscarla entre actividades manuales, por un lado, y actividades intelectuales, por el otro. Por lo tanto, tan digno de crítica podía ser un alfarero como un médico o un arquitecto, ya que sólo son técnicos que envilecen las artes liberales por el solo hecho de realizar con ellas aplicaciones prácticas. Según eso, la gama del artesano se extendería pues desde el más miserable a personajes con grandes riquezas. Algunos casos que han llegado hasta nosotros son especialmente extremos y llegan casi a la caricatura, como dos personajes de la clientela de los *Licinii*, dedicados a la fabricación de ladrillos y tejas, de en torno al año 200, que tienen los significativos *cognomina* de *Imbrex* y *Tegula*. Pero, a menudo, la tarea del artesano se diferencia poco de la del siervo, como hemos visto en la relación entre los trabajadores de la fábrica de *garum* y *A. Umbricius Scaurus*, el propietario. También el carácter de artesano se confunde –o mejor se mezcla– con el de comerciante, puesto que frecuentemente será el mismo artesano quien debe elaborar un producto que él mismo pondrá a la venta en la calle. Este último supuesto otorga, sin embargo, cierta independencia al artesano –que no es sinónimo de mejor situación económica y social– y los personajes que nosotros tratamos aquí, los trabajadores de las alfarerías, deberían insertarse más bien en la primera categoría.

Otra diferencia esencial, a la que ya nos hemos referido anteriormente, es la de la condición jurídica. Un trabajador podía haber nacido libre, ser liberto o ser esclavo. Estas posibilidades no son impedimento alguno para que puedan trabajar conjuntamente en un mismo taller. Normalmente estas jerarquías tenían su correspondencia en las del trabajo, pero no necesariamente. Hemos visto como en Llafranc, nuestro yacimiento más expresivo en estos aspectos, el propietario es un hombre libre y aparece siempre con los *tria nomina*; después aparecen diversos personajes, de los que conocemos los *cognomina*, que probablemente pertenecen a la condición de los libertos; y aún tendríamos que contar con un número incierto de trabajadores anónimos que tendríamos que suponer esclavos y libertos o gente que habitaba en el país y que se había tenido que integrar en las estructuras de la explotación romana.

Entre estos últimos y los otros es donde querría remarcar las diferencias a nivel laboral, ya que es aquí donde podremos comprender mejor las diferencias entre artesanos y obreros. En industrias o manufacturas como las alfarerías (y no solamente en éstas, sino también en fundiciones, minas, canteras, industrias textiles, etc.) se necesitaba el concurso de numerosa mano de obra para fabricarproductos en serie, que se vendían masivamente, siguiendo unos criterios de estandarización que permitía abaratar costos. Para rentabilizar una fabricación de este tipo se tenían que aplicar rigurosamente los principios de la división del trabajo, reducir al mínimo la calificación de los empleados y destinarlos a actividades parcelarias, poco variadas, repetitivas, coercitivas y, por descontado, anónimas. Sería en estos términos, cuando no se deja el mínimo espacio para la iniciativa, con modelos impuestos y con una clara separación de las diversas partes del proceso, que podríamos hablar antes de obreros que de artesanos (Morel, 1991, pp. 262-263). Incluso en algunos centros importantes, como Lezoux, la excavación de diversas tumbas infantiles encontradas en los talleres ha permitido pensar en unas condiciones bastante penosas donde los hombres y las mujeres nacían, trabajaban y morían entre los talleres y los hornos y que una parte importante de la mano de obra era femenina (Vertet, 1974, pp. 85-89).

Los términos que hemos definido anteriormente son, de hecho, los que marcan el modo de producción esclavista y que relegan al obrero a una categoría inferior. Las diferencias estatutarias de la sociedad romana se complican si añadimos los factores temporal y geográfico. Es decir, si variamos las coordenadas de espacio y tiempo tendremos que variar también el resultado. Parece que todos los historiadores están de acuerdo en considerar que el "modo de producción esclavista", en estado puro, está aislado, solamente se dio en la Italia central tirrénica, en época tardorepublicana e inicios del siglo I. Hemos visto también las diferencias que había en los talleres aretinos y los galos. En consecuencia, probablemente variaron bastante las condiciones de producción y de relación laboral entre el Llafranc de época fundacional, en época de Augusto, y su continuación tardía de los siglos II i III. Por otra parte, las exigencias y el carácter productivo de estas industrias como Fenals o Llafranc, tenían poco que ver con los pequeños talleres asociados a una explotación agrícola en el interior del territorio. Habíamos dicho en un apartado anterior que se podía haber seguido un sistema de alquiler de las instalaciones para unos trabajos o encargos concretos y se citaban algunos ejemplos que se encuentran en el Digesto o en los Papiros de Oxirrinco.

Podría ser que el señor hiciese trabajar a sus esclavos o libertos, o que alquilase el taller a un artesano o artesanos libres que por su parte se hacen ayudar por mano de obra servil. En los nombres estampillados sobre cerámica, ¿por qué solamente nos aparece el *cognomen* del artesano? Puede ser porque se da por entendido que son libertos del propietario de la fábrica y no hace falta expresar los *tria nomina*, ¿o son personajes libres que alquilan las instalaciones? ¿Si fuera así, por qué no expresan el nombre completo?. En Llafranc encontramos un nombre de ingénito (*tria nomina*) por cinc o seis de *liberti* (*cognomina*), eso podría proporcionar pistas sobre el tipo de organización del taller: propiedad de P. VSVL. VEIENT., pero con encargados libertos que disfrutan de un grado de responsabilidad importante en la producción, interesante para ver la actividad de los *liberti* en los negocios. En todo caso, no parece que se trate de *servi*, ya que éstos son considerados una *res*, un *instrumentum vocale*, un objeto de posesión, sin personalidad real, aunque es una opción que no se puede descartar del todo, ya que se conocen los nobles de los esclavos que trabajaban en los talleres aretinos. Es significativo también que el único nombre asociado a las ánforas es el nombre completo, lo que indica, a parte de la propiedad de la *figlina*, seguramente también la del producto que se envasaba. De forma semejante, la mayor parte de las estampillas que encontramos en las ánforas de salazones de Empúries debían pertenecer a libertos, posiblemente encargados de una industria de proporciones grandes. Mientras que las que provienen de un contexto propiamente rural (Ermedàs), si bien se trata de hombres libres que constan de *praenomen* y *nomen*, y en algún caso *tria nomina*, parece posible, por lo que hemos visto en la investigación de estos nombres, una ascendencia de *liberti* o una concesión de ciudadanía en época de César o Augusto.

Sobre los libertos, su carácter, estatuto social, etc. se ha escrito mucho, pero siempre se ha hablado del liberto urbano, bien documentado por las obras de autores clásicos como Petronio, Plinio el Viejo y el Joven, Séneca, Cicerón, etc. y por la numerosa documentación epigráfica que se ha conservado. En un ambiente rural es mucho más difícil teorizar sobre su comportamiento y posición social. Teniendo en cuenta que en un buen número eran artesanos, aquí disponemos de un tercer documento: los productos que fabricaban. Las posibilidades de ascenso social tan marcadas en la ciudad y comentadas por los autores debía ser, de hecho, la excepción y aquí hay que matizarlas, sobre todo por la estabilidad que en un medio rural debían tener estos aspectos. A pesar de esto, su condición queda patente en aspectos profesionales; pero parece que lo es con una gran naturalidad, como algo asumido y de lo que no hay que exclamarse ni escandalizarse. Los *cognonima* que encontramos sobre los productos cerámicos de Llafranc, por ejemplo, identifican unos personajes que los usan como distintivo. En un lugar sin o con unas posibilidades muy remotas de cambio social, el liberto se integra en su mundo laboral y en su consideración de artesano más que no en la de liberto, como elemento distintivo.

Conclusiones generales.

Conclusiones.

Las conclusiones de este trabajo, una vez visto lo que se ha expuesto hasta ahora, creemos que sirven para demostrar como un estudio regional, que puede ser abordado en profundidad, permite que se puedan realizar aportaciones diferenciales –sabiendo de antemano que no es un tema cerrado y que la arqueología aportará todavía multitud de novedades–. A falta de fuentes literarias y epigráficas, que como máximo proporcionan lacónicas referencias sobre la Layetania y el campo de Tarragona, nuestro estudio, centrado en el área gerundense, se limita a la evidencia arqueológica que, a pesar de los déficits, comienza a proporcionar un volumen de información notable i fiable: los yacimientos conocidos, la cultura material, la epigrafía sobre cerámica y la integración de todo eso en su contexto económico, social y político. Hoy empezamos a disponer, por lo que respecta a los estudios de producción cerámica, de algunas síntesis generales referentes al ámbito costero de la *Tarraconensis*. El grado de información todavía es desigual en este ámbito provincial. Ha sido necesario focalizar el estudio, lo cual ha permitido que podamos fijarnos en los particularismos de una zona: la localización y los tipos de talleres, sus instalaciones, definir las producciones que se crean por periodos cronológicos ligados a la dinámica histórica del entorno. Esta riqueza de matices, si se consideran en el interior de un marco más general, es difícil de apreciar, ya que sus ritmos y particularidades quedan diluidos y desdibujados en la tendencia o dinámica general.

Cuando un argumento se lleva a un nivel excesivamente general o trata un espacio de tiempo demasiado amplio o se toma demasiada libertad buscando analogías en otros periodos y lugares, se corre el riesgo de caer en simplificaciones, visiones superficiales y distorsiones. Por otra parte, un foco demasiado estrecho o restringido puede impedir la formulación de conclusiones que pueden ser de interés y validez general. Creo que todos los historiadores buscamos un balance razonable entre la excesiva generalidad y la excesiva particularidad. También pienso que la exposición ha permitido demostrar dos puntos básicos que estaban planteados en los objetivos generales, por un lado, la integración de pleno derecho de las comarcas del nordeste de Cataluña en un fenómeno de largo alcance que comportó la implantación de un modelo de explotación en la *prouincia* –frecuentemente se ha considerado una zona marginal, de poca entidad, respecto al resto del litoral catalán– y las consecuencias económicas que se derivan y, por el otro, la necesidad de realizar estudios de conjunto de los centros alfareros, es decir, las instalaciones de infraestructura, así como del conjunto de su producción, situando en el tiempo la evolución que sufren tanto las clases de material como su repertorio formal. De esta manera podremos valorar en su justa proporción fenómenos tan singulares como la fabricación de envases para el transporte del vino que se produce en el territorio en una época determinada.

La naturaleza del imperialismo romano se constituye, en esencia y entendido en su globalidad, en dos siglos y medio, desde el siglo II aC hasta la primera mitad del siglo primero. Durante este proceso se fueron integrando diversos pueblos con niveles de desarrollo también diferentes, para conseguir, al final, un aspecto uniformizado de los componentes. No podemos poner en un mismo nivel territorios y sistemas políticos tan diferentes como el imperio cartaginés, les monarquías helenísticas orientales, los pueblos bárbaros del norte o los indígenas de la costa ibérica, que durante las diversas fases de expansión se fueron conquistando. Se trata de estadios muy diversos de civilización, que la maquinaria romana se cuidó de integrar y nivelar, a ritmos diferentes, para levantar frente a estas divergencias la fachada del Estado romano.

A pesar de la temprana conquista militar y política de nuestro territorio, a inicios del siglo II aC, no será hasta una época bastante más avanzada que se producirá la autentica integración en la nueva cultura. ¿Por qué no se produce después de la conquista?. Roma mantiene demasiados frentes abiertos, ya sea porqué tiene otros puntos de interés, como Grecia y Oriente que proporcionaban grandes riquezas, como de conflicto, ya que se hallaba inmersa en la misma colonización de Italia, en la cuestión agraria, etc. Debían atarse los cabos, momentáneamente, por lo que se refiere a nuestro territorio, Roma se conforma con un control tributario y administrativo, basado en una vigilancia militar, buena muestra de la cual es la construcción de un *praesidium* en el altiplano de la colina de Empúries.

En un momento indeterminado del primer cuarto del siglo I aC, seguramente hacia finales, en torno al año 80-75, se producirá un cambio de actitud decisivo y radical. Esta referencia, que algunos investigadores han denominado gráficamente "el gran cambio", se traducirá en los tres factores imprescindibles para que se inicie y se vaya produciendo el proceso que denominamos "romanización" y que conducirá a la implantación y, en definitiva, a la integración en unos nuevos patrones políticos, sociales y económicos: la fundación de ciudades como Empúries, *Gerunda*, *Aquae Calidae* y *Blanda*; la creación, y en algunos casos adecuación, de una red de vías que permite la comunicación entre los asentamientos y también la penetración hacia el interior del país; finalmente, la explotación del campo, con la introducción de unos establecimientos de modelo itálico y nuevos sistemas agrícolas basados en la racionalización y el aprovechamiento de los recursos. Es muy probable que esta implicación del elemento itálico en el país comportase una redistribución y repartimiento de tierras, por lo menos las vinculadas a las nuevas ciudades, pero no sabemos en que medida ni en que cantidad. Lo que parece claro es que la población autóctona jugó todavía un papel importante, tanto por la pervivencia que muestran buena parte de los poblados, como por la proporción que representan los productos indígenas en la cultura material. En este sentido las execraciones encontradas en Empúries, demuestran una conciencia de identidad muy viva, hasta el punto que fue necesaria la participación y la sentencia de unos legados gubernamentales para dirimir en un conflicto de propiedad entre los *indicetani* y los *olossitani*, a finales del siglo I aC.

A pesar de la importancia de este periodo para el país, no encontramos evidencias de una actividad significativa en el campo de la fabricación de cerámica romana. La Guerra Social en Italia, seguida de las Guerras Sertorianas en Hispania primero y las Guerras Civiles, más tarde, marcan otra fase totalmente diferente de romanización, que no finalizará hasta la época de Augusto, especialmente efectiva por más de una razón: la presencia del elemento militar instalado permanentemente en el país y los cambios y el reparto de la propiedad de la tierra.

En este momento, el comercio de los bienes alimentarios en ánforas marca un periodo de transición, una época bisagra. Las importaciones de vino itálico que monopolizan este comercio hasta el final de la República, en pocas décadas fueron perdiendo su predominio sobre el mercado catalán. Será, por lo tanto, a partir de Pompeyo que se darán las condiciones para que se empiece a desarrollar una viticultura propia. Pero, será con César y el periodo triunviral que se producirá un vuelco definitivo en nuestra zona. La política del dictador motivó la *deductio* de veteranos de la batalla de *Munda* en Empúries, que supone, además de la refundación de la ciudad, una reorganización del espacio con nuevos catastros sobre el *ager publicus*, amplias confiscaciones y reparto de tierras a los militares y también dejaba abierta la posibilidad de creación de grandes propietarios por parte de la aristocracia y de diversas burguesías municipales. Si bien en la mayor parte de la provincia las evidencias señalan inversiones de capital itálico, con presencia de nombres importantes, no debemos descartar presencias más cercanas, como hemos intentado demostrar en el caso de *Publius Usulenus Veiento*, un importante magistrado municipal de Narbona, que habría gozado de la posesión de tierras y las instalaciones de una alfarería en Llafranc, adquisición facilitada tal vez por el gobierno conjunto de los territorios que se encontraban en ambos lados de los Pirineos, separados a partir de Augusto con la creación de la provincia *Gallia Narbonensis*. Todos estos grandes propietarios cubren sus necesidades de disponer de tierra e introducir el monocultivo de la viña, y no es gratuito que se fijasen en la Tarraconense para realizar sus inversiones orientadas hacia una agricultura especulativa, puesto que se trataba de una de las áreas más dinámicas de Hispania. Es por la acumulación de todos estos factores que en época preaugústea ya se esté produciendo excedente vinario destinado a la exportación, tendencia que se reforzarápor el largo periodo de estabilidad política que se abre con el Principado.

La aplicación de todos estos elementos en unas coordenadas de espacio y tiempo, como los que acabamos de exponer, nos deben permitir salir de la abstracción del modelo y darle singularidad para reconocer las situaciones concretas que motivaron la elaboración y la creación de las diversas producciones que se convertirán, a la vez, en los elementos que deberán aportar los datos cronológicos y económicos de utilidad para los arqueólogos.

El periodo importante de funcionamiento de los talleres, destinado a crear los envases para embalar y transportar el vino, y no solamente los del área gerundense, se muestra como un hecho sincrónico y se limita a no más de un centenar de años: entre la década de los años 30 aC, inicio de la producción masiva de los talleres y su final, a finales del tercero o inicios del último cuarto del siglo I. Se debían acotar estos términos, a partir de los datos que nos aportan los mismos talleres, para hacernos una idea mucho más aproximada del alcance real que tuvo este fenómeno económico. Estos centros ceramistas vincula-dos a la viticultura no aparecen de la nada, necesitan una serie de factores que expliquen su implantación, de la misma forma que cuando estos factores dejan de existir no hay ninguna razón que permita su subsistencia. Demasiado frecuentemente en las publicaciones encontramos indefinición sobre el periodo de funcionamiento de los talleres, a los que se ha supuesto una actividad más duradera por la presencia intrusiva de los mismos materiales que fabricaban, sobre todo de ánforas, en niveles arqueológicos más tardíos de muchos yacimientos.

Las diversas evidencias muestran una total integración del artesanado cerámico en las estructuras de la economía rural de la *Tarraconensis*. En efecto, su funcionamiento nunca se estructuró como una industria; se trata de un equipamiento vinculado a la explotación agrícola del territorio, creado para canalizar la salida y la comercialización del producto a contener. A nivel teórico podemos establecer su fenomenología, es decir, deducir que la aparición, las formas y la entidad de determinadas actividades en un territorio están determinadas por una estructura de poblamiento, una organización social y unas prácticas económicas. Este marco global impondría las condiciones de producción, tanto en aspectos materiales como organizativos, que se concretan en unas determinadas formas de gestión, la disponibilidad de mano de obra, posibilidad y voluntad de realizar inversiones, acceso a los recursos del entorno, entre muchos otros. La concreción de estos presupuestos en la elaboración de determinados tipos cerámicos y su volumen, explica a la vez su capacidad productiva y la de la actividad agrícola con la que se relaciona, particularmente la viticultura del territorio, así como también sirve para explicar los tipos y el volumen de la demanda hacia la que se orienta la producción.

No es que no existiese anteriormente una producción autóctona. Juntamente con los productos itálicos, encontramos unas producciones locales que imitan las importaciones (cerámica emporitana, cerámicas barnizadas de pasta micácea), al lado de las cuales perviven también las fábricas locales de tradición ibérica. En cambio, la fabricación de ánforas, de material de construcción y de *dolia*, y la generalización de su uso es una de las consecuencias de la conquista, que muestran una integración plena. Las ánforas romanas como tales no corresponden a una industria local tradicional, no son originales. Tipológicamente las Pascual 1 imitan las Dressel 1, como las Dressel 2-4 imitan las itálicas y, más tarde, el fenómeno de la imitación sucederá con las béticas y las galas. Se aplica la reproducción de los esquemas itálicos y realizados básicamente por itálicos a una producción destinada a una clientela romana o romanizada.

Hemos hablado de integración de la alfarería en el ciclo agrícola y en el *fundus* como actividad complementaria, como una aplicación práctica del principio de autarquía, tan aconsejado por los tratadistas latinos. Eso parece cierto para los establecimientos rurales del interior, que disponen de un horno para abastecer sus necesidades durante un gran lapso de tiempo; pero la fabricación de envases destinados a contener un producto excedentario supone dar un paso más allá, implica desarrollar un modelo económico suficientemente dinámico que se pone en relación con el mercado.

Debemos hablar de auténtica revolución agraria para referirnos a la que se produjo durante el siglo I aC, ya que se realizó un cambio de orientación de la producción. Se trata de una decisión importante, puesto que comporta una especialización basada en el dominio avasallador de la viña. Debemos suponer que cuanto mayor era la propiedad más margen tenía para esta especialización, ya que en las pequeñas propiedades nunca se olvidó la diversificación de cultivos. En las comarcas litorales la viña ocupó zonas destinadas a otros cultivos y tierras poco aptas también se debieron aprovechar. La mejor evidencia la constituye el largo rosario de talleres cerámicos que se instalaron en la línea de la costa, en pequeñas calas, puertos naturales, desembocaduras de ríos y arroyos, con buena salida al mar, único medio de transporte viable en la Antigüedad.

La fuerte demanda exterior de vinos, a la Galia y a los límites norte del Imperio, primero, y a Roma después, convertida en una enorme metrópoli con una barriga difícil de satisfacer y contentar, el aparato digestivo de la cual, según Carandini, consumía casi dos millones de hectólitros al año, aseguraban el mantenimiento de la producción vinaria y de las instalaciones que la permitían. Por otra parte, la elaboración del vino era bastante rentable para los propietarios, ya que cuando se había plantado la viña y habían transcurrido los primeros años, a partir de los cuales las plantaciones estaban a pleno rendimiento, tenían una duración de una cincuentena de años antes de tenerlos que replantar. Asimismo, esta especialización en la viña no es, ni mucho menos un episodio aislado y encontraría su correspondencia en la formación del primer horizonte epigráfico en el litoral nordeste de la Citerior, en la monumentalización de diversos espacios públicos de las ciudades o en la cooptación de personajes políticos importantes como patronos de Empúries.

La situación geográfica de los talleres está en función de su producción. Los hornos del interior dependen claramente de una explotación agrícola y forman parte de sus instalaciones, mientras que los talleres de la costa son centros industriales que producen en función de unas demandas grandes, aunque sean estacionales y en condiciones de dar salida rápida y masiva a sus productos, ya que no solamente eran los lugares donde se fabricaban los envases, sino que el vino se debía transportar hasta allí y después era expedido hacia el exterior, puesto que mayoritariamente son enclaves con buenas salidas al mar, cerca de las desembocaduras de ríos y arroyos que permitían el calado de los barcos. Todos tienen una producción diversificada, pero mientras que unos están orientados sobre todo a la fabricación de ánforas y se fabrican otros elementos para obtener ganancias adicionales o amortizar las instalaciones, los otros tienen por objeto satisfacer las necesidades de la villa fabricando materiales de construcción y cerámica común para uso doméstico. Solamente en algunos casos se detectan iniciativas para fabricar sigillatas, pero, no parece que fuera un comportamiento general.

Se debe plantear y entender cada taller. Saber la distancia entre cada taller y la potencialidad de cada uno de ellos. Es muy difícil establecer modelos sin conocer extensamente las instalaciones que los forman y cual es la población real del territorio. En todo caso, excepto el territorio inmediato no parece que se monopolizase el mercado urbano. Empúries, por ejemplo, recibe material de Llafranc, pero también de Ermedàs, en el área de Banyoles, e incluso de zonas más alejadas.

Frente a la falta de datos y a la parcialidad de los que disponemos, hemos tenido que realizar una clasificación de talleres por los tipos de producción, más que por la extensión y el tipo de las instalaciones, como se ha podido hacer en otros lugares. Así se constata una industria comunitaria en Empúries, mientras que las otras se relacionan con propietarios a título individual. La complejidad es diversa según el tipo de taller. En Empúries, gracias a la epigrafía anfórica, se detecta una organización compleja, propiedad de un magistrado local, probablemente *Caius Octauius Carbo*, y seguramente con un supervisor o encargado general por encima de otros de rango inferior o jefes de sucursales, se trata de una industria urbana que fabrica conservas de pescado envasado en las ánforas Dressel 8, pero también tiene relación con el vino, como demuestra la estampilla sobre Dressel 2-4. Los talleres de Fenals y Llafranc son los que permiten hablar mínimamente sobre organización del espacio y la propiedad. Parece que nos encontramos con dos tipos de instalaciones diferentes. En el caso de Fenals podríamos estar frente a una factoría aislada del núcleo de vivienda y es probable que los artesanos tuviesen allí espacio para vivir y dormir o sino desplazarse hasta la villa del *fundus* del que dependen. En Llafranc, en cambio, podríamos pensar en un funcionamiento autónomo de esta industria, vinculada a la actividad de su puerto. Este centro de población secundario, tipo *vicus*, podría estar orientado hacia una actividad artesanal y comercial, aunque pueda relacionarse con propiedad y explotación agrícola del territorio, sobre todo si tenemos en cuenta que se origina en época de Augusto como propiedad de *Publius Vsulenus Veiento*, un magistrado municipal de Narbona, ciudad de gran importancia para nuestra zona en época altoimperial. Este personaje que, además de la factoría, debería tener propiedad agrícola en el territorio para cultivar la viña y, como tal, su nombre es el único que aparece estampillado sobre ánfora, en concreto del tipo Pascual 1. No puede ser casual que sea precisamente en este punto que a partir de la segunda mitad del siglo I se comiencen a fabricar las ánforas de base plana G. 4 propias del área de la Narbonense. Eso puede dar pie a la idea de que Llafranc hubiera sido una sucursal, con presencia de agentes comanditarios formados y venidos de la zona originaria. En la parte baja de la escala de la tipología encontraríamos los hornos totalmente integrados en la explotación agrícola, a la cual proporciona cerámicas de uso cotidiano y material de construcción.

Parece bastante claro que no hay un modelo unitario de comercialización para todos los productos sino que tendrían una salida al mercado diferente. Las ánforas, el material de construcción e incluso los *dolia* se venderían en grandes pedidos; la cerámica común, por su variedad y bajo coste, seguramente no. En buena parte, la producción de cerámica común se relaciona con los trabajos y la vida cotidiana de una propiedad rural de la cual dependen y a la cual responden.

La demanda interna de un *fundus* es limitada y discontinua, es por eso que la producción de cerámica para comercializar facilitaba recursos adicionales y el mantenimiento de una actividad que por las necesidades internas, tal vez no compensaría mantener en funciona-miento las instalaciones. La orientación prioritaria de los alfares en relación a sus explotaciones limita su crecimiento ya que los tipos de elementos que fabrican denotan una demanda reducida, diversificada, estacional y barata. Eso conduce a una situación difícil de romper en la medida que una producción reducida solamente puede abastecer una demanda limitada y a la vez estas proporciones condicionan el crecimiento de la producción. Por lo tanto, las instalaciones son limitadas ya que son suficientes para cubrir la demanda que tienen, proporcionando trabajo poco especializado y estacional. Esto implica también una debilidad en la salida del producto, ya que no se puede mantener una red de comercialización estable. Solo la gran producción, una demanda estable, un buen control de los canales de distribución y una fuerte inversión podrían desarrollar los talleres cerámicos como centros industriales independientes de la explotación agrícola de la zona. Estas podrían ser las razones del porqué no pudieron sobrevivir la mayoría de alfares y, a la vez, la explicación de que Llafranc pudiese mantener una actividad continuada durante tres siglos.

La mayoría de los talleres de mayor envergadura no se dedicaban exclusivamente a la fabricación de ánforas, a pesar de que en épocas del año debían tener una dedicación casi total a este producto, sino que creaban todo tipo de objetos útiles para la vida de las *villae*, destinados a satisfacer las demandas que surgían de diversos *fundi*, abarcando áreas de mercado relativamente amplias.

Las tareas que realizaban los alfares eran variadas y la mayoría eran repetitivas, coercitivas y sin espacio para la iniciativa, es decir, la producción cerámica no se limita únicamente al estadio superior de la fabricación del vaso, sino que supone una actividad diversificada anterior y posterior a la fabricación. Pero algunas fases exigían un trabajo especializado que debían realizar obreros calificados, por tanto, se establece una división de trabajos de forma que la mayor parte puedan realizarse mediante una mano de obra poco calificada, bajo la supervisión de unos técnicos que coordinen los equipos y con instrucciones precisas que permitan reducir al mínimo el trabajo de los artesanos al nivel de simples ejecutores. ¿Son estos encargados los que aparecen en los sellos?.

Tenemos que plantear las dificultades que encontramos a la hora de hablar del estatuto de las personas que estampaban su nombre sobre las piezas cerámicas, a causa de su poca expresividad. Aún así, creemos que hay elementos complementarios que permiten un acercamiento real al tema: el hecho relevante de que en Llafranc el único sello que hallamos a la vez sobre ánforas, *dolia* y tejas corresponde a los *tria nomina* de un personaje ingénito, mientras que los sellos que solamente llevan un *cognomen* sean exclusivos de las tejas u otro material de construcción, parece indicar que el primero es el nombre del propietario y que los otros son de los *officinatores*, de los encargados con un estatuto de *servi* o *liberti*, por debajo de los que cabría buscar la fuerza de trabajo anónima, a una escala inferior, tal vez de grado servil, o mejor aún, formada por el sustrato poblacional del país, que queda integrado en la estructura productiva orientada según unos parámetros nuevos, controlada por grandes propietarios de pleno derecho itálicos, provinciales y, quizás, antiguas aristocracias indígenas. En otros yacimientos las marcas que nos hablan de hombres libres expresan los *tria nomina* o *dua nomina* (*praenomen* y *nomen*).

El que encontremos productos marcados con *cognomina* como *Quietus, Primus, Secundus, Mulus* o *Hermes* podría hablar también de posibles contratos de alquiler de las instalaciones a personajes sin propiedad, que poseen solamente su fuerza de trabajo y producen para una demanda o un pedido específico. Evidentemente, los términos del contrato no los conocemos, pero tenemos algunos ejemplos en el Digesto o en los papiros de Oxirrinco. Eso avala una situación de dependencia del arrendatario respecto al *dominus*, en la que si bien el primero se beneficia de las posibilidades inversoras del propietario queda sometido no sólo a la dependencia económica sino también a una subordinación socio-jurídica.

Parece más que posible pues, una participación de las élites políticas y "burguesas" en los beneficios que reportaba el comercio y la manufactura, que frecuentemente debía proporcionar los recursos necesarios para acceder a cargos públicos y políticos. La producción artesanal o industrial de que estamos hablando se ha considerado siempre como un subproducto de la agricultura, que depende totalmente de la propiedad de la tierra y del surplús que esta genera como actividad agrícola, con la que se identifican los miembros de la oligarquía romana y, en este sentido, encontramos pocas reticencias a dejar aparecer su nombre estampado en los productos (a pesar de esto, a menudo se usaban fórmulas poco regulares para la creación de sociedades que dejaban a la sombra los nombres de los principales detentadores del capital y se hacían nominales los sirvientes vinculados a la familia, esclavos y libertos). Se puede pensar en una producción de vino sin que el propietario fabrique los envases y se dedique a la venta del producto; pero, ¿se puede pensar de igual forma en una industria de ánforas sin disponer del producto a envasar? Lo más lógico sería que poseyese las dos partes del proceso (fabricacióny envasado) y, en algunos casos, participación en la tercera (venta y distribución).

Los artesanos y obreros forman el perfil bajo de la sociedad, todos los factores contribuyen a que sean poco perceptibles: prejuicios sociales, malas condiciones económicas, formación inexistente, anonimato de sus trabajos, etc. Solamente algunas condiciones especiales pueden hacer que queden restos materiales que hablen de ellos mismos: necesidad de un control de la producción, la responsabilidad de los encargados, la facilidad de impresión de marcas en el trabajo del barro o el nulo coste de los *sigilla*, como en nuestro caso, que ha permitido salir del anonimato a los libertos que trabajaban en los talleres, rescatándolos de alguna forma de la despersonalización que comportaba un trabajo como el suyo. Dentro de esta escala los más importantes serían el *institor* o *praepositus*, con responsabilidades sobre el negocio delegadas por el propietario.

Durante casi todo el siglo I, al lado de las ánforas, *dolia* y material de construcción, los mismos talleres fabrican una notable variedad de cerámicas comunes dedicadas a la vajilla de mesa y un repertorio más reducido y funcional para las cerámicas de cocina. Esta cerámica ya plenamente "romana" continuará, sin interrupción, durante todo el Alto Imperio, renovando sus formas e introduciendo imitaciones de las formas de éxito de la cerámica africana. Estas incorporaciones demuestran que los talleres son sensibles a los cambios del mercado. El principal problema que tenemos a partir de fines del siglo I, es que los talleres que se basaban en la fabricación anfórica, con contadas excepciones como el de Llafranc o el de la Aumedina, ya no funcionan y nos tendremos que basar, a partir de ahora, más en materiales procedentes de las estratigrafías de los yacimientos de la zona que no en los propios vertederos de los talleres.

A pesar de estas limitaciones, la existencia de buenas series estratigráficas en los yacimientos nos muestra como la cerámica común puede asumir el papel de indicador efectivo de los cambios que se van produciendo en el país. Ya habíamos visto como los periodos que hemos ido definiendo son más o menos ricos, más o menos significativos, según se trate de épocas con más o menos vitalidad en los diversos ámbitos, en el campo y en las ciudades. Entre los más vitales hemos resaltado el periodo augústeo que corresponde a la creación del foro emporitano, al abandono de numerosas estaciones rurales de pequeñas dimensiones (Olivet d'en Pujol, "precedentes" de Tolegassos, Camp del Bosquet, Serra de Daró, etc.), y al inicio de una nueva etapa en la romanización.

La consolidación de la nueva forma de ocupación y explotación del territorio mediante las villas de tipo mediano-grande, a partir de mediado siglo I, y su continuidad hasta el final del siglo II, será la consecuencia de la falta de hallazgos cerrados, de estratos de abandono o de remodelaciones importantes; en cambio, muchas piezas provienen de las incineraciones de las necrópolis emporitanas altoimperiales. Los numerosos y profundos cambios sufridos en casi todas las villas rurales o suburbanas a finales del último tercio del siglo II o primeros años del siglo III, se ven reflejados, en nuevos e importantes estratos de abandono, rellenos de depósitos, pozos o nivelaciones, previas a la ampliación y remodelación de las villas; momento coincidente también con el abandono de las casas romanas de Empúries. La primera mitad del siglo tercero corresponde a un periodo de estabilidad, producto de los cambios anteriores. El último periodo rico en hallazgos cerrados es la segunda mitad del siglo III. Es la época del abandono de la ciudad romana de Empúries, de las villas de Tolegassos y Mas Gusó y del incendio y destrucción de Vilauba, así como de la remodelación de las murallas de *Gerunda*.

Finalmente, solo sería necesaria hacer la consideración de que no estamos delante de un tema cerrado o agotado, prueba de esto son las constantes mesas redondas y congresos especializados que continúan proporcionando más y más información, novedades de áreas que hasta el momento eran poco conocidas o poco valoradas.

Frecuentemente quedamos impresionados por los restos materiales que encontramos, ya que estas son la materia prima que nos permite estudiar la cultura y confeccionar teorías económicas, pero, no debemos perder de vista que el gran negocio económico de la Antigüedad no es la manufactura, sino la agricultura. Por el pequeño milagro de convertir el barro en un elemento cerámico; su doble condición de fragilidad, que le da un periodo de utilización relativamente breve, y de elemento indestructible a la vez; la abundancia de fragmentos en las excavaciones arqueológicas; la variedad y la evolución constante de las formas, son factores que han concedido a la cerámica un papel relevante en el análisis de la sociedad y de la economía antigua, la han convertido en fósil director susceptible de ocupar uno de los primeros lugares en el estudio de la cronología y del comercio antiguos. A pesar de todo eso, constituye una pequeña parte, la punta del iceberg de una realidad compleja, de la que solamente conocemos un porcentaje. Contemporáneamente a la cerámica estaba el cereal, el metal, el aceite, el cuero, la carne, la madera, el vino, la fruta, el lino... Vale la pena hacer historia económica de la cerámica pero debe evitarse hacer historia económica por la cerámica. Es un índice que aporta muchos datos, pero no le podemos pedir aquello que no puede aportar.

Com a cloenda.

La identificació d'una producció de ceràmica local, particularment amfòrica, d'època romana, a la franja costanera de la *prouincia Tarraconensis* data de l'any 1960, quan R. Pascual va presentar una comunicació al "VII Congreso Nacional de Arqueologia de Barcelona", que fou publicat l'any 1962. El seguiment i aprofundiment en el coneixement tant de les terrisseries com dels seus productes ha avançat de forma considerable fins l'actualitat. A més de la sistematització dels tallers de la Laietània feta pel mateix autor quinze anys més tard, cal remarcar el paper decisiu jugat en la recerca pels arqueòlegs francesos, tant en intervencions terrestres com subaquàtiques, entre els quals destaca A. Tchernia, des de la publicació d'un primer estat de la qüestió sobre les àmfores de la Tarraconense l'any 1971, fins a la publicació de la seva tesi l'any 1986, a més de les aportacions del diversos congressos centrats en el tema. Darrerament hi ha hagut alguns intents de síntesi per part d'investigadors catalans, d'entre els quals només destacarem J. Miró, *La producción de ánforas romanas en Catalunya. Un estudio sobre el comercio del vino de la Tarraconense (siglos I a.C.-I d.C.)*. BAR International Series 473, 1988, Oxford i V. Revilla, *Producción cerámica, viticultura y propiedad rural en* Hispania Tarraconensis *(siglos I a.C - III d.C.)*, Cuadernos de Arqueología, 8, 1995, Barcelona.

La nostra tesi es basa en l'estudi del material ceràmic de fabricació local en el marc geogràfic de les comarques nord-orientals de Catalunya, durant un període cronològic que abasta des d'època d'August fins a la fi del segle III; amb la intenció de demostrar que un estudi regional, abordat en profunditat, permet de fer unes aportacions diferencials respecte d'un l'àmbit més global, en el nostre cas el de la *Tarraconensis*. Tanmateix, no es pretenia només un estudi ceramològic d'aquestes produccions autòctones que podien respondre el què, l'on i el quan, sinó que s'intentà trobar explicacions del per què, del qui i del com es creen aquestes produccions a casa nostra, mitjançant la consideració dels aspectes socials, econòmics i prosopogràfics de què disposàvem.

Quan un argument és portat a un nivell massa general o tracta un espai de temps massa ampli o és massa lliure buscant analogies en altres períodes i llocs, es corre el perill de caure en simplificacions, visions superficials i distorsions. Per altra banda, un focus massa estret pot impedir la formulació de conclusions que poden ser d'interès i validesa general. Crec que tots els historiadors busquem donar un balanç raonable entre l'excessiva generalitat i l'excessiva particularitat. El plantejament inicial prenia en consideració dos objectius generals: per una banda, s'intentava demostrar la integració de ple dret de les comarques del nord-est de Catalunya en un fenomen de llarg abast, que va comportar la implantació d'un model d'explotació a la *prouincia* i les conseqüències econòmiques que se'n deriven. Per l'altra, la necessitat de realitzar estudis de conjunt dels centres terrissers, és a dir, de les instal·lacions d'infraestructura, així com del conjunt de la seva producció, situant en el temps l'evolució que pateixen tant les classes de material com el seu repertori formal.

Amb aquesta intenció, a més dels tallers ceràmics coneguts, s'ha realitzat una selecció dels principals jaciments de la zona, que aporten conjunts ben estratigrafiats del període estudiat, amb la finalitat de disposar d'una seqüència cronològica suficient i amb garanties. És obvi que els centres de fabricació i, en particular, dels que en coneixem els abocadors, han estat els jaciments que han gaudit d'un estudi preferent, però insuficients, ara per ara, per a cobrir tot el període proposat. A partir d'aquí, hem realitzat un estudi del material diferenciant quatre "classes de material": la ceràmica comuna, *dolia*, àmfores i material de construcció. En el primer conjunt hem hagut de distingir les diferents categories ceràmiques, les formes i els tipus. Les àmfores, en canvi, s'estudien per tipologia i el material de construcció, segons la part de l'edifici a la qual estava destinat.

Els escadussers, però valuosos, indicis epigràfics documentats sobre aquests materials han permès orientar una recerca sobre la prosopografia d'aguns personatrges. En efecte, si bé és relativament còmode parlar del producte, és molt més problemàtic entrar en consideracions sobre les persones que es relacionen amb el procés productiu. Les qüestions referents a la procedència geogràfica i a la condició social s'exposen en els darrers capítols: el context històric i la procedència de la immigració que es produeix al país en

els inicis del període; les diferències d'estatut jurídic dels personatges que estaven implicats en el treball, els homes nascuts lliures lligats a la propietat, per una banda, i l'important paper que varen jugar en el treball i el teixit econòmic els lliberts, per l'altra. Per acabar es proposen diversos tipus en l'organització dels tallers, a partir de les evidències reals.
Als annexos es desenvolupen alguns aspectes que queden fora de la línia argumental, però que calia considerar per la informació addicional que aporten. Com que el primer d'aquests ha estat ja publicat (Tremoleda, 1998, pp. 32-40; Tremoleda & Casas, en premsa), pensem que no calia ara i aquí la reproducció del text i de les il·lustracions, que ens parlaven dels usos no domèstics que varen tenir les ceràmiques comunes, des d'un triple vessant: el seu ús com a objectes funeraris, els recipients que es s'utilitzaven per a la realització dels ritus fundacionals i, en darrer terme, objectes que foren concebuts amb una idea expressament definida per a formar part d'unes manifestacions religioses i rituals. Si que s'inclouen, en canvi, l'avaluació del destacat percentatge que representen les produccions locals d'entre els conjunts ceràmics recuperats als principals jaciments; finalment, es donen els resultats de les anàlisis sobre la composició de pastes ceràmiques sobre mostres recollides dels principals tallers estudiats.

L'aculturació a la qual foren sotmesos els diversos pobles per part de l'imperialisme romà va produir, en diverses fases, un efecte uniformitzant dels components. El nostre territori no fou pas una excepció. Malgrat la primerenca conquesta militar i política, a inicis del segle II aC, no serà fins més endavant que es produirà l'autèntica integració a la nova cultura. En un moment indeterminat del primer quart del segle I aC, segurament cap al final, entorn de l'any 80-75, es produirà un canvi d'actitud decisiu i radical per part de Roma. Aquesta fita, que alguns investigadors han anomenat de forma ben gràfica com "el gran canvi", es traduirà en els tres factors imprescindibles per a què s'iniciï i es vagi produint lentament, però inexorable, el procés que anomenem com romanització i que durà a la implantació d'uns nous patrons polítics, socials i econòmics. Aquests factors són: la fundació de les ciutats romanes d'Empúries, Girona, Caldes de Malavella i Blanes; la creació d'una xarxa de vies que permetien la comunicació entre els assentaments i la penetració cap a l'interior del país; finalment, l'explotació del camp, amb la introducció d'uns establiments de model itàlic i nous sistemes agrícoles basats en la racionalització i l'aprofitament dels recursos. És molt probable que aquesta implicació de l'element itàlic en el país comportés una redistribució i repartiments de terres, almenys les vinculades a les noves ciutats, però no sabem en quina mesura ni en quina quantitat. El que sembla clar és que el poblament autòcton va jugar encara un paper important, tant per la pervivència que mostren bona part dels poblats, com per la proporció en la cultura material que representen els productes indígenes. En aquest sentit les execracions trobades a Empúries, demostren una conciència d'identitat ben viva, fins al punt que fou necessària la participació i la sentència d'uns legats governamentals per dirimir un conflicte de propietat entre els *indicetani* i els *olossitani*, a final del segle I aC.

Malgrat aquest important període pel país, no trobem pas evidències d'una activitat significativa en el camp de la fabricació de ceràmica romana. La Guerra Social a Itàlia, seguida de les Guerres Sertorianes a Hispània, primer, i les Guerres Civils, més tard, marquen una altra fase totalment diferent de romanització, que no acabarà fins a època d'August, especialment efectiva per més d'una raó: la presència de l'element militar instal·lat permanentment al país i els canvis i el repartiment de la propietat de la terra. A partir d'ara no hem de veure ja Hispània com una terra de conquesta, sinó com un important escenari de la lluita interna entre faccions pel domini del poder.

En aquest moment, el comerç dels béns alimentaris en àmfores marca un període de traspàs, una època xarnera. Les importacions de vi itàlic que havien monopolitzat aquest comerç fins a la fi de la República, en poques dècades varen anar perdent el seu predomini sobre el mercat català. Serà, per tant, a partir de Pompeu que es donaran les condicions per a començar a desenvolupar una viticultura pròpia. Serà, però, amb Cèsar i el període triumviral que es donarà un tomb definitiu. La política del dictador va motivar una *deductio* de veterans de la batalla de *Munda* a Empúries, que suposa, a més de la refundació de la ciutat, una reorganització de l'espai amb nous cadastres sobre l'*ager publicus*, àmplies confiscacions i repartiment de terres als militars i també deixava oberta la possibilitat de creació de grans propietats a l'aristocràcia i a les diverses burgesies municipals. Si bé a la major part de la província les evidències assenyalen inversions de capital itàlic, amb presència de noms importants, fins i tot de rang consular (com Gneu Lèntul l'augur, cònsol de l'any 14 aC o Gai Antesti, probablement el cònsol de l'any 30 aC), no cal descartar precedències més properes, com hem intentat demostrar en el cas de *Publius Usulenus Veiento*, un important magistrat municipal de Narbona, que hauria posseït terres i les instal·lacions de la terrisseria de Llafranc. Tots aquests grans propietaris cobreixen les seves necessitats de disposar de terra i d'introduir el monocultiu de la vinya. No és gratuït que es fixessin en la Tarraconense per a realitzar les seves inversions orientades cap a una agricultura especulativa, puix que es tractava d'una de les àrees més romanitzades i dinàmiques d'Hispània. Hem de buscar en l'acumulació de tots aquests factors les raons de què en època pre-augustal ja s'estigui produint excedent vinari destinat a l'exportació, tendència que es veurà refermadapel llarg període d'estabilitat política que s'obre amb el Principat.

L'aplicació de tots aquests elements en unes coordenades d'espai i temps, com les que acabem d'exposar, ens han de permetre de sortir de l'abstracció del model i donar-li singularitat per reconèixer-hi les situacions concretes que motivaren la elaboració i la creació de les diverses produccions que es convertiran, a la vegada, en els elements que hauran d'aportar les dades cronològiques i econòmiques d'utilitat per als arqueòlegs.

El període important en el funcionament dels tallers, destinat a crear els envasos per al transport del vi, i no només els de l'àrea gironina, es mostra com un fet sincrònic i es limita a no més d'un centenar d'anys: entre la dècada dels anys 30 aC, inici de la producció massiva dels tallers i el seu final, a les darreries del tercer o inicis de l'últim quart del segle I dC. Calia acotar aquests terminis, a partir de les dades que ens aporten els mateixos tallers, perquè ens permetran de fer-nos una idea molt més aproximada de l'abast real que va tenir aquest fenomen econòmic. Aquests centres terrissaires vinculats a la viticultura no apareixen del no res, necessiten una sèrie de factors que expliquin la seva implantació, de la mateixa manera que quan aquests factors deixen d'existir no hi ha cap raó que permeti la seva subsistència.

Les diverses evidències mostren una total integració de l'artesanat ceràmic en les estructures de l'economia rural de la *Tarraconensis*. En efecte, el seu funcionament mai no es va estructurar com una indústria; es tracta més aviat d'un equipament vinculat a l'explotació agrícola del territori, creat per a canalitzar la sortida i la comercialització del producte a contenir. A nivell teòric podem establir la seva fenomenologia, és a dir, deduir que l'aparició, les formes i l'entitat de determinades activitats en un territori estan determinades per una estructura de poblament, una organització social i unes pràctiques econòmiques. Aquest marc global imposaria les condicions de producció, tant en aspectes materials com organitzatius, que es concreten en unes determinades formes de gestió, la disponibilitat de mà d'obra, possibilitat i voluntat de realitzar inversions, accés als recursos de l'entorn, entre molts d'altres. La concreció d'aquests pressupòsits en l'elaboració d'uns determinats tipus ceràmics i el seu volum, ens explica alhora la seva capacitat productiva i la de l'activitat agrícola amb la qual es relaciona, particularment la viticultura del territori, així com també serveix per explicar els tipus i el volum de la demanda cap a la qual s'orienta la producció.

No és que no existís anteriorment una producció autòctona, però, la fabricació d'àmfores, de material de construcció, *dolia* i la generalització del seu ús, és una de les demostracions més clares de la nova situació. Les àmfores romanes com a tals no corresponen a una indústria local tradicional, no són originals. Tipològicament les Pascual 1 imiten les Dressel 1, les Dressel 2-4 els models itàlics i, més tard, es copien els tipus bètics i els gals. S'aplica la reproducció dels esquemes itàlics, fets bàsicament per itàlics, a una producció destinada a una clientela romana o romanitzada.

Hem parlat d'integració de la terrisseria en el cicle agrícola i en el *fundus* com activitat complementària, com una aplicació pràctica del principi d'autarquia, tan aconsellat pels tractadistes llatins. Això sembla cert per als establiments rurals de l'interior, que disposen d'un forn per abastir les seves necessitats; però la fabricació d'envasos destinats a contenir un producte excedentari és fer una passa més enllà, implica desenvolupar un model econòmic prou dinàmic que es posa en relació amb les exigències del mercat.

Cal parlar d'autèntica revolució agrària per referir-se a la que es produí durant el segle I aC, ja que es va canviar l'orientació de la producció. Es tracta d'una decisió important que comporta una especialització basada en el domini abassegador de la vinya. La millor evidència la constitueix el llarg rosari de bòbiles que es varen instal·lar a la línia de la costa, en petites cales, ports naturals, desembocadures de rius i rieres, amb bona sortida al mar, únic mitjà de transport viable a l'Antiguitat.

La forta demanda exterior de vins, a la Gàl·lia i als límits nord de l'Imperi, primer, i a Roma després, asseguraven el manteniment de la producció vinària. Per altra banda, l'elaboració del vi era força rendible per als propietaris, ja que una vegada plantada la vinya i transcorreguts els primers anys els ceps estaven a ple rendiment. Tanmateix, aquesta especialització de la vinya no és, ni molt menys un fet aïllat en els canvis que s'estan produïnt al país i trobaria la seva correspondència en la formació del primer horitzó epigràfic, en la monumentalització de diversos espais públics de les ciutats o en un fet ple de significació política com és la cooptació de personatges importants com a patrons d'Empúries.

La situació geogràfica dels tallers està en funció de la seva producció. Podem diferenciar els forns de l'interior, que depenen clarament d'una explotació agrícola i formen part de les seves instal·lacions, entre els quals podem comptar Vilauba (Camós), Ermedàs (Cornellà del Terri), Camp dels Recs (Bàscara), Tolegassos (Viladamat), Mas Gusó (Albons), Mas Castellar (Pontós), Navata o La Bomba (Vilacolum), la majoria concentrats entorn dels cursos dels rius Fluvià i Ter. Per altra banda, els tallers de la costa són centres industrials que produeixen en funció d'unes demandes grans, encara que siguin estacionals, i en condicions de donar sortida ràpida i massiva als seus productes, ja que no tan sols eren els llocs on es fabricaven els envasos, sinó que el vi es devia transportar fins allí i després era expedit cap a l'exterior, atès que majoritàriament són enclavaments que només permetien l'arribada de vaixells de poc calat. Trobem una concentració gran a la costa del Baix Empordà i de la Selva, si deixem de banda Roses i Empúries: Llafranc, Palamós, Platja Artigues, Platja d'Aro, S'Agaró, Solius, o Platja de Fenals a Lloret de Mar.

Tots els tallers tenen una producció diversificada, però mentre que uns estan orientats sobretot a la fabricació d'àmfores i es fabriquen altres elements per obtenir guanys addicionals o amortitzar les instal·lacions, els altres tindrien per objecte satisfer les necessitats de la vil·la amb la fabricació de materials de construcció i de ceràmica comuna per a ús domèstic. Només en alguns casos es detecten iniciatives per a fabricarsigil·lates, però no sembla pas un comportament d'entitat ni d'abast general. Cal plantejar i entendre cada taller. Saber la distància entre cada taller i la potencialitat de cadascun d'ells. És molt difícil establir models sense conèixer extensament les instal·lacions que els formen i el poblament real del territori.

Davant la parcialitat de les dades que disposem, hem hagut de fer una classificació de tallers pel tipus de producció, més que no pas per l'extensió i tipologia de les instal·lacions, com s'ha pogut fer en altres llocs:

-Es constata una indústria comunitària a Empúries, que marca els rajols amb l'estampilla grega ΔΗΜ(ου), "del Demos"; mentre que les altres es relacionen amb propietaris a títol individual. La complexitat és diversa segons el tipus de taller.

-També a Empúries, gràcies a l'epigrafia amfòrica, i a manca d'instal·lacions, es detecta una organització complexa, propietat d'un magistrat local, probablemente *Caius Octauius Carbo*, i segurament amb un supervisor o encarregat general per sobre d'altres d'inferiors o caps de sucursals. Es tracta d'una indústria urbana que fabrica sobretot conserves de peix i que les envasa en àmfores Dressel 8; però també té relació amb el vi, com demostra una estampilla sobre Dr. 2-4.

-Els tallers de Fenals i Llafranc són els que permeten parlar mínimament sobre organització de l'espai i propietat. Sembla que ens trobem amb dos tipus d'instal·lacions diferents. En el cas de Fenals estem davant d'una factoria aïllada del nucli de vivenda, però formant part d'un *fundus* del qual depenia. A Llafranc, en canvi, podríem pensar en un funcionament autònom d'aquesta indústria, vinculada a l'activitat del seu port. Aquest centre de població secundari, tipus *vicus*, podria estar orientat a una activitat artesanal i comercial, tot i que relacionable amb propietat i explotació agrícola del territori, sobretot si tenim en compte que la bòbila s'origina en època d'August com a propietat de *Publius Usulenus Veiento*, com hem dit, un magistrat municipal de Narbona. Aquest personatge que, a més de la factoria, deuria tenir terres per conrear la vinya i, com a tal, el seu nom és l'únic que apareix estampat sobre àmfora. No pot ser casual que sigui precisament en aquest centre que, a partir de la segona meitat del segle I dC, es comencin a fabricar les àmfores de base plana G. 4, pròpies de l'àrea de la Narbonense. Això pot fer pensar en un paper de sucursal per a Llafranc, amb presència de comanditaris formats i vinguts de la zona originària.

-A la part baixa de l'escala trobaríem els forns totalment integrats en l'explotació agrícola, concebuts per proporcionar a aquesta ceràmiques d'ús quotidià i material de construcció.

Sembla clar que no hi ha un model unitari de comercialització per a tots els productes sinó que seguirien canals diferents. Les àmfores, el material de construcció i, fins i tot, els *dolia* es vendrien en grans comandes; la ceràmica comuna, per la seva varietat i baix cost, segurament no. En bona part, la producció de ceràmica comuna es relaciona amb els treballs i la vida quotidiana d'una propietat rural de la qual depenen i a la qual responen.

La demanda interna d'un *fundus* és limitada i discontínua, és per això que la producció de ceràmica per a comercialitzar facilitava recursos addicionals i el manteniment d'una activitat que, per les necessitats internes, potser no hauria compensat mantenir en funcionament. L'orientació prioritària de les terrisseries en relació a les seves explotacions limita el seu creixement ja que els tipus d'elements que fabriquen denoten una demanda reduïda, diversificada, estacional i barata. Això porta a una situació difícil de trencar en la mesura que una producció reduïda només pot abastir una demanda limitada i a la vegada aquestes proporcions condicionen el creixement de la producció. Per tant, les instal·lacions són limitades ja que són suficients per a cobrir la demanda que tenen, donant treball poc especialitzat i estacional. Això implica també una debilitat en la sortida del producte, ja que no es pot mantenir una xarxa de comercialització estable. Només la gran producció, una demanda estable, un bon control dels canals de distribució i una forta inversió podien desenvolupar les terrisseries com a centres industrials i independents de l'explotació agrícola de la zona. Aquestes podrien ser les raons del perquè no van poder sobreviure la majoria de bòbiles i, a la vegada, l'explicació que Llafranc, en canvi, pogués mantenir una activitat continuada durant tres segles.

Els tallers de major envergadura no es dedicaven exclusivament a la fabricació d'àmfores, tot i que en èpoques de l'any hi devien tenir una dedicació gairebé total, sinó que creaven tota mena d'objectes útils per a la vida de les *villae*, destinats a satisfer les comandes que sorgien de diversos *fundi*, assolint àrees de mercat relativament àmplies.

Les tasques que abastaven les bòbiles eren molt diverses i la majoria eren repetitives, coercitives i sense espai per a la iniciativa; a més, la producció ceràmica no es limita només a l'estadi superior de la fabricació del vas, sinó que suposa una activitat diversificada anterior (recollir llenya, decantar l'argila) i posterior (cocció, estoc, etc.). Algunes fases, però, demanaven un treball especialitzat que exigien obrers qualificats, per tant, s'estableix una divisió de feines de forma que la major part puguin ser fetes per una mà d'obra poc qualificada, sota la supervisió d'uns tècnics que coordinin els equips i amb instruccions precises que permetin reduir al mínim la feina dels artesans al nivell de simples executors. Són aquests encarregats els que ens apareixen en alguns dels segells?

Hem de plantejar les dificultats que trobem a l'hora de parlar de l'estatut de les persones que estampaven el seu nom sobre les peces ceràmiques. Alguns elements complementaris permeten un acostament real al tema: el fet que, a Llafranc, l'únic segell que trobem a la vegada sobre àmfores, *dolia* i teules correspon als *tria nomina* d'un personatge nascut lliure, mentre que els segells que només porten el *cognomen*, com *Quietus, Primus, Secundus, Mulus, Hermes*, siguin exclusius de les teules o altre material de construcció, sembla indicar que el primer és el nom del propietari dela *figlina* i que els altres són dels *officinatores*, dels encarregats amb un estatut de llibert, per sota dels quals caldria buscar encara la força de treball anònima, a una escala inferior, potser de grau servil, o millor encara, formada pel substrat poblacional del país, que hauria quedat integrat en l'estructura productiva orientada segons uns paràmetres nous, controlada per grans propietaris itàlics de ple dret, provincials i, potser, antigues aristocràcies indígenes.

Sembla possible doncs, una participació de les elits polítiques i "burgeses" en els beneficis que reportava el comerç i la manufactura que, sovint, devia proporcionar els recursos necessaris per accedir a càrrecs públics i polítics. La producció artesanal o industrial de què estem parlant s'ha considerat sempre com un sub-producte de l'agricultura, que depèn totalment de la propietat de la terra i del surplús que aquesta genera com a activitat agrícola, amb la qual s'identifiquen els membres de l'oligarquia romana i, en aquest sentit, trobem poques reticències a deixar aparèixer el seu nom estampat en els productes. Es pot pensar en una producció de vi sense que el propietari fabriqui els envasos ni es dediqui a la venda del producte; però, es pot pensar igualment en una indústria d'àmfores sense disposar del producte a envasar? El més lògic seria que es participés en les dues parts del procés i, en alguns casos, també en la tercera (venda i distribució).

Els artesans i obrers formen el perfil baix de la societat, tots els factors contribueixen a que siguin poc perceptibles: prejudicis socials, males condicions econòmiques, formació inexistent, anonimat de les seves tasques, etc. Només algunes condicions especials poden fer que quedin restes materials que parlen d'ells mateixos: necessitat d'un control de la producció, la responsabilitat dels encarregats, la facilitat d'impressió de marques en el treball del fang o el nul cost dels sigilla, com en el nostre cas, que ha permès sortir de l'anonimat els lliberts que treballaven als tallers, rescatant-los d'alguna manera de la despersonalització que comportava un treball com el seu. Dins d'aquesta escala els més importants serien l'*institor* o *praepositus*, amb responsabilitats sobre el negoci delegades pel propietari.

Al costat de les àmfores, *dolia* i material de construcció, els mateixos tallers fabriquen una notable varietat de ceràmiques comunes dedicades a la vaixella de taula i un repertori més reduït i funcional per a les ceràmiques de cuina. Aquesta ceràmica ja plenament "romana" continuarà, sense interrupció, durant tot l'Alt Imperi, renovant les seves formes i introduint imitacions de les formes d'èxit de la ceràmica africana. Aquestes incorporacions demostren que els tallers són sensibles als canvis del mercat. El principal problema que tenim a partir de finals del segle I dC, és que els tallers que es basaven en la fabricació amfòrica, amb comptades excepcions a tot el país, deixen de funcionar i ens haurem de referir, a partir d'ara, més als materials procedents de les estratigrafies dels jaciments de la zona que no als propis abocadors dels tallers.

Malgrat aquestes limitacions, l'existència de bones sèries estratigràfiques als jaciments mostren els canvis que es van produint al país. D'entre els períodes més vitals hem ressaltat l'augustal que correspon a la remodelació del fòrum emporità, a l'abandonament de nombroses estacions rurals de petites dimensions (Olivet d'en Pujol, "precedents" de Tolegassos, Camp del Bosquet, Serra de Daró, etc.), i a l'inici d'una nova etapa en la romanització. La consolidació de la nova forma d'ocupació i explotació del territori per mitjà de les vil·les de tipus mitjà-gran, a partir de mitjan segle I, i la seva continuïtat fins a la fi del segle II, serà la conseqüència de la manca de troballes tancades, d'estrats d'abandonament o de remodelacions importants. Els nombrosos i profunds canvis soferts a gairebé totes les vil·les rurals o suburbanes a la fi del darrer terç del segle II o primers anys del segle III, es veuen reflectits, en nous i importants estrats d'abandonament, farcits de dipòsits, pous o anivellaments, previs a la ampliació i remodelació de les vil·les. La primera meitat del segle III correspon a un període d'establitat, producte dels canvis anteriors. El darrer i últim període ric en troballes tancades és la segona meitat del segle III. És l'època de l'abandonament de la ciutat romana d'Empúries, de les vil·les de Tolegassos i Mas Gusó i de l'incendi i destrucció de Vilauba, així com de la remodelació de les muralles de *Gerunda*.

Finalment, només caldria fer la consideració que no estem davant d'un tema tancat, bona prova d'això són les constants taules rodones i congressos especialitzats que continuen proporcionant més i més informació, novetats d'àrees que fins ara eren poc conegudes i poc valorades.

Sovint ens deixem enlluernar per les restes materials que trobem, ja que aquestes són la matèria primera que ens permet estudiar la cultura i bastir teories econòmiques, però, no cal perdre de vista que el gran negoci econòmic de l'antiguitat no és la manufactura, sinó l'agricultura. Pel petit miracle de convertir el fang en un estri ceràmic; la seva doble condició de fragilitat, que li dóna un període d'utilització relativament breu, i d'element indestructible alhora; l'abundància de fragments en les excavacions arqueològiques; la varietat i l'evolució constant de les formes, són factors que han donat a la ceràmica un paper de rellevància en l'anàlisi de la societat i de l'economia antiga, l'han convertit en fòssil director susceptible d'ocupar un dels primers llocs en l'estudi de la cronologia i del comerç antics. Tot i així, constitueix una petita part, la punta d'iceberg d'una realitat complexa, de la qual només en coneixem un percentatge. Contemporàniament a la ceràmica hi havia el cereal, el metall, l'oli, el cuiro, la carn, la fusta, el vi, la fruita, el lli... Val la pena fer història econòmica de la ceràmica però s'ha d'evitar de fer història econòmica per la ceràmica. És un índex que aporta moltes dades, però no li podem demanar allò que no pot aportar.

Abstract.

Our thesis is based upon the study of ceramic material, manufactured locally, in the north-eastern regions of Catalunya, during the period, which includes the age of Augustus to the end of the III century. Nevertheless, it is not intended to be solely a ceramic study of these indigenous creations which could answer what, where and when, but tries to find explanations of why, who, and how are these productions created in our country, by taking into consideration the social, economic and prosopographical aspects we had at our disposal.

The initial layout took into consideration two general objectives: On one hand, it was intended to demonstrate the integration of the regions of the north-east of Catalunya in a phenomenon of extensive reach, which involved the establishment of a model of exploitation in the *provincia* and the resulting economic consequences. On the other hand were the necessity to undertake group studies of the ceramic centres, that is to say, the installations, as well as their joint production and the evolution of their formal classification. With this intention, apart from the ceramic workshops known, a selection has been made of the main sites of the area that provide well stratified ensembles of the period studied, with the objective to dispose of a sufficient and guaranteed chronological sequence. The study of the material has been made by distinguishing four "types of material": common ceramic, *dolia*, amphorae and construction material.

As for oddments, however, valuable epigraphic evidence documented on these materials has permitted to focus upon research regarding the prosopography of some personalities. In the last chapters, questions are presented referring to the geographic origin of immigration and social conditions, such as the differences in the judicial statute of the personalities who were involved in the work, the individuals who were born free and tied to property on one side, and on the other the important role the freed slaves (*liberti*) had in labour and in the economic fabric. Finally, various propositions concerning workshop organisation are put forward, based upon real evidence.

The annexes develop some aspects which are outside the line of discussion, but which were necessary to consider given the additional information they provide. The high percentage of local productions amongst the ceramic ensemble is also evaluated, and finally, the results of the analyses concerning the composition of ceramic pastes from samples collected from the main workshops.

Despite the importance of the republican period of the country, we are unable to find evidence of significant activity in the field of manufacture of Roman ceramics. The Social War in Italy, followed by the Sertorian Wars and the Civil Wars in Hispania mark a new phase of romanisation, which will not end until the Augustan age. At this moment, the commerce of foodstuffs in amphorae marks a transitional period and, starting from Pompeus, conditions will be given to develop a proper viticulture, which will experience a definite change with Caesar and the triumviral period. The policy of the dictator motivated a re-organisation of space with new cadastres on *ager publicus*, ample confiscation, distribution of lands to the military and the creation of great properties by the aristocracy and various members of the municipal middle class. When in most of the region evidence points towards Italic capital investments, with the presence of important names, even consular ranks –such as *Caius Antestius* or *Gnaeus Lentulus Augur*, consuls from 30 to 14 B.C.– there were also individuals from a closer origin as the case would be for *Publius Usulenus Veiento*, an important municipal magistrate of Narbonne, who would have possessed territories including the ceramics workshop of Llafranc.

The important period in the operation of the workshops, destined to create casks for the transport of wine, seems to be a synchronic event and is limited to about one hundred years: between the decade of the 30's B.C.–which marks the beginning of the massive production of workshops– and the last quarter of the first century A.C. The circumstances demonstrate a total integration of the ceramic craftsmanship in the structures of the rural economy of the *Tarraconensis*. In reality, their operation was never structured as an industry. They were closer to an equipment associated with the agricultural exploitation of the territory, created to channel the output and the commercialisation of the product.

The geographic situation of the workshops was determined by their production. We can distinguish between the inland ovens, which clearly depended on an agricultural exploitation, and the workshops of the coast, industrial centres which produced according to great demands and under conditions which gave a rapid and numerous output of products, since not only were they the places where the casks were manufactured, but the wine was transported to these workshops to be dispatched abroad by vessels. All workshops have a diversified production, but while some are oriented particularly towards the manufacture of amphorae –other elements are manufactured to obtain additional benefits or recoup the costs of the installations–, others would have as an objective to satisfy the needs of the village by manufacturing building material and common ceramics for domestic use. Only in some cases have there been detected initiatives to manufacture seals, although it does not seem to be a collective behaviour or of a general reach.

The internal demand for a *fundus* was limited and inconsistent. The primordial orientation of the ceramic workshops in relation to their exploitation limited their growth, since they had to cover a reduced diversified, seasonal and cheap demand. The tasks that were included in the workshops were very diverse and the majority repetitive, coercive and with no space for initiative. Some phases, however, demanded a specialised task requiring qualified workers. Therefore, a division of tasks was established in such a way that the greater part could be carried out by poorly qualified hands. These would be supervised by technicians who would co-ordinate the teams, following precise instructions, and reducing to a minimum the work of the craftsmen thus becoming simple executors. Are these supervisors those who appear on the seals? We have to consider the difficulties that are found when discussing the statute of the individuals who stamped their name on the ceramics. On the other hand, it seems clear that the political elite participated in the benefits that this commerce yielded and whose manufacture often provided resources to accede to public or political positions. The craftsmanship or industrial production that we are concentrating on has always been considered a by-product of agriculture, with which the members of the roman oligarchy are identified, and, in this sense, we found little reservations on their behalf to stamp their names on the products.

ANEXOS.

Anexo 1. Estudio estadístico sobre los conjuntos cerámicos.

Introducción y planteamiento general.

La intención primaria de trabajar un anexo con datos estadísticos sobre los inventarios de los yacimientos más significativos y mejor conocidos de nuestro territorio es para demostrar una afirmación que se formula habitualmente, aunque se hace sin tener los datos reales en la mano: el porcentaje predominante que representa la cerámica común de producción local sobre el resto de clases de material que se recupera en las excavaciones arqueológicas.

Para que los datos que se utilizan sean fiables al máximo, podemos decir que se han escogido una serie de yacimientos muy variados, tanto por lo que respecta a su cronología como a su función. La mayoría han sido objeto de excavaciones programadas durante años, de manera que el volumen de material que podemos contabilizar es muy alto y ofrecen total garantía.

Para cada uno de ellos hemos elaborado dos elementos de análisis: un cuadro estadístico y un gráfico. En primer lugar, en los cuadros estadísticos se representan las principales categorías cerámicas que se han registrado. Estas quedan aglutinadas en grandes grupos, según sean cerámicas de importación; cerámicas comunes de producción local; ánforas o *dolia* y, las veces que ha sido posible, tejas y adobes. Las cantidades que han surgido de estos totales las hemos utilizado para expresarlas gráficamente y ver su comportamiento según los casos, excepto en el grupo de las cerámicas comunes locales, que hemos preferido desdoblar en la gráfica según las diversas categorías cerámicas que lo componen.

En el grupo de la cerámica de importación, se han contemplado las grandes categorías mínimas, intentando siempre no diversificarlas en exceso, por ejemplo, el barniz negro por el carácter residual que representa normalmente, nos hemos abstenido de separarlo en campaniense A y B, ya que no aporta información relevante. De forma semejante, la t. s. marmorata se ha incluido en la categoría de la t. s. sudgálica, ya que fueron elaboradas en los mismos talleres y la precisión cronológica que puede significar aquí no nos interesa. La cerámica de paredes finas de este grupo se refiere solamente a la de importación, ya que si se trata de imitaciones se contabilizan con las cerámicas comunes locales. La cerámica de producción africana, en cambio, se ha separado según sea vajilla fina o cerámica de cocina, ya que puede ser ilustrativo ver en importaciones salidas de los mismos centros, la proporción de cerámica fina y la que estaba destinada a funciones más utilitarias, que en determinados momentos llegan a substituir la de producción propia. De todas maneras, estas proporciones se pueden ver y comprobar en los cuadros, pero en los gráficos serán considerados todos bajo la etiqueta de cerámica de importación, ya que nos interesa más diversificar las categorías de la cerámica común, objeto de este estudio.

En este grupo de cerámicas comunes de producción local separamos tres categorías básicas: la cerámica ibérica o, mejor aún, cerámicas indígenas de producción local, de carácter básicamente residual, que agrupa la cerámica gris emporitana, la ibérica pintada, la cerámica ibérica común y la cerámica de engobe blanco. La cerámica común oxidada es la categoría más amplia, definida al principio de la obra, el tradicional cajón de sastre que aglutina el abanico más amplio de la producción local. La cerámica de cocina, definida también anteriormente, es la que tradicionalmente se ha conocido como cerámica grosera, oxidada o reducida, por su aspecto poco cuidado y poco depurado, también de fabricación local, pero seguramente con unas áreas de distribución mucho más reducidas que en el anterior. Quien quiera ver el peso global de este grupo, cuantitativamente hablando, en relación al total, se deberá dirigir al cuadro.

Hemos estado obligados a considerar una categoría homogénea, en muchos casos, las ánforas, por la imposibilidad de poder definir a nivel de inventario su procedencia, eso solamente ha sido posible en el caso de Fenals, donde además, incorporamos un cuadro sobre las diversas proporciones del grupo anfórico e, incluso, sobre que porcentaje se podía considerar como desecho directo de horno. Así pues, en los grupos de las ánforas, excepto en Fenals, no es posible diferenciar cuales podrían ser consideradas como productos de fabricación local y cuales no.

En lo que se refiere a los *dolia*, queda claro, en los casos que se ha podido contabilizar, que se consideran de producción local y, asimismo, también para las tejas u otros materiales de construcción.

El recuento expresado en los cuadros se ha realizado en base a los inventarios de cada uno de estos yacimientos y se ha separado en dos columnas según se trate de número de fragmentos y número de individuos. Siguen las columnas que indican el porcentaje de los fragmentos y de los individuos en relación al total de fragmentos y a la categoría donde se encuentran, respectivamente, de manera que se puedan comparar todos los valores. Cuando hemos querido saber el porcentaje de una cantidad respecto a un total, hemos introducido una fórmula en la hoja de cálculo según la que se multiplica la casilla de la cantidad por 100 y se divide por la casilla donde hay el total, ya sea el de categoría o el total global.

El procedimiento seguido para conocer el número de individuos se ha obtenido contando en cada estrato el número máximo de una de las partes que permiten individualizar una pieza, particularmente bordes y bases. Así, si en un estrato encontramos 20 bordes de piezas diferentes, 15 bases, 33 asas y 200 fragmentos informes, el número máximo de individuos que podremos contabilizar será de 20. En el caso que en un estrato solo hayan aparecido fragmentos informes de una categoría cerámica determinada se contabilizará un solo individuo. Las asas, en general, no son útiles para estas finalidades. Solamente en el caso de las ánforas, provistas casi siempre de dos ejemplares para cada pieza pueden ser significativas, a pares, para considerar la existencia de un individuo.

Para representar gráficamente estos datos hemos utilizado el programa Qricket Graph 1.0 de Macintosh y hemos escogido un gráfico de doble línea (Double Y Axes Line Graph) por el hecho de igualar los valores de unas cantidades tan diferentes como son los totales del número de fragmentos con los del número de individuos sobre dos ejes verticales, que permiten una comparación muy efectiva de estos valores y deja ver si el recuento sobre fragmentos e individuos genera desviaciones importantes. Por regla general debemos decir que consideramos más fiable la aportación del número de individuos, ya que para su obtención se han aplicado ya algunas medidas correctoras.

Los yacimientos.

Seguidamente hablaremos de los yacimientos que se han tenido en cuenta para realizar este aparato estadístico y haremos un breve comentario sobre su comportamiento. Proporcionaremos también el listado de los estratos que se han utilizado en cada caso o si han sido ya publicados también daremos la referencia.

1.- L'Olivet d'en Pujol (Viladamat).
Es el mejor ejemplo conocido de un almacén agrícola fundado en época tardorrepublicana en el interior del país emporitano. Se ha contabilizado la cerámica del estrato I: U.E. 1, 2 y 35; estrato II: U.E. 6 y 36; estrato III: U.E. 8 y 37; estrato IV: U.E. 10, 15 i 41; y estrato V: U.E. 12, 14 y 40. Información extraída de Casas, 1989, pp. 189-190.

La curva de individuos es superior a la de fragmentos, excepto en las ánforas, donde es muy superior la proporción de fragmentos. En los *dolia* son coincidentes. La cantidad de individuos en la cerámica común oxidada es muy superior, más del doble, en cualquier otra categoría, can más del 36% sobre el total. La presencia de material republicano es importante, sobre todo si sumamos los individuos de esta cronología del grupo de las importaciones al de la cerámica ibérica.

Categorías cerámicas	Número de fragmentos	Número de individuos	% fragmentos /total	% fragmentos /categoría	% individuos /total	% fragmentos /categoría
Barniz negro	77	25	0'98	33'92	5'24	37'31
Cer. de paredes finas	43	15	0'55	18'94	3'14	22'39
T. s. itálica	64	14	0'82	28'19	2'94	20'90
T. s. africana	29	9	0'37	12'78	1'89	13'43
Cer. africana de cocina	14	4	0'18	6'17	0'84	5'97
Total cer. importación	**227**	**67**	**2'89**	**100'00**	**14'05**	**100'00**
Cer. ibérica	356	46	4'54	11'04	9'64	14'89
Cer. común oxidada	2345	174	29'90	72'71	36'48	56'31
Cer. de cocina	524	89	6'68	16'25	18'66	28'80
Total cer. comunes	**3225**	**309**	**41'12**	**100'00**	**64'78**	**100'00**
Anfora ibérica	186	10	2'37	4'66	2'10	12'50
Anfora romana	3806	70	48'53	95'34	14'68	87'50
Total ánforas	**3992**	**80**	**50'90**	**100'00**	**16'77**	**100'00**
Dolia	**399**	**21**	**5'09**	**100'00**	**4'40**	**100'00**
Total	**7843**	**477**	**100'00**	**-**	**100'00**	**-**

Figura 175. Cuadro estadístico de los materiales recuperados en la excavación del yacimiento del Olivet d'en Pujol.

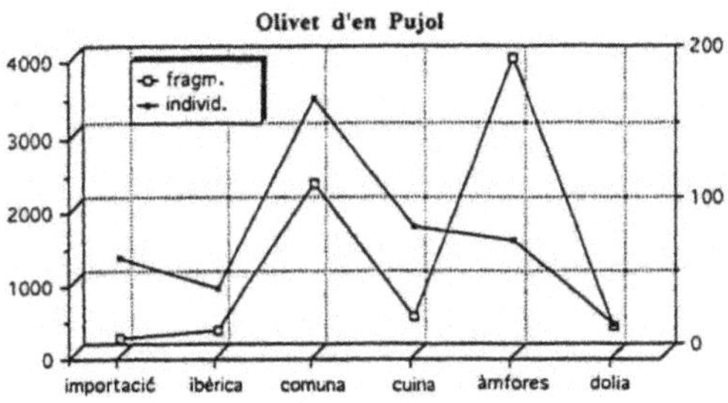

Figura 176. Gráfico con los fragmentos e individuos pertenecientes a las diversas categorías cerámicas del Olivet d'en Pujol.

2.- El taller de Fenals (Lloret de Mar).

Representa también un tipo de explotación muy particular, dependencia industrial destinada a la fabricación de las producciones cerámicas más diversas. En este caso se ha utilizado la totalidad del material inventariado, todavía inédito. Solamente se ha contabilizado a partir de los individuos, ya que la atribución de los fragmentos informes a un tipo anfórico determinado era muy difícil y poco fiable, tratándose en su mayoría de piezas locales.

Destaca poderosamente el elevado número de ánforas (casi 2.500) como actividad principal, que representa prácticamente el 66% del total, respecto cualquier otra categoría, incluida la cerámica común oxidada, que solamente llega a una cuarta parte.

Debemos hacer notar también, teniendo en cuenta las características del yacimiento, la cantidad de material de importación y, dentro de este grupo, el peso que tienen las aretinas y las paredes finas que, combinado con una mayor proporción de ánforas Pascual 1 respecto a las Dressel 2-4, señalan un momento muy activo durante la primera fase de funcionamiento de la factoría, entre el 15 aC y el 40-50. Eso se combina con un descenso de la cerámica ibérica, que a partir de la época augústea ya no superará las antiguas cotas.

Categorías cerámicas	Número de individuos	% individuos /total	% individuos /categoría
Barniz negro	5	0'13	1'72
Cer. de paredes finas	95	2'51	32'76
Cer. común itálica	6	0'16	2'07
T. s. itálica	115	3'04	39'66
T. s. sudgálica	64	1'69	22'07
Cer. africana de cocina	5	0'13	1'72
Total cer. importación	**290**	**7'67**	**100'00**
Cer. ibérica	6	0'16	0'82
Cer. común oxidada	641	16'96	87'69
Cer. de cocina	84	2'22	11'49
Total cer. comunes	**731**	**19'34**	**100'00**
Total ánforas	**2491**	**65'92**	**100'00**
Tegulae	**207**	**5'48**	**100'00**
Dolia	**8**	**0'21**	**100'00**
Adobes	**52**	**1'38**	**100'00**
Total	**3779**	**100'00**	**-**

Figura 177. Cuadro estadístico de los materiales recuperados en la excavación del alfar de Fenals.

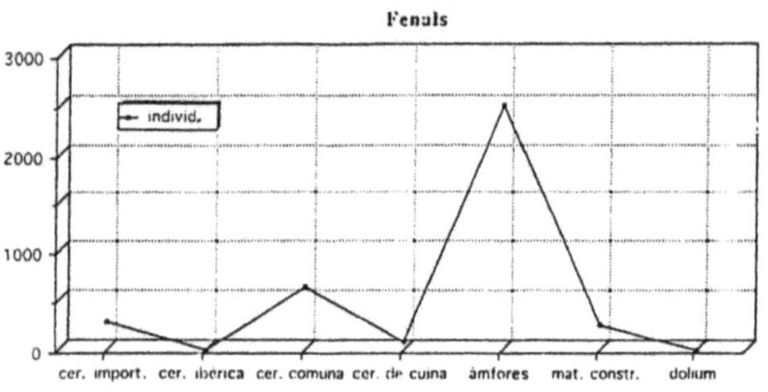

Figura 178. Gráfico con los individuos pertenecientes a las diversas categorías cerámicas del alfar de Fenals.

La gran superioridad de las ánforas respecto a los otros conjuntos cerámicos merece unos comentarios a parte. Para esta finalidad hemos elaborado otro cuadro estadístico en el que solamente figuran los dos tipos anfóricos mayoritarios: las Pascual 1 y las Dressel 2-4. Las hemos contabilizado según el ámbito del yacimiento de donde fueron extraídas durante la excavación (véase planta, p. 131). A cada tipo hemos considerado también si el fragmento considerado tenía un aspecto normal o presentaba evidencias de haber sufrido una mala cocción y por tanto se podía considerar un desecho directo de fabricación, normalmente la evidencia se muestra con un color negro de la arcilla y deformidades claras de la estructura.

Ambitos	Anfora Pascual 1				Anfora Dressel 2-4			
	normal	desecho	% normal	% desecho	normal	desecho	% normal	% desecho
Superficial	7	2	0'60	1'16	5	3	0'48	3'70
Trinchera	18	1	1'53	0'58	66	6	6'38	7'41
0	12	0	1'02	0'00	14	4	1'35	4'94
I	526	24	44'77	13'95	180	23	17'39	28'40
II	345	104	29'36	60'47	312	11	30'14	13'58
II-horno	33	8	2'81	4'65	47	2	4'54	2'47
II-a	7	1	0'60	0'58	11	1	1'06	1'23
II-b	12	1	1'02	0'58	28	4	2'71	4'94
II-c	65	10	5'53	5'81	37	6	3'57	7'41
III (a-b)	16	6	1'36	3'49	11	0	1'06	0'00
IV	27	7	2'30	4'07	188	7	18'16	8'64
IV-horno	50	1	4'26	0'58	6	9	0'58	11'11
V	6	1	0'51	0'58	20	1	1'93	1'23
VI	3	0	0'26	0'00	2	1	0'19	1'23
VII	35	4	2'98	2'33	57	0	5'51	0'00
Nivelación	2	0	0'17	0'00	12	0	1'16	0'00
Recogida A.R.	11	2	0'94	1'16	39	3	3'77	3'70
Total	**1175**	**172**	**100'00**	**100'00**	**1035**	**81**	**100'00**	**100'00**

Figura 179. Tabla con las proporciones entre los fragmentos de cocción normal y de desecho de los dos tipos anfóricos principales recuperados en los diversos ámbitos en la excavación del alfar de Fenals.

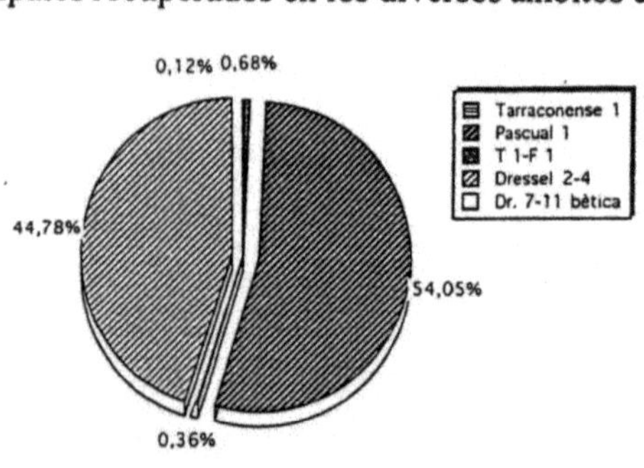

Figura 180. Porcentaje de los tipos de ánfora procedente de la excavación del alfar de Fenals.

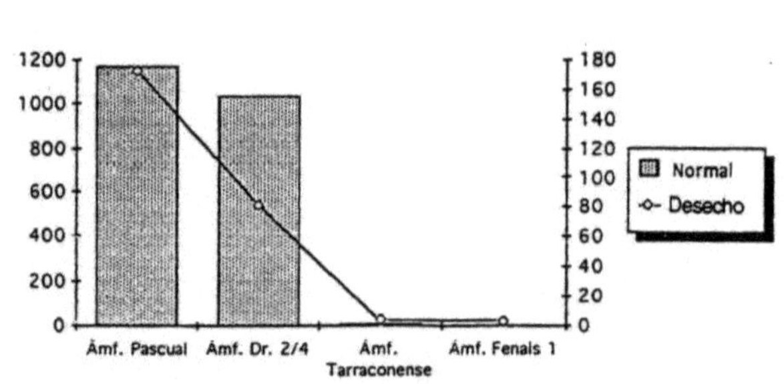

Figura 181. Porcentajes de los fragmentos de desecho de Fenals.

El primer punto destacable es el equilibrio entre estos dos tipos mayoritarios, ligeramente inclinado en favor de las ánforas Pascual 1 en casi un 10%. Por lo que se refiere a la manifestación de los desechos en cada caso, podemos ver como en el ánfora Pascual 1 prácticamente doblan la proporción a los contabilizados en las Dr. 20-4, ya que si en el primer caso representan un 14,64%, en el otro solamente el 7,83%. Ignoramos si estas diferencias pueden ser significativas de algún aspecto tecnológico en la fabricación de las ánforas.

En el gráfico hemos colocado también los otros tipos anfóricos aparecidos en el yacimiento, que representan entre todos un porcentaje ínfimo, un 1,16% del total, de entre los que el más frecuente es la Tarraconense 1, en segundo lugar, las que hemos considerado como Tarraconense 2/Fenals 1, para terminar con las Dessel 7-11 de importación bética, con solamente un 0,12%.

3. La villa de Tolegassos (Viladamat).
Muy cercana al Olivet y vinculada a él, representa una de las típicas villas instaladas en el territorio en época romana, destinadas a la colonización agrícola y a la explotación de los recursos naturales de una zona determinada. En este caso, estamos también en un territorio que se encuentra bajo la influencia de la cercana ciudad de *Emporiae*. Los estratos utilizados en este caso han sido: 1001, 1006 al 1010, 1012 al 1016, 1019, 1022 al 1024, 1028, 1031, 1036 al 1038, 1041, 1042, 1046 al 1050, 1057 al 1060, 2004 al 2012, 2018 a 2020, 2024, 2026, 2027, 2030, 2032, 2033, 2037, 2040, 2045, 2051, 2054, 2061 al 2063, 2068, 2082, 2084 i 2086, publicados en Casas, 1989, pp. 190-202.

Representa el yacimiento más espectacular por la cantidad de material procesado, en torno de los 50.000 fragmentos y cerca de 7.000 individuos en total.

En una villa como esta de Tolegassos o también Vilauba, por el hecho de tratarse de estructuras de habitación y vivienda, se deja notar un considerable descenso en la proporción de las ánforas en relación al material de uso doméstico.

Destaca también que la proporción de individuos en relación a la de fragmentos es muy superior en las cerámicas de importación. Si bien en este caso es muy acusado, este comportamiento se detecta en todos los otros yacimientos. La causa que lo motiva, sin duda, es que generalmente se trata de piezas de pequeñas dimensiones, la fragmentariedad de las cuales es mucho menor que en las otras. Eso lo manifiesta la relación de 10.179 fragmentos por 3.401 individuos, de la que resulta una proporción de 3 a 1. Para la cerámica común oxidada, en cambio, la proporción es de 12 fragmentos por cada individuo, y en las ánforas, de 30 fragmentos por individuo.

Categorías cerámicas	Número de fragmentos	Número de individuos	% fragmentos /total	% fragmentos /categoría	% individuos /total	% fragmentos /categoría
Barniz negro	178	64	0'37	1'75	0'94	1'88
Cer. de paredes finas	597	161	1'26	5'87	2'37	4'73
T. s. itálica	110	60	0'23	1'08	0'88	1'76
T. s. sudgálica	2419	750	5'09	23'76	11'03	22'05
T. s. africana	2475	859	5'21	24'31	12'63	25'26
Cer. africana de cocina	4400	1507	9'26	43'23	22'16	44'31
Total cer. importación	**10179**	**3401**	**21'42**	**100'00**	**50'00**	**100'00**
Cer. ibérica	711	192	1'50	2'47	2'82	6'16
Cer. común oxidada	20118	1693	42'33	69'94	24'89	54'32
Cer. de cocina	7936	1232	16'70	27'59	18'11	39'53
Total cer. comunes	**28765**	**3117**	**60'53**	**100'00**	**45'82**	**100'00**
Total ánforas	**8581**	**284**	**18'06**	**100'00**	**4'18**	**100'00**
Total	**47525**	**6802**	**100'00**	**-**	**100'00**	**-**

Figura 182. Cuadro estadístico de los materiales recuperados en la excavación de la villa romana de Tolegassos.

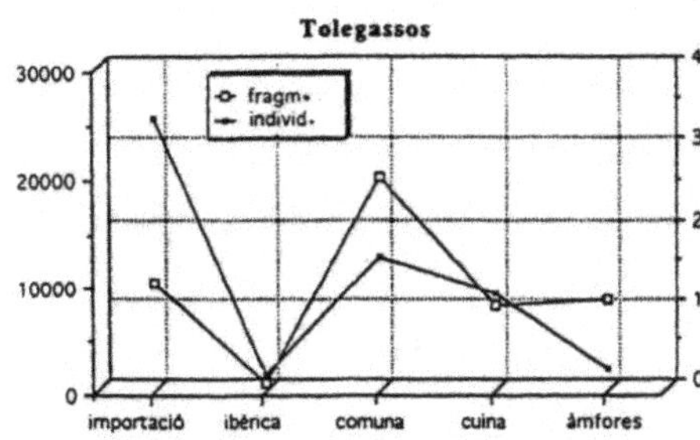

Figura 183. Gráfico con los fragmentos e individuos pertenecientes a las diversas categorías cerámicas del yacimiento de Tolegassos.

4.- La villa de Vilauba (Camós).
La villa romana de Vilauba representa, como en el caso de Tolegassos, el sistema de explotación agraria de un territorio muy concreto y delimitado, pero lo más interesante es que representa uno de los asentamientos más interiores conocidos de las comarcas gerundenses. En este caso hemos utilizado el material inventariado a partir de 1986 hasta la campaña de 1990, ya que el recuperado hasta el 1985 ya ha sido publicado (Roure *et al.*, 1988, pp. 106-111, especialmente 107 y 108) estudio al que nos remitimos. Nos limitaremos a la fase II y III, ya que cubre perfectamente la época altoimperial, despreciando los estratos fechados a partir del siglo IV. En todo caso, si se

busca un estudio exhaustivo del material de Vilauba, con sus proporciones diferenciadas por fases cronológicas se debe consultar una obra reciente (Castanyer & Tremoleda, 1999, pp. 169-275). Los estratos utilizados son: 396, 401 al 403, 501, 503 al 505, 513, 516, 517, 521 al 524, 529 al 532, 543 al 554, 556 al 561, 595, 598, 604, 608, 616, 622 al 625, 627, 6634 y 636.

Las observaciones que hemos realizado en el caso de Tolegassos son totalmente paralelizables para las fases del mismo periodo de Vilauba, a pesar de que estamos trabajando con una cantidad de material muy inferior, del orden del 12% en relación a Tolegassos. Solamente cabría matizar un dato y comentar una excepción. El dato es la mayor cantidad de importaciones que llegan a la villa de Viladamat, fácilmente comprensible por tratarse de una villa situada en el territorio inmediato de Empúries, aspecto contrapuesto para Vilauba, más alejada de los circuitos comerciales. Por lo que respecta a la excepción, se refiere al elevado número de individuos de la cerámica de cocina, ya que mientras que la cerámica común oxidada mantiene una relación de 10 a 1 entre fragmentos y individuos, en la cerámica de cocina es inferior a 3 por 1. La explicación debemos buscarla en la excavación de la parte norte de la despensa de la villa, que permitió recuperar una gran cantidad de piezas de cocina apiladas y prácticamente enteras (unas 120), la que ha hecho rebajar la proporción de forma inusual.

Categorías cerámicas	**Número de fragmentos**	**Número de individuos**	**% fragmentos /total**	**% fragmentos /categoría**	**% individuos /total**	**% fragmentos /categoría**
Barniz negro	33	13	0'57	4'92	1'69	9'56
Cer. de paredes finas	33	9	0'57	4'92	1'17	6'62
T. s. itálica	12	6	0'21	1'79	0'78	4'41
T. s sudgálica	121	46	2'09	18'03	5'98	33'82
T. s. africana	142	26	2'45	21'16	3'38	19'12
Cer. africana de cocina	330	36	5'70	49'18	4'68	26'47
Total cer. importación	**671**	**136**	**11'58**	**100'00**	**17'69**	**100'00**
Cer. ibérica	319	24	5'51	7'65	3'12	4'24
Cer. común oxidada	2762	204	47'68	66'22	26'53	36'04
Cer. de cocina	1090	338	18'82	26'13	43'95	59'72
Total cer. comunes	**4171**	**566**	**72'00**	**100'00**	**73'60**	**100'00**
Total ánforas	**951**	**67**	**16'42**	**100'00**	**8'71**	**100'00**
Dolia	**47**	**9**	**0'81**	**100'00**	**1'17**	**100'00**
Total	**5793**	**769**	**100'00**	**-**	**100'00**	**-**

Figura 184. Cuadro estadístico de los materiales recuperados en la excavación de la villa romana de Vilauba.

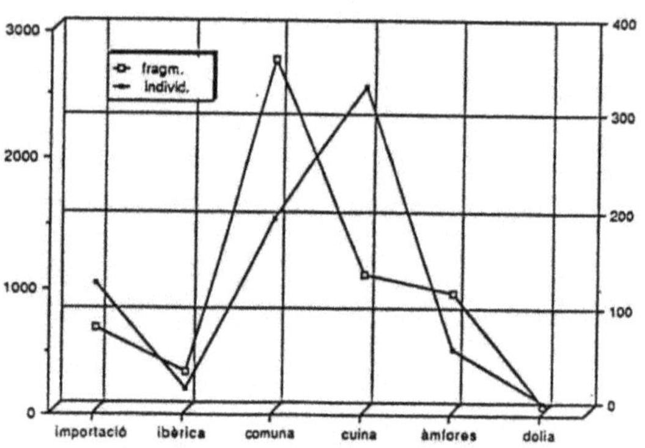

Figura 185. Gráfico con los fragmentos e individuos pertenecientes a las diversas categorías cerámicas del yacimiento de Vilauba.

5.- La villa de Mas Gusó (Albons-Bellacaire).

El motivo por el cual hemos escogido la villa de Mas Gusó es porque proporciona los primeros datos en un yacimiento que no ha sido sistemáticamente explorado como sería el caso de Tolegassos o de Vilauba. Estratos utilizados: 1001 al 1003, 1005, 1006, 1012, 1013, 2001, 2002, 2007 y 2008.

Lo más destacable de su material es el elevadísimo porcentaje de material de importación. Su justificación se encuentra en la irrupción masiva de la cerámica de cocina de producción africanaque llega a partir de fines del siglo I o inicios del siglo II, y desplaza los vasos de producción propia que hasta entonces cumplían la misma función. Según los datos aportados por Mas Gusó los individuos de esta cerámica son equivalentes a todo el grupo formado por las cerámicas de mesa y de cocina de fabricación local.

6.- Cardo B de Empúries (L'Escala).
La excavación de los niveles superiores del cardo B de Empúries se fueron depositando en un momento muy preciso, en torno de mediado siglo III, a pesar de que presenta mucho material residual. Los materiales de los estratos utilizados aparecen en (Castanyer *et al.*, 1995, pp. 159-194).

Los resultados obtenidos en la excavación del cardo B del año 1990 muestran un comportamiento semejante al de Mas Gusó, lo que destaca más es el elevadísimo porcentaje de las cerámicas de importación, particularmente las de producción africana frente a las cerámicas propias del país, que aquí, a diferencia de Mas Gusó acercan mucho más la proporción entre fragmentos e individuos.

7.- La villa de Puig Rodon (Corçà).
En Puig Rodon, Corçà, encontramos una villa con unos niveles tardíos bien conocidos que pueden ayudarnos a ver el comportamiento de las villas en un momento posterior al que tratamos específicamente. En este caso hemos podido trabajar solamente el número de fragmentos. Los estratos usados han sido: estrato I: U.E. 2001; estrato II: U.E. 2002; estrato III: U.E. 2004; estrato IV: U.E. 2011 y 2024; y estrato V: U.E. 2016 y 2026; y U.E. 2034 y 2035. Este material aparece publicado en Casas, 1986, pp. 15-77.

Para terminar, Puig Rodon representa el establecimiento de cronología más tardía de los que aquí consideramos. Presenta un volumen considerable de material. Si nos fijamos solamente en la curva de fragmentos, se nota un comportamiento muy similar al de Mas Gusó. El descenso de importaciones que parece insinuarse probablemente no es real, ya que hemos visto que en todos los casos la proporción fragmentos/individuos de este material es siempre superior en estos últimos, y a la inversa por lo que respecta a la cerámica común oxidada.

Categorías cerámicas	Número de fragmentos	Número de individuos	% fragmentos /total	% fragmentos /categoría	% individuos /total	% fragmentos /categoría
Barniz negro	33	13	0'57	4'92	1'69	9'56
Cer. de paredes finas	33	9	0'57	4'92	1'17	6'62
T. s. itálica	12	6	0'21	1'79	0'78	4'41
T. s sudgálica	121	46	2'09	18'03	5'98	33'82
T. s. africana	142	26	2'45	21'16	3'38	19'12
Cer. africana de cocina	330	36	5'70	49'18	4'68	26'47
Total cer. importación	**671**	**136**	**11'58**	**100'00**	**17'69**	**100'00**
Cer. ibérica	319	24	5'51	7'65	3'12	4'24
Cer. común oxidada	2762	204	47'68	66'22	26'53	36'04
Cer. de cocina	1090	338	18'82	26'13	43'95	59'72
Total cer. comunes	**4171**	**566**	**72'00**	**100'00**	**73'60**	**100'00**
Total ánforas	**951**	**67**	**16'42**	**100'00**	**8'71**	**100'00**
Total	**5793**	**769**	**100'00**	**-**	**100'00**	**-**

Figura 186. Cuadro estadístico de los materiales recuperados en la excavación de la villa romana de Mas Gusó.

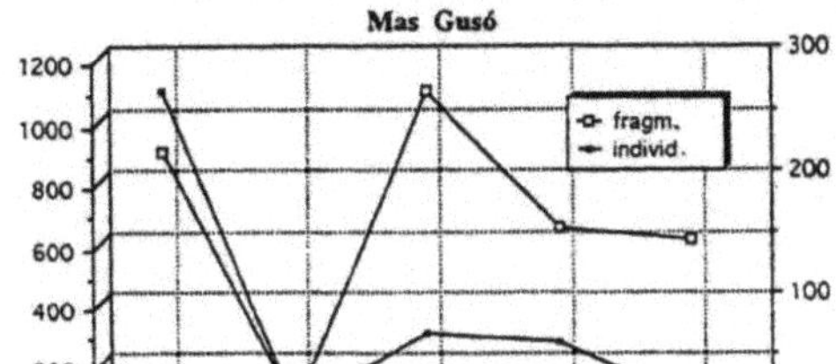

Figura 187. Gráfico donde se indica la proporción entre la cantidad de fragmentos e individuos de las diversas categorías cerámicas recuperadas en el yacimiento de Mas Gusó.

Categorías cerámicas	Número de fragmentos	Número de individuos	% fragmentos /total	% fragmentos /categoría	% individuos /total	% fragmentos /categoría
Barniz negro	33	13	0'57	4'92	1'69	9'56
Cer. de paredes finas	33	9	0'57	4'92	1'17	6'62
T. s. itálica	12	6	0'21	1'79	0'78	4'41
T. s sudgálica	121	46	2'09	18'03	5'98	33'82
T. s. africana	142	26	2'45	21'16	3'38	19'12
Cer. africana de cocina	330	36	5'70	49'18	4'68	26'47
Total cer. importación	**671**	**136**	**11'58**	**100'00**	**17'69**	**100'00**
Cer. ibérica	319	24	5'51	7'65	3'12	4'24
Cer. común oxidada	2762	204	47'68	66'22	26'53	36'04
Cer. de cocina	1090	338	18'82	26'13	43'95	59'72
Total cer. comunes	**4171**	**566**	**72'00**	**100'00**	**73'60**	**100'00**
Total ánforas	**951**	**67**	**16'42**	**100'00**	**8'71**	**100'00**
Dolia	**47**	**9**	**0'81**	**100'00**	**1'17**	**100'00**
Total	**5793**	**769**	**100'00**	-	**100'00**	-

Figura 188. Cuadro estadístico de los materiales recuperados en la excavación del kardo B de Empúries.

Categorías cerámicas	Número de fragmentos	% fragmentos /total	% fragmentos /categoría
Cer. de paredes finas	8	0'05	0'25
T. s sudgálica	74	0'50	2'29
T. s. africana	1077	7'21	33'29
Cer. africana de cocina	2076	13'91	64'17
Lucente	15	0'10	0'46
Total cer. importación	**3235**	**21'67**	**100'00**
Cer. ibérica	25	0'17	0'29
Cer. común oxidada	6405	42'91	75'03
Cer. de cocina	2107	14'11	24'68
Total cer. comunes	**8537**	**57'19**	**100'00**
Total ánforas	**3156**	**21'14**	**100'00**
Total	**14928**	**100'00**	-

Figura 190. Cuadro estadístico de los materiales recuperados en la excavación de la villa romana de Puig Rodon.

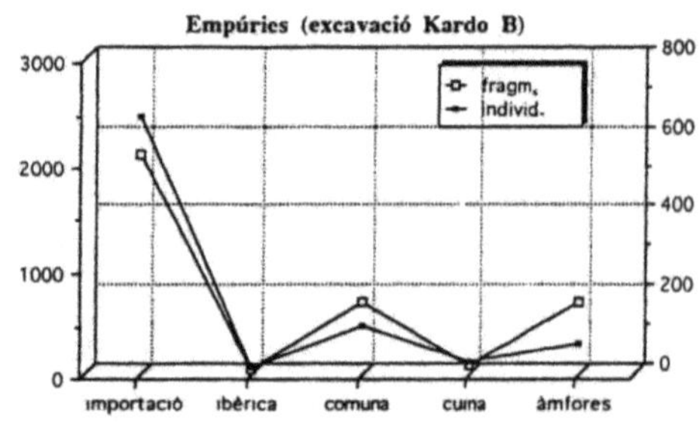

Figura 189. Gráfico donde se indica la proporción entre la cantidad de fragmentos e individuos de las diversas categorías cerámicas recuperadas en la excavación del kardo B de Empúries.

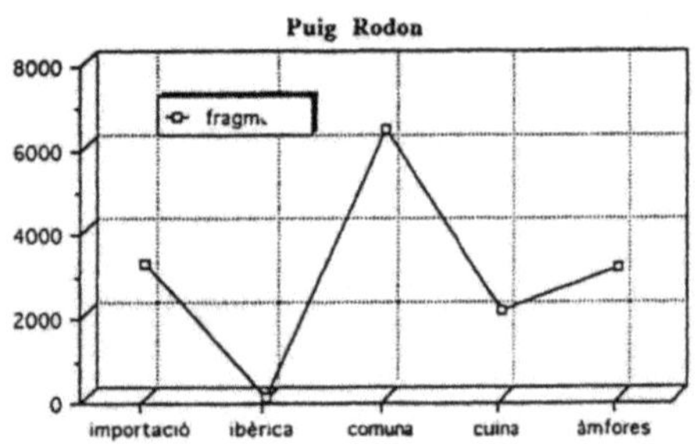

Figura 191. Gráfico donde se indica la cantidad de fragmentos de las diversas categorías cerámicas recuperadas en el yacimiento de Puig Rodon.

Anexo 2. Estudio analítico de algunas producciones cerámicas en el área gerundense.

Introducción.

Este estudio ha sido realizado por Montserrat Coberó en colaboración con Aureli Alvarez, jefe del Departamento de Geología de la Universitat Autònoma de Bellaterra, a partir de los materiales recogidos por el autor del trabajo en los propios yacimientos de la zona estudiada.

Las similitudes entre el proceso de fabricación de una cerámica y los fenómenos geológicos de litificación o los procesos metamórficos que pueden afectar a los materiales sedimentarios permiten que "la mineralogía ofrece los conocimientos necesarios para estudiar la cerámica como una piedra producida por el hombre" (Aliaga *et al.*, 1991). Así diversas técnicas de análisis desarrolladas por los estudios geológicos permiten conocer determinados aspectos del proceso de fabricación de las piezas de cerámica, caracterizarlas mineralógicamente y deducir el contexto geológico de donde provienen las arcillas y desgrasantes empleados en su elaboración.

Entre las variadas técnicas de análisis aplicadas actualmente al estudio de materiales arqueológicos hemos aplicado dos de complementarias: el análisis petrográfico y la difracción de rayos X porque, entre otros datos, permiten caracterizar mineralógicamente la pasta de las muestras estudiadas y poder compararlas posteriormente con otros ejemplares que se puedan analizar en el futuro.

El análisis a través del microscopio petrográfico se realiza a partir de la preparación de una sección de lámina delgada de la muestra cerámica, de tan solo 30 micrones de grosor. Las secciones se han observado a través de un microscopio marca Laitz, modelo Ortholux, con luz polarizada y con luz natural. Este estudio permite identificar los minerales que componen las diferentes partículas de desgrasante y observar diferentes indicios del proceso de fabricación empleado en la elaboración de las cerámicas analizadas. La identificación de las diferentes partículas de desgrasante contenidas dentro de la cerámica es posible gracias al hecho que cada mineral tiene un comportamiento óptico diferente frente a la luz blanca y la luz polarizada, característica que permite identificarlos.

Los minerales de la arcilla no son observables a través de esta técnica a causa de su tamaño reducido, pero se pueden conocer mediante la difracción de rayos X. Este tipo de análisis precisa la pulverización de una pequeña cantidad de la pasta cerámica a estudiar (cerca de unos 0'006 gramos). La muestra es expuesta a un fajo monocromático de rayos X y se registran las difracciones producidas en los rayos al atravesar las diferentes partículas. Cada tipo de mineral produce unas difracciones determinadas que permiten identificarlo y que son registradas en un difractograma donde se puede estudiar cualitativamente y cuantitativamente la composición mineralógica de la muestra. El difractograma se ha interpretado a través de la aplicación del fichero ASTM y los datos han sido cuantificados siguiendo la fórmula de Chung que da como resultado porcentajes semicuantitativos.

Mediante los datos obtenidos a través del análisis petrográfico, las muestras cerámicas procedentes del yacimiento de Tolegassos se han agrupado en diferentes conjuntos según la abundancia y composición de los desgrasantes. Para confirmar la exactitud de estas agrupaciones, hemos aplicado un estudio estadístico a los datos cuantitativos proporcionados por la difracción de rayos X, usando el programa informático SPSS.

Los datos sobre la composición de las muestras cerámicas analizadas son comparadas con la geología del área donde están situados los diversos yacimientos arqueológicos de donde provienen las muestras, para poder afirmar o negar la posibilidad que los fragmentos estudiados se hayan elaborado con arcillas provenientes de las proximidades del yacimiento en cuestión. Estos tipos de estudios permiten hablar de posibles producciones locales de cerámica o bien de importaciones desde otras áreas. La información sobre la composición geológica de las zonas donde se localizan los diversos yacimientos estudiados se ha basado en los mapas editados por el Instituto Geológico y Minero de España, empleando los mapas a escala 1:50.000 que ya han sido publicados o, en su defecto, los que son a escala 1:200.000.

Estas técnicas expuestas últimamente se han desarrollado muchísimo en estudios de materiales (Echallier, 1984) para determinar, en algunos casos, la procedencia (por ejemplo, Aguarod, 1991, pp. 357-397; D'Ambrosio, Mannoni & Sfrecola, 1989, pp. 269-284; Ricq *et al.*, 1989, pp. 257-268) o para caracterizar las muestras procedentes de puntos de fabricación localizados y conocidos. Este último aspecto es el que aquí nos interesa.

La observación y descripción de pastas cerámicas con características intrínsecas es un criterio que pronto fue tenido en cuenta para determinar procedencias claras de materiales, únicamente cabe recordar la descripción de las arcillas de las ánforas tarraconenses encontradas en Ostia (Tchernia & Zevi, 1972). Para diferenciar regiones de fabricación, Peacock pronto utilizó e incorporó en las publicaciones las microfotografías de pastas cerámicas (Peacock, 1977; Peacock & Williams, 1986) y hoy es bastante habitual, al hablar de producciones concretas, acompañar su análisis como un dato complementario (Martínez *et al.,* 1993, pp. 101-104.

Materiales cerámicos analizados.

1. VILAUBA (CAMÓS).
Procedentes de la villa romana de Vilauba se ha procedido a analizar tres fragmentos de *tegula* romana con diferentes inscripciones.

Muestras: 026038 - 026040. Núm. inventario: 11-V-88-560-1 - 13-V-90-624-2.

Descripción de los fragmentos.
Fragmentos de *tegula* de color entre amarillo y anaranjado el primero, Munsell 5 YR 7/3 y naranja bastante homogéneo el segundo, Munsell 2,5 YR 6/6. Ambos tienen la pasta muy dura y bien cocida. El primero lleva la marca C. OBVLNI, y el segundo L. CAMILLIVS.

COMPOSICIÓN DE LA MUESTRA.

Análisis por difracción de rayos X:

Composición mineralógica.

Minerales	Muestra 026038	Muestra 026040
Ilita	0	36
Ceolitas	0	0
Anfíbolos	0	0
Cuarzo	13	27
Feldespatos	13	4
Gehlenita	0	5
Hematitas	10	6
Espinela	0	6
Calcita	19	4
Dolomita	0	0
Piroxeno	45	11

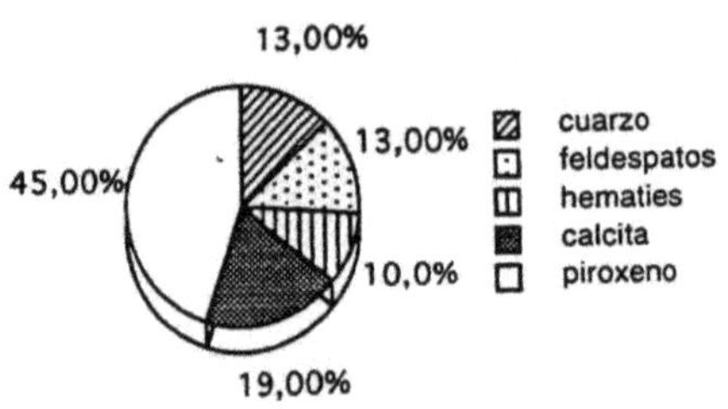

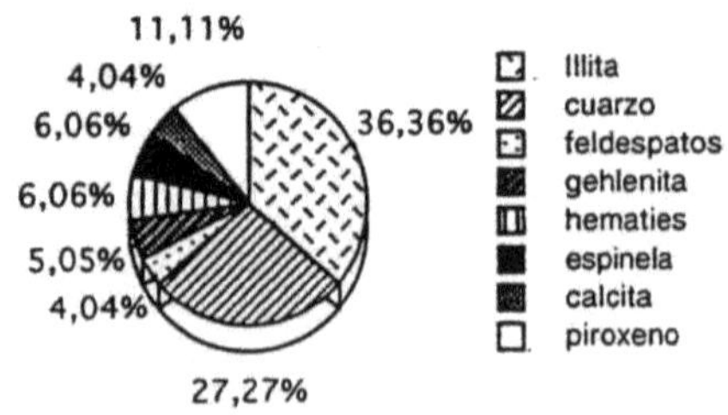

Figura 192. Gráficos de la composición mineralógica de las muestras 026038 y 026040.

Análisis petrográfico:

Desgrasante.
La pasta de estas muestras contiene mucha arcilla y poco desgrasante.

Granulometría: 15% de grano pequeño, 35% grano mediano y 50 % grano muy grueso.

Componentes.
Minerales: fragmentos pequeños de cuarzo y feldespato, olivina y un poco de calcita primaria y secundaria.

Rocas: esquisto, grandes fragmentos de cuarcitas y rocas volcánicas.

Porosidad.
Pasta poco porosa, con vacuolas medianas (40%) y grandes (50%) y algunas de pequeñas (10%).

Figura 193. Vilauba. Teja con la marca C. OBVLNI, 15 aumentos. Muestra 026038.

Proceso de fabricación:

Preparación de la arcilla.
La arcilla del fragmento analizado o bien fue sometida a un proceso de depuración muy cuidadoso o bien procedía de una fuente de arcilla donde esta se encontraba muy pura en estado natural. Parece probable que los ceramistas añadieran posteriormente el desgrasante de gran tamaño que contiene la pasta.

Figura 194. Vilauba. Teja con la marca C. OBVLNI, 15 aumentos. Muestra 026038. Fragmento número: 11-V-88-560-8.

Técnica de modelado.
Los poros tienen una forma allanada que sigue la misma dirección que la superficie exterior a causa de las presiones aplicadas sobre la pasta para conseguir que se ajuste bien al molde utilizado para dar la forma característica a las *tegulae*.

Cocción.
La cocción de los fragmentos de *tegulae* analizados se efectuó en una atmósfera oxidante y con una temperatura máxima situada entre los 800°C y los 850°C.

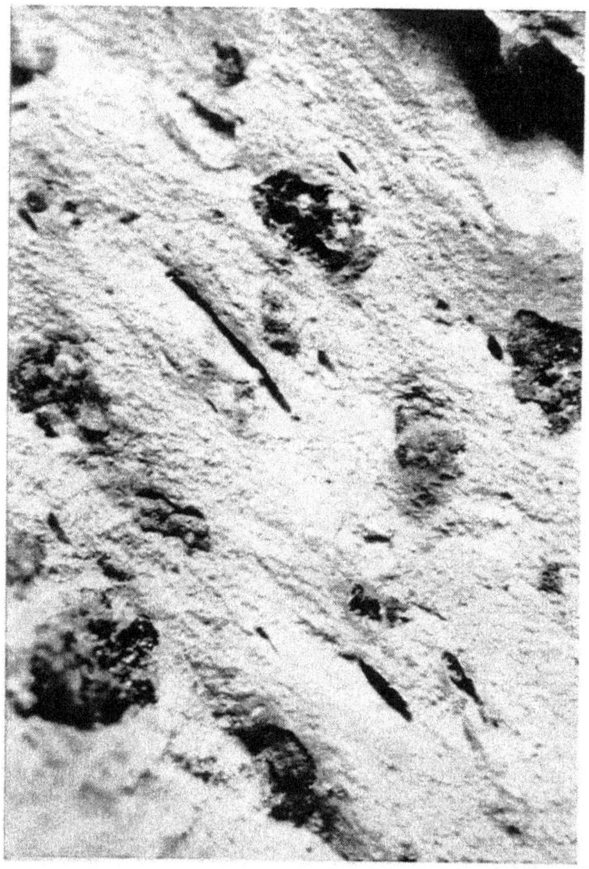

Figuras 195 y 196. Vilauba. Teja con la marca L. CAMILLIVS, 15 aumentos. Muestras 026040.

Muestra: 026035. Núm. inventario: 11-V-88-560-9.

Descripción del fragmento.
Fragmento de *tegula* de color anaranjado Munsell 5 YR 5/4 y pasta muy dura. Este fragmento apareció durante las excavaciones de Vilauba, en un nivel de destrucción que se puede fechar a fines del siglo III. En la superficie figuraba la inscripción C. IVL.

COMPOSICIÓN DE LA MUESTRA:

Análisis por difracción de rayos X:

Composición mineralógica.

Minerales	Muestra 026035
Illita	0
Ceolitas	0
Anfíbolos	0
Cuarzo	49
Feldespatos	11
Gehlenita	4
Hematitas	5
Espinela	6
Calcita	9
Dolomita	0
Piroxeno	15

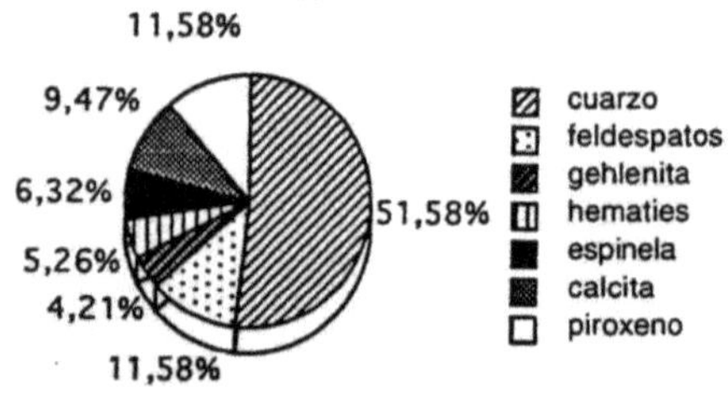

Figura 197. Gráfico de la composición mineralógica de la muestra 026035.

Análisis petrográfico:

Desgrasante.
Desgrasante muy abundante y heterogranular.

Granulometría: 30% grano pequeño, 50% grano mediano, 20% grano grueso.

Componentes.
Minerales: cuarzo, feldespato, mica (biotita), olivina, gneis, augita y carbonatos (secundario).

Rocas: cuarcitas, sílex, esquisto, fragmentos de roca volcánica.

Restos orgánicos: restos de fósiles.

Porosidad.
Pasta bastante porosa, con vacuolas aplastadas siguiendo la misma orientación que la superficie del fragmento. Predominan los poros de gran tamaño (45%), pero también abundan los medianos (35%) y pequeños (20%).

Proceso de fabricación:

Preparación de la arcilla.
Posiblemente la arcilla empleada para fabricar la pieza estudiada fue muy poco depurada y conservó como desgrasante las partículas de minerales y rocas que contenía de forma natural.

Técnica de modelado.
Las presiones aplicadas sobre la arcilla para conseguir que se ajuste bien al molde empleado para dar forma a las *tegulae*, ha ocasionado que los poros adquieran una forma allanada siguiendo la misma dirección que las superficies de la pieza.

Cocción.
La cocción de esta muestra se efectuó en una atmósfera oxidante y con una temperatura máxima que llegó a situarse entre los 850°C y los 900°C.

Figura 198. Vilauba. Teja con la marca C. IVL., 15 aumentos. Muestra 026035.

ESTUDIO GEOLÓGICO.

El yacimiento romano de Vilauba está asentado en una zona de terrenos cuaternarios constituidos por la segunda terraza del río Ter y al pie de unas estribaciones formadas por conglomerados, limolites y margas eocénicas.

La presencia entre las partículas de desgrasante de las muestras analizadas de abundante material volcánico (augita, olivina, fragmentos de rocas basálticas) indica una marcada influencia de la segunda terraza (pliocénica) del río Ter. A la vez también se detectan influencias eocénicas en las arcillas utilizadas.

Los datos para el estudio del entorno geológico del yacimiento de Vilauba se basan en el Mapa Geológico de España, a escala 1:200.000 del Instituto Geológico y Minero de España, Hoja núm. 25, Madrid, 1970. Para mejorar la exactitud de la información se han añadido datos extrapolados del Mapa Geológico de España, a escala 1:50.000 del Instituto Geológico y Minero de España, Hoja núm. 296 (39-12) "Torroella de Montgrí", Madrid, 1979.

2. LLAFRANC (PALAFRUGELL).

Procedente del vertedero del horno cerámico de época romana de Llafranc, hemos analizado un fragmento de ánfora que permite realizar una primera caracterización mineralógica de la producción anfórica de este horno de la Tarraconense, la cual en el futuro, podrá ser utilizada para establecer comparaciones con otras muestras que se desee analizar.

Muestra: 026039.

Descripción del fragmento.
Fragmento de ánfora G. 4, cercano a la base, de pasta dura, color beige al exterior Munsell 7,5 YR 6/4 y rosado en el interior Munsell 5 YR 6/6. Superficies bastante finas.

COMPOSICIÓN DE LA MUESTRA

Análisis por difracción de rayos X:

Composición mineralógica.

Minerales	Muestra 026039
Illita	26
Ceolitas	0
Anfíbolos	0
Cuarzo	21
Feldespatos	10
Gehlenita	11
Hematitas	4
Espinela	3
Calcita	14
Dolomita	0
Piroxeno	10

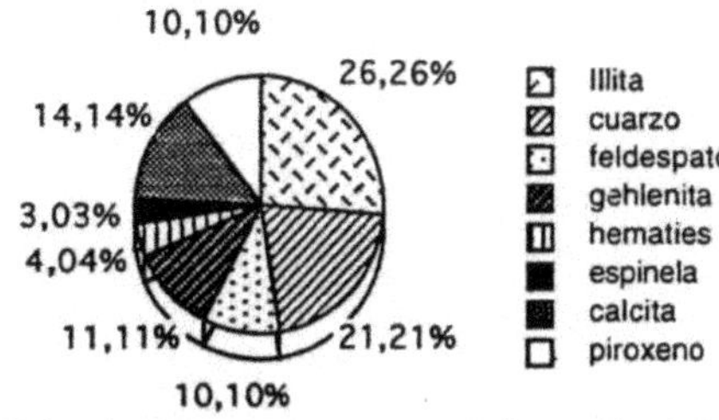

Figura 199. Gráfico de la composición mineralógica de la muestra 026039.

Análisis petrográfico:

Desgrasante.
Pasta con poco desgrasante y repartido homogéneamente entre la arcilla.

Granulometría: domina el desgrasante pequeño, también hay de tamaño mediano y grueso.

Figura 200. Llafranc. Anfora G. 4, 15 aumentos. Muestra 026039.

Componentes.
Minerales: cuarzo, feldespatos (plagioclasis), micas (biotita y moscovita), carbonatos.

Rocas: sílex y esquistos.

Restos orgánicos: fósiles.

Porosidad.
Pasta poco porosa, con poros pequeños (60%) y medianos (40%).

Proceso de fabricación:

Preparación de la arcilla.
Se trata de una arcilla muy depurada, con poco desgrasante y poco porosa. Estos factores debían contribuir a que este recipiente fuese adecuado para contener líquidos durante largos periodos de tiempo.

Modelado y tratamiento de las superficies.
El modelado del fragmento estudiado se ha hecho con la ayuda del torno de alfarero. La superficie exterior está bastante bien alisada, pero la interior no muestra ningún tipo de tratamiento.

Cocción.
El ánfora de la que proviene el fragmento analizado fue cocida en una atmósfera oxidante y en una temperatura situada entre los 800°C y los 850°C.

ESTUDIO GEOLÓGICO

El desgrasante presente en la muestra analizada proviene del desmantelamiento de rocas graníticas típicas con presencia de biotita y moscovita.

El yacimiento de Llafranc está situado en la Cordillera Litoral Catalana que está formada por terrenos granodioríticos de dos micas que contienen cuarzo, plagioclasis, feldespatos potásicos, biotita y moscovita. En esta misma área se encuentran zonas cubiertas por depósitos aluviales cuaternarios con arenas y arcillas. La materia prima empleada en la fabricación de la muestra analizada puede provenir del entorno del yacimiento.

3. FENALS (LLORET DE MAR).
Procedentes del vertedero de un horno cerámico localizado en Fenals se han analizado dos fragmentos de cerámica común romana.

Muestras: 026041 - 026042.

Descripción de los fragmentos.
Dos fragmentos de cerámica común romana. Uno de ellos es de color gris, dura, a causa de haber resultado quemada y deformada durante la cocción. El otro, en cambio, es de color rojo-anaranjado Munsell 2,5 YR 5/8, tierna, resultado de haber estado demasiado tiempo en una zona muy húmeda.

COMPOSICIÓN DE LA MUESTRA.

Análisis por difracción de rayos X:

Composición mineralógica.

Minerales	Muestra 026041	Muestra 026042
Illita	0	13
Ceolitas	0	0
Anfíbolos	0	0
Cuarzo	53	40
Feldespatos	34	33
Gehlenita	0	0
Hematitas	0	8
Espinela	0	0
Calcita	0	0
Dolomita	13	0
Piroxeno	0	7

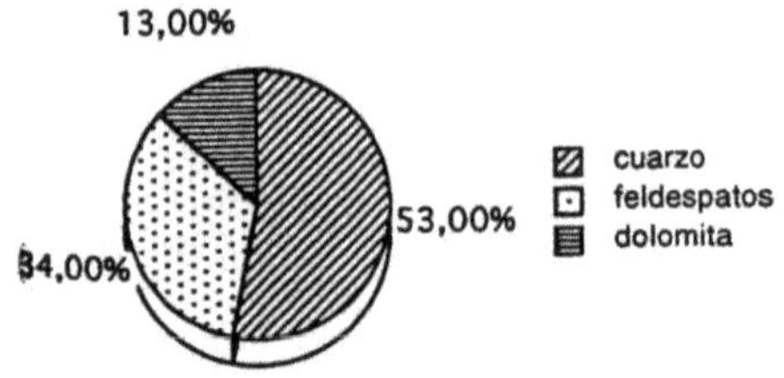

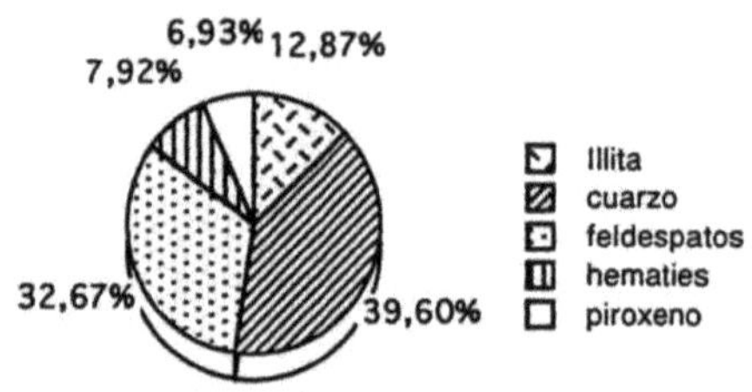

Figura 201. Gráficos de la composición mineralógica de las muestras 026041 y 026042.

Análisis petrográfico:

Desgrasante.
Muchas partículas de desgrasante y heterogranulares.

Granulometría: 40% grano pequeño, 35% grano mediano, 25% grano grueso.

Componentes.
Minerales: predominio absoluto del cuarzo, feldespato (plagioclasis), un poco de carbonato.

Porosidad.
Fragmentos con bastantes poros de tamaño pequeño (35%), mediano (50%) y grande (15%).

Proceso de fabricación:

Preparación de la arcilla.
Los fragmentos analizados contienen abundantes partículas de desgrasante para facilitar el modelado de las piezas y proporcionar las características físicas deseadas una vez terminadas.

Modelado y tratamiento de las superficies.
Los fragmentos estudiados han sido modelados con torno alto porqué el desgrasante y los poros han adquirido una orientación paralela a las superficies de los fragmentos.

Las superficies presentan un aspecto muy irregular, probablemente no han sido ni tan solo alisadas al finalizar el modelado de los recipientes.

Cocción.
De la composición mineralógica obtenida a través de la difracción de rayos X se puede deducir que los dos fragmentos analizados sufrieron una cocción irregular, que como máximo llegó a una temperatura situada en torno a los 800°C. La cocción de estas muestras se efectuó la primera en un ambiente de predominio reductor y la segunda en atmósfera oxidante.

Figura 202. Muestra procedente de Fenals. Cerámica común, 15 augmentos. Muestra 026041.

ESTUDIO GEOLÓGICO

El yacimiento de Fenals está situado en un área de terrenos granodioríticos y granitos biotíticos que forman parte de la Cordillera Litoral y se componen de cuarzo, plagioclasis, feldespatos potásicos y biotita. En algunas zonas, dentro de este área, se han formado depósitos cuaternarios de materiales aluviales (arenas y arcillas).

El desgrasante que presentan las muestras analizadas procedentes de Fenals contienen partículas de desgrasante con un predominio de cuarzo y plagioclasis que coincide con la composición geológica de la zona donde se sitúa el yacimiento.

4. MAS CASTELLAR (PONTÓS).
Las cerámicas analizadas provienen del yacimiento llamado Mas Castellar, situado en el término municipal de Pontós. Se trata de un fragmento de *imbrex* y un fragmento de *tegula*.
Muestra: 026044.

Descripción del fragmento.
Fragmento de *imbrex* de pasta dura y color beige. Las superficies son bastante ásperos. Como la siguiente proviene del interior del horno.

COMPOSICIÓN DE LA MUESTRA

Análisis por difracción de rayos X:

Composición mineralógica.

Minerales	Muestra 026044
Illita	24
Ceolitas	0
Anfíbolos	0
Cuarzo	24
Feldespatos	3
Gehlenita	3
Hematitas	0
Espinela	0
Calcita	46
Dolomita	0
Piroxeno	0

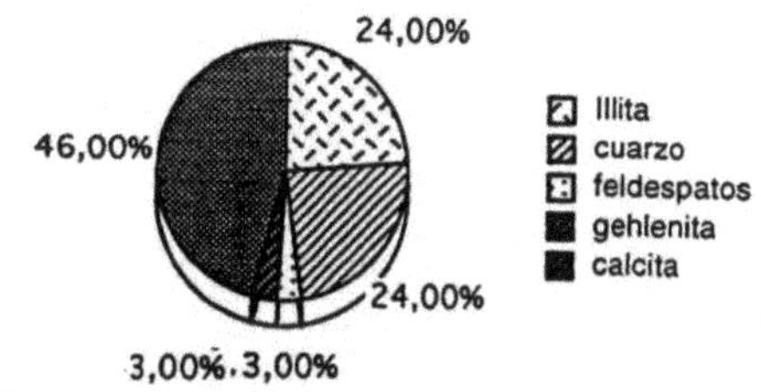

Figura 203. Gráfico de la composición mineralógica de la muestra 026044.

Análisis petrográfica:

Desgrasante.
Muy poco desgrasante y repartido homogéneamente por la pasta.

Granulometría: el desgrasante es muy fino, solamente un 20% de grano mediano y un 10% de grano grueso.

Componentes:
Minerales: cuarzo, feldespato, mucho carbonato (originario y secundario).

Rocas: cuarcita.

Restos orgánicos: fósiles (foraminíferos).

Porosidad.
Pasta de reducida porosidad, con vacuolas de pequeño tamaño y algunas de medianas.

Proceso de fabricación:

Preparación de la arcilla.
La arcilla ha sido muy bien decantada y posiblemente se ha añadido un poco de desgrasante con posterioridad. Esto también se ha detectado en otras muestras de *tegula.*

Técnica de modelado.
A causa de las presiones aplicadas sobre la pasta para conseguir que esta se ajuste bien al molde empleado para dar forma a las *tegulae,* los poros adquieren una forma plana, siguiendo la misma dirección que las superficies de la pieza. Este detalle se observa a través del microscopio con mucha dificultad en este caso, por el hecho que la pasta es muy poco porosa.

Cocción.
La cocción de esta muestra se va efectuó en una atmósfera oxidante y con una temperatura máxima que tan solo se llegó a situar entre los 750°C y los 800°C.

Muestra: 026043.

Descripción del fragmento.
Fragmento informe de teja requemada con la pasta muy dura y coloración de tono gris Munsell 7,5 YR 7/4. Proveniente del interior del horno.

COMPOSICIÓN DE LA MUESTRA

Análisis por difracción de rayos X:

Composición mineralógica.

Minerales	Muestra 026043
Illita	0
Ceolitas	0
Anfíbolos	0
Cuarzo	13
Feldespatos	23
Gehlenita	4
Hematitas	0
Espinela	11
Calcita	10
Dolomita	0
Piroxeno	39

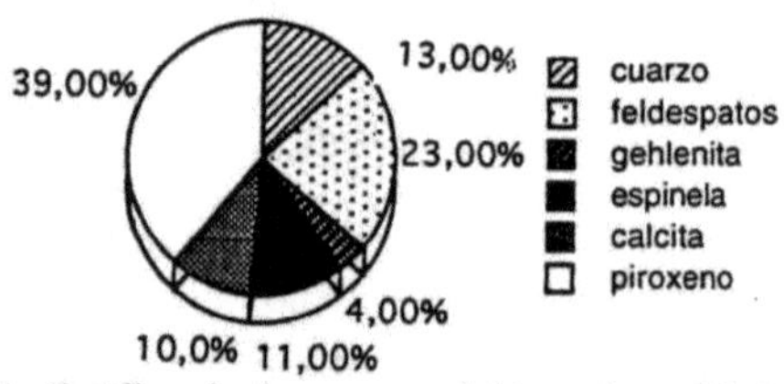

Figura 204. Gráfico de la composición mineralógica de la muestra 026043.

Análisis petrográfico:

Desgrasante.
La pasta de este fragmento contiene mucha arcilla y muy poco desgrasante, distribuido de forma poco homogénea en el interior de la pasta.

Granulometría: 30% de grano fino, 40% grano mediano y 30% grano grueso.

Componentes.
Minerales: cuarzo, feldespato (plagioclasis) y carbonato secundario.

Rocas: sílex.

Porosidad.
Esta pasta es muy porosa, contiene muchas vacuolas de tamaño y forma diversas.
Proceso de fabricación:

Preparación de la arcilla.
La distribución no homogénea del desgrasante en el interior de la pasta indica que tal vez la masa de arcilla fue amasada poco cuidadosamente. Amasar la arcilla después de la decantación y antes de proceder a emplearla para fabricar objetos es una operación que todavía realizan habitualmente los artesanos alfareros de nuestros días.

Técnica de modelado.
Las presiones aplicadas sobre la arcilla para conseguir que se ajuste adecuadamente al molde empleado para dar forma a las *tegulae,* ha ocasionado que los poros adquieran una forma allanada siguiendo la misma dirección que las superficies de la pieza.

Cocción.
Esta fragmento cerámico analizado llegó a estar sometido a una temperatura excesivamente alta, situada entre los 900°C y los 950°C, excesiva para este tipo de producto cerámico. Podemos considerar que ha sido excesivamente cocida y se trata de una pieza defectuosa salida del horno.

ESTUDIO GEOLÓGICO.

El yacimiento de Mas Castellar (Pontós) está situado en la Depresión del Empordà formada por terrenos del Plioceno marino que contienen conglomerados, arcillas, arenas y areniscas.

El desgrasante que se detecta en las muestras analizadas refleja una composición similar a la del terreno, con la presencia también de materiales eocénicos (foraminíferos)en el interior de la muestra 026044.

Los datos para el estudio del entorno geológico del yacimiento de Mas Castellar se basan en el MAPA GEOLÓGICO DE ESPAÑA, Escala 1:50.000 del Instituto Geológico y Minero de España, Hoja núm. 296 (39-12) "Torroella de Montgrí", Madrid, 1979.

5. EMPÚRIES.
Procedentes de un horno de época romana localizado en Empúries se han analizado dos fragmentos de cerámica común y un fragmento de *imbrex.*

Muestra: 026045. Núm. inventario: 90-MN-21010

Descripción del fragmento.
Fragmento informe de cerámica común con las paredes bastante delgadas y la pasta bastante dura, color entre grana y morado, Munsell 2,5 YR 3/6. Proviene del entorno del horno encontrado el 1916 en la ciudad griega de Empúries.
COMPOSICIÓN DE LA MUESTRA.

Análisis por difracción de rayos X:

Composición mineralógica.

Minerales	Muestra 026045
Illita	0
Ceolitas	0
Anfíbolos	0
Cuarzo	58
Feldespatos	4
Gehlenita	0
Hematitas	20
Espinela	8
Calcita	9
Dolomita	0
Piroxeno	0

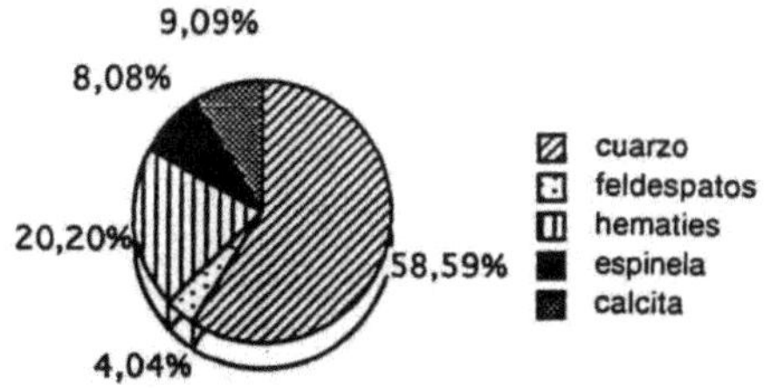

Figura 205. Gráfico de la composición mineralógica de la muestra 026045.

Análisis petrográfico:

Desgrasante.
Desgrasante abundante y repartido homogéneamente en el interior de la pasta.

Granulometría: 50% de grano fino, 30% grano mediano y 20% grano grueso.

Componentes:
Minerales: cuarzo, feldespato y carbonato secundario.

Porosidad.
Pasta muy porosa, con vacuolas pequeñas y medianas orientadas paralelamente a las superficies y frecuentemente llenas de carbonato procedente de la contaminación ambiental por haber estado enterrado, este fragmento, en un suelo calcáreo.

Proceso de fabricación:

Preparación de la arcilla.
El fragmento estudiado contiene abundantes partículas de desgrasante para facilitar el modelado de la pieza y darle las características físicas deseadas una vez terminada la pieza.

Modelado y tratamiento de las superficies.
La orientación de los poros y el desgrasante, así como las marcas paralelas que se observan en las superficies del fragmento estudiado y la estructura fluidal de la pasta, demuestran el uso del torno alto para el modelado de este recipiente.

Las superficies no han estado bien alisadas y se han oscurecido ligeramente durante la cocción adquiriendo una tonalidad marrón.
Cocción.
Este recipiente fue cocido en un ambiente oxidante pero con una postcocción en atmósfera en cierta medida reductora que fue la causante del oscurecimiento de las superficies de la pieza. Dentro del horno la temperatura máxima se situó en torno de los 850°C.

Figura 206. Empúries. Cerámica común quemada, 15 aumentos. Muestra 026045.

Muestra: 026046. Núm. inventario: 90-MN-20021.

Descripción del fragmento.
Fragmento de asa de cerámica común, con la pasta de color verdoso, a causa de estar pasada de cocción, Munsell 5 Y 7/4, muy dura y de superficies ligeramente ásperas. Proviene del mismo contexto que el anterior.

COMPOSICIÓN DE LA MUESTRA.

Análisis por difracción de rayos X:

Composición mineralógica.

Minerales	Muestra 026046
Illita	14
Ceolitas	0
Anfíbolos	0
Cuarzo	14
Feldespatos	23
Gehlenita	0
Hematitas	0
Espinela	9
Calcita	0
Dolomita	0
Piroxeno	40

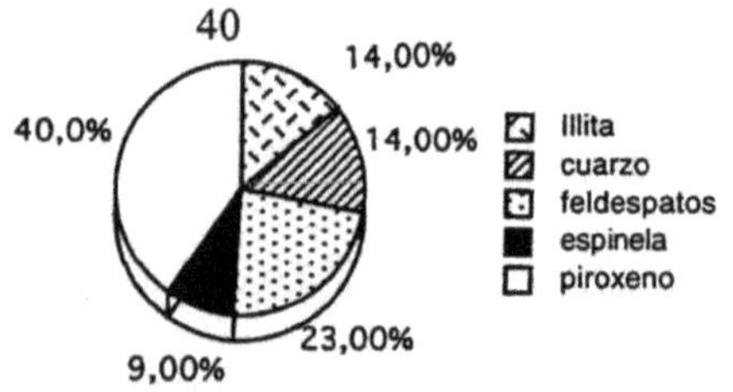

Figura 207. Gráfico de la composición mineralógica de la muestra 026046.

Análisis petrográfico:

Desgrasante.
Abundante desgrasante repartido homogéneamente en el interior de la pasta.

Granulometría: 40% de grano fino, 30% grano mediano y 30% grano grueso.

Componentes:
Minerales: cuarzo, feldespato (plagioclasis) y carbonato secundario.

Porosidad.
Pasta con una elevada porosidad. Contiene vacuolas alargadas llenas de carbonato y orientadas paralelamente a las superficies del fragmento. Contiene poros de tamaño pequeño (30%), mediano (40%) y grande (30%).

Proceso de fabricación:

Preparación de la arcilla.
La muestra analizada contiene numerosas partículas de desgrasante, posiblemente a causa de una depuración poco intensa de la arcilla. La distribución homogénea del desgrasante refleja que la arcilla ha sido bien amasada antes de modelarla.

Modelado y tratamiento de las superficies.
El fragmento de donde proviene la muestra estudiada posiblemente fue modelado de forma manual y la superficie está bastante bien alisada, pero peor acabada en la parte interior del asa.

Cocción.
La temperatura máxima de cocción de esta muestra se situó entre los 850ºC y los 900ºC. La atmósfera durante la cocción del fragmento probablemente fue predominantemente oxidante.

Muestra: 026047. Núm. inventario: 90-MN-21010.

Descripción del fragmento.
Fragmento informe de *imbrex* de coloración verdosa por el hecho de estar quemado, Munsell 5 Y 4/3. La misma procedencia que las dos muestras anteriores.

COMPOSICIÓN DE LA MUESTRA.

Análisis por difracción de rayos X:

Composición mineralógica.

Minerales	Muestra 026046
Illita	0
Ceolitas	0
Anfíbolos	0
Cuarzo	11
Feldespatos	37
Gehlenita	3
Hematitas	0
Espinela	8
Calcita	7
Dolomita	0
Piroxeno	33

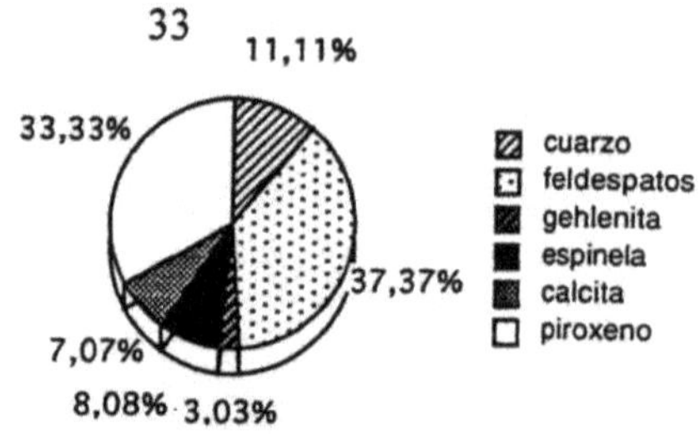

Figura 208. Gráfico de la composición mineralógica de la muestra 026046.

Análisis petrográfico:

Desgrasante.
Mucha arcilla bien decantada y desgrasante de gran tamaño.

Granulometría: 20% de grano pequeño, 30% grano mediano, 50% grano grueso y muy grueso.

Componentes:
Minerales: cuarzo y feldespato (plagioclasis).

Rocas: cuarcitas, fragmentos de granito con microclina, esquistos con plagioclasis.

Porosidad.
Pasta bastante porosa, con poros de tamaño pequeño (30%), mediano (30%) y grande (40%).

Proceso de fabricación:

Preparación de la arcilla.

La tierra ha sido muy bien decantada, hasta conseguir arcilla casi pura. Posiblemente los ceramistas añadieron posteriormente las partículas de desgrasante más gruesas.

Técnica de modelado.
A causa de las presiones aplicadas sobre la pasta para conseguir que esta se ajuste bien al molde empleado para dar forma a las *tegulae*, los poros adquieren una forma allanada siguiendo la misma dirección que las superficies de la pieza.
Cocción.
Este recipiente se coció en un ambiente oxidante y con una temperatura máxima que se situó entre los 850ºC y los 900ºC.

ESTUDIO GEOLÓGICO.

Empúries está asentada sobre terrenos cretáceos correspondientes a las afloraciones más orientales del macizo del Montgrí y muy cercana al área de influencia del río Fluvià. Se encuentra rodeada por los terrenos cuaternarios de relleno de la Depresión del Baix Empordà.

Las cerámicas procedentes de Empúries presentan unos componentes de origen marcadamente granítico, con ausencia de componentes volcánicos posiblemente debido a la utilización de materiales influenciados directamente para la dinámica del río Fluvià, el curso del cual discurre fundamentalmente por terrenos graníticos que aportarían la gran cantidad de cuarzo y feldespatos que se hallan formando parte del desgrasante.

Las arcillas escogidas para fabricar los recipientes analizados procedieron de la zona al norte o nordeste de Empúries. La presencia de restos calcáreos pueden ser resultado de una aportación local del mismo suelo cretáceo donde está asentado el yacimiento de Empúries.

Las tres muestras de Empúries presentan la misma composición del desgrasante, excepto la 026047 que, al contener partículas de desgrasante mayores, presenta, además de los minerales habituales a las otras muestras, fragmentos de esquisto y granito.

Los datos para el estudio del entorno geológico del yacimiento de Tolegassos se basan en el MAPA GEOLÓGICO DE ESPAÑA, Escala 1:50.000 del Instituto Geológico y Minero de España, Hoja núm. 296 (39-12) "Torroella de Montgrí", Madrid, 1979.

6. ERMEDÀS (CORNELLÀ DEL TERRI).

Las cerámicas estudiadas provienen concretamente de unos campos situados en la parte baja del lugar donde existe Cal Menut. Se han analizado dos fragmentos cerámicos empleados como materiales para construcciones domésticas: un fragmento de *tegula* y un fragmento de canalización.

Muestras: 026048 - 026049.

Descripción de los fragmentos.

Fragmento informe de *tegula* (2A/335 Ermedàs 1982), Munsell 2,5 Y 7/4 y un fragmento de canalización, ambos de pasta de color beige, Munsell 10 YR 7/4 y muy dura.

COMPOSICIÓN DE LA MUESTRA

Análisis por difracción de rayos X:

Composición mineralógica.

Minerales	Muestra 026048	Muestra 026049
Illita	0	0
Ceolitas	0	0
Anfíbolos	0	0
Cuarzo	24	44
Feldespatos	17	9
Gehlenita	4	18
Hematitas	4	0
Espinela	9	6
Calcita	19	23
Dolomita	0	0
Piroxeno	24	0

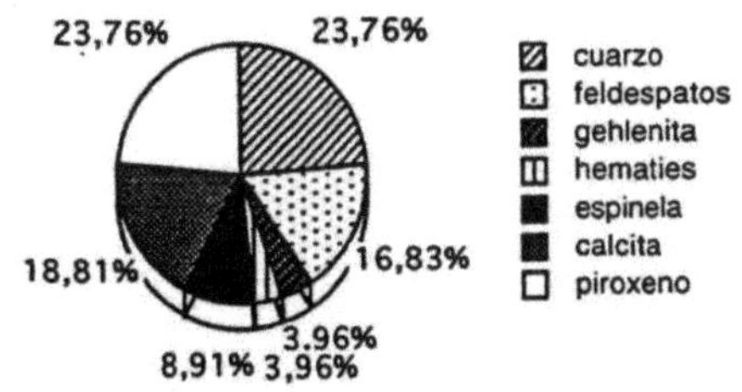

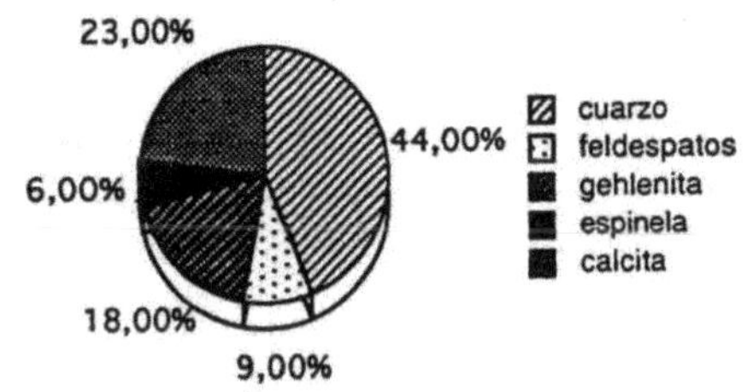

Figura 209. Gráficos de la composición mineralógica de las muestras 026048 y 026049.

Análisis petrográfico:

Desgrasante.
Las muestras presentan gran abundancia de desgrasante heterogranular y de perfil anguloso.

Granulometría: 30% grano pequeño, 40% grano mediano, 30% grano grueso.

Componentes:
Minerales: cuarzo, feldespato (plagioclasis), augita, olivina.

Rocas: cuarcitas, fragmentos de rocas basálticas que contienen olivinas.

También contiene algún fragmento de cerámica triturada (chamotte).

Porosidad.
Pasta poco porosa, con algunas vacuolas finas, de tamaño pequeño y mediano y de forma alargada.

Proceso de fabricación:

Preparación de la arcilla.
La presencia de "chamotte" entre las partículas de desgrasante testimonia de forma indudable que este fue, al menos en parte, añadido de forma voluntaria por el ceramista para mejorar las condiciones de la arcilla que pretendía trabajar.

Figura 210. Ermedàs. Canalización, 15 aumentos. Muestra 026045.

Técnica de modelado.
La teja muestra a través del microscopio algunos pequeños poros alargados fruto de las presiones aplicadas sobre la pasta para conseguir que esta se ajuste a la forma del molde. El fragmento de canalización presenta este mismo fenómeno pero de forma aún más acusada.

Temperatura de cocción.
Estas dos muestras de materiales cerámicos de construcción que forman este grupo han sido cocidos a una temperatura ligeramente diferente. En el caso de la muestra 026048 la temperatura máxima se habría situado entre los 850°C y los 900°C, mientras que en la muestra 026049 se habría quedado una poco más baja, entre los 800 y los 850°C.

ESTUDIO GEOLÓGICO.

La pasta de los dos fragmentos analizados es muy similar, tanto por lo que se refiere a la composición mineralógica como por la abundancia y granulometría del desgrasante. Solo se diferencian ligeramente por el hecho que el fragmento de canalización (026048) contiene un poco más de desgrasante.

Figura 211. Ermedàs. Cerámica común desechada, 15 aumentos. Fragmento: Trinchera 1, E-6.

La presencia entre el desgrasante de abundante material volcánico (augita, olivina, fragmentos de rocas basálticas) indica una marcada influencia de la segunda terraza (pliocénica) del río Ter. Esta terraza presenta un importante desarrollo en la zona donde se encuentra el yacimiento, con una potencia mediana de 5 m de sedimentos. La altura respecto al nivel actual del río es de unos 40-50 m.

El desgrasante de las muestras analizadas lo forman materiales poco escogidos a los que se han añadido restos triturados de cerámica (chamotte). Estas características son propias de la fabricación de este tipo de piezas cerámicas (materiales de construcción).

Los datos para el estudio del entorno geológico del yacimiento de Ermedàs se basan en el MAPA GEOLÓGICO DE ESPAÑA, Escala 1:200.000 del Instituto Geológico y Minero de España, Hoja núm. 25, Madrid, 1970. Para mejorar la exactitud de la información se han añadido datos extrapolados del MAPA GEOLÓGICO DE ESPAÑA, Escala 1:50.000 del Instituto Geológico y Minero de España, Hoja núm. 296 (39-12) "Torroella de Montgrí", Madrid, 1979.

7. VILARENYS (VALL-LLOBREGA).

Procedente de la villa romana de Vall-llobrega se ha analizado una única muestra cerámica perteneciente a un fragmento de ladrillo.

Muestra: 026050.

Descripción del fragmento.
Fragmento informe de ladrillo de color beige, Munsell 10 YR 6/4, con muchos nódulos grandes de color anaranjado, Munsell 2,5 YR 6/6. Pasta muy dura.

COMPOSICIÓN DE LA MUESTRA.

Análisis por difracción de rayos X:

Composición mineralógica.

Minerales	Muestra 026050
Illita	27
Ceolitas	0
Anfíbolos	0
Cuarzo	27
Feldespatos	14
Gehlenite	0
Hematitas	3
Espinela	4
Calcita	18
Dolomita	0
Piroxeno	8

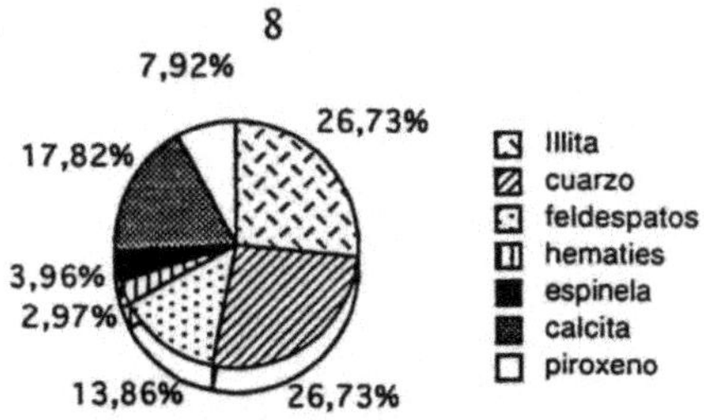

Figura 212. Gráfico de la composición mineralógica de la muestra 026050.

Análisis petrográfico:

Desgrasante.
Pasta con abundante desgrasante repartido homogéneamente entre la arcilla.

Granulometría: 60% de grano pequeño, 35% grano mediano y 5% grano muy grueso.

Componentes.
Minerales: cuarzo, feldespato (plagioclasis), biotita, carbonatos.

Rocas: cuarcitas, sílex, esquistos y fragmentos de granito.

Porosidad.
La pasta contiene abundantes poros de tamaño pequeño (20%), mediano (50%) y grueso (30%). Tienen una forma allanada, siguiendo la misma dirección que la superficie de la teja. Esta forma llana está causada por las presiones que se aplican sobre la pasta al meterla dentro del molde.
Proceso de fabricación:

Preparación de la arcilla.
La arcilla ha sido bastante bien decantada antes de proceder a la fabricación de las tejas.

Técnica de modelado.
El desgrasante no está orientado, en cambio los poros tienen una forma allanada siguiendo la misma dirección que la superficie exterior a causa de las presiones aplicadas sobre la pasta para conseguir que esta se ajuste bien dentro del molde y tome la forma deseada.

Cocción.
La cocción del fragmento estudiado se realizó en una atmósfera oxidante y con una temperatura situada entre los 800ºC y los 850ºC.

ESTUDIO GEOLÓGICO.

Los fragmentos de desgrasante identificados en esta muestra cerámica reflejan una marcada influencia de componentes graníticos que posiblemente provienen del área granodiorítica que forma la Cordillera Litoral Catalana. En esta zona se encuentra situado el yacimiento de Vall-llobrega.

8. TOLEGASSOS (VILADAMAT).

Procedentes de este yacimiento hemos analizado un importante lote de fragmentos cerámicos, cinco del tipo conocido como cerámica común romana y cuatro fragmentos de cerámica vidriada romana. Se trata de las muestras que han recibido la siguiente numeración: 026028, 026029, 026030, 026031, 026032, 026033, 026034, 026036 y 026037.

Las muestras que presentaban una uniformidad del proceso de fabricación y una dispersión, granulometría y composición similares del desgrasante, han estado agrupadas y se las describe conjuntamente. Cada uno de estos conjuntos ha sido elaborado con el mismo tipo de materias primas y con un proceso técnico muy similar. Para confirmar la exactitud de estas agrupaciones, hemos aplicado un estudio estadístico a los datos cuantitativos proporcionados por la difracción de rayos X empleando el programa informático SPSS.

Muestras 026028 - 026029

Descripción de los fragmentos.
Se trata de dos fragmentos de cerámica vidriada de color verde. La pasta es muy dura y fina y el desgrasante no se puede apreciar a simple vista.

COMPOSICIÓN DE LAS MUESTRAS.

Análisis por difracción de rayos X:

Composición mineralógica.

Minerales	Muestra 026028	Muestra 026029
Illita	31	24
Ceolitas	0	0
Anfíbolos	0	0
Cuarzo	14	14
Feldespatos	11	6
Gehlenita	7	12
Hematitas	0	0
Espinela	6	5
Calcita	13	2
Dolomita	0	0
Piroxeno	17	6

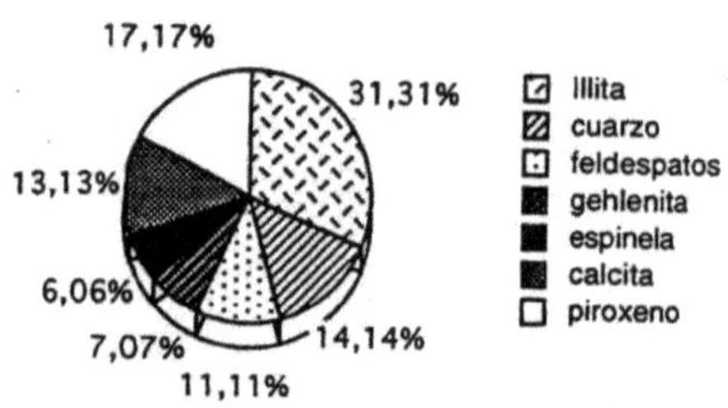

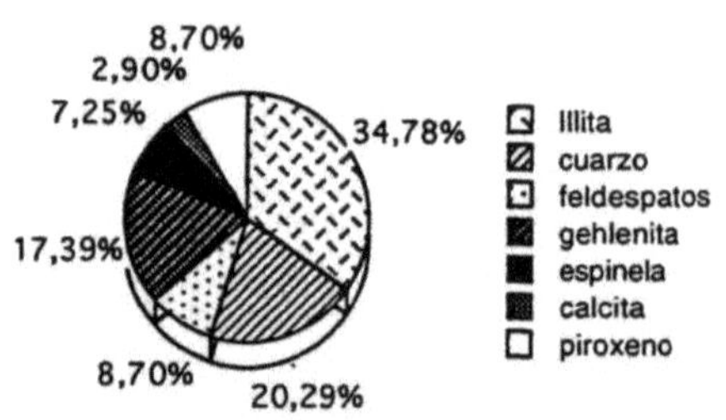

Figura 213. Gráficos de la composición mineralógica de las muestras 026028 y 026029.

Análisis petrográfico:

Desgrasante.
Pasta con poco desgrasante y repartido homogéneamente entre la arcilla.

Granulometría: 70% de grano pequeño y 30% de grano pequeño-mediano.

Componentes.
Minerales: cuarzo, feldespato (plagioclasis), carbonato (esparita), abundante biotita-clorita.

Restos orgánicos: fósiles (foraminíferos).

Porosidad.
Pasta poco porosa, con poros pequeños y medianos, generalmente de forma alargada.

PROCESO DE FABRICACIÓN.

Preparación de la arcilla.
La arcilla ha sido muy bien depurada para fabricar estas piezas, tan solo se han dejado pequeñas partículas de desgrasante natural.

Modelado y tratamiento de las superficies.
Las muestras estudiadas han sido modeladas con el torno rápido y las superficies se han alisado cuidadosamente antes de aplicar el vidriado.

El vidriado de estas piezas contiene algunas partículas de feldespato (posiblemente utilizado como fundente) que no ha sido del todo digerido en producirse las reacciones químicas que crean la fina película vidriada. Este hecho podría indicar que no dominan totalmente esta técnica.

El vidriado muestra algunas vacuolas y fisuras y la coloración se concentra en la superficie de la película vidriada.

Cocción.
Las dos muestras que forman este grupo han sido cocidas en ambiente oxidante a una temperatura máxima que oscila entre los 850°C y los 900°C.

Muestra: 026030

Descripción del fragmento.
Fragmento de asa de cerámica vidriada romana de color verde y la pasta de color gris claro.

COMPOSICIÓN DE LAS MUESTRAS.

Análisis por difracción de rayos X:

Composición mineralógica.

Minerales	Muestra 026030
Illita	0
Ceolitas	0
Anfíbolos	0
Cuarzo	16
Feldespatos	19
Gehlenita	10
Hematitas	0
Espinela	12
Calcita	0
Dolomita	0
Piroxeno	42

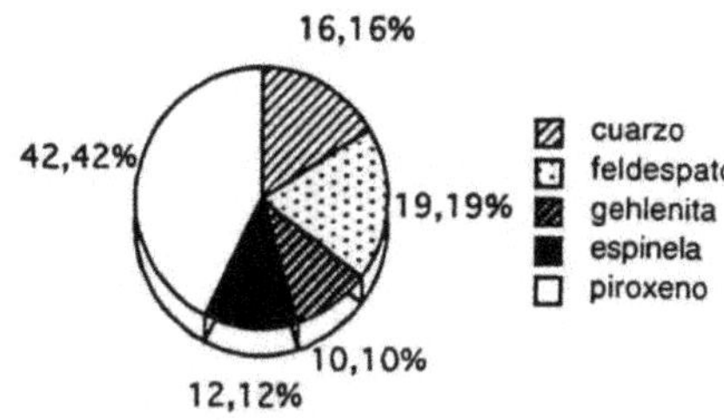

Figura 214. Gráfico de la composición mineralógica de la muestra 026030.

Análisis petrográfico:

Desgrasante.

Granulometría.
Todas las partículas de desgrasante son muy finas y de formairregular.

Componentes.
Minerales: cuarzo, restos de micrólitos de plagioclasis, cristales y fragmentos de augita, biotita-clorita y espinela.

Rocas: fragmentos de roca volcánica.

Restos orgánicos: fósiles (foraminíferos).

Porosidad.
Pasta bastante porosa, contiene vacuolas llenas de carbonato, redondeadas y no orientadas.

PROCESO DE FABRICACIÓN.

Preparación de la arcilla.
La arcilla del fragmento analizado ha sido muy bien depurada antes de proceder a emplearla para fabricar recipientes cerámicos.

Modelado y tratamiento de las superficies.
El fragmento analizado probablemente fue modelado manualmente y las superficies fueron ligeramente alisadas antes de aplicar el vidriado. El vidriado de esta pieza se halla en mal estado, en proceso de degradación y muy fisurado.

Cocción.
El fragmento estudiado se coció en una atmósfera predominantemente reductora consiguiendo una temperatura máxima situada alrededor de los 900°C.

Muestra: 026031

Descripción del fragmento.
Fragmento informe con vidriado verde en la superficie exterior y con color de miel en la superficie interna, las paredes muy delgadas.

COMPOSICIÓN DE LA MUESTRA.

Análisis por difracción de rayos X:

Composición mineralógica.

Minerales	Muestra 026031
Illita	0
Ceolitas	0
Anfíbolos	0
Cuarzo	22
Feldespatos	16
Gehlenita	12
Hematitas	0
Espinela	9
Calcita	0
Dolomita	0
Piroxeno	42

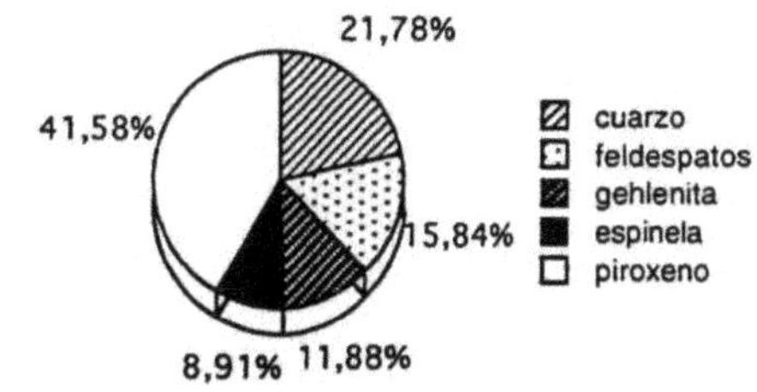

Figura 215. Gráficos de la composición mineralógica de las muestras 026048 y 026049.

Análisis petrográfico:

Desgrasante.

Granulometría: 40% grano pequeño, 50% grano mediano y 10% grano grueso.

Componentes.
Minerales: cuarzo, feldespato (plagioclasis), biotita, clorita y silicato de circonio (probablemente) y posiblemente cristales de augita.

Rocas: restos de roca volcánica.

Restos orgánicos: fósiles (foraminíferos).

Porosidad.
Pasta poco porosa, con algunas vacuolas pequeñas y medianas.

Proceso de fabricación:

Preparación de la arcilla.
La arcilla empleada en el fragmento analizado contiene abundante desgrasante posiblemente porque ha sido poco depurada antes de proceder a emplearla para fabricar recipientes cerámicos.

Modelado y tratamiento de las superficies.
El fragmento estudiado fue modelado con el torno rápido. Las superficies fueron alisadas y posteriormente recubiertas con un vidriado de buena calidad. Este vidriado presenta un aspecto homogéneo y transparente, con algunos globos de aire y en muy buen estado de conservación.

Laperfección de la película vidriada diferenciaesta muestra de los otros fragmentos de cerámica vidriada analizados.

Cocción.
La temperatura máxima de cocción de esta muestra estuvo situada alrededor de los 900ºC. La atmósfera del horno fue predominantementereductora.

Muestras: 026032, 026033, 026034, 026036. Núm. inventario: 9VT-2408-5/6/7 - 9VT-2004-8.

Descripción de los fragmentos.
Fragmentos informes de cerámica común de color rosado, pasta dura y superficies bastante suaves.

COMPOSICIÓN DE LAS MUESTRAS.

Análisis por difracción de rayos X:

Composición mineralógica.

Minerales	Muestra 026032	Muestra 026033
Illita	0	29
Ceolitas	0	0
Anfíbolos	0	0
Cuarzo	33	26
Feldespatos	22	10
Gehlenita	13	8
Hematitas	6	4
Espinela	7	4
Calcita	0	19
Dolomita	0	0
Piroxeno	18	0

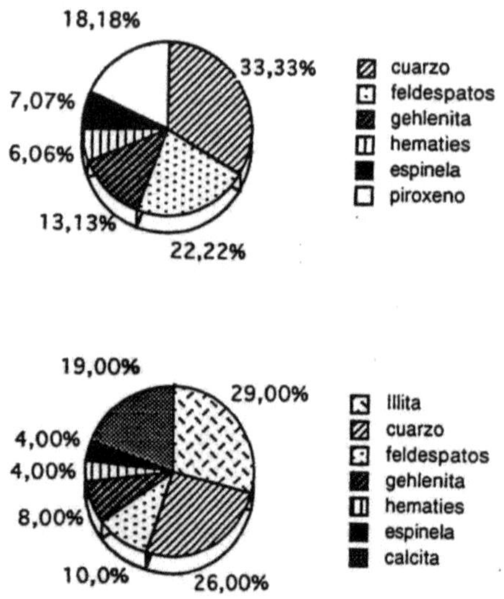

Figura 216. Gráficos de la composición mineralógica de las muestras 026032 y 026033.

Minerales	Muestra 026034	Muestra 026036
Illita	21	24
Ceolitas	0	0
Anfíbolos	0	0
Cuarzo	24	30
Feldespatos	6	11
Gehlenita	9	11
Hematitas	3	4
Espinela	3	4
Calcita	0	17
Dolomita	0	0
Piroxeno	34	0

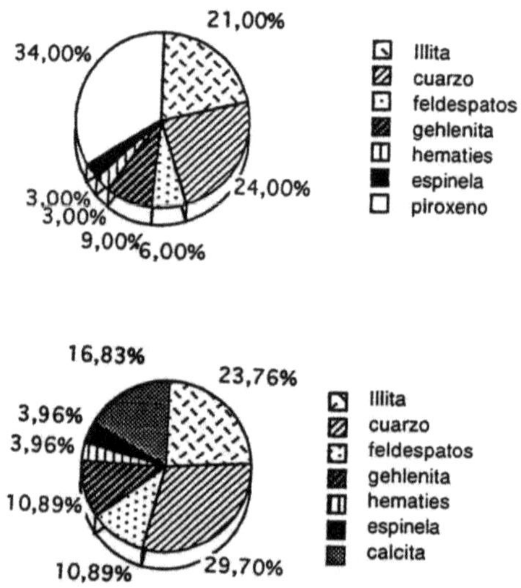

Figura 217. Gráficos de la composición mineralógica de las muestras 026034 y 026036.

Análisis petrográfico:

Desgrasante.
Pasta con desgrasante abundante y repartido homogéneamente entre la arcilla.

Granulometría: 50% grano fino, 30% grano mediano, 20% grano grueso.

Componentes.
Minerales: cuarzo, feldespatos (microclina), mica (biotita con mucho hierro)

Rocas: cuarcita, esquisto, micaesquisto, sílex, gneis.
Restos orgánicos: fósiles (foraminíferos).

Porosidad.
La pasta contiene bastantes poros pequeños y medianos, con algunos de medida grande.

Proceso de fabricación:

Preparación de la arcilla.

La arcilla empleada para fabricar los fragmentos analizados contiene abundante desgrasante posiblemente porque ha sido poco depurada antes de proceder a emplearla para fabricarrecipientescerámicos.

Modelado y tratamiento de las superficies.
Los fragmentos estudiados han sido modelados a torno y las superficies de todas las muestras están bien alisadas, tanto las exteriores como las interiores.

Cocción.
Todos los recipientes de donde provienen las muestras estudiadas dentro de este grupo estuvieron cocidas en una atmósfera oxidante, pero a temperaturas diferentes.

En el caso de la muestra 026032 la temperatura de cocción se situó alrededor de los 900°C. En cambio, en los otros fragmentos (026033, 026034 y 026036) la temperatura solamente llegó entre los 800°C y los 850°C.

Muestra: 026037

Descripción del fragmento.
Fragmento informe de cerámica común, de pasta dura, color anaranjado y superficies poco finas.

COMPOSICIÓN DE LA MUESTRA.

Análisis por difracción de rayos X:

Composición mineralógica.

Minerales	Muestra 026037
Illita	31
Ceolitas	0
Anfíbolos	0
Cuarzo	27
Feldespatos	8
Gehlenita	0
Hematitas	0
Espinela	0
Calcita	34
Dolomita	0
Piroxeno	0

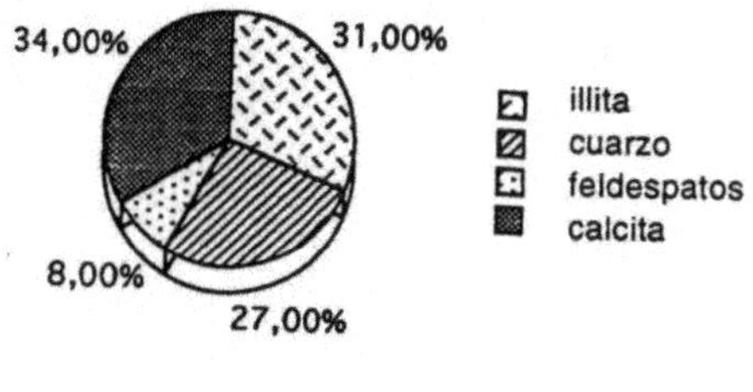

Figura 218. Gráfico de la composición mineralógica de la muestra 026037.

Análisis petrográfico:

Desgrasante.

Granulometría: 40% grano pequeño, 40 % grano mediano, 20% grano grueso.

Componentes.
Minerales: cuarzo, feldespatos (ortosa-microclina) y mica (biotita).

Rocas: cuarcitas, sílex y fragmentos de rocas carbonatadas (micrita y esparita).

Restos orgánicos: fósiles (foraminíferos).

Porosidad.
Pasta poco porosa, con vacuolas orientadas paralelamente a las superficies del fragmento y de tamaño pequeño (40%) y mediano (60%).

Proceso de fabricación:

Preparación de la arcilla.
El fragmento estudiado contiene abundante desgrasante, posiblemente debido a una depuración poco intensa de la arcilla, para que conservase numerosas partículas minerales. Estas partículas o desgrasante, facilitan el modelado de la pieza y le proporcionan las características físicas deseadas.

Modelado y tratamiento de las superficies.
Este recipiente ha sido modelado con el torno alto, según se deduce de las marcas horizontales del torneado que se observan en la superficie interna y de la orientación del desgrasante y los poros del interior de la pasta. La superficie exterior ha sido muy bien alisada, pero no tanto la interior.

Cocción.
Esta muestra se coció en una atmósfera oxidante y a una temperatura más baja que el resto de los fragmentos analizados procedentes de Tolegassos. Solamente se llegó a una temperatura que oscilaría entre los 750°C y los 800°C.

ESTUDIO GEOLÓGICO.

Geológicamente el yacimiento de Tolegassos se halla en los terrenos cuaternarios de relleno de la Depresión del Baix Empordà y en la zona de influencia de las terrazas del río Ter.

Los materiales detríticos que rellenan la zona son el resultado del desmantelamiento de materiales antiguos retrabajados por el río Ter. A los materiales arcillosos sedimentados en la zona se le superponen materiales detríticos la mayor parte de naturaleza calcárea y granulometría muy variada. La fracción detrítica más fina acumula los restos de materiales volcánicos y metamórficos situados en la parte alta del río Ter.

La presencia de augitas y fragmentos de rocas volcánicas, así como la aparición de materiales metamórficos (cuarcitas, esquistos, gneis, etc.), acompañadas o no de restos orgánicos (foraminíferos) son indicativos de un posible origen local de todos los materiales cerámicos analizados. Se trataría de cerámicas modeladas con arcillas eocénicas (con contenido de foraminíferos) y/o arcillas cuaternarias sedimentadas en un medio continental, probablemente sin restos orgánicos. Ambos tipos de arcillas estarían influenciadas por los aportes detríticos del río Ter y, de forma menos importante, del río Fluvià.

Los datos para el estudio del entorno geológico del yacimiento de Tolegassos se basan en el MAPA GEOLÓGICO DE ESPAÑA, Escala 1:50.000 del Instituto Geológico y Minero de España, Hoja núm. 296 (39-12) "Torroella de Montgrí", Madrid, 1979.

CONCLUSIONES DEL ANÁLISIS DEL CONJUNTO DE MUESTRAS DE TOLEGASSOS.

El análisis de la composición mineralógica de las nueve muestras cerámicas provenientes de la villa romana de Tolegassos y el estudio del entorno geológico de este yacimiento indican que las cerámicas analizadas se han elaborado con arcillas de origen local. Pero no todas las muestras analizadas presentan la misma composición ni una técnica de fabricación idéntica. Entre ellas se detecta un conjunto formado por seis muestras, con unas características muy similares.

A través del análisis petrográfico se observa que dos de las muestras de cerámica vidriada (026028 y 026029) y cuatro fragmentos de cerámica común (026032, 026033, 026034, 026036) contienen un tipo de pasta y unas partículas de desgrasante muy similares. Esta coincidencia indica que probablemente la materia prima utilizada para la elaboración de este conjunto de piezas tiene la misma procedencia. Teniendo en cuenta este factor, así como las similitudes en la técnica de fabricación (atmósfera de cocción, grado de depuración de la arcilla, granulometría del desgrasante, etc.) y en el resultado final conseguido (coloración de la pasta, textura, dureza, etc.) se puede considerar que muy probablemente todas las muestras proceden del mismo taller cerámico, a pesar de la diferencia en el tratamiento de las superficies (vidriadas o no).

La presencia cerca de la villa romana de Tolegassos de los restos de un horno de época romana, conocido con el nombre de "camino viejo a la cruz de Albons", testimonia la existencia de talleres cerámicos en esta zona. El horno es descrito por los doctores Josep M. Nolla y Josep Casas (Nolla & Casas, 1984, p. 114-115), los que le atribuyen una cronología de siglo II. Probablemente estaba estrechamente relacionado con la villa, de la que dista tan solo unos 50 m. La producción cerámica de este horno es poco conocida. La parrilla se hundió durante la cocción de una hornada de *imbrices*, pero no se puede descartar que, en este mismo horno o en el taller del cual formaría parte, se fabricasen también otros tipos de productos, por ejemplo, cerámica común. Este hecho se ha constatado en algunos hornos gerundenses como los de Fenals, Ermedàs o Llafranc (Nolla, Canes & Rocas, 1982, pp. 160-167; Nolla & Casas, 1984, pp. 133-137).

En el futuro debería estudiarse la posibilidad, a través del análisis petrográfico y de otras muestras, que el conjunto de cerámicas comunes y vidriadas de pasta homogénea descrito anteriormente (026028, 026029, 026032, 026033, 026034 y 026036) pudiesen estar relacionadas con el horno del "camino viejo a la cruz de Albons" o con su taller.

Las muestras de cerámica vidriada 026030 y 026031 presentan algunas diferencias respecto a las que forman el conjunto hasta ahora descrito. La pasta es de composición bastante similar, a pesar de la presencia de algunas partículas de augita y una posible partícula de silicato de circonio en la muestra 026031, pero han sido cocidas a temperatura superior, alrededor de los 900°C, y en atmósfera reductora. El ejemplar 026030 presenta unas peculiaridades que pueden ser debidas a que se trata de un fragmento de asa de pequeñas dimensiones, que evidentemente ha sido modelada de forma manual mediante un movimiento de rotación y no con la ayuda del torno, característica que origina una orientación y distribución diferentes de las partículas de desgrasante.

Nuevos análisis podrían ayudar a precisar la importancia de las diferencias entre las muestras 026030, 026031 y el conjunto de fragmentos con pastas homogéneas. Posiblemente se podría delimitar la causa que origina estas diferencias y determinar si debemos atribuirlas a la procedencia de un taller diferente, al uso de un proceso de fabricación ligeramente distinto, a la explotación de otra fuente de arcilla, etc.

El fragmento de cerámica común 026037 presenta un aspecto bastante diferente al del resto de los fragmentos analizados. La composición mineralógica tiene similitudes con las de los otros, pero ha sido cocida a temperatura considerablemente inferior y la distribución del desgrasante es distinta. Estas particularidades han incidido en su menor dureza y pueden haber influido en la coloración intensamente anaranjada que caracteriza este fragmento.

Debido a la importancia de estos resultados que permiten suponer la fabricación de cerámica fina en unos talleres relativamente modestos, cosa que hasta ahora solamente habíamos detectado en el horno de Ermedàs, motiva que creamos bastante interesante presentar unas láminas con el repertorio formal propio de estas producciones. Se trata siempre de las formas más seguras –páteras, copas y pequeños platos–, aunque podrían haber otras. Por otra parte, no entraremos en más especificaciones sobre estas formas ya que han sido suficientemente estudiadas por su excavador, el Dr. Josep Casas (Casas & Merino, 1990, 139-155; Casas, Merino & Soler, 1993, pp. 129-144), a quien agradecemos la información facilitada.

Bibliografía.

Abascal, 1994: ABASCAL J. M. (1994) *Los nombres personales en las inscripciones latinas de Hispania*, Anejos de Antigüedad y Cristianismo, II, Múrcia.

Adam, 1984: ADAM J.-P. (1984) *La contruction romaine. Materiaux et techniques*, Grands Manuels Picard, París.

Aguarod, 1991: AGUAROD M. C. (1991) *Cerámica romana importada de cocina en la Tarraconense*, Zaragoza.

Aguarod, 1992: AGUAROD M. C. (1992) Un ánfora Tarraconense 1/Layetana 1 con sello ibérico procedente de Salduie, *Boletín del Museo de Zaragoza*, 11, Zaragoza, pp. 109-116.

Aguilar, Olesti & Plana, 1991: AGUILAR À., OLESTI O. & PLANA R. (1991) Cadastres romans a Catalunya: Empordà i Gironès, Cerdanya, Vallès Occidental, *Tribuna d'Arqueologia* 1989-1990, Barcelona, pp. 111-124.

Aguilera & Revilla, 1984: AGUILERA A. & REVILLA V. (1994) Artesanado cerámico y estadística. Análisis de las producciones anfóricas del taller de Can Portell (Mataró, El Maresme), *Laietània*, 9, Mataró, pp. 215-232.

Aicart, 1992: AICART F. (1992) Arqueologia del món ibèric i romà a Solius (Santa Cristina d'Aro,*Arxiu i Museu d'Història de la Ciutat*, 13), Sant Feliu de Guíxols.

Aicart & Sagrera, 1993: AICART F. & SAGRERA J. (1993) Un forn romà a Solius (Santa Cristina d'Aro*),* *Estudis sobre el Baix Empordà*, Sant Feliu de Guíxols, pp. 77-83.

Alarção, 1975: ALARÇÃO J. de (1975) *Fouilles de Conimbriga*, V, La céramique commune locale et régionale, E. de Boccard, París.

Alarção, 1976: ALARÇÃO J. de (1976) Céramiques communes, *A propos des céramiques de Conimbriga*, Publications du Centre Pierre Paris, 2, París, pp. 108-110.

Alberch & Burch, 1989: ALBERCH X. & BURCH J. (1989) Elements pel coneixement de la vil·la romana de Vilablareix, *Cypsela*, VII, Girona, pp. 87-91.

Alföldy, 1971: ALFÖLDY G. (1971) La manumisión de esclavos y la estructura de la esclavitud en el Imperio romano, *Papeles del Laboratorio de Prehistoria y Arqueología de la Universidad de Valencia*, IX, València, pp. 99-123.

Alföldy, 1975: ALFÖLDY G. (1975) *Die Römischen Inschripten von Tarraco*, Berlín.

Alföldy, 1977: ALFÖLDY G. (1977) Los Baebi de Saguntum, *Serie de Trabajos Varios del S. I. P.*, 56, València.

Alföldy, 1987: ALFÖLDY G (1987) *Historia social de Roma*, Madrid.

Aliaga, García & Martínez, 1991: ALIAGA S., GARCÍA M. & MARTÍNEZ S. (1991) Tècniques experimentals per a l'estudi de la ceràmica, *Limes*, 1, CRAC, Cerdanyola del Vallès, pp. 45-54.

Almagro, 1947: ALMAGRO M. (1947) Estratigrafía de la ciudad helenístico-romana de Ampurias, *Archivo Español de Arqueología*, XX, Madrid, pp. 179-199.

Almagro, 1951: ALMAGRO M.(1951) *Las fuentes escritas referentes a Ampurias*, Monografías Ampuritanas, I, Barcelona.

Almagro, 1952: ALMAGRO M. (1952) *Las inscripciones ampuritanas griegas, ibéricas y latinas*, Monografías Ampuritanas II, Barcelona.

Almagro, 1953: ALMAGRO M. (1953) *Las necrópolis de Ampurias.* Vol. I. *Introducción y necrópolis griegas*, Monografías Ampuritanas, III, Barcelona.

Almagro, 1955: ALMAGRO M. (1955) *Las necrópolis de Ampurias.* Vol. II. *Necrópolis romanas y necrópolis indígenas*, Monografías Ampuritanas, III, Barcelona.

Almagro, 1955-56: ALMAGRO M. (1955-56) El anfiteatro y la Palestra de Ampurias, *Ampurias*, XVII-XVIII, Barcelona, pp. 1-26.

Almagro & Lamboglia, 1959: ALMAGRO M. & LAMBOGLIA N. (1959) La estratigrafía del decumano A de Ampurias, *Ampurias*, XXI, Barcelona, pp. 1-28.

Amar & Liou, 1984: AMAR G. & LIOU B. (1984) Les estampilles sur amphores du Golfe de Fos, *Archaeonatica*, 4, Paris, pp. 145-211.

Amich, 1989: AMICH, N.M. (1989) Descobertes arqueològiques al municipi de Celrà (Gironès), *Cypsela*, VII, Girona, pp. 131-135.

Anderson, 1980: ANDERSON P. (1980) *Transiciones de la Antigüedad al feudalismo*, Madrid.

Anderson-Stojanovic, 1987: ANDERSON-STOJANOVIC V. (1987) The chronology and function of ceramic unguentaria, *American Journal of Archaeology*, 91, pp. 105-122.

Andreau, 1974: ANDREAU J. (1974) *Les affaires de Monsieur Jucundus*, Collection de l'École Française de Rome, 19, Roma.

Andreau, 1991: ANDREAU J. (1991) El liberto, *El hombre romano*, Madrid, pp. 201-225.

Annecchino, 1977: ANNECCHINO M. (1977) *Suppellettile fittile da cucina di Pompei, L'instrumentum domesticum di Ercolano e Pompei nell'a prima età imperiale*, 1, Quaderni di cultura materiale, Roma, pp. 105-114.

Annecchino, 1977a: ANNECCHINO M. (1977) Fritillus. Un piccolo vaso di terracotta, *Cronoche Pompeiane*, III, p. 198-213.

P. Oxy. L, 1983: ANÒNIM (1983), Three leases of potteries, 3595-7, *The Oxyrynchus Papyri*, vol. L, Londres, pp. 234-244.

Anònim, 1983: ANÒNIM (1983) Troballa de restes romanes a Avinyonet de Puigventós, *Annals de l'Institut d'Estudis Empordanesos*, 16, Figueres, pp. 391-397.

Anton, 1973: ANTON G. (1973) *Análisis por difracción de rayos X de cerámicas ibéricas valencianas*, Serie trabajos varios, 45, S.I.P., València.

Aquilué, 1984: AQUILUÉ X. (1984) Las reformas augústeas y su repercusión en los asentamientos urbanos del nordeste peninsular, *Arqueología Espacial*, 5, Teruel, pp. 95-113.

Aquilué, 1985: AQUILUÉ X. (1985) Algunas consideraciones sobre el comercio africano. Tres facies características de la cerámica común africana de época alto-imperial, *Empúries*, 47, Barcelona, pp. 210-221.

Aquilué *et al.*, 1984: AQUILUÉ X., MAR R., NOLLA J. M., RUÍZ DE ARBULO J. & SANMARTÍ E. (1984) *El fòrum romà d'Empúries (Excavacions de l'any 1982). Una aproximació arqueològica al procés històric de la romanització al nord-est de la Península Ibèrica*, Monografies Emporitanes, VI, Àrea de Cultura de la Diputació de Barcelona, Barcelona.

Aquilué *et al.*, 1986: AQUILUÉ X., MAR R., NOLLA J. M., RUÍZ DE ARBULO J. & SANMARTÍ E. (1986) Una lápida dedicada a M. Iunius Silanus, aparecida en el foro romano de Ampurias, *Actas de la Reunión sobre epigrafía hispánica de época romano-republicana*, (Zaragoza, 1983), Zaragoza, pp. 151-156.

Aranegui, 1981: ARANEGUI C. (1981) La producción de ánforas romanas en el Pais Valenciano: estado de la cuestión, *Archivo de Prehistoria Levantina*, XVI, València, pp. 529-538.

Aranegui & Mantilla, 1987: ARANEGUI C. & MANTILLA A. (1987) La producción de ánforas Dr. 2-4 de Sagunto, *El vi a l'Antiguitat. Economia, producció i comerç al Mediterrani occidental. I Col·loqui d'Arqueologia Romana, Monografies Badalonines*, 9, Museu de Badalona, Badalona, pp. 100-104.

Aranegui & Gisbert, 1992: ARANEGUI C. & GISBERT J. A. (1992) Les amphores à fond plat de la Péninsule ibérique, *Les amphores en Gaule*, París, pp. 101-110.

Arcelin-Pradelle, 1984: ARCELIN-PRADELLE Ch. (1984) La céramique grise monochrome en Provence, *Revue Archéologique de Narbonnaise*, Supplément 10, Paris.

Arqueociència S.C.P., 1995: ARQUEOCIÈNCIA S.C.P. (1995) El Moré, *Autopistas i arqueologia. Memòria de les excavacions en la prolongació de l'autopista A-19*, Barcelona, pp. 192-204.

Arqueociència S.C.P., 1997: ARQUEOCIÈNCIA S.C.P. (1997) *El jaciment romà del Moré (Sant Pol de Mar, Maresme)*, Excavacions Arqueològiques a Catalunya, 13, Generalitat de Catalunya, Barcelona.

Atlante, 1981: AA. VV. (1981) *Atlante delle forme ceramiche*, I. *Ceramica fine romana nel bacino mediterraneo (Medio e Tardo Impero)*, (A. Carandini, ed.), Enciclopedia dell'Arte Antica Classica e Orientale, Roma.

Badia, 1966: BADIA J. (1966) Hallazgo de ánforas romanas en Llafranc (Gerona), *Ampurias*, XXVIII, Barcelona, pp. 265-266.

Badia, 1978: BADIA J. (1978) *L'arquitectura medieval de l'Empordà*, IIA. L'Alt Empordà, Girona.

Badia, 1981: BADIA J. (1981) *L'arquitectura medieval de l'Empordà*, IIB. L'Alt Empordà, Girona.

Balil, 1962: BALIL A. (1962) Una empresa monopolista en Emporion: La fabricación de ladrillos, *VII Congreso Nacional de Arqueología*, (Barcelona, 1960), Zaragoza 1962, pp. 323-325.

Balil, 1976: BALIL A. (1976) *Prehistoria y Edad Antigua. Nueva Historia de España en sus textos*, Santiago de Compostela.

Barberà, 1993: BARBERÀ J. (1993) Història de la denominació "ceràmica gris ampuritana", *Homenatge al professor Miquel Tarradell*, Barcelona.

Barruol, 1975: BARRUOL G. (1975) Les peuples préromains du sud-est de la Gaule. Étude de géographie historique, *Revue Archéologique de Narbonnaise*, Supplément 1, París.

Barti & Plana, 1989: BARTI A. & PLANA R. (1989) Noves aportacions a l'estudi del jaciment romà de Llafranc, *Cypsela*, VII, Girona, pp. 137-146.

Barti & Plana, 1993: BARTI A. & PLANA R. (1993) La terrisseria d'època romana de Llafranc (Palafrugell, Girona), *Cypsela*, X, Girona, pp. 87-99.

Barti & Plana, 1993a: BARTI A. & PLANA R. (1993) Carrer d'Isaac Peral, 38 i 31 de Llafranc (Palafrugell), *Anuari d'intervencions arqueològiques a Catalunya. Època romana, Antiguitat tardana. Campanyes 1982-1989*, Generalitat de Catalunya, Barcelona, pp. 72-73.

Bastit, 1986: BASTIT C. (1986) *La ceràmica comuna d'importació itàlica d'Empúries*, Memòria de Llicenciatura, Universitat de Barcelona, Barcelona.

Batista, López & Zucchitello, 1980: BATISTA R., LÓPEZ A. & ZUCCHITELLO (1980) Noves aportacions al coneixement de la vil·la romana dels ametllers, Tossa, *Quaderns d'Estudis Tossencs*, 1, Tossa de Mar.

Bats (dir.) 1996: BATS M. (dir.) (1996) *Les céramiques communes de Campanie et de Narbonnaise (Ier s. av. J.-C.). La vaisselle de cuisine et de table*, Collection Jean Bérard, 14, (Nàpols, 27-28 maig 1994), Nàpols.

Barberà, 1969-1970: BARBERÀ J. (1969-1970), La necrópolis ibérica de Cabrera de Mar (excavación 1968-1969), *Ampurias*, 31-32, Barcelona, pp. 169-189.

Beltrán, 1970: BELTRÁN M. (1970) Las ánforas romanas en España, *Monografías Arqueológicas*, 8, Institución Fernando el Católico, Zaragoza.

Beltrán, 1976: BELTRÁN M. (1976) *Arqueología e Historia de las ciudades antiguas de Cabezo de Alcalá de Azaila (Teruel)*, Zaragoza.

Beltrán, 1978: BELTRÁN M. (1978) *Cerámica romana. Tipología y clasificación*, Zaragoza.

Beltrán, 1987: BELTRÁN M. (1987) El comercio del vino antiguo en el valle del Ebro, *El vi a l'Antiguitat. Economia, producció i comerç al Mediterrani occidental. I Col·loqui d'Arqueologia Romana, Monografies Badalonines*, 9, Museu de Badalona, Badalona, pp. 51-74.

Beltrán, 1990: BELTRÁN M. (1990) *Guía de la cerámica romana*, Zaragoza.

Beltrán, 1994: BELTRÁN M. (1994) *Los ceramistas y alfareros en Roma, Artistas y artesanos en la antigüedad clásica*, Cuadernos Emeritenses - 8, Mèrida, pp. 159-213.

Bémont & Jacob (dir.), 1986: BÉMONT C. & JACOB J.-P. (dir.) (1986) La terre sigillée gallo-romaine. Lieux de production du Haut Empire: implantations, produits, relations, *Documents d'Archéologie Française* 6, París.

Benoit, 1961: BENOIT F. (1961) *Fouilles sous-marines. L'épave du Grand-Congloué à Marseille*, XIVe supplément à Gallia, París.

Bermúdez, 1987: BERMÚDEZ A. (1987) Producción latericia y comercio a media distancia en época romana. Un ejemplo en el Mediterráneo Occidental: Lucius Herennius Optatus, Marcus y Castor, officinatores, *Jornades Internacionals d'Arqueologia Romana. De les estructures indígenes a l'organització provincial romana de la Hispania Citerior. 1. Documents de Treball*, Museu de Granollers, Granollers, pp. 364-371.

Bertucchi, 1992: BERTUCCHI G. (1992) *Les amphores et le vin de Marseille. VIe s. avant J.-C. - IIe s. après J.-C.*, Revue Archéologique de Narbonnaise, Supplément 25, París.

Blázquez, et al., 1978: BLÁQUEZ J. M., MONTENEGRO A., ROLDÁN J. M., MANGAS J., TEJA R., SAYAS J. J., GARCÍA IGLESIAS L. & ARCE J. (1978) *Historia de España Antigua*, tomo II, *Hispania Romana*, Madrid.

Bloch, 1986: BLOCH H. (1968) *I bolli laterizi e la storia edilizia romana. Contributi all'archeologia e alla storia romana*, Roma.

Bonancia, 1975: BONANCIA G. (1975) Un horno romano en Sant Miquel de Fluvià, *Revista de Girona*, 71, Girona, pp. 47-49.

Bonnassie, 1979: BONNASSIE P. (1979) *Catalunya mil anys enrera (Segles X-XI), 1/ Economia i societat pre-feudal*, Barcelona.

Bonneville, 1986: BONNEVILLE J.-N. (1986) Les patrons du municipe d'Emporiae (Ampurias, Espagne), *Revue d'Étude Anciennes*, tome LXXXVIII, 1986, 1-4, Hommage à Robert Etienne, París, pp. 181-200.

Borao, 1987: BORAO J. E. (1987) Las posibles centuriaciones ampuritanas, *Annals de l'Institut d'Estudis Empordanesos*, 20, Figueres, pp. 277-326.

Bosch Gimpera, 1970: BOSCH GIMPERA P. (1970) Excavacions romanes a Sabadell, *Anuari de l'Institut d'Estudis Catalans*, 1913-14, any 5, part II, Barcelona, pp. 860-861.

Bosch & Miret, 1987: BOSCH J. & MIRET J. (1987) El Bosquet (Sant Pere de Ribes), una planta per a l'elaboració de vi i la seva distribució, *El vi a l'Antiguitat. Economia, producció i comerç al Mediterrani occidental. I Col·loqui* *d'Arqueologia Romana*, Monografies Badalonines, 9, Museu de Badalona, Badalona, pp. 228-233.

Botet i Sisó, 1893: BOTET I SISÓ (1893) Hallazgo de un *dolium* en Santa Llogaia de Terri, *Revista de Gerona*, 17, Girona, p. 289.

Boube, 1965: BOUBE, J., *La terra sigillata hispanique en Maurétanie Tingitane. 1, les marques de potiers*, Etudes et Travaux d'Archéologie Marocaine, I, Rabat, 1965.

Bouscaras, 1974: BOUSCARAS A. (1974) Marques sur amphores de Port-la-Nautique, *Cahiers d'Archéologie Subaquatique*, 3.

Broncano & Coll, 1988: BRONCANO S. & COLL J. (1988) *Horno de cerámica ibérico de la Casa Grande, Alcalá del Júcar (Albacete)*, Noticiario Arqueológico Hispano, 30, Madrid, pp. 188-230.

Broughton, 1968: BROUGHTON T. R. S. (1968) *The Magistrates of the Roman Republic*, 2 vols., Cleveland.

Brunt, 1971: BRUNT P. A. (1971) *Italian Manpower 225 B.C. - A.D. 14*, Oxford.

Brunt, 1981: BRUNT P. A (1981) La plebe romana, (Finley M. I., ed.) *Estudios sobre historia antigua*, Madrid, pp. 87-117.

Buck, 1983: BUCK R. J. (1983) *Agriculture and agricultural practice in Roman law*, Historia, Wiesbaten.

Buonocuore, 1984: BUONOCUORE M. (1984) *Schiavi e liberti dei Volusii Saturnini. Le iscrizioni del colombario sulla via Appia antica*, Studia Archaelogica 39, Roma.

Burch *et al.*, 1999: BURCH J., NOLLA J. M., SAGRERA J., VIVÓ D. & SUREDA M. (1999) *Els temples i els cementiris antics i altmedievals de mas Castell de Poqueres*, Quaderns del Centre d'Estudis Comarcal de Banyoles, 20, Banyoles.

Burjachs *et al.*, 1987: BURJACHS F., DEFAUS J. Mª, MIRET M. & SOLÍAS J. Mª (1987) Un centre laietà productor d'envasos vinaris a Malgrat (Maresme), *El vi a l'Antiguitat. Economia, producció i comerç al Mediterrani occidental. I Col·loqui d'Arqueologia Romana*, Monografies Badalonines, 9, Museu de Badalona, Badalona, pp. 224-228.

Callender, 1965: CALLENDER M. H. (1965) *Roman Amphorae*, Londres.

Camps, 1989: CAMPS P. (1989) Forn de Sant Martí de Maldà (L'Urgell), *Excavacions arqueològiques d'urgència a les comarques de Lleida, Col·lecció Excavacions Arqueològiques a Catalunya*, 9, Barcelona, pp. 165-170.

Canal & Tourenc, 1974: CANAL A. & TOURRENC S. (1974) Les ateliers de potiers trouves a Saint-Romain-en-Gal (Rhône), *Figlina*, 4, Lió, pp. 85-94.

Carandini, 1989: CARANDINI A. (1989) L'economia italica fra tarda repubblica e medio impero considerata dal punto de vista di una merce: il vino, *Amphores romaines et histoire économique: dix ans de recherche.* Actes du colloque de Siena (22-22 de mai 1986), Collection de l'École Française de Rome, 114, Roma, pp. 505-521.

Carandini *et al.*, 1985: CARANDINI A. et alii (1985) *Setteffinestre. Una villa schiavística nell'Etruria romana, III, La villa e i suoi reperti*, Mòdena.

Carre *et al.*, 1995: CARRE M.-B., GAGGADIS-ROBIN V., HESNARD A. & TCHERNIA A. (1995) *Recueil de timbres sur amphores romaines (1987-1988)*, Travaux du Centre Camille Jullian, 16, Publications de l'Université de Provence, Aix-en-Provence.

Carreras, Puerta & Rigo, 1996-1997: CARRERAS N., PUERTA C. & RIGO A. (1996-1997) Evolució de l'ocupació i explotació del territori al Maresme (segle II aC - segle III dC), a partir de les darreres excavacions a la vall d'Argentona, *Annals de l'Institut d'Estudis Gironins, XXXVI, Hispània i Roma. D'August a Carlemany, Actes del congrés d'homenatge al Dr. Pere de Palol*/1, (Girona 1995), Girona, pp. 378-395.

Carreté, Keay & Millet, 1995: CARRETÉ J.M., KEAY S.J., MILLET M. (1995) *A roman provincial capital and its hinterland. The survey of the territory of Tarragona, Spain, 1985-1990*, Journal of Roman Archaeology, Suppl. Series n. 15, Ann Arbor, Michigan.

Carrión & Santos, 1995: CARRIÓN I. & SANTOS M. (1995) L'architecture et le décor du secteur de l'atrium de la maison 2B d'Ampurias (Espagne), *Revue Archélogique de Picardie*, núm. spécial 10, pp. 111-118.

Carter, 1975: CARTER J. C. (1975) Scavo di "Pizzica" nei dintorni di Metaponto, *Atti del XIV Convegno di studi sulla Magna Grecia* (Nàpols 1974), pp. 531-538.

Carter, 1979: CARTER J. C. (1979) Rural architecture and ceramic industry at Metaponto, Italy, 350-50 B.C., Roman brick and tile. Studies in manufactors, distribution and use in Western Empire, *B.A.R. International Series*, 68, Oxford, pp. 45-64.

Casas, 1980a: CASAS J. (1980) L'estació romana del Camp del Bosquet, Camallera (Alt Empordà). I. L'aljub, *Revista de Girona*, 91, Girona, pp. 77-82.

Casas, 1980b: CASAS J. (1980) L'estació romana del Camp del Bosquet, Camallera (Al Empordà). II. Les àmfores, *Revista de Girona*, 93, Girona, pp. 275-284.

Casas, 1981: CASAS J. (1981) L'estació romana del Camp del Bosquet, Camallera (Alt Empordà). III. El fossat, *Revista de Girona*, 94, Girona, pp. 37-44.

Casas, 1982: CASAS J. (1982) L'estació romana de Serra de Daró (Baix Empordà), *Revista de Girona*, 101, Girona, pp. 329-336.

Casas, 1986: CASAS J. (1986) Excavacions a la vil·la romana de Puig Rodon (Corçà, Baix Empordà), *Estudis sobre Temes del Baix Empordà*, 5, Sant Feliu de Guíxols, pp. 15-77.

Casas, 1988-1989: CASAS J. (1988-1989) Exploracions i excavacions a la vil·la romana del Mas Gusó (Albons-Bellcaire), Baix Empordà, *Annals de l'Institut d'Estudis Gironins*, XXX, Girona, pp. 9-35.

Casas, 1989: CASAS J. (1989) *L'Olivet d'en Pujol i els Tolegassos. Dos establiments agrícoles d'època romana a Viladamat*, Sèrie Monogràfica, 10, Girona.

Casas *et al.*, 1990: CASAS J., CASTANYER P., NOLLA J. M. & TREMOLEDA J. (1990) *Ceràmiques comunes i de producció local d'època romana, I. Materials augustals i alto-imperials a les comarques orientals de Girona*, Sèrie Monogràfica, 12, Girona.

Casas *et al.*, 1993: CASAS J., CASTANYER P., NOLLA J. M. & TREMOLEDA J. (1993) La vil·la romana de La Font del Vilar (Avinyonet de Puigventós, Alt Empordà), *Annals de l'Institut d'Estudis Empordanesos*, 26, Figueres, pp. 341-372.

Casas *et al.*, 1995: CASAS J., CASTANYER P., NOLLA J. Mª & TREMOLEDA J. (1995) *El món rural en època romana a Catalunya. L'exemple del N. E.*, Sèrie Monogràfica, 15, Girona.

Casas *et al.*, 1995: CASAS J., CASTANYER P., NOLLA J. Mª & TREMOLEDA J., Les ceràmiques comunes locals del N.E. de Catalunya, *Ceràmica comuna romana d'època alto-imperial a la Península Ibèrica. Estat de la qüestió, Monografies Emporitanes VIII*, 1995, Empúries, 99-127.

Casas & Merino, 1990: CASAS J. & MERINO J. (1990) Troballes de ceràmica vidrada d'època romana a les comarques costaneres de Girona, *Cypsela*, VIII, Girona, pp. 139-155.

Casas, Merino & Soler, 1993: CASAS J., MERINO J. & SOLER V. (1993) Noves observacons sobre la ceràmica vidriada d'època romana de la vil·la de Tolegassos (Viladamat, Alt Empordà), *Cypsela*, X, Girona, pp. 129-144.

Casas & Nolla, 1993: CASAS J. & NOLLA J. M. (1993) Un conjunt tancat amb ceràmica africana a la vil·la del Tolegassos (Viladamat, Alt Empordà), *Empúries*, 48-50, Barcelona.

Casas & Nolla, 1993a: CASAS J. & NOLLA J. M. (1993) *L'abocador oriental de la vil·la de Tolegassos (Viladamat, Alt Empordà)*, Estudis Arqueològics, 1, Girona.

Casas & Nolla, 1995: CASAS J. & NOLLA J. M. (1995) La fi del món indígena i els inicis de la romanització a les comarques nord-orientals de Catalunya, (J. Bertranpetit & E. Vives ed.) *Muntanyes i població. El passat dels Pirineus des d'una perspectiva multidisciplinària*, Centre de Trobada de les cultures Pirinenques, Andorra, pp. 137-143.

Casas & Rocas, 1989: CASAS J. & ROCAS X. (1989) Les llànties de la vil·la romana dels Tolegassos. Algunes precisions entorn de la seva datació, *Cypsela*, VII, Girona, pp. 71-86.

Casas & Ruíz de Arbulo, 1997: CASAS J. & RUÍZ DE ARBULO J. (1997) Ritos domésticos y cultos funerarios. Ofrendas de huevos y gallináceas en villas romanas del territorio empuritano (s. III D.C.), *Pyrenae*, 28, pp. 211-227.

Castanyer & Roure, 1986: CASTANYER P. & ROURE A. (1986) Porqueres: noves aportacions a la seva peridització partint de l'estudi ceràmic, *Quaderns del Centre d'Estudis Comarcals de Banyoles, 1985. Homenatge al Dr. J. M. Corominas*, II, Banyoles, pp. 175-187.

Castanyer, Roure & Tremoleda, 1986: CASTANYER P., ROURE A. & TREMOLEDA J. (1986) Cornellà de Terri i el seu entorn durant l'època romana, *Cornellà de Terri. Pregons i estudis*, Cornellà de Terri, pp. 45-48.

Castanyer, Roure & Tremoleda, 1987: CASTANYER P., ROURE A. & TREMOLEDA J. (1987) Les sitges de Cervià de Ter en el context de la romanització, *Jornades Internacionals d'Arqueologia Romana. De les estructures indígenes a l'organització provincial romana de la Hispania Citerior. 1. Documents de Treball*, Museu de Granollers, Granollers, pp. 187-194.

Castanyer, Roure & Tremoleda, 1988: CASTANYER P., ROURE A. & TREMOLEDA J. (1988) La vil·la romana de Vilauba després de 10 anys de recerca, *Revista de Girona*, 126, Girona, pp. 67-74.

Castanyer, Roure & Tremoleda, 1989: CASTANYER P., ROURE A. & TREMOLEDA J. (1989) Les darreres excavacions a la vil·la romana de Vilauba: la part residencial, *Tribuna d'Arqueologia*, 1988-1989, Barcelona, pp. 63-70.

Castanyer *et al.*, 1993: CASTANYER P., SANMARTÍ E., SANTOS M., TREMOLEDA J., BENET C., CARRETÉ J. M., FÀBREGA X., REMOLÀ J. A. & ROCAS X. (1993) L'excavació del kardo B. Noves aportacions sobre l'abandonament de la ciutat d'Empúries, *Cypsela* X, Girona, pp. 159-194.

Castanyer & Tremoleda, 1992: CASTANYER P. & TREMOLEDA J. (1992) Excavació de salvament a la vil·la romana de la Font del Vilar (Avinyonet de Puigventós), *Actes de les Primeres Jornades d'Arqueologia de les Comarques de Girona*, Sant Feliu de Guíxols, pp. 117-124.

Castanyer, Tremoleda & Roure, 1991: CASTANYER P., TREMOLEDA J. & ROURE A. (1991) Un conjunt ceràmic de finals del segle III d.C. a Vilauba (Camós, Pla de l'Estany), *Cypsela* VIII, Girona, pp. 157-191.

Castillo, 1939: CASTILLO A. del (1939) La Costa Brava en la Antigüedad, en particular la zona entre Blanes y Sant Feliu de Guíxols: la villa romana de Tossa (Estudio de conjunto), *Ampurias*, I, Barcelona, pp. 186-267.

Cébeillac-Gervasoni, 1998: CÉBEILLAC-GERVASONI M. (1998) *Les magistrats des cités italiennes de la Seconde Guerre Punique à Auguste: le Latium et la Campanie*, B.E.F.A.R. 299, Roma.

Chouquer, 1993: CHOUQUER G. (1993) Répertoire topo-bibliographique des centuriations de Nabonnaise, *Revue Archéologique de Narbonnaise*, 26, París, pp. 87-98.

Christol, 1995: CHRISTOL M. (1995) De l'Italie à la Gaule méridionale: transferts d'influences, d'après les inscriptions de la fin du Ier siècle avant J.-C. et du siècle après J.-C., (BELTRÁN LLORIS M., ed.) *Roma y el nacimiento de la cultura epigráfica en Occidente*, (Zaragoza 1992), Zaragoza, pp. 49-57.

Christol & Plana, 1997: CHRISTOL M & PLANA R. (1997) Els *negotiatores* de Narbona i el vi català, *Faventia* 19/2, pp. 75-95.

Cipriano & Carre, 1989: CIPRIANO M. T. & CARRE M.-B. (1989) Production et typologie des amphores sur la côte adriatique de l'Italie, *Amphores romaines et histoire économique: dix ans de recherche.* Actes du colloque de Siena (22-22 de mai 1986). Collection de l'École Française de Rome, 114, Roma, pp. 67-104.

Clavel-Levêque, 1983: CLAVEL-LEVÊQUE M. (1983) Pluralitat de vies i universalisme en el model imperial romà, *L'Avenç*, 58, Barcelona, pp. 85-95.

Clavel-Levêque, 1993: CLAVEL-LEVÊQUE M. (1993) La cadastració en l'espai imperial. Memòria i raó, *L'Avenç*, 167, Barcelona, pp. 18-27.

Clemente, 1990: CLEMENTE G. (1990) La politica romana nell'età dell'imperialismo, *Storia di Roma*, 2, *L'impero mediterraneo, I, La reppublica imperiale*, Torí, pp. 235-266.

Clemente, 1990a: CLEMENTE G. (1990) L'economia imperiale romana, *Storia di Roma*, 2, *L'impero mediterraneo, I, La reppublica imperiale*, Torí, pp. 365-384.

Cockle, 1981: COCKLE H. (1981) Pottery manufacture in Roman Egypt. A new papyrus, *The Journal of Roman Studies*, LXXI, Londres, pp. 87-97.

CODEX SCCL, 1992: CODEX SCCL (1992) Excavacions a l'Autopista A-19, variant de Mataró. Tres exemples del poblament del Maresme: de l'Ibèric Ple a la Romanització, *Laietània*, 7, Museu Comarcal del Maresme, pp. 157-189.

CODEX SCCL, 1995: CODEX SCCL (1995) Forns de Can Portell, *Autopistas i arqueologia. Memòria de les excavacions en la prolongació de l'autopista A-19*, Barcelona, pp. 43-55.

Colls, 1986: COLLS D. (1986) Les amphores léetaniennes de l'épave Cap Bear III, *Revue d'Études Anciennes*, LXXXVIII, 1-4, Hommage à Robert Etienne, Burdeus, pp. 201-213.

Colomer, Costa & Tremoleda, 1989: COLOMER M. A., COSTA B. & TREMOLEDA J. (1989) Estudi preliminar de la vil·la romana de Platja Artigues, *Cypsela*, VII, Girona, pp. 103-110

Comas, 1983: COMAS M. (1983) La Laietana 1: un nou tipus d'àmfora trobat a Badalona, *Carrer dels Arbres*, 39, Badalona, pp. 23-26.

Comas, 1985: COMAS M. (1985) *Baetulo. Les àmfores*, Monografies Badalonines, 8, Badalona.

Comas, 1987: COMAS M. (1987) Importació i exportació de vi a Baetulo: l'estudi de les àmfores, *El vi a l'Antiguitat. Economia, producció i comerç al Mediterrani occidental. I Col·loqui d'Arqueologia Romana*, Monografies Badalonines, 9, Museu de Badalona, Badalona, pp. 161-173.

Comas, 1997: COMAS M. (1997) *Baetulo, les marques d'àmfora,* Union Académique Internationale. Corpus International des Timbres Amphoriques, Barcelona.

Comas *et al.*, 1987: COMAS M., MARTÍN A., MATAMORO D. & MIRÓ J. (1987) Un tipus d'àmfora Dr. 1 de producció laietana, *Jornades Internacionals d'Arqueologia Romana. De les estructures indígenes a l'organització provincial romana de la Hispania Citerior. 1. Documents de Treball*, Museu de Granollers, Granollers, pp. 372-378.

Conway, 1967: CONWAY R. S. (1967) *The Italic Dialects*, (Cambridge 1897).

Corder, 1957: CORDER Ph. (1957) *The structure of romano-british pottery kilns*, CBA Research Reports, 5, pp. 10-27.

Corominas & Marqués, 1967: COROMINAS J. M. & MARQUES J. (1967) *La comarca de Bañolas, Catálogo Munumental de la Provincia de Gerona*, Girona.

Corsi-Scillano & Liou, 1985: CORSI-SCILLANO M. & LIOU B. (1985) Les épaves de Tarraconaise à chargement d'amphores Dressel 2-4, *Archéonautica*, 5, París.

Cortada & Serramitjana, 1968: CORTADA T. & SERRAMITJANA P. (1968) Porqueres. Antiguo poblamiento junto al lago. Su excavación, *Revista de Gerona*, 42, Girona, pp. 63-67.

Costabile, 1979: COSTABILE (1979) Velia. Scavi 1927, La Magna Grecia in età romana, *Atti del XV Convegno di*

Studi sulla Magna Grecia (Taranto 1975, Nàpols 1976), pp. 465-466.

Cotton, 1979: COTTON M. A. (1979) *The Late Republican Villa at Porto, Francolise*. Britisch School at Rome, Londres.

Cresci-Marrone, 1993: CRESCI MARRONE G. (1993) *Ecumene Augustea. Una politica per il consenso*, Problemi e ricerche di storia antica, 14, L'Erma di Bretschneider, Roma.

Cumont, 1877-1919: CUMONT F. (1877-1919) Sabazius, a Daremberg & Saglio, *Dictionnaire des antiquités grecques et romaines après les textes et les monuments*, París, pp. 929-930.

Cumont, 1987: CUMONT F. (1987) *Las religiones y el paganismo romano*, Madrid.

Cuomo di Caprio, 1971-1972: CUOMO DI CAPRIO N. (1971-1972) Proposta di classificazione delle antiche fornaci per ceramica e laterizi nell'area italiana, *Sibrium*, XI, pp. 371-464.

Cuomo di Caprio, 1985: CUOMO DI CAPRIO N. (1985) *La ceramica in archeologia. Antiche tecniche di lavorazione e moderni metodi d'indagine*, Roma.

Cura & Castells, 1976: CURA M. & CASTELLS J. (1976) Les ceràmiques de vernís negre de Porqueres, Amics de Besalú. *III Assemblea d'Estudis del seu comtat*, Olot, pp. 1221-132.

D'Ambrosio, Mannonit & Sfrecolas, 1989: D'AMBROSIO B., MANNONI T. & SFRECOLA S. (1989) La provinienza delle anfore romane di alcuni contesti italiani. Possibilità e limiti del metodo mineralogico, *Amphores romaines et histoire économique: dix ans de recherche*. Actes du colloque de Siena (22-22 de mai 1986). Collection de l'École Française de Rome, 114, Roma, pp. 269-284.

D'Arms, 1981: D'ARMS J. H. (1981) *Commerce and social standing in Ancient Rome*, Harvard University Press.

Desbat, Genin & Lasfargues, 1997: DESBAT A., GENIN M. & LASFARGUES J. (ed.) (1997) *Gallia. Archéologie de la France antique*, 53, 1996, *Dossier: Les productions des ateliers de potiers antiques de Lyon, 1ère partie: Les ateliers précoces*, París, 1997.

Desbat & Martin-Kilcher, 1989: DESBAT A. & MARTIN-KILCHER S. (1989) Les amphores sur l'axe Rhône-Rhin à l'époque d'Auguste, *Amphores romaines et histoire économique: dix ans de recherche*. Actes du colloque de Siena (22-22 de mai 1986). Collection de l'École Française de Rome, 114, Roma, pp. 339-365.

Descamps & Buxó, 1986: DESCAMPS J. & BUXÓ R. (1986) El jaciment romà de Platja de Fenals (Lloret de Mar, La Selva), *Tribuna d'Arqueologia*, 1985-1986, Departament de Cultura de la Generalitat de Catalunya, Barcelona, pp. 63-68.

Doménech, 1975: DOMÈNECH M. C. (1975) *Aportación al estudio del yacimiento de Porqueres*, Memòria de Llicenciatura, Universitat Autònoma de Barcelona, Bellaterra, inèdita.

Doménech, 1979: DOMÈNECH M. C. (1979) El "Castell de Porqueres", yacimiento íbero-romano junto al lago de Banyoles, *XV Congreso Nacional de Arqueología*, (Lugo, 1977), Zaragoza, pp.869-878.

Duhamel, 1974: DUHAMEL P. (1974) Les fours de potiers, *Les dossiers de l'Archéologie*, 6, París, pp. 54-66.

Duhamel, 1975: DUHAMEL P. (1975) Les ateliers céramiques de la Gaule romaine, *Les dossiers de l'Archéologie*, 9, París, pp. 12-20.

Dunst, 1969: DUNST G. (1969) Ein Griechisches Tontäfelchen von der Küste bei Ampurias, *Madrider Mitteilungen*, 10, pp. 146-154.

Ebel, 1976: EBEL Ch. (1976) *Transalpine Gaul, The emergence of Roman province*, Leiden.

Echalier, 1984: ECHALLIER J.-C. (1984) *Éléments de technologie céramique et d'analyse des terres cuites archéologiques*. Documents d'Archéologie Méridionale. Méthodes et Techniques, 3, Lambesc.

Empereur & Hesnard, 1987: EMPEREUR J.-Y. & HESNARD A. (1987) Les amphores hellénistiques, *Céramiques hellénistiques et romaines*, II, Centre de Recherches d'Histoire Ancienne, vol. 70, Annales Littéraires de l'Université de Besançon, 331, París, pp. 10-71.

Enciclopedia, 1961: ENCICLOPEDIA (1961) Sabazio, *Enciclopedia dell'arte antica e orientale*, IV, Roma, pp. 1042-1044.

Enguix & Aranegui, 1977: ENGUIX R. & ARANEGUI C. (1977) *Taller de ánforas romanas en Oliva (Valencia)*, Trabajos Varios del S.I.P., 54, València.

Esteva, 1966: ESTEVA CRUAÑAS L. (1966) Un horno alfarero, de época romana, en Playa de Aro (s. I-II d. J.C.), *Áncora*, 966-967, Sant Feliu de Guíxols.

Estrada, 1993: ESTRADA J. (1993) *Granollers a l'antiguitat*, Revista del Vallès, Granollers.

Etienne, 1970: ETIENNE R. (1970) *La vida cotidiana en Pompeya*, Madrid.

Exposició, 1991: EXPOSICIÓ (1991) *Tombes i ofrenes. Les troballes arqueològiques de Can Trullàs (Granollers)*, Museu de Granollers.

Fabré, 1981: FABRÉ G. (1981) *Libertus. Recherches sur les rapports patron-affranchi à la fin de la République* *romaine*, Collection de l'École Française de Rome, 50, Roma.

Fariñas del Cerro, Fernández de la Vega & Hesnard, 1977: FARIÑAS DEL CERRO L., FERNÁNDEZ DE LA VEGA W. & HESNARD A. (1977) Contribution a l'établissement d'une typologie des amphores dites "Dressel 2-4", *Méthodes classiques et méthodes formelles dans l'étude des amphores* (Actes du Colloque de Rome 27-29 mai 1974), Collection de l'École Française de Rome, 32, Roma, pp. 179-206.

Fatàs, 1995: FATÀS G. (1995) De com els Pirineus esdevingueren frontera, (J. Bertranpetit & E. Vives ed.) *Muntanyes i població. El passat dels Pirineus des d'una perspectiva multidisciplinària*, Centre de Trobada de les cultures Pirinenques, Andorra, pp. 157-169.

Favory, 1974: FAVORY F. (1974) Le monde des potiers gallo-romains, *Les dossiers de l'Archéologie*, 6, París, pp. 90-102.

Fédiere, 1980: FÉDIÈRE G. (1980) Marques sur tuiles et sur briques d'époque romaine en Roussillon, Ruscino, Château-Roussillon, Perpignan (Pyrénées-Orientales), I, État des travaux et recherches en 1975, *Revue Achéologique de Narbonnaise, Supplément* 7, París, pp. 327-335.

Ferdière, 1988: FERDIÈRE A. (1988) *Les campagnes en Gaule romaine.* Vol. 2. *Les techniques et les productions en Gaule rurale*, París.

Fiches, 1993: FICHES J.-L. (1993) Critères de datation et chronologie des limitations romaines en Narbonnaise, *Revue Archéologique de Narbonnaise*, 26, pp. 99-104.

Finley, 1978: FINLEY M. I. (1978) *La economía de la antigüedad*, Madrid.

Finley, 1979: FINLEY M. I. (1979) *Entre la esclavitud y la libertat, Formas de explotación del trabajo y relaciones sociales en la antigüedad clásica*, Madrid, pp. 93-114.

Fiori, 1972: FIORI P. (1972) Étude de l'épave A de la Garoupe dite "des dolia", *Cahiers d'Archéologie Subaquatique*, 1, pp. 35-48.

Fletcher, 1965: FLETCHER D. (1965) Tipología de hornos cerámicos romanos de España, *Archivo Español de Arqueología*, XXXVIII, Madrid, pp. 170-174.

Fletcher & Alcacer, 1961: FLETCHER D. & ALCACER J. (1961) El horno romano de Olocau, *Archivo de Prehistoria Levantina*, IX, València, pp. 115-140, làm. I-VI.

Foerster, 1980: FOERSTER F. (1980) A roman wreck of Cap de Vol, Gerona, Spain, *The International Journal of Nautical Archaeology and Underwater Exploration*, 9/3, pp. 244-253.

Foerster, Pascual & Barberà, 1987: FOERSTER F., PASCUAL R. & BARBERÀ P. (1987) *El pecio romano de Palamós*, Barcelona.

Fonquerle, 1982: FONQUERLE D. (1982) Documents de la civilisation ibérique dans les fouilles subaquatiques de l'Agadès, *Ampurias*, 44, Barcelona.

Formenti, Hesnard & Tchernia, 1978: FORMENTI F., HESNARD A. & TCHERNIA A., Note sur le contenu d'une amphore Lamboglia 2 de l'épave de la Madrage de Giens, *Archaeonautica*, 2, Paris, 1978, pp. 95-100.

Frickenhaus, 1908: FRICKENHAUS A. (1908) Griechische vasen aus Emporion, *Annals de l'Institut d'Estudis Catalans*, II, Barcelona.

Gabba, 1973: GABBA E. (1973) *Esercito e società nella tarda Rèppublica Romana*, Florència.

Gabba, 1990: GABBA E. (1990) L'imperialismo romano, *Storia di Roma, 2, L'impero mediterraneo, I, La reppublica imperiale*, Torí, pp. 189-233.

Gabba, 1990a: GABBA E. (1990) Il processo di integrazione dell'Italia del II secolo, *Storia di Roma*, 2, *L'impero mediterraneo, I, La reppublica imperiale*, Torí, pp. 267-283.

Gabba, 1990b: GABBA E. (1990) Dallo stato-città allo stato municipale, *Storia di Roma, 2, L'impero mediterraneo, I, La reppublica imperiale*, Torí, pp. 697-714.

Galsterer, 1971: GALSTERER H. (1971) Untersuchungen zur römischen Stadtwesen auf der Iberischen Halbinsel, *Madrider Forschungen*, 8, Berlín.

Gandia, 1910: GANDIA E. (1910) *Diari d'excavacions*, original manuscrit, inèdit, Empúries.

Gandia, 1916: GANDIA E. (1916) *Diari d'excavacions*, original manuscrit, inèdit, Empúries.

Gandia, 1917: GANDIA E. (1917) *Diari d'excavacions*, original manuscrit, inèdit, Empúries.

Gandia, 1925: GANDIA E. (1925) *Diari d'excavacions*, original manuscrit, inèdit, Empúries.

García Bellido, 1948: GARCÍA BELLIDO A. (1948) *Hispania Graeca*, II, Barcelona.

García Bellido, 1978: GARCÍA BELLIDO A. (1978) *España y los españoles hace dos mil años según la Geografía de Estrabón*, Madrid.

García & Gurri, 1996-1997: GARCÍA J. & GURRI E. (1996-1997) Les imitacions laietanes d'àmfores itàliques a la zona central de la comarca del Maresme en època tardorepublicana, *Annals de l'Institut d'Estudis Gironins, XXXVI, Hispània i Roma. D'August a Carlemany, Actes* *del congrés d'homenatge al Dr. Pere de Palol/1*, (Girona 1995), Girona, pp. 397-424.

García & Zamora, 1993: GARCÍA J. & ZAMORA D. (1993) La vall de Cabrera de Mar. Un model d'ocupació del territori a la Laietània ibèrica, *Laietania*, 8, Mataró, pp. 145-179.

Garnsey & Saller, 1991: GARNSEY P. & SALLER R. (1991) *El imperio romano. Economía, sociedad y cultura*, Barcelona.

Gayraud, 1981: GAYRAUD M. (1981) *Narbonne antique, des origines à la fin du IIIe siècle,* Revue Archéologique de Narbonnaise, Supplément, 8, París.

Gianfrotta, 1982: GIANFROTTA, P. (1982) Lentulo Augure e le anfore laietane, *Tituli*, 4, 475-79.

Gianfotta & Hesnard, 1987: GIANFOTTA P. A. & HESNARD A. (1987) Due relitti augustei carichi di dolia: quelli di Ladispoli e del Grand Rimbaud D, *El vi a l'Antiguitat. Economia, producció i comerç al Mediterrani occidental. I Col·loqui d'Arqueologia Romana*, Monografies Badalonines, 9, Museu de Badalona, Badalona, pp. 285-297.

Ginouvès & Martin, 1985: GINOUVÈS R. & MARTIN R. (1985) *Dictionnaire méthodique de l'architecture grecque et romaine, I, matériaux, techniques de construction, techniques et formes de décor*, Collection de l'École Française de Rome, 84, Roma.

Gisbert, 1987: GISBERT J. A. (1987) La producció del vi al territori de Dianium durant l'Alt Imperi: el taller d'àmfores de la vil·la romana de l'Almadrava (Setlamirarrosa - Miraflor), *El vi a l'Antiguitat. Economia, producció i comerç al Mediterrani occidental. I Col·loqui d'Arqueologia Romana*, Monografies Badalonines, 9, Museu de Badalona, Badalona, pp. 104-118.

Gisbert, s.d.: GISBERT J. A. (s.d.) *Excavacions arqueològiques a l'Almadrava*, Activitat del Museu Arqueològic de Dènia.

Giuliani, 1990: GIULIANI C. F. (1990) *L'edilizia nell'Antichità*, La Nuova Italia Scientifica, Roma.

Gómez, 1990: GÒMEZ J. (1990) Introducció, APICI, *L'art de la cuina*, Fundació Bernat Metge, Barcelona, pp. 9-34.

Gorges, 1979: GORGES J. G. (1979) *Les villes hispano-romaines. Inventaire et problematique archéologiques*, Centre Pierre Paris, París.

Goudineau, 1968: GOUDINEAU Ch. (1968) *La céramique aretine lisse*, École Française de Rome, Mélanges d'Archéologie et Histoire, supplement 6, París.

Goudineau, 1970: GOUDINEAU Ch. (1970) Note sur la ceramique à engobe interne rouge-pompeien (Pompejanich-Roten Platten), *Mélanges d'archéologie et d'histoire de l'Ecole Française de Rome*, LXXXIII, Roma, pp. 158-186.

Goudineau, 1974: GOUDINEAU (1974) La céramique dans l'économie de la Gaule, *Les dossiers de l'Archéologie*, 6, París, pp. 103-110.

Goudineau, 1984: GOUDINEAU C. (1984) La Galia Cisalpina, (Nicolet C. ed.), *Roma y la conquista del mundo mediterráneo 264-27 a. de J.C.. 2/ La génesis de un imperio*, Barcelona, pp. 547-566.

Granados & Rovira, 1987: GRANADOS J.-O. & ROVIRA C. (1987) Tres nous centres de producció d'àmfores a l'ager de la colònia Barcino, *El vi a l'Antiguitat. Economia, producció i comerç al Mediterrani occidental. I Col·loqui d'Arqueologia Romana*, Monografies Badalonines, 9, Museu de Badalona, Badalona, pp. 126-132.

Grenier, 1959: GRENIER A. (1959) *Carte Archéologique de la Gaule Romaine*, fasc. XII, Aude, París.

Grimal, 1963: GRIMAL P. (1963) *Dictionaire de la mythologie grecque et romaine*. Presses Universitaires de France, París.

Guitart, 1993: GUITART J. (1993) La ciutat romana en l'àmbit de Catalunya, *La ciudad hispano-romana*, Ministerio de Cultura, Barcelona, pp. 54-83.

Guitart, 1994: GUITART J. (1994) Un programa de fundacions urbanes a la Hispania Citerior del principi del segle I a. C., *Actes del XIV Congrés Internacional d'Arqueologia Clàssica "La ciutat en el món romà"*, vol. 1, (Tarragona 1993), Tarragona, pp. 205-213.

Gurt & Ferrando, 1987: GURT J. M. & FERRANDO F. (1987) La vil·la de Sentromà (Tiana) i el conreu de la vinya, *El vi a l'Antiguitat. Economia, producció i comerç al Mediterrani occidental. I Col·loqui d'Arqueologia Romana*, Monografies Badalonines, 9, Museu de Badalona, Badalona, pp. 189-198.

Guyon, 1994: GUYON J. (1994) Cités et chefs-lieux de cités de Gaule Narbonnaise, *Actes del XIV Congrés Internacional d'Arqueologia Clàssica "La ciutat en el món romà"*, vol. 1, (Tarragona 1993), Tarragona, pp. 215-222.

Haley, 1988: HALEY E. W. (1988) Roman elite involvement in commerce: the case of the spanish TT. Mamilii, *Archivo Español de Arqueología*, 61, Madrid, pp. 141-156.

Haley, 1991: HALEY E. W. (1991) *Migration and Economy in Roman Imperial Spain*, Aurea Saecula, 5, Barcelona.

Hayes, 1972: HAYES J. W. (1972) *Late Roman Pottery. A Catalogue of roman fine wares*, Londres.

Hengstl, 1983: HENGSTL J. (1983) Einige juristische Bemerkungen zu drei "Töpferei-Mieturkunden", *Studi in onore di Arnaldo Biscardi*, IV, Mailand, pp. 663-673.

Hesnard, 1977: HESNARD A. (1977) Note sur un atelier d'amphores Dr. 1 et Dr. 2-4 près de Terracine, *Mélanges de l'École Française de Rome, Antiquité,* 89, Roma, pp. 157-167.

Hesnard, 1980: HESNARD A. (1980) Un dépôt augustéen d'amphores à la Longarina, Ostie, *The Seaborne Commerce of Ancient Rome: Studies in Archaeology and History, Memoirs of the American Academy in Rome*, XXXVI, Roma, pp. 141-156.

Hesnard *et al.*, 1989: HESNARD A, RICQ M, ARTHUR P., PICON M & TCHERNIA A. (1989) Aires de production des gréco-italiques et des Dr. 1, *Amphores romaines et histoire économique: dix ans de recherche.* Actes du colloque de Siena (22-22 de mai 1986). Collection de l'École Française de Rome, 114, Roma, pp. 21-65.

Hofmann, 1975: HOFMANN B. (1975) Les materiaux de construction antiques en terre cuite, *Les dossiers de l'Archéologie*, 9, París, pp. 111-120.

Hopkins, 1981: HOPKINS K. (1981) *Conquistadores y esclavos*, Barcelona.

Hopkins, 1981a: HOPKINS K. (1981a) Movilidad de la élite en el Imperio romano, (Finley M. I., ed.) *Estudios sobre historia antigua,* Madrid, pp. 119-136.

Houston, 1980: HOUSTON G. W. (1980) The Administration of Italian Seaports During the First Three Centuries of the Roman Empire, (D'Arms, J. H.; Kopff, E. C. eds.), *The Seaborne Commerce of Ancient Rome: Studies in Archaeology and History, Memoirs of the American Academy in Rome*, XXXVI, Rome, 1980, pp. 157-172.

ILGN, 1929: ESPERANDIEU E. (1929) *Inscriptions latines de Gaule (Narbonnaise),* 2, París.

IRC III: FABRE G, MAYER M & RODÀ I (1991) *Inscriptions romaines de Catalogne,* III. *Gérone,* París.

IRC IV: FABRE G., MAYER M. & RODÀ I. (1997) *Inscriptions romaines de Catalogne*, IV. Barcino, Paris.

Izquierdo, 1993: IZQUIERDO P. (1993) Un nou centre productor d'àmfores a la vall de l'Ebre: el mas del Catxorro de Benifallet, *Estudis Universitaris Catalans, XXIX, Homenatge a Miquel Tarradell*, Barcelona, pp. 753-765.

Járrega, 1995: JÁRREGA R. (1995) Les àmfores romanes del Camp de Tarragona i la producció del vi tarraconense, *Revista d'Arqueologia de Ponent*, 5, pp. 179-194.

Jöhrens, 1986: JÖHRENS G. (1986) Zur Herkunft der Amphorenstempel aus dem Heraion von Samos, *Recherches sur les amphores grecques, Bulletin de Correspondance Hellénique, supplément* XIII, École Française d'Atenes, (Atenes 1984) París, pp. 497-503.

Juan Tovar, 1983: JUAN TOVAR L. C. (1983) Elementos de alfar de Sigillata Hispánica en Talavera de la Reina (Toledo).- Alfares de Sigillata en la cuenca del Tajo-, *Boletín Arqueológico Nacional (Madrid),* I, 2, Madrid, pp. 165-175.

Juan Tovar, 1984: JUAN TOVAR L. C. (1984) Los alfares de cerámica sigillata en la Península ibérica (I), *Revista de Arqueología*, 44, Madrid, pp. 32-45.

Juan Tovar, 1985: JUAN TOVAR L. C. (1985) Los alfares de cerámica sigillata en la Península ibérica (II), *Revista de Arqueología*, 45, Madrid, pp. 32-45.

Juan Tovar, 1987: JUAN TOVAR L. C. (1987) Talleres y producción cerámica en la Hispania Citerior, Jornades Internacionals d'Arqueologia Romana. *De les estructures indígenes a l'organització provincial romana de la Hispania Citerior. 1. Documents de Treball,* Museu de Granollers, Granollers, pp. 387-395.

Juglar, 1894: JUGLAR L. (1894) *Du role des esclaves et des affranchis dans les commerce*, Studia Juridica, XLVIII, (Roma 1972).

Kajanto, 1982: KAJANTO I. (1982) *The Latin Cognomina,* Societas Scientiarum Fennica. Commentationes Humanarum Litterarum, XXXVI. 2, Roma.

Keay, 1987: KEAY S. J. (1987) La importación de vino y aceite en la Tarraconense Oriental en la antigüedad, *El vi a l'Antiguitat. Economia, producció i comerç al Mediterrani occidental. I Col·loqui d'Arqueologia Romana,* Monografies Badalonines, 9, Museu de Badalona, Badalona, pp. 383-395.

Knapp, 1977: KNAPP R. C. (1977) *Aspects of the Roman Experience in Iberia 206 - 100 B.C., Anejos de Hispania Antiqua,* IX, Valladolid-Vitoria.

Laffi, 1990: LAFFI U. (1990) Il sistema di alleanze italico, *Storia di Roma,* 2, *L'impero mediterraneo, I, La reppublica imperiale*, Torí, pp. 285-304.

Lamboglia, 1958: LAMBOGLIA N. (1958) Nuove osservazioni sulla "Terra Sigillata Chiara". I. (Tipi A e B), *Rivista si Studi Liguri*, XXIV, Bordighera, pp. 257-330.

Laubenheimer, 1985: LAUBENHEIMER F. (1985) *La production des amphores en Gaule Narbonnaise*, París.

Laubenheimer, 1987: LAUBENHEIMER F. (1987) La production des amphores occidentales, vers une nouvelle problematique, *El vi a l'Antiguitat. Economia, producció i comerç al Mediterrani occidental. I Col·loqui d'Arqueologia Romana, Monografies Badalonines,* 9, Museu de Badalona, Badalona, pp. 337-346.

Laubenheimer, 1989: LAUBENHEIMER F. (1989) Des amphores sous les vignes. L'atalier de Sallèles d'Aude, *Le Courrier du CNRS*, 73, París, pp. 47-48.

Laubenheimer, 1989a: LAUBENHEIMER F. (1989a) Les amphores gauloises sous l'Empire. Recherches nouvelles sur leur production et leur chronologie, *Amphores romaines et histoire économique: dix ans de recherche*. Actes du colloque de Siena (22-22 de mai 1986). Collection de l'École Française de Rome, 114, Roma, pp. 105-138.

Laubenheimer, 1990: LAUBENHEIMER F. (1990) *Sallèles d'Aude. Un complexe de potiers gallo-romain: le quartier artisanal*, Documents d'Archéologie Française, 26, París.

Laubenheimer, 1990a: LAUBENHEIMER F. (1990a) *Le temps des amphores en Gaule. Vins, huiles et sauces*, París.

Laubenheimer (dir.) 1992: LAUBENHEIMER F. (dir.) (1992) *Les amphores en Gaule. Production et circulation*, (Metz 1990), París.

Laubenheimer, 1994: LAUBENHEIMER F.(1994) Des amphores et des hommes. Chronique 1994, *Dialogues d'Histoire Ancienne*, 20.2, París, pp. 389-406.

Laubenheimer *et al.*, 1984: LAUBENHEIMER F, GRUEL K, NACIRI A., PASQUIER M & WIDEMANN F. (1984) L'atalier de potiers gallo-romain de Puyloubier (B.-du-Rh.). Prospections et étude du matériel, *Documents d'Archéologie Méridionale*, 7, París, pp. 97-110.

Laubenheimer & Tarpin, 1993: LAUBENHEIMER F. & TARPIN M. (1993) Un pagus à Sallèles d'Aude? Essai sur les pagi de Narbonnaise, *Revue Archéologique de Narbonnaise*, 26, París, pp. 259-277.

Laubenheimer & Widemann, 1977: LAUBENHEIMER F. & WIDEMANN F. (1977) L'atelier d'amphores de Corneilhan (Hérault), Typologie et analyse, *Revue d'Archéometrie*, 1, Paris, pp. 58-82.

Lécrivain, 1904: LÉCRIVAIN CH. (1904) Libertus, libertinus, a DAREMBER & SAGLIO, *Dictionnaire des Antiquités grecques et romaines*, t. 3, part 2 (L-M), París, pp. 1200-1221.

Lemonnier, 1971: LEMONNIER H. (1971) *Étude historique sur la condition privée des affranchis aux trois premiers siècles de l'empire romain*, Studia Jurídica, XLIX, edició anastàtica, Roma, (París, 1887).

Le Ny, 1988: LE NY (1988) *Les fours de tuiliers gallo-romains. Méthodologie. Étude technologique, typologique et statistique. Chronologie*, Documents d'Archéologie Française, 12, París.

Le Roux, 1995: LE ROUX P. (1995) L'émigration italique en Citérieure et Lusitanie jusqu'à la mort de Néron, (BELTRÁN LLORIS M., ed.) *Roma y el nacimiento de la cultura epigráfica en Occidente*, (Zaragoza 1992), Zaragoza, pp. 85-95.

Leveau, 1993: LEVEAU Ph. (1993) Agglomérations secondaires et territoires en Gaule Narbonnaise, *Revue Archéologique de Narbonnaise*, 26, París, pp. 277-299.

Liou, 1973: LIOU B. (1973) *Gallia*, 31, pp. 574-

Liou, 1987: LIOU B. (1987) L'esportation du vin de Tarraconaise d'après les èpaves, *El vi a l'Antiguitat. Economia, producció i comerç al Mediterrani occidental. I Col·loqui d'Arqueologia Romana, Monografies Badalonines*, 9, Museu de Badalona, Badalona, pp. 271-284.

Llinàs & Sagrera, 1992: LLINÀS J & SAGRERA J. (1992) Intervenció arqueològica a Llafranc (Palafrugell - Baix Empordà), *Actes de les Primeres Jornades d'Arqueologia de les Comarques de Girona*, Sant Feliu de Guíxols, pp. 107-111.

Llinàs & Sagrera, 1993: LLINÀS J. & SAGRERA J. (1993) Una construcció alt-imperial a Llafranc. Fases, estratigrafia i materials, *Cypsela*, X, Girona, pp. 105-127.

López, 1979-1980: LÓPEZ A. (1979-1980) Cronología de un tipo de cubiletes de paredes finas en Ampurias, *Ampurias*, 41-42, Barcelona, pp. 453-462.

López, 1985: LÓPEZ A. (1985) Excavaciones en la villa romana del Roser de Calella (El Maresme, Barcelona). Campañas de 1981 y 1982, *Ampurias*, 47, Barcelona, pp. 162-208.

López, 1992: LÓPEZ A. (1992) Les primeres estratigrafies a la vil·la romana dels Ametllers, Tossa (Selva), *Tribuna d'Arqueologia 1990-1991*, Barcelona, pp. 73-95.

López, 1993: LÓPEZ A. (1993) Los talleres anfóricos de Darró (Vilanova i la Geltrú, Barcelona). Notícia de su hallazgo, *Empúries*, 48-50, Barcelona. pp. 64-76.

López, Batista & Zucchitello, 1987: LÓPEZ A., BATISTA R. & ZUCCHITELLO M. (1987) La producción vitivinícola de la Tarraconense, algunos ejemplos sintomáticos, *El vi a l'Antiguitat. Economia, producció i comerç al Mediterrani occidental. I Col·loqui d'Arqueologia Romana*, Monografies Badalonines, 9, Museu de Badalona, Badalona, pp. 319-325.

López & Fierro, 1988: LÓPEZ A. & FIERRO J. (1988) La época ibérica en Darró, Vilanova i la Geltrú, Barcelona. Evidencias e hipótesis proporcionadas por las últimas excavaciones (1984-1988), *Espacio, Tiempo y Forma*, Serie II, Hª Antigua, t. I, UNED, Madrid, pp. 117-141.

López & Fierro, 1988a: LÓPEZ A. & FIERRO X. (1988) Darreres intervencions a l'assentament ibèric i la vil·la romana de Darró (Vilanova i la Geltrú, Garraf), *Tribuna d'Arqueologia, 1987-1988*, Barcelona, pp. 53-68.

López *et al.*, 1992: LÓPEZ J., LLORENS J. Mª, MARTÍN Mª A. & MATARÓ M. (1992) Campanya de 1991 a l'Illa d'en Reixac. Ullastret, *Actes de les Primeres*

Jornades d'Arqueologia de les Comarques de Girona, Sant Feliu de Guíxols, pp. 36-43.

López, Zucchitello & Fierro, 1985: LÓPEZ A., ZUCCHITELLO M. & FIERRO X. (1985) Resultats de la primera campanya d'excavacions a la vil·la romana de Mas Carbotí (Tossa de Mar, la Selva), *Informació Arqueològica*, 44, Barcelona, pp. 38-44.

Lutz, 1970: M. LUTZ (1970) *L'atelier de Saturninus et de Satto a Mittelronn (Moselle),* XXII supplément à Gallia.

Maioli, 1990: MAIOLI M. G. (1990) Recenti rinvenimenti di fornaci, *Bollettino di Archeologia*, 5-6, Ministero per i beni culturali e ambientali, Roma, pp. 141-143.

Manacorda, 1975: MANACORDA D. (1975) Produzione agricola, produzione ceramica e propietari nell'ager Cosanus nel I a. C., *Società romana e produzione schisvistica*, II, Bari, pp. 3-54.

Manacorda, 1980: MANACORDA D. (1980) L'ager Cosanus tra tarda Repúbblica e Impero: forme di produzione e assetto della proprietà, *The Seaborne Commerce of Ancient Rome: Studies in Archaeology and History, Memoirs of the American Academy in Rome*, XXXVI, Roma, pp. 173-184.

Mar & Ruíz de Arbulo, 1985: MAR R. & RUÍZ DE ARBULO (1985) El templo del foro romano de Ampurias, *Investigación y Ciencia*, 105, Madrid, pp. 68-77.

Mar & Ruíz de Arbulo, 1987: MAR R. & RUÍZ DE ARBULO J. (1987) El foro republicano de Empúries. Metrología y composición, *6 Col·loqui de Puigcerdà*, Institut d'Estudis Ceretans, Puigcerdà, pp. 367-374.

Mar & Ruíz de Arbulo, 1990: MAR R. & RUÍZ DE ARBULO J. (1990) El foro de Ampurias y las transformaciones augusteas de los foros de la Tarraconense, *Stadtbild und Ideologie. Die Monumentalisierung hispanischer Städte zwischen Republik und Kaiserzeit*, (Madrid 1987), Munic, pp. 145-164.

Mar & Ruíz de Arbulo, 1993: MAR R. & RUÍZ DE ARBULO J. (1993) *Ampurias romana*, Sabadell, 1993.

Marabini, 1973: MARABINI MOEVS M. T. (1973) The roman thin walled pottery from Cosa, *Memoirs of the American Academy in Rome*, XXXII, Roma.

Marcet & Llongueras, 1982: MARCET R. & LLONGUERAS M. (1982) Assaig d'una terminologia de la ceràmica antiga en català, *Quaderns de treball*, 5, Barcelona.

Marí, 1993: MARÍ Ll. (1993) Les ofrenes de fundació a la vil·la romana de Corbins, *Full d'informació*, 93, Societat Catalana d'Arqueologia, Barcelona.

Marín, 1986-87: MARÍN M. A. (1986-87) La emigración itálica a Hispania en el siglo II a.C., *Studia Historica, Historia Antiqua*, vol. IV-V, núm. 1, Homenaje al profesor Marcelo Vigil (I), Valladolid, pp. 53-63.

Mariner, 1973: MARINER S. (1973) *Inscripciones romanas de Barcelona*, I, Barcelona.

Marquès, 1983: MARQUÈS J. (1983) *Maçanet de la Selva*, Girona.

Martín, 1979-1980: MARTÍN M. A. (1979-1980) Dos forns antics de ceràmica: els d'Orriols i Sant Miquel de Fluvià, *Annals de l'Institut d'Estudis Gironins*, XXV (*), Girona, pp. 97-105.

Martín, 1981: MARTÍN M. A. (1981) El taller de ceràmiques emporitanes de Fellines, *Estudi General*, vol. I, Girona, pp. 37-49.

Martín, 1982: MARTÍN M.A. (1982) Aportació de les excavacions de Roses a l'estudi del comerç massaliota a l'Alt Empordà en els segles IV-III a.C., *Cypsela*, 4, pp. 113-122.

Martín, 1982a: MARTÍN M.A. (1982) Ciutadella de Roses, Roses, *Les excavacions arqueològiques a Catalunya en els darrers anys, Excavacions arqueològiques a Catalunya*, 1, Barcelona, pp. 333-336.

Martín, *et al.*, 1988: MARTÍN A., MIRET J., BOSCH J., BLANCH R. Mª, ALIAGA S., ENRICH R., COLOMER S., ALBIZURI S., FOLCH J., MARTÍNEZ J. & CASAS T. (1988) Les excavacions al paratge de la Bòbila Madurell i de Can Feu (Sant Quirze del Vallès, Vallès Occidental), *Tribuna d'Arqueologia, 1987-1988*, Barcelona, pp. 77-92.

Martín, Nieto & Nolla, 1979: MARTÍN M. A., NIETO F. J. & NOLLA J. M. (1979) *Excavaciones en la Ciudadela de Roses (Campaña 1976 y 1977),* Sèrie Monogràfica, 2, Girona.

Martínez Gázquez, 1974: MARTÍNEZ GÁZQUEZ (1974) *La campaña de Catón en Hispania*, Barcelona.

Martínez, *et al.*, 1993: MARTÍNEZ S., GARCÍA M., MOLERA J. & VENDRELL M. (1993) Estudi arqueomètric dels forns de producció d'un taller romà de Llafranc, *Cypsela*, X, Girona, pp. 101-104.

Marx, 1885: MARX K. (1885) *El capital*, (Barcelona 1978).

Mayer, 1995: MAYER M. (1995) El primer horizonte epigráfico en el litoral noreste de la Hispania Citerior, (Beltrán Lloris M., ed.) *Roma y el nacimiento de la cultura epigráfica en Occidente*, (Zaragoza 1992), Zaragoza, pp. 97-119.

Mayet, 1975: MAYET F. (1975) *Les céramiques à parois fines dans la Péninsule Ibérique*, Publications du Centre Pierre Paris, 1, París.

McWhirr, 1979: McWHIRR A. (1979) *Roman tile-kilns in Britain, Studies in manufacture, distibution and use in Western Empire*, B.A.R. International Series, 68, Oxford, pp. 97-190.

Meffre, 1993: MEFFRE J.-C. (1993) Céramique grise savonneuse, *Lattara*, 6, Lattes, pp. 459-460.

Meffre, 1993: MEFFRE J.-C. & RAYNAUD C. (1993) Céramique commune oxydante micacée, *Lattara*, 6, Lattes, pp. 367-369.

Meffre & Reynaud, 1993: MEFFRE J.-C. & RAYNAUD C. (1993) Céramique commune kaolinitique, *Lattara*, 6, Lattes, pp. 488-499.

Merino, Nolla & Santos, 1994: MERINO J., NOLLA J. M. & SANTOS, M. (1994) *Aquae Calidae. Presència romana a la Selva*, Estudis i Textos, 3, Centre d'Estudis Selvatans, Sta. Coloma de Farners, 1994.

Merino & Rocas, 1989: MERINO J. & ROCAS X. (1989) Estudi de tres àmbits significatius, *L'Olivet d'en Pujol i els Tolegassos. Dos establiments agrícoles d'època romana a Viladamat*, (J. Casas, ed.), Sèrie Monogràfica, 10, Girona, pp. 105-142.

Mezquíriz, 1975: MEZQUÍRIZ M. A. (1975) Nuevos hallazgos sobre fabricación de sigillata hispánica en la zona de Tricio, *Miscelánea Arqueológica al profesor Antonio Beltrán*, Zaragoza, pp. 231-143.

Miró, 1987: MIRÓ J. (1987) Vi català a França (segle I a.C.-I d.C.), una síntesi preliminar, *El vi a l'Antiguitat. Economia, producció i comerç al Mediterrani occidental. I Col·loqui d'Arqueologia Romana*, Monografies Badalonines, 9, Museu de Badalona, Badalona, pp. 249-268.

Miró, 1988: MIRÓ J. (1988) *La producción de ánforas romanas en Catalunya. Un estudio sobre el comercio del vino de la Tarraconense (siglos I a.C.-I d.C.)*. BAR International Series 473, Oxford.

Miró, 1988a: MIRÓ J. (1988) Les estampilles sobre àmfores catalanes. Una aportació al coneixement del comerç del vi del Conventus Tarraconensis a finals de la República i principis de l'Imperi, *Fonaments*, 7, Barcelona, pp. 243-263.

Miró & Miró, 1990: MIRÓ M. & MIRÓ M. T. (1990) El poblament antic de Peralada: noves dades, *Cypsela*, VIII, Girona, pp. 73-77.

Miró, Pujol & García, 1988: MIRÓ J., PUJOL J. & GARCÍA J. (1988) El dipòsit del sector occidental del poblat ibèric de Burriac (Cabrera de Mar, el Maresme). Una aportació al coneixement de l'època ibèrica tardana al Maresme (s. I a. C.), *Laietània*, 4, Mataró.

Modrzewska, 1993: MODRZEWSKA I. (1993) Alcuni segni e bolli di anfore scelte della laguna di Venezia, *Boletín del Seminario de Estudios de Arte y Arqueología*, LIX, Valladolid, pp. 171-177.

Morel, 1981: MOREL J.-P. (1981) *Céramique Campanienne: les formes*, Bibliothèques des Écoles Françaises d'Athènes et Rome, 244, Roma.

Morel, 1983: MOREL J.-P. (1983) Les producteurs de biens artisanaux en Italie à la fin de la République, *Les "bourgeoisies" municipales italiennes aux IIe et Ie siècles av. J.-C.*, Centre Jean Bérard. Institut Français de Naples, (Naples 1981), París, pp. 21-39.

Morel, 1989: MOREL J.-P. (1989) Les amphores et les autres céramiques (sur quelques problèmes amphoriques, *Amphores romaines et histoire économique: dix ans de recherche*. Actes du colloque de Siena (22-22 de mai 1986). Collection de l'École Française de Rome, 114, Roma, pp. 523-527

Morel, 1991: MOREL J.-P. (1991) El artesano, *El hombre romano*, Madrid, pp. 257-288.

Mossé, 1980: MOSSÉ Cl. (1980) *El trabajo en Grecia y Roma*, Madrid.

Naveiro, 1991: NAVEIRO J. L. (1991) El comercio antiguo peninsular, *Monografías Urxentes do Museu*, 5, Museu Arqueolóxico, A Coruña.

Nicolaou & Empereur, 1986: NICOLAOU I. & EMPEREUR J.-Y. (1986) Amphores rhodiennes du musée de Nicosie, *Recherches sur les amphores grecques, Bulletin de Correspondance Hellénique*, supplément XIII, École Française d'Atenes, (Atenes 1984) París, pp. 515-533.

Nicolet, 1982: NICOLET C. (1982) *Roma y la conquista del mundo mediterráneo 264-27 a. de J.C.. 1/ Las estructuras de la Italia romana*, Barcelona.

Nieto, 1982: NIETO F. J. (1982) El pecio de Cap de Vol. Nuevas aportaciones, *Cypsela*, IV, Girona, pp. 165-168.

Nieto, 1982a: NIETO F. J. (1982) Cap de Vol, El Port de la Selva, *Les excavacions arqueològiques a Catalunya en els darrers anys*, Barcelona, pp. 329-330.

Nieto, 1983: NIETO J. (1983) Acerca del progresivo despoblamiento de Ampurias, *Rivista di Studi Liguri*, 1-4, Bordighera, pp. 34-51.

Nieto, 1986: NIETO J. (1986) El pecio Culip IV: Observaciones sobre la organización de los talleres de terra sigilata de la Graufesenque, *Archaeonautica*, 6, París, pp. 81-119.

Nieto, 1987: NIETO J. (1987) La Graufessenque, Culip, Ampurias: un ejemplo del proceso de comercialización de la Terra Sigillata, *Jornades Internacionals d'Arqueologia Romana. De les estructures indígenes a l'organització provincial romana de la Hispania Citerior. 1. Documents de Treball*, Museu de Granollers, Granollers, pp. 426-434.

Nieto (ed.), 1989: NIETO (ed.) (1989) *Excavacions arqueològiques subaquàtiques a Cala Culip*, I, Sèrie Monogràfica, 9, Girona.

Nieto & Foerster, 1980: NIETO F. J. & FOERSTER F. (1980) El pecio romana de Cap de Vol (Campañas de 1978 y 1979), *Cypsela*, III, Girona, pp. 163-177.

Nieto & Nolla, 1985: NIETO F. J. & NOLLA J. M. (1985) El yacimiento arqueológico submarino de Riells/La Clota y su relación con Ampurias, *Cypsela*, V, Girona, pp. 143-162.

Nieto, Puig & Merino, 1989: NIETO F. J., PUIG A. & MERINO J. (1989) La vil·la romana de Montfullà. Resultat de la primera campanya d'Excavacions, *Cypsela*, VII, Girona, pp. 93-101.

Nikolaïdou-Patera, 1986: NIKOLAÏDOU-PATERA M. (1986) Un nouveau centre de production d'amphores timbrées en Macédoine, *Recherches sur les amphores grecques, Bulletin de Correspondance Hellénique, supplément* XIII, École Française d'Atenes, (Atenes 1984) Paris, pp. 485-490.

Nolla, 1974-1975: NOLLA J. M. (1974-1975) Las ánforas romanas de Ampurias, *Ampurias*, 36-37, Barcelona, pp. 147-197.

Nolla, 1977: NOLLA J. M. (1977) *La ciudad romana de Gerunda*, Tesi Doctoral, Universitat Autònoma de Barcelona, Bellaterra.

Nolla, 1980: NOLLA J. M. (1980) Excavacions i sondeigs a Girona: el sector de la Seu, *Revista de Girona*, 91, Girona, pp. 83-91.

Nolla, 1981: NOLLA J. M. (1981) La ceràmica d'engalba blanca. Una nova aportació a l'estudi del període baix-republicà (segles II-I a.C.) al nord-est del Principat, *Estudi General. Miscel·lània commemorativa del desè aniversari del Col·legi Universitari de Girona*, 1, Girona, pp. 51-62.

Nolla, 1982: NOLLA J. M. (1982) Les decoracions de les ceràmiques emporitanes, *Cypsela*, IV, Girona, pp. 133-155.

Nolla, 1982-1983: NOLLA J. M. (1982-1983) Algunes notes entorn de la vil·la del Pla de l'Hota a Sarrià de Dalt (Girona), *Annals de l'Institut d'Estudis Gironins*, XXVI, Girona, pp. 111-130.

Nolla, 1984: NOLLA J. M. (1984) *Excavaciones recientes en la Ciudadela de Roses. El edificio bajo-imperial*, Papers in Iberian Archaeology (T. F. G. Balagg, R. F. J. Jones & S. J. Keay, eds.), BAR, International Series, 193, Oxford, pp. 430-459.

Nolla, 1984a: NOLLA J. M. (1984) La campanya de M. P. Cató a Empúries el 195 a.C. Algunes consideracions, *Revista de Girona*, 108, pp. 150-157.

Nolla, 1987: NOLLA J. M. (1987) La vil·la romana de Mas de Dalt (Canapost). Noves dades, *Estudis sobre Temes del Baix Empordà*, 6, Sant Feliu de Guíxols, pp. 43-101.

Nolla, 1987a: NOLLA J. M. (1987) *Girona romana. De la fundació a la fi del món antic*, Girona.

Nolla, 1987b: NOLLA J. M. (1987) Una nova àmfora catalana: la Tarraconense 1, *El vi a l'Antiguitat. Economia, producció i comerç al Mediterrani occidental. I Col·loqui d'Arqueologia Romana*, Monografies Badalonines, 9, Museu de Badalona, Badalona, pp. 217-223.

Nolla, 1988: NOLLA J. M. (1988) Gerunda: dels orígens a la fi del món antic, *Fonaments. Prehistòria i Antiguitat als Països Catalans*, 7, Barcelona, pp. 69-107.

Nolla, 1992: NOLLA J. M. (1992) L'abandonament de la Neàpolis emporitana. Estat de la qüestió i noves dades, *Miscel·lània arqueològica a Josep M. Recasens*, Tarragona, pp. 83-89.

Nolla, 1993: NOLLA J. M. (1993) Les ciutats romanes del nord-est de Catalunya. Els municipis flavis, *Estudis Universitaris Catalans, XXIX, Homenatge a Miquel Tarradell*, Barcelona, pp. 659-665.

Nolla, 1993a: NOLLA J M. (1993) Ampurias en la antigüedad tardía. Una nueva perspectiva, *Archivo Español de Arqueología*, 66, Madrid, pp. 207-224.

Nolla, Aicart & Esteva, 1990: NOLLA J. M., AICART F. & ESTEVA L. (1990) El forn de terrissa de S'Agaró i l'establiment romà de la Finca Alsina, *Estudis sobre el Baix Empordà*, 9, Sant Feliu de Guíxols, pp. 37-62.

Nolla, Canes & Rocas, 1982: NOLLA J. M., CANES J. M. & ROCAS X. (1982) Un forn romà de terrissa a Llafranc (Palafrugell, Baix Empordà). Excavacions de 1980-1981, *Ampurias*, 44, barcelona, pp. 147-183.

Nolla & Casas, 1984: NOLLA J. M. & CASAS J. (1984) *Carta arqueològica de les Comarques de Girona. El poblament d'època romana al nord-est de Catalunya*, Girona.

Nolla & Casas, 1987: NOLLA J. M. & CASAS J. (1987) Els inicis de la romanització al rerapaís emporità - Algunes dades, *Jornades d'Història de l'Empordà. Homenatge a J. Pella i Forgas, Actes*, Girona, pp. 99-119.

Nolla & Casas, 1990: NOLLA J. M. & CASAS J. (1990) El material d'importació de la vil·la romana de Puig Rodon (Corçà, Baix Empordà), d'època severiana a la Baixa Antiguitat, *Cypsela*, VIII, Girona, pp.193-218.

Nolla, Casas & Puertas, 1990: NOLLA J. M., CASAS J. & PUERTAS C. (1990) De la fundació a la creació del municipi, *Història de Girona*, 2, Girona, pp. 41-46.

Nolla & Nieto, 1978: NOLLA J. M. & NIETO F. J. (1978) Alguns aspectes de la Romanització al Nord-Est de Catalunya, *Els pobles pre-romans del Pirineu, 2 Col·loqui*

Internacional d'Arqueologia de Puigcerdà, Institut d'Estudis Ceretans, Puigcerdà, pp. 235-244.

Nolla & Nieto, 1982: NOLLA J. M. & NIETO F. J. (1982) Una factoria de salaó de peix a Roses, *Fonaments. Prehistòria i Món Antic als Països Catalans*, 3, Barcelona, pp. 187-200.

Nolla, Padró & Sanmartí, 1979: NOLLA, J. M., PADRÓ J. & SANMARTÍ E. (1979) Algunes consideracions sobre el forn d'àmfores de Tivissa (Ribera d'Ebre), *Informació Arqueològica*, 30, Barcelona, pp. 151-153.

Nolla, Padró & Sanmartí, 1980: NOLLA, J. M., PADRÓ J. & SANMARTÍ E. (1980) Exploració preliminar del forn d'àmfores de Tivissa (Ribera d'Ebre), *Cypsela*, III, Girona, pp. 193-218.

Nolla & Puertas, 1988: NOLLA J. M. & PUERTAS M. C. (1988) Ceràmiques africanes i material d'importació baix-imperial del jaciment del Camp de la Gruta (Torroella de Montgrí, Baix Empordà), *Estudis sobre Temes del Baix Empordà*, 7, Sant Feliu de Guíxols, pp. 29-77.

Nolla, Sagrera & Tremoleda, 1990: NOLLA J. M., SAGRERA J & TREMOLEDA J. (1990) Gerunda durant l'alt imperi. La creació del municipium, *Història de Girona*, 2, Girona, pp. 47-52.

Nolla & Solías, 1984-1985: NOLLA J. M. & SOLÍAS J. M. (1984-1985) L'àmfora Tarraconense 1. Característiques, procedència, àrees de producció, cronologia, *Butlletí Arqueològic de la Reial Societat Arqueològica Tarraconense*, 6 i 7, Tarragona, pp. 107-147.

Nolla, Tarrús & Chinchilla, 1985: NOLLA J. M., TARRÚS J. & CHINCHILLA J. (1985) La vil·la romana de Vilauba, *Quaderns del Centre d'Estudis Comarcals, 1980-1984*, Banyoles, pp. 49-98.

Nony, 1984: NONY(1984) La península Ibérica, (Nicolet C. ed.), *Roma y la conquista del mundo mediterráneo 264-27 a. de J.C.. 2/ La génesis de un imperio*, Barcelona, pp. 526-546.

Ochoa, 1989: OCHOA J. A. (1989) La epigrafía griega ampuritana en los "Diarios de Excavaciones" de Emilio Gandía, *Actas del VII Congreso Español de Estudios Clásicos* (Madrid 1987), Madrid, pp. 223-229.

Olesti, 1994: OLESTI O. (1994) Les actuacions pompeianes a Catalunya central: reorganització del territori i fundació de noves ciutats, *Actes del XIV Congrés Internacional d'Arqueologia Clàssica "La ciutat en el món romà"*, vol. 2, (Tarragona 1993), Tarragona, pp. 316-317.

Olesti, 1996-1997: OLESTI O. (1996-1997) Els primers productors d'àmfores vinícoles al Maresme (s. I a.C.), *Annals de l'Institut d'Estudis Gironins, XXXVI, Hispània i Roma. D'August a Carlemany, Actes del congrés d'homenatge al Dr. Pere de Palol/1*, (Girona 1995), Girona, pp. 425-448.

Oliva, 1948-1949: OLIVA M. (1948-49) Restos romanos del Museo. Sección Lapidaria. Instalaciones de 1943, *Monumentos de los Museos Arqueológicos Provinciales*, 9-10, Madrid, pp. 82-83.

Oliva, 1953: OLIVA M. (1953) Actividades de la Comisaría Provincial de Excavaciones Arqueológicas de Gerona, *Anales del Instituto de Estudios Gerundenses*, VIII, Girona, pp. 296-327.

Oliva, 1959: OLIVA M. (1959) Actividades de la Delegación de Excavaciones y del Servicio Provincial de Excavaciones Arqueológicas, Conservación, Catalogación de Monumentos de la Excma. Diputación de Gerona, en 1959, *Anales del Instituto de Estudios Gerundenses*, XIII, Girona, pp. 305-389.

Oliva, 1970: OLIVA M. (1970) Tesela Arqueológica. Descubrimiento de una villa romana con masaicos en Sarrià de Dalt, Gerona, *Revista de Gerona*, 52, Girona, pp. 67-71.

Ostia II, 1970: OSTIA II (1970) Le terme del Nuotatore. Scavo dell'ambiente I, (A. Carandini & Cl. Panella, eds.). *Studi Miscellanei*, 16, Seminario di Archeologia e Storia dell'Arte Greca e Romana dell'Università di Roma, Roma.

Ostia III, 1973: OSTIA III (1973) Le Terme del Nuotatore. Scavo degli ambienti III, VI, VII, V e di un saggio nell'area S.O. (A. Carandini & Cl. Panella, eds.). *Studi Miscellanei*, 21, Seminario di Archeologia e Storia dell'Arte Greca e Romana dell'Università di Roma, Roma.

Oswald, 1931: OSWALD F. (1931) *Index of Potters' Stamps on Terra Sigillata "Samian Ware"*, Margidunum, 1931, (Londres, 1964).

Oxé & Comfort, 1968: OXÉ A. & CONFORT H. (1968) *Corpus Vasorum Arretinorum*, Bonn, 1968.

Pallarés, 1987: PALLARÉS F. (1987) Il relitto di Diano Marina nel commercio vinicolo antico, *El vi a l'Antiguitat. Economia, producció i comerç al Mediterrani occidental. I Col·loqui d'Arqueologia Romana*, Monografies Badalonines, 9, Museu de Badalona, Badalona, pp. 298-305.

Panella, 1973: PANELLA Cl. (1973) Le anfore, *Ostia III, Studi Miscellanei*, 21, parte seconda, Seminario di Archeologia e Storia dell'Arte Greca e Romana dell'Università di Roma, Roma, pp. 463-633.

Panella,1976: PANELLA Cl. (1976) La distribuzione e i mercati, *Società romana e produzione schisvística*, II, Bari, pp. 55-80.

Panella, 1989: PANELLA Cl. (1989) Le anfore italiche del II secolo d.C., *Amphores romaines et histoire économique: dix ans de recherche. Actes du colloque de Siena (22-22 de mai 1986)*. Collection de l'École Française de Rome, 114, Roma, pp. 139-178.

Panela & Fano, 1977: PANELLA Cl. & FANO M. (1977) Le anfore con anse bifide conservate a Pompei:

contributo ad una loro classificazione, *Méthodes classiques et méthodes formelles dans l'étude des amphores* (Actes du Colloque de Rome 27-29 mai 1974), Collection de l'École Française de Rome, 32 Roma, pp. 133-177.

Pascual, 1962: PASCUAL R. (1962) Centros de producción y difusión geográfica de un tipo de ánfora, *Actas del VII Congreso Nacional de Arqueología*, (Barcelona 1960), Zaragoza, pp. 334-345.

Pascual, 1968: PASCUAL R. (1968) Acerca de la fabricación de ánforas, *Ampurias*, XXX, Barcelona, pp. 237-248.

Pascual, 1974: PASCUAL R. (1974) Sobre una estampilla anfórica de Ampurias, *Miscelánea Arqueológica*, II, Barcelona, 130-144.

Pascual, 1977: PASCUAL R. (1977) Las ánforas de la Layetana, *Méthodes classiques et méthodes formelles dans l'étude des amphores* (Actes du Colloque de Rome 27-29 mai 1974), Collection de l'École Française de Rome, 32 Roma, pp. 47-96.

Pascual, 1980: PASCUAL R. (1980) Sobre algunas marcas anfóricas catalanas, *Rivista di Studi Liguri*, 1-4, Bordighera, pp. 261-279.

Pascual, 1987: PASCUAL R. (1987) El desenvolupament de la viticultura a Catalunya, *El vi a l'Antiguitat. Economia, producció i comerç al Mediterrani occidental. I Col·loqui d'Arqueologia Romana, Monografies Badalonines*, 9, Museu de Badalona, Badalona, pp. 223-226.

Pascual, 1981: PASCUAL R. (1981) Exploración submarina entre Llavaneres y Mataró, *Ampurias*, 43, pp. 217-251.

Pascual, 1991: PASCUAL R. (1991) *Índex d'estampilles sobre àmfores catalanes*, Cuadernos de Arqueología, 5, Barcelona.

Pascual & Villate, 1975: PASCUAL R. & VILLATE E. (1975) Primeros ensayos de estudios de pastas cerámicas, *Informació Arqueològica*, 16, Barcelona, pp. 95-100.

Pavis d'Escurac, 1977: PAVIS D'ESCURAC H. (1977) Aristocrace sénatoriale et profits commerciaux, *Ktéma*, 2, pp. 339-355.

Pavolini, 1986: PAVOLINI C. (1986) *La vita quotidiana a Ostia*, Roma-Bari.

Peacock, 1977: PEACOCK D.P.S. (1977) Roman amphorae: typology, fabric and origins, *Méthodes classiques et méthodes formelles dans l'étude des amphores* (Actes du Colloque de Rome 27-29 mai 1974), Collection de l'École Française de Rome, 32 Roma, pp. 261-278.

Peacock, 1982: PEACOCK D. P. S. (1982) *Pottery in the Roman world. An archaeological approach*, Londres.

Peacock & Williams, 1986: PEACOCK D. P. S. & WILLIAMS D.F. (1986) *Amphorae and the Roman economy, an introductory guide*, Londes.

Pella i Forgas, 1883: PELLA i FORGAS J. (1883) *Historia del Ampurdán*, Barcelona, (Olot 1980).

Pellecuer, 1993: PELLECUER C. (1993) Céramique commune brune orangé biterroise, *Lattara*, 6, Lattes, pp. 141-143.

Pena, 1979-1980: PENA M. J. (1979-1980) Vesvia: un nombre insólito en un grafito ampuritano, *Ampurias*, 41-42, pp. 257-278.

Pena, 1984: PENA M. J. (1984) Apuntes y observaciones sobre las primeras fundaciones romanas en Hispania, *Estudios de la Antigüedad*, 1, Barcelona, pp. 47-85.

Pena, 1992: PENA M. J. (1992) Ampurias: dès la "polis" à la "civitas", Polis et Civitas. Symposium International, Bulgaria, 1979. *Index, Quaderni camerti di studi romanistici. International Survey of Law*, 20, Nàpols, pp. 135-143.

Pena, 1993: PENA M. J. (1993) El municipio flavio de Rhode: una hipótesis errónea, *Estudis Universitaris Catalans, XXIX, Homenatge a Miquel Tarradell*, Barcelona, pp. 667-673.

Pena & Barreda 1997: PENA M.J. & BARREDA A. (1997) Productores de vino del nordeste de la Tarraconense. Estudio de algunos *nomina* sobre ánforas Laietana 1 (= Tarraconense 1), *Faventia* 19/2, pp. 51-73.

Pereira, 1987: PEREIRA G. (1987) El edicto de Domiciano sobre el vino y la economía política en el Alto Imperio, *El vi a l'Antiguitat. Economia, producció i comerç al Mediterrani occidental. I Col·loqui d'Arqueologia Romana, Monografies Badalonines*, 9, Museu de Badalona, Badalona, pp. 349-365.

Perichon, 1977: PERICHON R. (1977) *Céramiques domestiques gauloises et gallo-romaines du Nord-Est du Massif Central. Essai de typologie.* Centre d'Études Forenziennes, Saint Etienne.

Petit, 1969: PETIT P. (1969) *La paz romana*, Barcelona.

Petit, 1975: PETIT M. (1975) La céramique commune, *Les dossiers de l'Archéologie*, 9, París, pp. 121-125.

PIR, 1897: KLEBS E. & DESSAU E., *Prosopografia Imperii Romani* (PIR).

Plana, 1993: PLANA R. (1993) El territori de la ciutat romana de Girona (Gerunda), *L'Avenç*, 167, Barcelona, pp. 32-52.

Plana, 1994: PLANA, R., *La chora d'Emporion. Paysage et structures agraires dans le nord-est catalan à la période* *pré-romain*, Centre de Recherches d'Histoire Ancienne - Volume 137. Espaces et paysages 2, Paris, 1994.

Pomey & Tchernia, 1978: POMEY P. & TCHERNIA A., Le tonnage maximum des navires de commerce romains, *Archaeonautica*, 2, Paris, 1978, pp. 233-251.

Ponsich, 1968: PONSICH M. (1968) Alfarerías de época fenícia y púnico-mauritana en Kuass (Arcila, Marruecos), *Papeles del Laboratorio de Arqueología de Valencia*, 4, València.

Ponsich, 1974: PONSICH M. (1974) *Implantation rurale antique sur le Bas-Guadalquivir*, I, París.

Prevosti & Clariana, 1987: PREVOSTI M. & CLARIANA J. F. (1987) El taller de ánforas de Torre Llauder: nuevas aportaciones, *El vi a l'Antiguitat. Economia, producció i comerç al Mediterrani occidental. I Col·loqui d'Arqueologia Romana, Monografies Badalonines*, 9, Museu de Badalona, Badalona, pp. 199-210.

Prevosti & Clariana, 1988: PREVOSTI M. & CLARIANA J. F. (1988) La vil·la romana de Torre Llauder (Mataró, Maresme), *Tribuna d'Arqueologia*, 1987-1988, Barcelona, pp. 125-132.

Prevosti, 1995: PREVOSTI M. (1995) Conclusions, *Autopistas i arqueologia. Memòria de les excavacions en la prolongació de l'autopista A-19*, Barcelona, pp. 245-256.

Pucci, 1992: PUCCI G. (coord.) (1992) *La fornace di Umbricio Cordo. L'officina di un ceramista romano e il territorio di Torrita nell'antichità*, Florència.

Puerta & Rodríguez, 1987: PUERTA C. & RODRÍGUEZ M. (1987) Una indústria urbana de produccióde vi a Baetulo (Badalona), *El vi a l'Antiguitat. Economia, producció i comerç al Mediterrani occidental. I Col·loqui d'Arqueologia Romana, Monografies Badalonines*, 9, Museu de Badalona, Badalona, pp. 183-188.

Puig i Cadafalch, 1915-1920: PUIG I CADAFALCH J. (1915-1920) Els forns d'Empúries, *Anuari de l'Institut d'Estudis Catalans*, 1915-20, vol. VI, Barcelona, pp. 704-705.

Puig i Cadafalch, 1915-1920: PUIG I CADAFALCH J. (1915-1920) El forn de ceràmica de Sant Martí Sarroca, *Anuari de l'Institut d'Estudis Catalans*, 1915-20, vol. VI, Barcelona, pp. 721-722.

Puig & Lázaro, 1986: PUIG F. & LÁZARO P. (1986) Les excavacions de l'Antic Portal de Magdalena: noves dades sobre l'urbanisme antic de la ciutat de Lleida, *Tribuna d'Arqueologia*, 1985-1986, Barcelona, pp. 83-88.

Pujol, 1989: PUJOL PUIGVEHÍ A. (1989) *La población prerromana del extremo nordeste peninsular*, II, Barcelona.

Py, 1993: PY M. (1993) Céramique à pâte claire récente, *Lattara*, 6, Lattes, pp. 222-243.

Py, 1993a: PY M. (1993) Céramique grise monochrome, *Lattara*, 6, Lattes, pp. 445-452.

Ramon *et al.*, 1982: RAMON J., COSTA B., CALAFAT A., GARCÍA P. & BONET F. (1982) Un taller de ceràmica d'època tardo-púnica a Can Roba de Baix, Sant Antoni de Portmany (Eivissa), *Fonaments. Prehistòria i Antiguitat als Països Catalans*, 3, Barcelona, pp. 215-259.

Raynaud, 1993: RAYNAUD C. (1993) Céramique à pâte claire engobée de Gaule méditerranéenne, *Lattara*, 6, Lattes, pp. 198-203.

Raynaud, 1993a: RAYNAUD C. (1993) Céramique non tournée d'èpoque romaine en Languedoc, *Lattara*, 6, Lattes, pp. 331-332.

Raynaud, 1993b: RAYNAUD C. (1993) Céramique non tournée d'èpoque romaine en Provence, *Lattara*, 6, Lattes, pp. 333-335.

Raynaud, 1993c: RAYNAUD C. (1993) Céramique commune à engobe micacé, *Lattara*, 6, Lattes, pp. 340-342.

Raynaud, 1993d: RAYNAUD C. (1993) Céramique commune fumigée du Langedoc oriental, *Lattara*, 6, Lattes, pp. 428-429.

Raynaud, 1993e: RAYNAUD C. (1993) Céramique commune à points de chaux du Languedoc oriental, *Lattara*, 6, Lattes, pp. 522-524.

Raynaud, 1993f: RAYNAUD C. (1993) Céramique commune sableuse oxydante ou réductrice du Languedoc oriental, *Lattara*, 6, Lattes, pp. 548-553.

RE, 1894: PAULY-WISOWA, *Realencyclopädie der classischen Altertumswissens-chaft.*

Remesal, 1986: REMESAL J. (1986) *La annona militaris y la exportación de aceite bético a Germania*, Madrid, 1986.

Remesal, 1989: REMESAL J. (1989) Cuestiones en torno a la epigrafía anfórica de la Bética, *Amphores romaines et histoire économique: dix ans de recherche.* Actes du colloque de Siena (22-22 de mai 1986). Collection de l'École Française de Rome, 114, Roma, pp. 489-503.

Revilla, 1993: REVILLA V. (1993) Producción cerámica y economía rural en el Bajo Ebro en época romana. El alfar de l'Aumedina, Tivissa (Tarragona), *Instrumenta*, 1, Barcelona.

Revilla, 1995: REVILLA V. (1995) *Producción cerámica, viticultura y propiedad rural en Hispania Tarraconensis (siglos I a.C - III d.C.),* Cuadernos de Arqueología, 8, Barcelona.

Revilla & Carreras, 1993: REVILLA V. & CARRERAS (1993) El vino de la Tarraconense en Britannia, *Münstersche Beiträge zur antiken Handelsges-chichte*, Bd. XII, pp. 53-92.

Richmond, 1966: RICHMOND I. (1966) Industry in Roman Britain, *The civitas capitals of Roman Britain*, Leicester Universitary Press, pp. 76-87.

Rico, 1995: RICO C. (1995) Índex de les marques epigàfiques sobre tegulae romanes de Catalunya i el País Valencià (antiga Tarraconensis), *Saguntum*, 28, València, pp. 197-215.

Ricq *et al.*, 1989: RICQ DE BOÜARD M., MEILLE É., VICHY M. & PICON M. avec la collaboration de P. P. Mattias (1989) Les argiles utilisées pour la fabrication des amphores en Italie. Étrurie, Latium, Campanie, *Amphores romaines et histoire économique: dix ans de recherche.* Actes du colloque de Siena (22-22 de mai 1986). Collection de l'École Française de Rome, 114, Roma, pp. 257-268.

Rio-Miranda & de la Pinta, 1978: RIO-MIRANDA J. & PINTA de la J. L. (1978) Notes arqueològiques de Catalunya, Peratallada, *Informació Arqueològica*, 27-28, Barcelona, pp. 93-95.

Ripoll & Llongueras, 1974: RIPOLL E. & LLONGUERAS, M. (1974) Embarcadero romano de Riells, en el ámbito ampuritano, *Miscelánea Arqueológica*, vol. II, Barcelona, pp. 277-295.

Ripoll & Martí, 1968: RIPOLL E. & MARTÍ F. (1968) Materiales cerámicos de una cisterna romana de Ampurias, *Ampurias*, XXX, Barcelona, pp. 275-292.

Roca, 1983: ROCA M. (1983) El centro de producción de TSH de Andújar, *Boletín del Museo Arqueológico Nacional (Madrid)*, I, 2, Madrid, pp. 159-164.

Roca, 1994: ROCA M. (1994) Artesanos y producción ceràmica en el Alto Guadalquivir, *La sociedad de la Bética. Contribuciones para su estudio*, Granada, pp. 409-424.

Rocas, Manzano & Puig, 1992: ROCAS X., MANZANO S. & PUIG A. M. (1992) L'excavació d'urgència de la carretera de Sant Martí d'Empúries a la carretera d'Orriols a l'Escala, *Actes de les Primeres Jornades d'Arqueologia de les Comarques de Girona*, Sant Feliu de Guíxols, pp. 125-136.

Rocas & Roviras, 1991: ROCAS X. & ROVIRAS A. (1991) Contribució a l'estudi del jaciment del Camp de la Gruta (Torroella de Montgrí): els morters itàlics estampillats, *Cypsela*, IX, Girona, pp. 169-175.

Rodà, 1970: RODÀ I. (1970) Lucius Licinius Secundus, liberto de Lucius Licinius Sura, *Pyrenae*, 6, pp. 167-183.

Rodà, 1974: RODÀ I. (1974) Reseña de los hallazgos arqueológicos en los términos municipales colindantes de Sant Julià de Ramis, *Revista de Gerona*, 66, Girona, pp. 71-76.

Rodà, 1993: RODÀ I. (1993) Els lloctinents de Juli Cèsar, primers patrons d'Empúries, *Empúries*, 48-50, Barcelona, pp. 246-249.

Rodríguez Almeida, 1974: RODRÍGUEZ ALMEIDA E. (1974) *Sobre el uso del amforisco "cucurbitula"*, Melanges de l'École Française de Rome, 86, Roma.

Rodríguez, 1978: RODRÍGUEZ L. (1978) *Las leyes limitadoras de las manumisiones en época augustea*, Oviedo.

Rodríguez, 1998: RODRÍGUEZ L. (1998) *Inscriptiones Graecae Antiquissimae Iberiae* [IGAI], en Mangas/Plácido (eds.), *Testimonia Hispaniae Antiqua* II A, Fundación de Estudios Romanos, 1998, Madrid, pp. 333-362.

Roldán, 1991: ROLDÁN J. M. (1991) *Historia de Roma, Tomo I, La República romana*, Madrid.

Rostovtzeff, 1972: ROSTOVTZEFF M. (1972), *Historia social y económica del Imperio Romano*, I, Madrid.

Roure *et al.*, 1988: ROURE A., CASTANYER P., NOLLA J. M., KEAY S. J. & TARRÚS J. (1988) *La vil·la romana de Vilauba (Camós). Estudi d'un assentament rural (Campanyes de 1979-85)*, Sèrie Monogràfica, 8, Girona.

Rüger, 1968: RÜGER C. B. (1968) Römische keramik aus dem Kreuzgang der Kathedrale von Tarragona, *Madrider Mitteilungen*, 9, Heidelberg, pp. 237-258.

Sánchez, 1987: SÁNCHEZ M. J. (1987) Cerámica común romana del Portus Illicitanus, *Lucentum*, II, Alacant, pp. 285-316.

Sanmartí, 1973: SANMARTÍ E. (1973) El taller de las pequeñas estampillas en la Península Ibérica, *Ampurias*, 35, Barcelona, pp. 135-173.

Sanmartí, 1974-1975: SANMARTÍ E. (1974-1975) Nota acerca de una imitación de la sigillata aretina detectada en Emporion, *Ampurias*, 36-37, Barcelona, pp. 251-261.

Sanmartí, 1978: SANMARTÍ E. (1978) *La cerámica campaniense de Emporion y Rhode*, Monografies Emporitanes, IV, Barcelona.

Sanmartí, 1978a: SANMARTÍ E. (1978) L'atelier des patères à trois palmettes radiales et quelques productions connexes, *Archéologie en Languedoc*, 1, Revue de la Féderation Archéologique de l'Hérault, Séte, pp. 21-36.

Sanmartí, 1994: SANMARTÍ E. (1994) Urbanización y configuración territorial del noreste de la Citerior durante la época romano-republicana, *Actes del XIV Congrés Internacional d'Arqueologia Clàssica "La ciutat en el món romà"*, vol. 1, (Tarragona 1993), Tarragona, pp. 357-361.

Sanmartí *et al.*, 1995: SANMARTÍ E., AQUILUÉ X., CASTANYER P., SANTOS M. & TREMOLEDA J. (1995) El amfiteatro de Emporiae, *Coloquio Internacional El Anfiteatro en la Hispania Romana, Bimilenario del Anfiteatro Romano de Mérida*, Mèrida, pp. 129-137.

Sanmartí, Castanyer & Tremoleda, 1990: SANMARTÍ E., CASTANYER P. & TREMOLEDA J. (1990) Darreres excavacions a Empúries. El sector meridional de la Neàpolis, *Tribuna d'Arqueologia*, 1988-1989, Barcelona, pp. 79-88.

Sanmartí, Nolla & Aquilué, 1983-1984: SANMARTÍ E., NOLLA J. M. & AQUILUÉ X. (1983-1984) Les excavacions de l'àrea del Pàrking al sud de la Neàpolis d'Empúries (Informe preliminar), *Empúries*, 45-46, Barcelona, pp.110-153.

Santos, 1987: SANTOS M. (1987) Una aproximación al estudio de la arquitectura doméstica en la Ampurias tardorrepublicana, *Jornades Internacionals d'Arqueologia Romana. De les estructures indígenes a l'organització provincial romana de la Hispania Citerior. 1. Documents de Treball*, Museu de Granollers, Granollers, pp. 320-327.

Santos, 1991: SANTOS M., 1991, Distibución y evolución de la vivienda urbana tardorrepublicana y altoimperial en Ampurias, *La Casa Urbana Hispanorromana. Ponencias y comunicaciones*, Zaragoza, pp. 19-34.

Santrot & Santrot, 1979: SANTROT M. H. & SANTROT J. (1979) *Céramiques communes gallo-romaines d'Aquitaine*, París.

Sarquella, 1970: SARQUELLA S. (1970) Porqueres. Inici de l'excavació d'un camp de sitges, *Revista de Gerona*, 53, Girona, pp. 62-65.

Saumagne, 1965: SAUMAGNE CH. (1965) *Le droit latin et les cités romaines sous l'Empire*, París.

Schulten, 1935: SCHULTEN A. (1935) Las guerras de 237-154 a. de J.C., *Fontes Hispaniae Antiquae*, Fasc. III, Barcelona, pp. 177-194.

Schulze, 1966: SCHULZE W. (1966) *Zur Geschichte Lateinischer Eigennamen*, Berlín-Zuric-Dublín.

Servei d'Arqueologia, 1992: Servei d'Arqueologia de la Generalitat de Catalunya (1992) *Forn romà del camp d'en Ventura de l'Oller (Santa Perpètua de Mogoda, Vallès Occidental)*, Barcelona.

Solana, 1989: SOLANA J. M. (1989) *Colonización y municipalización bajo César y Augusto: Hispania Citerior, Aspectos de la colonización y municipalización de Hispania*, Museo Nacional de Arte Romano, Asociación de Amigos del Museo, Mérida, pp. 71-106.

Solin, 1982: SOLIN M. (1982) *Die Griechischen Personnamen in Rom*, Berlín.

Steinby, 1979: STEINBY M. (1979) La produzione laterizia, *Pompei 79*, Nàpols, pp. 265-271.

Steinby, 1986: STEINBY M. (1986) L'industria laterizia di Roma del tardo impero, *Società romana e impero tardoantico*, II, Roma: politica economia paesaggio urbano, Roma, pp. 99-164.

Strobel, 1987: STROBEL K. (1987) Einige Bemerkungen zu den historich-archäologischen Grundlagen einer Neuformulierung der Sigillatenchronologie für Germanien und Rätien und zu wirtschaftsgeschichtlichen Aspecten der römischen Keramikindustrie, *Münstersche Beiträge z. antiken Handelsgeschichte*, VI, 2, Belín, pp. 75-115.

Swan, 1984: SWAN V. G. (1984) *The pottery kilns of Roman Britain*, Royal Commission on Historical Monuments, Supplementary Series, 5, Londres.

Syme, 1977: SYME R. (1977) La richesse des aristocraties de Bétique et de Narbonnaise, *Ktéma*, 2, pp. 373-380.

Syme, 1989: SYME R. (1989) *La revolución romana*, Madrid.

Tarradell, 1978: TARRADELL M. (1978) *Les ciutats romanes dels Països Catalans*, Reial Acadèmia de Bones Lletres, Barcelona.

Tarradell, 1983: TARRADELL M. (1983) La romanització, *Història de Catalunya*, I, Barcelona, pp. 216-238.

Tarradell, 1987: TARRADELL M. (1987) L'època romana a l'Empordà, *Jornades d'Història de l'Empordà. Homenatge a J. Pella i Forgas*, Girona, pp. 89-98.

Tarrús & Roure, 1983: TARRÚS J. & ROURE A. (1983) Un forn romà de ceràmica a Ermedàs (Cors), *El Bagant*, 22, Banyoles, pp. 26-27.

Tchernia, 1971: TCHERNIA A. (1971) Les amphores vinaires de Tarraconaise et leur exportation au début de l'Empire, *Archivo Español de Arqueología*, 44, Madrid, pp. 38-85.

Tchernia, 1976: TCHERNIA A. (1976) L'atelier d'amphores de Tivissa et la marque "Sex Domiti", *L'Italie Prérromaine et la Rome Républicaine, Mélanges offerts à Jacques Heurgon*, Rome, pp. 973-976.

Tchernia, 1980: TCHERNIA A. (1980) Quelques remarques sur le commerce du vin et les amphores, The Seaborne commerce of Ancient Rome, Memoirs of the *American Academy in Rome*, XXXVI, Roma, pp. 305-312.

Tchernia, 1983: TCHERNIA A. (1983) Il vino: produzione e commercio, *Pompei 79*, Napoli, pp. 87-96.

Tchernia, 1986: TCHERNIA A (1986) *Le vin de l'Italie romaine. Essai d'Histoire Économique d'après les* *amphores*, Bibliothèques des Écoles Françaises d'Athènes et Rome, 261, Roma.

Tchernia, 1987: TCHERNIA A. (1987) Modèles économiques et commerce du vin a la fin de la République et au début de l'Empire, *El vi a l'Antiguitat. Economia, producció i comerç al Mediterrani occidental. I Col·loqui d'Arqueologia Romana, Monografies Badalonines*, 9, Museu de Badalona, Badalona, pp. 327-336.

Tchernia, 1989: TCHERNIA A. (1989) Encore sur les modéles économiques et les amphores, *Amphores romaines et histoire économique: dix ans de recherche*. Actes du colloque de Siena (22-22 de mai 1986). Collection de l'École Française de Rome, 114, Roma, pp. 529-536.

Tchernia & Villa, 1977: TCHERNIA A. & VILLA J.-P. (1977) Note sur le matériel recueilli dans la fouille d'un atelier d'amphores à Velaux (Bouches-du-Rhone), *Méthodes classiques et méthodes formelles dans l'étude des amphores* (Actes du Colloque de Rome 27-29 mai 1974), Collection de l'École Française de Rome, 32 Roma, pp. 231-239.

Tchernia & Zevi, 1972: TCHERNIA A. & ZEVI F. (1972) Amphores vinaires de Campanie et de Tarraconaise à Ostie, *Recherches sur les amphores romaines*. Collection de l'École Française de Rome, 10, Roma, pp. 35-67.

Tremoleda, 1987: TREMOLEDA J. (1987) La producció del forn de Palamós (Baix Empordà)., *El vi a l'Antiguitat. Economia, producció i comerç al Mediterrani occidental. I Col·loqui d'Arqueologia Romana, Monografies Badalonines*, 9, Museu de Badalona, Badalona, pp. 210-216.

Tremoleda, 1995: TREMOLEDA J. (1995) Anàlisi de l'organització dels tallers locals de ceràmica a les comarques gironines, *Ceràmica comuna romana d'època alto-imperial a la Península Ibèrica. Estat de la qüestió, Monografies Emporitanes VIII*, Empúries, 75-94.

Tremoleda, 1996: TREMOLEDA J. (1996) Producció d'àmfores romanes al Baix Empordà. Els tallers de Palamós, Platja d'Aro i S'Agaró, *Estudis sobre el Baix Empordà, Homenatge a Lluís Esteva Cruañas*, Sant Feliu de Guíxols, pp. 41-46.

Tremoleda, 1996: TREMOLEDA J. (1996) *Ceràmiques romanes de producció local al N.E. de Catalunya. (Època augustal i alto-imperial)*, Tesi doctoral, Girona.

Tremoleda, 1996: TREMOLEDA J. (1996) Ceràmiques romanes de producció local al N.E. de Catalunya. (Època augustal i alto-imperial), *Annals de l'Institut d'Estudis Empordanesos*, 29, Figueres, pp. 475-482.

Tremoleda, 1997: TREMOLEDA J. (1997) *Pvblivs Vsvlenvs Veiento*, un magistrat narbonès amb propietats al nord de la Tarraconense, *XI Col·loqui Internacional d'Arqueologia de Puigcerdà*, (Puigcerdà 1997), Puigcerdà, pp. 231-241.

Tremoleda, 1998: TREMOLEDA J. (1996), El culto de Sabacio en Hispania, *Revista de Arqueología*, 202, Madrid, pp. 32-40.

Tremoleda & Casas, en prensa: TREMOLEDA J. & CASAS J. (en prensa), El culte de Sabazi a Empúries i al seu territori, *Butlletí Arqueològic de la Reial Societat Arqueològica Tarraconense*, Tarragona.

Tremoleda & Castanyer, 1988: TREMOLEDA J. & CASTANYER P. (1988) Estudi de la ceràmica recollida a Bell-Lloc d'Aro (preferentment s. II-III d.C.), *Estudis sobre temes del Baix Empordà*, 7, Sant Feliu de Guíxols, pp. 19-27.

Tremoleda & Castanyer, 1992: TREMOLEDA J. & CASTANYER P. (1992) Noves consideracions sobre la vil·la romana de Vilauba. La campanya de 1991, *Actes de les Primeres Jornades d'Arqueologia de Girona*, Sant Feliu de Guíxols, pp. 89-96.

Tremoleda & Castanyer, en prensa: TREMOLEDA J. & CASTANYER P. (en prensa) La Font del Vilar, *Anuari d'intervencions arqueològiques a Catalunya*, 1990-1992, Barcelona.

Tremoleda, Castanyer & Roure, 1989: TREMOLEDA J., CASTANYER P. & ROURE A. (1989) Vilauba: estudi preliminar del larari de la vil·la, *Cypsela*, VII, Girona, pp.49-69.

Tremoleda, Roure & Castanyer, 1986-1987: TREMOLEDA J., ROURE A. & CASTANYER P. (1986-1987) Recull i estudi dels materials romans de l'àrea de Banyoles, *Quaderns del Centre d'Estudis Comarcals de Banyoles. Homenatge a Pere Alsius i Torrent*, Banyoles, pp. 121-145.

Tremoleda, Sanmartí & Castanyer, en prensa: TREMOLEDA J., SANMARTÍ E. & CASTANYER P. (en prensa) *Excavacions a la vil·la romana del Camp d'en Ventura de l'Oller (Campanyes de 1985 a 1987)*, Generalitat de Catalunya.

Tremoleda *et al.*, 1995: TREMOLEDA J., CASAS J., CASTANYER P. & NOLLA J. M. (1995) Una nueva villa romana en el Alt Empordà. El asentamiento rural de la Font del Vilar (Avinyonet de Puigventós, Girona), *Journal of Roman Archaeology*, 6, Michigan, pp. 271-274.

Tremoleda *et al.*, 1996: TREMOLEDA J., CASTANYER P., CASAS J. & NOLLA J. M. (1996) El forn de l'Home Dret, Can Corominas (Maià de Montcal, Garrotxa). Un centre terrisser d'època romana a la Garrotxa, *Vitrina*, 8, Olot, pp. 39-46.

Troso, 1991: TROSO, C. (1991) *Il ceramista aretino Publius Cornelius. La produzione decorata a relievo*, Florència.

Tuffreau- Libre, 1980: TUFREAU-LIBRE M. (1980) *La céramique comune gallo-romaine dans le Nord de la*

France (Nord, Pas-de-Calais), Presses Universitaires de Lille.

Tuffreau-Libre, 1981: TUFREAU-LIBRE M. (1981) *La céramique comune gallo-romaine de Musée de Chartres*, Societé Archeologique d'Eure et Loire, 86.

Tuffreau-Libre, 1987: TUFREAU-LIBRE M. (1987) La céramique comune en Gaule romaine, *Céramiques hellénistiques et romaines*, II, París, pp. 203-229.

Vegas, 1973: VEGAS M. (1973) *Cerámica común romana del Mediterráneo Occidental*, Publicaciones Eventuales, 22, Instituto de Arqueología y Prehistoria, Barcelona.

Vertet, 1974: VERTET H. (1974) Pauvres potiers, pauvre misére, *Les dossiers de l'Archéologie*, 6, Paris, pp. 85-89.

Veyne, 1988: VEYNE P. (1988) El imperio romano, *Historia de la vida privada, I. Del imperio romano al año mil*, Madrid, pp. 19-227.

Veyne, 1991: VEYNE P. (1991) *La sociedad romana*, Madrid.

Vidal & Pascual, 1971: VIDAL Cl. & PASCUAL R. (1971) El pecio de Palamós, *Actas del III Congreso Internacional de Arqueología Submarina*, (Barcelona 1961), Bordighera, pp. 117-126.

Vilà *et al.*, 1977-1978: VILÀ M. del V., GENERA M., HUNTINGFORD E. & MOLAS M. D. (1977-1978) Aportaciones al conocimiento de la antigua *Blandae*. Estudio de una habitación romana, *Pyrenae*, 13-14, Barcelona, pp. 211-253.

Villaronga, 1977: VILLARONGA L. (1977) *The aes coinage of Emporion*, BAR suppl. 23, Oxford.

Villaronga, 1979: VILLARONGA L. (1979) *Numismática antigua de Hispania*, Barcelona.

Vives, 1971: VIVES J. (1971) *Inscripciones latinas de la España romana*, I, Barcelona.

Vives, 1972: VIVES J. (1972) *Inscripciones latinas de la España romana*, II, índices, Barcelona.

Weaver, 1981: WEAVER P. R. C. (1981) Movilidad social en el Alto Imperio Romano: la evidencia de los libertos imperiales y los esclavos, (Finley M. I., ed.) *Estudios sobre historia antigua*, Madrid, pp. 137-156.

Wilson, 1966: WILSON A. J. N. (1966) *Emigration from Italy in the Republican Age of Rome*, Cambrige Universitary Press, Manchester.

Wiseman, 1971: WISEMAN T. P. (1971) *New Men in the Roman Senate 139 B.C.-14 A.D.*, Oxford.

Whittaker, 1989: WHITTAKER D. (1989) Amphorae and Trade, *Amphores romaines et histoire économique: dix ans de recherche*. Actes du colloque de Siena (22-22 de mai 1986). Collection de l'École Française de Rome, 114, Roma, pp. 537-539.

Zaccaria, 1989: ZACCARIA C. (1989) Per una prosopografia dei personaggi menzionati sui bolli delle anfore romane dell'Italia nordorientale, *Amphores romaines et histoire économique: dix ans de recherche*. Actes du colloque de Siena (22-22 de mai 1986). Collection de l'École Française de Rome, 114, Roma, pp. 469-488.

Zaccaria, 1993: ZACCARIA C. (ed.) (1993) *I laterizi di età romana nell'arrea nordadriatica*, Cataloghi e monografie archeologiche dei Civici Musei di Udine - 3, "L'Erma" di Bretschneider, Roma.

Zanker, 1992: ZANKER P. (1992) *Augusto y el poder de las imágenes*, Madrid.

Zucchitello, 1978: ZUCCHITELLO M. (1978), Notes d'arqueologia de Catalunya, Girona, Tossa, *Informació Arqueològica*, 26, Barcelona, p. 36.

www.ingramcontent.com/pod-product-compliance
Lightning Source LLC
LaVergne TN
LVHW072248300926
849160LV00018B/1613